云南中烟年鉴

YUNNAN ZHONGYAN NIANJIAN

2014

云南民族出版社

《云南中烟年鉴》编纂委员会

《云南中烟年鉴》编辑部

各单位协调负责人

云南中烟工业有限责任公司
董事会成员、监事

前排左起：黄翠萍、朱绍明、柳万东、王彦亭、李新军（监事）
后排左起：许　泽、穆重林、姚庆艳、李光林、李穗明

云南中烟工业有限责任公司
领导班子

朱绍明
党组书记、总经理

柳万东
董事长

李新军
巡视员、纪检组组长、党组成员

姚庆艳
副总经理、党组成员

李穗明
副总经理、党组成员

云南中烟工业有限责任公司
领导班子

李天飞
副总经理、党组成员

顾　波
副总经理、党组成员

李光林
副总经理、党组成员

谢昆或
副总经理、党组成员

高兴智
副总经理、党组成员

领导关怀

2013 年 5 月 28 日，国家烟草专卖局局长凌成兴（左七）到云南中烟调研。

领导关怀

2013 年 5 月 28 日，中共云南省委书记秦光荣（右二）、云南省省长李纪恒（右一）与国家烟草专卖局局长凌成兴（左二）进行工作交流。

领导关怀

2013 年 5 月 28 日，国家烟草专卖局局长凌成兴（左二）、云南省省长李纪恒（右二）在红云红河集团调研。

2013 年 5 月 29 日，国家烟草专卖局局长凌成兴（前排右二）、云南省省长李纪恒（前排左一）在红塔集团调研。

领导关怀

2013 年 9 月 18 日，国家烟草专卖局局长凌成兴（前排右二）在海南红塔公司调研。

2013 年 10 月 9 日，国家烟草专卖局局长凌成兴（前排左二）在乌兰浩特卷烟厂调研。

领导关怀

2013 年 10 月 11 日，国家烟草专卖局局长凌成兴（ 前排左二 ）在内蒙古昆明公司调研。

2013 年 10 月 12 日，国家烟草专卖局局长凌成兴（ 前排左二 ）在山西昆明公司调研。

领导关怀

2013 年 11 月 2 日，国家烟草专卖局局长凌成兴（右三）在红辽公司沈阳卷烟厂调研。

2013 年 11 月 5 日，国家烟草专卖局局长凌成兴（前排右二）在新疆卷烟厂易地技术改造项目现场调研。

领导关怀

2013 年 11 月 18 日，国家烟草专卖局副局长何泽华（右二）在大理卷烟厂调研。

2013 年 5 月 21 日，云南省常务副省长李江（前排左二）在大理卷烟厂调研。

领导关怀

2013 年 5 月 15 日，云南省副省长丁绍祥（前排右二）在玉溪庄园调研。

2013 年 7 月 23 日，云南绿色生态烟叶发展研究会常务副会长程映萱（右三）、副会长王学智（右四）在红云红河集团云烟印象烟庄石林园调研。

重要会议

2013 年 1 月 20 日，云南中烟召开 2013 年工作会议。

2013 年 2 月 1 日，云南省委、省政府召开 2013 年烟草工作座谈会。

2013 年 2 月 4 日，云南中烟召开 2013 年市场营销工作会议。

重要会议

2013年2月28日，云南中烟召开2013年纪检监察工作会议。

2013年2月份起，云南中烟开展处级以上领导干部学习贯彻十八大精神集中轮训。

2013年3月21日，云南中烟召开专题会议，传达十二届全国人大一次会议精神。

重要会议

2013 年 5 月 14 日，云南中烟召开 2013 年科技工作会议。

2013 年 5 月 30 日，2013 年云产卷烟大品牌培育座谈会在弥勒召开。

2013 年 6 月 8 日，云南中烟召开 2013 年政治工作会议。

重要会议

2013 年 11 月 18 日，2014 年上半年云产卷烟产销衔接会在昆明召开。

2013 年 12 月 9–11 日，云南中烟召开党组中心组学习（扩大）会议，深入学习贯彻党的十八届三中全会精神。

2013 年 12 月 13 日，云南中烟召开 2013 年办事公开民主管理现场推进会。

党的群众路线教育实践活动

2013 年 7 月 16 日，云南中烟召开党的群众路线教育实践活动动员会。

2013 年 8 月 8–10 日，国家烟草专卖局局长凌成兴和党的群众路线教育实践活动调研组调研云南中烟党的群众路线教育实践活动工作。

党的群众路线教育实践活动

2013 年 7 月 21 日，云南中烟组织处级领导干部赴中国井冈山干部学院，开展党的群众路线教育实践活动专题培训。

2013 年 8 月 5 日，云南中烟组织领导班子成员及机关全体党员干部开展党风廉政教育专题学习活动，云南中烟巡视员、纪检组长李新军作专题讲座。

2013 年 8 月 12 日，云南中烟专题学习凌成兴局长在云南进行党的群众路线教育实践活动调研时的讲话精神。

2013 年 8 月 23 日，云南中烟党组书记、总经理朱绍明围绕“反对四风”，给机关全体党员干部上专题党课，强调要突出“三严三实”，抓好云南中烟机关党的群众路线教育实践活动。

党的群众路线教育实践活动

2013 年 8 月 30 日，云南中烟邀请云南大学马克思主义研究院院长、博士生导师任新民教授开展主题为“扫除四风，推进群众路线教育实践活动”的专题讲座。

2013 年 9 月 4 日，云南中烟围绕开展教育实践活动重要意义、“四风”问题成因、“四风”危害与内在联系等召开党组中心组学习交流研讨会。

2013 年 9 月 5 日，云南中烟机关各部（室）深入开展党的群众路线教育实践活动学习交流研讨。

2013 年 9 月 24-25 日，云南中烟到文山州广南县调研挂钩扶贫工作，并听取扶贫点对云南中烟党组群众路线教育实践活动的意见建议。

党的群众路线教育实践活动

2013 年 10 月 25 日，云南中烟党组召开专题民主生活会，国家烟草专卖局局长凌成兴到会指导。

2013 年 10 月 29 日，云南中烟党组召开专题民主生活会情况通报会。

2013 年 11 月 26 日，云南中烟对教育实践活动第一环节、第二环节工作进行“回头看”，为整改落实、建章立制打好基础。

深化改革

2013 年 6 月 8 日，云南中烟召开党组中心组学习（扩大）会议贯彻落实国家烟草专卖局局长凌成兴在云南调研的讲话精神，公司党组书记、总经理朱绍明在会上提出云南中烟发展进程中需要深入思考的八个问题。

2013 年 9 月 29 日，云南中烟召开“两统一、两整合”改革通报会。

深化改革

2013 年 10 月上旬，红塔集团、红云红河集团和各直属单位及时召开领导班子扩大会议、干部职工会议，贯彻云南中烟“两统一、两整合”改革精神。

2013 年 12 月 30 日，云南中烟召开营销动员会，针对“统一营销”工作提出具体要求。

活动掠影

2013 年 2 月 5 日，公司党组书记、总经理朱绍明到云南烟草机械有限责任公司看望离退休老同志和困难职工。

2013 年 1 月 30 日，公司巡视员、纪检组长李新军，副巡视员、系统工会主席许泽看望楚雄卷烟厂困难职工。

活动掠影

2013 年 1 月 10 日，曲靖卷烟厂领导看望慰问困难职工。

2013 年 1 月 26 日，玉溪卷烟厂领导节前慰问一线员工。

2013 年，云南中烟先后向四川雅安捐款 900 万元、向洱源捐款 600 万元、向迪庆捐款 300 万元支持抗震救灾。

活动掠影

截至 2013 年，云南中烟 7 年累计派出 17 名指导员推动新农村建设工作。

活动掠影

2013 年 5 月和 11 月，云南中烟公司领导带队走访全国省级市场。

2013 年 5 月和 11 月，云南中烟公司领导带队走访全国省级市场。

活动掠影

2013 年 6 月，红云红河集团组织党员重走红军路。

2013 年 7 月，云南中烟举行 2013 年新进毕业生岗前培训。

2013 年 8 月 16 日，云南中烟举行“六五”普法知识竞赛。

文化生活

2013 年 1 月，云南省文化厅及所属各文艺团体的艺术家们用精彩的节目为云南中烟职工带来新春祝福。

2013 年 2 月，云南中烟机关新春职工健身趣味比赛丰富多彩。

文化生活

2013 年 3 月，云南中烟庆祝“三八”节活动精彩纷呈。

2013 年 6 月中旬，云南中烟举行职工网球乒乓球比赛。

2013 年 8 月，云南中烟组织职工作品参加第五届大理国际影会。

文化生活

2013年8月，红塔集团举办“大画云南 回归自然”艺术交流周。

2013年8月29日，著名作家苏童等赴红云红河集团开展文化交流活动。

2013年9月25-27日，云南中烟举行2013年离退休人员体育运动会。

生产现场

红塔集团总部

玉溪卷烟厂生产现场

昆明卷烟厂生产现场

红云红河集团总部

《云南中烟年鉴》主要撰稿人员名单

办公室（董事会工作办公室）	左寿文	市场管理部（物流管理部）	高　俊
	王宏先	信息管理部	刘奇燕
	吕　娜	事务管理部	孙　焱
	李　雷	红塔烟草（集团）有限责任公司	曹晓军
	梁　铭	红云红河烟草（集团）有限责任公司	杨裕萍
	李永生		朱　懿
经济运行部（企业管理部）	张相波	云南中烟物资（集团）有限责任公司	李欣颐
科技开发部	申晓锋	云南烟草科学研究院	孙沁源
投资管理部	胡雅娟	云南烟草国际有限公司	程　铁
原料部（庄园办）	吴　涛	云南中维酒店管理有限责任公司	靳滇忠
财务部	朱俊宇	云南烟草兴云投资股份有限公司	万松涛
审计部	程薇薇	云南烟草教育培训中心	张雪梅
人力资源部	刘　丹	云南中烟工业有限责任公司特有职业（工种）职业技能鉴定站	施　雁
法律与改革部（整顿办）	陈　静	云南烟草机械有限责任公司	金学明
纪检监察部	张　飞		
党群工作部	于军利		

编辑说明

一、《云南中烟年鉴》是由云南中烟工业有限责任公司组织编纂，全面反映云南中烟重要改革发展情况，以及所属单位发展概貌的专业性、权威性年鉴。以全面、客观、系统地记述云南中烟年度的基本情况和各项工作发展现状，充分反映云南中烟年度基本面貌和发展进程为任务，旨在为行业内部人士及社会各界全面了解、研究云南烟草工业提供基础材料和基本线索。

二、《云南中烟年鉴》（2014）设有彩页、特载、专文、大事记、概况、各卷烟集团、各直属单位、境外卷烟生产企业、文化与公益事业、重要文件、附录、索引，共计12个栏目。“栏目”下设“分目”和“条目”。正文832千字，彩页32页。

三、《云南中烟年鉴》（2014）主要收录了2013年云南中烟工业有限责任公司的主要工作情况。各栏目内容充实，信息量大，具体客观。年鉴的各种资料、数据主要由公司各部门、所属各单位提供，条目内容、数据均由各撰稿单位审稿，资料可靠，突出了资料的权威性、严肃性。

四、《云南中烟年鉴》（2014）的各种资料、数据，除先进人物和先进集体名单外，一般截止时间为2013年12月31日。

《云南中烟年鉴》（2014），在各级领导的亲切关怀下，在编纂委员会的正确领导下，在全体撰稿人员、编辑的共同努力下完成。由于编辑人员能力所限、经验不足，书中难免有疏漏和差错，敬请指正。

云南中烟年鉴编辑部

二〇一四年十二月

目 录

红塔烟草（集团）有限责任公司

红云红河烟草（集团）有限责任公司

直属单位

境外卷烟生产企业

文化与公益事业

重要文件

附　录

索 引

特　　载

国家烟草专卖局局长凌成兴调研云南中烟时的讲话

（2013年5月28日　根据录音整理）

这次到云南省调研烟草工作，这是我到国家局工作后的第一站。刚才，朱绍明总经理介绍了云南中烟基本情况、规划目标、运行形势和工作重点，讲得很好。对我熟悉情况、熟悉干部、熟悉业务很有帮助和启迪。杨培森副局长讲了很好的意见，我完全赞成，请同志们认真研究落实，他在去年讲了“四个促发展”，今年又讲了“四个关系”，我认为讲得很深刻、很有针对性。刚才张修连、王平、赵振山同志都讲了很好的意见，他们都是你们的老朋友了。前几天丁绍祥副省长到国家局时，我讲过，云南整个的烟草产业发展，在云南省、在全行业是重要支柱，在烤烟生产、卷烟工业、专卖营销上是三个典范，今天我就不重复了。云南烟草工业是全国烟草行业的“龙头老大”，创造了全国烟草行业“三个第一”：一是产量规模全国第一；二是销售收入全国第一；三是利税总量全国第一。这十几年我虽然离开了烟草系统，但我在江西烟草工作期间，多次来云南，江西烟草的发展得到了云南烟草特别是玉溪卷烟厂、昆明卷烟厂的全力支持。云南烟草工业为云南省社会经济发展作出了不可替代的重大贡献，为全行业跨越发展作出了不可替代的重大贡献。前几天，我讲过，姜成康局长团结带领国家局党组一班人，带领全行业，创造了全国烟草的三大辉煌：工商分设、专卖管理的辉煌；科技创新、结构调整的辉煌；国家增税、企业增利、职工增收的辉煌。姜成康局长19年在国家局，主持烟草12年，这12年是烟草行业前所未有的辉煌年代。云南的同志为全行业创造的“三大辉煌”作出了不可替代的重大贡献，没有云南烟草同志的努力，可能就没有这种辉煌，至少没有这么辉煌。所以，借这个机会，我和杨培森副局长一起代表国家局党组、国家局机关，向云南中烟的全体干部职工，表示衷心的感谢和亲切的慰问！

刚才朱绍明同志讲的下步“四个坚持”的工作重点，我完全赞成。我接下烟草这个摊子，一不会抽烟，二不会做烟，要怎么做呢？烟草一天为国家缴纳的税收是19.6亿元，一定要保持这个数字。下一步，烟草行业改革的红利在哪里、发展的潜力在哪里、追求的目标在哪里，是我们全行业干部职工必须深入思考、认真谋划、积极践行的三个重大课题。刚刚杨培森副局长他们讲得很好，我主要是来学习的，我还没有形成新的概念，也没什么新的要求，就是要按照年初国家局党组提出的要求，坚持“三个不变、三个稳定”（注：指导思想不变、目标任务不变、工作举措不变，稳定领导班子、稳定干部队伍、稳定职工人心）。就云南中烟来说，就是两句话：保持行业领头羊，创造全球新纪录。

保持行业领头羊。刚才讲的“三个第一”都是从规模、从总量上讲的，刚刚杨培森副局长和大家分析，领头羊就是要引领“卷烟上水平”的总体要求。第一是保持结构调整的领头羊。全国烟草行业用2%—3%的产量增幅支撑了20%多的利税增幅，靠的就是结构调整、科技创新。从2002年到去年，烟草利税从1400亿元增加到8600多亿元，接近每3

年翻一番，靠的就是结构调整、就是发展高端品牌和提升单箱利税。1992 年我在烟草的时候，“红塔山”单箱利税达到 10000 元，已经很高了。去年，“软中华”单箱利税是 87076 元，“硬中华”单箱利税 55061 元，“大重九”单箱利税超过 10 万元，但产能和规模不足。第二是保持科技创新的领头羊。我记得当年江明老局长讲过一句话，上海靠科技过日子，云南主要靠原料过日子，云南的科技创新要加强。第三是保持市场培育的领头羊。前几天国家局党组会我讲过，烟草行业“更快更好”的主题是“一个坚持、三个管好”，就是要管好市场、管好企业、管好自己，我们要倍加珍惜烟草专卖的体制，把市场培育搞好。杨培森副局长讲的“四个关系”，分析得相当深刻。

创造全球新纪录。烟草行业全球的标兵是菲莫公司，以前到玉溪卷烟厂，有句话很好：“天下有玉烟，天外还有天”，玉溪烟虽然卖到全世界去了，但世界上还有比我们更强的对手，要瞄准“万宝路”这一全球最大的品牌，一个是单箱利税、一个是品牌规模，一个是国内标杆、一个是国际纪录，如果把这些做好了，我相信云南中烟还能再上大台阶，为全国烟草行业再创辉煌、再立新功。

国家烟草专卖局局长凌成兴在云产卷烟大品牌培育座谈会上的讲话

（2013 年 5 月 30 日）

经国家局同意，云南中烟公司召开云产卷烟大品牌培育座谈会，这是行业发展的一件大事。何泽华副局长专程到会并将代表国家局、总公司讲话。我和杨培森副局长一行恰逢在云南省调研烟草工作，非常高兴到会看望大家。同志们处在卷烟营销第一线，为全国烟草事业持续健康发展作出了重要贡献。刚才，丁绍祥副省长发表了热情洋溢的讲话，充分体现了云南省委、省政府对烟草行业的高度重视和亲切关怀。借此机会，我和何副局长、杨副局长代表国家局向云南省委、省政府表示衷心的感谢，向全国卷烟营销战线的同志们致以亲切的问候。

这次来云南，是我到国家局工作后外出调研的第一站。最近几天，听了云南烟草专卖局（公司）、云南中烟的情况介绍，看了昆明卷烟厂、玉溪卷烟厂、石林县烟田土地整理工程、弥勒市烟叶生产基地，受到了秦光荣书记、李纪恒省长和丁绍祥副省长等几套班子领导同志的热情接待，深感云南省委、省政府对烟草工作的特别重视，对烟草事业的特别支持，对烟草发展的特别期盼。

云南烟草是云南省经济社会发展的重要支柱，是全国烟草行业的重要支柱，是全国卷烟工业的典范，是全国烟叶生产的典范，是全国专卖营销的典范。概括起来讲，创造了“三个全国第一”：

一是创造了产量规模全国第一，去年云南卷烟达到 815 万箱，占全国总产量的 16.4%。

二是创造了销售收入全国第一，去年云南实现卷烟销售收入 2386 亿元，占全国总销售收入的 20.8%。

三是创造了利税总额全国第一，去年云南烟草实现利税 1445 亿元，占全行业利税总额的 16.7%。

这“三个第一”充分说明了云南是名副其实的烟草第一大省。可以说，云南烟草稳则行业稳，云南烟草兴则行业兴，云南烟草强则行业强。因此，全国各省级公司都要站在行业发展全局的高度，把培育云产卷烟大品牌，支持云南烟草发展作为我们的共同目标、共同利益、共同责任，切实做到“坚持一个制度，狠抓三件大事”：

坚持烟草专卖制度不动摇。烟草专卖法及实施条例，是我们的尚方宝剑，动摇不得、变通不得、宽容不得。

狠抓烟叶生产这件大事。要在守住 5000 万担烟叶收购计划这条红线的前提下，继续大力支持云南提高烟叶基地建设水平、提高烟叶种植水平、提高烟叶质量水平，为老少边穷地区广大烟农增收致富打牢坚实基础，为卷烟工业的“第一车间”建设打牢坚实基础。

狠抓卷烟营销这件大事。继续大力支持云南围绕“卷烟上水平”，培育云产卷烟大品牌，在卖好、提升“云烟”“红塔山”“玉溪”“红河”等名优品牌的基础上，努力培育“大重九”“庄园”这两个高端品牌，使之单箱利税再上大台阶。希望全行业同舟共济、精心呵护、倍加珍惜。

狠抓内部规范管理这件大事。烟草行业平台很大、责任很重。面对庞大的职工队伍、庞大的业务交易、庞大的资金流量，我们必须重视班子建设，必须执行政策规定，必须完善规章制度，必须维护职工权益，必须经受各种监督。

同志们，姜成康局长带领国家局党组一班人，创造了全国烟草的“三大辉煌”，一是工商分设、专卖管理的辉煌；二是科技创新、结构调整的辉煌；三是国家增税、企业增利、职工增收的辉煌。现在，烟草的“接力棒”传到了我们手上，我们既要坚持“三个不变”，即：年初确定的指导思想不变、目标任务不变、工作举措不变，保持“三个稳定”，即：稳定领导班子、稳定干部队伍、稳定职工人心，又要思考、谋划、实践“三大课题”，即：烟草行业改革的红利在哪里、发展的潜力在哪里、追赶的目标在哪里。希望同志们认真贯彻落实党的十八大精神和习近平总书记一系列重要讲话，振奋精神、坚定信心，科学应对、扎实工作，为实现中华民族伟大复兴的“中国梦”作出烟草行业的新贡献！

国家烟草专卖局局长凌成兴在云南烟草工商座谈会上的讲话

（2013 年 8 月 10 日　根据录音整理）

这次我和秦司长、赵总经理、张主任、王组长等专程到云南烟草群众路线教育实践活动联系点，主要是听取意见，同时调查研究、检查督促、协调帮助，这是我们联系点对党组成员的要求，是联系点的联系领导职责所在。这一次来重点是听取省、州、县党政领导同志对国家局党组的意见，听取云南省局（公司）、云南中烟公司对国家局党组的意见，听取广大烟农、广大零售客户、广大行业员工对国家局党组的意见。

听意见，就是来“照镜子”。3 天来，我们看了 6 个宣传点，开了 4 个座谈会。即到大理州祥云县看了青海湖水源工程，看了青海湖烟叶基地，看了芮家烟叶站，看了大理烟草物流园，看了大理卷烟厂，今天上午又看了昆明醋酸纤维公司。看了这几个点，对我触动很大。我要表扬这几个事：第一个，青海湖水源工程，投资 3.4 亿元，用四五个月的时间把它搞起来了。第二个，大理卷烟厂就地技改，投入少、水平高、管理好，从桩基开始到封顶也就 4 个月时间，还要一边生产一边技改，做到现在这种水平是非常不容易的，搞得非常好。第三个，大理的烟草物流园，不仅有卷烟物流配置，还有烟叶物流配置。樊在斗同志是个很有激情很有干劲的人。你看那么大的一个工程，也就是几个人管理起来。他不是老说他所有工作都有关系嘛，就是四五个月时间，这种管理水平，从实践上升到了理论，其物流理论，我认为可以进教材。应该说还有很多地方，今天我看的昆明醋纤，醋纤也是为我们科技创新、结构调整、卷烟上水平作出了重大贡献。你看其是中外合资企业、中美合作企业，党委的领导作用发挥得很好，党员的先锋带头作用发挥得很好，其 330 号人有 80 多个党员，群众路线教育开展得好。去年利润 3.3 亿元，这 20 年、这 10 年确实感觉不错，有一句话印象很深刻，“安全为稳、创新为本”。

开了 4 个座谈会。听取了省委省政府对国家局意见的座谈会。昨天秦书记和李省长都从外地赶回来，秦书记、李省长、丁副省长、曹秘书长，还有省人大、政协的领导，确实给我们太高的礼遇了。书记对我们“一公司两集团”班子的建设，考虑得非常有条有理。在芮家烟叶站召开了烟农座谈会，那天晚上效果很好。2 个多小时，从晚上 7 点多开始，站着发言，我看现在做农村工作晚上开会的也不多了。今天上午在昆明烟厂召开了党代表和老党员、老干部、老劳模各级代表为主体的基层员工座谈会，上午这个会我讲了。下午又在这里召开云南烟草工商两家班子成员座谈会，刚才余局长、朱总经理集中汇报了教育实践活动的进展情况，特别是余局长后面讲的“四个更加”，朱总经理讲的“三个问题”，这对我们听取意见作用很大，到后面才拿出真功夫来给我们了。秦书记、李省长、丁副省长等几套班子领导同志对烟草工作极为重视，对教育实践活动极为重视，还和我们讲了省里面的数个自选动作，对我们这次调研极为重视，所以借这个机会，请丁副省长转告书记和省长，表示衷心的感谢！

下面我简要讲三点意见。

一、云南烟草教育实践活动开局良好

刚才余局长总结了“五个扎扎实实”，朱总经理总结了“三坚持、三解决”，我认为都总结得很好，这都是做了的事。从中可以归纳出几个自选动作很有特色：一是“三破除三提升”的自选动作；二是“三改进三比较”的自选动作；三是“两统一、两整合”的自选动作；四是“调结构、保增长”的自选动作；这个非常不容易，因为云南的增长是在基数很大的基础上的增长，还保持10%，而且还非常敏锐地看到这个问题，对照省委省政府提出的任务目标，就是1450亿，工商税利合计，还有点差距，头脑清醒。五是配合审计、督促整改的自选动作。因为云南是烟草大省、烟草强省，销售收入在全国烟草行业所占分量很大，所以审计中也确实发现了不少问题，但大家主动面对、主动规范、主动整改。

二、认真开展贯彻习近平总书记关于教育实践活动的重要讲话精神

前天，王组长把八家单位召集、代表国家局召开的督导组工作座谈会，实际上这个会就是传达总书记的重要讲话，传达刘云山书记、赵乐际部长的讲话精神，还传达了王正福组长的讲话精神。李局长到会，提出了“六个必须”的工作要求，请大家认真贯彻。

习近平总书记在河北省调研指导党的群众路线教育实践活动时作了重要讲话，7月11号、12号，这篇讲话很重要，非常有针对性，强调要调动“两个积极性”，一是调动领导干部的积极性，二是调动广大群众的积极性；围绕打牢“两个基础”，一是打牢学习教育基础，二是查摆问题的基础。我们现在第一个环节，第一个环节学习教育听取意见，是为了抓住整改落实的关键，建章立制的关键。这是总书记在河北的重要讲话。中央督导组座谈会，7月24号，刘云山书记对前一阶段的教育实践活动存在的问题讲了五个方面，我再点个题：一是思想认识不到位，有的不以为然，存在等待观望心态，有的认为“四风”问题在本单位不突出，没有必要兴师动众，有的推一推动一动，“顺着走、跟着走、看着走”。二是督导组征询意见难以听到真实情况，起不到作用，又不敢批评。查找问题不够具体，避重就轻、大而化之，在总部听意见多，基层一线意见上不来。三是学习教育难深入，重形式、轻实效，以分散自学、辅导报告、参观考察代替集中学习讨论，联系实际、交流互动不够，专题研讨不深，有浮在表面的倾向。四是突出重点对象不够，没有真正把重点放在领导班子和领导干部上，而把注意力放在基层党员干部和下属单位上。五是聚焦点跑偏，查找问题偏离“四风”，把查找问题重点放在涉及职工群众的福利待遇上，把办一些具体事情当作解决作风问题的举措，冲淡了活动主题。这是刘云山书记总结归纳要注意的五个问题，我们也存在这些问题。

把握三个标志，咱们的活动怎样才是不走过场，就是要抓好一个“真”字，思想上要真思考，要求上要真严格，每个环节上要真到位，确保活动真有效。第一，学习教育听取意见环节不走过场的标志。什么叫不走过场，就是扎实开展学习，个人深入自学，集体学习交流，原原本本研读，做到真学、真懂、真信、真用，确保学习时间一般不少于3天。国家局带头，学习3天半，学习总书记动员讲话（三个讲话）半天，通读那三本书用半天，学习总书记在全国组织部长会议上的讲话，也是三个讲话，半天；前天又学习总书记在河北的讲话、总书记在常委会上关于当前经济形势经济工作的讲话；然后用半天学习交流，有18个同志发了言，党组成员发了言，还上了半天党课，请高林同志给我们讲行业的党风廉政建设和反腐败斗争，其他的不说了，形式多样，去了西柏坡一天，请中央党校王老师来讲课，十八大报告班上讲的党的作风建设，看了两个专题片，一个是廉政建设的典型，讲了8个人，8个人里面有杨红卫。还看了《苏联亡党亡国20年祭》，还请了社科院战略研究院副院长苏丹给我们讲烟草文化和控烟形势，讲得非常好。

三、必须牢记“照镜子、整衣冠、洗洗澡、治治病”的总要求

我们的教育实际活动有没有效果，这四句话是总要求。现在这个环节就是“照镜子”。我觉得怎么照，都有要求。对着党章照镜子，对照廉政准则照镜子，对照群众期盼照镜子，对照先进典型照镜子。还有一条还没讲，对照改进作风照镜子。对照先进典型，杨善洲同志就是我们学习的典型。一辈子遵守共产党的信念，一辈子牢记党的宗旨，一辈子严谨廉洁自律。毛主席讲过："一个人做件好事不难，难的是一辈子。"谁能做到一辈子，你说当年的一个地委书记，老婆家在农村，三个女儿也在农村，你别说一个地委书记，当年一个县委书记就可以带家属。一个地委书记，退休了22年，造几万亩林，3亿多全送给公家。所以一辈子很重要，有人就是一下子出了问题，把一辈子就毁了。

从我们烟草行业，当前来讲，国家局正在对照检查、着力整改的"三件事"。第一件是对照检查，着力整改行业公积金缴存的违规行为。这个事情很大，党组也很认真很严谨。国家局（总公司）是很规范的，出问题就出在这些地方，吉林烟草工业公司是典型的。老百姓不容忍的，我们行业自己也不容忍的。第二，对照检查，着力整改行业公务用车违规行为，这个事也很大，已经搞到我们软处了，我们党组已开了会，大家非常重视，大家一致意见，要立即整改，一旦违规，从严处理。行业出的周口和珠海事件，从审计报告情况来看，有的比这个严重得多。对这项工作要毫不含糊，对这种事情一把手都撤职，坐了车的人，无论原因如何，反正你错了就要记大过。为什么这样做，处理这几个人，就为了保护一大批人。不整不行！我也想做好人，但这方面做好人会把整个行业都拖垮了。中央领导、中纪委主要领导打了三个惊叹号，国家局党组你有没有真正反醒呢？我们出了个框框：一个是2011年5月份以前和2011年5月份以后，国家局发了文，国家局的标准本身就高了，比中央的标准高得多，你还超国家局就不对了。省公司的班子成员标准已经很高，你还有什么不满足。有些人不上心，按自己的意愿办。大家有机会到北京看看我的车，车价27.98万。中央有规定，我们要懂规矩要守规矩。你不能为群众教育提供这么多素材，提供这么多典型，你还当中纪委通报的八个典型，你顶风作案，不这样处理教育不了人。第三，对照检查，着力整改行业财务开支违规行为。钱多了，好日子也要按苦日子过，烟草不是没过过苦日子。现在讲烟草"三个辉煌"，你没有这样亏损企业？丁副省长开玩笑："现在一吨钢铁的利润还不如一碗过桥米线的利润。"我补充一句，一吨钢铁利润不如我们"云烟（大重九）"一支烟的利税。谁给我们的，是中央的厚爱，是专卖制度给我们带来的。所以大家必须倍加珍惜专卖制度，倍加珍惜辉煌成就，倍加珍惜宝贵经验，保持好势头，再上新台阶。

关于大家所讲的舆情问题，我们也很重视。上次我去山东的时候，我特意去看看《东方烟草报》，我说过我们要认真执行三个"理直气壮"，一是认真执行党的新闻工作的方针政策、理论导向和政治纪律，不能乱来，二是认真执行中央"八项规定"，特别是新闻报道的规定。我说你把中央调研和行业调研拼在一版，你搞什么名堂，这种看起来小事，其实问题不小。三个"理直气壮"：一是理直气壮地宣传烟草专卖制度，二是理直气壮地宣传烟草辉煌成就，三是理直气壮地宣传烟草先进典型。如果烟草没有专卖体制，就会回到白酒行业去了，从一年上缴7100多个亿回到800个亿去了，所以我们要理直气壮一些。到了云南这个地方，大家就觉得理直气壮多了。还有其他行业多少工业的水平，能搞到昆明卷烟厂的水平，没有的。时间关系，我就讲这么多，谢谢！

国家烟草专卖局局长凌成兴在云南中烟党的群众路线教育实践活动专题民主生活会上的讲话

（2013 年 10 月 25 日　根据录音整理）

这次我和孙晓莹同志、张文同志等参加云南中烟党组专题民主生活会。会前，我听取了国家局第七督导组组长王崇光同志、副组长刘昉同志的汇报，同云南中烟党组书记、总经理朱绍明同志谈心谈话。刚才，王崇光同志代表督导组对会议进行了点评，对下一步教育实践活动提出了明确要求，我完全赞成，请同志们认真研究落实。下面，我简要讲三点意见。

一、对云南中烟党组专题民主生活会的总体评价

这次云南中烟党组专题民主生活会，会前准备充分，发言开门见山，批评坦诚相待，气氛和谐融洽。是一个高质量、严要求的专题民主生活会，是一个一把手带头开展批评和自我批评的民主生活会，是一个党组成员相互批评、团结共事、共谋发展的专题民主生活会。开好专题民主生活会，中央是习总书记带头，中央政治局带头，中央政治局常委到联系点带头。习总书记参加河北省委常委专题民主生活会，成为全党专题民主生活会学习的标杆和典范。我认为，云南中烟党组认真学习了习总书记的重要讲话精神，班子的对照检查材料，朱绍明同志的个人对照检查材料，党组各位同志个人对照检查材料，还有四位副巡视员的对照检查材料，查摆问题聚焦、分析根源深刻、努力方向和整改措施明确。大家站在今后云南中烟改革发展稳定的高度，来认识遵守党的政治纪律的问题、执行中央八项规定问题、查摆“四风”问题。王组长告诉我，很多同志的对照检查材料都是“五个反反复复”，即反反复复学习，反反复复查摆，反反复复谈心，反反复复修改，反反复复细化整改措施。很多稿子都是“十易其稿”，从列提纲开始，到后来越来越深刻、越聚焦、越贴题。大家互相批评的发言提纲，一共有 51 页，有的同志提了 2 条意见，有的同志提了 3 条意见，都很有深度、很有分量、很有火药味。

听了朱绍明总经理和同志们的发言，有这么几条值得肯定，一是既积极聚焦官僚主义、形式主义方面的突出问题，又深刻查摆享乐主义和奢靡之风方面存在的问题，体现了深刻查摆问题的决心。总书记在河北讲的“四个防止”中就有一个防止把“四风”变成“两风”，甚至变成“一风”，这是总书记的原话。“四风”一开始大家讲官僚主义、讲形式主义大家都还能接受，一谈到享乐主义，特别是谈到奢靡之风的问题，感到非常难受、压力太大、经常回避，看了今天大家的发言，四个方面都涉及到了。二是既从工作上找差距，又从思想上、观念上找差距，体现了敢于揭短、亮丑的勇气。三是既紧密联系自己现在的身份和岗位职责，又回顾自己的进步和成长经历，体现了认识和分析问题的纵深感。四是既有红红脸、出出汗的紧张和严肃，又有加加油、鼓鼓劲的宽松与和谐，体现了真诚帮助同

志、维护班子团结的觉悟。

二、深入学习习近平总书记系列重要讲话精神，坚决克服“闯关”“考试”的错误思想

云南中烟党组要进一步学习领会习近平总书记在参加河北省委常委班子专题民主生活会时的重要讲话精神。习总书记的重要讲话总揽全局、高瞻远瞩，非常深刻、非常中肯、非常振聋发聩。不仅是对河北省常委领导同志的讲话，而且是对全党各级领导干部的讲话；不仅是对教育实践活动的讲话，而且是对党的全局工作的讲话；不仅为开好专题民主生活会指明了方向，而且有利于全党加强党性修养，牢固树立正确的世界观、人生观、政绩观。我们要牢牢把握习总书记提出的四条要求，即：第一，坚定理想信念，切实解决好世界观、人生观、价值观这个“总开关”问题；第二，树立正确政绩观，切实抓好打基础利长远的工作；第三，发扬“钉钉子”的精神，切实把工作落到实处；第四，坚持正确用人导向，引导广大干部真抓实干。要牢牢把握习总书记强调的四个问题，即：第一，坚持贯彻执行民主集中制；第二，坚持用好批评和自我批评武器；第三，坚持严格党内生活；第四，坚持党性原则基础上的团结。要牢牢把握习总书记告诫的“一个克服”，克服“闯关”“考试”的思想。不能认为开了专题民主生活会，最难过的关已经过了，可以万事大吉了。征求意见也好、个人对照检查也好，根本目的是要解决存在的问题，把正确的认识落实到行动上。

三、善始善终抓好整改落实，努力做到两不误、两促进、两结合、双丰收

昨天，国家局一天开了 4 个会，对党组民主生活会情况进行了通报，对行业经济责任审计整改工作进行了部署，对当前行业的近期工作进行了部署，对云南中烟“两统一、两整合”组织实施工作进行了动员。可以说，紧锣密鼓，倾盆大雨。年底前确实工作多、任务重、责任大。

对云南工业来讲，要以抓好教育实践活动“两个关键”为动力，突出一个重点，聚焦六大问题。

突出一个重点，就是要精心组织、稳步推进“两统一、两整合”的改革方案。

“一公司、两集团”三个党组织，特别是三个法人代表，必须把思想、认识、步调、行动统一到国家局总公司的文件批复上来，讨论方案应该畅所欲言，执行决定必须坚决服从。要认清改革方案的基本要点，要认识改革方案的重大意义，认清改革方案的实施步骤。要充分认识到“两统一、两整合”是云南中烟的大动作、是云南烟草发展的大动作、是牵动全国烟草行业的大动作。对云南工业来讲，有利于“三统筹一降低”，即：统筹发挥烟叶主业的优势，统筹发挥卷烟产量的优势，统筹发挥云产卷烟品牌的优势；有利于降低云南烟成本。

要坚持“保持行业领头羊、创造全球新纪录”的发展目标，在整合过程中，做到保第一、补短板。保第一，包括烟叶主业第一，生产能力第一，产量规模第一，销售收入第一，税利总额第一。这五个第一，近期内行业没有谁能比得过云南。但是，在保第一的同时，要补短板，短板在哪里？我认为，第一，单箱税利的短板，云烟比不过中华烟。第二，营销费用的短板，这方面还有很大潜力。第三，资金效益的短板。安徽的资金回报率是 3.97%，我们全行业还不到 2%，你们也就只有 3%，相比之下还有较大差距，这个潜力也是巨大的。

聚焦六大问题：一是聚焦妥善处理违规建设的高尔夫球场。大家要清醒地认识到高尔夫球场是享乐主义、奢靡之风的典型，是违反中央政策规定的典型。必须果断处理，不留祸根。二是聚焦妥善处理违规公务用车问题。要严格按照国家局的文件规定坚决整改，先重点聚焦处置行业三类违规配备的小轿车，即：中央“八项规定”公布后购买的超标车辆、原装进口的超标车辆、领导干部使用的严重超标车辆。三是聚焦大手大脚、违规用钱的问题。四是聚焦规范纠正违规购买补充养老保险和有序清理违规缴存住房公积金的问题。五是聚焦清理整顿违规多元化投资的问题。六是聚焦暗箱操作招标投标问题。

中共云南省委书记秦光荣在全省烟草工作座谈会上的讲话

（2013 年 2 月 1 日）

刚才，省烟草专卖局（公司）局长、总经理余云东和云南中烟工业公司总经理朱绍明同志作了汇报。等会儿，省长李纪恒还要作工作安排。这里，我讲两个方面的意见。

一、感谢烟草系统为去年云南经济发展作出的积极贡献

去年以来，云南经济发展面临的困难比较多，突出表现在以下几个方面：一是世界经济复苏缓慢带来的不利影响；二是国内经济下行压力加大带来的困难；三是云南连续几年旱灾和其他自然灾害带来的冲击；四是周边环境错综复杂带来的新挑战。面对困难和挑战，省委、省政府团结带领全省各族干部群众，奋力攻坚克难．不断开拓创新，保持了全省经济社会又好又快的发展势头，经济总量跨上了万亿元新台阶．取得了来之不易的好成绩。

从烟草行业发展情况来看．全省烟草系统认真贯彻落实省委、省政府决策部署和国家烟草专卖局工作要求，保持了烟草产业平稳较快发展。一是主要生产指标完成较好。烟叶产量再创历史新高，实际收购总量达 2174 万担；云产卷烟商业销量 1050. 51 万箱，同比增长 2. 5%；省内卷烟企业实现工业总产值 1282. 14 亿元、增长 15. 8%；实现工业增加值 1110. 6 亿元，同比增长 16. 94%；全省烟草行业实现税利 1267. 89 亿元，比去年净增 200 多亿元，其中商业实现税利 285. 30 亿元，工业实现税利 982. 59 亿元。二是现代烟草农业深入推进。烟叶生产继续保持全国领先地位，烟农总收入达 254. 2 亿元，较上年增加 62. 5 亿元、增长 32. 6%。三是知名品牌培育成绩斐然。“云烟”“玉溪”“红塔山”等品牌稳定增长，高端形象产品“玉溪（庄园）”“云烟（大重九）”销售形势持续向好。四是非烟产业进步明显。云南烟草涉足的机械制造、造纸、化工、印刷、物流等领域综合效益总体良好，整体实力逐步壮大。总体来看，去年烟草系统的各项指标都完成得较好，为全省“稳增长、冲万亿、促跨越”作出了积极贡献。实践证明，烟草系统干部职工队伍是一支思想强、业务精、作风实、打硬仗的队伍。借此机会，我代表省委、省政府，对烟草系统为云南经济社会发展作出的突出贡献表示衷心的感谢！

二、希望烟草系统为今年的经济发展多作贡献

今年是全面贯彻落实党的十八大精神的开局之年，是深入落实省第九次党代会决策部署的关键之年，也是我省烟草产业主动调整适应发展要求极其重要的一年。烟草产业作为我省产业建设的重要龙头、拉动经济增长的重要力量、促进城乡居民增收的重要引擎，在跨越发展全局中地位突出、责任重大。希望烟草系统的同志们在新的一年里再立新功。

一要撑竿跳高，勇攀高峰。省委九届四次全会和省“两会”提出了“翻两番、增三倍、促跨越、奔小康”的战略目标和“稳中有进、稳中有好、稳中有快”的工作总要求，千方百计保持经济平稳较快发展的好势头，实现加快发展、跨越发展，缩小与全国的发展差距，仍然是今年全省经济工作的重要任务。我省烟草产业占工业比重三分之一以上，占财政收入比重40%以上，对经济发展至关重要。希望烟草行业树立“撑竿跳高，勇攀高峰”的理念，再立新功，在去年实现工商税利1267亿元的基础上，力争今年再增加183亿元，达到1450亿元；争取国家烟草专卖局增加今年我省烟叶生产指标和卷烟生产指标，为全省加快发展多作贡献。

二要加大投入，服务“三农”。现代烟草农业建设不仅为实现云南烟叶可持续发展奠定了坚实基础，也为高原特色农业发展积累了经验。要把现代烟草农业摆在突出位置，进一步完善工作思路，加大投入力度，力争现代烟草农业投入增加到100亿元。总之，就是希望烟草系统的同志继续努力，让烟草农业多出一些亮点。在推进全省农业产业化过程中进一步发挥示范带动作用、对广大群众多给一点支持、多给一点实惠。

三要优化结构，提质增效。积极进行结构调整，是云南烟草工业发展的重大任务。要通过优化结构，大力促进卷烟工业再上一个新的台阶。一方面，要提高一、二类烟的比重，继续加大品牌整合力度，以“玉溪”“云烟”“红塔山”等重点品牌为骨干，调优拉升品牌结构，提高一、二类卷烟产品占比。特别是“玉溪（庄园）”“云烟（大重九）”这两个品牌的卷烟．市场影响较大，要扩大生产能力，扩大市场覆盖面。另一方面，要提高单箱卷烟税利。云南卷烟单箱税利已经过万元，但与上海、湖南等省市区相比还有差距，要继续加大工作力度，力争把单箱税利提高到15000元左右，争取有一两千元的增长。

四要科技创新，多元发展。要适应新形势发展的需要，紧紧围绕“卷烟上水平”的要求，大力实施创新驱动、品牌拉动、人才带动战略，推进我省烟草行业转方式、调结构、育品牌、上水平，凸显云南的气候、土壤、阳光等自然环境优势，努力走出一条“绿色、生态、特色、安全、优质”的云南烟草发展路子。在省外市场激烈竞争的形势下，要依靠“工商联动、全省推动”方式来拓展市场空间，使云南的“两烟”市场份额不断扩大。要把烟草庄园建设好，打造成精品庄园。要加快烟草多元发展，实现非烟产业有所突破，特别是要继续向国家烟草专卖局加强汇报，争取红塔投资集团加大地方资本运作。要加快烟草“走出去”步伐，争取扩大周边市场和国外市场份额。

云南省人民政府省长李纪恒在全省烟草工作座谈会上的讲话

（2013 年 2 月 1 日）

刚才，省烟草专卖局（公司）局长、总经理余云东、云南中烟工业公司总经理朱绍明分别作了工作汇报，讲得很好，做得更好。省委书记秦光荣的重要讲话，语重心长，大家要认真学习领会，抓好贯彻落实。

去年，面对国内经济下行压力加大的形势，烟草系统紧紧围绕全省“稳增长、冲万亿、促跨越”工作大局和“2815”发展目标任务，重基础、调结构、严管理、促规范、强素质，烟草各项指标在连续多年高位运行的基础上，继续保持效益增长不减速、发展质量不下降的强劲势头，为圆满完成省十一届人大五次会议确定的工作目标作出了重大贡献。一是有力助推全省经济总量破万亿。省属卷烟企业实现工业增加值 1110.6 亿元，占全省工业增加值的 33.2% 和经济总量的 10.78%，增长 16.94%。二是有力助推农民增收。烟农总收入达到 254.2 亿元、较上年增加 62.5 亿元、增长 32.6%，烟农户均种烟收入 2.24 万元。三是有力助推农业生产条件改善。烟草行业累计投入烟田基础设施补贴资金 32.4 亿元、中低产田地改造资金 10 亿元，申请行业援建资金 21.7 亿元，配套基本烟田 136.2 万亩，改造中低产田地 104.96 万亩，提报水源工程项目 29 件，进一步改善农村生产条件，提高农田综合生产能力。同时，全省烟草系统积极参与社会公益事业，向彝良地震灾区投入救灾资金 1300 万元，向爱心水窖事业捐款 5000 万元，充分体现了“富而思源、反哺社会”的社会责任担当。

今年是全面贯彻党的十八大精神的第一年，是新一届政府履职的开局之年，做好今年工作至关重要。作为云南地方经济社会发展的第一支柱产业，云南烟草责无旁贷。希望全省烟草系统保持奋发有为的精神状态，勇于担当、勇于超越，继续发挥好全省经济发展台柱子和产业领头羊作用，为促进全省经济持续健康较快发展、社会和谐稳定作出新贡献。

下面，为贯彻落实好秦光荣同志讲话精神，我强调几点。

第一，要全力争取国家烟草专卖局支持。“两烟”生产指标倾斜就是财源增长、就是工业增效、就是农民增收。副省长丁绍祥和省烟草专卖局（公司）、云南中烟工业公司要把争取国家烟草专卖局对云南“两烟”生产指标给予倾斜支持，作为当前烟草产业发展最为紧迫的任务．全力加强汇报衔接，争取国家烟草专卖局增加今年我省烟叶生产指标和卷烟生产指标。同时，要积极争取国家烟草专卖局在优质原料保障方面给予我省更多倾斜，将云南生产的优质烟叶重点用于红塔和红云红河集团。

第二，要切实抓好现代烟草农业基地建设。要进一步加大投入，重点抓好水源工程建设、土地整理和中低产田地改造，打牢现代烟草农业发展基础。要统筹安排好优化结构、全程机械化、特色优质烟叶开发等方面工作，全面提升烟叶工作水平。要深入推进烟草庄园及新烟区建设与发展，为云产重点骨干卷烟品牌提供优质原料支撑。要用好国家烟草专卖局今年烟叶收购价格提高 10% 的有利政策，确保烟农收入不降低、地方财税收入不减少。

第三，要努力实现卷烟销售高端突破。一要着力提高一、二类烟尤其是高端产品在云南卷烟品牌中的占比，加快推进“玉溪（庄园）”和“云烟（大重九）”等高端品牌的市场拓展，力争这“两包烟”2013 年销量达到 2 万箱。二要加快低焦低害产品开发，走低焦高端之路，树立云南卷烟“低焦油、低危害、高香气、高品质”形象，把低焦产品打造成为云产卷烟新的增长点。

第四，要精心培育大品牌。要抓住行业培育大品牌的契机，用好用足新增卷烟计划，加快品牌整合步伐，加速我省重点骨干品牌拓展，在国家烟草专卖局“532”（卷烟品牌规模）、“461”（商业销售收入）发展战略中占据“5”（云烟、红塔山）和“1”（玉溪、云烟）两个制高点。要积极争取国家烟草专卖局的支持，推进红塔投资公司重组，力争将其打造成为我省最大的投融资平台，促进我省经济持续健康较快发展。

烟草产业事关云南经济社会发展大局，各地、各部门、各单位都要大力支持烟草产业发展。希望全省烟草工商系统继续发扬团结合作的优良传统，心往一处想、劲往一处使，齐心协力推动云南烟草产业再上新台阶，为我省与全国同步全面建成小康社会作出新的更大贡献！

国家烟草专卖局副局长何泽华
在云产卷烟大品牌培育座谈会上的讲话

（2013 年 5 月 30 日　根据录音整理）

我们这次 2013 年云产卷烟大品牌培育座谈会，和以往还是有所不同，刚才凌成兴局长作了重要的讲话，我理解，凌局长的讲话是他来到我们行业以后，感受和思考的一些重大问题，这对我们行业的发展、包括对云产卷烟营销工作，都有指导意义，希望大家好好领会。特别是凌局长刚才所讲的，对云南品牌发展的重视支持，是国家局的要求，希望我们在这次的订购会中落实好，特别是讲到云南品牌新、云南品牌大，这分量还是很重的。我想讲三点。

第一，按照凌局长的指示，继续对云南的品牌培育给予大力支持，刚才几位同志都介绍了他们的情况，曹华青同志对这方面的工作提出了几点意见，我都表示同意，希望同志们把这些落实好。我简单谈两点。

回顾一下，我觉得云南卷烟品牌这几年，特别是近两三年，保持着很好的态势，这个态势依然很好。一是今年我感觉到云南比较好地解决了高端品牌增长的问题，就是说结构调整有重大突破，数据我就不讲了。从 1—4 月份、1—5 月份的情况看，高端产品和高价位产品都保持着较好的态势，我们看几个数据吧，1—4 月份高端品牌卷烟累计销量达到 5.75 万箱，同比增长 28%。其中，“玉溪”高端品牌 2.85 万箱，增加了 37%；“云烟”高端品牌 2.2 万箱，增长了 37%。“玉溪”和“云烟”两个品牌两个高端部分，双双增长了 37%，我觉得这个是看品牌，不是简单看量，主要是看上限的问题有没有突破。其中高价位卷烟，1—4 月份云南的高价位卷烟达到 1.51 万箱，同比增长 71%，其中“玉溪”增加了 81%，“云烟”增加了 148%，特别是“云烟（大重九）”拉动、带动了“云烟”品牌的发展。这两个品牌一个增长 81%、一个增长 148%，当然“红河”和“红塔山”是增长的。这两大品牌，高端的、高价位的这两个档次的规格，都是增长了，我们要看到质的变化，而不是仅仅看到量的增长。这是近两年云南中烟按照国家局要求，高端突破、高端发力，我觉得是可喜的变化。二是产品的结构发生了变化，资源整合变化，呈现了“两增两降”。“玉溪”保持了强劲的态势，“玉溪”1—4 月份销量是 58 万箱，增长 16.32%，在几大高档品牌当中，继续保持好的态势，延续了近几年的趋势。当然，前两年都是 30% 左右，今年是 16.7%，是高于我们同行业一类烟的增长，与其他几个品牌相比，增速还是快的。“云烟”这个品牌，仍然保持了很好的态势，1—4 月份实现销量 132 万箱，增幅实现 19.88%，品牌的市值、销售收入在全国排第二。这两个主力品牌呈现增长强劲的态势，同时“红塔山”“红河”两个品牌销量下降，这也是我们目前要关注的。

所以我想讲这两点，除去曹华青同志刚才讲的，我就从自己的感受分析，大家对云南的品牌发展要保持充分的信任，给予积极的支持，对其发展中的问题给予更多的分析和支持。我觉得，可能当前我们对云南的品牌，就说对“玉溪”和“云烟”这两大品牌，还要继续给予关心和支持。同时，对另外两个品牌也要给予更多的关注和关心。比如说“红塔山”品牌，要给红塔集团多提意见和建议，红塔集团也要多到市场了解情况。我们知道，去年年底我们提出来，“云烟”这个品牌要向500万箱迈进，目前态势还是比较好的，今年从订货来讲增长40万箱，与今年目标360万箱还有点差距。所以大家还要继续关注。同时对“红河”这个品牌，在两个品牌转换之间，给予适度的支持和关注。如果现在把“红河”降得很多了，以后你想增，就没有市场份额了。还有市场份额固化了，这也是一大难题。但是对“红河”这样的品牌，以后对“云烟”品牌转换的问题，大家要有一个综合的考虑。所以这次衔接订货的时候，对云南的品牌我谈这样的具体看法，其他我不多讲，对“玉溪”“云烟”两个品牌要继续时时关注，对“红塔山”要关心，对“红河”要适度地处理好。这就是我谈的云南品牌的情况。总体来说，云南品牌发展还是挺好的，就不多讲了。曹华青同志讲得很到位。

第二，我想讲下一个问题：就是今年前5个月的销售和全年预测情况的分析。

前面5个月的销售，今年的销售是不寻常的，今年存在波动、调整这样一个过程。我们现在出来的数据，是到4月份的数据，但是5月份的情况，到目前为止已经明朗，1—4月份，3月份、4月份，特别是4月份还是处于调整的状态，具体数据不讲了。4月份的销量和结构，都处于调整的状态，针对我们3月份、4月份的情况，我们开了一个会，总体来说，我们4月份销量是381万箱，去年是376万箱，口径上基本持平。结构上4月份明显是向下调整，销量基本没有多少增长。所以1—4月份我们全行业的增长是15万箱，对于3、4月份，实际上市场也在调整，同时我们行业里面、我们商业企业也在发展。

5月份，这种调整出现了明显的变化，这个变化是好是坏？我现在还说不清楚，有没有人为的因素？因为这两天提出来，上半年销量不低于去年同期，这是4月份我们在四川开会提出的要求，凌局长在会上也有要求，国家局也作了一些调整。但是5月份变化是比较大的，到5月29号，就是到昨天，我们销量达到380万箱，我前天出来的时候，我预测了一下，我们5月份销量要达到416万箱，去年同期是396万箱，一个月增加了19万箱。这是一个明显的变化，我没有讲是可喜的变化还是不可喜的变化。5月份是比较好的机遇，因为3、4月份冲了冲，吃多了要消化消化，5月份消化差不多了。但是这两个月，我也说不清楚，不了解一线的具体情况，现在还不知道具体的情况。但是即使这样，1—5月份，我们的销量还是要达到2275万箱，去年同期是2241万箱，增加了34万箱。如果说我们5月份的情况是比较正常的，今年上半年总体还是可以的。6月份能够保持三五万箱的增长，上半年有望增长40万箱。

我们的销售收入，5月份可能达到970亿元，上半年的单箱可能增加到25700元左右，比去年同期增加1457元。但是我们4月份的单箱价格只增加了400—500元钱，我们5月份的单箱也增加不多，增加了1400元。在5月份前20几天当中，我算了一下，大约是在中旬左右，有6个工作日中销量超过19万箱，如果说我们现在一天销量超过19万箱是势头强劲的，但是这个销量多了，是不是有压力因素，我不敢说。所以1—5月份的情况，应该说基本上1、2月份是高开，3、4月份是低走、开始调整，5月份有变化。

1—4月份，我们的税利增长还是比较好的，全行业的税利是3919亿元，同比增长4.45%；单箱税利增长了6.87%。税利的增长达到4.45%，其中有60亿元的利润，可能有150亿元、160亿元的税利是烟叶调整转过来的，全行业的烟叶调整是616亿元。1—4月份大致是这样的情况，1—5月份可能也是在这个区间，这是上半年的情况。

最近，中国烟草销售公司组织了全行业对下半年和全国烟草的预测。我简单说一下预测情况，下半年预测卷烟销售是2370万箱，比同期的统计销量增加55.71万箱，增长2.41%；预测全年的销量是5017万箱，同比增加72万箱，增长1.45%。这就是销量的情况。下半年预计销售收入5900亿元，同比增加607亿元，增长11.48%；预测单箱销售收入24900元，同比增加2000元，增长8.86%。我们1—4月份，单箱增长了1886元。全年的预测批发销售收入12600亿元，增加1106亿元，增长9.63%；预测单箱收入25100元，每箱增加1900元，增长8.06%。对这个总量，对下半年的预测，我感觉到偏乐观一点。这是商业的预测。工业的预测差异更大，工业的预测销量是还要增加119万箱，把握宏观很难，工业和商业说得都不一样；如果让零售户报的话，可能又不一样。我觉得，全年销售5017万箱，这个数据比较贴近，可能会略增一点，因为我们原来预测是5030万箱，增加90万箱，现在的预测是5017万箱，增加71万箱。刚才我看了，确实上半年如果按照我们刚才所说的数据，我们增加34万箱到40万箱，那下半年可能70万箱、80万箱、乃至90万箱，有可能下半年增加50万箱左右，所以预测全年5030万箱，我认为5017万箱至5030万箱应该是比较客观、比较贴近的。但是预测的下半年销售收入，我觉得偏乐观了。所以说结构的问题，我觉得下半年可能更乐观一点。下半年单箱结构的预测，要增长8.86%。我刚才讲了我们上半年1—4月份是6.87%，下半年有没有那么高，我觉得偏乐观一点，但是我们全年商业销售收入增加1000亿—1100亿元，是可能的。这样我们全年保持10%的税利增长是有希望的。所以我说，对今年整个的目标预测，我是持一种谨慎乐观的态度。但是，根据国家局所预测的情况，我这里也想说一说，可能有的单位对下半年的预测是离市场还是远了一点。因为我们1—5月份的销量增长主要在西部地区，但是下半年的销量增长预测大部分在中东部地区。所以这就形成市场的反差。所以我认为，销量我们要注意，但是更多的还是要从实际出发。所以全年的情况大致是这样，我觉得是有信心完成全年的目标。

第三，对近期工作谈一点看法。

4月19号，我在成都也讲了，那次会上我重点是讲要调整心态、调整状态、调整结构，还要调整思路。对于近期的工作，我讲几点看法，供大家参考。

一是希望大家精心组织安排营销，根据本地实际，真正调整好状态。要精心组织好，就是我们近一阶段，还是要把调整好状态作为我们营销工作的中心课题，要有定力，不要急躁、也不要灰心。从目前来讲，我们要以消化库存为我们的手段，只要库存消化得好了，其他的自然而然就好。所以我认为前面不管是好还是坏，我们自己要有定力。根据近几年的情况，结合我们当前的情况看，我觉得我们领导层要关注销量，但是不要控制销量。说实话，人为的控制，容易引起起起伏伏，我们有的单位，前面三个月上去了，那明天就得下来，下来以后，明年又高了、高兴了，后年又不行了。所以我上次会议讲了，今年增长，前面5个月增长快的，不要高兴，明年你可能比较难受。所以增长过快的，不要太快，快了以后你自己难办。你最起码要考虑三年、两年，还是要适应环境。我们要着力调整结构，但是不能盲目调整。你结构调高了，总有一天调不动。所以我说搞销售一定要有定力，不要造成起伏；我们各个企业也这样，上面要求你永远要增长，你企业也是永远要发展的。我并不是说有力不出，我们如何调整状态是最主要的。搞营销的自己要有定力。我认为不要冲动，搞销售不是你自己想怎么样就怎么样的，你要根据市场的需求。所以我希望大家，在真正这次交易衔接的时候，要从实际出发，更多来考虑这个问题。

二是要把握政策需求，注重实销对路的货源。在这方面，刚才北京市烟草专卖局的刘进民同志发言，我最近到北京调研了一次，我觉得北京市烟草专卖局今年在根据市场政策需求在营销方面做了很好的工作，所以订单采集方面，就是更多尊重零售户的需求，不悬、不空，经营的市场状态就会很好、效果就会很好。所以把握政策需求，满足客户需求，恐怕是我们应该首先要解决的。同时，组织适销对路的货源，从目前来看，普遍存在市场份额固化，恐怕是我们现在的难题。我觉得从现在社会库存来讲，一个高档烟库存过大，一个是不好卖的烟库存大。所以要切实解决有效货源问题，这次订货的时候，希望大家更多地要从本地实际出发，订那些真正好销的货来满足需求，这样你的销量结构才能解决。市场不是我们能扭转的。我们这些年从3400万箱销量增加到5000万箱，只能说我们最好地顺应了市场的需求，把市场需求适应了。有些单位现在市场波动比较大、比较被动，要回到这个基本上来。

三是要注重结构，关注两头，注重三类卷烟。在一定的情况下，不少同志把注意力放在销量上，我是赞同的，因为销量不增长，行业的矛盾解决不了，所以我觉得今年能够增长70、80、90万箱的销量，应该说是很不简单的、很不容易的。还是应该往这方面努力。但是解决销量的增长，同时也要注重结构的合理增长，并且结构不仅仅是增长的问题，结构关键是有效货源的问题。我想，关注两头，第一个是高端烟的态势是我们要关注的，第二个就是低端烟的供求，我这里把三类烟也放在两头的另外一头，因为我们最近看了，从现在来看，四、五类烟销售下降幅度还是比较大的。1—4月份的五类烟下降了20%多，可能市场作了一些调整。我看四、五类烟还要注重解决，特别是农村地区的四、五类烟还要注意考虑一下。同时，对三类烟的供求，为什么现在不仅仅是市场份额固化了，而且整个结构都固化了？因为国家局考核了四、五类烟，一、二、三类烟往上走，剩下的是三类低端的。实际上我想对三类烟作一个诊断，三类烟高端的部分增长过缓、中低端增长过缓。反正我们现在从基本上看，10元钱以下的烟，现在档次基本上都是低端烟了。三类烟的低端可能是目前销量和供求关系的一个环节、一个部位，希望大家多重视。

最后一点，就是要探索工商系统的新策略。从目前来看，我觉得我们的营销局面，有点单调。当然我觉得可能要决定一个问题，工业企业如何合在一起，我们有的品牌，近两年既要有互利、又要有规范的营销新策略。所以我觉得要从工商系统这个角度来多探索一些有实效的动作，这恐怕也是我们营销环节要着力解决的问题。现在老办法不适用了，新办法还没有找到，我们现在就属于这种情况。所以我希望大家积极探讨，做一些切合实际的营销活动，把这个搞好。特别是要对当前的市场走向、存在问题、发展方面多提意见，多进行探索。

今年注定是不平凡的一年，也是我们营销工作面临重大挑战的一年。希望各位在新的挑战面前，积极努力工作，把我们的重点品牌培育好，把行业做好，为行业持续稳定发展作出新的贡献！

国家烟草专卖局副局长杨培森调研云南中烟时的讲话

（2013 年 5 月 28 日　根据录音整理）

国家局对云南烟草的发展非常重视，凌成兴局长到国家局上任时间很短，第一站就到云南中烟，体现了国家局对云南烟草的重视。近几年来，整个云南中烟发展较好，云南卷烟工业企业在行业的地位是不可替代的。这几年，云南中烟在中式卷烟品牌培育、高端品牌开发、满足市场需求等方面为行业作出了积极的重大贡献，云南中烟在发展战略研究方面，今天看到的汇报方案，是在“5422”品牌发展、在行业“七个第一”目标要求的基础上进一步优化调整而来，整个云南中烟包括科技工作也很重视，工作比较全面，发展比较良好。刚才，听完汇报，感觉云南中烟随着形势的发展，对自己的要求越来越高，思路更加清晰，同意你们的方案。等一下，凌成兴局长还要作重要讲话，要按照凌成兴局长的重要指示，认真抓好贯彻落实。这次来，主要就是听取凌成兴局长对云南烟草的工作要求，国家局相关部门要按要求认真抓好落实。对云南烟草的工作，我提 4 点参考意见。

一是处理好市场需要与结构提升的关系。今年一季度以来，宏观经济对行业发展影响较大，卷烟结构、销量都受到明显影响，特别是市场价格疲软。到了 4 月份，整个行业抓调控，争取用一个月时间把市场状态调整好。但从 5 月份前半段数据来看，行业卷烟销量、结构等情况还不是很理想，行业调控的任务仍然很艰巨，目前还是要继续贯彻国家局调控政策，把市场状态调整好。上半年把市场状态调整好以后，下半年发展才有基础、才有条件。云南中烟也是如此，在满足市场需求方面，把整个市场状态调整好，这是我们当务之急要做的事。但从长远来讲，云南中烟还是要立足调整结构，云南卷烟工业的主要矛盾不是总量的问题，主要矛盾是结构问题。其他省可能对卷烟销售计划要求这些比较突出，但云南自身计划和合作加工计划 900 多万箱，体量已经非常大，几万箱的差异已经没有实质性的影响，关键问题是结构问题。1—4 月云南卷烟结构问题还不是很理想，特别是二类烟，在三类以上卷烟结构水平下降 3 个百分点的情况下，二类烟结构水平下降幅度比较大，达到 11 个百分点，这是个短板。无论从自身发展还是从政府要求来说，包括要维系合作加工，都必须要有一定的结构。没有结构，政府要求和合作加工都无法维系。最根本的还是要靠结构提升，解决好满足需求与结构提升这一对矛盾的关系。

二是处理好高端带动与高端维护的关系。云南中烟花大力气开发了“庄园”“大重九”两包烟，彻底扭转了消费者认为云南没有高档烟的认识。要呵护好这两包烟，要把形象树立好，通过高端带动云南卷烟一系列品牌发展。结构提升就是要靠高端来带动。在 1000 元价位的烟，最成功的就是“大重九”这包烟，今年应该能达到 1 万箱的销量，好多品牌培育了很多年才 1 万箱。“大重九”这包烟仅用 1 年多就达到 1 万箱，影响是很大的。在高端带动上，一方面要积极工作，在地方政府对烟草要求很高的情况下，不能硬逼上量，影响品牌价格和形象，很容易前功尽弃、昙花一现，这种例子是很多的。高端烟的发展对云南中烟品牌发展起到至关重要的作用，既要抓好高端带动，又要做好高端维护，对高端烟的量价关系，一定要坚持实事求是，不要急于求成，要立足长远，投放量要保价为先，量随价走，保障价位稳定，保障品牌形象。同时，高端烟产品质量也非常重要，要抓好质量维护，确保质量稳定，赢得消费者长期认可。

三是处理好原料优势与科技创新的关系。云南最大的优势就是原料优势，这是其他工业公司无法比拟的。要发挥原料优势，而不是过分依赖这一优势。如果过分依赖这一优势，放松了科技创新，优势很可能转变为劣势，这是辩证的关系。所以，云南中烟在科技创新方面还要立足自身实际，进一步加大力度，重点考虑以下几个问题：首先是工艺水平，云南中烟现在设备很好、原料很好，工艺水平要如何提升。其次是自主调香技术如何提升，前段时间探索的天然的、香花的调香技术，也要关注自主调香技术提升。再次是薄片使用，云南中烟薄片条件是最好的，云南中烟昆船瑞升、中烟摩迪两个薄片厂都在云南。摩迪公司是国际最先进的薄片生产企业，其全国唯一一条生产线就在云南，如何利用摩迪薄片生产线提高配方技术、提高卷烟吸食质量香味，这是要好好考虑的。还有就是产品质量安全。因此，不要过多依赖优质原料，要把原料使用效率进一步提高，这些都是云南中烟科技创新方面要抓的重点。

四是处理完善体系与深化改革的关系。云南中烟现在有 10 家直属企业、4 家控股企业、1 家参股企业，还有 260 万箱的合作加工，内容非常丰富，如何优化配置这些有效资源、如何进一步深化改革是需要认真研究的，特别是要总结前几年对 4 家控股、1 家参股企业的经验，思考下一步如何进行深化改革。现在全行业发展很需要改革的动力，如果没有新的改革动力推动，靠原有的措施要想实现大的发展，难度是比较大的。所以，云南中烟如果能把这篇文章做好，特别是整合好 10 个全资企业资源，优化好 4 家控股企业、1 家参股企业和 260 多万箱的合作加工这些资源的配置，在体制机制上进一步深化改革，潜力巨大。云南卷烟工业的发展，最根本靠两个方面：一个是结构提升，一个是深化改革。这篇文章做好了，对云南中烟下一步的发展，是很有好处的。

考　　文

解放思想　改革创新
为夺取云南中烟“十二五”中盘胜利奋力拼搏

——在2013年云南中烟工业有限责任公司工作会议上的报告

朱绍明

（2013年1月20日）

今天，我们在这里召开2013年云南中烟工业有限责任公司工作会议。会议主要任务是：以党的十八大、中央经济工作会议精神为指导，深入贯彻落实全国烟草工作会议精神，紧密联系云南烟草工业实际，回顾总结2012年工作，安排部署2013年工作目标和主要任务。下面，我代表党组作工作报告，主要讲两方面问题。

一、2012年工作回顾

2012年，云南中烟在国家烟草专卖局和云南省委省政府的正确领导下，全面贯彻全国烟草工作会议精神，牢牢抓住科学发展主题和加快转变经济发展方式主线，按照稳中求进、进中求好、好中求快的工作总基调，全力推进落实“卷烟上水平”战略任务和“5521”发展目标，团结一致，攻坚克难，加快发展，着力抓好品牌发展、原料保障、科技创新、市场营销、基础管理和队伍建设，各项工作取得新突破和新进展，总体呈现稳中有进的良好态势，为“十二五”规划目标的实现进一步奠定了坚实基础。

（一）经济运行质量较高，经济效益保持增长。全年云南中烟（含省外全资及控股企业）生产卷烟972.02万箱，同比增加46.46万箱，增长5.02%；销售卷烟943.73万箱，同比增加26.65万箱，增长2.91%；烟草主业实现税利1144.2亿元，同比增加165.16亿元，增长16.87%；实现利润183.48亿元，同比增加41.79亿元，增长29.49%；单箱税利12124.14元，同比增加1446.17元，增长13.57%。其中，省内生产卷烟768.23万箱，同比增加38.25万箱，增长5.24%；销售卷烟742.95万箱，同比增加18.64万箱，增长2.57%；烟草主业实现税利983.18亿元，同比增加132.82亿元，增长15.62%，净增税利连续两年“破百”；实现利润159.39亿元，同比增加31.76亿元，增长24.89%；单箱税利13180.78元，同比增加1559.64元，增长13.42%。品牌合作生产268.45万箱，增长3.36%。卷烟境外销售总量161.65万件，位居行业第一，同比增长30%，其中一般贸易出口54.15万件、境外生产107.5万件；实现进出口总值2.17亿美元，同比增长27.59%，其中出口总值2.05亿美元；四大品牌境外市场销量达总销量的56.58%，品牌集中度明显提高。云南中烟“十二五”头两年经济运行保持平稳，经济效益增长符合预期，为“十二五”经济发展目标的实现创造了十分有利的条件。

（二）品牌规划调整完善，品牌竞争力持续增强。按照姜成康局长“四个坚持、四个着力”的要求以及云南省委省政府的部署，重新审视并调整完善了云南中烟“十二五”发展规划，确立了“5521”品牌发展目标。重点骨干品牌产销规模实现双增长，结构价值实现双提升，“一高一低”实现双发展，品牌影响力、竞争力进一步增强。云产卷烟商业销量稳居千万箱以上，达到1050.51万箱；单箱批发销售额为2.28万元，增幅为9.62%；一、二、三类烟商业销量分别为190.71万箱、14.57万箱和663.61万箱，同比增长26.95%、-3.57%和18.77%。“玉溪”“云烟”“红塔山”商业销量分别为123.85万箱、297.02万箱和305.76万箱，同比增长29.55%、29.24%和-1.53%，“红河”品牌结构在规模战略性调整中实现较大提升；调拨价171元/条以上高端卷烟商业销量12.15万箱，同比增长40.67%；批发价600元/条以上超高端卷烟商业销量2.5万箱，同比增长70.41%；高端形象产品“玉溪（庄园）”“云烟（大重九）”销售形势持续向好，发展势头迅猛，销量节节攀升，分别销售2344箱和2664箱；低焦油卷烟（8毫克及以下）商业销量63.55万箱，同比增长172.76%，其中6毫克及以下卷烟商业销量0.17万箱。按照行业2012年重点品牌排序，“红塔山”“云烟”销量分别位居行业第二位和第三位，“玉溪”一类烟销量位居行业第二位；“云烟”“玉溪”“红塔山”销售收入分别位居行业第三位、第七位和第八位。

（三）庄园建设稳步推进，原料保障日趋巩固。制定实施云南中烟《烟草庄园建设实施意见》，“玉溪凤窝庄园”和“云烟印象烟庄（石林园）”2个综合型庄园基本建成，“云烟印象烟庄（曲靖园）”“云烟印象烟庄（巍山园）”“玉溪庄园（大理园）”正在开展前期工作。烟叶基地单元建设持续深化，全年云南中烟共开展50个基地单元建设，其中红塔集团31个、红云红河集团19个。高度重视全国特色优质烟叶开发，在全国5省12州（市）13个县开发建设13个特色优质基地单元，采购特色优质烟叶60万担。2012年国家局分配云南中烟烟叶计划927万担，实际调入省内烟叶783万担、省外烟叶144万担。深入开展专业化分级散叶收购，在全国7省23州（市）开展35个专业化分级散叶收购试点，散叶收购量达191.06万担，烟叶等级纯度和工业可用性进一步提高。为了保证烟叶品种的真实性，组织开展工商烟叶交接品种检查，对楚雄、曲靖、昆明等6个州市烟叶工商交接主要品种“K326”和“红花大金元”的真实性进行了检查。针对主料烟叶品种特性退化问题，加大新品种引育推广力度，启动了云南中烟第二代美国优特品种引育及推广项目。

（四）科技项目深入开展，技术创新步伐加快。启动实施了技术创新责任制和奖惩激励约束机制，2012年云南中烟新立项科技计划项目37项，历年延续项目45项，完成33项成果鉴定、6项成果验收及12项成果评定。云南中烟参与国家局启动的5个行业重大专项，牵头承担其中27个专项研究，并在研行业重点项目3项、行业面上项目12项。全年荣获行业科学技术进步二等奖、三等奖各1项，技术发明三等奖1项，2人被评为行业第二批学科带头人，并组织评选表彰了2011年度云南中烟科技进步奖和云南中烟优秀知识产权奖。申请专利110件，其中发明专利97件；获授权专利174件，其中发明专利48件，申请和授权发明专利件数均同比增加一倍以上。牵头承担14项行业标准制修订项目，其中有3项行业标准获准2012年发布实施。产品创新步伐有所加快，推出了“玉溪（硬庄园16支）”“云烟（软大重九）”“云烟（大紫）”“云烟（清甜香）”“红塔山（零添加）”和即将上市的“玉溪（境界5mg）”等一批风格特征较突出、科技含量较高的新产品。卷烟减害降焦技术集成与应用持续深化，全年卷烟焦油量加权平均值降至11.43毫克/支，烟气烟碱量加权平均值降至1.03毫克/支，一氧化碳量加权平均值降至11.6毫克/支，卷烟危害性指数加权平均值为8.45，同比上年分别降低4.35%、2.8%、3.3%和1.7%。卷烟产品质量监控进一步加强，云南中烟检测中心作用得到较好发挥。编制出台云南中烟信息化“十二五”规划，云南中烟集成综合管控平台、ERP财务管控系统、协同办公系统以及数据代码标准平台建设进一步推进。

（五）大营销战略启动实施，物流建设有序推进。围绕核心品牌和重点市场，按照“一省一策”的要求，组织编制“十二五”分省营销规划，完成了第一批8个省区的“十二五”营销规划，并启动了河南省营销规划；成功举办两次云产卷烟大品牌座谈会，强化工商协同培育和宣传品牌，深入推进公司领导挂片联系市场，加强重点品牌策划推广，营销转型初步实现，实施效果逐步显现。制定下发云南中烟《市场营销奖评选奖励管理办法》《营销人员转岗及休整暂行管理办法》和《营销人员差旅费及津补贴标准暂行管理办法》，加大对营销人员的关怀和倾斜力度。加强物流管理，成立云南中烟物流管理部、与市场管理部合署办公，调整完善云南中烟物流“十二五”规划，精心实施省内工商物流一体化纸箱周转试点工作，深入推进两红集团物流中心非法人实体建设，集团内部物流一体化程度持续提高，物流管理水平和运作效率进一步提升。

（六）基础管理不断强化，运行效率得到提升。制定实施《云南中烟企业管理创一流方案》，明确了云南中烟企业管理的工作重点、基本思路、主要目标和具体要求。继续围绕贯标、对标、创优工作抓紧抓实抓好基础管理，着力落实“基础管理上水平”的各项要求和措施，玉溪卷烟厂被评为全国优秀卷烟工厂。组织评选了年度优秀QC成果，获得行业优秀QC成果一等奖、二等奖各1个，三等奖3个。修订完善“十二五”投资规划和打叶复烤升级改造规划，认真开展“十二五”技术装备规划、多元化投资规划、烟用物资工作规划及管控目标的编制工作。如期建成烟机零配件虚拟库，启动实施设备价值管理体系，统筹有序推进各项重大技改工程，全年工程投资完成率达119.86%。加强节能减排，全年云南中烟万元增加值综合能耗为11.34公斤标准煤、同比降低17.22%，万支卷烟综合能耗为3.16公斤标准煤、同比降低9.45%，两项指标均优于行业平均值。进一步健全安全生产管理体制机制，没有发生重大安全事故，全年实现三个“0”和五个“100%”。

（七）内部监管进一步加强，规范水平有效提高。完善内控制度，扎实开展财务审计和内部专卖管理监督，预算管理基本实现从单一财务预算向业务预算、资本预算、财务预算相结合的全面预算转变，全年销售成本率为30.52%，同比下降1.96个百分点；三项费用率为8.14%，同比下降0.08个百分点。深入推进“两项工作”，进一步扩大公开招标范围，提高公开招标比例，工程投资、物资采购、宣传促销项目公开招标率分别达86.65%、97.8%和72.37%，金额公开招标率分别达96.15%、83.8%和86.21%。深入开展“天价烟”和卷烟过度包装专项治理，认真贯彻落实国家局171号文件，严格执行“六个严禁、一个严控”纪律要求，卷烟经营行为进一步规范。切实落实行业“规范与效率”并重的国有资产管理方针和“先管好再用好”的投资管理原则，进一步优化股权投资和国资管理。作为行业宾馆酒店管理整合工作的试点，云南中维酒店管理有限责任公司正式挂牌成立，相关管理、整合工作有序推进。

（八）队伍建设持续推进，整体素质不断增强。全面深入开展学习宣传贯彻十八大精神系列活动，以开展“235”主题教育实践活动和创先争优活动为抓手，不断加强各级领导班子和干部队伍建设，大力推进思想政治建设，组织召开2次专题民主生活会和3次党组中心组学习（扩大）会，完成24名处级干部的选拔任用和岗位轮换交流，组织3批146名处级领导干部及后备干部到中国井冈山干部学院、延安干部学院进行党性修养和革命传统教育。领导班子和领导干部年度考核及“一报告两评议”工作深入开展，完成10个卷烟厂20名党政正职考核及所属单位党政领导班子和领导干部的考核反馈。继续推进惩防体系建设，不断深化源头治理工作，严肃查处了1起违法违纪案件，并制定实施了《企业领导干部职务消费行为监督管理暂行办法》等多项领导干部廉政监督管理制度。持续深化用工分配制度改革，逐步健全收入分配机制和工资调控体系，务实推进员工教育培训、高层次高技能人才培养，制定实施《2012年至2015年干部轮训方案》，全年共举办各类培训班757期，培训学员38118人次，培训学时达3596天。组织举办3次云南中烟职业技能竞赛，组织选手参加了2次行业职业技能竞赛，共产生1名全国技术能手、选拔出25名云南中烟技术能手、向国家局申报6名行业技术能手。全年新增高级技师14人、技师93人、高级工415人，中职80人、高职24人。隆重举行庆祝中国烟草总公司成立30周年系列活动，群团建设富有成果，各种文体活动丰富多彩。信访稳定工作态势保持平稳，离退休人员“两项待遇”全面落实，服务型机关建设初见成效，机关及直属单位工作作风明显好转。云南中烟被中华全国总工会授予“全国五一劳动奖状”，1名职工被选为党的十八大正式代表。

同志们，云南中烟自前年首次实现经济效益两位数的增长以来，去年在面临诸多困难、风险与挑战的情况下继续保持了两位数的增速，为行业发展和云南地方经济发展作出了应有贡献，为“十二五”后三年的持续发展、为“5521”品牌发展规划的实现打下了坚实基础，成绩来之不易，我们要倍加珍惜！之所以能取得这样的成绩，是国家局党组和云南省委省政府统揽全局、正确决策的结果，是云南中烟全体干部职工上下一心、团结奋进的结果。在此，我代表云南中烟党组，向大家表示崇高的敬意和衷心的感谢！

二、2013年工作安排

云南烟草工业2013年工作的指导思想是：认真贯彻党的十八大、中央经济工作会议精神，以邓小平理论、“三个代表”重要思想、科学发展观为指导，深入贯彻落实全国烟草工作会议精神，围绕“卷烟上水平”战略任务和“5521”品牌发展目标，解放思想，改革创新，凝聚力量，攻坚克难，全面提升品牌建设水平，夯实各项发展基础，奋力推动云南烟草工业科学发展、创新发展、跨越发展。

主要目标任务是：

1. 品牌规模。云产卷烟商业销量力争1070万箱以上，保持行业第一。其中，“玉溪”力争150万箱，同比增加27万箱，增幅22%；“云烟”力争360万箱，同比增加60万箱以上，增幅21%，其中一类“云烟”力争78万箱，同比增加13万箱，增幅20%；“红塔山”商业销量确保不低于300万箱；“红河”结构有所提升。8mg以下低焦油卷烟力争100万箱以上，增幅56%；其中6mg以下力争1万箱。

2. 结构类别。商业销量一类烟力争231万箱，同比增加41万箱，增幅21.5%；二类烟力争16万箱以上，同比有所增长；高端烟力争17万箱，同比增加5万箱，增幅40%；超高端烟力争4万箱以上，同比增加1.5万箱，增幅60%。

3. 经济效益。力争省内企业实现税利1083亿元，比上年增加100亿元；省外全资生产厂实现税利50亿元以上。

4. 计划产量。确保内销卷烟815.5万箱，其中省内757.5万箱、省外58万箱。

5. 合作生产。合作生产卷烟力争268万箱，同比基本持平。

6. 国际市场。境外销售35万箱以上，同比增加2.5万箱。其中，一般贸易出口11万箱，同比基本持平；境外加工销售24万箱，同比增加2.5万箱。

7. 原料购进。提报烤烟需求1000万担，进口烟叶2万吨，基地单元产量310万担，省内基地产量占省内总采购量90%以上。

8. 企业管理。“创一流质量管理体系”关键质量目标6项以上超过全国平均水平；对标指标同比提升率85%以上，超过平均水平指标数较上年增加3个以上；优秀卷烟工厂指标总体达标率85%以上，力争2—3家工厂创优指标全部达标；卷烟万元增加值综合能耗12千克标煤以内，卷烟单箱综合能耗15千克标煤以内，主要污染物排放达到当地环保部门（行业）审核批准的排放标准；安全生产实现三个为“0”，达到五个“100%”。

工作重点是“解放思想、谋划战略、改革创新、打牢基础”。

关于解放思想

党的十八大用“解放思想、改革开放、凝聚力量、攻坚克难”16个字明确了今后工作的总体要求。云南中烟也只有坚持解放思想不动摇，才能更好地适应新形势、把握新要求、实现新跨越。针对我们面临的困难和压力，云南中烟上下必须把解放思想作为一项重要而紧迫的政治任务、作为一项长期工作抓紧抓实抓好，坚持以思想大解放促进工作大跨越。如何解放思想：

第一，需要开放的思维。解放思想的过程，就是开阔眼界、开拓思路、提升目标、加压奋进的过程。我们一方面要立足云南“三个发展”的实际，站在全省经济社会发展的大局中，多创税利、多做贡献，为全面建成小康社会作出新的更大的努力；另一方面要站在行业全局的高度，在“卷烟上水平”的更高层次、在“532”“461”的更广领域找准定位。云南中烟作为产销量占据全国五分之一强的规模第一大企业，实现500万箱品牌应该是我们义不容辞的责任和使命。我们明确提出把“云烟”500万箱作为“十二五”期间必须完成的任务、把“红塔山”500万箱作为“十二五”乃至更长一段时间的目标任务，得到了国家局的高度认同，也受到行业各工商企业的极大关注。这个“5”由我们从自身实际出发自己努力要做，变成国家局从全局考虑希望、支持我们做，成为行业的期待与共识，发生了质的变化，体现了云南中烟为行业品牌发展勇挑重担的大局意识和进取精神，符合行业做大做优做强品牌的发展思路，符合品牌发展和市场拓展的客观实际，极有可能得到国家局、全行业、地方政府在政策、资源等多方面的支持。姜局长在2013年全国烟草工作会议上明确指出，“要采取综合措施，加大扶持力度，破解发展瓶颈，探索品牌整合新的途径，集中力量攻坚克难，确保‘532’品牌发展目标如期实现。”我们要牢牢把握这一做强做大品牌的重大历史机遇，把品牌做强，把自己的事做好，并多方面争取计划、原料、市场三大资源，努力实现云南中烟“十二五”期间确保一个“5”、力争两个“5”的宏伟目标。

第二，需要务实的作风。解放思想，不仅要实现思想观念的更新、思维方式的变革，还要实现作风状态的转变。云南中烟上下要进一步统一思想、转变观念、改进作风、认真履职，尤其是领导干部，尤其是公司机关，更要以实际行动落实作风的改进。一要强化责任。在其位、谋其政、尽其责，把履行职责、推动发展作为一种政治责任、一种必须保持的精神状态、思想作风和目标定位，把工作当事业，把事业当追求，讲奉献不讲条件，找办法不找借口，用实绩说话，靠实干服众，成为打硬仗的排头兵，强力推动各项工作落实到位，切实做到无愧于自己、无愧于员工、无愧于组织、无愧于时代。二要突出服务。领导干部和公司机关要搞好服务，不只是体现了作为领导干部、领导机关要为职工、为群众、为基层服务的宗旨，而更是由我们的工作性质和所处的特殊位置所决定的，不是要不要、想不想、愿不愿服务的问题，而是我们的根本职责、职能所在。加强机关建设，过去我们常讲要克服“门难进、脸难看、话难听、事难办”等问题，这些方面我们已经有了较大改进，在下步工作中还要进一步牢固树立服务意识，为大局、为基层、为职工搞好服务，拿出认真的态度、务实的作风、坚韧的精神、干练的水平，切实解决基层的实际困难和问题，充分发挥管理、服务、协调各项职能。各直属单位要进一步树立围绕中心、服务大局的意识，全力支持好、服务好两红集团创税增效。两红集团也要积极支持公司各职能部门、各直属单位履行好职责、开展好业务。三要改进作风。作风是党性和觉悟的反映，是思想和意志的体现，也是能力和水平的检验，关系到全局部署和决策落实，关系到基层和群众利益，关系到个人和机关形象。我们要严格执行中央和国家局关于改进工作作风、密切联系群众的相关规定，制定实施公司实施细则。各级领导干部要以身作则，率先垂范，带头落实规定，严格遵守规定，密切联系基层，密切联系群众。公司机关要重点转作风、正会风、改文风，在决策落实上进一步倡导准确及时、快捷高效，在日常事务上进一步倡导严谨细致、精益求精，在自身建设和内部管理上进一步倡导严格自律、厉行节约，树立机关良好窗口形象，推进各项工作务实高效开展。

关于谋划战略

改革不是目的，发展才是归宿，置身方兴未艾的中国烟草，云南中烟将来的成败安危核心就看品牌，我们的优势在品牌，潜力在品牌，出路还在品牌，务必进一步加强品牌建设，以结构上移为主线，以高端突破、低焦拓展为关键，实施“四大战略”，转方式、调结构、上水平，推动品牌做精做强做大。

第一，要实施价值战略。在面临计划、原料、技术、市场等一系列资源约束的情况下，我们必须提高资源配置效率；否则，就可能带来低水平扩张，大而不强，大而不精。在消费层次和消费结构日益走高的大环境下，卷烟品牌的竞争力集中体现在中高端上，只有有效提升结构才能实现可持续发展。在未来“5521”品牌发展进程中，“红塔山”“云烟”两个“5”的决心不能动摇，但在调结构、上水平的实施过程中，短暂的阵痛必须面对。我们务必把推动结构整体上移作为增强云产卷烟品牌发展后劲的有力保障，实现高端产品规模化拓展、规模产品结构性升级。要加快做大主力，继续倾斜资源，推进重点品牌主导规格全国化、主流化进程，推进四大品牌整体结构价位上移，稳固提升各价位档次的市场优势，着力提高一类、高端产品在各品牌中的占比。要按照“求新、求变、求异”的总体要求，精心组织战略性新产品培育拓展，系统构建产品链，突出新经济增长点，在二类及一类每百元价位段打造强势产品，参与全价位段竞争，在每个主力价位段上都努力打造像“庄园”“重九”这样特点鲜明、感召力强、影响面广的产品，以高带低，以新促老，互为支撑，扩大销量，确保一、二类产品不低于行业平均增幅，为品牌价值提升打开新局面、创造新气象。

第二，要实施高端战略。“谁占领了高端，谁就赢得了未来”，云南中烟要抢抓高价位市场格局尚未定型的机遇，把高端突破作为调结构的重中之重，充分释放“玉溪（庄园）”“云烟（大重九）”的势能，继续营造维护稀缺性、价值感，强化超高端品牌形象，保持市场旺盛需求，坚持稳价、扩点、上量，树立长远眼光，着力消除空白省区、空白州市，力争覆盖全国、覆盖县市，厚积薄发谋求高端产品的更大发展。同时继续在新品推出方面加大力度，高端系列尽快推出不同的规格产品，完善产品线及价位体系，处理好不同品牌、不同系列、不同价位段产品的关系，形成有形象产品带动、有基础规格上量、同一系列互补规格共同推动高端突破，在高端上构建重点突出、主力明确、多点布局、协同作战的“集团军”突进格局，满足高消费群体的多元化需求，实现高价位卷烟协调发展、快速上量，充分发挥引领作用，为云产卷烟未来发展争夺制高点。

第三，要实施安全战略。食品安全已经上升到国家战略，我们要高度重视，积极顺应卷烟低焦主流化、高端化发展方向，面向当前立足 8mg，面向下步着力 6mg，面向未来储备 6mg 以下，大力发展低焦，让低焦更低，加大低焦新品研发、在线产品降焦力度，走低焦高端之路。当前正是低焦产品发展的黄金时期，有较大的政策红利，关键就看我们能不能拿出有竞争力的产品。“云烟（5mg 印象）”“玉溪（5mg 境界）”是我们目前 6mg 以下产品的独苗，要精心培育、扩大影响，树立“低焦油、低危害、高香气、高品质”的形象，带动其他低焦产品发展。其他品牌也要加速研发上市 6mg 以下低焦系列产品和导向型产品，力争今年 6mg 以下低焦产品实现较大突破。同时，前瞻谋划、超前布局、及早着手少添加、零添加、新型低焦产品，加强减害降焦机理研究和技术转化应用，采取综合措施推动四大品牌在线规格全线减害降焦，在传承风格的基础上，把安全、低焦、低害产品打造成为云产卷烟新的品牌聚焦点、产品创新点、经济增长点和效益支撑点。此外，要站在确保卷烟安全的高度，继续抓好对原辅材料的安全管理，从源头上改进工作，堵塞漏洞，确保投入生产的原辅材料万无一失。

第四，要实施大品牌战略。规模是品牌展示实力、体现影响力的前提。这里要明确一点，云南中烟今后几年品牌发展的着力点主要在调结构，品牌要做大、更要图强，要更加突出结构提升，努力保持结构增长幅度高于规模增长幅度。规模扩张方面我们目前有两个比较好的机遇：一个是我们自身“5521”规划得到行业认同；一个是国家局已经明确导向，制定政策。因此，我们一要抓住行业培育大品牌、特别是 500 万箱大品牌的契机，用好用足新增卷烟计划，以市场需求为导向，加快品牌整合步伐，把品牌发展的重点集聚于四大重点骨干品牌，加速“玉溪”“云烟”“红塔山”的规模拓展，在

"532""461"中同时占据"5"和"1"两个制高点，努力打造中国烟草"含金量"最高的规模性品牌。二要按照国家局"三步走"的战略方针，在稳定一般贸易卷烟出口的同时，加强境外实体化运作，加快推进境外加工许可生产项目向实体运作转变，大力打造重点品牌、培育重点市场、强化渠道建设，并适机探索通过资本运作开展跨国并购，立足战略层面兼并重点目标市场卷烟企业，努力拓展国际免税市场、有税市场和境外华人市场，加快"走出去"步伐，扩大云产卷烟的国际影响力和市场占有率。

关于改革创新

李克强同志指出：改革是最大的红利，是解放和发展生产力、推动科学发展的强大动力。云南中烟要按中央提出的"以更大的政治勇气和智慧"，始终坚持用深化改革推动企业持续健康发展，通过持续不断的改革创新，为企业发展注入新的生机与活力。

*第一，要改革创新资源配置方式。*目前云南中烟对两红集团卷烟生产计划、烟叶原料计划的配置方式基本是统一平衡、平均分配。今年我们要在计划分配上引入竞争、考核机制，逐步打破过去"吃大锅饭"的平均主义分配格局，把新增卷烟计划与超高端、高端、一二类、低焦高端增长挂钩，与重点品牌拓展、新品效益增长挂钩，以及与其他指标挂钩。要变计划资源分配为明确导向、制订方案，增强计划资源分配的导向性和效率性，让计划资源配置体现效率优先、兼顾公平，让计划资源得到最优配置，使其成为云南中烟转方式、调结构、上水平的重要推手，推动经济发展质量和效益的提高。计划分配是牵一发而动全身的事，既要有勇气推进，又要有智慧把握。今年我们将从增量入手，研究制定增量计划配置方案，把新增计划挂钩考核分配，成熟以后全面推开，在优化增量的同时，把工作重点转向优化存量。同时，进一步改进烟叶资源配置模式，建立健全云南中烟内部烟叶资源余缺平衡调整机制，适机探索构建大原料体系。

*第二，要改革创新合作加工思路。*去年以来，品牌合作生产难度加大、后劲不足的问题普遍存在，预计今年国家局合作生产政策会有调整。对云南中烟来说，合作生产是一把双刃剑，它是我们做大品牌、抢占市场的重要手段，同时也增加了税利增长的压力。在国家局的政策支持下，今年我们的品牌合作生产要坚持、要深化、要局部调整。一方面坚持共同发展原则，确保基数不低于去年，力争有适当增长，通过合作生产弥补计划资源不足，支撑"5521"规划总量；另一方面充分考虑有资产关系和无资产关系品牌加工方的利益平衡，深入推进省外有资产关系的生产厂对两集团的品牌互动加工，在去年试点的基础上全面铺开，提高有资产关系企业合作生产的质量和效益。

*第三，要改革创新科研体系平台。*对云南中烟来说，技术创新已经不仅仅是立足长远的战略工程，更是着眼当前、迫在眉睫的现实问题，关系着云产卷烟的生存、发展和未来。今年科研工作的着力点要坚持治标与治本相结合，标本兼治。所谓"标"，就是要有效解决目前表现出来的新品研发滞后、原料配方能高不能低等问题。作为企业，我们的科技创新工作要充分体现"一切围绕市场转，一切围绕市场干"，市场是检验科技工作成效的唯一标准。今年重点科技项目要力争实现"零的突破"，多出成果，出重大成果，并切实转化为现实生产力；四大品牌重点价位段都要拿出有较强冲击力、影响力的新品，避免一般性的重复开发。原料方面要稳总量、优结构、重使用、提价值，调整区域结构，优化品种结构，落实好特色品种经费补贴政策，推进70个基地单元建设和9个高端品牌综合性、生产性庄园建设上水平，并重点在提高原料使用效益和利用价值上下足功夫，尽量避免原料资源利用低效化，用好我们手上的原料资源，切实把云南中烟的原料优势转化为产品优势、品牌优势、市场优势和效益优势。所谓"本"，就是要转变科研工作机制，从创新体系建设入手，提升科技创新水平，推动云南中烟走创新驱动、内生增长的发展道路。"科学无国界"，云南中烟内部更应该打通科研工作边界，研究院与两红集团技术中心要探索构建开放、合作、交

流、攻关的科研平台，打通协同创新渠道，加强联合技术攻关，共同推动科技成果转化。两红集团要按照“四个一流”的要求强化内部创新体系建设，对技术中心范围内的资金使用、用人机制、业绩考核、激励机制等方面可以给予相对的独立性、灵活性和自主性，全面推行课题负责制，充分调动科技人员创新热情，提高创新能力和水平，最大限度地增强创新活力。

*第四，要改革创新营销布局模式。*目前的市场形势是严峻的、复杂的，我们不能掉以轻心。两红集团要在云南中烟的主导下，进一步加强合作，团体作战，握指成拳，合力出击，积极落实云南中烟“十二五”品牌营销分省规划，搭建文化交流、终端营销、信息管理“三个平台”，统筹两红集团营销战略、品牌定位、市场布局、计划衔接，推进两红集团营销团队信息互通、工作互动、文化互融，进一步发挥云南中烟的整体优势，形成一致对外的强大合力。同时要加快营销转型，做实终端建设，推进精准营销，把市场营销工作向终端、向核心零售户、向消费者延伸，把营销职能从过去以渠道为中心的“订单维护、客情强化”逐步转变为以消费者为中心的“积极动销、塑造品牌”，在政策允许的范围内探索实践现代终端营销新模式，与终端形成战略、目标、营销、价值“四方面共同体”，打造云南卷烟培育的核心阵地，全力推动云产卷烟市场状态更佳、品牌转型更快。要强化物流工作考核评价，深入推进工商物流一体化，提高运作效率，降低运营成本，积极打造“绿色物流”样板，努力建设“科技、精益、人本”的现代烟草物流。

*第五，要改革创新企业文化体系。*作为企业发展的支撑要素，从长远看如卷烟计划、设备、资金、原料等，即使有比较优势也是阶段性和暂时性的，唯有人的竞争力是长远的核心竞争力，而文化就是企业的血脉、企业的基因，是干部职工同向、同心、同步、同体的精神家园。我们要坚持文化立企、文化塑企、文化强企，立足云南中烟“一公司、两集团”的实际及“战略管控型”的定位，编制好《企业文化建设规划》，制定实施意见，明确实施目标、主要措施及工作进度，从理论、操作、保障“三个体系”入手，继续深化所属企业子文化建设，提炼各所属企业文化建设的特点、亮点和共同点，明确云南中烟企业文化建设定位和具体内容，抓紧搭建云南中烟母文化架构，形成上下贯通、左右衔接、互为一体的文化体系，提升云南烟草工业软实力，凝聚云南中烟上下正能量。

关于打牢基础

*第一，要打牢规范基础。*进一步完善董事会工作机制，强化董事会职能，发挥好董事会在企业重大决策、规范管理方面的作用。严格预算管理，搭建科学、系统、完善的预算定额指标体系，完善预算执行过程管控和考核评价机制，提高预算编制的科学性和预算执行准确率。强化内部监管、审计监督和廉政监管，规范固定资产管理，优化资金监管，以“应招尽招”“真招实招”为重点推进“三项工作”公开招标，进一步扩大公开招标范围，提高公开招标比例，并解决好当前宣传促销项目中单一来源项目数量较多、公开招标率较低的问题。加强多元化企业内部监管和招投标工作力度。切实抓好“六个严禁、一个严控”各项要求的落实，坚决治理“天价烟”和过度包装，认真落实“严格规范”任务要求。以云南中维酒店管理公司组建为契机，加快酒店更新改造，整合资源，优化结构。牢固树立“勤俭办企”理念，加大节能减排和清洁生产工作力度，切实加强投资管理，珍惜来之不易的每一分积累，充分发挥资金使用效益。各卷烟厂在推进技改过程中也要深刻认识到，设备本身不是决定性的生产力，技改工程要认真研究投入产出比，提高设备使用价值，严格执行工程投资建设标准，禁止奢侈豪华装修，努力实现节约发展。

*第二，要打牢管理基础。*要按照《云南中烟企业管理创一流工作方案》确定的管理目标和工作要求，进一步深化“对标”工作，突出标杆引领，推进对标管理由统计管理向诊断管理转变、定性分析向定量分析转变、结果对标向过程对标转变。进一步深化“贯标”工作，完善管理目标体系，优化管理体系文件，加快体系运行与信息化的深度融合，

提升体系运行效率。进一步深化“创优”工作，动态修订创优工作规划，重点分析未达标指标，力求改进，努力创建行业标志性工厂。围绕为战略管理、管理协同、管理服务作支撑，做精做实数据中心、ERP财务系统、移动互联平台等重点信息化建设项目，打造通畅有序、高效运转的信息通道。加强安全工作，推进安全生产标准化建设，做好工程施工安全监管，以消防、交通安全为重点，认真排查安全隐患，确保企业安全发展。

*第三，要打牢党建基础。*围绕提高党的建设科学化水平的战略要求，把学习贯彻十八大精神作为首要政治任务，进一步认真组织学习大会精神，深刻领会大会精神实质，切实抓好大会精神的贯彻；加强社会主义核心价值体系建设，深入开展“235”教育实践活动，使“两个至上”“三个始终”“五种意识”真正成为全体干部职工尤其是领导干部的共同价值追求、行动准则和自觉行动；推进基层单位创优工作，提升基层党组织建设系统化、标准化、品牌化水平；完善党委中心组学习制度，打造学习型党组织和学习型党员，切实增强领导班子经受“四个考验”、防止“四种危险”的能力；制定落实惩治和预防腐败体系2013—2017年工作规划，完善党风廉政建设责任制考评体系，加强惩防体系建设和预防警示教育，全面推广廉政风险点防控，广泛开展廉政文化创建活动，推进“制度+科技”预防腐败办法和廉政文化“四进”机制，做好重点领域和权力运行监管。

*第四，要打牢人才基础。*加强领导班子建设，提高领导干部素质，优化领导干部队伍结构，完善各级领导班子和领导干部综合考核和年度考核。加大竞争性选拔副处级干部力度，加强后备干部培养锻炼和交流挂职，探索建立公司机关干部到基层、基层干部到机关双向交流的长效机制。深化用工分配制度改革，加强收入分配管理，严格工资使用计划，理顺各类人员收入分配关系，规范收入分配秩序，构建和谐劳资关系。重视做好离退休工作，落实好“两项待遇”。推进办事公开民主管理工作，落实职工知情权、参与权、表达权、监督权，结合云南中烟成立十周年系列活动，加强和改进宣传工作、思想政治工作，密切关注职工思想动态，排查不稳定因素，完善应急工作机制，推进各单位领导干部接访、下访，努力及时就地解决员工反映的热点和难点问题，营造企业更加和谐、职工更加舒心的发展环境。加强员工队伍建设，统筹推进“三支队伍”建设，实施重大人才工程，加强岗位管理和绩效考核，加大高层次、高技能人才的培训力度，加强对各类专家的选拔培养和评比表彰，做好员工职业生涯通道建设和绩效管理，构建以人为本、人岗匹配、培训有序、空间有余的用人机制。

同志们，党的十八大为我们的改革发展指明了方向，“532、461”的历史性任务光荣而艰巨。云南烟草工业上下一定要切实增强危机感、责任感和使命感，把思想和行动统一到党中央重大决策部署上来，把智慧和力量凝聚到云南中烟“5521”品牌发展战略和年度工作目标上来，解放思想，改革创新，打牢基础，做强品牌，为夺取云南中烟“十二五”中盘胜利而奋力拼搏，为全面建成小康社会作出不懈的努力和贡献！

深入开展党的群众路线教育实践活动 不断推动云南中烟持续健康发展

——在云南中烟深入开展党的群众路线教育实践活动动员大会上的讲话

朱绍明

（2013 年 7 月 16 日）

在全党深入开展以为民务实清廉为主要内容的党的群众路线教育实践活动，是党的十八大作出的一项重大战略部署。自今年 5 月份以来，中央专门下发了一系列关于在全党深入开展党的群众路线教育实践活动的重要文件，6 月 25 日，国家局党组下发了在全行业深入开展党的群众路线教育实践活动的实施意见，并于 7 月 8 日召开动员大会，凌局长作了动员讲话，全面启动全国烟草行业党的群众路线教育实践活动。7 月 9 日，云南中烟党组就活动方案等相关事宜向国家局进行了请示汇报，经国家局督导组同意，今天我们召开云南中烟开展党的群众路线教育实践活动（以下简称“教育实践活动”）动员大会，全面启动全系统的教育实践活动，国家局第七督导组一行莅临指导，组长王崇光同志还将作重要讲话，我们要认真贯彻落实。在此，我代表云南中烟党组和与会的全体同志，对国家局督导组的到来表示最热烈的欢迎！

下面，我代表云南中烟党组讲三点意见。

一、充分认识开展教育实践活动的重大意义，切实把思想认识统一到上级的部署和要求上来

在全党深入开展以为民务实清廉为主要内容的党的群众路线教育实践活动，是贯彻党的十八大精神，坚持党要管党、从严治党，加强党的自身建设的一项重大决策。党中央下发了《关于在全党深入开展党的群众路线教育实践活动的意见》，习近平、刘云山等中央领导同志作了重要讲话。讲话从全局和战略的高度，从坚持和发展中国特色社会主义的高度，从实现党的执政使命、奋斗目标的高度，深刻论述了开展教育实践活动的重大意义，是深入开展教育实践活动的纲领性文件。云南中烟各级党组织和广大党员要认真学习、深刻领会，迅速把思想和行动统一到中央和国家局的部署和要求上来，切实提高对开展教育实践活动重大意义的认识，以高度的政治责任感抓紧、抓实、抓好。

一是要充分认识开展教育实践活动对于保持党的先进性和纯洁性，巩固党的执政基础和执政地位具有重大意义。

中国共产党是在群众中诞生、成长和发展起来的马克思主义政党，先进性和纯洁性是党取得事业成功的根本保证，执政基础和执政地位是党推进事业发展的基本条件。当前世情、国情、党情发生了深刻的变化，在新形势下，党面临的执政考验、改革开放考验、市场经济考验、外部环境考验是长期的、复杂的、严峻的，精神懈怠危险、能力不足危险、脱离群众危险、消极腐败危险更加尖锐地摆在全党面前。不断提高党的领导水平和执政水平、提高拒腐防变和抵御风险能力，是巩固党的执政地位、实现执政使命必须解决好的重大课题。我们党要经受各种考验、抵御各种危险，向人民交出合格的答卷，就必须始终把保持先进性和纯洁性作为党的建设的重大问题来抓，不断增强自我净化、自我完善、自我更新、自我提高的能力。深入开展教育实践活动，就是坚持党要管党、从严治党，以作风建设促进党的各方面建设，始终保持先进性和纯洁性的重大决策。

二是要充分认识开展教育实践活动对于解决当前群众反映强烈的突出问题具有重大意义。

全心全意为人民服务是党的根本宗旨，群众路线是党的生命线和根本工作路线，也是我们党的成功之道和基本经验。习近平总书记指出，“党的根基在人民、血脉在人民、力量在人民。失去了人民拥护和支持，党的事业和工作就无从谈起”。应当肯定，党员、干部贯彻落实党的群众路线总体是好的，党群干群关系也是好的。但也要看到，与形势和任务的要求相比，当前党的队伍中，人民群众反映的作风不正、不实、行为不廉的问题还很严重，特别是集中表现在形式主义、官僚主义、享乐主义和奢靡之风这“四风”上。我们必须居安思危，增强忧患意识，切实把反对“四风”摆在作风建设的突出位置，下大力气来抓，要以坚定的决心对作风之弊、行为之垢来一次大排查、大检修、大扫除，切实解决群众反映强烈的突出问题。

三是要充分认识开展教育实践活动对于破解行业改革发展新课题、促进云南中烟持续健康发展具有重大意义。

云南中烟自成立以来，认真学习和践行科学发展观，按照国家局各个阶段改革发展的目标任务，牢固树立“国家利益至上、消费者利益至上”的行业共同价值观，以“235”教育实践、创先争优和“改进作风年”等活动为重要载体，不断加强各级领导班子和干部队伍建设，大力推进思想政治建设，夯实了群众基础，集聚了发展力量。在面临诸多困难、风险与挑战的情况下，云南中烟在近几年保持了经济效益两位数的增速，为行业发展和“5521”品牌发展目标的实现打下了坚实基础。云南中烟过去10年的改革发展历程告诉我们，正是有了群众的理解、群众的支持、群众的参与和群众的认可，我们的各项工作才能顺利推进。当前，云南中烟改革发展已到了关键时期和攻坚阶段，如何深入贯彻落实群众路线，发挥职工群众的聪明才智，解决好资源整合、科技创新、合作生产、营销同步、规范管理、人才建设以及多元化整合、完成年度税利目标等八个方面的问题，成为当前最为迫切的任务。同时，落实好凌局长对我们“三个典范”“三个第一”的评价和要求，切实做好“一个坚持”和“三件大事”，也要以“三大课题”为载体，问计于基层、问计于企业、问计于群众，充分发挥党密切联系群众的独特优势，有效调动干部职工的积极性、主动性和创造性，在谋划行业改革发展上取得新成效，在转变党员干部的作风上取得新成绩，在解决群众反映的突出问题上取得新成效。云南中烟全体党员特别是处级以上党员领导干部，一定要紧密联系思想实际和工作实际，增强责任感和紧迫性，以严肃的态度、坚定的决心，扎实有效地开展好教育实践活动。

二、准确领会上级文件精神，正确把握教育实践活动的指导思想、目标任务和工作原则

一要正确把握教育实践活动的指导思想。这次教育实践活动的指导思想是：坚持以马克思列宁主义、毛泽东思想、邓小平理论、“三个代表”重要思想、科学发展观为指导，紧紧围绕保持党的先进性和纯洁性，以为民务实清廉为主要内容，以严格贯彻落实中央八项规定、国家局党组“九条要求”和云南中烟党组关于“改进工作作风、密切联系群众”的相关要求为切入点，以各级领导班子和领导干部为重点，切实加强全系统党员、干部马克思主义群众观点和党的群众路线教育，坚决反对形式主义、官僚主义、享乐主义和奢靡之风，着力解决职工群众反映强烈的突出问题，提高做好新形势下群众工作的能力，为云南中烟科学发展、创新发展和跨越发展提供坚强保证。

要认真贯彻“照镜子、正衣冠、洗洗澡、治治病”的总要求。“照镜子”，主要是学习和对照党章，对照廉政准则，对照改进作风要求，对照群众期盼，对照先进典型，查找宗旨意识、工作作风、廉洁自律方面的差距。“正衣冠”，主要是按照为民务实清廉的要求，严明党的纪律特别是政治纪律，敢于触及思想，正视矛盾和问题，从自己做起，从现在改起，端正行为，维护良好形象。“洗洗澡”，主要是以整风精神开展批评和自我批评，深入分析出现形式主义、官僚主义、享乐主义和奢靡之风的原因，坚持自我净化、自我完善、自我革新、自我提高，既要解决实际问题，更要解决思想问题。“治治病”，主要是坚持惩前毖后、治病救人方针，区别情况、对症下药，对作风方面存在问题的党员、干部进行教育提醒，对问题严重的进行查处，对与民争利、损害群众利益的不正之风和突出问题进行专项治理。

二要清醒认识教育实践活动的目标任务。这次教育实践活动的目标任务是：教育引导党员、干部树立群众观点，弘扬优良传统，解决突出问题，保持清廉本色，使党员、干部思想进一步提高、作风进一步转变，党群干群关系进一步密切，为民务实清廉形象进一步树立；要坚持围绕中心、服务大局，全面贯彻落实党的十八大提出的各项任务要求，切实把作风建设放在突出位置。一是落实为民务实清廉要求。为民，就是要坚持人民创造历史、人民是真正英雄，坚持以人为本、人民至上，坚持立党为公、执政为民，坚持一切为了群众、一切依靠群众，从群众中来、到群众中去。务实，就是要求真务实、真抓实干，发扬理论联系实际之风；坚持问政于民、问需于民、问计于民，发扬密切联系群众之风；谦虚谨慎、戒骄戒躁，厉行勤俭节约、反对铺张浪费，发扬艰苦奋斗之风。清廉，就是要自觉遵守党章，严格执行廉政准则，主动接受监督，自觉净化朋友圈、社交圈，带头约束自己的行为，增强反腐倡廉和拒腐防变自觉性，严格规范权力行使，把权力关进制度的笼子，坚决反对一切消极腐败现象，切实做到干部清正、班子清廉、政治清明。二是着力解决突出问题，把反对“四风”贯穿始终。坚决反对形式主义，就是要教育引导党员、干部端正学风，改进文风会风，在大是大非面前敢于担当、敢于坚持原则，真正把心思用在干事业上，把功夫下到察实情、出实招、办实事、求实效上；坚决反对官僚主义，就是要教育引导党员、干部深入实际、深入基层、深入群众，接地气、通下情，坚持民主集中制，改进调查研究，虚心向群众学习，真心对群众负责，热心为群众服务，诚心接受群众监督；坚决反对享乐主义，就是要教育引导党员、干部牢记“两个务必”，克己奉公，勤政廉政，保持昂扬向上、奋发有为的精神状态；坚决反对奢靡之风，就是要教育党员、干部坚守节约光荣、浪费可耻的思想观念，做到艰苦朴素、精打细算，勤俭办一切事情。着力解决突出问题，就是要认真思考、努力破解影响云南中烟持续改革发展的难题，完成年度各项目标任务，推动“5521”品牌发展目标的实现。

三要正确把握学习实践活动的主要原则。一是坚持正面教育为主。要加强马克思主义群众观点和党的群众路线教育，加强党性党风党纪教育和道德品行教育，引导党员、干部坚定理想信念，增强公仆意识，讲党性、重品行、作表率，模范践行社会主义核心价值观，坚守共产党人精神追求，自觉践行“两个至上”，努力做到“三个始终”，牢固树立“五种意识”。二是坚持开展批评与自我批评。开展积极健康的思想斗争，敢于揭短亮丑，崇尚真理、改正缺点、修正错误，真正让党员、干部思想受到教育、作风得到改进、行为更加规范。自我批评，要真正触及问题、挖到思想深处，防止避重就轻；相互批评，要敢于指出问题、真诚帮助提高，防止好人主义。三是坚持讲求实效。要开门搞活动，让党员、干部和职工群众积极参与到活动中，请群众参与、让群众评判、受群众监督。四是坚持分类指导。要在解决问题上分类指导，联系找准需要解决的突出问题，提出适合各自特点的目标要求和办法措施。要在环节方法上分类指导，规定动作要扎实到位，自选动作要突出特色，要把国家局要求与云南中烟实际紧密结合起来，与本单位工作实际紧密结合起来，与党员干部思想工作实际紧密结合起来。五是坚持领导带头。各级领导干部特别是主要领导要带头学习、带头听取意见、带头开展谈心、带头搞好批评和自我批评、带头反对“四风”、带头进行整改。我和云南中烟其他公司领导将以身作则，率先垂范，做到这“六个带头”，并欢迎大家严格监督。

三、正确把握方法步骤和关键环节，确保教育实践活动扎实有序推进

云南中烟党组高度重视教育实践活动，提前开始准备工作，召开党组会认真研究活动方案以及相关配套文件。在制订活动方案的过程中，我们得到国家局教育实践活动领导小组办公室和督导组大力的支持和具体的指导。云南中烟教育实践活动分两批次进行，每批大体安排半年时间。第一批为云南中烟公司领导和公司机关，时间从2013年7月份开始，2013年底基本结束；第二批为云南中烟各卷烟集团（含所属各省内卷烟厂）、各直属单位，时间从2014年1月份开始，2014年7月基本完成。对党员、干部集中教育时间不少于3个月，每个批次、每个单位的教育实践活动，按三个阶段的相关要求，着力抓好各个环节的落实。

*第一个环节是学习教育、听取意见。*重点是搞好学习宣传和思想教育，深入开展调查研究，广泛听取干部群众意见。

学习的主要内容是中国特色社会主义理论体系、党章和党的十八大报告、习近平总书记一系列重要讲话精神，以及党中央、中国烟草和云南中烟在近期所作的关于切实改进作风、密切联系群众的具体要求。党组、党委（总支）要拟订学习计划，按照规定召开中心组学习会议组织专题集中学习，公司党组成员、各级党委（总支）主要负责人要先学一步、学深一些，要为基层讲党课、作辅导；各基层党支部要制订学习计划，采取多种形式开展学习教育活动。在调查研究、听取意见的过程中，要重点落实好联系点制度，公司党组成员和卷烟集团领导到联系点开展调研要“一竿子插到底”，深入到车间班组、生产一线、销售前沿和挂钩扶贫点，听最真实的声音、看最直接的情况、收集最基层的意见。机关各部（室）要结合部门工作深入基层，把服务基层到位不到位、职工群众满意不满意等纳入调研范围。调查研究要突出“两个结合”（结合国家局凌成兴局长提出的“三大课题”、结合实现“5521”品牌发展目标所面临的八个方面问题）、坚持“三个贴近”（贴近一线、贴近市场、贴近群众）、做到“三个聚焦”（聚焦当前工作的难点、群众关心的热点、转变作风的突破点），为下步对照检查、开展批评、解决问题和建章立制打好基础。要把学习、调研和整改贯穿教育实践活动的始终，不等不靠，边学习、边调研、边整改。

*第二个环节是查摆问题、开展批评。*重点是围绕为民务实清廉要求，通过群众提、自己找、上级点、互相帮，认真查摆形式主义、官僚主义、享乐主义和奢靡之风方面的问题，进行党性分析和自我剖析，开展批评和自我批评。

要认真组织开展“四查四看”活动，通过“四查四看”全方位查找领导班子和个人落实“为民务实清廉”的要求和“四风”方面的突出问题。一要查思想认识，看是否树立正确的世界观和权力观，是否具有责任感和事业心；二要查工作作风，看是否深入基层、贴近实际，是否廉洁自律、正风肃纪；三要查方式方法，看工作思路是否清晰，工作重点是否突出；四要查办事效率，看工作效率高不高、效果好不好，是否注重实际，注重实干，注重实效。特别要重点查找领导班子成员是否违反中央“八项规定”、国家局党组“九条要求”和云南中烟党组的相关规定，是否认真处理职工关心的热点、难点问题。

要组织召开一次高质量的专题民主生活会。会前要充分听取群众意见，党组（党委、党总支）主要负责同志要与班子成员逐一谈心，班子成员之间要相互谈心，每个班子及其成员要对照“为民务实清廉”要求和“四查四看”的成果撰写对照检查材料。会上既要进行深刻的自我批评，又要进行诚恳的相互批评。会后要在规定范围通报民主生活会情况和班子成员的对照检查材料。

云南中烟督导组要全程参与所督导单位领导班子的专题民主生活会，并会同党委（总支）主要负责同志对班子成员的对照检查材料、开展批评和自我批评情况进行评价，采取适当形式进行反馈。今天动员大会后，将进行对公司领导班子和领导个人的民主评议和征求意见。每批次活动结束前，要进行群众满意度测评，把活动的成果交由群众来检验。

各基层党支部要开好专题组织生活会，认真组织党员参加教育实践活动。每个党员包括党员领导干部都要参加所在党支部召开的专题组织生活会，针对存在问题，提出改进措施和办法。

*第三个环节是整改落实，建章立制。*要针对教育实践活动前两个阶段所查找出来的问题，制定和落实整改方案，以作风方面存在的问题为重点，对反映较为集中的突出问题进行集中治理，并注重从体制机制上解决问题，整改过程要注重针对性、时效性、长期性和延续性，确保整改到位。

要紧扣为民务实清廉要求，强化正风肃纪。在反对形式主义方面，要对系统的各类会议、文件、简报、节庆、评比表彰和达标活动再次进行清理，该简化的简化、该合并的合并、该取消的坚决取消。在反对官僚主义方面，要对全系统领导勤政情况进行检查，公司机关开展作风整治要以“服务、高效、低调”为重点。在反对享乐主义方面，要对领导班子和领导干部落实有关工作和生活待遇规定的情况进行专项检查，进一步规范和落实公务接待、办公用房、公务用车及职务消费等方面的问题。在反对奢靡之风方面，严格控制“三公”经费支出，坚决制止铺张浪费行为。

要努力提高干部的群众工作能力。要从理论和实践两个方面引导党员、干部深入学习新形势下群众工作的特点和规律，熟练运用群众工作的方法和手段，切实拓宽群众工作的渠道和途径。要引导党员干部特别是领导干部不断提高调查研究、掌握实情的能力，提高科学决策、民主决策的能力，提高解决问题、化解矛盾的能力，提高宣传群众、组织群众的能力，以良好的作风和过硬的本领，在群众中树立行业党员干部的良好形象。

要认真制定和落实整改任务书、时间表，实行“一把手”负责制，分项目明确整改时间、责任部门和责任领导，并严格进行督导检查。对具备整改条件的问题限期整改，对当前不具备整改条件的问题要落实整改责任，制定整改方案，尽快加以解决。解决问题要立足于云南中烟改革发展实际，防止形式主义和短期行为，整改情况要以书面形式公布，接受党员和群众监督。

要加强制度的建设和落实，对已有制度特别是群众路线和作风建设方面的制度进行全面梳理，行之有效的，要长期坚持，并汇编成册。要积极研究制定一批深化作风建设的规章制度，逐步建立起体现群众意志的管理原则、考评机制和决策程序。要不断完善厉行节约、反对浪费的制度体系，管住公车配备、楼堂馆所、重点费用、公务行为和因公出国（境）等关键点，公司督导组将不定期就各单位、各部门的制度落实情况进行专项抽查，将制度的落实作为教育实践活动的一项长期性工作抓紧抓实。

第一批教育实践活动任务基本完成后，将召开总结大会暨第二批活动的动员大会，对前期活动开展情况进行总结提升，并对下步活动进行安排布置，确保活动顺利衔接。

四、采取有力措施，确保教育实践活动取得实实在在的成效

在云南中烟开展教育实践活动，要做到认识到位，组织到位，措施到位，工作到位，防止形式主义和“走过场”，确保活动取得实实在在的成效。

*一是要落实领导责任。*云南中烟机关和各单位教育实践活动在云南中烟党组领导下开展。经研究，成立云南中烟党的群众路线教育实践活动领导小组，由我担任组长，柳万东董事长和其他党组成员担任副组长，成员由各位副巡视员和相关部室的主要负责人组成。领导小组下设办公室，负责教育实践活动的组织协调和日常工作。参加第一批活动的公司领导和机关各支部（部室）由教育实践活动领导小组负责督促推进，由公司领导班子和各支部（部室）的主要负责人组织实施和具体落实。参加第二批教育实践活动的各单位要成立领导小组和工作机构，具体负责活动的组织领导和日常工作，主要领导同志为第一责任人。各级党员领导干部要发挥表

率作用，积极参加领导班子和所在支部的活动，按照“不虚”“不空”“不偏”的要求，推进教育实践活动的深入开展。公司领导要认真落实联系点制度，对第二批教育实践活动的单位加强指导，起好带头作用。

二是要注重活动实效。各单位要把开展教育实践活动，与行业“235”教育实践活动相结合，与云南省“四群教育”活动相结合，与云南中烟年度工作会议提出的“强化责任、突出服务、改进作风”要求相结合，与工会系统开展的“面对面、心贴心、实打实服务职工在基层”活动相结合。要服从安排、统筹推进，确保“规定动作”不走样；还要贴合实际、突出特色，推进“自选动作”有创新。各单位要确保党员全员全过程参加，充分听取群众意见建议，把深入学习、开展调研、解决问题和完善机制等任务贯穿活动全过程，自始至终抓好并取得成效。

三是要营造良好氛围。云南中烟教育实践活动领导小组办公室要对各单位、机关各部（室）的活动开展进行指导检查，及时了解开展情况，总结推广经验。要充分发挥内部杂志、报刊、网站、电视台等媒体的宣传引导作用，广泛宣传中央、国家局和云南中烟教育实践活动的精神和要求，注重舆论引导。云南中烟网站和杂志将开辟“党的群众路线教育实践活动”专栏，全面反映全系统教育实践活动的进展和成效，深入挖掘学习教育活动中的典型事例和先进人物，为教育实践活动营造良好氛围。

四是加强督导工作。国家局督导组进驻云南中烟开展工作，对我们教育实践活动的顺利开展具有重大的意义，云南中烟将全力支持工作、服从指导和接受监督。在第二批教育实践活动过程中，云南中烟教育实践活动领导小组将派出2个督导组，在国家局督导组的领导和指导下，深入各单位调研指导，列席相关活动，审阅活动方案和动员讲话，提出工作建议，协调督促推进。各单位党委（总支）也要建立相应的督促检查机制，确定工作内容和工作任务，加强对下级单位的工作指导。

五是确保两不误、两促进。全系统要正确处理开展教育实践活动与做好改革发展稳定各项工作的关系，使活动每个环节、各项措施都为中心工作服务，做到统筹兼顾，合理安排，有机结合，整体推进，把教育实践活动的成效体现到促进工作、解决突出问题上，做到两手抓、两不误、两促进，用工作的实际成果来衡量和检验教育实践活动的成效。

同志们，云南中烟党的群众路线教育实践活动经过认真准备，今天开始全面启动了。我们要更加紧密地团结在以习近平同志为总书记的党中央周围，在国家局督导组的指导下，以高度的政治责任感和严谨的工作作风，深入扎实地开展好教育实践活动，圆满完成教育实践活动各项任务，有力地推动云南中烟“5521”品牌发展目标和持续、健康发展作出新的努力和贡献！

全面贯彻落实党的十八大精神
扎实推进云南烟草工业党风廉政建设和反腐败工作

——在云南烟草工业系统纪检监察工作会议上的工作报告

李新军

（2013 年 2 月 28 日）

我代表云南中烟工业有限责任公司党组、纪检组向会议作工作报告。

这次会议的主要任务是：全面贯彻落实党的十八大精神，认真学习十八届中央纪委二次全会精神和习近平总书记的重要讲话，传达贯彻国家局纪检监察工作会议和省纪委九届三次全会精神，总结2012 年云南烟草工业系统党风廉政建设和反腐败工作，安排部署 2013 年工作任务。公司党组对这次会议十分重视，会前召开党组会议专题研究了全系统反腐倡廉工作，并审议通过了工作报告。党组书记、总经理朱绍明同志在会上还要作讲话、提要求，我们要认真学习领会，坚决贯彻落实。

一、2012 年党风廉政建设和反腐败工作回顾

2012 年，全系统各级党组织认真贯彻落实中央十七届五中、六中全会和十七届中央纪委七次全会精神，按照纪检监察工作会议提出的要求和“建立健全惩治和预防腐败体系五年规划”的部署，紧紧围绕云南烟草工业中心工作，深入推进党风廉政建设和反腐败工作，干部职工廉洁自律意识得以加强，反腐倡廉制度建设逐步完善，监督检查职能有效发挥，生产经营行为更加规范，党风廉政建设和反腐败各项工作任务得到较好落实并取得新的成效，为云南烟草工业全年工作目标任务顺利完成提供了坚强的保障和促进作用。

（一）*认真履行监督检查职能，保证重大决策部署贯彻落实。*系统各级纪检监察部门始终把履行监督检查职能作为重要抓手，组织开展了对《进一步推进国有企业贯彻落实“三重一大”决策制度的意见》贯彻落实情况的检查工作，对检查中发现的问题研究制定具体的整改措施，促进了贯彻落实“三重一大”制度的长效机制建设；组织开展了清理干部职工投资入股关联企业工作情况的专项检查，研究制定了“分步实施、分类处置”的实施工作方案，完成了对副科级以上干部持股关联企业清退工作，全系统清退副科以上干部持股关联企业 597 人，退股金额 1020.88 万元，并退缴红利 723.23 万元；对各单位贯彻执行党风廉政建设责任制情况进行了检查考核，考核情况总体较好，得到了广大干部职工的普遍认同。通过开展多种形式的监督检查，及时发现并纠正问题，有力推动了各项工作健康顺利开展，确保国家局、工业公司重大决策部署在全系统得到贯彻落实。

（二）*加强领导干部作风建设，促进领导干部廉洁自律。*公司党组及所属各单位分别以“加强领导班子思想政治建设”和“学习贯彻党的十八大精神，保持党的纯洁性”为主题先后两次召开专题民主生活会，认真学习了胡锦涛总书记关于切实保持党的纯洁性的重要讲话及有关廉政制度规定，对照胡总书记在庆祝建党90周年大会上提出的“四种危险”“四个考验”和姜成康局长在行业政工会议上提出的“五个突出问题”，全面反思、深刻剖析，认真查找各级领导班子和领导干部自身在倾向性、苗头性、思想性等方面存在的问题，明确了努力方向，党组制定下发了《关于加强领导班子和干部队伍思想政治建设的具体措施》，有力促进了领导班子和各级领导干部自觉加强党性修养和作风建设，廉洁自律意识进一步加强。据统计，2012年全系统上交礼品礼金8人次，其中人民币1.48万元、港币20.5万元、美元2000元。

（三）深入开展廉政教育工作，推进廉政文化建设。系统各单位始终把廉政教育工作和廉政文化建设作为先行，结合践行“两个至上”、做到“三个始终”、树立“五种意识”主题实践活动，深入开展示范教育、警示教育和岗位廉政教育，大力推动廉政文化建设。工业公司利用网站资源在公司内网社区频道“纪检、纠风”栏目开设了党风廉政警示教育专题栏目，播放《拒腐防变每月一课》廉政宣传教育片。各单位充分利用本单位电视台、网站、报刊、杂志等资源，采取组织观看廉政教育录像片、上廉政党课、专题讲座、“现身说法”警示教育、召开节前廉政座谈会、党风廉政建设知识竞答、编发廉政短信等多种形式开展廉政教育活动，进一步提升了党风廉政教育的针对性和广泛性。全系统全年共开展党风廉政专题教育45场，受教育6133人次，开展廉政文化活动100次，参加13860人次。通过开展形式多样的廉政警示教育和广泛开展廉政文化活动，各级领导干部廉洁自律意识明显增强，广大职工群众反腐倡廉意识明显提高。

（四）强化反腐倡廉制度建设，不断完善惩防体系。系统各单位始终把制度建设作为廉政建设的一项基础性工作来抓，工业公司下发了《关于严格禁止各级领导干部在公务接待中参与各类高档消费活动的通知》《关于贯彻落实习近平同志关于厉行勤俭节约反对铺张浪费重要批示的通知》，制定了《关于贯彻落实“三重一大”决策制度的监督管理办法》《关于贯彻〈烟草行业企业重大决策事项决策的具体实施办法〉的实施细则》《关于贯彻落实中央关于“改进工作作风、密切联系群众八项规定”的实施办法》《企业领导干部职务消费行为监督管理暂行办法》，印发了《关于开展廉政风险防控工作的实施意见》等规章制度。各单位根据各自实际，加大制度建设工作力度，全年共制定了内部监管等方面的制度51项，修订完善制度25项。建章立制不断完善，惩防体系逐步健全，为反腐倡廉建设进一步提供了制度保障。

（五）做好重点领域监督，深化源头治理工作。结合行业特点和国家局要求，各单位持续加强对工程投资、物资采购、宣传促销项目及干部选拔任用工作等重点领域和关键环节的监督。严格把控工程建设“五个关口”“五个金额数字”，严格遵循物资采购、宣传促销公开招标程序，认真落实国家局“应招尽招、真招实招”要求，进一步扩大公开招标范围，提高公开招标比例。据统计，全系统工程投资、物资采购、宣传促销项目公开招标率分别达86.65%、97.8%和72.37%，金额公开招标率分别达96.15%、83.8%和86.21%。积极参与对物资采购、宣传促销项目有关程序规定执行情况的监督检查，推进了资金监管系统、ERP监管系统的推广使用。一年来，各级纪检监察部门参与工程建设项目监管105个，提出整改措施9条；物资采购、宣传促销招投标、商务谈判等廉政监督357次，提出整改意见建议88条；参与干部选拔任用廉政审核204人次，提出不同意见1人次，澄清问题1人次。

（六）加大信访案件工作力度，严肃查处违纪违法案件。系统各级纪检监察部门认真慎重对待来信来访和处理信访举报，突出对重点领域重点环节的信访举报核实，严格按照程序调查处理信访举报，做到了件件有落实、事事有回音，始终保持了查办案件的高压态势。重点对举报有关单位领导干部利用职权侵吞国有资产的问题进行了核实，实事求是提出了处理意见。高度注重网络舆情监控，对网络举报和网络论坛涉及有关单位的问题进行了调查核实，并及时向上级机关作了报告。协助配合上级纪检、司法机关调查兴云公司和瑞升公司个别干部涉嫌违纪违法问题。全系统全年共收到信访举报36件次，同比去年59件次，下降39%；初核21件次，同比去年27件次，下降22%；立案1件，处分1人。

（七）强化队伍自身建设，不断提升履职能力。各级纪检监察部门进一步加强和改进教育培训工作，推进学习型组织建设。一是选派3名纪检监察干部参加了中纪委、国家局和省直机关工委举办的纪检监察业务培训；二是公司举办了有40余名纪检监察干部参加的纪检监察专题培训班；三是各单位组织了各类纪检监察业务培训110人次。根据中国监察学会烟草分会和云南省纪检监察学会布置的调研课题任务，组织所属单位开展专题调研，全系统共完成调研课题16个，调研论文236篇，获省学会和学联组表彰4篇。

在充分肯定成绩的同时，我们也应清醒地认识到，当前，云南烟草工业系统反腐倡廉建设的形势依然严峻，任务依然艰巨，党风廉政建设仍面临许多新情况、新问题。少数党员领导干部宗旨意识淡薄、作风不实、大局意识和组织纪律性不强；有的干部热衷并习惯于迎来送往，奢侈浪费现象还没有完全禁止；在建工程项目、物资采购和宣传促销管理还有漏洞，制度执行不严，监管工作不力仍然存在。对此，我们要高度重视，认真研究，加大反腐倡廉工作力度。

二、2013年党风廉政建设和反腐败工作任务

2013年，是全面贯彻落实党的十八大精神的开局之年，是推动云南烟草工业科学发展、创新发展、跨越发展，夺取“十二五”中盘胜利的关键之年。做好今年反腐倡廉各项工作，意义重大。今年工作总体要求是：认真贯彻落实党的十八大和十八届中纪委二次全会精神，坚持“标本兼治，综合治理，惩防并举，注重预防”的方针，坚持教育崇廉、制度促廉、监督管廉，紧紧围绕云南烟草工业“5521”品牌发展目标和党风廉政建设和反腐败工作“1123”工作目标，以严明党的政治纪律为重点加强纪律建设；以保持党同人民群众的血肉联系为重点加强作风建设；以完善“惩治和预防腐败体系建设”为重点加强反腐倡廉建设，不断提高反腐倡廉建设科学化水平，整体推进全系统党风廉政建设和反腐败工作，为云南中烟“卷烟上水平”提供强有力的政治纪律保证。

（一）以严明政治纪律为重点，加强对重大决策部署落实情况的监督检查

习近平总书记在十八届中央纪委二次全会上指出，纪律严明是党的光荣传统和独特优势，党面临的形势越复杂、肩负的任务越艰巨，就越要加强纪律建设，越要维护党的团结统一，确保全党统一意志、统一行动、步调一致前进，严明党的纪律，首要的就是严明政治纪律。全系统各级党组织要坚持把维护党的政治纪律放在首位，教育和督促广大干部职工在思想上、政治上、行动上与习近平为总书记的党中央保持高度一致，维护保证党的集中统一。各单位纪检监察部门要加强对党的政治纪律、组织纪律、经济工作纪律、群众工作纪律执行情况的监督检查。决不允许“上有政策、下有对策”；决不允许有令不行、有禁不止；决不允许在贯彻执行中央决策部署上打折扣、做选择、搞变通；不允许散布违背党的理论和路线方针政策的意见；不允许公开发表违背中央和上级党组织决定的言论；不允许泄露党和国家的秘密；不允许参与各种非法组织和非法活动；不允许制造、传播政治谣言及丑化党和国家形象的言论。

严明政治纪律，要加强对遵守执行党章情况的监督检查。认真学习党章、严格遵守党章、大力加强党的纪律建设，是学习贯彻党的十八大精神的重要内容，是加强反腐倡廉建设的一项基础性、经常性工作。各单位党委要组织全体党员原本、认真地学习党章，全面掌握党章基本内容，深刻领会党章精神实质，牢固树立党章意识，认真查找和纠正自己在党性党风党纪方面存在的问题。各单位纪检监察部门要切实履行好职责，把加强对党的纪律执行情况的监督检查作为一项经常性工作，把严明党的政治纪律作为首要职责，坚决维护党章的权威性和严肃性，做到党章规定的就必须不折不扣执行，违反党章的就必须坚决查处和纠正。

加强对云南烟草工业重大决策部署落实情况的监督检查。围绕中心工作，重点开展对“十二五”规划落实执行、“5521”品牌发展目标落实情况及云南中烟工作会议提出的“推动云南烟草工业科学、创新、跨越发展”各项举措落实情况的监督检查，保证云南中烟上下政令畅通。

加强对严格执行党风廉政建设责任制落实情况的监督检查。重点组织开展对党风廉政建设和反腐败工作主要任务分解完成情况及工作落实情况的检查。各单位党委要担负起反腐倡廉的政治责任，认真落实领导体制和工作机制。纪委要履行好职责，按照上级纪委的总体部署要求，协助同级党委研究部署、组织协调和督促检查党风廉政建设和纪检监察工作。

（二）以落实“八项规定”为重点加强作风建设，以良好作风推进云南中烟发展实现新跨越

党的作风体现党的宗旨，关系党的形象，关系人心向背，关系党和国家的生死存亡。我们要以贯彻中央“八项规定”及云南中烟党组的实施办法为重点，以转变作风为突破口，切实改进学习之风、调研之风、行文之风、开会之风、接待之风、新闻报道之风和业务往来之风，把要求落实到每一项工作、每一个环节之中。各级纪检监察部门要加大检查监督力度，执好纪、问好责、把好关，善始善终、善做善成，防止虎头蛇尾。要坚决整治影响云南烟草工业稳定发展的不良风气，做到言必信、行必果，以党风赢民心，以新风促发展，让全体党员和干部职工监督并看到实实在在的成效和变化。

1. 坚持求真务实，改进工作作风。云南中烟全系统要认真贯彻落实中央“八项规定”和党组《关于贯彻落实中央关于“改进工作作风、密切联系群众八项规定”的实施办法》，坚决反对形式主义、官僚主义。严格清理、从严控制各类会议活动，切实改进会风。提倡少开会、开短会、开解决问题的会，能不开的坚决不开，能合并的坚决合并，一般性会议只安排分管领导到会，其他领导不陪会，部门召开的会，公司领导一般不参加。提倡讲短话、讲真话、讲管用的话，不讲恭维式的套话、违心虚假的空话。大力精简各类文件、刊物、简报，提倡文件精、简、实、少，不搞照搬照套，没有实质性内容的文件，简报一律不发。督促领导干部改进调查研究，下企业和基层不打招呼、减少陪同、简化接待、轻车简从，不搞欢迎标语和横幅，不安排迎送，不安排宴请。这里着重说明和要求，公司检查组、巡视组到各单位工作期间：一是不召开无实际内容的汇报会和座谈会；二是不安排与工作无关的领导陪同；三是不吃桌餐，一律在职工餐厅吃工作餐；四是不接受礼品、包括“土特产”；五是不参与任何高消费的娱乐活动和参观景点。检查组的工作方式一律按查资料、直接向干部职工了解询问的方式进行，不做表面文章，不搞形式主义。

2. 坚持勤俭节约，制止奢侈浪费。在广大干部职工中牢固树立勤俭节约的优良传统，各级领导干部要作出表率，起好带头作用。要认真执行中央和国家局的有关规定。要严肃整治公款大吃大喝行为，严格禁止安排高消费娱乐活动，严禁借开会、调研、考察、检查等名义变相旅游。从严控制楼堂馆所建设，禁止违反规定构建、装修办公用房和配套高档办公用品。严格规范企业负责人职务消费行为，严格执行公务用车职务消费制度规定，防止借公款出国（境）旅游或把公款出国（境）作为一种待遇和照顾。要巩固专项治理成果，建立规范管理的长效机制。

3. 坚持勤政廉洁，注重严格自律。督促各级领导干部自觉破除特权思想，本着对企业和职工负责、对行业负责的态度，坚守住法律底线、纪律底线和道德底线。各级领导干部要严格执行《中国共产党党员领导干部廉洁从政若干准则》和《国有企业领导人员廉洁从业若干规定》，不准收受可能影响公正执行公务的礼品、礼金、有价证券、支付凭证和商业预付卡，以及纵容配偶、子女利用领导干部的职权和职务上的影响收受礼金、有价证券和贵重物品；不准接受下属单位、关联企业用公款安排的宴请和旅游活动；不准到下属单位、关联企业报销应由本人及配偶、子女支付的个人费用；严禁以任何形式参与赌博；严格规范领导干部离职和退休后的从业

行为。对违反上述各项规定的行为和人员，一定要严肃处理。

（三）以不断完善惩防体系建设为重点，整体推进反腐倡廉各项工作

坚持惩治和预防腐败两手抓，两手硬，积极探索新形势下有效预防腐败的规律，加强对权力运行的制约和监督，把权力关进制度的笼子里，形成不敢腐的惩戒机制、不能腐的防范机制、不易腐的保障机制。

1. 坚持教育崇廉，不断深化反腐倡廉宣传教育。结合行业开展的“践行‘两个至上’、做到‘三个始终’、树立‘五种意识’”主题教育实践活动，坚持以社会主义核心价值体系和“两个至上”行业共同价值观武装党员干部头脑，深入开展党性党风党纪教育和廉洁从业道德教育，大力加强政治品质和道德品行教育。深入贯彻公司党组《关于加强廉政文化建设的实施意见》，把廉政文化纳入企业文化建设的总体布局当中。组织开展示范教育、警示教育和岗位廉政教育，既要利用正面教育倡廉，扎实开展职业道德和廉洁从业教育，引导树立廉洁经营理念，也要用反面教育警廉，促使各级领导干部、重点岗位人员明白从业底线在哪里，高压线在那里，打好廉洁从业“防疫针”。要充分利用本单位网站、电视台、报纸、杂志等内部媒体资源，扎实开展廉政文化创建活动，积极推进廉政文化阵地建设，扩大廉政文化的影响力，在全系统培育清正廉洁的价值理念。今年，公司将组织各单位领导班子成员及副处以上领导干部到重新复馆的“云南省反腐倡廉警示教育基地”开展反腐倡廉警示教育活动。所属各单位也要安排党员干部、重点岗位人员接受廉政警示教育。

2. 坚持制度护廉，不断完善反腐倡廉制度建设。要严格遵守执行各项规章制度，按照惩防体系建设的要求不断完善制度建设。今年的工作重点，一是在全面总结上个“五年工作规划”经验的基础上，结合新的形势发展要求和客观实际，抓紧研究制订2013—2017年惩治和预防腐败体系工作规划。二是认真贯彻落实《关于开展廉政风险防控工作实施意见》，各单位要按照要求，把加强廉政风险防控纳入业务工作和管理流程之中，从“三重一大”“三项工作”等重点领域和关键环节入手，科学评估和认真排查部门、岗位、人员在权力行使、制度机制、思想道德等方面存在的廉政风险，有针对性地制定防控措施、健全内控机制、推行权利公开透明运行。各单位须抓紧制定具体实施方案，按计划、分阶段，全面推进廉政风险防控工作。三是认真落实党风廉政责任制，按中央新的责任制修订完善本单位责任制规定，重点在明确责任主体、完善责任分解、加强责任考核和责任追究上下功夫，不断提高执行党风廉政建设责任制的水平。四是拟定出台干部轮岗交流的实施细则，加大领导干部和重点岗位人员的交流力度，防范岗位风险。

要充分发挥信息化管理作用，研究“制度+科技”预防腐败的做法，研究把制度融入信息化平台变为管理流程的运行机制。按照国家局《烟草行业资金监管系统推广实施方案》和工业公司《关于实施资金监管系统有关事项的通知》要求，推进云南中烟ERP管理系统的运用。

3. 坚持监督管廉，加强对领导干部权力运行的监督制约。认真贯彻执行党内监督条例和党内政治生活有关规定，加强对领导干部特别是党政主要领导干部行使权力的监督，保证决策权、执行权、监督权既相互制约，又相互协调，推进权力运行公开化、规范化。每个领导干部要自觉接受组织和广大职工群众的监督，摆正位置，养成在监督下行使权力、开展工作的习惯。要认真贯彻执行党组《关于贯彻落实“三重一大”决策制度的监督管理办法》和《关于贯彻〈烟草行业企业重大决策事项决策的具体实施办法〉的实施细则》。按照国家局关于“三重一大”决策情况报告制度的要求，各单位纪检监察部门要组织开展自查和专项检查，认真制定监督检查工作方案，加强组织协调，重点检查决策制度是否建立、决策方式是否明确、权限是否清楚、程序是否规范、执行是否严格、监督是否有力。要严格执行民主生活会、述职述廉、诫勉谈话、函询等监督制度规定。探讨并推行廉政提醒谈话制度。

认真执行领导干部报告个人有关事项制度。认真落实对主要领导干部任期内经济责任审计和离任经济责任审计制度。大力推进民主管理、办事公开。加强改进巡视工作，健全机构、充实力量、改进方法，加大巡视成果的运用力度。

4. 坚持有案必查、有腐必惩，保持惩治腐败的高压态势。要进一步畅通信访举报渠道，拓宽线索来源，注意排查经济责任审计、专项检查以及巡视工作中发现的问题；积极探索建立网络舆情收集、分析、研判、处置机制。要坚持把查办案件作为云南烟草工业改革发展稳定的重要举措，做到有举报及时处理、有线索认真核实、有违反党纪国法严肃处理。今年查办案件的工作重点是要严肃查处违反“八项规定”的行为；严肃查办违反政治纪律和组织人事纪律的案件；严肃查办发生在领导干部中滥用职权、贪污贿赂、腐化堕落、失职渎职的案件；严肃查办插手工程建设、物资采购、宣传促销活动谋取私利的案件；严肃查办利用工商交易和关联交易谋取不当利益的案件；严肃查办全资、控股及多元化企业不规范经营行为，杜绝违纪违法行为的发生。通过查办核实，案件剖析，查找制度机制方面存在的问题，建章立制，堵塞漏洞。

我们的各级干部身处市场经济的大环境中，不可避免地与社会各行各业有经济活动和业务往来，受利益的驱动，难免就会有一些不法商人对我们的各级干部和重点岗位如工程建设、物资采购、宣传促销等方面的工作人员请客吃饭、送物送钱，这些现象在我们系统内已时有发生。为此，在查办案件中，一方面要坚持有案必查、有腐必惩，另一方面要注意保护好那些想干事、能干事、会干事的干部，包括工作中有过失误、出过差错的干部。各级领导干部也必须时刻保持高度警惕，坚决按中央的精神和上级的要求拒绝各种诱惑，对于所送的钱物，当时无法拒绝或其它原因没能拒绝的，事后应主动退还或上缴组织，对向组织主动说明情况并上缴钱物的，组织上会充分理解，并支持这些同志放下包袱、大胆工作。

5. 坚持严格规范，巩固专项治理成果。按照“规范权力运行、公开透明操作、确保监管到位、打造阳光烟草”的总体要求，牢固树立“生命线”理念，认真贯彻落实国家局《关于进一步深入推进严格规范工作的意见》，以深入推进“两项工作”为重点，继续严把工程建设中的“五个关口”，对国家局全面审计中对工程建设提出的问题要进行认真整改，严格工程项目建设制度规定的落实。要加强对工程投资、物资采购、宣传促销工作程序执行情况的监督检查，严格贯彻执行“应招尽招”“真招实招”要求，坚决杜绝个人或者少数人说了算、擅自变更招标采购方式等现象，今年重点要在宣传促销项目减少单一来源采购形式及香精香料招标采购上有所突破，提高招标采购率。凡是经核实有违反规定搞虚假招标、明招暗定、围标串标等违纪违法问题的，要严肃查处，绝不搞下不为例。

在此，重申国家局党组提出的“四个严禁”要求：严禁上级领导机关干部和工作人员向下属单位打招呼、介绍关系，插手具体业务活动；严禁各级领导干部和工作人员以各种理由、形式规避公开招标，擅自决定项目实施；严禁具体工作人员疏于管理，把关不严，给违规行为开方便之门；严禁内外勾结，权钱交易，谋取非法利益。

结合云南中烟实际，今年工作的重点要进一步加强多元化企业的惩防体系建设工作。一要加强对多元化企业领导干部和重点岗位工作人员的廉政教育，组织开展政策法规学习；二要加强董事会建设、明晰监事会职责，严格遵守“三重一大”决策制度的规定，坚决防止个别人说了算、少数人研究决定的现象；三要建立健全各项基础管理制度和管控规程，严格规范管理，保证监督到位，严防权力失控、行为失范；四要完善党风廉政建设责任制，实行“一岗双责”，严格责任落实；五要建立健全纪检监察、审计等监督机构，纪检监察和审计可合并办公，并按有关规定配备人员。工业公司将在充分调研基础上研究制定对多元化企业管理工作的指导意见，进一步加强监督管理。

（四）以提升履职水平为重点，不断加强纪检监察队伍建设

认真贯彻《关于进一步加强和改进纪检监察干部队伍建设的若干意见》要求，以思想政治建设为重点，全面提高理论素质和业务能力，不断提升履职水平，努力建设一支政治坚强、公正清廉、纪律严明、业务精通、作风优良的纪检监察干部队伍。一是加强对各级纪检监察干部的培训工作，组织开展财务审计、法律法规、工程建设、招投标监管等业务知识的专题学习培训，为纪检监察干部知识储备和知识更新创造条件。二是加强对纪检监察干部轮岗交流的工作力度，注重选拔政治坚定、作风正、敢于坚持原则、懂业务的人员充实到纪检监察队伍中来。三是充分发挥好纪检监察学会的作用，认真搞好调查研究，多出调研成果、争取更多的研究成果能得到转化运用。

各级纪检监察干部要大力继承和弘扬行业30年来改革发展形成的宝贵精神财富，主动实践“勤俭节约、艰苦创业，改革创新、开拓进取，奉献国家、回报社会，注重效率、严格自律”的行业精神，增强做好纪检监察工作的信心和决心。

同志们，深入推进党风廉政建设和反腐败工作任重道远。我们要统一思想、坚定信心、扎实履职，奋发进取，不断开创云南烟草工业反腐倡廉建设的新局面，为云南中烟的科学发展全面发展作出新的更大贡献。

统一认识　扎实工作
努力开创信息化工作新局面

——在云南中烟2013年信息化工作会议上的讲话

李天飞

（2013年6月17日）

刚才，赵建华同志作了一个很好的工作报告，全面总结了2012年信息化工作情况，部署了今年的工作任务。我完全同意，希望大家认真抓好贯彻落实。

2012年，在云南中烟党组的正确领导下，信息化工作扎实有效开展：一是统筹规划取得明显成效，云南中烟“十二五”信息化规划通过国家局论证审批。二是应用服务水平得以提升，开展ERP、BPC（全面预算管理）系统、资金监管系统、协同办公系统整合、MES（制造执行管理系统）、应用集成等项目建设，有力支撑企业持续发展。三是信息共享利用取得新进展，行业生产经营统计数据在云南中烟顺利落地，建设经济运行分析系统，拓展了数据应用服务。四是基础管理得以深化，本部信息化人员得以充实，信息化组织机构更加完善，领导力和支撑力进一步增强。在国家工信部组织的国家级评审中，红塔集团作为行业五家单位之一，获得两化深度融合示范企业称号。这些工作成绩的取得，是公司党组正确领导的结果，是各级领导和从事信息化工作的同志们共同努力的结果，是广大干部职工积极实践的结果。在此，请允许我代表公司党组向为信息化工作做出突出贡献的同志们表示崇高的敬意和衷心的感谢。

下面，我就当前和今后一段时期信息化工作谈三点意见：

一、提高认识，把握当前信息化重点工作任务

当前，信息化已经上升到国家战略，在“两化”深度融合和“四化”同步发展的背景下，推进信息化与烟草产业的深度融合是长期努力的方向。就新形势下如何有效推进行业信息化建设，国家局提出了“深度融合、系统整合、有机结合”的新要求和建设纵向管控一体化，横向协同一体化，商流、物流、资金流一体化的“数字烟草”的新目标。对此我们要充分认识，深刻理解。首先要不断完善信息化工作体制机制，创新信息化建设模式，推动信息化由支撑、推动业务管理工作向提升、引领企业发展方向转变。其次要准确把握“三个一体化”的内涵和要求，树立全局意识，把“深度融合、系统整合、有机结合”作为信息化工作的出发点和落脚点。最后要抓好顶层设计，更加注重架构设计，更加注重流程梳理，更加注重标准统一，切实加强数据资源的集中管理和有效利用，进一步提升集成整合的深度、协同配合的广度、共享融合的程度，推动信息化在云南中烟更大范围，向更高层次、更高水平延伸发展。

从云南中烟自身来看，就是要通过信息化建设，提高企业资源优化配置能力，推动企业发展方式的创新；支撑卷烟品牌发展，推动大品牌战略的实施；

强化制约监督，促进管理基础的深化。

二、扎实工作，抓好今年重点工作任务落实

今年是信息化建设年，是云南中烟开创信息化发展新局面的关键一年，实施一批信息化重点工程项目，推动信息化在企业生产、经营、管理等各项工作中应用更深入，技术更先进，管理更完善，覆盖更全面，任务繁重、责任重大。就重点工程项目，我强调以下两点：

（一）准确把握要求，稳步推进项目建设

一是关于ERP系统建设，云南中烟通过实施ERP系统，形成核心业务运行平台，实施BPC（全面预算管理）系统，全面支撑“战略管控”落地，意义非常重大。云南中烟党组非常重视，召开专题会议，研究部署此项工作。从行业实践看，推动ERP建设是促进企业在管理理念、管理体制和管理能力的提升，实现管理水平的跨越的重要途径。云南中烟ERP系统以财务为主线，以财务业务一体化运作为基础，以全面预算管理为抓手，有效集成两红集团ERP系统，将提升财务管控能力，推动商流、物流、资金流、信息流的“四流汇通”，支撑企业的生产经营决策、绩效考核管理和资源优化配置，为云南中烟实现纵向管控和横向协同奠定扎实基础。

二是关于深化协同办公系统建设，要整合云南中烟本部和两红集团协同办公系统形成云南中烟整体协同管理平台，实现公文审批、业务审批、信息交流的一体化管理。重点是要与企业规范管理、严格监督有机结合，在工程投资、招标采购、资产管理、宣传促销等经营活动方面，以制度建设、流程优化为基础，固化制度和流程，保障办事程序严格规范、办事过程公开透明，提升内部在线监管水平。

三是关于数据中心，建设的重点是开展数据应用服务，要紧紧围绕提升卷烟品牌竞争能力，充分利用行业生产经营统计数据和企业内部科技研发、市场营销、原料保障、产品质量等数据，构建品牌模型，开展数据资讯服务，提供分析报告，供各级领导决策参考。

（二）加强组织领导，形成良好的工作局面

一是加强项目组织，发挥好领导的作用。各级领导要高度重视，要出思路，提要求，抓落实。要组建强有力的项目团队，形成科学的工作决策机制和制度，统筹协调技术与业务、管理、决策的互动关系，保障项目目标制定和实施的持续性和有效性，统一指挥、重点突破，确保各项工作目标的落实。

二是坚持统一性原则，注重顶层设计。抓好系统整合，兼顾业务管理效率和技术前瞻性，围绕架构、技术、流程、数据四个方面，处理好系统点、线、面、体四者关系，在整合的“点”上突出标准化，整合的“线”上突出协同，整合的“面”上突出集成，整合的“体”上突出一体化，以统一主数据、统一建设模式整体推进，提升业务支撑度、技术集成度、应用协同度、信息共享度。

三是以重点项目建设为契机，合理利用虚拟化、云计算、移动互联技术，加强信息化部门支撑环境建设能力、服务能力、技术体系建设能力。加强支撑环境建设能力，重在建立一个强有力的基础支撑环境，快速响应应用系统的开发和运行需求。加强服务能力，重在强化应用平台和数据中心的作用，有效支撑集成整合、服务管理决策。加强技术体系建设能力，重在完善技术架构、技术路线和标准体系，持续提升顶层设计与技术管理水平。各单位要在信息化建设实践中不断培养熟悉企业业务、掌握信息技术专业的复合型人才。

三、进一步抓好信息安全工作

对于信息安全问题，我们要时刻警醒，常抓不懈。当前的工作重点是一要完善体系。落实信息安全等级保护制度，从信息系统“建、管、用”各个环节加强信息安全管理。完善信息安全管理各项规定，明确保护要求和保护责任，加强互联网接入安全管理，坚决防止违规外联，不得向互联网发送内部信息。完善应急管理，提高应急处置能力。二要夯实基础。要建设安全运维管理平台，实现系统运行状况可视、运维操作可控、安全事件可预警、可追踪。要从基础架构着手解决新技术应用安全问题。三要全面排查。切实落实“三全”工作法，全面排查安全隐患，加强重点防范，落实好信息安全应急演练工作，要做到真演实练。总的来说，要将信息安全贯穿于信息化建设全过程，信息化项目立项、招标、建设、维护都要加强安全管理，符合行业信息化管理要求。

同志们，今年是云南中烟开创信息化工作新局面的关键一年，任务非常艰巨，让我们按照这次会议的部署和要求，开拓创新，努力工作，为云南中烟持续健康发展作出新的贡献！

夯实基础强管理　突出重点抓落实
推动拓展国际市场工作持续健康发展

——在2013年云南中烟拓展国际市场工作会议上的讲话

（2013年3月22日）

顾　波

这次云南中烟拓展国际市场工作会议的主要任务是：贯彻落实行业拓展国际市场工作会议和云南中烟年度工作会议精神，回顾总结2012年拓展国际市场工作，分析当前面临的形势和问题，安排部署2013年拓展国际市场主要目标任务，推动拓展国际市场工作持续健康发展。下面，我代表云南中烟，讲三个方面意见。

一、2012年主要工作回顾

2012年，云南中烟拓展国际市场战线的全体员工认真贯彻落实行业拓展国际市场的总体目标和云南中烟"聚焦三个重点，实现五个转变"的工作要求，积极探索，奋力拼搏，扎实工作，持续推进云南中烟拓展国际市场工作向前发展，较好地完成了既定的各项目标任务。

（一）境外销售大幅增长，经济效益整体改善

2012年，云南中烟境外销售卷烟161.7万件，同比增长30%，高于行业20.8%的增长水平；占行业境外总销量的26.3%，继续保持行业第一。其中，卷烟一般贸易出口54.2万件，同比减少11.5%；境外生产销售卷烟107.5万件，同比增长70%。实现境外市场销售总收入20.45亿元，其中，老挝红塔实现销售收入2.7亿元、同比增长62.5%，香港红塔实现销售收入3.1亿元、同比增长16%，红塔瑞士罗马尼亚子公司实现销售收入3.7亿元、同比增长44.2%，香港天成实现销售收入1.75亿元、同比增长9.3%；"红塔山"品牌实现销售收入2.6亿元、同比增长27%，"云烟"品牌实现销售收入3.5亿元、同比增长69%，"玉溪"品牌实现销售收入4.3亿元、同比增长30%。"新兴""WIN""MARBLE""GEM"等品牌通过提价增量，实现了大幅减亏。

（二）品牌体系基本形成，重点品牌发展良好

云南中烟基本形成由高端形象品牌、国际品牌和特色区域品牌组成的，互为补充、互为支撑的三级品牌体系。"红塔山""云烟""玉溪""红河"四大核心品牌境外销售的规格达到33个，同比增加14个。"红塔山"实现境外销售24.9万件，同比增长56%；"云烟"境外销售18万件，同比增长74%；"玉溪"境外销售21.2万件，同比增长25%；"红河"境外销售27.3万件，同比增长近两倍。四大品牌境外销量集中度进一步提高，占云南中烟境外总销量的比重达56.5%。同时，我们还成功举办了"红塔山"品牌国际化研讨会；投入8958万元拓展国际市场专项资金，用于国际市场的品牌宣传、渠道激励及终端促销；完成云南中烟国际市场品牌宣传片及免税渠道整体视觉形象的统一设计，并在香港、深圳、珠海、上海、北京等地投入使用。

（三）市场拓展全面展开，重点市场表现突出

《云南中烟（2011—2015 年）拓展卷烟国际市场指导意见》得到较好落实，重点有税市场份额快速提高，机场免税渠道覆盖率稳步增长，老挝、罗马尼亚、缅甸、港澳重点有税市场及全球免税市场表现突出。老挝红塔 2012 年实现老挝国内有税市场销量 10 万件，同比增加 3.9 万件，增长 63%，占老挝当地市场 22% 的份额。红塔瑞士罗马尼亚子公司在罗马尼亚建成由 46 家分销商 467 名营销人员组成的销售队伍，覆盖 33000 个零售点，覆盖率达到 52%，同比增长 6%，不仅实现了“BRASS”品牌对“MARBLE”品牌的成功替换，而且在有税市场实现销售 5.3 万件，同比增长 53%。缅甸市场实现销售 19.7 万件，继续保持云南中烟境外销量最大单一市场的地位。高端品牌“钓鱼台”“玉溪（国际版和谐出口）”和“玉溪（硬国际版境界出口）”，实现港澳两地销售 7265 件，同比增长近三倍。

（四）境外生产运行平稳，软硬件水平有所提升

2012 年，云南中烟境外生产卷烟 110.3 万件，增长 74%。其中，香港红塔生产 33.3 万件，同比增长 8%；老挝红塔生产 28.6 万件，同比增长 64.1%；越南升龙生产 11.9 万件，同比增长 1.7 倍；中烟国际欧洲公司生产 5.35 万件，同比增长 57.3%；马其顿佩莱博烟厂生产 9.6 万件，同比增长 2.8 倍；缅甸环球烟厂生产 8.2 万件，同比增长 7 倍；印尼 ROCK 烟厂生产 7 万件，同比增长近 8 倍。境外企业的管理水平和装备技术水平稳步提升。香港红塔通过增置卷包设备和技术改造，进一步提升了设备效能和工艺质量，产能升至 40 万件；老挝红塔通过实施新工厂建设和老厂设备更新，产能增加到 40 万件，产品质量得到显著提升；缅甸木姐环球烟厂通过新建厂房和技术改造，把产能提高到了 30 万件；印尼 ROCK 烟厂通过厂房改造，将烤烟型和混合型生产区域有效分开，大幅提高了加工产品质量；纳米比亚卷烟厂主要设备已经到厂并完成了生产的前期准备工作。

（五）管理机制不断优化，管理水平逐步提高

制定出台了《境外品牌许可生产管理办法》《拓展国际市场商务出国境暂行管理办法》等多项管理制度，以及《境外生产企业管理考核实施方案》《关于建立“国际化人才库”的实施方案》等多个规范性文件，为云南中烟拓展国际市场提供了更为坚实的制度保障。在认真总结经销商分级管理经验的基础上，扩大了境外经销商分级管理范围，进一步完善了分级标准和分级程序。组织召开 2012 年度境外经销商恳谈会并与境外经销商签订了年度经销协议。建立了每年实时更新的 80 个国家烟草信息数据库和全球 104 个主要国际机场免税点卷烟销售监测数据库，并与国际知名咨询机构合作针对老挝市场进行了专项调研。注重充分发挥驻外机构的前沿和窗口作用，组织对柬埔寨、纳米比亚、南非等国家开展了市场调研。加强了对境外知识产权的规范管理。

（六）队伍建设持续推进，人才本地化初见成效

高度重视拓展国际市场人才队伍建设，不断加大对干部职工的教育培养力度，积极推进境外企业人员本地化，取得了明显成效，队伍整体素质有了进一步提高。拓展国际市场的相关从业人员上升到 144 人，其中外派到境外工作的管理、生产、财务、营销等人员 56 人。老挝、罗马尼亚、香港、缅甸等国家（地区）的部分当地员工已逐步进入到公司管理层，并在探索本土化运作方面作出了一些积极的尝试。针对国际市场拓展实际需求，举办各类培训班 8 期，培训学员 177 人次。组织选拔了 62 人进入云南中烟拓展国际市场人才库。

对去年一年同志们拓展国际市场所取得的成绩和所付出的努力，工业公司党组是给予充分肯定的。在此，我代表工业公司党组，代表朱绍明总经理和柳万东董事长，向大家表示衷心的感谢和崇高的敬意！

二、当前面临的形势和需要把握的关系

从外部环境看，四大跨国烟草公司对中国以外卷烟市场的垄断程度已提高到 81%，未来的国际市场拓展空间将受到进一步挤压，竞争程度将进一步加剧；加之国内卷烟市场趋于饱和，销往境外的同品牌同规格产品在维持价格稳定、保持销量增长方面的难度进一步加大。同时，《消除烟草制品非法贸

易议定书草案》已于2012年11月份在韩国第五届缔约方大会上审议通过，中国也于2013年1月10日在日内瓦首批签署了该《议定书》。对照《议定书》要求，云南中烟在境外免税区生产和转口销售的卷烟将在缔约方生效后面临更为严格的供应链和销售监管，这对我们现有的运作模式提出了严峻挑战。《议定书》一事非同小可，如果处理得好，我们拓展国际市场工作就会逐步实现成功转型；但如果处理不好，少数经销商就会在短期利益的驱动之下加快对品牌的侵蚀，放任自流，这将对未来品牌在国际市场上的培育造成不可估量的损失。

从行业情况看，2011年行业拓展国际市场工作会议后，广东中烟、浙江中烟、上海烟草集团等兄弟单位都在市场拓展、经营管理、国际合作等方面不断加大工作力度，取得了很大进步，实现了快速发展。在去年10月份召开的全国烟草行业拓展国际市场工作会议上，国家局李克明副局长对重点工业企业提出，要把拓展国际市场作为一项核心战略进行规划实施，变"要我拓展"为"我要拓展"。同时，在2013年武汉会议上中烟国际也明确提出，国际市场的拓展不仅要追求"量"的增长，更要注重"质"的提升。这些都要求我们进一步认清形势、理清思路、找准方向、明确目标，针对在推进国际化发展战略中所遇到的新情况新问题新课题，规划好未来之路，安排好脚下之步。

从云南中烟自身来看，虽然我们在拓展国际市场工作中取得了一些成绩，也积累了一些经验，但是我们也要清醒地认识到：当前工作中仍然存在诸多的矛盾和问题。主要表现在以下几个方面：一是市场集中度不高。去年四大骨干品牌的境外总销量虽然达到了91.5万件，但销售区域覆盖70多个国家，涉及销售渠道100多个，市场份额超过10%的单一市场只有老挝一个，真正形成市场竞争力的品牌少之又少。二是单规格产品销售规模不大。四大品牌境外销售规格达33个，其中最大单一规格"玉溪（硬出口）"销量仅为13万件，平均单规格产品销量仅为2.8万件，加之产品规格的市场投放定位不够清晰，直接影响了销售规模的提升。三是对市场的整体掌控能力不足。卷烟销售存在"流向不清、广而不实"的现象，制约品牌长期发展的不利因素增多，风险增大，市场管理较为粗放。四是品牌、市场、渠道和经销商资源配置不合理，存在交叉、重叠现象。比如，同一市场多品牌进入，同一渠道多家经销商进入，同一经销商以多家公司名头申报计划。五是拓展国际市场缺乏系统、长远的规划，且规划实施力度有待进一步加强，工作中重销售数量、轻拓展质量。六是人才队伍建设还不能完全适应拓展国际市场工作发展的新要求，尤其是复合型管理人才匮乏，人才本土化、境外人才培养机制亟待进一步健全和完善。

基于以上分析，我们深刻认识到，要推动拓展国际市场持续健康发展，必须正确处理好四个方面的关系：一是正确处理好发展质量与发展速度的关系。提升发展质量，一方面要加大品牌培育力度，集中资源，突出重点品牌的研发、创新及市场投入，努力打造具有国际竞争力的知名品牌；另一方面要加大渠道建设力度，通过加强经销商管理、加强市场参与度，逐步建立为我所用的国际市场营销网络，提升对国际市场的主导权和控制力。二是正确处理好长期利益与短期利益的关系。统筹好长期利益和短期利益，不能单纯为了追求国内卷烟奖励计划而不顾实际盲目发展，要科学制定重点市场、重点品牌中长期发展规划及保障措施，根据规划制定年度营销方案，持续加大投入，不断巩固和扩大国际市场拓展成果。三是正确处理好规范与效率的关系。规范是保证拓展国际市场工作长期、稳定、健康运行的基础，下一步要从计划管理、流程规范、经营管理等方面完善相关制度，根据市场和品牌竞争的态势，及时调整、优化、创新各项管理流程，在追求发展速度的同时强调规范运作。四是正确处理好全局利益与局部利益的关系。要从大局出发，树立共同发展理念，充分利用两红集团已有的境外实体化运作平台和经销商资源，本着"优势互补，资源共享、共同发展"原则，谋事布局一盘棋，在市场布局、经销商选择方面进行统筹考虑，避免冲突，真正形成合力。

三、2013 年工作安排

2013 年云南中烟拓展国际市场工作的总体要求是：深入贯彻党的十八大会议精神，认真贯彻全国烟草行业和云南中烟工作会议对拓展国际市场提出的工作要求，继续坚持“聚焦三个重点，实现五个转变”的工作思路，把握“质优于量”的工作总基调，以品牌管理和市场培育为工作重心，进一步聚焦重点市场和品牌，进一步推进境外实体化运作，进一步增强国际市场的管理能力，确保拓展国际市场工作持续健康发展。

2013 年国际市场销售目标：

——境外销售总量 175 万件，同比增长 8.7%。其中，一般贸易出口 55 万件，同比基本持平；境外生产销售 120 万件，同比增长 12%。

——红塔集团境外销售总量 110 万件，同比基本持平，其中一般贸易出口 35 万件，境外生产销售 75 万件。

——红云红河集团 65 万件，同比增长 25.7%，其中一般贸易出口 20 万件，境外生产销售 45 万件。

2013 年拓展国际市场主要工作安排：

（一）以品牌发展为核心，调整完善发展战略

2011 年，云南中烟出台了《拓展卷烟国际市场的指导意见》，当时更多的是考虑了历史发展水平和各个集团的实际情况。但随着境外加工生产逐步超过一般贸易成为卷烟国际销售的主要供货方式，各个境外项目的运作情况以及市场发生了很大变化，因此，在这种形势下，需要因时制宜地对指导意见进行一些修订。这次的修订要以品牌发展为核心，围绕品牌的发展来制定规划，同时品牌发展要以品牌价值和效益提升为最终目标。国际公司与两红集团要共同研究制定品牌国际发展战略，并将其作为云南中烟整体规划当中指导我们拓展国际市场的核心战略。两红集团要根据品牌发展战略全面梳理、分析当前国际市场布局、渠道类型、经销商、供货点、盈亏水平和项目运行状况，为下一步持续优化创造条件。要把两红集团修订后的集团拓展国际市场规划作为云南中烟整体规划的子规划。修订后的指导意见不仅要明晰“三个重点”，而且要对品牌管理、品类管理和市场管理提出具体的细化目标和监测模型。修订后的规划还要对到 2015 年实现境外销售 250 万件的目标提出相应的配套措施及办法。同时，根据修订后指导意见中的市场划分方案，两红集团要明确各自的市场范围，原则上不得在重点目标市场、品牌投放、经销商安排等方面出现冲突；而且对于任何新增或调整事项，要报经云南中烟审批同意。对于已经明确的重点市场，两红集团要有针对性地制定重点市场中长期发展规划及年度营销计划，并加大重点市场人财物的投入，在鼓励政策方面予以重点倾斜，并将重点市场拓展成果纳入年底考核。

（二）以推行标准化为起点，提高境外生产基地管理水平

目前我们境外实体化运作的整体水平仍处于低层次，虽然已在境外建立起多家境外加工生产企业，但无论是工厂管理、品质管理还是响应市场等方面，都与跨国烟草公司存在很大的差距。这一状况必须要得到逐步扭转。今年，我们要按照中烟国际武汉会议的要求，对所有境外生产加工项目进行评估，对没有发展潜力、不能实现落地销售的项目，要重新优化配置，科学合理布局，充分发挥境外生产的优势，提升境外生产基地的管理和运营水平。具体有四项措施：一是根据国家局下发的境外企业相关管理办法，针对境外投资或委托设立自有品牌生产基地制定云南中烟相应的管理办法，对选址标准、规模产量、设备管理、原辅料供应、投资测算等进行统一管理。二是分别选择一家有资产关系和委托加工的生产基地作为试点，提出持续改进境外生产管理水平的方案。三是在今年工业公司的 300 万元奖励中，考虑设置境外生产企业质量管理体系建立奖或优质产品生产奖，加大对境外企业提升管理水平和提升产品质量的激励力度。四是针对原辅材料的国际采购，云南中烟将出台相应的管理办法，在国际采购标准、程序、物流等管理方面给予政策支撑、提供制度保障。

（三）以经销商管理为基础，逐步构建新型渠道体系

一是参照《议定书》中的相关规定，进一步优化完善经销商分级管理方案，加强对经销商市场目标完成情况的管理和评估，提高对渠道的掌控力度和管理水平。2013年经销商分级模式基本与上年保持一致，只是略有调整，由国际公司统一对“管理类”指标进行评价，权重为40分；由两红集团采用统一的“营销类”指标分别对各自经销商进行评价，权重为60分。“管理类”指标中要加大对经销商返单评价和渠道掌控力度的评价。“营销类”主要围绕两个指标的完成情况进行评价，即两红集团和经销商共同制定的“目标市场年度市场营销方案”中主要指标的完成情况以及两红集团和经销商共同签订的“境外卷烟销售协议”中主要指标的完成情况。二是加强对境外生产经销商的管理，严格执行经销商的准入条件和资质的认定标准。新进经销商要按照经销商管理办法进行申请、考察和评审，评审合格后方可进行计划申报。三是全面梳理云南中烟各单位与各级经销商签订的所有契约和协议，并在此基础上统一规范不同类型的契约格式和条款，进一步提升基础管理水平。四是按照中烟国际《关于进一步明确出口卷烟单证收集工作有关要求的通知》的有关规定，两红集团要加强对目标市场销售证明和季度销售报表的收集，国际公司要负责对目标市场销售证明文件进行抽查，并将其作为经销商评级的重要指标，通过对经销商的引导、协助、沟通和控制，努力将经销商培育成为云南中烟拓展国际市场的长期战略合作伙伴。返单工作的开展情况，将作为云南中烟的年度考核指标。

（四）以规范管理为关键，提高资金使用效益

去年我们出台了《国际市场拓展专项资金使用管理办法》，有力促进了卷烟国际市场销售总量的快速提升，极大提高了经销商拓展市场的积极性。但在专项资金使用检查中，我们也发现存在一些不容忽视的问题。针对所发现的问题，今年要在资金使用规模、申报单元、资金预算结构等方面制定相应的标准，进一步明确使用原则，围绕明确标准、规范流程、加强监管、定期评估四个方面强化管理。在测算资金规模时，既要考虑到业界平均采用标准，又要与云南中烟年度营销目标和品牌发展战略相结合；申报单元时，统一由原来的以项目为申报单位调整为以目标市场国别为单位；资金预算结构中，要根据品牌发展的长期和短期目标、市场份额增长预期、目标市场竞争态势等因素，综合平衡在广告宣传、经销商激励和终端促销之间的分配。主要有四个方面：一是要严格使用原则。专项资金使用要严格遵循“有方案、有预算、有审批、有监管、有评估”的原则，各单位在编制年度专项资金预算前，要根据云南中烟指导意见及各单位目标市场规划，制定“目标市场年度市场营销方案”，确保专项资金使用的计划性与持续性。二是要明确投入标准。严格控制专项资金的使用，各单位专项资金项目金额原则上不得超过各单位在该市场销售收入的20%；出厂价低于75美元/件的品牌，原则上不再给予专项资金扶持。三是要规范使用流程。加强监管力度，构建评估体系，加强对专项资金流向和使用过程的监管、实施效果评估。第一，项目单位要派人参与专项资金使用项目的实施，确保“目标市场年度市场营销方案”顺利推进；第二，项目单位要建立和完善专项资金使用管理制度，制定规范的专项资金项目申报和审批制度、过程监管制度、效果评估制度；第三，要加强实施效果评估，在项目实施结束后，项目单位要及时对项目的费用、活动效果和规范性三个方面进行评估。四是要加强对专项资金使用的专项检查或专项审计。严格按照“目标市场年度市场营销方案”和项目单位内控制度，不定期检查或审计专项资金使用情况，确保拓展国际市场专项资金的使用规范、有效。

（五）以健全配套政策为支撑，进一步完善制度机制

针对拓展国际市场工作，云南中烟过去几年已经陆续出台了多个规范性文件，制度体系粗具雏形，工作机制基本健全，但要推动工作由粗放式管理向规范化管理转型，我们仍需进一步建立健全相关配套制度和运行机制。一是要根据拓展国际市场实际情况，制定《一般贸易出口卷烟管理细则》《境外生产管理实施细则》，细化一般贸易、境外生产销售

等各项工作制度，切实加强基础管理和风险控制，提高管理水平。二是要健全计划管理机制，加强年度计划管理，统筹安排一般贸易及境外生产计划，计划的编制要符合中烟国际和云南中烟拓展国际市场的总体要求，符合集团品牌和市场发展中长期发展规划。要在年度市场营销方案的基础上，结合目标市场返单情况以及回流控制情况，统筹安排年度一般贸易和境外生产计划，年度计划要按中烟国际的规定进行申报审批。在这里，特别要强调几个方面：计划申报要避免同一市场同时有两家或多家经销商经销同一品牌产品；新增品牌或规格要向国际公司申请备案；境外生产计划在执行过程中不能随意更换加工地点、经销商、目标市场、品牌和数量，若因市场发生变化需要调整的，要按程序申报，经审批同意后方可执行；一类烟在境外生产，要具备满足加工质量标准的设备和技术环境，具备相应的质量控制体系和组织保障。三是要加强境外商标注册管理。要制定《境外商标注册管理办法》，加强对境外商标注册、维护、监测的管理，由两红集团负责境外商标的注册和维护工作，由国际公司负责聘请律师事务所统一监测两红集团在境外注册商标的情况，并制定出云南中烟境外商标知识产权保护方案。

（六）以深化国际合作为契机，增强国际化经营能力

目前，国际合作是中国烟草拓展卷烟国际市场的三种方式之一。特别是近年来，行业的一些重点工业企业按照国家局的统一部署和要求，持续加大与跨国烟草公司之间的国际合作力度，不断拓展国际合作的深度与广度，积极吸收借鉴跨国烟草公司在技术、管理、品牌、全球化运营、人才培养等方面的一些先进经验与有益成果，逐步提高了自身的国际化经营能力，迈出了向国际跨越的重要步伐。在此背景下，我们要积极、深入地融入到这股时代潮流中，切实以探索和深化国际合作，助推拓展国际市场工作，加快国际化步伐。帝国烟草集团已对其全球发展战略进行调整，并承诺将调配、调集其全部资源与中国烟草开展合作，致力于与中国烟草共同寻求在全球烟草市场上“一起走出去”。今年6月，红塔集团与帝国烟草集团签署的《WEST（威斯）牌卷烟商标许可证生产协议》将到期。在此情况下，我们要积极争取与帝国烟草集团开展国际合作，在平等互利、互惠共赢的原则下，为中国烟草“走出去”进一步探索新渠道、新途径和新方式。要积极争取国家局的支持，努力将原来红塔集团与帝国烟草集团的合作层次提升到国家局与帝国烟草集团的战略合作层面，由中国烟草总公司、云南中烟与帝国烟草集团在品牌市场合作、雪茄烟技术和并购方面展开合作，借助外力，借船出海，积累经验，实现共赢。

（七）继续抓好队伍建设，筑牢人才根基

做好拓展国际市场工作，人才是根本保证。围绕人才队伍建设，要突出抓好几方面工作：一是要加大人才培养力度，有计划地培养和储备各类专业人才。要在建立云南中烟国际化人才库的基础上，认真组织实施拓展国际市场专题技能培训，系统规划人才库的培养使用方向、方式和目标，努力把人的发展与拓展国际市场事业的发展有机结合起来，在人的发展中实现云南中烟的国际化发展。二是要根据境外生产基地及市场的布局规划，明确国际市场运作人员的配备条件、外派标准和派驻期限，有计划地做好外派人员储备和回国人员安置工作。三是要出台《外派人员薪酬管理办法》，建立健全相关配套政策，完善绩效考核及激励约束机制，建立科学合理的业绩考核机制，使无论外派到多么艰苦地方的同志都能感受到企业的关怀，无论处于多么艰难的环境中都能激发出蓬勃的干劲，无论处于多么宽松的氛围中都能抵得住诱惑。四是要推进人才本地化发展，采取多种渠道从当地招聘优秀员工加入到我们的队伍中，积极发挥他们在当地熟悉政治、法律、文化、市场以及语言交流等方面的优势，真正做到为我所用。

这里重点强调一点，要以加强廉政建设为保障，确保拓展国际市场工作健康发展。要将党风廉政建设和反腐倡廉工作从境内延伸到境外，实现境内、境外全覆盖，做到境内、境外都清白。所有干部职

工特别要注意：不准收受可能影响公正执行工作的礼品、礼金、有价证券、支付凭证和商业预付卡；不准接受境外客户以及关联企业安排的旅游和娱乐活动；公务出国（境）考察工作要进一步厉行节约、严格纪律，严禁借出国（境）考察名义变相旅游，严禁超标准、超规格安排境外接待任务；严禁未经审批持普通护照从事商务活动；严禁以任何形式在境外参与赌博。要自觉维护好我们拓展国际市场战线这么多年的良好形象。

同志们，云南中烟“走出去”，既面临前所未有的机遇，也面临前所未有的挑战，我们任重而道远。责任重于泰山。就让我们紧紧围绕云南中烟“5521”品牌发展战略和年度工作部署，切实增强大局意识、危机意识、责任意识和使命意识，迎难而上、知难而进，坚定信心、把握机遇，奋发有为、扎实工作，全力以赴完成各项目标任务，努力为云南中烟国际化事业的发展作出新的更大的贡献！

抓基础 重整改 促规范 努力开创云南中烟财务审计工作新局面

——在2013年云南中烟工业有限责任公司财务审计工作会议上的报告

（2013年3月29日）

李光林

这次会议的主要任务是：深入贯彻落实2013年云南中烟工业有限责任公司工作会议和全国烟草行业财务审计工作会议精神，回顾总结云南中烟2012年财务审计工作，安排部署2013年财务审计工作任务，努力开创云南中烟财务审计工作新局面。下面，我代表云南中烟向会议作报告，主要讲两个方面。

一、2012年主要工作回顾

2012年，在国家局和公司党组的正确领导下，在各相关部门的大力支持下，我们围绕云南中烟“卷烟上水平”战略任务和“5521”品牌发展目标，坚持以全面预算管理为主线、以严格规范为目标、以强化管理为抓手、以审计整改为重点、以信息化建设为支撑、以队伍建设为保证，全力推进财务审计和投资管理工作上水平，为云南中烟的快速发展作出了应有的贡献。

2012年，云南中烟（含省外全资及控股企业）全年生产卷烟972.02万箱，同比增加46.46万箱，增长5.02%；销售卷烟943.73万箱，同比增加26.65万箱，增长2.91%；烟草主业实现税利1144.2亿元，同比增加165.16亿元，增长16.87%；实现利润183.48亿元，同比增加41.79亿元，增长29.49%；单箱税利12124.14元，同比增加1446.17元，增长13.57%。其中，省内烟草主业实现税利983.18亿元，同比增加132.82亿元，增长15.62%，税利增长连续两年“破百亿”；实现利润159.39亿元，同比增加31.76亿元，增长24.89%。云南中烟经济效益在前年快速增长的基础上，去年又保持了平稳较快发展的好势头。

（一）巩固财务基础，会计核算进一步规范

一是健全完善制度，强化制度保障。修订下发了云南中烟《财务管理办法》《预算管理办法》和云南烟草科学研究院、云南烟草学校《财务管理和会计核算办法》。组织对行业的《卷烟工业企业成本费用核算办法》进行了认真梳理，针对该办法规定与实际不相符或不明确的内容进行研究，指导所属企业进一步统一核算口径及方法，并提出规范核算的修改意见上报国家局财务司。两红集团修订了《会计基础工作规范》《产品成本核算办法》《烟叶物资采购与销售财务管理规程》《税收业务管理规程》《合并会计报表管理办法》和《财务会计档案管理办法》等，进一步提高了集团财务会计核算办法的系统性、规范性和可操作性。二是抓好基础工作，提供切实保障。认真组织月度快报、量本利报表、预算报表及年度财务会计报告编制工作，并做到账证、账账、账表、账实相符，每月及时收集、整理、分析、提炼月度行业经济效益指标情况并认真撰写财务分析报告，查找公司生产经营管理中存在的问题，指导企业有效控制成本费用，并针对存在问题提出意见建议，为公司领导、相关部门及两红集团决策提供参考。各级财务部门均把年终结算及年度财务报告工作作为财务工作的重大事项抓紧抓好，精心组织安排年终结算及年报编制工作，严把审核质量关，按时完成了2011年度101户企业合并财务会计报告的编制、审计、上报及对账系统填报对账工作，顺利通过了国家局的决算会审。

（二）从抓严格规范入手，财务管理持续加强

组织深入所属企业进行调查研究，抓住薄弱环节，严格规范财务行为。2012年，对科研经费、营销人员费用及福利费等的管理使用情况进行了调查研究并提出了规范管理的意见建议，下发了有关营销人员费用的指导意见。各级财务部门认真履行财务监督职能，严格按照审核程序审核公司的经济合同，发挥了较好的财务监督作用。组织按时完成公司日常财务收支、纳税申报、会计核算、会计档案整理工作，并严格执行资金支付审批程序，合理安排使用资金，充分发挥资金使用效率；完成投资收益的核实、收取、分配及向国家局计缴等项工作。认真做好“两烟”价格调整工作。根据“两烟”价格政策联动方案，认真测算和分析价格调整对云南中烟税利的影响，协助国家税务总局完成《关于核定卷烟消费税最低计税价格有关问题》的调研，并提出了反馈意见建议。配合国家局财务司对所属企业投资的境外企业的财务管理情况进行了摸底分析。成立了云南中烟资金监管系统实施领导小组，对资金监管系统实施方案进行了规划论证。成立了云南中烟财务管控系统实施领导小组，完成了云南中烟财务管理信息系统的功能需求分析，项目的招标文件拟定、系统上线前的需求调研、方案论证、规划等工作。

（三）严格预算管理，预算控制得到明显强化

预算工作的程序化、规范化步入正轨，预算工作质量继续提高，发挥了全面预算管理对规范企业运行、提高资源配置效率的作用。按照国家局对2012年预算编制的要求，制定下发了云南中烟《2013年度预算编制指导意见》，并在预算草案的基础上，汇总、审核、编制并上报了云南中烟2012年度预算方案；根据总公司对云南中烟2012年的预算批复，完成了对公司所属单位预算指标的分解批复工作；完成了公司中期预算调整工作。预算的编制、审核、批准、执行及调整均按照规定程序进行，预算的刚性约束作用逐步得到体现。按季度落实了公司预算执行情况分析报告工作，强化了预算控制。两红集团及直属单位相继修改完善了相关制度。协同国家局财务司在红塔集团开展了《全面预算管理在卷烟工业企业的应用》项目的课题研究，编写了《卷烟工业企业全面预算管理制度示范样本》共17项明细规定、《卷烟工业企业全面预算管理应用指南》共15项明细规定；红塔集团还制定了《预算管理定额标准体系建设方案》和《预算管理定额标准实施方案》。

（四）加强资产管理，投资管理取得新成效

认真落实行业“规范与效率”并重的国有资产管理方针以及“先管好再用好”的投资管理原则，抓好“职责到位、监管到位、规范到位”，进一步规范了企业的投资和资产处置行为，提高了国有资产使用效率，防止了国有资产流失，使国有资产管理工作又有了新的进步。一是着力抓好基础管理工作，组织完成年度国有资产统计情况、股权投资年报统计报告、烟草行业多元化经营企业年报、境外直接投资企业统计报表等的填报工作，开展公司所属企业年度企业国有资产产权登记暨年度检查和行业多元化经营管理评价工作。二是进一步规范股权投资和国资管理工作，加大对各级企业的监管力度，严格规范办理各类国有资产评估结果备案、资产转让、减少注册资本及资产报废审批等相关手续，认真执行烟草行业多元化经营企业重大事项报告制度。三是完成省级公司领导年度国有资产经营管理业绩考核及多元化经营管理评价工作，开展了省级公司领导工作业绩考核基础管理考核指标（部分）的汇总填报和专项审计。完成2011年度行业多元化经营管理评价自查、省内工商交叉检查、与山东中烟数据网上交叉检查等各阶段的工作，云南中烟最终以总分91.62分在行业各省级公司中排名第四。四是积极推动多元化投资管理体制改革，继续推进红云

红河集团多元化投资管理公司成立工作；正式组建云南中维酒店管理有限责任公司，使之成为行业首家酒店管理公司，并着手对第一批酒店实施整体装修改造。五是积极处理历史遗留问题，继续开展干部职工持股关联企业的清理工作，督促所属相关单位制定职工持股清退方案；继续推进大连商贸城股权处理和香港南浩项目清算工作。

（五）切实履行审计职责，审计工作水平大幅提升

全系统在全面审计自查、复查、整改“回头看”的基础上，接受了国家局的重点检查，并针对重点检查组提出的问题，主动研究整改措施，落实整改责任，对能整改的事项及时整改；对需要一段时间完成整改的，落实责任部门和人员，严格规定整改时限；对于需要从制度上加予明确和规范的，协同相关单位完善内控制度。认真履行内部审计服务与监督职责，全系统共审核合同6273份，合同金额226.43亿元；完成工程结算审计2132项，送审金额23.19亿元，审减2.16亿元，审减率为9.31%；参与招标989项，中标金额为58.06亿元；参与商务谈判1746次，涉及金额11.09亿元，提出审计建议228条，其中193条被采纳。认真开展经济责任审计，在公司层面开展了5名人员的离任经济责任审计，各派驻办完成了对所属公司有关法定代表人19人的经济责任审计。对两红集团2011年度至2012年上半年实施的修理项目和发生的修理费用进行了专项审计。对照全面审计整改的要求，制定了云南中烟《工程审计实施细则（试行）》和《经济责任审计暂行办法》。成立了派驻云南中烟昆船瑞升科技有限责任公司审计办公室，进一步扩大了审计委派制的实施范围。组织对6个派驻办2012年度的工作进行了考核，并将考核结果向各单位作了反馈。按照国家局关于审计信息化系统推广实施的进度安排，配合完成对云南中烟审计信息化实施环境的调研和方案制定工作，成立了审计信息化项目实施组。红塔集团审计科、红云红河集团审计部、曲靖卷烟厂审计科荣获“全省内部审计先进单位”称号，并有5名职工获得“全省内部审计先进工作者”称号。

（六）加强队伍建设，队伍素质进一步提高

坚持以提高财务审计人员素质为主线、以提升财务审计人员专业技能为重点，进一步强化财务审计人员的学习意识和知识技能运用水平，努力支持和保障财务审计工作的顺利开展。在省外大学举办所属企业财务审计负责人培训班各1期，在培训中心举办预算管理人员、财务人员和审计人员培训班各1期，开展所属单位MPAcc会计硕士班学员授课2次，并积极组织财务审计人员参加国家局举办的各种培训班。充分利用各种会议，坚持以会代训、以训促学，紧密联系云南中烟实际要求，对存在的热点难点问题进行相关知识、政策的讲解辅导。积极引导、鼓励和支持所属单位举办财务审计人员职业资格培训学习考试，不断提升专业素养。

同志们，去年云南中烟在面临诸多困难、风险与挑战的情况下继续保持了两位数的增速，为行业发展和云南经济发展作出了应有的贡献。成绩来之不易，其中我们广大财务审计人员也作出了应有的贡献，付出了艰辛的努力。在此，我代表云南中烟党组，向大家表示崇高的敬意和衷心的感谢！

二、2013年主要工作安排

2013年，各级财务审计部门要全面贯彻落实全国烟草行业财务审计工作会议和云南中烟工作会议精神，按照“更加规范、更富效率”的总体要求，解放思想，改革创新，完善制度体系，强化政策执行，严格规范财务管理和会计核算行为，按照厉行节约的要求继续加大重点成本费用控制，进一步改善投资管理，加强审计监督，不断提高财务审计和投资管理工作水平。

重点工作如下：

（一）继续抓好会计基础工作，促进会计信息质量进一步提升

一是抓好年度决算报告工作。年度决算报表是行业缴纳国有资本收益和总公司对云南中烟负责人进行考核的主要依据。各单位要按照决算布置会的要求进一步做好2012年度的决算工作，全面客观公正地反映本单位的财务状况和经营成果。现在结算

工作已进入尾声，各集团直属单位要重点关注复烤企业、多元化企业和境外企业的决算质量，决算范围上要不重不漏。要对审计署近几年对行业审计以及社会中介审计发现的问题予以高度重视，彻底整改，落实到位。要做好固定资产投资决算工作。根据财政部要求，从2012年起，行业决算增加固定资产投资决算报表，这是年度决算的重要组成部分，各单位要高度重视。另外，要加强与会计师事务所的沟通，对审计报告中的保留事项和管理建议书中披露的重要事项，各单位要认真整改，整改意见要求在云南中烟决算会审时一并报送。

二是搞好日常会计核算工作。从抓规范管理和完善制度入手，强化制度执行。今年将参照国家局《卷烟工业企业成本费用核算办法》《卷烟工业企业物流费用核算办法》，制定《云南中烟成本费用核算实施细则》，进一步统一财务政策和核算方法，并通过ERP系统功能建设进行固化。在日常会计核算中，要求各企业要严格按照会计准则确认收入和成本费用，特别是涉及合作生产的相关会计核算，要严格按照国家局下发的财务处理意见及时进行原辅材料及回购卷烟货款结算，不准违反规定低价出售原辅材料；严禁工业企业以科研费的名义变相列支烟叶产区的补贴资金；严禁在“应付工资”科目外列支工资性支出。要重视决算审计过程中发现问题的整改工作。要通过财务核算的规范性和财务数据的可比性，认真做好各类财务报表数据的填报、收集、审核、汇总、整理、分析、上报工作，为领导决策提供更加有用的财务会计信息。

（二）着力夯实预算管理基础，提高预算管控能力

一是进一步建立和完善卷烟工业企业预算定额指标体系。指导、督促卷烟工业企业进一步加强卷烟设计成本、采购成本和生产制造成本的定额管理以及目标成本管理，努力实现预算定额管理与对标管理的有机结合。要在去年红塔集团开展《全面预算管理在卷烟工业企业的应用》项目课题研究的基础上，进一步修订完善制度示范样本和应用指南，并积极争取在其他企业推广运用。一旦该课题成果得到全面推广运用和预算管理信息系统得以建设完成，云南中烟各单位预算编报的流程、表单和内容将得到全面梳理和优化，预算编制水平将大大提高，预算审核控制将进一步强化。

二是继续加强重点成本费用预算控制。2013年行业重点费用预算控制的总体目标是：职工福利费开支总水平维持不变，宣传促销、会议及出国考察费用同比下降；为认真落实中央“八项规定”，业务招待费要大幅度下降。围绕这一目标，各单位要做好相关管理制度的修订工作，进一步加强预算考核控制。国家局将对行业直属单位预算执行情况进行考评，对行业直属单位实行福利费超支扣减工资总额和其他四项重点费用超支扣减预算额度的约束性措施。在省级公司领导班子考核中，国家局将把重点费用的预算执行率作为重点考核指标。今年行业直属单位的业务招待费预算，国家局暂不下达，要求各单位要制定业务招待费开支标准，并在此基础上重新编制业务招待费预算，国家局、总公司将逐一审核后再行确定。这些要求，各单位一定要深入领会好、认真贯彻好。

三是积极探索预算管控新模式。要建立科学合理的预算管控指标体系，通过财务管控系统项目建设，运用信息系统进行预算管理，进一步完善预算执行过程管控，逐步建立考核评价机制，进一步落实预算管理责任。要完善预算管控机制。发挥好投资委员会、薪酬委员会和董事会在预算管理中的作用，明确归口管理部门与业务执行部门的责任，充分发挥业务部门在预算控制中的主体作用。要依托预算管理子系统，通过技术手段实现对费用预算、资本性支出预算的严格控制和电子预警机制，维护预算的严肃性。

（三）推进内部控制体系完善，促进财务管理上水平

要以ERP系统建设和资金监管系统实施为契机，进一步梳理核算业务及财务管理流程，实施流程再造，规范操作程序，完善管理制度，强化内部控制，促进财务管理工作再上新台阶。一是根据国资委对中央企业的要求，开展企业内部控制基本规

范的研究探索工作，进一步完善内部控制体系，防范财务风险，提高经营管理水平。二是按照总公司的要求，在组织开展好流动资产清查工作和实施资金监管系统的基础上，进一步完善资金管理制度，加强对企业开设银行账户及资金使用情况的监管，严格资金使用审批程序，保证资金安全，提高资金使用效率。

（四）加快信息化工作步伐，大力推进信息化项目建设

云南中烟将在今年完成 ERP 二期项目建设工作，覆盖范围包括机关本部、两红集团和直属单位。这次 ERP 二期项目建设是按照企业集团管控模式设计，基本目标是完成公司财务业务一体化、全面预算管理、资金监管、辅助决策支持系统的建设，并通过 OA 协同办公系统实现与上述三个系统的无缝集成，同时实现与两红集团 ERP 系统及相关信息系统的无缝集成、实现在统一平台下的数据集成与信息资源整合，实现与行业的预算管理、资产管理、资金监管、在线审计等系统的对接。该系统建成后，将有助于进一步提升云南中烟的基础管理水平。当前主要任务是：一是建设云南中烟财务业务一体化系统。以 SAP 公司的 ERP 系统为核心，完成云南中烟机关本部和直属单位（研究院、培训中心、物资集团、两烟市场）的财务业务一体化管理，提高财务业务运行效率。二是建设云南中烟层面上的全面预算管理体系。实现云南中烟及所属二级企业的全面预算管理，为进一步提高资源配置效率、实施绩效考评、确保战略目标实现提供强有力的支撑。三是建设行业资金监管系统。对云南中烟机关本部及直属单位资金使用、账户开设情况进行有效监管。以信息为载体、以银行为枢纽，变规范为程序、变监管为控制，实现阳光操作、痕迹运行。四是升级改造现有 OA 协同办公系统。通过 OA 系统与行业资金监管系统、ERP 系统及在线审计系统的接口，实现高效、安全、透明的信息集成应用。目前该项目正在实施过程中，项目组正集中精力设计搭建云南中烟的财务管理信息平台，以形成系统功能相同，主数据统一，物理分布于云南中烟机关本部、红塔集团、红云红河集团三地的信息系统格局。但推进这一工作，红塔集团需要对现行系统进行大规模改造，红云红河集团需要对系统进行相应调整，工作量会很大，任务会很繁重。当下我们正在抓紧进行主数据编码及规则制定工作，由于时间紧、任务重，各单位要高度重视此项工作，当成一件大事，加强领导，精心组织，按时限推进，按进度跟进，不折不扣地落实好有关要求，统一认识、统一行动打好这场“攻坚战”。确定的完成时间是：云南中烟财务业务系统 7 月 1 日上线，预算 BPC 模块 9 月份上线，红塔集团、红云红河集团 12 月 31 日系统全面切换。

（五）按照行业新规要求，进一步强化资产管理

一是加强制度建设。2012 年 9 月，财政部出台了《烟草行业国有资产监督管理办法》，进一步明确了财政部对烟草行业国有资产监管的职责和内容。总公司结合行业国有资产经营管理的新要求，制定下发了《中国烟草总公司国有资产管理办法》，并将于下步出台《中国烟草总公司国有资产处置工作指引》和《中国烟草总公司国有资产基础工作指引》等相关程序性规定。为了保证国资与投资管理工作更好地适应云南中烟新的发展要求，我们也将在认真贯彻落实总公司相关政策、规定的同时，加强对相关政策的学习研究，做好新旧制度的更新和对接工作，并及时制定相关实施细则，按照新制度、新规定对云南中烟国资及多元化投资相关管理规定进行补充、修订甚至重编，进一步规范基础管理工作。

二是严格监管资产处置行为。要按照总公司的要求，认真贯彻执行资产处置预案管理制度，落实重大资产处置现场核查机制，完善资产处置结果报告反馈机制，实现资产处置闭环管理。要加强对多元化企业资产和股权资产的处置监管，严格规范多元化企业的再投资行为。在资产处置过程中，要严把审批、评估、备案、进场交易等关键节点，确保处置过程规范有序。

三是认真开展流动资产专项清查工作。为摸清各单位流动资产的管理现状、损失情况及存在问题，

国家局、总公司专门下发通知要求在全行业开展对银行存款、往来账款和以烟叶、主要材料、烟机备品备件为主的存货等流动资产的专项清查。对此，各单位要高度重视，精心组织，合理安排，按照相关通知要求，依法依规对各类专项流动资产进行全面彻底的清理、登记、核对和查实，保证专项清查工作的结果真实、可靠。对存在的资产损失，要严格按照有关规定和程序及时进行处理；对账龄较长以及系统外应收应付款项，要逐一清查；对流动资产管理中存在的问题，要认真剖析，提出管理建议和整改意见。各单位要按要求上报专项清查报告，云南中烟将于5月31日前对专项清查工作情况进行汇总分析并上报总公司。要提前谋划，认真做好各项准备工作，确保工作到位，积极迎接总公司组织的有关抽查。

四是继续推进体制机制完善。要进一步推进红云红河集团多元化投资管理公司的组建工作，办理好公司成立后的资产划转、处置等事项，并规范办理相关国有资产管理基础手续。在云南中维酒店管理有限责任公司成立的基础上，要对云南中烟所属酒店进行全面梳理，统筹规划、准确定位，在推进实施分期分批整合的同时，针对目前宾馆酒店普遍存在的装修装潢陈旧、设施设备老化、功能布局落后、安全隐患严重、市场竞争力逐年减弱等问题，按照酒店的不同功能定位，确定不同风格和标准，有计划、分步骤地对现有酒店进行改造。

（六）继续巩固工作成果，切实提高审计工作水平

一是巩固审计整改成果。一方面要针对全面审计自查、复查、“回头看”及国家局重点检查中发现的问题，继续抓好整改落实，确保取得进一步成效，既有效解决老问题、又防止产生新问题；另一方面要对近两年国家审计、年报审计及其他外部检查中所提出的问题、意见和建议进行系统梳理、全面整改，务求每一事项都有落实、都有交代。

二是切实加强工程投资审计。要强化对审计中介机构全过程跟踪审计的监督和考核工作。审计部已经下达了对国家局委派的16个重点工程项目全过程跟踪审计中介机构的检查通知，各单位要按照规定抓好贯彻执行，通过检查进一步落实“起点介入、全程跟踪、突出重点”的要求，切实提高工程投资审计水平。

三是积极深化专项审计。要根据云南中烟的实际，有针对性地开展专项审计，梳理业务流程，促进相关业务规范运行。目前我们已经下发通知要求开展企业货币资金和保险费的审计工作，下一步还将根据国家局的统一安排和云南中烟的需要，适时开展其他专项审计。

四是完善经济责任审计方式。要持续推进审计信息化建设，结合实施上线ERP第二期信息系统，加快审计信息化系统建设进程。同时，要根据云南中烟《经济责任审计暂行办法》相关规定及干部任免情况，科学利用审计信息化系统，对所属企业负责人开展离任或任期经济责任审计，促进审计成本进一步降低。

五是做好日常审计服务与监督工作。要搞好合同、招投标等日常工作的审计服务与监督工作，提高合同审核水平，改进招投标工作，在维护企业利益的同时降低企业经营风险，进一步提升审计日常服务工作水平和监督质量。

（七）坚持多渠道、多层次、多方式培养人才，坚定不移抓好队伍建设

企业的竞争，归根结底是人才的竞争。目前云南中烟财务审计和投资管理队伍建设的一个突出矛盾是人才培养赶不上需求增长，有些基层企业甚至青黄不接、面临断层。因此，我们各级财务审计和投资管理部门，特别是单位的具体负责人，要进一步解放思想、提高认识、更新观念，真正牢固树立人才是第一资源的观念，增强在新形势下做好人才队伍建设工作的紧迫感和责任感，积极加快队伍建设，多渠道、多层次、多方式培养实用性人才，特别是要加强高端人才培养和储备，积极营造有利于人才脱颖而出、人尽其才、才尽其用的良好氛围，为进一步做好财务审计和投资管理工作打牢队伍基础、夯实人才基础，努力适应和满足各方面工作的需要。今年云南中烟将继续根据需要，有针对性地

举办 4 期财务审计人员培训班。

同志们，2013 年，希望各级财务审计和投资管理部门以及全体工作人员，紧紧围绕云南中烟的中心工作，按照“更加规范、更富效率”的总体要求，解放思想，改革创新，奋发有为，切实履行好工作职责，扎实推进各项工作，不断提高工作水平，努力开创工作新局面，为促进云南中烟实现全年经营管理目标作出新的更大的贡献！

系统提升　持续创新
努力推动云南中烟企业管理上水平

——在2013年云南中烟企业管理现场交流会上的讲话

谢昆彧

（2013年11月27日）

这次会议的主要任务是：认真贯彻落实2013年全国企业管理现场交流会精神，全面总结云南中烟企业管理工作，结合云南中烟改革发展形势，安排部署下一阶段企业管理工作重点，持续推进云南中烟管理上水平。下面，我讲三点意见。

一、2012年以来企业管理工作回顾

在2012年召开的云南中烟企业管理现场会上，我们提出了“完善战略管控，夯实管理基础，创新管理机制、构建管理平台”的工作重点，研究制订了“云南中烟企业管理创一流”方案。一年以来，各集团、卷烟厂围绕“管理创一流”各项要求，深入抓好“贯标、对标、创优”等基础性工作，企业管理水平得到进一步提升。

（一）制订工作方案，推动管理创一流活动全面开展

根据国家局“关于开展企业管理创一流活动”的工作要求，2012年11月，云南中烟制定并下发了《云南中烟企业管理创一流实施方案》，作为今后一段时期云南中烟企业管理的指导性文件。该方案全面阐述了云南中烟“企业管理创一流”的指导思想、目标任务和原则，制定了基础管理、体系建设、目标管理、创新机制、管理团队等方面的详细实施内容，提出了云南中烟各层级、不同主体的工作重点，成立了组织机构，明确了工作职责。两红集团也结合自身实际，制定了各自的管理创一流活动方案。

红塔集团通过“管理创一流”活动的开展，建立了9个集团层面和137个部门层面的管理改进课题，取得了相应的管理成果。通过发布《管理大纲》，开展管理成熟度评价，深化标准化工作，开展内部控制体系建设，加强产品质量安全管理，完善集团目标指标体系，完善队伍建设机制等一系列重点课题的推进，取得了较好的成效。组织了“管理创一流”活动成果交流发布和奖励工作，形成了成果汇编。对标、创优指标提升明显，“强管理”已成为集团实现“转方式、调结构”战略任务和品牌发展战略目标的四个路径之一。

红云红河集团建立战略规划、运行管控、市场拓展、技术创新、原料保障、产品质量支撑体系，促进资源要素的有效配置和合理流动。以专题为载体，深入推进“创优”活动。按照营销、技术、生产、物资、人力等十二个专业领域进行目标分解，依托“基础管理绩效评价”对结果进行有效激励，形成较具特色的目标管控机制。强化体系管理，加强文件审核，查职责、审流程、核效果，形成一套独具特色的体系审核方法。完善组织机构，对跨部门管理机构进行增设和调整，完善风险防范机制。推动行为规范体系建设，打造“一体化”模式，筑

牢“一流的管理团队”基础。推动信息化与管理的融合，管理基础得到夯实，有力保证了集团健康稳定发展。

（二）贯标、对标、创优等基础性工作持续深入推进

质量管理体系建设方面。围绕国家局质量管理体系建设工作要求，云南中烟充分发挥主导作用和卷烟集团的主体作用，创新思路，突出实效，以加强管理服务为突破点，努力促进体系建设水平持续提升。一方面，为实现管理体系改进持续化，要求各部门及各单位健全评审长效机制，创新审核方式，提高内部质量管理诊断的广度和深度，确保体系建设全程监控、全面提升，实现持续改进常态化；另一方面，按照国家局“强化一流队伍保障”的要求，重点从加强体系建设培训、加强内审员队伍建设、提升全员参与力度三个维度强化队伍保障能力。目前，一支由专家骨干带领且相对稳定的云南中烟审核员队伍已经逐渐形成，中层干部内审员比例有较大的提高。红云红河集团中层干部内审员占全体内审员的比例达到45%，红塔集团2012年通过企业管理咨询师职业资格考试的比例达到40%以上，有六西格玛黑带2人、绿带16人，中级质量工程师63人。

为切实发挥体系建设在“重基础，严管理，促规范”方面的重要作用，今年5月，云南中烟组织召开质量管理体系建设交叉评价工作会，严格按照国家局交叉评价要求、评价依据、评价重点、评价流程在红塔、红云红河集团进行模拟交叉评价，为迎接行业工商企业质量管理体系建设交叉评价做好准备工作。通过交叉评价，找差距、找问题，促改进、促提高。在6月份国家局组织的企业质量管理体系建设交叉评价中，红塔集团代表云南中烟接受了检查并获得好评。下半年，各集团根据行业交叉评价反馈的问题和建议，全面梳理、举一反三，认真查找体系建设中的不足和薄弱环节，制订工作方案，明确工作措施，落实整改责任，确保整改工作落实到位。

红塔集团结合反馈结果，分别在“质量目标引领、体系文件、持续改进、信息化支撑、队伍保障”五个方面，严格按照国家局“一流质量管理体系建设评价标准”，进一步开拓管理思路，从严落实整改措施，强化体系建设工作；红云红河集团在交叉检查评价的基础上，结合年初制定并下发的“体系建设工作要点”，从“持续推进目标管理、持续推进文件优化、持续推进管理改进、持续推进信息化支撑、持续推进队伍建设”等五个方面对全年的体系工作进行了具体布置和安排。

对标工作上。各单位把对标工作作为管理创一流的重要抓手，更加突出成本费用控制，充分发挥对标工作的目标引领作用，对标指标有所提升。在国家局公布的2013年1—9月工业企业32项指标中，云南中烟15项指标达到行业平均水平，占比46.88%，比上半年减少1项（香精香料成本占销售收入的比重）；22项指标同比改善，占比69%，与上半年持平。在反映能耗、费用、效率和成本的四大类指标中，云南中烟能耗指标和费用指标表现较好，2项能耗指标均优于行业平均水平，4项费用指标中有3项优于行业平均水平；效率指标和成本指标表现仍显不足，4项效率指标无1项达到行业平均水平，22项成本指标仅有10项达到行业平均水平。

纵向比较，云南中烟2项能耗指标均同比下降；4项效率指标均同比上升；4项费用指标中有2项同比下降，1项同比持平；22项成本指标有14项同比下降，但下降幅度不大，改善较为明显的只有一类烟香精香料单箱成本，同比降低15.58%，其他指标同比降低幅度较小。与行业18家工业企业相比，云南中烟达到行业平均水平指标数量和指标达标率位居第7位，未达到行业平均水平且排名12位以后的指标共7项。

创优工作方面。各卷烟工厂将创优工作与内部管理工作、管理要素相融合，协同推进，管理基础进一步加强，管理效率进一步提升，10家卷烟厂2012年创优技术指标均已达标。红塔集团把争创“国内一流、国际先进”作为创优的更高目标，注重管理优化和管理整合，将“优秀卷烟工厂”创建

活动统筹纳入集团2013年各项管理工作中，与集团“管理创一流”活动、贯标、对标等工作进行统一部署安排，协同推进各项工作，聚焦卷烟工厂制造能力提升。“创优”指标持续提升，“创优”工作稳步推进；红云红河集团以“加强对标管理，提高创优达标水平”及“推广应用专题成果，着力提升六种能力”为工作重点，通过拉升标杆、以专题为载体、开展创优评价分析等一系列工作，夯实工厂管理基础，在更高目标、更高层次上深入推进创优工作。

各卷烟厂“创优”工作紧密结合自身实际，各具亮点：

玉溪卷烟厂以七大创优专题成果的推广应用为抓手，强化过程控制，突出产品质量重点管控，加强对标、设备、人才队伍、安全生产标准化建设工作，实现工厂管理的持续改进提升；昆明卷烟厂通过构建卓越绩效管理体系平台，以“战略驱动型目标管理体系”为牵引，深入推进双标共建、双品建设、双向融合，大力推行问题管理和“成本控制即时化”，持续提升创优工作水平；红河卷烟厂通过构建和运行全面绩效管理体系，开展精细化课题研究，构建对标指标体系、工作体系和考核体系，为工厂制造力水平的持续提升注入了新的活力和动力；曲靖卷烟厂在就地技改提前完成项目建设的基础上，积极探索精益生产，及时组织开展体系运行的全面评审，为各项工作提供管理保障；昭通卷烟厂围绕基础管理、队伍建设、质量、安全、成本费用五大核心职能，深入分析各项创优、对标指标的提升潜力，收紧定额标准并纳入绩效考评，取得了明显成效；楚雄卷烟厂开展了以推行“全面优质管理体系”为专题、以强化班组建设为重点的基层创优和对标活动，进行重点攻关，促进工厂顺利搬迁，向精益制造、精细管理转型；大理卷烟厂保持发挥“强基础、抓重点”的作风，深化绩效管理和标准化工作，采用物料考核“价值法”，力推“精益六西格玛”，启动精益7S现场管理，持续提升工厂精益管理水平；会泽卷烟厂以实施技改项目为契机，成立九个项目推进小组，深挖内部潜力，深化全面预算管理，按季度组织实施弱项指标改进计划，各项管理水平均有较大提升；新疆卷烟厂通过建立259项工厂对标指标体系，成立专业管控小组，以创优专题为载体，引入六西格玛，在管理资源和专业领域上优势互补，形成管理合力；乌兰浩特卷烟厂构建以知识管理为核心，以提升绩效为目标的班组建设和管理模式，生产班组落实工厂战略决策、方针目标的能力不断提升。

此外，作为群众性创新创效的重要方式，QC小组活动取得新的佳绩，保持了良好的发展态势。过去的一年中，参加QC小组活动人数4803人，普及率达22.73%，比上年提高8.23%。登记注册的QC小组活动518项，比上年提高12.12%。产生成果474个，比上年提高16.18%。6月份，云南中烟组织召开了“云南烟草工业第十次优秀QC成果发布会”，从2012年各单位取得的474个QC成果中筛选出36个参与发布，评选出优秀QC成果并推荐参加行业发布会。在7月份“全国烟草行业优秀QC成果发布会”上，云南中烟推荐的三个成果获得2个一等奖、1个二等奖，这也是云南中烟近几年所取得的最好成绩，进一步促进了QC活动在工业企业的深入开展。

二、当前经济运行态势和云南中烟改革发展形势

今年以来，我国宏观经济面临的外部环境更加复杂，经济运行态势虽然总体平稳，但下行压力仍然较大。

从1—10月烟草行业经济运行态势分析，受宏观大环境影响，行业经济运行中“稳销量、降库存、挺价格、调结构”的压力不断增大。卷烟产销总量增幅继续下降，销售结构提升趋缓，工商库存、社会库存同比上升。低焦油卷烟、雪茄烟发展态势较好，但增速有所回落。卷烟非法流通数量上升。一些重点品牌在本省销量上升的同时，省际间交易量同比下降，反映出在当前市场封锁现象有所抬头的情况下，地产烟纷纷转战省内市场，竞争形势更趋复杂。重点品牌虽然总体保持稳步发展，但增长步伐有不同程度放缓。产销规模最大的前四个品牌中，除云烟走势相对稳定外，双喜·红双喜同比增幅不足1%，后继增长乏力。红塔山、白沙销量继续下降，全年规模有可能低于300万箱。

从今年1—10月几个主要生产经营指标来分析，云南中烟"三升三降一减"，经济运行的总体特点概括为：状态较好、形势趋稳、压力增大。

"三升"，分别是市场份额、产品结构、重点品牌集中度同比上升。在全国卷烟市场相对疲软的情况下，云南卷烟品牌商业销量同比增长36.13万箱，增幅高于全国平均水平2.62个百分点，市场份额有所上升；一类烟商业销量增幅17.05%，比全国平均增速高1.26个百分点，占总销量的比重达到20.51%，同比提高2.3个百分点。云南品牌平均单箱销售额2.4万元，同比提升4.55%。省内卷烟企业单箱税利1.44万元，同比提升7.8%；四大品牌商业销量占总销量的比重达到87%，同比提升1个百分点。云烟、玉溪商业销量、商业批发销售额均超过去年全年水平；"三降"，分别是卷烟工商库存、成本费用率、三项费用率同比下降。云南卷烟品牌的工商库存同比下降5.69万箱，工商存销比低于同期0.12个百分点；管理水平有所提升，成本费用得到较好控制，销售成本率同比降低0.29个百分点，三项费用率同比降低0.41个百分点。前三季度云南中烟业务接待费同比下降24.7%；"一减"，指1—10月合作生产量同比减少15.39万箱，减幅6.8%。

"状态较好"，指云南品牌的市场状态总体良好。在商业销量保持上升的态势下，工商库存、存销比自二季度以来同比均下降，产品市场价格基本稳定。"形势趋稳"，指经济运行形势基本平稳，1—10月云南中烟税利增长幅度12.34%，增幅高于行业平均水平1.3个百分点。"压力增大"，指虽然云南中烟经济效益保持稳定增长，但增长速度低于预期。按目前的品牌结构分析，要完成年初预定的税利增长目标仍然面临很大压力。

受宏观环境、舆论压力和市场渐趋饱和等因素影响，在可预见的将来，全国卷烟的增量空间将越来越小，行业竞争已进入存量资源竞争时代。谁能更好地优化配置好存量资源，最大限度地发挥存量资源效益，谁就能在竞争中取得优势。提升资源配置效率的关键，就是管理水平的上升。因此，"向管理要效益"已成为实实在在的发展诉求。

今年5月份，凌成兴局长在云南中烟调研时，针对行业未来发展提出了思考、谋划、践行"改革的红利在哪里、发展的潜力在哪里、追求的目标在哪里"三大课题，对云南烟草工业的发展提出了"保持行业领头羊，创造全球新纪录"的目标。结合"三大课题"和云南省委省政府对烟草发展"撑竿跳高、勇攀高峰"的要求，云南中烟党组提出了自身发展所面临的"八个问题"，这些问题，分别涉及机制体制、税利目标、合作生产、营销体系、科技创新、规范管理、多元化经营和队伍建设。针对这些新的课题、新的要求和面临的问题，云南中烟党组在广泛调研、深刻思考和深入研究的基础上，认为面对新的发展阶段和发展形势，要实践好"三大课题"，解决"八个问题"，推动云南中烟的可持续发展，就必须创新发展思路，进一步深化改革，释放改革红利，在现行"一公司、两集团"管理体制不变的前提下，实施统一营销、研发业务，整合卷烟品牌、多元化经营业务的"两统一、两整合"改革工作。

"统一营销"分为"统一国内市场营销"和"统一国际市场营销"两部分。"统一国内市场营销"按照"先优化、后整合"的步骤推进，实现从流程性变革到组织性变革，分两个阶段推进。第一阶段是保持现有营销组织架构不变，由云南中烟和两红集团相关领导成立统一营销协调领导小组，确定2014年品牌发展目标、产销计划等重大事项，完成明年上半年集中交易，保持品牌和市场的平稳发展。同时为2014年营销的全面整合，构建相应的保障和支撑体系；第二阶段将云南中烟市场管理部与两红集团营销中心现有人员和相关资产整体划入云南中烟，按照非法人实体模式组建成立云南中烟市场营销中心，完成营销的全面整合。

"统一国际市场营销"的总体思路是把云南烟草国际有限公司作为云南中烟拓展国际市场的主体，

统一国际市场品牌管理、统一营销费用投入、统一市场运作，实现国际市场营销的全面统一。两红集团负责境外生产管理及出口产品的生产，工业公司技术中心负责新产品研发和在线产品维护。

“研发统一”总体思路是按照“科学发展、服务品牌、扁平高效、技术领先、确保稳定”原则，将云南烟草科学研究院和两红集团技术中心的现有人员及相关资产整体划入云南中烟，组建成立云南中烟技术中心（云南烟草科学研究院），实行非法人实体模式运作。

“品牌整合”总体思路是以“5521”品牌发展目标为基础，按照品牌资源“用好增量、盘活存量”方针，把品牌发展的重点聚焦于“玉溪”“云烟”“红塔山”上。结合云南卷烟品牌的发展历史、发展现状、品牌文化及卷烟品类差异性，通过“确立主导规格、加强整合引导、实施区隔营销”的“三个途径”，积极推进非重点品牌、区域性品牌的整合。通过明确“价格档次定位、品牌结构定位、文化价值定位”的“三个定位”，完善价格链条，减少云南卷烟品牌的相互冲突。不断完善云南卷烟品类体系，整体发展上实施以中高档次为重点的差异化、梯次化发展战略，努力建成定位明确、层次清晰、集中度高、竞争力强、占有率高的云南卷烟品牌体系。

“多元化业务整合”总体思路是按照各集团企业利益不变的原则，分为两个步骤推进：首先，成立云南中烟投资管理公司，以两红集团及云南中烟本部作为新的投资管理公司的直接出资人，完成在云南中烟内部的多元化整合重组。在此基础上，按照省政府“打造云南省最具实力投资公司”的目标要求，吸纳云南省有意向的投融资公司、企业集团等入股，通过增资扩股将单一中央企业结构性质的企业改制为中央地方多元结构的现代企业。

目前，云南中烟“两统一、两整合”总体方案已得到国家局的正式批准和省委省政府的坚决支持，正在按既定步骤推进。因此，下一步企业管理工作的重点，就是要根据“5521”品牌发展目标和“两统一、两整合”改革所带来的管理模式的新变化，坚持系统提升、坚持持续创新，进一步完善管理支撑体系，提升管理水平。

三、下一阶段企业管理工作的重点

当前形势下，下一阶段的企业管理工作要围绕“转变管控模式、构建创新机制、导入精益管理”几个重点抓好工作。

（一）转变管控模式，调整管理方式，适应发展形势

云南中烟作为国有大型集团企业，整体的管理协同性决定其综合实力，而综合实力决定未来竞争的格局。目前，云南中烟立足于“一公司、两集团”的三级法人管理体制实际，在管控模式选择上采用的是“战略管控模式”。按照“两统一、两整合”进行改革后，虽然现行管理体制保持不变，但由于经营管理业务范围改变，整个云南中烟的管控模式必须作出相应的调整，才能适应新的工作需要。因此，云南中烟的管控模式相应由“战略管控型”调整为“经营管控型”。在经营管控模式下，云南中烟的主要职能定位于“战略管理、资源配置、经营管理、统筹协调、绩效管理”五大块，对应五块职能，工业公司的工作要点可以概括为“定方向、管战略；定资源、管配置；定要素、管经营；定规则、管协调；定目标、管绩效”。

在新的管控模式下，工业公司本部如何保持高效率的运作，如何通过组织机构建设和能力建设，进一步调整优化与卷烟集团、直属单位的良好对接，发挥价值创造作用，防止“大企业病”，是集团管控面临的新问题。因此，工业公司和卷烟集团的管理范围、管理定位等都应作出相应的调整，以适应和支撑管理方式的变化。要通过不断提高工业公司本部的运作效率，完善卷烟集团治理模式，有效实施对各直属单位的管控，保证云南中烟战略意图的彻底贯彻，防范风险，同时又充分发挥各大板块的协同效应，实现整体最优和价值最大化。主要管理职能构想如下：

战略管理：进一步强化工业公司战略管理功能，强化目标体系等管理体系建设，确保公司战略的有效落地和整体推进。

资源配置：工业公司根据品牌发展目标，统一管理、下达生产计划。两红集团的原料资源，要按照云南中烟整体品牌发展需要，进行统一管理和配置。此外，在资金筹措和使用、投资项目等方面进行统一配置管理。立足于整合内部资源，通过建立资源共享机制，创造业务板块及所属各企业之间的协同互补，建立完善基于 ERP 系统的统一的管理信息化平台，进一步提高资源配置效率和管理服务水平，实现整体战略联动。

经营管理：按照“两统一、两整合”方案，工业公司的经营管理职能主要包括：统筹考虑品牌发展，统一国内、国际市场营销业务，统一科技研发业务，统一管理全省的多元化经营业务。

统一后的营销、科研机构按照“独立运行非法人实体”模式，给予充分的自主权，工业公司主要通过预算管理、绩效管理等手段进行管控。多元化业务、国际业务整合后，作为云南中烟的全资子公司，采用独立法人运行模式，工业公司对其管控采用投资管控型模式，主要管投资项目、资金使用、投资回报等主要内容。

统筹协调：主要包括对外品牌合作加工、省外控股企业互动加工等合作方案的确定。引导和推动先进管理思想、管理方法在各企业的运用实施，为企业提供各种资源共享服务、信息技术支持、政策咨询、教育培训等，为企业的发展提供持续的内生动力。此外，立足于营造良好的外部环境，做好集团整体风险管控，对政府部门、社会机构等的公共关系管理，从政策扶持、原料供应、卷烟销售等方面，对品牌做大做强给予支持与服务。

绩效管理：即对所属各单位的综合绩效管理职能。“两统一、两整合”完成后，工业公司对各卷烟集团责任目标的考核，应由目前以税利、品牌发展为主逐步转向以生产制造、成本费用、预算执行、原料管理、物流管理、投资技改、内部管理、队伍建设等为主。

同时，工业公司各业务部室、卷烟集团对应职能部门的职责定位也将进行相应的转变，因此要努力实现业务流程接口的顺畅，确保生产经营的平稳。

（二）完善创新机制，促进“管理创一流”活动深入开展

管理，是企业持续发展的基础；创新，是企业持续发展的动力。管理创新同制度创新、技术创新一起，形成了企业创新的三大支柱。随着行业的发展和改革的深化，管理创新在提高企业经济效益、降低成本、推动企业发展等方面起着日益重要的作用。云南中烟要在新一轮的竞争中“保持行业领头羊”地位、在未来竞争中“创造全球新纪录”，就必须不断进行产品创新、原料创新、科技创新、营销创新等。每一项创新业务，都要有相应的管理机制做支撑、做保障。管理创新的关键是形成一套有效的管理创新机制。管理创新机制的形成，不仅是增强企业活力的必要条件，也是企业在市场竞争中取胜所必需的前提。只有形成管理创新机制，才能促进管理创新的有效实施和发展，从而形成企业的核心竞争力，形成新的经济增长点。

“两统一、两整合”改革要真正实现“1 + 1 > 2”的整合效应，就要紧紧围绕增强企业竞争力、增强品牌竞争力不断推进创新业务的发展。企业的主要负责人要成为创新业务的主要推动者，要通过持续调配核心业务和创新业务之间的资源来提高创新业务实施的保障能力，建立起全新的管理创新机制。把对创新业务的绩效评价与对核心业务的绩效评价有效划分开，用新的衡量标准和考评机制来促进创新的氛围的形成，为创新业务营造足够的发展空间，在企业内形成崇尚创新的价值观。推进创新实践，强化创新文化和团队建设，完善管理创新机制，实现自我完善和持续优化。

为深入推进“企业管理创一流”活动，系统提升云南中烟企业管理水平，云南中烟已启动企业管理体系建设项目。该项目根据云南中烟企业发展战略目标和新的管控模式定位，健全和完善目标管理、流程管理、绩效管理、创新机制等管理体系，优化业务流程，编制业务流程运作体系。制定云南中烟企业管理体系建设方案，建立以品牌发展战略目标为核心的，自上而下、逐级分解、有效支撑、全面覆盖的目标体系，实现部门目标和岗位目标全覆盖。

通过全面梳理和优化业务流程，建立业务流程运作体系，编制流程地图和流程管理手册。围绕战略目标，部署岗位工作标准参数化专题研究。通过目标体系促进战略落地，使年度计划更好支撑发展规划。将目标管理与对标管理、绩效管理有机结合，提升体系目标化水平，形成具有云南中烟特色的目标导向型制度体系。

（三）以精益管理为核心，持续推进贯标、对标、创优工作

精益管理的本质是利用最小的资源创造最大的价值，达到效益最大化，核心是消除一切消耗资源而不创造价值的浪费。全面推进精益管理，是强化企业管理工作的重要部署，是建设具有国际竞争力一流企业的现实需要，是推进管理创新，向管理要效益、向管理要方法、向管理要进步的重要举措。

2013 年，按照国家局关于推进企业精益管理的要求，云南中烟结合转型发展需求，制定了精益管理实施方案，两红集团也根据实际情况制定了各自的实施方案。红塔集团将精益管理与六西格玛有机结合，按照精益管理推进模式，分模块、分角色、分层次，稳步开展精益六西格玛管理体系的构建与实施项目，围绕改进空间和弱项指标，形成精益六西格玛项目群，激发创造性思维，力求突破性改进，提升集团精益管理水平；红云红河集团通过加强管理制度建设，精益化与标准化并重，精益管理与绩效管理相结合，以精益产品研发、精益烟叶生产、精益制造、精益物流、精益营销为重点，以全面预算、人才队伍、信息化建设为保障，实施集团精益管理。

下一步，各企业要将精益管理落实到各项具体工作中，体现在效率水平持续提升，成本费用有效控制，投入产出比最大化，管理工作精益求精上。通过推进精益管理，改变传统管理理念和行为模式，提高发展质量和效益。要注意把精益管理的思想融入到管理体系建设、对标、创优工作中，促进精益生产、精益物流、精益营销、精益研发等各项工作再上台阶，确保各项精益管理目标的实现。

一是持续推进质量管理体系建设。深入贯彻“创一流体系建设”工作要求，以构建“标准先进、统一管理、高效运行、持续改进”的管理体系为目标，以交叉评价整改为契机，将质量管理体系作为“管理创一流”的有力抓手和有效载体，自觉运用质量体系的原理和方法，将体系建设与对标、创优、精益管理等有机结合，参照行业质量体系建设评价标准，在突出质量目标和体系文件基础上，进一步拓展评价内容，细化评价标准，制定落实整改方案，持续推进管理优化，持续推进管理整合、管理创新，确保管理体系规范、高效、协调运转，促进体系运行质量和水平不断提高。

二是持续推进对标工作。根据 2013 年行业对标工作要求，充分发挥对标的引领和导向作用，通过建立标杆学习实践库，进一步提高效率、降低成本、降低费用、降低消耗、保证质量、节约资源。一方面，对标工作要与精益管理、工厂创优等工作相结合，加大重点成本费用控制，降低业务招待、宣传促销等费用。围绕“消除浪费、持续改善”的精益理念，建立健全消耗监控体系和资源耗费管理制度。细化设置费用类对标指标，将费用控制落实到各部门、各岗位，对影响成本费用和经营效率的重点因素提出控制意见和办法。卷烟厂要以精益制造为重点，不断提升生产管理、设备管理、工艺管理、质量管理水平，突出对成本、物耗、能耗的控制；另一方面，要充分发挥对标的引领和导向作用，不断拉升标杆，切实增强对标工作的实效性。要关注指标实现的全过程，在过程中寻找管理中的差距，透过指标数据的差距寻找制度上、流程上的缺陷，采取科学合理的对标方法，真正明确向先进单位学什么、怎么学、怎么提升。通过对标，有效解决存在的实际问题。各单位要认真梳理各项指标，制订切实可行的制度和措施，确保全年指标任务的完成。

三是持续推进创优工作。下一步，云南中烟创优工作要紧紧围绕“推广创优专题、夯实管理基础、创新管理机制、构建管理平台”四个重点，坚持系统提升、持续改进，努力在精益生产、精益制造上成为行业标杆。主要抓好以下四方面的工作：

第一是抓专题推广，促管理创新。积极开展创

优专题成果运用推广，把专题成果的推广应用作为深化创优工作的重要内容，推广运用六西格玛、6S现场管理、班组建设等管理思想、模式和方法。云南中烟将采用各种组织形式对创优专题课题进行交流，促进成果共享，力求通过以点带面，力争成为相关专题在行业内的标杆工厂，全力打造“标志性卷烟工厂”，进一步促进工厂基础管理水平的提高。各卷烟工厂要认真梳理、系统总结自身管理实践，提炼出有价值的思想、方法等，不断完善和丰富专题成果，形成自身管理特色。

第二是抓工厂对标，促管理改进。根据国家局对工厂对标情况的通报，以15个工厂对标指标提升为重点，发挥对标引领作用，与目标管理相结合，广泛开展评价分析，不断改善弱值指标。要广泛开展课题项目攻关，既重视指标的改进，又要拓宽思路，不断分析和挖掘隐藏在指标背后的管理手段、管理流程、管理模式的深层次原因，及时制定措施、改进方法，完善制度、优化流程。通过机制创新和管理模式创新，持续改善、不断超越。

第三是抓精益制造，促系统提升。积极导入精益理念，营造精益文化氛围，以提高效率和降低费用为目标，以快速满足市场需求为根本，将精益管理思想和工作方法应用在价值创造全过程，在生产组织、品质保证、成本管理、全员改善等方面下功夫，抓好现场管理、节能减排、标准化工作等基础性工作，导入能源管理体系、防差错技术等先进适用的管理工具和方法，积极构建并形成企业精益改善文化，逐步实现柔性化生产、精细化加工、精准化管控，全面提升卷烟工厂制造能力和管理水平。

第四是抓安全生产，促安全达标。对照《烟草企业安全生产标准化规范》有关标准，进一步扎实推进安全生产规范化管理工作，深入开展以岗位达标、专业达标、企业达标为主要内容的安全生产标准化建设，力争实现安全管理机构齐全、安全生产管理制度健全、安全培训符合有关规定、安全生产标准化体系运作良好，把安全工作做得更细、更实、更有成效。

同志们，党的十八届三中全会进一步明确了深化改革的方向，烟草行业的发展也面临着新的阶段、新的任务、新的要求，我们要按照国家局的总体要求，结合云南中烟实际，进一步解放思想、创新思维、打牢基础，努力提高企业管理效率，持续提升企业管理水平，为确保“5521”战略目标顺利实现，有效破解行业“三大课题”做出积极的贡献。

紧紧围绕“5521”品牌发展目标 深入推进大营销战略

——在2013年云南中烟市场营销工作会议上的讲话

（2013年2月4日）

高兴智

这次云南中烟市场营销工作会议的主要任务是：贯彻落实全国卷烟销售工作会议和云南中烟年度工作会议精神，回顾总结2012年市场营销工作，交流经验，表彰先进，分析形势，明确目标，安排部署2013年市场营销工作任务。

一、2012年市场营销工作回顾

2012年，在宏观经济下行压力加大、行业发展总体放缓、外部环境复杂多变、市场竞争日趋激烈的形势下，云南卷烟工业市场营销战线的广大干部职工，紧紧围绕“5521”品牌发展目标，扎实推进大营销战略，按照“稳市场、优结构、重品牌、求创新”的工作重点，锐意进取，扎实工作，保持了云南卷烟的品牌发展、价值提升和市场优化，较好地完成了各项市场营销目标。

（一）稳市场，销量效益稳中有升。2012年，云南卷烟全国累计商业批发销售1050.51万箱，同比增加25.63万箱，增长2.5%，销量增幅高于全国平均水平。累计实现商业批发销售收入2400亿元，同比增加260亿元，增长12.15%。平均单箱批发销售收入2.28万元，同比增加0.2万元，增长9.62%。卷烟境外销售161.65万件，位居行业第一，同比增长30%，实现进出口总值2.17亿美元，同比增长27.59%。全年云南中烟主业实现税利1144.2亿元，同比增加165.16亿元，增长16.87%，净增税利连续两年“破百”。三项费用率、销售成本率同比下降，销售收入增幅大于成本增幅。“两红”集团均超额完成年初下达的效益目标，为“十二五”经济发展目标的实现奠定了良好基础。

（二）优结构，市场布局渐趋合理。在总量平稳增长情况下，云南卷烟销售结构继续提升，市场布局持续优化。2012年，云南三类以上卷烟累计销售868.89万箱，同比增加144.83万箱，增长20%，占云南卷烟总销量的比重为82.7%，同比提高12个百分点。其中一类烟销量190.71万箱，同比增长26.95%，占总量比重同比提高3.5个百分点。三类烟销量663.61万箱，同比增长18.77%，占总量比重同比提高8.7个百分点。云南卷烟在全国23个省级市场实现销量同比增长，其中在云南、新疆销量增加6万箱以上，在黑龙江、河北增加3万箱以上，还有5个省份增量在1万箱以上。在全国17个省份实现了市场份额增加，在所有省份实现了整体结构的稳步提升。全年云南卷烟在省内市场销量突破150万箱，在四川销量接近90万箱，在河北销量突破60万箱，在山西、山东销量突破50万箱，在新疆、辽宁、广西、内蒙古销量突破40万箱，还有18个省份销量在10万—30万箱。

（三）重品牌，发展目标更加明确。2012年，云南中烟重新调整了“十二五”发展规划，“5521”

品牌发展目标的引领作用进一步突显。全年“玉溪”“红塔山”“云烟”“红河”四大重点品牌实现商业销售899.5万箱，同比增加53.16万箱，增长6.28%，占云南卷烟商业销售总量的比重为85.63%，同比提升3个百分点。“玉溪”商业销量达到123.85万箱，同比增加28.25万箱，总量在一类烟中排名第二，绝对增量在一类烟中排名第一。“云烟”产量排名全国第二，商业销量297.02万箱，同比增加67.2万箱，绝对增量排名全国第一，批发销售额突破800亿元。“红塔山”销量略有下降，但仍保持在305.76万箱，商业销量排名全国第二。“红河”在三类以上卷烟中，绝对增量、增幅、销售额增幅均为行业第一。高端突破战略取得新的进展，全年云南卷烟高端品牌销量12.14万箱，同比增加3.51万箱，增幅40.67%，高于全国平均水平21个百分点，占全国高端卷烟市场的份额同比提升0.8个百分点。玉溪（庄园）、云烟（大重九）位于全国高价位卷烟增速前列。“双低”产品取得显著进展，低焦油卷烟销量63.55万箱，同比增加40.26万箱，增长173%，高于全国平均增幅水平89个百分点，占全国低焦油卷烟市场份额同比提升3.3个百分点。“红塔山”“云烟”均进入全国低焦油品牌前10位。

（四）求创新，营销策略逐步调整。按照公司党组提出的大营销战略，充分发挥公司指导、协调、考核、服务职能，从品牌营销规划、营销目标制定、订货计划衔接、激励机制建立、营销队伍管理等方面进行统一部署、统一规定、统一行动。通过制定分省“十二五”中后期市场发展目标、实施公司领导分片走访销区制度、举办两次全国性大品牌发展座谈会、在有资产关系的工厂设立营销分中心试点、统一驻外营销人员有关待遇、开展营销人员家属慰问活动等，较好地解决了两集团分别对外、内部竞争的一些重点难点问题，促进了营销资源的整合和相关政策规定的出台，鼓舞了广大一线营销人员的信心和士气，初步形成了云南中烟内部和谐、统一对外的大营销格局。红塔集团在全国范围内开展的“中国经典，畅行龙年”大型主题促销活动，针对玉溪品牌高端消费者开展的“红塔名品特邀品鉴嘉宾活动”，“和谐家天下、自然境界香”主题促销活动，为主导产品的持续发展、高端规格的形象提升起到了极大的推动作用。红云红河集团开展的“深刻印象”专项活动，品牌文化宣讲，“VIP邮寄活动”，“‘云之道’网络营销活动”等，将营销重心向终端下移，向消费者聚焦，促进了品牌市场美誉度、知名度的不断提高。特别是两红集团针对“玉溪庄园”“云烟大重九”的一系列精准传播、精细投放，产生了良好的市场效应，使云南高价位卷烟呈现出较强的竞争力。

（五）强队伍，基础建设不断加强。一年来，云南中烟营销系统认真贯彻行业狠抓规范的各项政策规定，严格执行“六禁一控”纪律要求，扎实开展“天价烟”和卷烟过度包装专项治理，修改完善宣传促销审核管理流程，大幅度提高促销项目公开招标比例，新增和修订了涉及内部决策、物资管理、财务管理等方面的管理制度，提高基础管理水平，强化内部监督，促进营销工作向规范、高效的方向发展。更加重视营销队伍建设，通过召开工作会议、举办集中培训、开展交流学习等活动，提高营销人员综合素质、促进营销队伍和谐发展；通过提高政治经济待遇、制定更加科学的奖励办法，更好地调动营销队伍的积极性、激发营销人员的创造性；通过推行转岗休整制度、开展慰问家属活动，体现组织人文关怀，解决驻外人员后顾之忧；通过明确“指导、协调、服务”的职能定位和“转型、融合、强身、有为”的努力方向，加强公司市场管理部自身建设，推动工作重心转移，加快融合各方步伐，提高服务决策、服务市场、服务基层水平，营造想干事、能干事、干成事的良好氛围。

总体来看，2012年市场营销工作成绩突出，进步明显，为公司各项经济目标的实现作出了应有贡献，云南中烟连续第四年获全国卷烟销售先进单位一等奖，云南中烟作为单独参评单位在2012年全行业工商互评中获工业企业第二名。在此，向辛勤奋战在营销战线的全体干部职工表示诚挚的问候和衷心的感谢！向今天受到表彰的先进集体和个人表示热烈的祝贺！

在肯定成绩的同时，我们也要清醒地看到市场营销中存在的问题和不足。一是结构提升落后于全国“大盘”。2012年云南卷烟商业单箱批发均价低于全国平均水平440元左右，一、二、三类烟的单箱批发均价都低于全国平均水平，单箱均价同比增幅低于全国平均增幅1.7个百分点。同时品牌输出结构偏低对云南卷烟品牌合作生产形成了较大制约。二是规模型大品牌发展遇到瓶颈。当前，“云烟”“红塔山”两个规模型品牌在向500万箱迈进的过程中，存在价位延伸能力不足、过于依赖成熟产品等问题，迫切需要以转型升级发展来解决内生动力不足和带动能力减弱的难题。三是“一高一低”发展相对滞后。2012年云南高端卷烟占全国高端卷烟市场的份额只有5.5%，而且市场布局有局限性，低焦产品发展仍显迟缓，6毫克及以下低焦产品数量极少。四是市场布局不尽合理。云南卷烟当前对新兴市场的发掘力度不够大，对高结构市场的跟进响应不够快，对个别市场因政策保护所引发的市场波动抵御能力不够强。五是营销水平有待提高。与先进企业相比，云南卷烟工业市场营销方法、能力尚显不足，营销模式、思维还不能完全适应市场变化，市场调控的精细水平还有差距，如何激发品牌动力、增强发展后劲、提升核心竞争力的课题越来越突出。

二、适应新形势深入推进大营销战略

2013年是实施“十二五”规划的关键之年，也是深入推进“卷烟上水平”、全面实现“532”“461”目标的重要一年。在1月17日召开的全国烟草工作会议上，国家局党组明确提出，当前行业改革发展的重点任务是行业改革要有新突破，技术创新要有新进步，管理监督要有新目标，队伍建设要有新要求。在2012年底召开的全国卷烟销售工作会议上，何泽华副局长指出，当前行业正面临高位增长与发展环境的双重挑战、宏观经济下行与卷烟结构提升的双重压力、品牌发展与资源配置的双重矛盾。在总量饱和、控烟压力、社会舆论的制约下，行业将谨慎对待总量增长，结构提升也显现瓶颈。国家局提出2013年全国卷烟产销控制在5030万箱，同比增量将缩减到百万箱以内，增幅将缩小到2%以内，结构提升也将进入“个位数增长”时代。面对如此复杂严峻的形势，云南中烟营销战线的全体干部职工必须抓住机遇、迎难而上，通过深入推进大营销战略，为“5521”品牌发展目标的实现奠定良好的基础。

（一）*大营销战略是云南中烟发展的必然选择。*从外部环境看，中国烟草经过10年的高速增长，已经进入“稳中求进”的平缓发展阶段。全国卷烟市场接近饱和，规模增长急剧收缩，两集团分头争取市场增量空间的几率大为降低，而重复投入、内耗式竞争的可能和风险逐步增大。在此消彼长的存量空间争夺中，内部和谐、统一对外的云南中烟无疑具有更强的竞争优势。从内部结构看，云南卷烟工业占据中国烟草五分之一以上的份额，产品覆盖全国市场，品类高中低齐全，“云烟”“红塔山”品牌承担冲击500万箱重任，这样的大企业、大品牌、大市场格局及一公司两集团的特殊体制，客观上要求我们必须站在更高的角度，以更宽广的视野和更深远的谋略，深入推进大营销战略。首先，应更加重视营销的地位和作用。营销是最终实现企业价值，推动企业持续发展的核心，从机械装备、原料购进、辅料配备，到技术研发、品牌设计、产品制造，都应围绕最终完成销售的目标展开。没有成功的营销，大企业、大品牌、大市场都将无从谈起。其次，应树立云南中烟一盘棋的思想。在促进两集团共同发展的同时，将政策资源、计划资源、促销资源向更能创造价值的品牌倾斜，实现效益的最大化。逐步统筹市场资源，统一营销规划，统领营销活动，减少分头走访频次，提高统一协调效率。广大市场营销人员要克服本位主义，把共同培育云南烟草知名品牌作为己任。再次，应搭建相互沟通融合的平台和大品牌培育的平台。在公司主导下建立云南卷烟工业营销协作机制，从集团总部、营销中心到省区经理、营销人员，在战略制定、品牌定位、计划衔接、市场布局、宣传促销、客户服务、信息搜集等方面加强沟通协作，开展良性互动，防止恶性竞争，减少内部损耗，优势互补，实现双赢。

（二）实施大营销战略必须加快实现营销转型。严峻的市场环境和繁重的发展任务，要求我们必须以更高的智慧、更新的思路、更有效的措施、更务实的作风，来布局谋划、扎实推动市场营销工作。公司层面应充分发挥指导、协调、考核、服务职能，从政策引导、品牌规划、资源配置、计划衔接、激励考核、队伍建设等方面，为市场营销提供、创造更多有利条件。集团层面应明确品牌发展思路，制定年度营销规划，突出宣传促销重点，完善考核激励机制，特别是要建立快速响应机制，定期收集分析品牌市场信息，及时进行产品结构布局调整。营销分中心的设立要在试点基础上逐步推开，充分发挥工厂熟悉当地市场情况、掌握本地有效资源、便于开展营销工作的特点，拓宽营销范围、延伸营销战线、提高营销效率。营销中心和各驻外市场部应加快实现从产品营销向客户管理、从渠道维护向消费引导、从粗放经营向精准营销的转变。客户是过去、现在和未来购买或使用企业产品与服务的个人或组织。对于卷烟工业而言，我们的客户不仅仅是各级烟草公司，同时包括了500多万零售户和数以亿计的消费者。市场营销必须围绕“满足客户需要、为客户创造价值”而展开，建立客户联络、发展客户关系、营造客户体验、赢得客户忠诚、经营客户价值，真正建立符合现代营销的客户管理体系。不仅要发现客户、经营客户，更要服务客户、成就客户；不仅要维护好、发展好渠道关系，更要注重了解营销终端和把握消费需求；不仅要掌握品牌的竞争态势，更要挖掘潜在需求和市场机会；不仅要成为市场经理，更要成为客户经理和品牌经理。通过科学计划、合理分工、扎实走访、认真分析，切实做到把握品牌市场动态、了解终端营销状况、清楚片区消费需求，从而为企业产品结构调整、市场布局规划、营销资源投入提供重要的决策参考，也为维护品牌形象、拓展市场空间、开展精准营销打下良好基础。

三、2013年市场营销主要工作安排

2013年是“十二五”承上启下的关键之年，也是成立10周年的云南中烟改革发展的重要攻坚时期。1月20日召开的云南中烟年度工作会议提出，2013年，云南中烟要抓住“解放思想、谋划战略、改革创新、打牢基础”四个工作重点，通过实施“四大战略”，推动“五项改革”，打牢“四个基础”，全面提升品牌建设水平，推动云南烟草工业科学发展、创新发展、跨越发展，为夺取“十二五”中盘胜利奋力拼搏。营销战线的全体干部职工，要认真学习领会会议精神，把智慧和力量凝聚到“5521”品牌发展目标和年度工作重点上来，全面提升市场营销水平，努力完成卷烟销售各项目标任务。

2013年云南卷烟品牌力争商业销售规模1070万箱以上，商业批发销售总收入2632亿元以上，商业单箱批发均价24600元以上。其中，一类烟231万箱，二类烟16万箱以上，高端烟17万箱，高价位烟4万箱以上，8毫克及以下低焦油卷烟100万箱以上，其中6毫克及以下1万箱。云烟品牌360万箱，其中一类80万箱，二类10万箱。玉溪品牌150万箱，其中300元及以上价位产品6.5万箱，争取成为一类烟第一位品牌。红塔山品牌确保不低于300万箱，其中100元及以上价位产品100万箱以上。红河品牌继续推进结构进一步提升，三类以上产品保持100万箱左右。优秀营销中心创建年内实现达标，优秀营销单位评选、工商互评力争继续名列前茅，全年需求预测吻合度达到96%以上。

（一）优化布局结构，提升市场份额。在当前卷烟市场复杂严峻的形势下，完成今年目标任务可谓压力不小、责任不轻。营销战线的广大干部职工一定要树立必胜信念，以更加奋发有为的斗志和更加艰苦细致的工作，创造新的销售业绩。一要进一步发挥大营销整体优势，认真规划“十二五”中后期分省市场发展目标，形成团体作战、一致对外的强大合力。结合各区域市场的宏观经济、销售政策、市场现状，科学合理细分市场，将“5521”目标分解细化到各区域市场，并努力完成年度营销指标任务。二要把推动结构整体上移作为增强云南卷烟品牌发展后劲的有力保障，努力保持结构增长幅度高于规模增长幅度，稳定规模增长，突出结构主线，实现“高端产品规模化拓展、规模产品结构性升级”。三要统筹安排省内省外市场，采取不同营销策略，确保布局持续优化。在巩固云南、四川、重庆等传统市场力争稳定发展的同时，着力突破山西、新疆、内蒙古、辽宁、海南等控股、参股企业所在地市场。在东北、华北等云南卷烟形成一定规模优势的地区，适度控制三类烟规模，重点提高销售结构。在河南、山东、贵州、安徽等增量空间较大但地产烟发展较快的地区，要认真研究市场需求，科学调控市场投放，保证有效供给，挖掘市场潜力，争取商业公司最大程度的政策支持。在东部沿海地区，容量趋于饱和，计划基本固化，增量空间缩小，必须以优化产品组合、提升品牌结构为主要方向。要通过科学合理的市场布局优化，扩大战略纵深，建立战略高地，提升产品结构，提高市场份额，继续保持品牌规模、一类烟销量、市场覆盖率、国际市场销售总量“四个行业第一”。

（二）着力重点品牌，坚持价值提升。朱总经理在年度工作会议上指出，云南中烟的优势在品牌，潜力在品牌，出路也在品牌，实现500万箱品牌是我们义不容辞的责任和使命，是勇挑重担的大局意识和进取精神的体现。因此，在“5521”品牌发展进程中，“云烟”“红塔山”两个500万箱的决心不能动摇。要牢牢把握计划、原料、市场三大资源，集中力量攻坚克难，确保在“532”“461”大品牌格局中同时占据“5”和“1”两个制高点。一要认真分析当前云南重点品牌的发展现状。通过开展深入扎实的市场调查和认真细致的分析判断，对云南卷烟现有品牌进行一次“体检式”的研究评估，认真分析品牌在规模发展、价值贡献、产品构成、目标定位、市场布局等方面存在的问题和障碍，找准工作定位，破解发展瓶颈，加快推进大品牌培育。二要以实施“四大战略”推动品牌转型升级。推进重点品牌整体结构上移，提高品牌的形象和价值，提升各价位档次的市场优势，是品牌转型升级的关键。高端战略上，要在稳定价格、严格规范的前提下，继续扩点放量，保持玉溪（庄园）、云烟（大重九）的良好发展态势，力争实现全国市场的全面覆盖。同时，要重点在零售价300—400元/条、500—600元/条上发力，不断丰富产品线，做好新品市场开拓，形成有形象产品带动、有基础品牌上量、同一系列规格互补的成规模发展格局。减害降焦上，既要注重技术创新，也要加大培育力度，在传承风格基础上，把安全、低焦、低害产品打造成新的经济增长点和效益支撑点。三要以创新思维为品牌发展输入新动力。去年以来，“两红”集团相继推出了“云烟（大紫）”“云烟（清甜香）”“红塔山（HTS都市）”“红塔山（硬欣经典）”“玉溪（硬弘毅）”等新产品。今年上半年还将推出部分新品以及冬虫夏草、呼伦贝尔、人民大会堂等整合产品。这些新产品将传承云南卷烟风格，产生新的市场认知和影响，对推动云南卷烟重点品牌转型升级意义重大。因此，一定要认真做好宣传造势、上市推广、市场开拓工作，精心组织战略性新品的培育拓展。

（三）创新工作方式，加快营销转型。卷烟营销正面临市场需求、品牌发展、客我关系、工商协同等环节中所呈现出来的新特点、新变化和新趋势，要求我们要紧紧抓住市场、品牌、客户这三个核心要素和工商协同这一行业特有营销机制，通过深化协同营销，提升精准营销，做实终端营销，探索现代营销，紧紧围绕品牌发展目标，深入推进大营销战略，进一步推动营销创新，加快营销转型。一要将营销重点向终端、向核心零售户延伸，在政策允许范围内，积极探索通过现代零售终端加强品牌宣传、提升品牌形象、改善口碑声誉的有效办法，与商业企业配合主动为零售终端提供服务支持，努力形成“在终端着力，靠终端发力”的营销新格局。二要加强消费引导，创造新市场、新客户，把针对消费者的营销活动扩展到工作、生活、社交等各个领域，拓展现有流通领域之外的新型终端，把营销职能从过去以渠道为中心的“订单维护、客情强化”逐步转变为以消费者为中心的“积极动销、塑造品牌”。三要认真研究现代流通的传播规律、消费规律，一方面继续把协同营销、精准营销作为培育“一高一低”品牌的重要模式，完善方法，创新手段，确保品牌以良好的市场状态参与市场竞争。另一方面积极探索网络营销、体验营销、事件营销、文化营销等现代营销模式，充分挖掘潜在需求，创造引领新型消费方式，进一步拓展品牌营销的平台通道和宣传促销方法途径。

（四）规范营销活动，强化基础管理。规范经营是行业持续健康发展的生命线，是市场营销上水平的基础和保障。要始终牢记规范只有起点没有终点，切实提高自律意识，打牢思想基础，为营造风清气正、公平竞争的市场环境共同努力。一是坚决贯彻执行中央提出的厉行节约、反对铺张浪费的各项要求，坚决贯彻执行国家局关于规范经营的各项规定，切实抓好“六个严禁、一个严控”的落实。公司将制定规范营销活动的具体规定，希望各集团认真贯彻执行。集团主要领导走访市场，应向公司报告，由公司请示国家局同意后方可成行。一年两次的市场衔接活动，由公司请示国家局同意后统一组织，不能各行其是。走访销区、接待来宾，严禁赠送高档礼品、礼金、有价证券，不得参与各类高规格宴请和高档娱乐活动。二是宣传促销活动要控制规模、突出重点、严格规范。减少企业宣传等方面开支，全年宣传促销费用的80%以上应直接用于品牌宣传和市场开拓。减少单一来源采购形式，宣传促销项目和金额公开招标比例应达到80%以上。减少宣传促销项目日常审批层级，按照年度规划、分级审核、季度报备、半年调整、年终评价的原则和流程开展工作，提高宣传促销工作的规范性、计划性、针对性、操作性和时效性。三是持续开展“天价烟”和卷烟过度包装专项治理，防止出现反弹引起社会舆论关注炒作。特别是“天价烟”的治理，必须作为一项事关全局的大事，持之以恒，常抓不懈，不得有丝毫松懈和马虎。在加大货源投放的前提下，要密切关注市场动向，严禁各种名义的人为炒作，及时与当地烟草专卖局（公司）沟通，确保云南卷烟在零售环节不出现天价烟问题。对出现问题涉及工业责任的，一定要按国家局要求层层追究责任。

（五）深化争先创优，加强队伍建设。营销队伍的整体素质和精神面貌，是市场营销成败的重要保证。一要提高素质能力，增强履职本领。以职业资格认证为抓手，以业务技能培训为手段，努力提高营销人员业务素质，着力打造学习型、专业型、实战型的营销团队。市场营销人员要重视研究市场客观规律，提升驾驭市场能力；要准确把握市场消费潮流，提高适应市场能力；要及时掌握卷烟市场动态，提高调控应变能力；要准确了解市场形势变化，提高快速反应能力。以自身素质和能力的提升，保障营销创新付诸实施，营销转型取得成功。二要重视队伍建设，激发生机活力。以优秀营销中心创建为契机，大力开展“争先创优、建功立业”活动，通过扩大创优范围、拓展创建内容、丰富创建形式，推动营销基层建设上水平。以深入开展“235”教育实践活动为载体，教育和引导全体营销人员爱岗敬业、诚实守信、遵纪守法、自律自强，全面提高职业道德素养。三要坚持以人为本，和谐劳动关系。深化用工分配制度改革，完善营销人员激励约束机制，建立科学合理的业绩考核机制。突出对重点品牌、二类卷烟、高端低焦的绩效导向，同时兼顾难点市场，体现过程管理和成长鼓励。更加关注协销人员的福利待遇和职业发展，开展协销人员轮训工作，探索协销人员职业体系建设。全面落实营销人员差旅费及驻外补贴调整规定，推行营销人员转岗修整制度，严格执行带薪强制公休制度，继续开展营销人员家属探访慰问活动，充分激发调动营销人员的积极性和创造性，不断增强全体营销人员的归属感和认同感，形成团结和谐、干事创业的良好氛围。

同志们，“5521”品牌发展目标光荣而艰巨。新的一年，我们将面临新的形势、新的任务和新的要求。希望全体营销战线的同志们继续发扬特别能吃苦、特别能奉献、特别能战斗的优良作风，坚定信心、振奋精神、开拓进取、真抓实干，为完成今年的各项市场营销工作任务而努力奋斗，为夺取云南中烟“十二五”中盘胜利做出新的贡献。

大 事 记

2013年云南中烟大事记

1月

5日 云南中烟党组书记、总经理朱绍明，董事长柳万东与来访的玉溪市委书记张祖林、副书记饶南湖等领导进行座谈。副总经理顾波、李光林、谢昆或、高兴智，玉溪市常务副市长黄庭宪等领导参加座谈。

8日 云南中烟召开公司机关2012年度员工绩效考核大会，部门主要负责人述职并对机关处级以下干部进行民主测评。党组书记、总经理朱绍明主持会议，纪检组长李新军作动员讲话。

同日 云南中烟与云南省局（公司）举行领导班子座谈会，深化工商协同，畅叙友谊，共话发展。云南省局巡视员、纪检组长温宁军，巡视员、副总经理杨经建，云南中烟董事长柳万东，巡视员、纪检组长李新军等领导参加座谈。

9日 国家烟草专卖局法规司司长李鸣到云南中烟调研。云南中烟副总经理高兴智陪同调研。

10日 副总经理顾波代表云南中烟拜访曲靖市委、市政府领导，与曲靖市委书记高劲松、市长范华平、政协主席赵建华等领导座谈。

11日 副总经理谢昆或代表云南中烟拜访大理州委、州政府领导，与大理州委书记尹建业、州长何华等领导座谈。

12日 云南省副省长丁绍祥，云南中烟党组书记、总经理朱绍明，董事长柳万东到红塔辽宁烟草有限责任公司沈阳卷烟厂进行调研。辽宁省烟草专卖局（公司）局长、总经理孙世夫陪同调研。

13日 云南省副省长丁绍祥，云南中烟党组书记、总经理朱绍明到山西昆明烟草有限责任公司调研。山西省烟草专卖局（公司）局长、总经理李泽华陪同调研。

16日 大理州委副书记、州长何华等领导到大理卷烟厂调研。

18日 云南中烟副总经理顾波、高兴智与来访的上海市烟草专卖局（公司）副总经理部强一行进行座谈。

20日 云南中烟召开2013年工作会议。党组书记、总经理朱绍明作工作报告，董事长柳万东主持会议。会议提出，2013年，要抓住“解放思想、谋划战略、改革创新、打牢基础”四个工作重点，全面提升品牌建设水平，推动云南烟草工业科学发展、创新发展、跨越发展。在解放思想方面，要以开放的思维，务实的作风，坚持以思想大解放促进工作大跨越；在谋划战略方面，要通过实施价值战略、高端战略、安全战略和大品牌战略“四大战略”，推动品牌做精做强做大；在改革创新方面，要通过改革创新资源配置方式、合作加工思路、科研体系平台、营销布局模式和企业文化体系，为企业发展注入新的生机与活力；在打牢基础方面，要着力打牢规范基础、管理基础、党建基础和人才基础。

同日 红云红河集团荣获2012中国企业十大新闻揭晓仪式暨第九届中国企业发展论坛颁布的“2012年度中国最具影响力企业”称号。

24日 海关总署署长、党组书记于广州，副署长邹志武在云南省副省长高树勋、昆明海关关长张金诚的陪同下到红云红河集团调研，云南中烟副总经理、红云红河集团董事长姚庆艳，云南中烟副总经理顾波陪同调研。

25日 云南中烟召开物资采购工作领导小组2013年度工作会议。副总经理、物资采购工作领导小组组长顾波主持会议。

30日至2月4日 巡视员、纪检组长李新军，副巡视员许泽代表云南中烟看望慰问昆明卷烟厂、楚雄卷烟厂困难职工和困难老党员代表。

2月

1日 云南省委省政府召开全省烟草工作座谈会。中共云南省委书记秦光荣，省长李纪恒等省领导出席会议。副省长丁绍祥主持座谈会。秦光荣强调，烟草系统要撑竿跳高、勇攀高峰，为完成省“两会”确定的各项目标任务多做贡献；要加大投入、服务“三农”，烟草农业要为云南农业产业化发挥示范带动作用；要优化结构、提质增效，调整结构，突出云南烟草的品牌优势和特色，促进云南烟草工业实现新突破，再上新台阶；要科技创新、多元发展，打造绿色、生态、特色、优质、安全的现代烟草业，推动多元发展。李纪恒指出，云南烟草系统要切实抓好现代烟草农业基地建设，加大投入做好水源工程建设等工程，打牢现代烟草农业发展基础；统筹安排好优化结构和特色烟叶开发，深入推进烟草庄园及新烟区建设等工作，全面提升烟叶工作水平；加快推进“玉溪（庄园）”“云烟（大重九）”等高端品牌的市场拓展，精心培育大品牌，加速推进云产卷烟重点骨干品牌抢占发展制高点。

4 日　云南中烟召开2013年市场营销工作会议。总经理朱绍明出席会议并讲话，巡视员、纪检组长李新军宣读表彰决定，副总经理李天飞主持会议，副总经理高兴智作工作报告。朱绍明指出，2013年的市场营销工作要讲大局、有责任，讲目标、求发展，讲转型、做终端，讲合作、创和谐，讲纪律、重规范，为夺取云南中烟“十二五”中盘决胜作出新的贡献。

5 日　云南中烟党组书记、总经理朱绍明，巡视员、纪检组长李新军，副巡视员许泽一行前往云南省烟草机械厂老厂区与部分退休职工及困难户进行新春座谈。

21 日　云南中烟党组书记、总经理朱绍明，董事长柳万东，巡视员、纪检组长李新军到红塔集团调研，并与红塔集团班子成员进行座谈交流。朱绍明要求红塔集团下一步做好五方面的工作：一要坚定目标，统一思想，形成合力；二要做好沟通协调工作，多互动，多交流，多换位思考；三要加强对营销工作的领导，为营销工作创造更好的环境；四要重视审计工作，注重提高工作中的管理规范程度；五要认真领会中央精神，反对浪费，勤俭节约。

25—28 日　云南中烟举办第一期处级以上领导干部学习贯彻党的十八大精神集中培训班。党组书记、总经理朱绍明出席开班仪式并作专题辅导。朱绍明要求领导干部要从“领会实质、结合实际、善于总结、改进作风、勇于创新”等五个方面下大力气，认清形势，做到学以致用，把学习培训效果落实到云南中烟提出的年度目标任务和工作重点上来。

28 日　云南中烟召开2013年纪检监察工作会议。党组书记、总经理朱绍明传达习近平总书记在十八届中纪委二次全会上的讲话精神和国家局纪检监察工作会议精神，代表公司党组和所属各单位签定党风廉政建设责任书，并作会议总结讲话；董事长柳万东主持会议；巡视员、纪检组长李新军作工作报告。

3 月

4 日　云南省委省政府与国家烟草专卖局在京举行工作座谈会。中共云南省委书记秦光荣、省长李纪恒与国家烟草专卖局局长姜成康就云南烟草产业发展深入交换意见。云南省委副书记仇和、省政协主席罗正富、常务副省长李江、省委秘书长曹建方、省人大常委会常务副主任孔垂柱、副省长丁绍祥，国家烟草专卖局副局长李克明、杨培森、赵洪顺出席会议。云南中烟总经理朱绍明参加会议。

5 日　云南中烟及所属红塔集团、红云红河集团向洱源地震灾区捐款600万元。副总经理谢昆或出席捐赠仪式。

6 日　云南中烟召开2013年安全生产工作会议。副总经理谢昆或作工作报告。

同日　中烟商务物流公司副总经理范建治到云南中烟调研2013年全国烟草行业物流工作现场会筹备情况。

12 日　中国烟草投资管理公司副总经理吴益到云南中烟调研中国烟草行业多元化投资发展战略情况。云南中烟副总经理李天飞出席调研座谈会。

13 日　国家烟草专卖局副局长何泽华到红河调研2013年行业物流工作现场会筹备情况。何泽华指出，云南中烟要通过“三个一体化”建设打通供应链，通过资源整合和流程优化，体现云南中烟物流的规模化优势。云南中烟副总经理高兴智作工作汇报。

同日—18 日　云南中烟在中国井冈山干部学院

举行2013年第一期处级干部培训班。

14日 云南中烟召开第一届董事会第五次会议薪酬委员会会议。副总经理李天飞主持会议。

15日 国家安全监督管理总局第六督导调研组到红河卷烟厂进行安全生产工作督导检查。

20日 云南中烟召开第一届董事会第五次会议，听取云南中烟《2012年生产经营情况汇报》《董事会2012年工作情况汇报》等5项议题，审议通过云南中烟《2013年工作安排和2013年度生产经营目标计划的议案》《2013年预算方案》等13项议案和计划。

21日 云南中烟召开党组中心组学习（扩大）会议。全国人大代表，云南中烟党组书记、总经理朱绍明传达十二届全国人大一次会议精神。

同日 国家烟草专卖局董事会工作办公室主任王彦亭到红塔集团调研。

22日 云南中烟召开2013年拓展国际市场工作会议。副总经理顾波作工作报告。

同日 玉溪市委书记张祖林到红塔集团，与云南中烟董事长柳万东、红塔集团总裁李穗明举行座谈。

25—29日 云南中烟举办第二期处级以上领导干部学习贯彻党的十八大精神集中培训班。

27日 云南中烟召开系统工会二届四次全委（扩大）会。巡视员、纪检组长李新军讲话，副巡视员许泽作工作报告。

28日 云南中烟直属机关党委接受中共云南省委省直机关工委2012年党建目标责任制工作考核。

29日 云南中烟召开2013年后勤工作会。副总经理顾波作工作报告。

同日 云南中烟召开2013年财务审计工作会议。副总经理李光林作工作报告。

同日 云南中烟召开2013年1—2月经济运行分析会。党组书记、总经理朱绍明，副总经理谢昆或、高兴智出席会议。

同日 云南中烟党组书记、总经理朱绍明与来访的阿根廷驻华大使古斯塔沃·马迪诺先生及伟达集团董事局主席詹伟山先生座谈。

4月

2日 云南中烟召开2013年法规体改、专卖内管暨整顿规范工作会议。副总经理高兴智出席会议并讲话。

同日 云南中烟召开2013年物资工作会议。副总经理顾波出席会议并讲话。

9日 云南中烟召开巡视工作见面会，欢迎国家局巡视组到云南中烟开展巡视工作。

9—14日 云南中烟举行第三期处级以上领导干部学习贯彻党的十八大精神培训班。巡视员、纪检组长李新军出席开班仪式并作专题辅导。

11日 云南中烟召开省外有资产关系企业品牌互动生产座谈会。副总经理谢昆或出席会议并讲话。

同日 国家局有关行业专家组到云南中维酒店管理有限责任公司及昆明翠湖宾馆进行调研。副总经理李光林陪同调研。

同日 中国联通集团公司总经理陆益民在玉溪市委书记张祖林的陪同下到红塔集团参观交流。

14日 海口市委副书记、代市长倪强到海南红塔公司调研。

15—18日 云南中烟举办第十二届职业技能竞赛暨第三届卷烟商品营销职业技能竞赛。

16日 云南中烟召开挂钩扶贫及兴边富民工程扶贫领导小组会议。

同日 云南中烟董事长柳万东到乌兰浩特卷烟厂调研。

17日 云南中烟组织机关和直属单位干部职工到云南省反腐倡廉警示教育基地暨“全国廉政教育基地”参观。

24日 云南中烟副总经理高兴智、云南省烟草专卖局（公司）副总经理杨经建到楚雄卷烟厂调研。

同日 云南中烟召开经济运行座谈会，传达2013年行业经济运行工作会议精神，研究部署下一步经济运行工作重点。副总经理谢昆或出席会议并讲话。

同日 云南省工业和信息化委员会调研组到云南中烟就生产经营和投资技改等情况进行专题调研。

副总经理谢昆或出席调研座谈会。

同日 内蒙古自治区区委常委、呼和浩特市委书记那顺孟和，内蒙古烟草专卖局（公司）局长、总经理董晓民到访红云红河集团，与云南中烟副总经理、红云红河集团董事长姚庆艳进行座谈。

28日 云南中烟在云南省五一劳动奖状、奖章暨职工经济技术创新工程表彰大会上获得多项殊荣，1名职工荣获“全国五一劳动奖章”，1名女职工荣获“全国五一劳动巾帼标兵”，4个集体荣获“云南省工人先锋号”，4名职工被授予“云南省五一劳动奖章”，3名职工荣获“云南省技术状元”，22名职工荣获“云南省技术能手”。

5月

3日 云南中烟召开国家烟草专卖局经济责任审计进点会。党组书记、总经理朱绍明，董事长柳万东等领导出席会议。朱绍明要求：一要认识到位、高度重视；二要态度端正、落实责任；三要密切配合、全面响应；四要落实整改、建立长效机制。

同日 云南省副省长丁绍祥在楚雄州委书记张太原，州委副书记、州长李红民，副州长周兴国，云南中烟副巡视员赵子敏等的陪同下，到楚雄卷烟厂调研。

7—11日 云南中烟举办第四期处级以上领导干部学习贯彻党的十八大精神培训班。副总经理谢昆或出席开班仪式并作专题辅导。

8日 昆明市副市长王春燕到红云红河集团调研。云南中烟副总经理、红云红河集团董事长姚庆艳与其座谈。

9日 云南省监察厅副厅长杨慧琼到云南中烟就重大建设项目解决“三难”问题进行专题调研。副总经理谢昆或出席调研座谈会。

14日 云南中烟召开2013年科技工作会议。巡视员、纪检组长李新军出席会议并讲话，副总经理李天飞主持会议，副总经理李穗明宣读2012年度科技进步奖励决定和2012年度优秀知识产权奖励决定，副巡视员赵子敏作科技工作安排部署。

14—17日 云南中烟举办第五期处级以上领导干部学习贯彻党的十八大精神培训班。副总经理高兴智出席开班仪式并作专题辅导。

15日 云南省副省长丁绍祥到红塔集团调研。丁绍祥指出，要不断加强烟草行业市场预判能力，坚定发展信心，确保稳步增长。云南中烟党组书记、总经理朱绍明，副总经理、红塔集团总裁李穗明，副总经理李天飞陪同调研。

同日 财政部驻云南省财政监察办事处专员李树荣到红云红河集团调研并参观昆明卷烟厂。

20日 昭通市副市长余扬举到昭通卷烟厂调研。

21日 云南省委常委、常务副省长李江到大理卷烟厂调研。大理州人大常委会主任袁爱光陪同调研。

同日 《中国烟草》杂志社社长刘杰、副社长任静到访红云红河集团。

22日 国家统计局国民经济核算司副司长赵同录、云南省统计局副局长杨光军、玉溪市副市长解仕清到红塔集团调研。

23日 马其顿共和国佩莱博卷烟厂首席执行官亚历山大·戴尔蒙杰夫到访红云红河集团。

28日 国家烟草专卖局局长凌成兴、副局长杨培森到云南中烟进行调研。凌成兴指出，云南烟草工业是全国烟草行业的“龙头老大”，创造了全国烟草行业“三个第一”：一是产量规模全国第一；二是销售收入全国第一；三是利税总量全国第一。云南中烟要围绕行业“卷烟上水平”的总体要求，保持行业领头羊（即保持结构调整的领头羊、保持科技创新的领头羊、保持市场培育的领头羊），创造全球新纪录，为全国烟草行业再创辉煌再立新功。杨培森指出，云南中烟要处理好市场需要与结构提升、高端带动与高端维护、原料优势与科技创新、完善体系与深化改革“四个关系”，为行业和云南经济发展作出新的贡献。

同日 国家烟草专卖局局长凌成兴与云南省省长李纪恒一同到昆明卷烟厂调研工作。凌成兴指出，先进的硬件设备配置是烟草生产企业确保产品高质量的强有力保证，同时也能产生良好的经济效益，因此一定要抓住核心技术，学好、用好、管理好先进设备。李纪恒表示，红云红河集团要继承光荣历史，大力开展技术创新和技术改造，相信红云红河集团一定能为地方经济发展作出新的更大的贡献。国家烟草专卖局副局长杨培森、云南省副省长丁绍祥、云南省政府秘书长卯稳国参与调研。云南中烟党组书记、总经理朱绍明，董事长柳万东等陪同调研。

同日 云南省委、省政府与国家烟草专卖局在昆明举行座谈会。国家烟草专卖局局长凌成兴，中共云南省委书记秦光荣，省长李纪恒出席会议。秦光荣指出，云南省将坚定不移地贯彻好国家烟草产业政策，把国家局和凌局长的要求作为今后的努力方向。凌成兴指出，云南为烟草行业的发展作出了突出贡献，带动了全国烟草的发展，为云南卷烟工业的跨越发展而振奋，为云南烟叶生产的跨越发展而振奋，为云南烟草利税总额的高速增长而振奋。在卷烟结构、烟叶生产、资产保值增值等方面，云南省与行业的利益是空前一致的，国家烟草专卖局将全力以赴支持云南烟草发展，共同促进烟草行业的跨越发展。

29 日 国家烟草专卖局局长凌成兴与云南省省长李纪恒一同到红塔集团调研。国家烟草专卖局副局长杨培森、云南省副省长丁绍祥参与调研。云南中烟党组书记、总经理朱绍明，董事长柳万东等参加调研。

同日 国家烟草专卖局副局长何泽华到大理卷烟厂就物流建设、系统管理、物流现场会准备情况进行调研。中烟商务物流有限责任公司总经理吕忠信，云南中烟副总经理谢昆或等参加调研。

30 日 云南中烟在红河州弥勒县举行 2013 年云产卷烟大品牌培育座谈会。国家烟草专卖局局长凌成兴，副局长何泽华、杨培森，云南省副省长丁绍祥出席会议。中国卷烟销售公司总经理曹华青作会议发言，云南中烟党组书记、总经理朱绍明作会议致辞。凌成兴指出，云南烟草是云南省经济社会发展的重要支柱，是全国烟草行业的重要支柱，是全国卷烟工业的典范，是全国烟叶生产的典范，是全国专卖营销的典范，创造了产量规模、销售收入、利税总额“三个全国第一”。云南烟草稳则行业稳，云南烟草兴则行业兴，云南烟草强则行业强。全国各省级公司都要站在行业发展全局的高度，把培育云产卷烟大品牌、支持云南烟草发展作为我们的共同目标、共同利益、共同责任。丁绍祥指出，希望云南中烟加强与全国烟草企业的合作，进一步增加信任、增强合作，以更好的业绩支持全国“卷烟上水平”。云南省委、省政府将一如既往支持云南烟草产业发展，为卷烟大品牌发展创造更加有利的政策环境。何泽华指出，全行业要继续加大对云产卷烟品牌培育的支持力度，保持充分信任，给予更多关心，帮助其解决发展中的问题，开拓工商协同营销的新局面。

同日 国家烟草专卖局局长凌成兴到红河卷烟厂调研。国家烟草专卖局副局长杨培森、云南省副省长丁绍祥、红河州州长杨福生等一同调研。凌成兴表示，实施技术改造，既能全面提升企业的生产制造水平，同时也能为面向未来发展、着眼远景目标奠定坚实基础，希望红云红河集团和红河卷烟厂能把握当前良好的发展形势，抓住机遇，把技改项目建设好，把企业综合实力推向一个新的高度。云南中烟董事长柳万东，副总经理、红云红河集团董事长姚庆艳等参加调研。

6 月

1—3 日 云南中烟召开“云南烟草工业第十次优秀 QC 小组成果发布会”，共评出 6 个一等奖、13 个二等奖、17 个三等奖和 4 个最佳发布奖。

3 日 云南中烟召开总经理办公会，学习贯彻凌成兴等国家烟草专卖局领导在滇期间的重要讲话精神，并对全系统的学习贯彻工作作出安排部署。

同日 国家烟草专卖局法规司到云南中烟就“依法行政、守法经营”情况开展调研。副总经理高兴智陪同调研。

同日 国家烟草专卖局专卖司到云南中烟就烟草专卖证件管理进行调研。

6 日 非洲马拉维共和国总统乔伊丝・班达在

中共云南省委常委、常务副省长李江的陪同下参观昆明卷烟厂。

8日 云南中烟召开2013年政治工作会议。党组书记、总经理朱绍明出席会议并作重要讲话。巡视员、纪检组长李新军主持会议并对贯彻落实会议精神提出要求，副巡视员许泽作工作报告。

同日 云南中烟召开党组中心组学习（扩大）会议，围绕凌成兴等国家烟草专卖局领导在滇期间的重要讲话精神进行专题学习。党组书记、总经理朱绍明指出，全系统要围绕凌局长提出的“三大课题”，围绕在现有体制机制不变的前提下如何进一步整合资源、推动品牌大发展，如何确保税利目标等8个方面的问题，找准问题，深入思考，出谋划策，增强内生动力，破解发展难题，努力推动云南中烟改革发展再上新的台阶。

13日 大理州委书记梁志敏、州长何华到访云南中烟。党组书记、总经理朱绍明，董事长柳万东，副总经理李光林、谢昆或等参加座谈。

14日 云南中烟召开2013年设备管理工作会议。副总经理顾波出席会议并讲话。

16日 南宁市委书记余远辉、市长周红波在玉溪市委书记张祖林、市长饶南湖的陪同下到红塔集团参观交流。

17日 云南中烟召开2013年信息化工作会议。副总经理李天飞出席会议并讲话。

18日 意大利科马斯公司总裁马田到访红云红河集团。

19日 国家烟草专卖局信息中心主任胡新华到云南中烟调研。副总经理李天飞陪同调研。

20日 国家烟草专卖局副局长杨培森到蒙昆公司调研。杨培森指出，蒙昆公司要认真总结经验，研究好管理体制、发展战略、品牌培育、市场布局、资源配置等问题，再接再厉，获得更大的发展。

21日 云南中烟与云南省烟草专卖局（公司）联合召开烟叶座谈会。副总经理李天飞出席座谈会。

同日 云南中烟召开2013年原料工作会议。副总经理李天飞出席会议并讲话。

25日 云南中烟召开安全生产委员会全体委员会议。副总经理谢昆或出席会议并讲话。

26—28日 云南中烟董事长柳万东到大理卷烟厂和楚雄卷烟厂调研。

7月

1日 云南中烟巡视员、纪检组长李新军到蒙昆公司调研。

同日 云南中烟ERP系统正式上线运行。

4日 云南中烟召开党组会议，学习中央、云南省委和国家烟草专卖局党组关于深入开展党的群众路线教育实践活动文件和会议精神，研究云南中烟开展以为民务实清廉为主要内容的党的群众路线教育实践活动。党组书记、总经理朱绍明强调，开展这次教育实践活动，公司领导班子要率先垂范、以身作则，带头加强学习、听取意见，带头查摆问题、开展批评，带头整改落实、解决问题，把边学边改贯穿教育实践活动全过程，高质量完成每个环节、每项工作。

8日 云南中烟举行2013年新进毕业生岗前培训班开班典礼。巡视员、纪检组长李新军出席开班典礼并授课。

16日 云南中烟召开党的群众路线教育实践活动动员大会。党组书记、总经理朱绍明主持会议并作动员讲话。国家烟草专卖局党的群众路线教育实践活动第七督导组组长王崇光、副组长刘昉等到会指导。朱绍明强调，要切实把思想和行动统一到中央、国家局党组的要求和部署上来，以坚持正面教育为主、批评与自我批评、讲求实效、分类指导、领导带头为原则，正确把握学习教育、听取意见，查摆问题、开展批评，整改落实、建章立制三个关键环节，确保教育实践活动扎实有序推进。

16—17日 国家烟草专卖局安全生产大检查督查组对云南中烟的安全生产大检查工作进行督查。

22日 云南中烟举办2013年科研（工艺）高技术人才培训班。副总经理李天飞出席开班典礼并授课。

23日 云南绿色生态烟叶发展研究会常务副会长程映萱、副会长王学智到云烟印象烟庄石林园调研。

24日 云南省总工会纪检组长、经审会主任黄增强到云南中烟调研。

21—27日 云南中烟组织处级领导干部赴中国井冈山干部学院，开展党的群众路线教育实践活动专题培训。

28日 公安部消防局消防安全大排查大整治第一督导组对红塔集团消防安全大排查大整治工作进行督导检查。

30日 云南中烟召开党的群众路线教育实践活动“法律进企业”专题会议。副总经理高兴智出席会议并讲话。

31日 云南烟草工商召开离退休人员2013年上半年情况通报会。云南中烟巡视员、纪检组长李新军，云南省烟草专卖局巡视员、纪检组长温宁军出席会议。

同日 团中央“走进青年、转变作风、改进工作”调研组到会泽卷烟厂调研共青团建设工作。

7月31日至8月1日 云南中烟副总经理顾波率领调研组，结合党的群众路线教育实践活动要求，到红塔集团、红云红河集团就统一国际市场营销、境外卷烟销售情况开展调研。

8月

2日 云南中烟组织机关全体党员干部到中共云南地下党建党旧址纪念馆，开展“牢记宗旨重温誓词”专题党课学习。巡视员、纪检组长李新军，副总经理顾波等领导参加党课。

同日 云南中烟召开2013年上半年经济运行分析会。副总经理谢昆或、高兴智出席会议。

5日 云南中烟组织领导班子成员及机关全体党员干部开展党风廉政教育专题学习活动。党组书记、总经理朱绍明主持学习会，巡视员、纪检组长李新军作专题讲座。

8日 云南中烟党组书记、总经理朱绍明，巡视员、纪检组长李新军到大理卷烟厂调研。朱绍明希望大理卷烟厂继续围绕“对标”工作，抓管理、严规范，提升工厂各项“创先争优”指标，争取早日建成“优秀卷烟工厂”。

同日 中国烟草机械集团有限责任公司总经理王建法在云南中烟副总经理谢昆或陪同下到昆明卷烟厂调研。

8—15日 云南中烟副总经理谢昆或率领调研组，结合党的群众路线教育实践活动要求，到红塔集团、红云红河集团就品牌整合、投资技改和安全生产开展调研。

9日 楚雄州委常委、楚雄市委书记左荣贵带领楚雄市党政领导班子到楚雄卷烟厂调研。

同日 国家烟草专卖局局长凌成兴率国家局党的群众路线教育实践活动调研组到红塔集团大理卷烟厂调研。云南省副省长丁绍祥，云南中烟党组书记、总经理朱绍明，巡视员、纪检组长李新军，云南中烟副总经理、红塔集团总裁李穗明等参加调研。

10日 国家烟草专卖局局长凌成兴率国家局党的群众路线教育实践活动调研组到红云红河集团昆明卷烟厂，举行云南烟草工商基层职工代表座谈会，听取基层职工的意见和建议。云南省副省长丁绍祥，云南中烟党组书记、总经理朱绍明，云南省烟草专卖局（公司）党组书记、局长、总经理余云东等参加调研。凌成兴要求全体党员干部对照党章照镜子、对照廉政准则照镜子、对照群众期盼照镜子、对照先进典型照镜子、对照改进作风照镜子。

同日 国家烟草专卖局局长凌成兴率国家局党的群众路线教育实践活动调研组在昆明举行联系点座谈会，听取云南烟草工商对国家局党组教育实践活动的意见并检查部署云南烟草工商活动开展情况。云南省副省长丁绍祥出席会议。云南中烟党组书记、总经理朱绍明，云南省烟草专卖局（公司）党组书记、局长、总经理余云东作工作汇报。凌成兴指出，要充分调动领导干部和广大群众两个积极性，着力打牢学习教育和查摆问题两个基础，切实抓住整改落实和建章立制两个关键，积极投身教育实践活动，做到思想上真自觉、要求上真严格、每个环节真到位，确保活动不走过场，取得真实效。

12日 云南中烟召开总经理办公（扩大）会议，专题学习国家烟草专卖局局长凌成兴在云南进行党的群众路线教育实践活动调研时的重要讲话精神。党组书记、总经理朱绍明指出，全系统各单位要把凌局长的讲话精神及时传达到全体党员干部，切实做到边学习、边查找、边整改、边提高，准确把握云南中烟所面临的“改革攻坚期、发展关键期”的形势，着力破解制约云南中烟发展的“八个方面问题”，重点开展好“两统一、两整合”工作，做到两手抓、两促进，以改革发展的新成绩检验教育实践活动的成效。

13 日 云南中烟召开董事会工程投资、物资采购、宣传促销管理委员会和预算委员会会议。

同日 中国烟草国际有限公司副总经理郭胜锁到红云红河集团境外重点合作项目缅甸环球卷烟厂进行调研。

14 日 国家烟草专卖局检查组对云南中烟贯彻落实“三重一大”决策制度和“八项规定”实施办法情况进行检查指导。云南中烟董事长柳万东主持会议，巡视员、纪检组长李新军作专题汇报。

15—21 日 云南中烟组织开展党的群众路线教育实践活动党组中心组集中学习，学习领会中央、国家局党组在开展党的群众路线教育实践活动方面的重要指示、讲话、文件精神以及规定书目。公司领导班子全体成员全程参与学习。

16 日 云南中烟举行“六五”普法知识竞赛。

21 日 国家环保局调研组到红塔辽宁烟草有限责任公司沈阳卷烟厂调研。

21—22 日 云南中烟副总经理李天飞率领调研组，结合党的群众路线教育实践活动要求，到红塔集团、红云红河集团开展科技工作调研。

23 日 云南中烟党组书记、总经理朱绍明结合开展党的群众路线教育实践活动要求，围绕反对“四风”，给机关全体党员干部上专题党课。巡视员、纪检组长李新军主持党课。

26 日 云南中烟召开税收风险管理工作布置会。副总经理李光林出席会议并讲话。

27 日 云南中烟副总经理李光林率领调研组，结合党的群众路线教育实践活动要求，到红塔集团、红云红河集团、物资集团开展多元化工作调研。

同日 中国烟草国际有限公司副总经理潘肖勇到红云红河集团调研。

30 日 云南中烟举行主题为“扫除四风，推进群众路线教育实践活动”的专题讲座。领导班子成员及机关全体党员干部听取讲座。

同日 海南省海口市长倪强、副市长鞠磊到红塔集团参观交流。

31 日 根据中国企业联合会、中国企业家协会发布的 2013 中国企业 500 强榜单，红塔集团和红云红河集团分别以 909.43 亿元和 747.77 亿元的营业收入位列 2013 中国企业 500 强第 132 位和第 156 位。

9 月

2 日 云南中烟及所属红塔集团、红云红河集团向迪庆州地震灾区捐赠 300 万元。

4 日 云南中烟召开党组中心组学习会议，公司全体领导就深入开展党的群众路线教育实践活动进行专题学习交流和研讨。国家烟草专卖局党的群众路线教育实践活动第七督导组组长王崇光到会指导。

5 日 云南中烟召开机关各部（室）深入开展党的群众路线教育实践活动学习交流汇报会。

同日 加拿大大河烟叶公司总裁 steve · williams 到楚雄卷烟厂参观交流。

8—11 日 云南农业大学名誉校长、中国工程院院士朱有勇到红塔集团“玉溪庄园”凤窝园调研。云南中烟董事长、红塔集团董事长柳万东，云南中烟副总经理、红塔集团总裁李穗明参加调研。

10—11 日 中国烟草投资管理公司副总经理吴益到云南中烟调研云南烟草酒店业整合试点情况。

11 日 云南省人大常委会常务副主任孔垂柱带领曲靖市选举的云南省十二届人大代表到曲靖卷烟厂开展产业建设情况专项调研。

同日 云南中烟巡视员、纪检组长李新军到红云红河集团开展党风廉政建设工作调研。

16 日 云南中烟党的群众路线教育实践活动领导小组召开会议，传达学习国家烟草专卖局党的群众路线教育实践活动电视电话会议精神。

同日 云南中烟召开2013年工程投资工作会议。副总经理谢昆或出席会议并讲话。

17日 云南中烟BPC（全面预算管理系统）正式上线运行。

18日 国家烟草专卖局局长凌成兴在海南烟草调研，国家局副局长赵洪顺一同调研。其间，海南省委书记、省人大常委会主任罗保铭，省委副书记、省长蒋定之会见凌成兴，双方就海南烟草改革发展交换意见。云南中烟党组书记、总经理朱绍明陪同调研。

23日 云南中烟印发《企业文化理念体系》，启动企业文化理念体系宣贯工作。

同日 蒙古国和平友好机构主席扎格德扎布到红云红河集团参观。

24—25日 云南中烟副巡视员许泽率队到文山州广南县调研挂钩扶贫工作，听取扶贫点对云南中烟开展党的群众路线教育实践活动的意见和建议。

25—27日 云南中烟举行2013年离退休人员体育运动会。巡视员、纪检组长李新军出席开幕式和闭幕式。

26日 国务院安委会安全生产第三督察组到大理卷烟厂检查开展安全生产工作情况。

28日 云南中烟党的群众路线教育实践活动领导小组召开会议，传达学习国家烟草专卖局党的群众路线教育实践活动第七督导组重庆座谈会精神。党组书记、总经理朱绍明主持会议。

29日 云南中烟召开机关全体职工暨直属单位领导班子大会，通报云南中烟“两统一、两整合”工作情况。巡视员、纪检组长李新军主持会议并作总结讲话，副总经理谢昆或通报“两统一、两整合”实施方案。

同日 江西中烟工业有限责任公司党组书记、总经理郑伟到昆明卷烟厂和云烟印象烟庄石林园参观。

10月

8日 云南中烟副总经理高兴智到红塔集团、红云红河集团市场营销中心通报“两统一、两整合”工作情况。

9—10日 云南中烟分别组织召开公司机关和直属单位、红塔集团、红云红河集团劳模先进、离退休人员代表座谈会。副总经理李天飞、副巡视员许泽分别出席座谈会并传达9月28日云南中烟党组扩大会议精神，通报“两统一、两整合”工作情况，听取离退休人员意见和建议。

10日 国家烟草专卖局局长凌成兴到乌兰浩特卷烟厂调研。内蒙古自治区政府副主席王波、国家局副局长杨培森一同调研。内蒙古自治区烟草专卖局局长董晓民，云南中烟副总经理谢昆或等参加调研。凌成兴强调，乌兰浩特卷烟厂要坚持做到三点：一是坚定规划目标；二是持续增加产量；三是努力提高水平，提高单箱利税水平，提高品牌发展水平。杨培森希望乌兰浩特卷烟厂继续努力发挥好重组优势，与云南烟草在工艺技术、管理标准、品牌培育等方面实现一体化，继续挖掘管理潜力，继续提高产品结构。

同日 云南中烟副总经理顾波率领调研组，结合党的群众路线教育实践活动要求，到云南中烟物资（集团）有限责任公司开展物资工作调研。

12日 国家烟草专卖局局长凌成兴到山西昆明烟草有限责任公司调研。国家局副局长杨培森、山西省政府副秘书长巨宪华一同调研。凌成兴提出三点要求：一是要巩固三大成果。巩固卷烟销售网络示范的成果，巩固内部专卖管理监督示范的成果，巩固用工分配制度改革示范的成果。二是要发挥三大优势。发挥山西卷烟市场的优势，发挥“云烟”品牌的优势，发挥山昆公司历史悠久的优势。三是要支持山昆公司异地技改。

同日 河南中烟工业有限责任公司总经理杨自业到访红云红河集团，就品牌合作生产、企业技改搬迁等工作进行交流。

14日 云南中烟召开品牌合作生产座谈会。副总经理谢昆或、高兴智出席会议并讲话。

15日 云南中烟“两统一、两整合”实施方案在云南省政府第21次常务会议上获原则同意。

18日 国家烟草专卖局、中国烟草总公司下发

《关于云南中烟工业有限责任公司“两统一、两整合”工作的批复》，正式批复同意云南中烟实施“两统一、两整合”工作。

同日 国务院经济普查办公室主任、国家统计局副局长徐一帆参观红云红河集团昆明卷烟厂。

21日 云南中烟召开专题党组会，传达学习习近平总书记在指导河北省委常委班子专题民主生活会上的重要讲话精神以及国家烟草专卖局党的群众路线教育实践活动领导小组办公室对云南中烟开好专题民主生活会的安排和要求，再次聚焦“四风”查摆问题。

24日 国家烟草专卖局召开云南中烟“两统一、两整合”工作座谈会，通报云南中烟“两统一、两整合”工作实施方案，宣读国家局、总公司关于云南中烟“两统一、两整合”的批复。国家烟草专卖局局长凌成兴在讲话中强调，全行业要对云南中烟“两统一、两整合”工作给予全力支持，一要充分认识云南中烟“两统一、两整合”工作的重要意义，把思想统一到国家局、总公司的文件精神上来；二要同舟共济，全力推动云南中烟“两统一、两整合”工作，确保云南中烟在改革进程中稳健发展、提升水平。国家烟草专卖局副局长赵洪顺在讲话中要求，云南中烟对“两统一、两整合”工作要统一思想、坚定信心、精心操作；国家局、总公司机关各部门各单位要统一认识、协调配合、加强指导；全行业要着眼大局、同舟共济、全力支持。

25日 云南中烟党组召开党的群众路线教育实践活动专题民主生活会，按照“照镜子、正衣冠、洗洗澡、治治病”的总要求，聚焦“四风”问题，认真对照检查、查摆问题，开展批评和自我批评，提出下一步整改措施。国家烟草专卖局局长凌成兴全程参加云南中烟党组民主生活会并作重要讲话。党组书记、总经理朱绍明主持会议。朱绍明代表云南中烟党组作对照检查；党组成员逐一进行个人对照检查。凌成兴要求云南中烟深入学习习近平总书记系列重要讲话精神，坚决克服“闯关”“考试”的错误思想；善始善终抓好整改落实，以抓好教育实践活动“两个关键”为动力，突出一个重点、聚焦六大问题，努力做到两不误、两促进、两结合、双丰收。

28日 云南中烟党组书记、总经理朱绍明会见来访的施伟策－摩迪国际集团董事长兼首席执行官维卢泰一行。副总经理李天飞等参加会见。

29日 云南中烟召开党组专题民主生活会情况通报会议。国家烟草专卖局教育实践活动第七督导组组长王崇光一行到会指导，党组书记、总经理朱绍明主持会议并讲话。巡视员、纪检组长李新军通报党组专题民主生活会情况，传达国家烟草专卖局局长凌成兴在云南中烟党组民主生活会上的重要讲话精神和王崇光的点评意见。

11月

2日 国家烟草专卖局局长凌成兴、副局长赵洪顺一行到辽宁烟草调研。辽宁省常务副省长周忠轩等省市领导陪同调研。对于辽宁烟草下一步的工作方向，凌成兴指出，第一要发挥红塔集团跨省重组、品牌合作的强大优势，第二要发挥辽宁烟草市场资源、经济环境的强大优势。

5日 国家烟草专卖局局长凌成兴到新疆卷烟厂易地技术改造项目现场调研工作，新疆维吾尔自治区党委常委、乌鲁木齐市委书记朱海仑，国家局总会计师张玉霞一同调研。云南中烟副总经理谢昆或陪同调研。凌成兴强调，要着力推进新疆跨越式发展和长治久安两大战略部署，着力抓好易地技改项目工程扫尾、设备搬迁和整体调试以及同城物流建设，着力抓好卷烟结构提升，着力抓好“雪莲”品牌培育。

7日 云南省军区司令员张肖南，副司令员、参谋长杨光跃到红塔集团检查指导工作。

12日 国家税务总局大企业司司长王道树到云南中烟及红塔集团开展调研，听取云南烟草工商企业税收风险管理工作汇报。国家烟草专卖局财务审计司司长万里明参加调研。云南中烟副总经理李光林作工作汇报。

13日 曲靖市委书记高劲松、曲靖市人大常委会主任刘海芳、曲靖市政协主席赵建华等到红云红河集团调研。

14 日　云南中烟召开董事会工程投资、物资采购、宣传促销“三项工作”管理委员会会议。

16 日　中央党史研究室副主任李忠杰到红云红河集团调研。

17 日　云南中烟召开2014年上半年云产卷烟产销衔接会。国家烟草专卖局副局长何泽华出席会议并讲话，云南省副省长丁绍祥在会上致辞。何泽华指出，全行业营销战线、云南中烟营销部门全体同志要统一思想，坚决支持；云南中烟内部要有效整合、形成合力；希望销区深度协同、重在落实，贯彻好“总量不减、份额不低、结构不降”的最低要求。丁绍祥指出，云南省委、省政府将全力支持云南中烟“两统一、两整合”工作，为云南烟草产业发展创造良好的外部条件，确保改革真正做到“有利于中国烟草未来发展的方向，有利于云南社会经济的发展，有利于云南烟草工业做大做强”。

18—19 日　2013 年全国烟草行业物流工作现场会在云南大理召开。云南中烟党组书记、总经理朱绍明代表云南烟草致辞，副总经理高兴智及红塔集团、红云红河集团作经验交流。

19 日　辽宁省烟草专卖局（公司）局长、总经理孙世夫到红云红河集团及昆明卷烟厂参观。云南中烟巡视员、纪检组长李新军陪同参观。

20 日　中国烟草实业发展中心总经理张建军到红云红河集团就山昆公司技改工程事项进行座谈交流。

26 日　云南中烟召开党的群众路线教育实践活动“回头看”专题党组会，对教育实践活动第一环节、第二环节工作进行“回头看”，并安排部署整改落实、建章立制工作以及学习宣传贯彻党的十八届三中全会精神工作。

27 日　国家税务总局收入规划核算司司长杨元伟到红云红河集团调研。

同日　云南中烟召开机关职工大会，安排部署学习贯彻党的十八届三中全会精神工作。

同日　云南中烟召开 2013 年企业管理工作会议。副总经理谢昆或出席会议并作工作报告。

12 月

4 日　云南中烟召开董事会预算委员会会议，听取2013 年度预算执行情况，审议 2014 年度预算方案（草案）。

5 日　国家烟草专卖局副局长赵洪顺在云南中烟党组书记、总经理朱绍明等领导的陪同下到红河卷烟厂调研指导工作。赵洪顺强调，红烟技改工程要按照国家局的批复要求，瞄准烟草未来发展方向，紧密结合当前发展态势，统筹推进，优质高效地做好各项工作，全面提升工厂综合竞争能力。

9—11 日　云南中烟召开党组中心组学习（扩大）会议，学习贯彻党的十八届三中全会精神。党组书记、总经理朱绍明主持会议并讲话。

12 日　云南中烟工会在云南省总工会经审工作会议上荣获“2008—2012 年全省工会经审工作先进集体”，一名工会经审人员被授予“2008—2012 年全省工会经审工作先进个人”荣誉称号。

13 日　云南中烟召开办事公开民主管理现场推进会。

15 日　阿根廷 ESPERT 烟草公司董事长卡洛斯・托梅奥先生和伟达集团董事长詹伟山先生一行到访云南中烟，与云南中烟党组书记、总经理朱绍明，董事长柳万东、副总经理顾波等领导会谈。

19 日　云南中烟副总经理谢昆或带领检查组到会泽卷烟厂进行安全检查。

26 日　云南中烟董事长柳万东带领检查组到红塔集团本部、玉溪卷烟厂和中烟施伟策（云南）再造烟叶有限公司进行安全检查。

同日　云南中烟副总经理谢昆或带领检查组到红河卷烟厂进行安全检查。

同日　云南中烟副总经理高兴智带领检查组到红塔集团、红云红河集团物流中心进行安全检查。

27 日　云南中烟巡视员、纪检组长李新军带领检查组到云南烟草教育培训中心进行安全检查。

同日　云南中烟副总经理顾波带领检查组到云南中烟物资（集团）有限责任公司、云南烟草机械有限责任公司和云南烟草国际有限公司进行安全检查。

30日 云南中烟召开营销先进表彰大会。党组书记、总经理朱绍明，董事长柳万东，巡视员、纪检组长李新军等领导出席会议，副总经理高兴智主持会议。朱绍明就营销战线做好统一国内市场营销工作提出五点要求：一是服从大局，全力支持改革；二是强化责任，积极投身改革；三是团结一心，合力助推改革；四是增强信心，努力成就改革；五是精心操作，加快推进改革。

同日 云南省安全生产委员会第六考核组对云南中烟进行2013年度安全生产目标责任考核，并抽查红云红河集团和昆明卷烟厂的安全生产工作。云南中烟总经理、党组书记朱绍明，副总经理谢昆或陪同检查。

同日 云南中烟副总经理李天飞带领检查组到云南烟草科学研究院、云南中烟昆船瑞升科技有限公司进行安全检查。

31日 云南中烟副总经理李光林带领检查组到云南中维酒店管理有限公司和云南烟草兴云投资股份有限公司进行安全检查。

综　述

【概　况】　云南中烟工业有限责任公司，最初为2003年10月云南烟草工商分设后成立的云南中烟工业公司。2004年1月1日，云南中烟工业公司举行挂牌仪式。2010年12月28日，国家局、总公司批复同意云南中烟工业公司更名改制为云南中烟工业有限责任公司。2011年1月27日，云南中烟工业有限责任公司挂牌成立。公司是集卷烟生产销售、烟草物资配套供应、科研以及多元化经营等为一体的，目前全国卷烟产销规模最大的省级中烟工业公司。公司按照建立现代企业制度和法人治理结构的要求，设立了董事会、监事、经理层，构建了权责一致、决策科学、执行顺畅、监督有力的“战略管控型”管理体制。公司作为战略中心、管控中心和评价中心，重在对云南中烟的整体发展发挥引领、支持、评价和监控作用。公司现拥有卷烟产销规模位居行业前两位的红塔烟草（集团）有限责任公司和红云红河烟草（集团）有限责任公司，以及云南烟草科学研究院、云南中烟物资（集团）有限责任公司、云南烟草教育培训中心、云南烟草国际有限公司、云南中烟特有职业（工种）职业技能鉴定站等5家直属单位，并参控股云南烟草兴云投资股份有限公司、云南中维酒店管理有限责任公司等多家企业。公司内设办公室（外事办）、董事会办公室、企业管理部、经济运行部、人力资源部（离退休人员管理办公室）等19个部门。

截至2013年底，按公司合并报表口径统计，拥有总资产2062.71亿元，其中，固定资产323.04亿元、流动资产1328.09亿元，资产负债率为24.14%。有从业人员23032人，其中在岗员工21845人。

2013年，认真按照“卷烟上水平”的战略任务和公司“5521”品牌发展目标，以改革创新为根本动力，以品牌发展、原料保障、科技创新、市场营销、基础管理、队伍建设为重要支撑，注重提升经济发展质量和效益，不断攀登、勇于跨越，努力发挥主力作用和引领作用，为行业和全省经济社会发展作出了突出贡献。公司延续成立以来的良好发展势头，坚持稳中求进、进中求好、好中求快，经济效益实现“十连增”。云产卷烟品牌国内商业销量达1082万箱，卷烟境外销售总量38万箱。公司在卷烟产销总量、税利总额、一类烟产销量、全国市场覆盖率、国际市场销量等多项指标上均位居行业第一。

2013年，云南中烟被中华全国总工会授予“全国五一劳动奖状”，被云南省人民政府授予“云南省2012年度‘爱心水窖’建设先进捐赠单位”，被云南省总工会授予2013年度“一活动一工程”先进单位。

【卷烟生产经营稳步发展】　坚持以品牌发展为核心，注重提高经济增长质量和效益，较好地完成了全年主要预期目标。

一是经济运行总体平稳。卷烟产销协调发展，呈现出“七个增长、两个下降”的特点。云南中烟（含省外全资及控股企业）生产卷烟971万箱，销售卷烟992万箱，增长5.14%；烟草主业实现税利1288亿元，增长12.73%；单箱税利12987元，增长7.23%。省内企业生产卷烟757万箱（含出口烟），销售卷烟782万箱，增长5.24%；实现税利1107.58亿元、历史性地跃上千亿台阶，增加123.86亿元、净增税利连续三年突破百亿，增长12.59%、自工商分开以来首次超过行业平均增幅；单箱税利14166元，增长6.99%。拓展国际市场取得新进步，卷烟境外销售总量38万箱，增长6.54%。成本费用得到有效控制，成本费用率、三项费用率分别下降0.05和1.04个百分点。

二是品牌发展稳中有升。主要特点是“一个扩大、三个增长”：全年云产卷烟品牌商业销量1082万箱，销量增幅高于全国平均水平1.89个百分点，市场份额扩大到21.65%；商业销售结构有所提升，卷烟单箱销售收入增加到2.39万元。高端卷烟快速增长，商业销量14.67万箱，增长20.78%，高于全国平均水平7.78个百分点；其中高价位卷烟商业销量3.75万箱，增长50%，高于全国平均水平10.93个百分点，全国同类烟占比达到20.46%。重点品牌持续增长，“玉溪”“云烟”“红塔山”“红河”商业销量分别为145万箱、341万箱、298万箱和151万箱，四大品牌集中度上升到86.5%。“玉溪（庄园）”“云烟（大重九）”高速增长，分别销售4429箱和12306箱，合并销量增长235.84%。

【“两统一、两整合”改革工作全面启动】 坚持把改革作为最大的红利，结合思考谋划践行行业“三大课题”，围绕云南中烟面临的八个方面的问题，在广泛调研的基础上形成“两统一、两整合”实施方案并分别报经省政府、国家局批准。按照“积极稳妥、平稳过渡、突出重点、分步实施”的原则，各项改革工作稳步有序向前推进，实现了“三启动、两完善、一调整”：先行启动了国内市场营销统一工作和研发统一工作，初步启动了品牌整合工作，正在修改完善国际市场营销统一、多元化业务整合方案；适应“两统一、两整合”改革工作的要求，为了建立新的管理支撑体系，将云南中烟的管控模式由战略管控型调整为经营管控型，并相应调整了云南中烟和两红集团的职能定位。

根据国家局凌成兴局长在云南中烟调研时提出“保持行业领头羊，争创全球新纪录”目标，和云南省委省政府对烟草发展“撑竿跳高、勇攀高峰”的要求，云南中烟党组提出：在现行“一公司、两集团”管理体制不变的前提下，实施统一营销、研发业务，整合卷烟品牌、多元化经营业务的“两统一、两整合”改革思路。通过“两统一、两整合”，进一步优化资源配置，盘活存量空间，降低运营成本，提高工作效率，提升整体竞争实力，做大做强核心重点品牌，实现云南烟草工业持续健康协调发展。经过广泛调研和深入听取意见，云南中烟拟定了“两统一、两整合”实施方案，并分别报经省政府、国家局批准。根据“两统一、两整合”实施方案，云南中烟还分别制订了卷烟品牌整合、统一研发、统一营销、多元化投资管理改革重组方案，并按照“积极稳妥、平稳过渡、突出重点、分步实施”的原则，有序推进“两统一、两整合”改革工作。

【党的群众路线教育实践活动成效明显】 按照党中央以及国家局党组的统一要求与部署，在公司机关深入开展以“为民务实清廉”为主要内容的第一批党的群众路线教育实践活动，取得了明显成效。在国家局凌成兴局长的亲自联系和第七督导组的有力指导下，公司党组高度重视，坚持公司领导班子和领导干部身体力行、率先垂范，认真组织开展学习教育听取意见、查摆问题开展批评、整改落实建章立制三个环节的各项工作，深入查找“四风”方面存在的突出问题，深刻剖析产生问题的根源，并坚持即知即改、立行立改，按照《党的群众路线教育实践活动专项整治方案》狠抓12个方面突出问题的整改落实，善始善终、善作善成，做到了“规定动作”有成效、“自选动作”有特色，确保了整改成效让群众看得见、感受得到、大多数人满意，确保了形成的制度行得通、指导力强、能长期管用。公司共征求到550条意见，制定下发新制度32项、修订完善制度13项。

【基础管理工作再上新台阶】 认真落实云南中烟“企业管理创一流”方案，有效推进各单位目标体系、管理流程、绩效管理等管理体系建设。继续推进全面预算管理、贯标、对标、创优、精益管理、财务审计、安全管理、物资管理、投资管理、物流管理、信息化建设等工作，不断搭建规范管理平台、提升基础管理水平。坚持延伸审计整改，对国家审计署延伸审计发现的问题，边审边改、即知即改，及时制定整改方案、分解整改责任、落实整改任务，逐条逐项进行整改，大多数问题已经整改落实到位。重点开展了“五个狠抓”：狠抓违规配备车辆清理处置，已批复在2014年3月31日前处置违规超标配备车辆128辆；狠抓违规高尔夫球场整顿处置，处置方案已上报国家局；狠抓津贴补贴规范，清理不合规的项目，合规发放；狠抓办公用房清理腾退，清理多占办公用房24115平方米，停建经营业务用房项目1项；狠抓“三项工作”公开招标，工程、物资、服务类公开招标采购金额占比提高至80.7%，其中工程类、物资类、服务类公开招标金额占比分别达97.4%、86.93%、54.56%。

【企业文化建设体系全面推广】 立足“一公司、两集团”实际，启动云南中烟企业文化建设，系统上下大力推进云南中烟母文化宣贯，形成了以“合力图强、和谐致远”企业精神为核心的“合和”文化体系。通过制定《企业文化建设规划》《企业文化理念体系》以及《企业文化建设考核实施办法》体系、《员工行为规范建设实施意见》和《品牌文化建设实施意见》，开发内训配套教材、文化视频资料，举办企业文化内训师培训，初步形成了云南中烟“一个规划、一个体系、两个重点、一支队伍”的较为系统完善的企业文化建设机制。

【党建工作进一步加强】 主要特点是“五个深入推进”：深入推进思想政治建设，把学习贯彻党的十八大和十八届三中全会精神以及习近平总书记系列重要讲话精神作为首要政治任务，精心组织，扎实推进，用会议、讲话精神武装头脑、指导实践、推动工作。深入推进党风廉政建设，进一步推进惩治和预防腐败体系建设，修订完善党风廉政建设责任制规定及考核实施办法，强化廉政风险防控，严肃查处违纪违规案件，取得新的明显进展。深入推进中央八项规定的贯彻执行工作。制定出台贯彻落实中央八项规定的实施办法，提出九项要求，修订公务接待管理规定、会议管理办法、会议费管理办法、业务招待费管理办法、费用管理规定等一系列制度，厉行勤俭节约、反对铺张浪费，狠刹不正之风。全年业务接待费、会议费、涉外费分别降低15.42%、78.28%、31.73%；取消、停止出国团组40个，比年初计划减少39.6%。深入推进制度建设，制定《关于加强思想政治建设的实施意见》和《党组中心组学习制度实施细则》，持续推进党的建设制度化、规范化。深入推进创先争优活动，继续组织开展“跨越发展当先锋、机关党建走前头”活动，评选表彰云南中烟2012—2013年度先进基层党组织14个、优秀共产党员29名、优秀党务工作者25名。

法人治理结构建设

【现代企业制度及法人治理结构建设】 2011年1月27日，根据《国家烟草专卖局、中国烟草总公司关于云南中烟工业公司更名改制和完善公司法人治理结构的批复》精神，云南中烟工业公司正式更名改制为云南中烟工业有限责任公司，公司按照建立现代企业制度和法人治理结构的要求，设立了董事会、监事、经理层，构建了权责一致、决策科学、执行顺畅、监督有力的管理体制。2013年根据国家烟草专卖局批复，公司实施“两统一、两整合”改革，原有的管控模式由战略管控型调整为经营管理型，并将公司职能定位调整为“战略管理、资源配置、经营管理、统筹协调、绩效管理”。

【董事会组成】 云南中烟工业有限责任公司董事会共由9人组成，包括来自于国家烟草专卖局委派的副董事长和董事、公司经理层部分成员、职工代表。其中，董事长由公司党组书记担任（2012年6月18日，党组书记由柳万东变为朱绍明，柳万东仍为董事长），副董事长由国家烟草专卖局董事会工作办公室主任担任，2名董事由国家烟草专卖局董事会工作办公室领导担任，4名董事由公司经理层成员担任，1名董事由职工代表担任。

【董事会机构及职责】 按照《国家烟草专卖局中国烟草总公司关于加强董事会建设的意见》等文件精神，云南中烟工业有限责任公司董事会聘任了董事会秘书，组建了董事会薪酬委员会、预算委员会和“三项工作”管理委员会，设立董事会办公室（2013年5月23日，调整职能更名为董事会工作办公室），配备了专职工作人员。薪酬委员会、预算委员会、“三项工作”管理委员会各负其责、各履其职；董事会工作办公室作为董事会的日常办事机构，主要职责是为董事会的决策提供协调服务，主要工作包括筹备会议、参加会议、掌握生产经营情况、跟踪调研决议执行情况、报送材料、反馈信息及沟通协调等内容。

【董事会制度建设】 云南中烟工业有限责任公司董事会自组建以来，组织制定云南中烟《董事会工作制度》《董事会秘书工作规则》《董事会薪酬委员会工作规则》《董事会预算委员会工作规则》《工程投资、物资采购、宣传促销管理委员会工作规则》《监事工作制度》《关于进一步加强所属公司董事会建设的指导意见》等7项工作制度和规则意见，2011年通过董事会决议对公司26项基本管理制度进行审议和修改，2012年对公司41项规章制度、2013年对公司45项规章制度向董事会进行报备，构建内容协调、程序严密、配套完备、有效管用的制度体系，推进各项工作制度化、规范化、程序化。

【董事会运作】 云南中烟工业有限责任公司董事会注重在云南中烟中长期发展规划、发展战略、重大经营计划、重大人事任免、投资捐赠、预算方案、决算方案、机构调整、合并重组、职工薪酬福利、利润分配方案等重大事项方面加强指导、行使权利、履行职责。2013年，董事会共召开2次现场董事会议，审议和通报重大事项43项，闭会期间共有12项议题通过书面会议方式提请董事书面审议；召开了5次董事会专门委员会会议，审议议题22项；工作调研1次，提出3项具体指导意见。

经济运行与企业管理

【卷烟产量】 2013年，云南中烟卷烟产量累计完成819.55万箱，同比减少6.68万箱，减幅0.81%。其中，省内生产厂完成757.55万箱，同比减少10.68万箱，减幅1.39%；省外生产厂完成62万箱，同比增加4万箱，增长6.89%。内销卷烟完成809.5万箱，同比减少6万箱，减幅0.74%；出口卷烟完成10.05万箱，同比减少0.68万箱，减幅6.34%。

在内销卷烟产量809.5万箱中，一类烟产量完成216.23万箱，同比增加16.09万箱，增幅8.04%；二类烟产量完成9.11万箱，同比增加0.25万箱，增幅2.77%；三类烟产量完成424.16万箱，同比减少23.49万箱，减幅5.25%。四类烟产量完成105.37万箱，同比增加1.14万箱，增幅1.09%；五类烟产量完成54.64万箱，同比增加0.02万箱，增幅0.03%。

2013年“玉溪”“云烟”“红塔山”“红河”四大卷烟品牌省内产量累计完成639.3万箱，同比减少7.07万箱，下降1.09%。产量占总产量比重为84.39%，同比增加0.25个百分点。

【卷烟销量】 2013年云南中烟工业销量843.81万

箱，同比增加44.52万箱，增长5.57%。其中，省内生产厂完成781.85万箱，同比增加38.9万箱，增长5.24%；省外生产厂完成61.96万箱，同比增加5.62万箱，增长9.98%。内销卷烟销量完成833.72万箱，同比增加45.26万箱，增幅5.74%；出口卷烟销量完成10.09万箱，同比减少0.74万箱，减幅6.84%。

2013年“玉溪”“云烟”“红塔山”“红河”四大卷烟品牌省内生产厂工业销量累计完成659.71万箱，同比增加41.05万箱，增长6.64%。销量占总销量比重为84.38%，同比上升1.11个百分点。

在云南省内生产厂工业销量中，一类烟222.87万箱，同比增加31.4万箱，增幅16.4%；二类烟9.36万箱，同比增加0.85万箱，增幅9.94%；三类烟407.8万箱，同比增加1.96万箱，增幅0.48%；四类烟89.47万箱，同比增加5.37万箱，增幅6.38%；五类烟52.35万箱，同比减少0.68万箱，减幅1.28%。

【经济效益】 2013年云南中烟累计实现税利1156.38亿元，同比增加128.29亿元，增幅12.48%。其中，省内系统1107.58亿元，历史性地跃上千亿台阶，同比增加123.86亿元，增幅12.59%；省外生产厂48.8亿元，同比增加4.43亿元，增幅9.99%。省内卷烟企业1102.81亿元，同比增加123.11亿元，增长12.57%，净增税利连续三年突破百亿，平均单箱税利14105元，同比增加919元，增长6.96%。

2013年云南中烟累计实现利润215.13亿元，同比增加47.45亿元，增长28.3%。其中，省内系统205.84亿元，同比增加46.06亿元，增长28.82%；省外生产厂9.29亿元，同比增加1.39亿元，增长17.63%。

2013年云南中烟省内卷烟销售收入总额1287.85亿元，同比增加139.88亿元，增长12.18%；平均单箱销售收入16472元，同比增加1020元，增长6.61%。

【经济技术指标】 2013年云南中烟万元产值综合能耗9.26千克标煤，同比下降8.95%；万支卷烟综合能耗3.06千克标煤，同比下降4.49%；万支卷烟耗水0.066吨，同比下降2.78%；万支卷烟耗电6.73千瓦时，同比上升0.79%；万支卷烟耗烟叶7.02千克，同比下降1.15%；万支卷烟耗滤棒2510.31支，同比下降1.66%；万支卷烟耗卷烟纸956.95米，同比下降1.37%。省内卷烟企业三项费用率为7.60%，同比下降1.04个百分点。其中，红塔集团8.54%，同比下降1.18个百分点；红云红河集团6.64%，同比下降0.93个百分点。

【主要产品】 2013年云南中烟在产卷烟品牌18个，其中，红云红河集团有“茶花” “钓鱼台”“福”“红河”“红山茶”“呼伦贝尔”“小熊猫”“雪莲”“云烟”“钓鱼台”10个品牌，红塔集团有“阿诗玛”“宝石”“红梅”“红塔山”“新兴”“玉溪”“威斯”“马宝”8个品牌。

【年度计划管理】 围绕云南中烟“5521”卷烟品牌新目标和“促销量、控调出、调库存、挺价格、稳增长”调控方针，按照有关宏观经济政策和国家局计划，合理安排年度卷烟产供销（含原料需求）和合作生产计划，认真做好季度、月度生产计划的申报下达以及国家局“一号工程”码段申领下发。贯彻落实国家局限产限调令，对国家局新增卷烟计划进行分解，下达安排免税出口卷烟生产供货计划，完成中烟施伟策（云南）再造烟叶有限公司、云南中烟昆船瑞升科技有限公司再造烟叶所需原料采购计划的申报。

加强和改善宏观调控。每月通报经济运行情况，组织召开经济运行分析会，针对市场变化，及时分析和预测卷烟生产经营动态及发展趋势。

注重产品结构的提升和改进。加大存销比调控范围，将存销比调控扩大至三类烟。为缓解低类卷烟市场供应紧张矛盾，根据生产经营实际，分解下达国家局安排云南中烟四、五类卷烟生产计划165

万箱，安排五类烟指导性生产计划54万箱。

【品牌发展】 按照“规格要做精”的要求，落实好“保牌、促销、稳价、增效”工作。以“5521”品牌发展目标为基础，把品牌发展的重点聚焦于“玉溪”“云烟”“红塔山”三大品牌，在保持市场相对稳定的基础上，有计划、有步骤地对“红河”“红梅”等品牌进行战略性收缩或转换。同时强化新品开发，补齐产品短板，不断完善云南卷烟品类体系。2013年，云南中烟上市销售的新产品共12个，累计销量卷烟5.93万箱。

2013年，全国商业系统累计销售云产卷烟1082.33万箱，稳居行业第一，占全国卷烟总量的21.65%，同比增加32.17万箱，增幅为3.06%。其中，“玉溪”“云烟”“红塔山”“红河”品牌销售936.21万箱，同比增加36.99万箱，增长4.11%，四大品牌的集中度上升到86.49%。在四大品牌中，“云烟”商业销量341.06万箱，增幅14.8%；“玉溪”商业销量145.39万箱，增幅17.45%。在高价位卷烟中，“玉溪（庄园）”“云烟（大重九）”高速增长，分别销售4429箱和12306箱，合并销量增长235.84%。

【合作生产】 制定《云南中烟品牌互动生产管理实施指导意见》，组织召开2次品牌合作生产座谈会，总结分析品牌合作生产情况，明确合作生产目标，研究解决品牌合作生产中遇到的问题。进一步推动省外有资产关系企业的品牌互动，提高云产卷烟市场占有率和覆盖率。2013年，省外企业合作生产云南卷烟品牌254.79万箱〔含“云烟（苁蓉）”〕，同比减少12.96万箱，下降4.84%。其中，红塔集团173.8万箱，红云红河集团80.99万箱。有资产纽带关系的合作产量153.79万箱，占合作总量的60.35%；无资产纽带关系的合作产量101万箱，占合作总量的39.64%。具体品牌合作生产情况见下表：

品牌	2013年产量（万箱）	同比±量	增长率（%）
红塔山	154.13	-17.44	-10.2
云烟	60.11	11.71	24.19
红河	20.88	-7.02	-25.2
红梅	12.58	-1.94	-13.4
玉溪	6.46	2.86	79.62
恭贺新禧	0.63	-1.12	-63.9

【基础管理】 围绕“完善战略管控、夯实管理基础、创新管理机制、构建管理平台”四个重点，认真落实《云南中烟企业管理创一流》方案，继续推进全面预算管理、贯标、对标、创优、精益管理等工作，不断提升基础管理水平。将创优工作与内部管理工作、管理要素相融合，把对标作为管理创一流的重要抓手。完成年度贯标、对标、创优工作的考评和总结，组织编写《云南中烟对标、卷烟工厂对标专题分析报告》。突出精益管理，制定《云南中烟精益管理实施方案》，明确指导思想、目标任务、工作重点，从生产、原料、市场、服务四方面提出精益管理工作要求。有效推进目标体系、管理流程、绩效管理等管理体系建设。启动“云南中烟企业管理体系建设”项目，开展质量管理体系建设交叉评价工作，按照国家局质量管理体系建设交叉评价情况通报要求，制定并实施整改方案。继续深入推进群众性创新创效工作，组织召开云南烟草工业第十次QC成果发布会，评选年度36个优秀QC成果，获得行业优秀QC成果一等奖2个、二等奖1个，取得了云南烟草工业近几年来的最好成绩。

根据“两统一、两整合”改革所带来的管理模式变化，结合转型发展需求，制定了2013年《省级公司领导业绩考核方案》以及《生产经营、企业管理目标责任考核办法》，完成2012年生产经营目标责任检查考核。组织召开2013年云南中烟企业管理现场交流会，举办了2期企业管理培训班。配合国家局相关部门，完成“卷烟上水平”调研报告的撰写，配合云南省政府研究室完成云南烟草发展情况调研报告的撰写。

2013年卷烟工业企业对标指标－云南中烟与行业对比表

指标类别	指标名称	2013年行业平均	2013年行业先进	云南中烟工业有限责任公司		
				2012年	2013年	同比
效率指标	全员劳动生产率（箱/人）	300.00	501.35	260.64	273.06	4.77%
	全员人均销售收入（万元/人）	471.92	1528.24	369.76	434.98	17.64%
	总资产贡献率（%）	85.37	119.02	70.40	72.76	2.36
	成本费用利润率（%）	46.04	115.39	39.02	44.55	5.53
	卷接设备运行效率（%）	93.07	97.22	90.98	93.55	2.57
	包装设备运行效率（%）	87.56	95.14	84.62	90.52	5.90
能耗指标	万元增加值综合能耗（公斤标准煤/万元）	11.32	4.89	11.48	10.33	－10.02%
	万支卷烟综合能耗（公斤标准煤/万支）	3.25	2.14	3.20	3.08	－3.75%
费用指标	卷烟三项费用率（%）	7.14	3.60	8.51	7.57	－0.94
	在岗人员人工费用占销售收入比重（%）	4.81	2.80	5.46	5.20	－0.26
	宣传促销费用占销售收入比重（%）	0.66	0.25	0.76	0.60	－0.16
	管理费用占销售收入比重（%）	5.28	3.56	6.27	5.65	－0.61
成本指标	生产成本占销售收入比重（%）	23.84	12.90	24.14	24.00	－0.14
	烟叶成本占销售收入的比重（%）	11.20	6.52	11.96	11.58	－0.38
	一类烟单箱烟叶成本（元/箱）	2408.21	1877.14	2171.58	2441.67	12.44%
	二类烟单箱烟叶成本（元/箱）	2124.23	1862.73	1943.43	2153.70	10.82%
	三类烟单箱烟叶成本（元/箱）	1780.26	1519.27	1745.26	1840.03	5.43%
	香精香料成本占销售收入的比重（%）	0.57	0.25	0.64	0.56	－0.08
	一类烟香精香料单箱成本（元/箱）	103.50	45.28	121.57	113.91	－6.30%
	二类烟香精香料单箱成本（元/箱）	88.35	57.03	131.78	133.27	1.13%
	三类烟香精香料单箱成本（元/箱）	94.12	54.07	83.81	84.00	0.23%
成本指标	主要材料成本占销售收入比重（%）	8.41	3.90	8.62	7.88	－0.74
	盒皮成本占销售收入比重（%）	4.18	1.84	4.21	3.80	－0.40
	一类卷烟的盒皮单位成本（元/箱）	940.68	670.22	680.44	692.52	1.77%
	二类卷烟的盒皮单位成本（元/箱）	845.52	577.21	884.66	862.24	－2.53%
	三类卷烟的盒皮单位成本（元/箱）	678.25	417.38	683.95	697.30	1.95%
	盘纸成本占销售收入比重（%）	0.30	0.15	0.35	0.31	－0.04
	一类卷烟的盘纸单位成本（元/箱）	51.23	45.36	57.59	56.17	－2.47%
	二类卷烟的盘纸单位成本（元/箱）	50.69	42.62	55.46	53.08	－4.30%
	三类卷烟的盘纸单位成本（元/箱）	47.51	38.65	48.48	48.65	0.35%
	嘴棒成本占销售收入比重（%）	2.30	1.16	2.43	2.23	－0.20
	一类卷烟的嘴棒单位成本（元/箱）	437.46	299.36	358.81	385.45	7.42%
	二类卷烟的嘴棒单位成本（元/箱）	417.64	309.47	363.37	364.68	0.36%
	三类卷烟的嘴棒单位成本（元/箱）	350.87	267.57	348.07	349.55	0.43%

【统计工作】 围绕“生产经营促规范、统计工作上水平”的目的，开展了卷烟生产经营统计应用项目数据质量巡检和重点抽查，完成卷烟生产经营数据统计应用项目的终验。完善云南中烟经济运行分析平台建设，有效提升经济运行分析、监测能力，对统计及经济运行分析人员进行培训。加强数据质量管理，建立数据质量通报制度，确保统计数据运行稳定、顺畅，数据真实可靠、及时准确，2013年被云南省统计局评为年度省级部门工业统计先进单位。

【价格管理】 印发《云南中烟卷烟价格目录》，完成2012年度云南卷烟成本价格资料汇编。收集整理全国卷烟价格信息，编写云南中烟卷烟价格月报，对全国新品卷烟价格走势进行分析。完成10多个规格卷烟新品开发、价格申报以及部分规格盒标调整的审核、上报工作。下达2013年烟用二醋酸纤维丝束供应价格通知，完成数十台（套）烟草机械设备价格的上报。

【固定资产投资管理】 组织召开云南中烟2013年工程投资管理工作会，表彰在2012年工程投资管理工作中作出突出贡献的先进个人。根据云南中烟发展战略和“十二五”固定资产投资规划，按照“先进、经济、适用”的原则，编制完成《2014年度投资计划》。2013年国家局下达云南中烟54.98亿元年度投资计划，完成投资57.63亿元，投资计划完成率为104.82%，获云南省工业和信息化委员会嘉奖。

进一步规范投资采购行为，提高投资效益。修订下发云南中烟投资项目、工程投资项目采购、工程项目、工业与民用建筑、信息化投资项目等相关管理办法。

注重过程控制，严格项目监管，打造阳光烟草。每季度对各单位工程投资项目和采购计划进行审核，完成2012年度工程投资项目计划执行情况及2013年度在建重大工程投资项目检查。2013年组织投资项目专家论证会及初步设计审查会11次，共审议225个工程投资采购项目，公开招标213个，按项目金额计算，公开招标率为99.21%，较好地完成年初制定目标。

加强办公用房和公务用车管理，制定云南中烟清理办公用房工作方案和违规配备车辆处置办法，组织召开专题会，完成办公用房清理腾退、公务用车处置相关工作。

密切跟踪最新科技信息和先进工艺技术，举办投资信息系统应用及工程投资项目管理培训班，组织召开新技术、新设备技术交流会。

积极推进重点技术改造项目建设，持续提升工艺技术装备水平和综合配套能力。完成红河卷烟厂易地技术改造、乌兰浩特卷烟厂易地技改填平补齐、曲靖卷烟厂打叶复烤易地技术改造、云南烟草科学研究院就地技术改造等7个重大拟建技改项目的专家论证及初步设计审查，并顺利获得国家局批复。

【安全生产管理】 切实加强对安全生产工作的领导，组织召开安委会会议、安全生产工作会议、安全情况分析会。全面落实安全生产责任制和“一岗双责制”，层层签订安全责任书，将安全生产管理纳入企业绩效考核体系。按照“全覆盖、零容忍、严执法、重实效”的刚性要求，本着“严、细、实”的工作态度，组织开展上半年和年终安全检查考核，及时通报安全生产检查情况，并针对安全生产薄弱环节，开展不同层次、不同形式的隐患排查整治。

继续深入推进安全生产标准化岗位达标活动，大力加强安全文化建设。牵头组织编制《烟草行业岗位安全标准化达标规范》，认真总结达标工作经验，巩固达标成果。按照云南中烟《直属企业安全生产标准化评定标准》，督促各直属单位开展全面的对标自评。2013年玉溪卷烟厂荣获“全国安全文化建设示范企业”称号，昆明、曲靖、昭通和乌兰浩特卷烟厂顺利通过当地省（区）级“安全文化建设示范企业”验收。

全面推进安全信息化建设，提升安全信息化水平和安全科技保障能力。按照国家局加强烟草行业安全设施建设的要求，督促各企业完善视频监控、火灾自动报警及高架库、物流高层仓库自动灭火系统。在原有安全生产管理信息系统业务平台上，进行二期项目的提升开发，完成安装实施和系统培训工作。从2013年3月份起，云南中烟安全生产管理信息系统二期项目正式开始运行。

强化职业健康安全管理体系有效运行。加强职业危险防治工作，开展了职业健康安全管理体系内审和管理评审，举办职业危害防护知识培训班，定期组织职业健康体检并建立职业健康监护档案，所属省内8个生产厂完成作业场所职业危害申报工作。对进入云南中烟所属企业进行杀虫作业的9家单位进行资格审查，从源头上对杀虫作业的安全风险进行控制。

切实加强安全宣传教育培训。举办了安全管理资格员培训班，积极参加注册安全工程师考试，开展“安全生产月”“11·9”宣传周、“应急演练周”“交通、消防百日安全竞赛”等活动。在2013年“安全生产月”活动期间，组织观看警示教育片《职责》，开展“企业安全文化征文”“安康杯”和安全生产领域“打非治违”知识竞赛活动，张贴宣传挂图，发放安全书籍和光碟。2013年红塔集团本部荣获“全国企业应急救援知识竞赛优胜单位奖”。

2013年云南中烟安全工作圆满完成年初制定的控制目标，没有发生重大安全事故。安全生产工作取得三个为“0”（生产安全事故、火灾事故、公车交通责任事故），达到了五个“100%”（负责人安全培训持证率、特种作业人员持证率、职工安全教育率、重大隐患整改率、建设项目“三同时”）。

【节能减排管理】 把节能减排作为企业应当承担的社会责任摆在突出位置，以管理创新、技术创新、持续改进为重点，将节能减排作为加强企业基础管理工作的重要抓手，并与对标、创优、精益管理、QC小组活动等有机结合。召开了2013年云南中烟节能减排工作会，表彰2012年度节能减排先进个人。开展了2012年清洁生产自我评价，举办环境保护、清洁生产培训班，组织召开美国克雷登锅炉专项技术交流会。对各卷烟集团下达2013年节能减排指标控制数，组织3个验证评价组对2012年节能减排工作进行现场验证评价。围绕“绿色、低碳”，广泛开展节能宣传周、世界环境日和世界计量日宣传活动。以能源审计为出发点，能平衡测试为突破口，能效对标为手段，全面推进能源管理体系建设。2013年12月，乌兰浩特卷烟厂在全省率先通过能管体系认证，并获得认证证书。2013年云南中烟节能减排各项指标完成情况均在目标范围内，各卷烟厂五项物耗指标都达到云南中烟定额。

市场营销及管理

【市场营销】 围绕“稳市场、优结构、重品牌、求创新”的工作思路，以品牌价值持续提升为核心，进一步强化指导、服务、协调职能，深入推进“大营销”体系建设。加强工商协作，落实公司领导挂片销区制度，组织上、下半年市场走访，组织上、下半年产销衔接会议，组织商业公司客户经理146人到昆明进行文化交流。加强营销考核，完成对两个营销中心和优秀营销团队、营销优秀个人的表彰。加强队伍建设，组织协销员轮训455人到昆明进行培训。推进制度建设，组织项目组编制评吸烟、车辆管理、营销会议、公务接待等相关市场营销制度。加强市场研析，定期编制《市场·品牌·企业》《云南卷烟营销工作运行简报》等相关资料，完成消费行为、云产卷烟现状诊断、终端营销模式、消费引导模式研究、外聘人员工作现状调查、营销业务流程等研究报告，完成玉溪新品上市测试报告。

加强计划管理，完成产销衔接、集中交易、需求预测、销售目标制定等管理工作，协调计划资源平衡，完成4.5万箱库存转计划指标、8万箱非低类烟计划资源调整。

【营销统一】 成立项目组，深入研究行业形势，深刻思考发展需要，积极谋划营销统一，分三个阶段开展了相关工作。一是广泛开展调研，分别到川渝、福建2家工业公司学习经验和与北京、天津、江苏、浙江、四川等13家省级商业公司领导座谈交流，听取意见和建议。二是精心编写方案，经过数次研讨、调研、调整，历时3个多月，完成《云南中烟统一营销方案》。三是稳步推进改革。统一营销方案获得国家局原则同意之后，项目组按照统一部署，从业务调查、梳理现状、计划衔接、信息系统、品牌管理、物流保障六个方面梳理完成了大量工作，在统一营销筹备领导小组的统筹和项目小组的推进下，各项工作有条不紊启动实施。

【产销衔接】 公司在上下半年分别组织召开2013年下半年云产卷烟品牌培育座谈会和2014年上半年云产卷烟产销衔接会。2013年下半年云产卷烟品牌培育座谈会于2013年5月30日召开，工商双方进行半年货源衔接，2013年下半年云南卷烟衔接总量为507.05万箱，同比增加15.65万箱，增长3.19%；商业单箱批发均价2.42万元，同比增加1670元，增长7.41%。2014年上半年云南卷烟产销衔接会于2013年11月17日召开，工商双方进行半年货源衔接，2014年上半年云南卷烟衔接总量为575.1万箱，同比增加12.8万箱，增长2.3%；商业单箱批发销售额为2.52万元，同比增加1295元，增长5.41%。会议还宣传了云南品牌发展思路和举措，达到了加强品牌宣传、获取政策支持、争取商业支持等预期目标，为云产卷烟大品牌培育拓展了发展空间。

【卷烟销售】 云南卷烟全国累计商业批发销售1082万箱，同比增加32.17万箱，增长3.06%，增幅高于全国平均水平1.89个百分点。累计实现商业批发销售额2584.7亿元，同比增加185亿元，增长7.71%。重点品牌发展态势良好，“云烟”“红塔山”“玉溪”“红河”四大重点品牌商业累计销售936.29万箱，同比增加37.07万箱，增长4.12%；重点品牌集中度86.5%，同比提高0.87个百分点。“玉溪”商业销量达到145.4万箱，同比增加21.6万箱，总量在一类烟中排名第二；“云烟”商业销量341.1万箱，批发销售额964.84亿元，均位居全国品牌第二位； “红塔山”销量略有下降，为298.37万箱，商业销量排名全国第三；“红河”销量、份额继续缩减。

【市场拓展】 云南卷烟市场份额稳步提升，市场布局持续优化。市场份额扩大到21.65%。其中，24个省级市场销量增长，其中在云南销量增加7万箱，在内蒙古、吉林销量增加4万箱以上，在新疆、重庆、河北、贵州销量增加2万箱以上，在四川等5个省份销量增加1万箱以上。21个省份市场份额扩大，全年云南卷烟在省内市场销量突破160万箱，在四川销量突破90万箱，在河北销量突破60万箱，在山西、山东、新疆销量突破50万箱，在内蒙古、辽宁、广西销量突破40万箱，还有18个省份销量在10万—30万箱。在31个省份实现了整体结构提升。

【产品销售结构】 产品结构继续提升，整体结构实现上移，2013年，云南卷烟商业单箱批发均价为2.39万元，同比增加1028元，增长4.5%。云南三类以上卷烟累计销售896.45万箱，同比增加27.9万箱，增长3.21%。其中一类烟商业销量221.05万箱，同比增长15.93%，占比20.42%，同比提高2.27个百分点；二类烟商业销量16.68万箱，同比增长14.43%，占比1.54%，同比提高0.15个百分点；三类烟商业销量658.72万箱，同比下降0.69%，占比60.86%，同比减少2.31个百分点。

【精准营销】　以品牌为视角，以按客户订单组织货源为流程导向，以工商协同为实现机制，以零售终端为关注焦点，以信息技术为支撑，通过“三精”（精确信息、精准投放、精细管理）开展精准营销，实现卷烟分销的精细化、精准化，深化客户关系管理、优化供应链，快速响应市场，保障高端品牌在零售终端“不断档、不积压、稳价格、促销售”的良好表现，促进品牌健康成长。2013 年，云南高端烟同比增长 20.78%，高于全国平均增幅 7.78 个百分点。高价位烟同比增长 50%，高于全国平均增幅 10.93 个百分点。

【政府留成烟】　政府留成烟产、销量 159.76 万箱，同比减少 59.36 万箱，减幅 27%。实现销售收入 261.33 亿元，实现税利 24.49 亿元，实现利润总额 20.29 亿元。

【市场营销信息化】　结合营销平台建设规划，升级硬件，迁移数据库，完善综合营销平台建设。根据营销业务整合的需要，成立项目组，加强与各部门的业务沟通，启动新业务流程系统设计与开发。

【宣传促销项目管理】　提前了年度计划审核的时间，减少临时变更调整；围绕公司“大品牌开拓大市场”的思路，强调了年度计划的重点；由单纯依靠会议审批，向“会议审批－正式流程”的方式转变提报年度计划；对金额较大、包含小项目较多的，在实施过程中进行拆分，并做好小项目的审核工作；对投入产出比不太高的企业宣传类项目，逐年调减，将资金转移到品牌和市场相关项目上，提高资金使用效率；强调对关键项目实施的过程监控，注重操作方法；加强规范性把关，对违反国家法律法规、行业相关要求的项目，要求调减金额或者不予同意。

【营销工作会议】　召开了云南中烟市场营销工作会议暨云南中烟市场营销中心挂牌仪式，贯彻落实云南中烟工作会议精神，回顾总结 2013 年市场营销工作，深刻分析当前营销形势，部署了全年市场营销任务，并宣布了云南中烟市场营销中心的正式成立，标志着云南中烟市场营销工作跨进了新的时代。

会议明确了 2013 年市场营销总体工作要围绕云南中烟“推改革、调结构、促规范、上水平、强素质”的中心工作，落实五项责任，把握五个关键，加快实现营销统一，奋力开创营销新篇。一是落实品牌培育责任，关键要优化布局结构；二是落实开拓市场责任，关键要保持良好状态；三是落实营销转型责任，关键要加强终端维护；四是落实规范管理责任，关键要加强队伍建设；五是落实投身改革责任，关键要加快融合步伐。

原料工作

【烟叶计划】　2013 年度国家局下达云南中烟烤烟收购计划 950 万担，其中省内烟叶计划 733 万担、省外计划 217 万担。

【原料工作会】　召开了 2013 年度原料工作会，总结 2012 年度原料各项工作任务完成情况，部署 2013 年工作任务。

【基地单元建设】　云南中烟累计建设国家局层面整县推进基地单元 62 个、特色优质基地单元 15 个，单元调拨量 330 万担，占计划 35%。云南中烟及两红集团按照国家局基地单元建设的总体部署，结合品牌需求主动选择适宜区域和品种，全程参与烟叶生产、收购全过程，共同制定技术方案，形成互动有效的工商合作机制，基地单元建设水平进一步提升。

云南中烟2010—2013年基地单元统计表

市	县	基地单元	对应品牌	种植面积（万亩）	计划采购量（万担）	单元类型	建设年度
昆明	石林	石林	云烟	1.7	5	特色/基地	2010
		鹿阜	云烟	1.7	5	烟叶基地单元	2011
		长湖	云烟	1.7	5	烟叶基地单元	2011
	宜良	九乡	云烟	1.7	5	特色/基地	2013
		竹山	云烟	1.7	5	特色/基地	2009
	禄劝	皎西	云烟	1.7	5	烟叶基地单元	2013
红河	泸西	白水	云烟	1.7	5	特色/基地	2010
		金城	红塔山		5	特色/基地	2010
	建水	青龙	云烟	1.7	5	烟叶基地单元	2013
		东山	红河	1.7	5	烟叶基地单元	2011
	弥勒	新哨	玉溪		5.2	烟叶基地单元	2011
		龙朋	玉溪		4.9	烟叶基地单元	2013
曲靖	陆良	小百户	云烟	1.7	5	烟叶基地单元	2010
		大莫古	云烟	1.7	5	烟叶基地单元	2010
	师宗	龙庆	云烟	1.7	5	烟叶基地单元	2013
		大同	红塔山	2	6	烟叶基地单元	2010
	罗平	罗雄大明	玉溪	1.7	5	特色/基地	2013
保山	腾冲	凤凰山	云烟	1.7	5	特色/基地	2010
		曲石	红塔山		5	烟叶基地单元	2010
	施甸	姚关	云烟	1.7	5	烟叶基地单元	2011
文山	砚山	阿三龙	红塔山	1.9	5	烟叶基地单元	2012
		舍木那	云烟	1.7	5	烟叶基地单元	2011
	丘北	宝正塘	云烟	2	6.1	烟叶基地单元	2012
		天星	红塔山	1.7	5	烟叶基地单元	2010
玉溪	江川县	前卫	玉溪	1.7	5	特色/基地	2010
		江城	玉溪	1.7	5	烟叶基地单元	2010
		雄关	红塔山	1.8	5.6	烟叶基地单元	2010
	红塔区	春和	玉溪	1.8	6	烟叶基地单元	2010
		大营街	红塔山	1.7	6	烟叶基地单元	2010
	澄江	龙街	玉溪	2	5	烟叶基地单元	2013
	峨山	岔河	玉溪	1.5	3.9	烟叶基地单元	2013

续表

市	县	基地单元	对应品牌	种植面积（万亩）	计划采购量（万担）	单元类型	建设年度
楚雄	姚安	光禄	红塔山	1.7	5	烟叶基地单元	2010
		栋川	红塔山	1.7	5	特色/基地	2010
	双柏	大庄	红塔山	1.8	5.8	烟叶基地单元	2011
	楚雄	东华	红塔山	1.9	5	烟叶基地单元	2013
大理	南涧	乐秋河	玉溪	1.6	4.6	烟叶基地单元	2010
昭通	昭阳区	守望	玉溪	1.7	4.6	烟叶基地单元	2010
		布嘎	红塔山	2.3	6	烟叶基地单元	2013
普洱	宁洱	勐先	红塔山	1.7	5	特色优质烟叶开发	2010
	镇沅	古城	玉溪	1.7	5	烟叶基地单元	2010
	墨江	鱼塘	玉溪	1.5	4	烟叶基地单元	2012
临沧	临翔区	勐托	红塔山	1.7	5	特色优质烟叶开发	2010
		永泉	红塔山	1.7	5	烟叶基地单元	2010
	双江县	勐库	红塔山	1.7	5	烟叶基地单元	2010

2013 年云南中烟烤烟分地区调拨计划统计表

地区	数量（万担）
昆明市烟草公司	93
红河州烟草公司	115
曲靖市烟草公司	111.81
保山市烟草公司	35
文山州烟草公司	35.13
大理州烟草公司	69.67
普洱市烟草公司	20.2
临沧市烟草公司	16
昭通市烟草公司	29.61
玉溪市烟草公司	133.81
楚雄市烟草公司	60
云南省烟叶公司	13.77
广东省	8.5
辽宁省	13.95
江西省	25

续表

地区	数量（万担）
湖南省	17.8
福建省	15.5
四川省	3
贵州省	50.5
河南省	18.8
黑龙江省	19.65
山东省	3
湖北省	7
陕西省	6
山西省	3.14
重庆市	9.4
国内合计	934.24
省外小计	201.24
云南省小计	733

【烟叶库存实物盘点】 截至2013年6月30日，云南中烟烟叶库存总量2021.82万担，其中可用烟叶（折片烟）1664.31万担，理论可用30.56个月。

【烟叶订单生产试点】 2013年云南中烟在玉溪峨山小街、曲靖陆良小百户开展了2个订单生产试点。烟叶生产量安排13.36万担，计划调拨量10.02万担，田间处理不适用烟叶3.28万担，实际调拨量10.08万担，工业投入资金1021万元。

【专业化分级散叶收购】 2013年云南中烟专业化分级散叶收购试点任务从2012年的191.06万担增加到355.7万担，其中红塔集团163.09万担、红云红河集团192.6万担，占总量的37.4%，云南楚雄和湖南郴州等地全部开展散叶收购。

【涉烟废弃原料处理】 配合云南省烟草专卖局共同完成了2012（烤烟）年度涉烟废弃原料检查，针对涉烟废弃原料处理过程中存在的不规范问题，制定出台云南中烟涉烟废弃原料处理标准和流程。

【烟叶工商交接】 全年云南中烟省内采购烟叶733万担，上等烟比例为74.50%，综合等级合格率66.47%；中等烟比例25.22%，综合等级合格率71.16%。

根据工商交接监督检查组对两红集团省内6个生产点烟叶工商交接等级质量、品种纯度的抽查结果来看：K326平均合格率为63.7%，最高为昆明晋宁和红河蒙自的82%，最低为红河开远的30%；红大平均合格率为87.5%，最高为曲靖马龙和红河泸西的82%，最低为昆明宜良的76%；烟叶工商交接等级质量综合合格率为73.3%；平均等级合格率最高为81.3%、最低为58.3%。

【原料科研项目】 完成《烟叶农残、重金属普查及低危害烟叶的研究与应用》项目省内烟叶基地县土壤、灌溉水的农残和重金属普查；制订《低危害烟叶－外源性污染物控制云南省地方标准》，并向云南省质量监督局申报；建立了农残、重金属检测分析研究室；累计推广低危害烟叶种植30.54万担。《云南中烟第二代美国优特品种引育及推广》项目，在昆明、玉溪、楚雄3州（市）开展了两个新品种示范种植6000亩，其中NC196杂交种1000亩，K326常规原种5000亩。

【原料日常管理工作】 完成烟叶购销、工业调剂、联营调剂、集团内部调剂以及废弃原料的2012年（烤烟）年度下半年调运手续和审核、总结工作。按时完成烟叶购销、工业调剂、联营调剂、集团内部调剂以及废弃原料的2013年（烤烟）年度上半年调运手续。完成2012年（烤烟年度）下半年和2013年上半年（烤烟年度）国家局信息统计软件的维护和上报工作。

2013年云南中烟进口烟叶分配表

国别＼集团	红塔集团	红云红河集团	云南中烟小计
津巴布韦	3009.6	3009.6	6019.2
美国	653.4	653.4	1306.8
赞比亚		1900.8	1900.8
巴西	4237.2	2811.6	7048.8
阿根廷	3682.8	3069	6751.8
总计			23027.4

物流管理

【确立管控模式】 构建云南中烟物流管理“战略管控、统一管理、分散作业”的三级管控体制。云南中烟物流管理部作为战略中心、管控中心和评价中心，对物流的整体发展起引领、服务、评价和监控作用；两红集团物流中心作为相对独立的非法人实体，承担集团物流经营管理和业务执行责任。通过明确管控模式，理清云南中烟物流管理部与红塔集团、红云红河集团物流中心的关系，界定了各自的权与责，将物流资源进行整合，强调管理的一体化、专业化、标准化，有效降低了物流成本和提高了供应链运行水平。

推进实施二级核算制度。统一两红集团物流费用预算与核算口径，清晰界定物流业务的会计核算边界及预算指标内容，确定物流费用的核算内容、对象及环节。建立预算驱动核算的物流费用管控模式，以预算管理为抓手，增强物流费用支出计划性，促进非法人实体化建设真正落地运作。

探索量化考核办法。以“成本、效率、服务”为核心指标，构建两级评价管理体系结构。既对云南中烟整体物流服务效率效益进行评价，也对两红集团物流中心及其下属部门各主要业务流程进行分段考核，既控制方向、又监督执行，确保整个物流体系能够按照预定的目标运行。

【精益物流建设】 建立供应商管理库存制度，结合仓储、运输资源情况制定发货计划，通过工业和商业、营销和物流的密切协同作业，省内云产卷烟月度平均存销比从2012年的0.84降至2013年的0.57；以精到服务为目标，与省内外9个商业企业开展试点，逐步提升了到货准时率，使省外到货精确率可达到“天”，省内市场到货精确率可达到“小时”，试点商业企业的精准到货率达到97.96%。

以精化流程为手段，解决合作生产卷烟重复运输问题，选择山西晋中、江西南昌两个有资产关系或合作生产的生产点，共建云产卷烟省外仓库，实现就近回购入库和产品前移配货，实施卷烟区域配送，降低物流运输成本，提高卷烟供应效率。省外仓库在保障2014年元春市场供应工作中发挥了重要作用，元春期间，共通过两个省外仓库发运卷烟21.38万箱，覆盖东北、华北、西北、华中、华东，等22个省市区，相比以往从省内发货，平均到货时间提前3天左右，市场响应速度大大提升，物流费用得到有效控制。

【科技物流建设】 构建集云南中烟层—集团层—物流业务层为一体的物流业务管控平台，探索应用密集式货架技术、穿梭板货架和仓库管理调度系统、电子标签周转应用；以云南中烟ERP系统二期建设为抓手，开展物料编码标准化工作，编制了《信息主数据编码标准》，统一制定了涵盖原料、成品、半成品、辅料、烟机零备件等六类物资的物料主数据编码标准和技术规范；建设云南中烟工商物流一体化信息平台，打破工商信息壁垒，实现需求订单、生产计划、卷烟库存、分拣计划等4类物流信息共享。

【人本物流建设】 继续推进云南中烟物流队伍建设。2013年6月和10月，分别组织了两期物流管理培训班，各卷烟集团和物资集团物流部门管理人员参加了培训。培训紧密结合工作实际设置课程，课程涵盖物流专业理论，国家、云南中烟物流政策，云南中烟物流建设典型案例交流等内容。截至2013年底，参加物流相关培训人员达到3000多人次，共有19人取得高级物流师职业资格证书，51人取得中级物流师职业资格证书。

【物流一体化】 2013年卷烟包装箱循环利用进入规模化生产应用阶段，云南中烟与云南省烟草专卖局（公司）共同制定了100箱的年度烟箱循环利用目标，并由云南中烟物流管理部将目标分解至两红集团，进而分解至各个工厂。针对回收烟箱的检验、分类、标记、捆扎和存储等关键节点制定多项标准，规范操作流程。召集两红集团对仓储条件、设备改造情况、生产系统识别以及电子标签箱应用等相关工作进行多次集中调研和研究，为工作顺利开展提供了有效保障。2013年，烟箱循环利用工作实现省内16个州市、8个生产厂和所有在销产品三个“全覆盖”；并在全国首次开展跨省运作，将范围扩展至成都市公司和重庆市公司。全年实现省内循环烟箱成品发货总量112.65万箱，省外发货总量达到9.4万箱，回收493.87万只，节约334万只，取得经济效益1855万元。同时，积极探索电子标签箱周转应用试点，在省内玉溪、大理、曲靖3个卷烟厂投入11500只电子标签箱，最多的已经完成了10轮周转。

【专门工作会议】 云南中烟与云南省烟草专卖局（公司）共同承办了2013年全国烟草行业物流现场工作现场会。

云南中烟负责现场会筹备工作整体布局和协调。明确了“全面提升、重点展示”的筹备思路和“三发言一片子一材料一展板”的宣传展示方式，由物流管理部统筹两红集团物流中心确定思路、开展总结、编撰文字、实施制作。此次物流现场会全方位展示了云南中烟物流建设的最新成果，国家局评价“云南烟草现代物流的建设，代表了现阶段行业物流现代化的最高水平，以及未来一段时期行业物流发展的方向”，云南中烟非法人实体化工作“建立了完整的业务体系，建立了完善的组织体系，创新了运作模式”，卷烟包装箱工作“做法和经验鲜活生动、丰富真实、可学可鉴”。

法律改革及整顿规范

【制度建设】 按照《烟草行业管理规范备案审查办法（试行）》，云南中烟在2012年制度清理、修订的基础上，本着“废、改、立”的原则，完成公司机关制度清理工作，其中废止13项，修订13项，新立32项，并将45项制度汇编成册。

【普法宣传】 云南中烟深化“法律六进”，以抓好领导干部学法用法工作，提高广大干部职工法律意识为普法工作重点，创新普法方式，大力开展法制宣传教育活动，组织干部职工93641人次，开展普法和法律知识竞赛活动，组织法律培训119次，培训干部职工2471人次，发放法律书籍8590册，为企业和干部职工提供法律咨询314次。

8月16日，云南中烟举办第二届法律知识竞赛，云南中烟所属各单位10支代表队参加比赛，800余名干部职工现场观看了竞赛，取得了良好的普法效果。

6—10月，按照国家局2013年烟草行业生产经营管理人员法律知识统一培训考试的要求，云南中烟制订实施方案，组织生产经营管理人员740人参加考试，平均得分97.6分，考试合格率100%。

【合同管理】 全年云南烟草工业系统各级法规部门认真履行职责，切实发挥职能作用，审核各类合同6765份，涉及金额196.95亿元，参加招投标会议或商务谈判1535次，出具法律意见书479份，制定推行合同范本113份，促进了云南中烟生产经营的健康运行。

【专卖内管】 按照国家局专卖内管工作的重点部署，云南中烟以切实加强内部监督，努力维护专卖体制为工作重点，针对专卖内管工作中存在的问题，2013年5月，与云南省烟草专卖局共同组织开展对两红集团废弃烟草专卖品处置管理专项检查，对存在的问题提出措施意见，及时督促整改，切实把各项专卖内管工作落到实处。2013年，云南中烟共处置涉烟废弃卷烟纸、滤嘴棒、丝束等废弃辅料2987.51吨；处置烟灰棒、烟梗、碎片、烟灰、烟末等废弃原料4186.97吨；废弃卷烟2172.5万支；清理、核查报废烟机设备227台（套），销毁报废烟机设备83台（套）；开展专卖内管自查15次；

为切实加强对云南中烟卷烟准运证的使用管理，2013年12月，下发《云南中烟工业有限责任公司卷烟准运证申领使用管理办法》，明确管理机构、职责、管理流程及监管要求，理顺规范了云南中烟各单位卷烟准运证的使用管理。

【三项工作】 3月7日，根据《中国烟草总公司关于印发烟草企业采购管理规定的通知》，制定下发《云南中烟工业有限责任公司贯彻落实〈烟草企业采购管理规定〉工作实施方案》，明确指导思想和目标任务，从传达学习文件精神、全面开展调研、召开工作会议、明确机构职责、修改完善制度等八个方面提出具体实施步骤和要求，举办大规模的培训8次、“一对一”专项培训27次，宣贯培训干部职工1400余人次，培训范围覆盖两红集团、各直属单位及省内外10个卷烟生产厂，为推进云南烟草工业整顿规范工作上新台阶打下了坚实的基础。

3月22日，制定下发《云南中烟工业有限责任公司关于持续深入推进严格规范工作的指导意见》，明确了指导思想和总体任务，对进一步贯彻落实2013年行业整顿规范工作会议精神作出安排部署，按季度分解落实整顿规范各项工作任务，确保了整顿规范工作扎实推进。

6月11日，制定下发《云南中烟工业有限责任公司关于推进烟用香精香料（添加剂）公开招标采购工作的指导意见》，对香精香料公开招标采购的原则、品种、时间、有效期以及评标设定等事项予以明确，并对单体香原料、功能型香精和全配方香精的公开招标采购进行了详细规定。

11月20日，制定下发《云南中烟工业有限责任公司关于印发非烟用物资采购管理办法的通知》，明确两红集团和各直属单位非烟用物资采购项目，规范了办公用品、办公家具、日杂百货、文体用品、交通及运输工具、消防安全器材等6大类38项非烟物资的采购。

12月23日，制定下发《云南中烟工业有限责任公司关于印发工程投资项目采购管理办法的通知》，从适用范围、管理机构和专家库、采购方式及适用条件、采购程序、供应商管理、签约和履约、档案管理、监督责任等方面对工程投资项目采购工作进行了详细规定，进一步规范了各所属单位工程投资项目的采购工作。

为全面复查各单位整顿规范工作执行情况，云南中烟分别于3—6月、11—12月两次对所属各单位全年的物资、工程、服务类采购和办事公开民主管理各项工作开展情况进行了专项检查调研。一对一查阅询问，面对面评价反馈，查阅相关制度205份，调阅档案卷宗149项，总结好的经验做法，找出问题和不足，并针对各集团、各工厂的具体情况，下发反馈意见10份，切实推进整顿规范各项工作执行到位。

在所属各单位的共同努力下，除了国家局计划分配的项目和国家局规定的全资多元化企业采购的项目外，云南中烟2013年共实施“三项工作”项目1576个，涉及金额151.07亿元。其中公开招标采购金额122.5亿元，占比81.1%。按项目分类：工程类执行采购金额18.34亿元，其中公开招标采购金额18.14亿元，占比98.9%；物资类执行采购金额97.29亿元，其中公开招标采购金额85.32亿元，占比87.69%；烟用物资中，执行香精香料采购金额11.48亿元，其中公开招标采购金额2.64亿元，占比23.04%，完成国家局“香精香料公开招标采购金额不得低于20%”的要求。服务类执行采购金额35.42亿元，其中公开招标采购金额19.04亿元，占比53.77%。

【专门会议】 2013年4月18日，召开法律法规、专卖管理、整顿规范工作会议。云南中烟副总经理高兴智出席会议并作工作报告。会议传达了2013年全国烟草行业法规体改工作会议、全国烟草行业专卖管理工作会议和全国烟草行业整顿规范工作现场会精神，安排部署了2014年法律法规、专卖内管、整顿规范的重点工作任务，要求全体法规、专卖内管、整顿规范工作人员深刻领会国家局提出的目标任务，扎实推进云南中烟法律法规、专卖内管、整顿规范各项工作。

财务工作

【财务管理】 严格规范财务管理，认真遵守国家相关法律法规，切实按照国家、行业和公司的相关政策制度规定和工作规范，发挥财务监督作用，严格审核、管控公司经济业务。合理安排使用资金，充分挖掘资金使用效率。完成2012年工效挂钩清算及2013年工效挂钩税利、工资提取数的测算分析工作。完成公司2012年度经营目标责任考核兑现工作，参与拟定2013年度经营目标责任考核方案。完成2013年度云南中烟投资收益的核实、收取、计缴工作。以非正常资产损失为关注重点，以逐年减少不必要资产损失为目的，强化对公司及所属单位资产的管理，完成2013年度公司资产损失预案的申报与公司及各所属单位资产损失的现场查勘、审核及批复工作。配合国家局完成行业流动资产专项清查内部往来账款的清理核对工作。

按照中共中央、国务院和国家局关于厉行节约反对浪费的有关要求，持续加强重点费用控制，借助信息化平台手段，强化资金支付审批程序控制，落实财务岗位责任，强化政策、制度执行力度，严把资金支付关。规范公司及所属单位会计核算，客观反映公司经营成果。

积极配合国家审计署成都特派办完成行业经济责任审计各阶段工作，并认真整改存在的问题。

【预算管理】 按照国家局关于2013年预算编制的要求，在预算草案的基础上，汇总、审核、编制并上报了云南中烟2013年预算方案。根据公司生产经营情况，完成2013年中期预算调整工作。根据总公司对云南中烟2013年的预算批复，完成了对公司及所属企业的预算指标分解批复及向总公司的报备工作。完成2012年度预算执行情况及2013年度上半年预算执行情况分析。下发云南中烟2014年度预算编制指导意见，在云南中烟全面预算管理信息化平台上开展云南中烟2014年预算方案的申报、汇总、评审、下达等工作。

【会计核算】 结合公司ERP财务业务系统建设工作，进一步统一会计政策和核算方法，统一云南中烟及所属单位会计科目，编制云南中烟会计核算办法手册，于2014年1月1日投入使用，进一步统一核算口径，提高会计信息质量。

【税收管理】 按时进行月度各类税款的纳税申报工作，完成2012年度公司所得税汇算清缴。按照国家税务总局和国家烟草专卖局开展行业税收风险管理工作的要求，召开公司及所属企业税收风险管理工作布置会四次，传达国家局关于积极配合国家税务总局开展税收风险管理工作的相关要求，安排布置、及时协调、积极配合完成2008—2013年度税务机关完成评估阶段和自查阶段工作，并分阶段对税收风险点进行甄别、安排补交漏缴税款。总结经验，要求公司及所属企业强化日常工作中的税收风险意识，建立健全税收风险防控制度。

【会计报告】 根据行业管理要求，统一部署、认真组织公司及所属单位按时编制、及时报送各类财务收支月报、量本利报表、预算报表及年度财务会计报告。定期收集、整理、分析、提炼月度行业经济效益指标情况、财务分析报告等各类财务信息，对两红集团的成本费用、实现税利、预算执行情况定期进行分析，透过财务数据跟踪公司成本费用控制和监控公司经营目标实现情况，发现公司生产经营管理中存在的问题，指导企业有效控制成本费用。完成2012年度云南中烟会计报表合并范围内104户企业的年终结算及年度财务报告的编制、审计、上报及对账系统填报对账工作，通过国家局决算会审。

【财务制度建设】 云南中烟持续强化会计制度建设，根据国家及行业最新要求和形势，以及严格规范管理及审计整改要求，结合云南中烟生产经营管理需要，不断建立、健全和完善会计制度，打牢核算和管理基础，组织制定并正式下发云南中烟《业务招待费管理办法》《会议费管理办法》《资产损失管理办法》《会计核算办法》，修改并下发云南中烟《费用管理规定》和《资金管理规定》。

【财务信息化建设】 完成云南中烟ERP财务业务系统建设工作，制定并下发十五类主数据标准、协同建设主数据管控平台，并于2013年7月1日完成云南中烟财务业务系统切换，保证核算业务平稳正常开展，统一云南中烟及两红集团ERP财务业务系统功能，为进一步提高财务管理水平打下坚实的基础。

完成了云南中烟BPC全面预算管理系统的建设工作，统一云南中烟直属单位及两红集团全面预算系统功能，统一预算指标和预算表单，实现云南中烟2014年度预算编制在统一信息系统平台上的申报、汇总、评审、下达等工作。

按照国家局行业资金监管系统建设要求，完成云南中烟资金监管系统建设工作并按期投入使用。

对云南中烟各类信息系统进行统筹规划，实现了资金监管系统、OA办公系统、ERP财务业务系统、BPC全面预算管理系统、合同管理系统的有机融合，在运用中不断加以完善，构建多系统各司其职相互支持的财务业务一体化系统架构。

完成云南中烟“两统一、两整合”改革中营销、技术统一相关财务信息系统实施方案的规划论证工作。成立云南中烟资金监管系统实施领导小组，规划论证实施方案，按照资金监管系统与OA办公系统、ERP财务业务系统、预算管理系统、合同管理系统无缝连接的方案筹备实施。完成云南中烟财务管理信息系统的功能需求分析，项目的招标文件拟定、系统上线前的调研、论证、规划等工作。

【财务会议和培训】 召开云南中烟2013年财务审计工作会议，贯彻行业财务工作会议精神，按照“更加规范、更富效率”的总体要求，解放思想，改革创新，完善制度体系，强化政策执行，严格规范财务管理和会计核算行为，按照厉行节约的要求继续加大重点成本费用控制，进一步改善投资管理，加强审计监督，不断提高财务审计和投资管理工作水平的要求，布置云南中烟2013年财务工作。召开云南中烟2013年度财务会计报告布置会议，传达国家局2013年度企业财务会计报告布置会议精神，安排部署云南中烟2013年度决算、预算、国资年报编制报告工作。

举办一期所属企业税收风险管理及税务知识培训班，为公司顺利开展税收风险自查阶段工作奠定基础。组织财务人员参加国家局财务司组织的3期预算、财会知识、财务信息化培训。

【专项工作】 配合国家局完成行业财务数据安全管理情况调研。配合国家局完成公司财会管理信息系统应用情况调查。

配合财政部驻云南财政监察专员办事处对云南中烟开展的会计信息质量检查工作。

审计工作

【行业经济责任审计配合工作】 国家审计署对国家烟草专卖局局长姜成康同志进行任期经济责任审计。2013年5—7月，云南中烟配合审计署成都特派办对云南中烟进行延伸审计。现场审计过程中，云南中烟积极按要求提供审计材料，多次组织召开专题会议，了解各单位审计工作进展情况，及时深入基层帮助协调现场审计工作。对审计组出具的审计取证记录逐份进行核实和说明工作，保证现场审计工作顺利推进。审计组出具审计报告初稿后，云南中烟对报告提出的问题，逐一核实，对重点事项进行专项核查并进一步与审计组沟通。制定并下发《云南中烟工业有限责任公司关于印发2013年经济责任审计整改实施方案的通知》，要求各单位具体落实整改责任，对存在问题进行彻底整改。

【审计整改】 针对近年国家局和外部各项审计检查中发现的问题深入推进审计整改工作。成立云南中烟审计整改工作领导小组，制定审计整改实施方案及发现问题任务分解表，积极协调推进审计发现整改工作实施进度，并明确整改标准，规定整改时限。通过对审计发现问题的梳理、整改、落实，认真查找企业经营管理中存在的问题，健全完善内控制度。

【内控制度建设】 云南中烟持续加强企业银行账户及货币资金管理，制定并下发《云南中烟工业有限责任公司银行账户及货币资金管理暂行办法》，对银行账户、资金筹集、资金支付以及监督管理等进行统一规范。云南中烟进一步规范对审计中介机构的使用和管理，制定并下发《云南中烟工业有限责任公司审计中介机构使用管理暂行办法》，明确审计中介机构的选用、管理和考核等工作，并组织完成云南中烟2013—2015年度审计中介机构备选库项目招标工作。

【合同、工程及招投标审计】 2013年审计部及6个派驻办共完成经济合同审核7354份，合同金额222.76亿元，提出审计建议421条，其中374条被采纳，减小企业经济及法律风险，提高合同管理水平。完成工程结算审核2014项，送审金额22.23亿元，审减1.27亿元，审减率为5.72%，有效节约工程投资资金，提高企业工程项目管理水平。对1512项招标项目进行审计监督，中标金额27.80亿元；参与商务谈判2114次，涉及金额12.77亿元。

【领导干部经济责任审计】 2013年云南中烟配合国家局完成对物资集团法定代表人任期经济责任审计工作，组织开展对天成（太平洋）有限公司总经理离任经济责任审计工作。各派驻办完成对云南红塔体育中心有限公司董事长、云南红塔彩印包装有限公司董事长、乾坤纸制品负责人、九九集团负责人、云南烟草物业管理有限公司经理等14人的经济责任审计。

【专项审计】 组织对云南中烟所属企业开展企业货币资金保险费专项审计工作。审计范围涉及2012年度企业货币资金和2011年度、2012年度保险费管理、核算情况，重点关注货币资金内部控制制度的建立和执行情况、银行存款开户审批程序、银行存款收支业务以及财产保险业务的管理、使用等问题。通过此次专项审计，详细了解所属企业及下属多元化企业银行开户、银行存贷款以及保险费用支付、索赔等情况，指出各单位存在的18类71项问题，提出5项管理建议。对国家局委托云南中烟全过程跟踪审计的19个工程项目执行情况进行专项检查。检查工作围绕工程造价咨询中介机构全过程跟踪审计服务情况和各卷烟集团工程项目审计执行情况展开。对云南红塔滇西水泥股份有限公司进行预算管理审计。

【审计委派制工作】 按照《云南中烟工业公司审计委派制考核试行办法》的要求，2013年12月对6个审计派驻办2013年度的工作进行考评，并将当年审计署开展的经济责任审计的配合和整改落实情况纳入考核范围。2013年3月红塔集团成立审计部，健全审计派驻办机构设置，充实内审人员，云南中烟向其委任审计派驻办负责人。

【审计信息化建设】 按照国家局推进审计信息化建设要求，云南中烟积极配合系统实施单位推进项目实施。云南中烟本部已完成系统部署工作，正积极开展数据接口方案确定和开发工作。

【内部审计学习培训】 组织举办工程审计培训班和内部控制及风险管理审计培训班。培训内容包括工程项目招投标控制、工程结算、合同管理、企业内控制度评测、企业风险识别及控制等，云南中烟系统100余名内审人员参加培训。

党风廉政建设和反腐败工作

【重大决策部署落实】 圆满完成国家局对云南中烟贯彻落实“三重一大”决策制度和“八项规定”实施办法情况的专项检查。配合国家局巡视工作组进驻云南中烟开展巡视。组织全系统专职纪检监察干部共135人进行会员卡“零持有、零报告”清退。成立巡视工作领导小组和党风廉政建设责任制领导小组，修订了党风廉政建设责任制规定及考核实施办法。组织开展了年度党风廉政建设责任制情况检查考核。

【领导干部作风建设】 按照党的群众路线教育实践活动要求，加强对会议管理、精简文件简报、转变机关作风等12项问题的整改落实。执行国家局《关于烟草行业建立落实中央“八项规定”月报制度》，开展职务消费、封存超标公务用车、清理办公用房、领导干部报告个人有关事项及贯彻执行廉洁自律有关规定的监督检查。公司机关全年业务接待费、会议费、涉外费同比上年分别降低15.42%、78.28%、31.73%；取消、停止出国团组40个，比年初计划减少39.6%；清理腾退多占办公用房24115平方米；批复处置违规超标配备车辆128辆。共166名领导干部按规定向公司党组报告个人有关事项。上交礼品礼金19人次，折合人民币30.76万元，其中礼金25.96万元、有价证券4.8万元。

【廉政警示教育活动】 向所属单位通报了驻国家局纪检组、监察局对行业有关单位及领导干部严重违纪违法案件和云南省纪委对5起违反中央“八项规定”典型问题的调查处理情况。开展了“党风廉政建设”专题党课教育，组织集中观看《领导干部从政道德警示录》专题片，汇编《云南中烟领导干部廉洁自律手册》。组织领导干部及重点岗位人员至“云南省反腐倡廉警示教育基地”进行警示教育。全年开展党风廉政专题教育192场，受教育21265人次，廉政文化活动94次，参加12458人次。

【反腐倡廉制度建设】 制定《贯彻落实中央关于“改进工作作风、密切联系群众八项规定”的实施办法》《贯彻落实“三重一大”决策制度的监督管理办法》《关于重申廉洁自律纪律要求的通知》《关于厉行勤俭节约加强廉洁自律的通知》《公司机关工作人员收受礼品实行登记制度的规定》《新任职党员领导干部廉政谈话暂行办法》等规章制度。各单位围绕工程监管、宣传促销、投资管理、业务接待、会议费用、公务用车、因公出国等方面，制定内部监管制度31项，修订完善制度57项。

【重点领域监督工作】 各级纪检监察部门参与工程建设项目监管187个，提出整改措施6条。参与公开招标、询价、商务谈判等廉政监督2547次，对投标方（供应商）开展行贿犯罪档案查询139次。参与干部选拔任用廉政审核409人次，进行领导干部任前廉政谈话175人次，诫勉谈话12人次。指导所属单位深入开展廉政风险防控工作。红塔集团查找廉政风险点806个，制定防控措施937项。红云红河集团查出廉政风险点1866个，梳理防控措施965项。

【信访案件核查工作】 重点对有关单位领导干部违反会计核算财经纪律的问题进行了调查核实，对相关责任人员作出了政纪处分。对个别领导干部违反中央八项规定精神的问题进行了调查处理。配合国家局纪检组、监察局对瑞升公司案件进行调查核实，对涉及相关单位、部门人员有关问题调查取证后，移交司法机关处理。对举报有关单位在建工程项目招投标存在问题进行了实地调查，并提出了处理意见。2013年共收到信访举报70件次（其中上级转办26件次），同比上年41件次上升70.73%；初核41件次，同比上年21件次上升95.24%；给予党纪处分2人、政纪处分2人、批评教育6人，发现问题整改落实2项。

【纪检监察队伍建设】 选派5名纪检监察干部参加了中纪委、国家局举办的纪检监察业务培训。举办了专兼职纪检监察干部专题培训班。各单位组织各类纪检监察业务培训12班次，受训251人次。开展云南省纪检监察学会省直单位学联组理论研讨活动，组织所属单位开展专题调研，全系统共完成调研课题11个，调研论文248篇，获云南中烟分会表彰36篇，获省学会和学联组表彰8篇。

科技创新

【创新体系建设】 创新平台建设迈上新台阶。烟草行业卷烟工艺与装备研究重点实验室召开了第一届学术委员会第一次会议，审议通过了实验室发展规划。卷烟调香技术重点实验室成立了第一届学术委员会。云南中烟卷烟产品质量检测中心顺利通过中国国家实验室认可委员会（CNAS）认可，实现了分析数据国际互认。依托院士工作站、博士后工作站、行业标准重点研究室、省属重点实验室等创新平台，与国内外22个知名科研院所、高校的合作持续推进。

责任目标引领取得新进展。2013年，以研究院和两红集团为科技创新主体，在延续再造烟叶使用量、梗丝掺配比例、卷烟产品质量控制与安全、基础研究等考核指标基础上，对两红集团新增了二类及6mg/支卷烟研发、科技立项、科技成果、项目管理等四个考核指标，形成了以品牌发展为导向，以新品研发为核心，以原料拓展使用、科技成果产出、质量稳定与安全、基础研究等为重点的科技创新目标引领机制。通过考核责任目标引领，新研发二类及以上卷烟产品上市销售5537箱，再造烟叶使用量达到2.2万吨，科研成果产出、知识产权获授权等多个方面较上年均有明显提高，有力支撑了云南中烟品牌的发展。

人才培养取得新成效。在高层次人才培养方面，围绕降焦减害、卷烟工艺和卷烟调香等行业战略性课题，建设形成了以行业学科带头人、高级调香师、调香师，云南中烟领军人才、学科带头人为核心的高层次人才培养机制。2013年，云南中烟开展了第二批科技领军人才及学科带头人选拔工作，聘任了3名科技领军人才和3名学科带头人。在专业技术职务通道建设方面，两红集团进行了有益的探索，积极引导员工向专业化、职业化方向发展，进一步完善了专业技术人员的使用和激励机制，合计聘任各类专业技术职务人员24人，在行业达到了较强的示范效果。云南中烟具有副高级以上职称人数达到61人，中级以上职称278人，分别占12.6%和57.8%，组成了一支包括顶层设计、中间骨干和基础研究的梯队化科研人才队伍。

科技项目管理更加精细规范。项目立项严格规范管理，修订了《云南中烟科技项目管理办法》，实行科技项目协作单位准入制，开展对行业外协作单位的公开招标工作，细化科研项目经费使用规范。项目执行强化过程监督，改“抽查制”为“普查制”，在国家局已通报的检查评估结果中，13项重大专项项目优良率92.3%，重点项目、面上项目优良率100%。项目布局突出专项引领，规划启动烟叶原料、卷烟产品、加工工艺和新型烟草制品等4个战略性重大专项，充分发挥重大专项对科技创新的引领作用。

【成果集成应用】 科技创新成果喜人。2013年，云南中烟获省（部）级科技进步二等奖2项、三等奖8项，制订发布实施行业标准18项，评出云南中烟科技进步特等奖1项、一等奖6项、二等奖9项，发表SCI/EI刊源和中文核心期刊137篇，申报发明专利252件，获授权发明专利67件。在项目立项方面，获国家自然科学基金项目资助2项，省自然科学基金项目资助1项，科技厅项目立项1项，国家局项目立项6项、云南中烟项目立项29项。总体来看，有价值、有亮点的科技成果不断涌现，实现了科技创新度的拓展和质的提升。

关键技术掌控显著增强。以品牌为导向，加强关键技术突破。在加工工艺方面，建立了以核心原料模块加工、分切打叶和过程质量控制为一体的打叶复烤加工体系，实现了打叶复烤环节烟叶的分类精细处理。研发了微波膨胀烟梗技术，梗丝色泽、形状、填充性能、感官品质等指标明显改善，提高了梗丝使用比例和使用价值。在自主调香方面，研发了特征香味物质包埋及定向释放技术，在高端产品中得到应用，达到了增香、减害的双重功效。开发了香精香料模糊综合评价方法，解决了香精香料符合性评价的技术瓶颈，使香精香料公开招标比例实现了从0到27%的突破。在安全性评价方面，开发了烟气毒理学测试装置及技术，实现了测试烟气量可调可控，提高了检测结果的准确性、重复性。

*产品科技含量明显提高。*针对云南中烟产品在高端烟、二类烟、6mg以下低焦油卷烟的短板，产品研发按照低焦高端、提升结构、稳定规模的要求，加强关键技术突破和科研成果集成转化。2013年，云南中烟盒标焦油量不高于8mg/支的低焦油卷烟销量达到67.49万箱，增幅6.21%，其中二类及以上的低焦高端卷烟销量14.34万箱，增幅111.5%。研发上市了“玉溪（软小庄园）”“云烟（黄清甜香）”等6个低焦高端新品，研发储备了“云烟（烟庄）”“玉溪（境界5mg）”等5个产品。卷烟产品焦油加权平均值10.5mg/支，同比降低0.87mg/支，低于行业10.6mg/支的平均水平。卷烟危害性指数为8.4，在行业卷烟危害性指数同比持平的大环境下，实现了0.6的大幅降低，行业排名第四，其中“云烟”品牌卷烟危害性指数为7.9，在行业13个卷烟减害技术重大专项试点品牌中位列首位，较好地体现了科技对品牌发展的支撑作用。

*新型烟草研究全面推进。*成立了云南中烟新型烟草制品开发领导小组，设立了新型烟草制品工程中心。完成了电子烟市场调研及代表性电子烟企业实地考察，研究开发了近40个不同规格的电子烟样品，试验开发了一系列袋装口含型无烟烟草样品，探索研究了低温卷烟的加热系统和烟草棒。完成了69件新型烟草制品专利的申报，为云南中烟全面掌握新型烟草制品的工艺流程、生产制作、质量评价和调控等关键技术提供了技术储备。

【产品质量监督工作】 *产品质量明显提升。*在国家局组织的市场抽检、省际间交叉抽检及云南省局组织的质量监督检中，云南中烟卷烟产品综合质量合格率均达100%。在上半年国家局市场抽检中，云南中烟有6个产品的综合得分、4个产品的感官质量得分排名进入前十，其中，“云烟（软大重九）”两项得分均排名第一。在下半年国家局市场抽检中，云南中烟有7个产品的综合得分、4个产品的感官质量得分排名进入前十。

*检测工作有序开展。*完成了国家局下达的年度行业烟草添加剂安全性集中评估相关测试任务，及时完成行业送检的添加剂、卷烟、嘴棒等大量样品的资料查证、热裂解测试和毒理学测试。对云南中烟卷烟材料质量安全性指标进行了内控和专项检测，有计划地开展了烟用香精香料禁、限用成分、卷烟包装材料挥发性有机化合物、卷烟胶卫生安全指标等分析检测工作。检测结果全部符合行业规定要求，全年云南中烟未发生禁、限用成分使用事件。

【研发统一改革工作】 云南中烟“两统一、两整合”工作启动后，按照整体工作部署，先后组织成立了统一研发专项工作小组和筹备领导小组，开展了一系列卓有成效的工作，扎实推进研发统一改革。

在深入分析“一院两中心”人员结构、硬件资产和研发现状的基础上，起草了研发统一实施方案，完成了云南中烟技术中心组织机构设置、运行机制构建、业务流程梳理、部门职责设计等一系列工作。

【科技工作会议】 2013年5月14日，召开2013年科技工作会议。会议深入学习贯彻党的十八大精神，进一步落实全国烟草科技工作会议精神，总结2012年云南中烟科技工作，安排部署2013年科技重点工作。

会议对下步的科技工作进行了全面安排部署，强调2013年科技工作要重视高端产品的引领和带动作用，重视低焦高档产品的研发，坚持低焦高档发展之路。以结构上移为主线，以高端突破、低焦拓展为关键，实施价值战略、高端战略、大品牌战略、安全战略。加快相关技术的研究与成果应用，持续提升产品竞争力。

信息化建设

【信息化发展规划】 根据云南中烟“两统一、两整合”改革的要求，借鉴行业信息化发展规划与咨询项目成果，围绕信息化如何对云南中烟管控体系的转变实现支撑，面对云南中烟市场营销、科技研发、品牌发展等业务变革，如何发挥好支撑、驱动和引领作用这些问题，重新审视信息化发展目标，梳理业务架构，调整应用布局，强化技术架构体系建设，深化重点信息系统应用。

【基础建设与管理】 以公司实施全面预算管理为契机，完善信息化管理职能，理顺信息化管理流程、制度。发布了《云南中烟工业有限责任公司信息化投资项目管理规定》，对信息化项目立项报告、技术方案进行严格论证，规范信息化投资行为。

坚持标准引领，注重规范，制定并发布了云南中烟16类主数据的标准以及相应的运维管理制度，统一了云南中烟信息类主数据的编码规则、描述规则和关键属性。发布了ERP、OA系统建设规范和包括数据、流程、门户等方面的综合集成标准，进一步规范应用系统建设。

持续优化，提升信息基础设施建设水平和信息安全防御能力，运用虚拟化、云计算技术，整合信息化基础资源，构建了云南中烟硬件和基础软件资源池。加强信息安全人才培养，组织举办网络信息安全培训班。每季度真演实练安全应急预案，将相关情况及时上报国家局。本年度无信息安全事故发生。

【信息化科技创新】 多个信息化项目顺利通过云南中烟科技成果鉴定并获奖励。其中，“红塔集团最佳业务流程的研究及两化融合应用实践”项目获科技进步一等奖；“云南烟草工业代码管理平台建设”项目、“红云红河制造执行系统集团化研究及推广”项目获科技进步二等奖。

行业标准工作取得新突破，云南中烟作为主要承担单位，申报了《移动互联应用安全行业标准》，并顺利通过国家局评审。

【系统建设】 按“深度融合、系统整合、有机结合”的要求，坚持信息化工作“一盘棋”的思想，注重统筹规划、顶层设计，以主数据管理为突破口，开展了ERP、BPC（全面预算管理系统）、综合营销管理系统、协同管理系统、主数据管理系统、数据中心、行业资金监管系统、行业在线审计等信息系统的建设，为云南中烟“两统一、两整合”改革提供了信息化支撑。

【重点工程】 围绕“综合集成”这一主题，按照“构建以预算为核心的业务管控体系、建立以工作流为基础的管理协同系统、建设以品牌为导向的数据中心”这三条主线开展信息化重点工程建设。

云南中烟本部ERP/BPC系统如期上线运行，两红集团及物资集团顺利完成ERP及外围系统改造，实现了云南中烟财务业务一体化、统一预算和资金监管的管理要求，为支撑云南中烟“一公司、两集团”的管理体制搭建了坚实的业务平台，取得了阶段性成果。以云南中烟本部协同办公系统为核心，对两红集团协同办公系统进行升级，建设“物理分布、逻辑集中”的协同管理平台，打通了各单位之间自上而下和自下而上的信息流和审批流。搭建了以云南中烟本部为核心的三级主数据系统，为数据管控奠定了扎实的基础，并引入新的数据采集、大数据的存储、运算等技术，围绕提升品牌竞争力这一目标，以“聚焦品牌发展，建立品牌竞争力模型”为突破口，制定了数据中心蓝图规划。

通过综合集成管控平台，对主数据管理系统、协同办公系统、ERP、资金监管、在线审计系统进行有效集成，实现了两红集团主干信息系统的纵向整合和云南中烟本部主要应用系统的横向集成，实现了跨业务、跨系统的工作协同和集中管控，形成了有机的信息系统集群。

【专门工作会议】 召开了云南中烟信息化工作会议，系统总结了上年度工作情况，研究信息化面临的新形势，安排部署本年度信息化工作任务。各卷烟集团（生产厂）、各直属单位分管信息化的领导和信息部门负责人参加了会议。

根据项目推进要求，多次组织各单位业务、信息化人员召开专题会议，研究讨论主数据管理系统、ERP/BPC、协同管理平台、综合营销管理系统、数据中心等信息系统建设方案。

多元化投资管理

【境内多元化项目投资分析】 截至2013年12月31日，云南中烟及所属各卷烟集团、各直属单位投资的、具有独立法人主体资格的、投资层级在二级及以下的、境内多元化项目（以下简称“多元化项目”）共143个，项目累计投资总额为257.25亿元，比2012年的241.29亿元增加了15.96亿元。2013年度投资主体从多元化项目实际分回的现金收益（以下简称“投资收益”）为37.44亿元，累计分回投资收益为110.88亿元，多元化项目整体投资收益回报率为43.10%。其中：红塔集团投资多元化项目共68个，投资额为182.30亿元，占云南中烟投资总额的70.87%，取得累计投资收益97.39亿元，占云南中烟累计投资收益的87.84%。红云红河集团投资多元化项目共36个，投资额为37.28亿元，占云南中烟投资总额的14.49%，取得累计投资收益5.57亿元，占云南中烟累计投资收益的5.02%。物资集团投资多元化项目共6个，投资额为1.75亿元，占云南中烟投资总额的0.68%，共取得累计投资收益1.06亿元，占云南中烟累计投资收益的0.96%。兴云公司投资多元化项目共25个，投资额为17.20亿元，占云南中烟投资总额的6.69%，取得累计投资收益3.5亿元，占云南中烟累计投资收益的3.15%。云南中烟本部投资多元化项目8个，投资额为18.71亿元，占云南中烟投资总额的7.27%，取得投资收益3.35亿元，占云南中烟累计投资收益的3.02%。

投资收益总体情况

云南中烟2013年度取得投资收益共37.44亿元，相比上年同期的8.51亿元增长了28.93亿元，增幅为340%。2013年度投资收益回报率为14.55%，其中：红塔集团年度投资回报率为19.81%，红云红河集团为1.79%，物资集团为7.83%，兴云公司为0.27%，云南中烟本部为2.56%。截至2013年底，云南中烟累计取得投资收益110.88亿元，累计投资回报率为43.1%，较上年增加了12%。

多元化项目行业分布情况

按照国家于2011年11月1日起正式实施新的《国民经济行业分类》（GB·T·4754－2011），国民经济行业被分为20个门类，云南中烟多元化项目共涉及其中的14个，涉及全国行业分类的70%，其中：红塔集团多元化项目涉及10个行业，金融业、能源业及制造业仍为其投入最大的三个行业，投资总额为132.69亿元，占集团投资总额的72.79%，较上年的70.53%有进一步的上升；红云红河集团多元化项目涉及10个行业，房地产业、住宿及餐饮业及金融业依次为其投入最大的三个行业，投资总额为30.22亿元，占集团投资总额的81.06%，与上年的80.26%相比略有增长；兴云公司多元化项目涉及9个行业，房地产业、住宿及餐饮业及金融业依次为投入最大的三个行业，投资总额为15.81亿元，占集团投资总额的91.98%，与上年的92.02%基本持平；其他投资主体涉及行业相对较少，投资绝大部分集中在房地产业及制造业，投资总额为19.11亿元，占其它投资主体投资总额的93.36%，与上年的93.68%基本持平。

多元化项目股权情况

截至2013年底，云南中烟的全资项目28个，占项目总数的19.58%，投资额为46.22亿元，占总投资额的17.97%；控股项目32个，占项目总数的22.38%，投资额为66.83亿元，占总投资额的25.98%；参股项目83个，占项目总数的58.04%，投资额为144.21亿元，占总投资额的56.06%。

2013年，云南中烟对全资项目增加投资0.2亿元，占全年增加投资总额的1.22%；对控股项目增加投资8.72亿元，占全年增加投资总额的53.4%；对参股项目增加投资7.41亿元，占全年增加投资总额的45.38%。全资项目取得累计投资收益4.21亿元，较上年的3.08亿元增长36.69%，占全部项目累计投资收益的3.79%，累计投资回报率为9.1%；控股项目取得累计投资收益29.2亿元，较上年的16.46亿元增长77.4%，占全部项目累计投资收益的26.34%，累计投资回报率为43.7%；参股项目取得累计投资收益77.47亿元，较上年增长23.74亿元，占全部项目累计投资收益的69.87%，累计投资回报率为53.72%。

多元化项目投资规模情况

云南中烟所属143个多元化项目的平均投资规模为1.8亿元，较上年的1.67亿元增长了7.78%。其中：投资额在5亿元及以上的项目共17个，占项目总数的11.89%；投资额合计174.7亿元，占总投资额的67.91%；累计取得投资收益59.59亿元，占总累计投资收益的53.75%；平均投资规模10.28亿元；累计投资回报率34.11%。投资额在1亿元及以上、5亿元以下的项目共28个，占项目总数的19.58%；投资额合计61.44亿元，占总投资额的23.88%；累计取得投资收益31.07亿元，占总累计投资收益的28.02%；平均投资规模2.19亿元；累计投资回报率50.57%。投资额在5千万元及以上、1亿元以下的项目共10个，占项目总数的6.99%；投资额合计6.8亿元，占总投资额的2.64%；累计取得投资收益7.12亿元，占总累计投资收益的6.42%；平均投资规模0.68亿元；累计投资回报率104.65%。投资额在5千万元以下的项目共88个，占项目总数的61.54%；投资额合计14.31亿元，占总投资额的5.56%；累计取得投资收益13.1亿元，占总累计投资收益的11.81%；平均投资规模0.16亿元；累计投资回报率91.53%。

多元化项目区域分布情况

云南中烟所属143个多元化项目中，位于省内的项目107个，占项目总数的74.83%，投资额共175.59亿元，占总投资额的68.26%；位于省外的项目36个，占项目总数的25.17%，投资额共81.66亿元，占投资总额的31.74%。

2013年，云南中烟对省内项目增加投资14.9亿元，占全部项目增加投资的91.22%；对省外项目增加投资1.43亿元，占全部项目增加投资的8.78%。全年从省内多元化项目取得投资收益27.56亿元，占2013年全部项目取得投资收益的73.6%；从省外多元化项目取得投资收益9.88亿元，占2013年全部项目取得投资收益的36.4%。从107个省内多元化项目取得累计投资收益37.13亿元，占总累计投资收益的50.68%，投资回报率为23.06%；从36个省外多元化项目取得累计投资收益36.14亿元，占总累计投资收益的49.32%，投资回报率为45.05%。

多元化项目烟草配套企业情况

云南中烟所属多元化项目中属于烟草配套企业的共29项，剔除不同投资主体共同投资的情况后，配套企业共26家，主要经营范围包括卷烟纸、水松纸、铝箔纸、丝束制造和烟草包装制品印刷等。云南中烟对26家配套企业的累计投资额为17.14亿元、仅占云南中烟多元化投资总额的6.67%；但累计投资收益却达到了26.82亿元，占云南中烟累计投资收益的24.18%，累计投资回报率高达156.46%。

上市公司项目相关情况

云南中烟所属多元化项目中，共有14个是对上市公司的投资，剔除共同投资因素后共对9家上市公司持有投资，投资总额为40.96亿元，累计分回投资收益25.6亿元，累计投资收益回报率为62.5%，2013年收回投资收益4.8亿元。

【境内烟草主业股权投资统计情况分析】 截至2013年12月31日，云南中烟及所属各级主业投资形成的、具有独立法人资格的、境内的烟草主业经营企业共有28户（剔除各投资主体共同投资因素后），其中全资企业5户，控股企业8户，其余为参股企业。与2012年度相比新增1户企业，为云南中烟新材料科技有限公司。各投资主体投资总额815.69亿元，与2012年度相比增加19.69亿元。28户企业合计资产2158.35亿元、净资产1666.46亿元、净利润196.97亿元。

【境外股权投资统计情况分析】 截至2013年12月31日，云南中烟及所属各卷烟集团、直属单位直接投资的境外企业共12个，累计投资额折合人民币123474.68万元，累计收回投资收益9499万元，2013年当年投资收益1840万元。境外企业再投资的项目16个，累计投资额27082万元。

【所属多元化企业专项调查统计】 完成房地产企业及开发项目统计工作。截至2012年底，云南中烟所属房地产企业共10家，注册资金合计32.07亿元，所开发土地面积合计284万平方米。

完成云南中烟所属烟标生产企业基本情况统计工作。截至2012年底，云南中烟所属烟标生产企业共11家，累计投资额3.3亿元，设计生产能力765万箱，2012年实际年产量516万箱。

完成对投资金融业企业情况的调查。截至2012年底，云南中烟及所属企业共投资金融行业企业14家，累计投资额46.38亿元，累计现金分红27.67亿元。

开展多元化企业法人治理结构建设情况调查。根据调查，云南中烟所属的绝大部分全资、控股多元化企业都建立了健全或者较为健全的法人治理结构，形成了一整套有权力制约、有审批规范、有集体决策、有管理痕迹的管理制度，基本不存在监管不力或监督失控的情况。

【国有资产管理】 完成云南中烟及所属103户企业2012年度国有资产统计报表及国有资产经营管理工作业绩考核报告工作。截至2012年末，云南中烟资产总额1864.67亿元，其中流动资产1179.27亿元、非流动资产685.4亿元；负债总额452.58亿元。国有资产总量1313.6亿元，较年初的1199.28亿元增加114.32亿元，增长9.53%。其中，国有实收资本80亿元，占国有资产总量的6.09%；国有资本公积677.37亿元，占51.57%；国有盈余公积411.44亿元，占31.32%；国有未分配利润146.82亿元，占11.18%。

顺利完成2012年度云南中烟及下属企业共103户产权年检及变动登记工作。通过2012年度企业国有资产产权登记暨年度检查工作，解决了云南烟草物业管理公司等企业多年存在的问题，使其产权证完整真实地反映了企业法人财产权。

【上报和批复各类股权投资项目】 全年共办理24项，涉及投资额36.6亿元。其中：主业投资项目1项，投资额0.35亿元；境外投资项目3项，投资额2.51亿元；多元化投资项目20项，投资额33.74亿元。24类项目中，实际完成批复16项，投资22.16亿元。

【执行烟草行业多元化经营企业重大事项报告制度】 按照《国家局关于印发烟草行业多元化经营企业重大事项报告制度（试行）的通知》要求，2013年所属各集团、直属单位及多元化企业上报重大事项14项，其中：红塔集团8项，红云红河集团2项，兴云公司3项。

【烟草行业多元化经营管理评价】 按照《国家烟草专卖局办公室关于开展2012年度行业多元化经营管理评价工作的通知》要求，对所属5个投资主体的全资、控股多元化企业开展了经营管理评价自查工作，并完成行业其它5个省及所属59个多元化企业的跨省交叉检查工作。最终，云南中烟以总分89.6分的成绩在行业各省级公司中排名第四。

【拟定云南中烟多元化投资整合方案】 在全面梳理分析云南中烟所属多元化投资主体及企业实际情况的基础上，本着“积极稳妥、平稳过渡、突出重点、分步实施”和“稳健经营、规范运作”工作的原则，从云南中烟多元化投资及管理现状、改革重组的目的和总体要求、基本原则、组织领导、总体方案、平台搭建、实施步骤等7个方面初步拟定了《云南中烟多元化投资管理改革重组总体方案》。

【推动宾馆酒店整合试点品牌建设】 积极推动云南中烟所属宾馆酒店装修改造。针对云南中烟所属各酒店开业时间较长、多年未进行改造、硬件设备设施陈旧、存在较大安全隐患等实际情况，通过多方努力，对所属5家酒店安全改造专项资金事项进行了批复。

推动中维品牌建设。2013年12月25日，在北京召开的全国烟草行业宾馆酒店标准化管理工作座谈会上，发布了《中维酒店品牌建设指南》。该指南将作为中维酒店统一经营管理的执行标准，是烟草行业各酒店管理统一品牌的基本文件，也是指导全行业酒店品牌建设与管理的纲领性文件。下一步，力争用三年的时间，在行业15家以上的酒店用中维品牌进行统一管理。

对全资控股宾馆酒店采购管理情况开展调查。收集了14家酒店的采购组织设置、采购管理制度建设、采购工作开展、当前采购领域存在的主要问题等方面情况，根据调查，云南中烟所属各酒店都能够按照行业要求建立健全采购组织，都有较为明确的采购职责和制度进行规范。

2013年云南中烟多元化投资一览表

表一　总体投资情况表

单位：万元

投资主体	项目数			投资额			累计投资收益		
	项数	占本单位总数比例	占云南中烟总数比例	投资额	占本单位总数比例	占云南中烟总数比例	累计投资收益	占本单位总数比例	占云南中烟总数比例
红塔集团	68	100.00%	47.55%	1823032	100.00%	70.87%	973945	100.00%	87.84%
其中：一级项目	6	8.82%	4.20%	491207	26.94%	19.09%	198218	20.35%	17.88%
二级项目	61	89.71%	42.66%	1313344	72.04%	51.05%	775542	79.63%	69.95%
内部交叉持股项目	1	1.47%	0.70%	18481	1.01%	0.72%	185	0.02%	0.02%
红云红河集团	36	100.00%	25.17%	372762.5	100.00%	14.49%	55712	100.00%	5.02%
其中：一级项目	23	63.89%	16.08%	364007	97.65%	14.15%	43325	77.77%	3.91%
二级项目	13	36.11%	9.09%	8755.5	2.35%	0.34%	12387	22.23%	1.12%
物资集团	6	100.00%	4.20%	17546	100.00%	0.68%	10601	100.00%	0.96%
其中：一级项目	6	100.00%	4.20%	17546	100.00%	0.68%	10601	100.00%	0.96%
兴云公司	25	100.00%	17.48%	172020	100.00%	6.69%	34981	100.00%	3.15%
其中：一级项目	15	60.00%	10.49%	152615	88.72%	5.93%	19703	56.32%	1.78%

续表

投资主体	项目数			投资额			累计投资收益		
	项数	占本单位总数比例	占云南中烟总数比例	投资额	占本单位总数比例	占云南中烟总数比例	累计投资收益	占本单位总数比例	占云南中烟总数比例
内部交叉持股或环形持股公司	6	24.00%	4.20%	14075	8.18%	0.55%	13974	39.95%	1.26%
内部交叉持股或环形持股公司再投资企业	4	16.00%	2.80%	5330	3.10%	0.21%	1304	3.73%	0.12%
云南中烟本部	8	100.00%	5.59%	187113.35	100.00%	7.27%	33531	100.00%	3.02%
其中：一级项目	6	75.00%	4.20%	180896	96.68%	7.03%	33531	100.00%	3.02%
二级项目	2	25.00%	1.40%	6217.35	3.32%	0.24%	0	0.00%	0.00%
合计	143			2572473.9			1108770		

表二　投资收益情况

单位：万元

	累计出资额	累计投资收益	2013 年投资收益	投资收益增减幅度	2013 投资回报率	2013 累计投资回报率
红塔集团	1823032	973945	361107	400.69%	19.81%	53.42%
红云红河集团	372763	55712	6667	35.12%	1.79%	14.95%
物资集团	17546	10601	1373	-6.22%	7.83%	60.42%
兴云公司	172020	34981	471	-64.88%	0.27%	20.34%
云南中烟本部	187113	33531	4785	-9.00%	2.56%	17.92%

表三　分行业投资回报分析表

单位：万元

所属行业类别	项目数	投资收益情况					
		累计投资额	累计投资收益	累计投资回报率	2012 年投资收益	2013 年投资收益	投资收益增减幅度
金融业	24	698255	411556	58.94%	19101	111626	484.41%
制造业	44	316627	319189	100.81%	35462	58097	63.83%
能源业	5	442957	204104	46.08%	21504	123275	473.26%
交通运输、仓储和邮政业	2	81871	74850	91.42%	365	56904	15490.13%
房地产业	27	526882	49048	9.31%	5552	9397	69.26%
租赁和商务服务业	7	97772	38721	39.60%	1300	13882	967.81%
批发和零售业	7	14310	8485	59.29%	509	704	38.31%

续表

所属行业类别	项目数	投资收益情况					
		累计投资额	累计投资收益	累计投资回报率	2012 年投资收益	2013 年投资收益	投资收益增减幅度
采矿业	1	950	2660	280.13%	0	471	—
信息传输、软件和信息技术服务业	3	5966	116	1.95%	69	47	-31.67%
农、林、牧、渔业	3	4600	40	0.87%	0	0	—
住宿和餐饮业	17	336170	0	0.00%	1258	0	-100.00%
科学研究和技术服务业	1	473	0	0.00%	0	0	—
教育	1	44000	0	0.00%	0	0	—
卫生和社会工作	1	1641	0	0.00%	0	0	—
总计	143	2572474	1108770	43.10%	85119	374403	339.86%

表四　多元化项目股权状况分析情况表

单位：万元、个

所属投资主体	项目数	项目数占比	累计投资额	累计投资额占比	累计投资收益	累计投资收益占比
云南中烟合计	143	100.00%	2572474	100.00%	1108770	100.00%
其中：全资多元化项目	28	19.58%	462159	17.97%	42051	3.81%
控股多元化项目	32	22.38%	668254	25.98%	292003	26.45%
参股多元化项目	83	58.04%	1442061	56.06%	774716	69.75%
红塔集团	68	100.00%	1823032	100.00%	973945	100.00%
其中：全资多元化项目	10	14.71%	331053	18.16%	26837	2.76%
控股多元化项目	15	22.06%	392858	21.55%	268254	27.54%
参股多元化项目	43	63.24%	1099121	60.29%	678854	69.70%
红云红河	36	100.00%	372763	100.00%	55712	100.00%
其中：全资多元化项目	7	19.44%	95193	25.54%	88	0.16%
控股多元化项目	8	22.22%	169144	45.38%	12893	23.14%
参股多元化项目	21	58.33%	108426	29.09%	42731	76.70%
物资集团	6	100.00%	17546	100.00%	10601	100.00%
其中：控股多元化项目	3	50.00%	6583	37.52%	6785	64.00%
参股多元化项目	3	50.00%	10963	62.48%	3816	36.00%
兴云公司	25	100.00%	172020	100.00%	34981	100.00%
其中：全资多元化项目	9	36.00%	29695	17.26%	15126	43.24%
控股多元化项目	4	16.00%	29557	17.18%	0	0.00%

续表

所属投资主体	项目数	项目数占比	累计投资额	累计投资额占比	累计投资收益	累计投资收益占比
参股多元化项目	12	48.00%	112768	65.56%	19855	56.76%
云南中烟本部	8	100.00%	187113	100.00%	33531	100.00%
其中：全资多元化项目	2	25.00%	6217	3.32%	0	0.00%
控股多元化项目	2	25.00%	70112	37.47%	4071	14.08%
参股多元化项目	4	50.00%	110784	59.21%	29460	85.92%

表五　多元化项目股权状况分析情况表

单位：万元、个

投资规模	项目数	累计投资额	平均投资规模（投资额÷项目数）	投资收益情况	
				累计投资收益	累计投资回报率
投资额≥5亿	17	1746979	102763	595932	34.11%
1亿≤投资额<5亿	28	614387	21942	310695	50.57%
5千万≤投资额<1亿	10	68008	6801	71169	104.65%
投资额<5千万	88	143100	1626	130974	91.53%
云南中烟合计	143	2572474	17989	1108770	43.10%

表六　多元化项目股权区域分布情况表

单位：万元、个

企业名称	项目数	项目数占比	累计投资额	累计投资额占比	投资收益情况		
					累计投资收益	累计投资收益占比	投资回报率
省内	107	74.83%	1755876	68.26%	646323	58.29%	91.22%
省外	36	25.17%	816598	31.74%	462447	41.71%	126.09%
云南中烟合计	143	100.00%	2572474	100.00%	1108770	100.00%	100.00%
省内	52	76.47%	1200006	65.82%	534743	54.90%	86.08%
省外	16	23.53%	623026	34.18%	439202	45.10%	145.24%
红塔集团	68	100.00%	1823032	100.00%	973945	100.00%	100.00%
省内	25	69.44%	292054	78.35%	37892	68.01%	112.82%
省外	11	30.56%	80709	21.65%	17820	31.99%	70.86%
红云红河集团	36	100.00%	372763	100.00%	55712	100.00%	100.00%
省内	4	66.67%	14552	82.94%	6785	64.00%	124.40%
省外	2	33.33%	2994	17.06%	3816	36.00%	51.19%
物资集团	6	100.00%	17546	100.00%	10601	100.00%	100.00%

续表

企业名称	项目数	项目数占比	累计投资额	累计投资额占比	投资收益情况		
					累计投资收益	累计投资收益占比	投资回报率
省内	21	84.00%	168368	97.88%	33937	97.02%	116.52%
省外	4	16.00%	3652	2.12%	1044	2.98%	13.27%
兴云公司	25	100.00%	172020	100.00%	34981	100.00%	100.00%
省内	5	62.50%	80896	43.23%	32966	98.31%	69.17%
省外	3	37.50%	106217	56.77%	565	1.69%	151.38%
云南中烟本部	8	100.00%	187113	100.00%	33531	100.00%	100.00%

表七　多元化项目企业注册类型分布情况表

单位：万元、个

企业注册类型	项目数	股东出资情况			投资收益情况		
		2013 年出资额	累计出资额	累计出资额占比	累计投资收益	累计投资收益占比	投资收益回报率
国有企业	7	1494	171483	6.67%	3329	0.30%	1.94%
集体企业	2	0	1262	0.05%	3399	0.31%	269.35%
股份合作企业	1	0	3600	0.14%	1437	0.13%	39.91%
有限责任公司	69	41234	1146204	44.56%	345015	31.12%	30.10%
股份有限公司	37	120616	959588	37.30%	492775	44.44%	51.35%
其他内资企业	1	0	44000	1.71%	0	0.00%	0.00%
与港澳台商合资经营企业	15	0	99010	3.85%	74536	6.72%	75.28%
与港澳台商合作经营企业	1	0	2021	0.08%	0	0.00%	0.00%
港澳台商独资经营企业	1	0	4037	0.16%	0	0.00%	0.00%
港澳台商投资股份有限公司	1	0	2180	0.08%	0	0.00%	0.00%
中外合资经营企业	8	0	139088	5.41%	188279	16.98%	135.37%
云南中烟合计	143	163344	2572474	100.00%	1108770	100.00%	43.10%

党群工作

【群众路线教育】 云南中烟第一批党的群众路线教育实践活动于2013年7月16日正式启动。在国家局凌成兴局长和第七督导组的指导帮助下，公司党组坚持理论武装，坚持领导带头，坚持整风精神，坚持创新方式，坚持制度建设，坚持讲求实效，顺利完成了教育实践活动各环节目标任务，做到了规定动作扎实到位，自选动作体现特色。

在学习教育、听取意见环节 一是按照“四个六”的工作要求，领导带头原文研读指定书目和学习材料，带头作交流发言，带头讲党课，带头组织专题学习，带头参加培训；二是公司党组认真抓好集中学习，深入基层调研，广泛听取意见，共组织集中学习97次，公司领导带队调研71次，发放征求意见函548份，召开座谈会48次，组织个别访谈162次，征集到“四风”方面的意见建议550余条。

在查摆问题、开展批评环节 一是公司党组认真开展“回头看”，先后两次召开专题会对征集到的意见建议进行研究，查找出“四风”方面存在的19种具体表现，形成了领导班子和班子成员的对照检查材料；二是公司主要领导、班子成员、部室负责人之间，认真开展谈心交心活动共计220多次；三是召开高质量的专题民主生活会，公司党组书记、总经理朱绍明同志代表党组作班子对照检查，公司领导分别作个人对照检查，认真开展批评和自我批评，提出相互批评意见260多条，国家局凌成兴局长对云南中烟专题民主生活会给予了较高评价，班子成员还以普通党员身份参加所在支部专题组织生活会。

在整改落实、建章立制环节 围绕解决“四风”突出问题，公司党组制定出台“两方案一计划”，共提出了28项整改举措、12项专项整治举措和44个制度建设计划，并明确了每项整改内容的牵头领导、责任部门、责任人、完成时限和标准要求；公司领导班子和相关部室认真对照各自整改内容及要求，严格抓好各项整改落实目标任务。截至2013年12月，云南中烟基本完成了规范住房公积金和企业年金缴存，清理公务用车和办公用房，全面停建楼堂馆所，严格整治文山会海和检查评比泛滥，严格规范出国（境）管理，严格规范“三公”经费支出等工作，取得了明显成效。

【思想政治工作】 学习宣传贯彻党的十八届三中全会精神，制订学习计划，创新学习形式，确保学习效果，做到“六个结合”，通过党组中心组学习、组织专题讲座和交流研讨、举办培训班、发放学习读本、开辟学习专栏等方式，认真学习贯彻全会精神，进一步坚定“三个自信”。制定下发《关于加强思想政治建设的实施意见》，深入开展社会主义核心价值体系教育，全面推进党的建设，认真践行“两个至上”，大力加强企业文化建设，积极弘扬求真务实、真抓实干作风，全系统干部职工思想政治素质不断提高。修订完善《党组（党委、党总支）中心组学习实施细则》，坚持理论学习与专题调研相结合，坚持自学与集中学习相结合，严格落实中心组学习通报制度、预告制度和报告制度，不断健全完善目标考核办法，公司全年组织召开党组中心组学习4次。认真组织开展“改进作风年”活动，通过抓好学习教育、开展调查研究、改进会风文风、坚持厉行节约、推进文化建设等举措，不断把“改进作风年”活动引向深入，取得了较好成效。认真贯彻民主集中制，积极建立干部职工思想分析制度，坚持党员干部谈心谈话制度、民主生活会制度和“三会一课”制度，不断推进党内生活的制度化、规范化和常态化。深入开展创先争优活动，积极推进“基础管理扎实、创新活力较强、管理民主科学、职业道德良好、劳动关系和谐、领导坚强有力”的优秀基层单位创建活动。继续开展“四群”教育，所属各级党组织全面完成晋位升级工作。积极开展“跨越发展当先锋，机关党建走前头”活动，全年共评选表彰先进基层党组织14个、优秀党务工作者25名、优秀共产党员29名。云南中烟荣获云南省委省直机关工委年度党建目标责任制考核优秀单位称号。

【企业文化】 围绕“两个至上”行业共同价值观，立足“一公司两集团”实际，积极构建了以“合力图强、和谐致远”为企业精神，以“同心同向、同步同力”为行为准则的“合和”文化理念体系，制定下发了《云南中烟企业文化建设规划》《云南中烟企业文化理念体系》《云南中烟企业文化手册》等一系列配套制度文件；举办了2期企业文化内训师培训班和1期企业文化讲座，策划并摄制了云南中烟企业文化理念篇、人物篇2部企业文化宣传片，完成了云南中烟企业文化理念墙的设计与制作，基本形成了“一个规划、一个体系、两个重点、一支队伍”的企业文化格局。

【宣传工作】 制定下发云南中烟《内部宣传管理考核办法》《对外宣传及舆情管理办法》，全年共评选表彰宣传工作先进集体8个、优秀通讯员18名。全年《云南中烟》杂志共编辑出刊7期，累计发行8万余册，并以通讯、系列报道、专刊、专版等形式在《中国烟草》杂志发稿16篇，在《东方烟草报》发稿61篇。全年云南中烟网站共收到投稿1874条，其中云南中烟网站发布1260条，国家局网站采用282条，在国家局对全国17家工业公司网络工作考核中位列第三名，被国家局授予“2013年烟草行业网站工作先进单位”。认真做好日常舆情监控工作，全年共整理舆情旬报36期、舆情报告20余篇，为公司领导提供决策参考。

【工会工作】 深入开展“践行两个至上，争当云岭先锋”活动，组织召开云南中烟工会二届五次常委会、二届四次全委会和年度目标管理考评会，组织参加全国“安康杯”安全生产竞赛活动和年度检查工作，组织开展工会年度目标重点工作、工会信访和企业职工技能素质状况等调研工作。举办1期基层工会财务和经审人员培训班，组织对云南中烟工会和基层工会经费收支进行审计。云南中烟工会被授予全国市级工会财务先进单位、云南省2008至2012年经审工作先进集体。举办全系统乒乓球、网球、桥牌比赛和直属单位游泳比赛活动，组织职工摄影作品参加2013年大理国际影会，举办云南中烟成立10周年职工书画摄影作品征集活动。组织召开全系统办事公开民主管理现场推进交流会，5家单位作现场交流。云南中烟工会荣获2013年度云南省工会重点工作目标考核一等奖。

【共青团】 坚持党建带团建，积极组织开展共青团创先争优活动，扎实推进“青年文明号、青年岗位能手、青工创新创效”等活动，认真做好全系统基层团组织、团员青年参加“云南省青年志愿者”网站注册管理工作，完成2013年团组织基本信息采集工作，完成团省委城青部年中工作督查、年底重点考核和支持“爱心水窖”建设捐款等工作。云南中烟团工委荣获共青团云南省委年度重点工作考核优秀单位称号，并被团省委授予“五四红旗团委”1个、“五四红旗团支部”1个、“优秀共青团干部”1名、“优秀共青团员”2名。

【政研会及烟草学会】 制定下发云南中烟政研会2013年职工思想政治工作研究课题，向国家局政研会推荐第八届常务理事1人、理事3人，完成年度政研会会费收缴工作，认真做好年度政研论文收集评选及推荐上报工作，其中3篇政研论文被国家局政研会评为年度优秀论文三等奖。认真做好云南省烟草学会工业专业委员会年度学术论文征集上报工作，完成云南中烟科技专家信息收集及上报工作，组织参加中国烟草学会年度工作会暨六届五次理事会，认真做好烟草学会日常管理工作。

人力资源管理

【组织干部】 完善领导班子结构，加强领导干部队伍建设。按照干部选拔任用程序，开展了所属单位领导班子和机关部（室）领导调整补充工作，进一步优化了领导班子结构。完成48名领导干部的选拔任用、调整补充、推荐考察和交流工作。制定有关单位领导、董事会秘书行政级别、职数的方案，完成相关单位董事、监事委派及公司董事会办公室职责调整等工作。坚持把理论武装作为领导班子建设的首要任务，着力提高党员领导干部思想理论水平。组织7期处级以上领导干部及后备干部到中国井冈山干部学院等地进行党的十八大精神和党性修养的培训学习，选派4名厅级、处级干部到国家局党校学习。完成2013年公司领导班子年度考核和机关各部（室）、直属单位工作满意度测评及反馈工作；开展所属单位2011—2013年领导班子、领导干部全面考核和“一报告两评议”工作。

【人事管理】 严格执行人事管理工作规定，加强高技术、高技能人才队伍建设，不断优化职工队伍结构。完成137人次的调动、挂职、聘任工作；组织招聘工作人员15名。严格计划管理，审定所属单位的毕业生需求计划，办理接收401名毕业生，引进博士后2人。完成了省政府下达的军转干部和退役士兵的接收安置工作，实现106名退役士兵安置全额有偿转移。评选出第二批“科技领军人才”3名、“学科带头人”3名；推荐“行业科技领军人才”“省贴”候选人5名，新农村建设工作队长和指导员4名；完成60名云南中烟国际市场开拓人才选拔工作。完成工程等4个系列专业技术职务的评审和推荐工作，认定76人取得初、中级职称，向国家局推荐高职24人。基本完成所属单位安全工程师岗位聘任工作，并开展机械、电气、科研、烟叶质检等岗位聘任工作。57名技能人才取得行业特有工种高级技师、技师资格；组织举办“第十二届云南中烟职业技能竞赛暨第三届卷烟商品营销职业技能竞赛，组织8名选手参加第十一届全国烟草行职业技能竞赛暨第二届卷烟商品营销职业技能竞赛。卷烟商品营销职业技能竞赛。9人荣获“云南中烟技术能手”荣誉称号，3人荣获“全国烟草技术能手”荣誉称号。

【劳动工资和社会保险】 严格工资总额管理，规范收入分配秩序及所属单位领导干部薪酬。解决了在工资提取方面的历史遗留问题，完成对所属中央单位“工效挂钩”和地方企业工资备案工作。实行工资总额发放控制线管理，制定公司2013年工资总额预核定和发放管理办法。开展工资内外收入检查、整改，规范工资内外收入项目和标准。制定公司机关和直属单位的津补贴项目、岗位工资标准和工资结构调整方案。完成所属单位领导干部2012年度工作业绩考核和薪酬核定；修订《直属单位领导薪酬管理办法》。完成国家局工资内外收入检查、劳务派遣用工等情况调查及公司薪酬管理委员会的日常工作。严格按照国家局“两金”规范整改工作要求，组织完成企业年金、住房公积金规范整改工作。

【教育培训】 加强培训管理，组织完成了2012年度教育培训考核评价工作。完善了云南中烟三级教育培训管理体制，积极发挥教育培训对人才队伍建设的先导性、基础性作用；优化培训方案，培训质量不断提升。认真落实培训计划，2013年，云南中烟共举办652个培训班，培训33677人次，占职工总数的149.7%，培训学时达142875人*天；拓宽培训业务，创新培训模式，首次组织举办工艺、原料高技术人才专项培训，改进了高技术人才的培训方式。加强培训师资队伍建设和管理，制定了兼职培训教师管理办法，组织开展了兼职培训教师推荐选拔和培训工作。积极承担培训教材开发工作，组织完成了6本行业教材和2本内部教材的开发编写工作。

【离退休人员管理】 提高离退休人员管理水平。落实离退休干部政治待遇和生活待遇，提高离退休人员的生活补贴标准。完成对所属各单位副处级以上离退休干部的走访慰问工作；举办由300多名离退休人员参加的体育运动会。

【日常管理工作】 制定公司员工调配管理、因私出国（境）管理、人事档案管理、兼职培训教师管理、驻外人员薪酬管理、员工转外就医及健康检查管理、领导干部薪酬、工作服装、企业年金、补充医疗保险等10项制度。完成人事、劳资、教育培训、离退休人员等各类报表的填报工作。完成因公出国（境）人员政审和云南中烟登记备案人员因私出国（境）审批和证照管理。

机关事务管理

【安全管理】 狠抓消防、治安、食品、设备设施和交通安全的管理工作。严格落实年度安全目标责任制，与各协作单位签订安全责任书，确保安全工作目标明确、责任清晰。严格执行节假日安全检查，防患于未然。组织开展安全生产月和百日交通安全无事故等安全教育活动。

【工程项目管理】 进行园区中水管网铺设，办公区自动门、电动伸缩门更换，完成机关办公室分隔与调整、办公区行道树种植等工程项目工作。

【设备设施管理】 为确保各系统设备设施处于正常安全运行状况，全年签订与设备维保有关的合同30多个，涉及通信、网络、智能化系统（包括会议、视频监控、中心机房等15个子系统）、设备设施系统（包括电气、配电、电视、电梯、水泵、消防、空调、给排水等20多个子系统）。

【机关实物资产管理】 做好相关资产的验收入固、清查盘点工作。完成公司机关固定资产的全面清查盘点核对。

【招投标和集中采购】 按照国家局“公开透明操作、规范权力运行、确保监管到位、打造阳光烟草”的要求，严格执行能招尽招、应招尽招的招标原则，开展公司机关招投标和物资采购工作。全年完成40多个项目的公开招标、竞争性比价工作，涉及金额4000多万元。

【车辆管理】 严格执行公司车辆管理制度，合理安排车辆，确保完成公司机关公务用车任务。制订《云南中烟工业有限责任公司车辆配备使用管理办法》，根据国家局相关文件精神对公司机关及所属单位车辆进行清查封存。注重车辆安全，除每周都对驾驶员进行安全教育外，认真执行出车前、行车中、收车后对车辆的检查制度。严格公车费用管理，在控制车辆维修费用、燃油费用的同时，不断提高车辆使用效率。2013年，公司荣获全国“文明交通示范单位”称号。

【后勤服务管理】 做好日常物业服务工作。做好保洁服务、绿化管养、会议服务，以及设备、房屋、公共设施的维修管理工作。

做好职工餐厅服务管理。严把食品安全关，组织定期进行抽样检测，有效管控食品安全。注重餐厅厨师、服务人员礼仪礼节、卫生习惯的培训，不断改进餐厅服务质量。

做好医疗服务管理。积极组织开展专家坐诊服务，为职工医疗服务提供便利与帮助。

【办公事务管理】 做好机关日常各项综合办公服务工作，做好机关办公及后勤服务的预算编制及执行工作。

【召开后勤工作交流会】 2013年3月29日，召开2013年后勤工作交流会，总结2012年云南中烟后勤工作，安排部署2013年重点工作任务。

【开展问卷调查】 2013年开展4次后勤服务工作质量问卷调查。问卷调查包括安全管理、资产管理、招投标及物资采购、餐厅、物管等10项内容、职工对各项服务保障工作的满意率达90%以上。

公司领导机构及内设机构

【领导机构】

董事会

董事长　柳万东

副董事长　王彦亭

董　事　柳万东　王彦亭　朱绍明　姚庆艳
　　　　李穗明　李光林　穆重林　黄翠萍
　　　　许　泽

监　事　李新军

经理班子

总经理　朱绍明

巡视员　李新军

副总经理　姚庆艳　李穗明　李天飞　顾　波
　　　　　李光林　谢昆或　高兴智

副巡视员　许　泽　赵子敏　赵　勇（2013.6—）
　　　　　陆　琪（2013.6—）

党　组

党组书记　朱绍明

纪检组长　李新军

党组成员　朱绍明　李新军　姚庆艳　李穗明
　　　　　李天飞　顾　波　李光林　谢昆或
　　　　　高兴智

【内设机构及主要职责】 办公室（外事办） 负责拟定并组织实施公司政务管理制度和工作规范。负责公司党组会、总经理办公会和公司主要工作会议的组织筹备，以及督办、机要文件交换、人大代表建议和政协委员提案办理工作。负责起草公司的部分公文、领导讲话，组织、协调公司生产经营等重大问题的调研工作；负责管理政务信息公开工作，组织、协调公司电子政务建设。负责公司收发文处理及印制，指导所属单位公文处理工作，管理公司印章。负责指导、协调所属单位档案管理工作，管理公司本部各类文书资料。负责公司保密工作，以及公司信访、统战、侨务、对外捐赠赞助、值班安排、公务接待、会议管理以及北京办事处管理等工作。负责公司外事工作，组织、协调公司对外经济技术合作与交流。

董事会工作办公室（2013年5月，由董事会办公室更名为董事会工作办公室） 负责草拟董事会规章制度，制定董事会工作办公室工作流程；负责建立与公司董事的工作联系及重要事项的报告制度，为董事会、董事决策和调研提供服务；负责公司董事会会议的会务工作，做好会前议案准备、会中会议记录，会后会议纪要、决议和相关材料的归档和工作督办等工作。负责筹备和组织公司董事会下设各专门委员会会议，管理会议文件及记录，保管董事会印章。负责指导和协调各卷烟集团董事会工作办公室、各直属公司董事会办公室工作。负责对公司委派到各卷烟集团、直属公司董事的工作服务，做好委派董事在各卷烟集团、直属公司董事会工作情况的报备。

企业管理部　负责公司基础管理工作。负责公司贯标、对标等标准化管理工作。参与公司目标管理与目标考核工作。组织开展公司全面质量管理工作、节能减排工作和 QC 小组活动。负责公司安全生产管理工作。

经济运行部　负责公司生产经营产供销计划、基建技改、固定资产投资计划的编制、上报和下达。负责审定公司上报和下达出口卷烟计划。负责组织编制公司中长期战略规划。负责公司卷烟工艺技术管理工作。负责公司工业统计管理工作。

人力资源部（离退休人员管理办公室）　负责公司组织人事、劳动工资、社会保险、教育培训、技术职称、技能鉴定、离退休人员管理等工作。负责公司党组管理干部的选拔、任免、考核、聘用、奖惩及后备干部管理等工作；负责公司党组管理干部及公司本部人事档案的管理；负责出国人员政审工作。审批管理所属单位内设机构设置、撤销及编制工作。负责人力资源建设；承办人员流动调配；指导大中专毕业生招聘工作；办理军队转业干部、退役士兵安置；负责专业技术资格评定和职业技能鉴定；负责专家、专业人才的推荐与管理工作。负责劳动工资、劳动用工、社会保险、薪酬福利和企业年金管理等工作。负责拟定职工教育培训规划，组织实施职工教育培训工作。负责离退休人员的宏观管理与协调服务工作。

财务部　负责贯彻执行国家财会、税收、金融、物价方面的法律、法规、政策和行业管理规定，并监督、检查所属单位的执行情况。负责组织开展内部控制体系建设，制定财务管理和会计核算办法，编制财务会计报告，进行财务预测和分析。负责制定公司预算管理办法，拟定公司预算方案，审核所属单位的年度预算，并进行预算控制和评价。负责公司财务信息化的总体规划，组织公司及所属单位开展财务信息化建设。负责卷烟价格和烟机设备价格的管理工作。负责公司本部的财务管理、会计核算、资产管理、预算管理工作；对报账制单位的财务核算及资产进行监管。负责年度经营责任目标和相关绩效考核指标的测算工作；负责“工效挂钩”企业的工资清算工作。协调地方财政、税务及中介机构等相关部门，按时缴纳各项税费及非税收入，配合做好各项检查审计工作。

审计部　负责制定公司内部审计工作制度。检查指导所属企业内部审计工作，对所属单位内部控制体系的健全性、合理性、有效性进行检查评价。负责对公司本部及其所属单位的财务收支状况、资产质量、经营绩效以及其他有关经济活动进行审计监督。组织实施对所属单位主要负责人进行任期或离任经济责任审计。组织实施对公司本部及其所属单位的对外投资、基建工程和重大技改项目、物资（服务）采购、产品销售、工程招标、宣传促销、信息化建设等经济活动进行审计监督。组织实施对公司本部及其所属单位进行专项审计和审计调查。

法律与改革部　负责拟定公司法律事务的规章制度。参与制定公司生产经营管理的重要制度；负责重大经济合同的审批。负责制定和组织实施公司体制改革的方案，组织实施所属单位组织结构调整、联合重组工作；指导所属单位的体制改革工作。贯彻落实烟草专卖法律法规，承办公司内部专卖管理的具体工作。负责公司的法律宣传、咨询、普法教育及培训工作。负责调查、研究并提出贯彻落实烟草行业有关法规、政策的意见。负责公司本部的法律事务工作，指导所属单位的法律事务工作。

整顿和规范市场经济秩序工作领导小组办公室　负责公司整顿规范和加强内部管理监督工作。负责报告公司整顿规范和加强内部管理监督工作重大事项。负责制定公司整顿规范和加强内部管理监督工作方案，组织开展公司内部管理监督工作检查和评价。组织、协调各相关部门、所属单位开展好各项专项治理工作。

投资管理部　负责公司国有资产基础管理工作；负责审核申报增减资本等事项。负责公司主业及多元化企业股权投资的管理。负责拟定公司对外投资经营管理办法和制度；负责对外投资项目的有关审定、监督工作；负责公司国有资产经营管理考核工作。负责对公司多元化投资企业的经营管理评价工作；协调解决多元化投资方面的重大问题。负责公司多元化经营整顿和整合工作；对关、停、并、转的企业（项目）办理相关手续。负责公司股权投资项目的统计、资料收集及整理工作。负责公司本部股权投资项目的基础管理工作。

科技开发部　负责拟定公司科技、质量监控规章制度；承担公司科学技术委员会日常工作。拟定公司科技规划，拟定公司科技年度计划。负责公司科技项目管理及科技成果的鉴定验收、推广。负责优秀科技成果及科技先进个人的评选及奖励。负责科技信息、科技统计及知识产权管理工作，维护公司科技网数据。负责技术质量监控，拟定并组织实施公司卷烟产品监督检测、烟用材料质量监控计划。组织实施标准化管理工作，督促所属单位执行各项国家和行业标准。

信息管理部　负责制定公司信息化建设发展规划、年度计划及信息化管理的规章制度。负责制定并监督执行公司信息技术标准和规范。负责组织实施烟草行业推广的信息化项目；负责公司信息化项目的审批、管理、验收、推广、考核工作。负责公司省域网的运行、管理和维护；负责信息系统安全管理及安全规范的监督执行。负责公司局域网内信息系统设备的运行、管理及维护工作。负责公司本部应用系统开发、建设及维护工作。承担公司信息化工作领导小组日常工作。

党群工作部（系统工会）　负责公司思想政治工作，承办公司党组中心组理论学习，组织开展公司各类职工主题教育活动。指导协调企业文化建设工作，承担公司对内、对外宣传与舆论引导工作，承办《云南中烟》刊物。负责直属机关党委的工作。组织安排本部及直属单位党风廉政建设工作和职工政治理论学习，检查和考核所属单位的党建工作。负责公司系统工会和机关工会工作。负责公司共青团工作。负责公司职工思想政治工作研究会的工作；承担与烟草学会的联系和协调工作。负责公司挂钩扶贫和兴边富民工程工作。开展公司本部和直属单位各项慰问活动；承办“职工爱心慈善基金会”“党员帮困互助金”的工作。

纪检监察部　负责拟定公司纪检监察工作和党风廉政建设制度，检查考核所属单位制度执行情况。负责监督公司遵守法律法规情况，检查所属单位执行公司决定、建立廉政勤政制度情况，组织开展党风廉政宣传教育工作，受理对公司党组管理干部的检举、控告，受理公司党组管理干部的申诉。调查处理公司党组管理干部违纪违法案件及其他重要案件。负责公司的监察工作；指导所属单位的监察工作；对所属单位纪检监察部门主要负责人的配备、任免提出意见；检查监察部门主要负责人履职情况；负责公司党组民主生活会的意见收集、整理与汇报工作。负责公司人事、财务、对外投资和重大项目开支的监督。

原料部　负责拟定并组织实施公司原料保障规划。衔接、协调国家局烟叶购销计划及进口烟叶计划。负责烟叶调拨工作。负责废弃烟叶、复烤加工计划管理。负责国家局烟叶信息基础管理软件的数据维护及数据上报工作。负责公司烟叶资源配置方式的改革和现代烟草农业建设工作，开展优化烟叶结构的调查研究。负责协调与商业企业的烟叶交接检查工作。

烟草庄园建设办公室　负责制定烟草庄园发展规划，制定烟草庄园建设的有关规章制度，制定烟草庄园建设方案和资金投入方案，与烟草庄园所在地烟草公司的协调工作，烟草庄园建设的检查、评估、验收工作。负责烟草庄园资金使用情况的检查、核报工作。

事务管理部　负责公司本部办公服务及后勤保障管理工作。负责公司本部办公、后勤服务的预算编制及执行工作。负责公司本部固定资产的管理及办公用品的采购、保管和供应工作。负责公司本部的交通运输、机动车辆管理、使用及安全工作；负责公司本部职工的医疗、保健、餐饮等管理工作。

负责公司本部的基本建设及相关物业管理工作。负责公司本部安全保卫工作，承担公司本部安全管理委员会日常工作。承担公司机关招投标管理工作。

市场管理部　负责完成政府留成卷烟的货款结算和税利上缴工作，负责相关资金和资产的核算和管理工作。负责完成公司与国家局、全国商业各级烟草公司销售业务的协调、服务；负责工商协同营销工作，对云产卷烟的交易活动进行管理。负责宣传促销项目管理工作。负责公司卷烟调出计划的编制和管理，协助实施公司卷烟产品的营销、品牌培育、拓展市场等工作。负责监控云产卷烟市场表现，搭建卷烟销售业务综合信息平台，分析研究品牌的结构、市场、价格等变化，通报销售情况。负责审批并上报云产卷烟新产品的定价和入网交易。负责公司物流建设和管理，对卷烟集团营销中心、物流中心非法人实体建设工作负责指导、协调和服务。

物流管理部　负责制定云南烟草工业物流建设规划并组织实施。负责物流项目的前置性审核、实施指导和协调。负责制定物流运行管理规范，推广实施行业物流标准。对所属单位物流管理部门进行指导、协调并做好服务工作。负责与烟草商业企业的统一协调沟通，组织实施工商物流一体化对接。组织推进物流信息化建设，负责物流安全工作。组织物流培训、贯标、对标、评价与考核。

【内设机构领导成员】

办公室（董事办、外事办）主任　张　峻

企业管理部（经济运行部）部长　方　斌

人力资源部（离退办）部长　祁　燕（—2013. 6）

　　副部长（主持工作）　乐忠明（2013. 6—）

财务部部长　董翠珍

审计部部长　文华玖

法律与改革部部长　沈凌华

整顿和规范市场经济秩序工作领导小组办公室

　　主任　高兴智

　　副主任　沈凌华

投资管理部部长　郭　曼

科技开发部部长　赵子敏（—2013. 3）

　　副部长（主持工作）　陈章玉（2013. 3—）

信息管理部部长　赵建华

党群工作部（系统工会）部长（主席）　许　泽（—2013. 3）

　　副部长（副主席，主持工作）　张　军（2013. 3—）

纪检监察部部长　陆　琪（—2013. 3）

　　副部长（主持工作）　金　航（2013. 3—）

原料部（庄园办）部长　马剑雄（—2013. 4）

　　副部长（主持工作）　陈　剑（2013. 4—）

事务管理部部长　赵　明

市场管理部（物流管理部）部长　马宗泽

云南中烟工业有限责任公司组织机构图

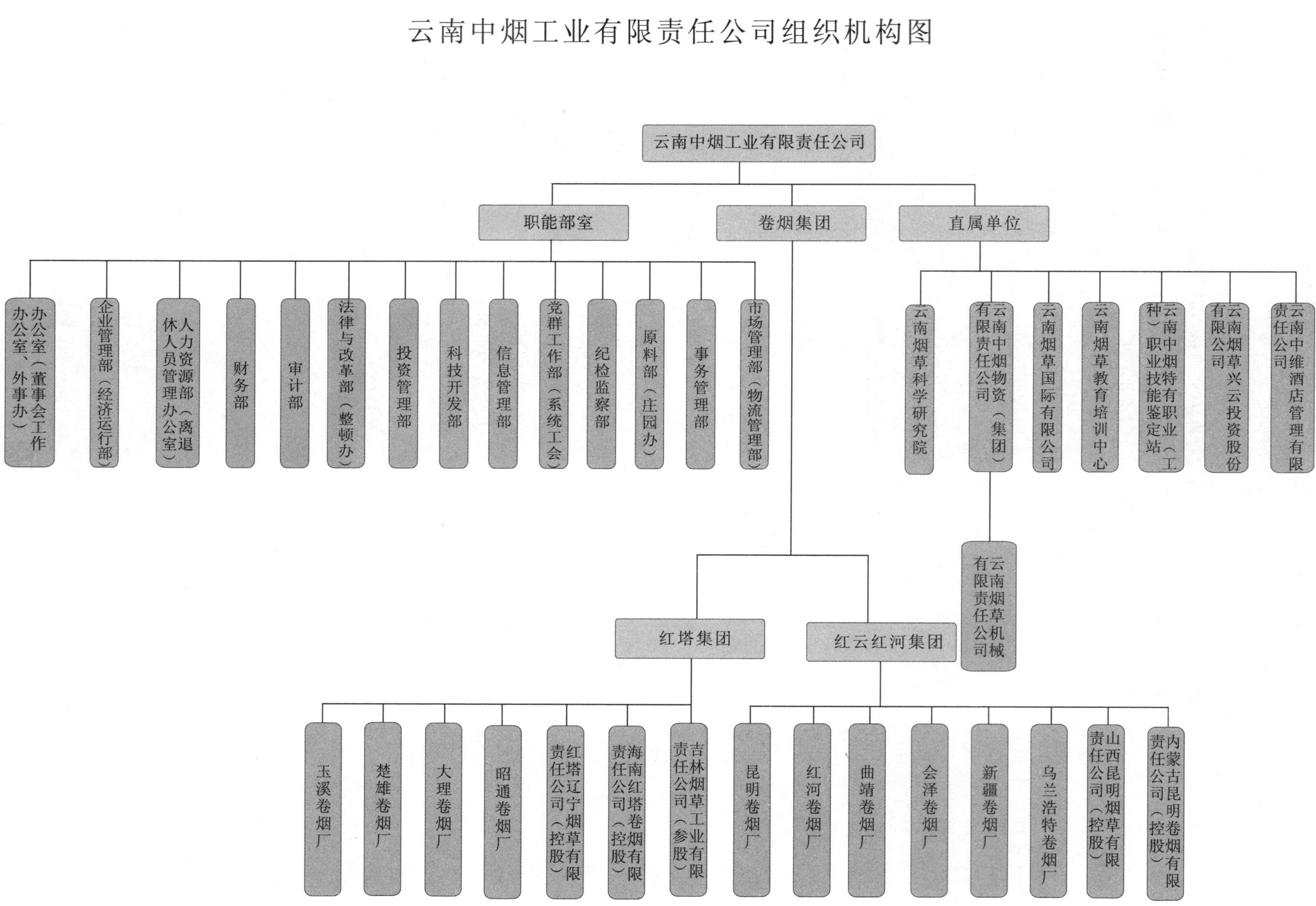

红塔烟草（集团）有限责任公司

公司概况

【概　述】　红塔烟草（集团）有限责任公司前身是成立于1956年的玉溪烟叶复烤厂，1995年改制更名为玉溪红塔烟草（集团）有限责任公司，2005年12月2日更名为红塔烟草（集团）有限责任公司。截至2013年底，红塔集团以母分公司形式下辖云南省内玉溪卷烟厂、楚雄卷烟厂、大理卷烟厂、昭通卷烟厂4家不具有法人资格的卷烟生产厂；控股红塔辽宁烟草有限责任公司、海南红塔卷烟有限责任公司、香港红塔国际烟草有限公司、老挝寮中红塔好运烟草有限公司；参股吉林烟草工业有限责任公司、中烟国际欧洲公司；拥有云南红塔集团有限公司1个全资子公司。拥有总资产1135.84亿元，其中，固定资产185.64亿元、流动资产640.80亿元，资产负债率为27.16%。在岗员工9934人（含玉溪、楚雄、大理、昭通卷烟厂），其中博士12人、硕士418人、学士2398人；拥有专业技术资格人员3963人，其中高职70人、中职1372人、初职2521人。

2013年，红塔集团紧紧围绕“转方式、调结构”战略任务和“5211”品牌发展目标，抓住品牌发展这个第一要务，坚定信心，凝聚力量，攻坚克难，奋力推进集团转型发展取得新突破，为推动集团实现可持续发展打下坚实基础。年内，在中国企业联合会、中国企业家协会发布的“2013中国企业500强”中以909.43亿元的营业收入位列132位，位列滇企之首，烟草行业第二位。玉溪卷烟厂被全国实施“文明交通文明行动计划”领导小组评为“全国文明交通示范单位”，被国家安全生产监督管理总局评为“全国企业应急救援知识竞赛优胜单位奖”。

领导成员

董事会

董事长　柳万东

董　事　柳万东　李穗明　李天飞　谢昆或　董翠珍　孙　玲　叶宗强

监事会

主　席　曹　航

监　事　曹　航　施永超　文华玖　金　航　谢成明

经理层

总　裁　李穗明

副总裁　葛孚明　李剑波　王　勇　张建华　金亦斌　夏开元

财务总监　张　萌（—2013.3）

集团巡视员　张国良　蒋顺华

党委会

党委书记　李穗明

党委副书记　施永超

纪委书记　施永超

党委委员　柳万东　李穗明　施永超　曹　航　李德贤　吕子军　吕　坚　王敏慧　张学忠　陈俊松

工会主席　曹　航

【机构设置】　红塔集团本部设办公室、人力资源部、党委工作部、经济运行部、财务部、装备技术部、国际事业部、安全生产委员会（办公室）、纪检监察部、审计部（2013年3月设立）、法律事务部〔整顿办（2013年3月设立，与经济运行部合署办公）〕、集团工会等12个部门，以及技术中心、市场营销中心、物资采购中心、物流中心、生产制造中心等5大中心。

【董事会重要决策】　2013年，红塔集团董事会召开现场会议2次，形成决议15个；召开书面会议6次，形成决议19个。

7月18日，第三届董事会第八次会议听取报告

5个（其中口头报告1个），审议议案13个，形成决议13个。听取集团2012年度财务决算报告、预算执行情况报告，集团2013年上半年预算执行情况的报告和董事会三届七次会议决议事项在2013年上半年执行情况的报告；审议同意集团2013年上半年生产经营情况及下半年主要工作安排的报告、集团2012年利润分配方案和2013年中期预算调整方案、集团2013年上半年工程、物资、服务项目采购情况及下半年采购计划和采购方式议案以及7个程序性文件；同意对老挝寮中红塔好运烟草有限公司增资的相关事宜、集团“三项工作”管委会工作规则的修订内容。

11月1日，第三届董事会第九次会议听取报告8个，其中重大事项报告5个，审议议案2个，形成决议2个。听取集团董事会三届八次会议决议事项执行情况的报告、集团2013年1—9月预算执行情况报告、集团2013年1—9月生产经营情况及全年目标预测和下步主要工作安排的报告；审议同意集团2014年财务预算和转让集团所持深圳红塔实业有限公司股权。

【专业委员会履职】 董事会下设预算委员会、投资委员会、薪酬委员会和管理委员会。全年共召开会议4次，其中预算委员会2次，投资委员会1次，管理委员会1次，提前听取和审议提交董事会决策的报告或议案10个。

【监事会履职】 第三届监事会召开会议1次，审议和听取提交董事会决策的议案和重大事项报告17项，提出相关建议8项。监事会全年认真贯彻落实《烟草行业国有资产监督管理办法》，以董事会的决策过程、经理层的经营行为是否合法、合规及“三重一大”事项为监督检查的重点，督促集团构建更加严格规范的长效机制，高度负责履行云南中烟赋予的职责，为推进集团转型发展和云南中烟深化改革保好驾护好航。

【经理层重要决定】 经理层紧紧抓住品牌发展第一要务，坚持“转方式、调结构”中心任务不动摇，科学拟定年度经营计划、财务预算、投资等方案，系统提出支撑集团转型发展的“强思想、强品牌、强管理、强队伍”的“四强”路径。在报请集团董事后批准后，着力从“强化组织保障、运营保障、管理保障、文化保障”四个方面，狠抓执行，重在落实，转型发展各项工作取得明显成效，集团发展的质量和效益持续提升。

【党委会重要决策】 召开会议8次，作出多项重大决策。研究各厂、中心、职能部门干部的选拔、调整和任免情况；研究集团机构变更以及中层干部职数配备等问题；审议集团中层干部选拔、任免以及党内表彰的有关决定。

【卷烟生产经营】 全年境内外卷烟总产量（包括集团省内四厂内销与出口、合作生产、境外生产）2823亿支（564.6万箱）。

集团省内4个卷烟厂共生产卷烟1865.95亿支（373.19万箱），同比下降1.87%。生产内销卷烟1836亿支（367.2万箱），同比下降1.71%，其中一类烟693.15亿支（138.63万箱），同比增长5.33%；二类烟6.8亿支（1.36万箱），同比下降16.05%；三类烟646.85亿支（129.37万箱），同比下降6.67%；四类烟315.95亿支（63.19万箱），同比下降3.75%；五类烟173.25亿支（34.65万箱），同比下降4.02%。生产出口烟29.95亿支（5.99万箱），同比下降10.86%。合作生产卷烟869.05亿支（173.81万箱），同比下降9.45%。

全年集团共销售卷烟（含集团省内四厂内销与出口、合作方销售、回购销售、境外加工生产销售）2938.3亿支（587.66万箱），同比增长0.74%。

省内四厂内销卷烟1934.7亿支（386.94万箱），同比增长5.81%，其中一类烟727.4亿支（145.48万箱），同比增长17.85%；二类烟5.9亿支（1.18万箱），同比下降38.38%；三类烟692亿支（138.4 万箱），同比增长 1.36%；四类烟 331.7 亿支（66.34 万箱），同比下降 1.12%；五类烟 177.7 亿支（35.54 万箱），同比下降 3.13%。出口卷烟 30.1 亿支（6.02 万箱），同比下降 11.99%。

全年红塔集团本部及省内四厂实现销售收入 649.49 亿元，同比增长 13.17%。实现税利 558.35 亿元，同比增长 12.51%，其中利润 87.45 亿元。三项费用率为 8.54%。

全年万元产值综合能耗为 8.36 千克标煤/万元，万支卷烟综合能耗为 2.99 千克标煤/万支，烟叶、滤棒、盘纸平均消耗分别为 6.22 千克/万支、2506.64 支/万支（大幅上涨是因为按国家局要求，统计口径发生变化）、603.52 米/万支。水、电平均消耗分别为 0.10 吨/万支、6 千瓦时/万支。

【主要产品】 生产的卷烟品牌有“玉溪”“红塔山”“红梅”等 9 个品牌 80 个规格。全年生产“玉溪”品牌卷烟 747.05 亿支（149.41 万箱），同比增长 7.2%，其中合作生产 32.3 亿支（6.46 万箱）；销售“玉溪”780.6 亿支（156.12 万箱），同比增长 19.04%。生产“红塔山”品牌卷烟 1449.6 亿支（289.92 万箱），同比下降 8.64%，其中合作生产 770.65 亿支（154.13 万箱）；销售“红塔山”1514.05 亿支（302.81 万箱），同比下降 5.08%。“玉溪”一类烟在全国商业销量中居一类烟第二位，“红塔山”为全国卷烟销量第三的品牌。

【市场营销】 *品牌规划* 调整“玉溪”“红塔山”两大品牌组合模式，突破集团原来“一高一中”错位发展的格局，实现两大品牌“并行发展”。两大品牌都聚焦高端高档，实施“个性鲜明的品牌价值主张、价位适度交叉、并行发展”的策略选择，力求实现从“规模效益型”向“结构效益型”的转变。“玉溪”以“崇尚自然”为品牌理念，将产品线体系调整为“庄园”“清香”两大系列。发展重心由普一类向高端转变，通过“庄园系列”强化形象型产品，拓展效益型产品；通过“清香”系列稳固普一类规模型产品，实现形象、结构、规模提升。逐步改变“玉溪”品牌目前以普一类为主体的组合格局。“红塔山”以“崇尚人文”为品牌理念，以“恢复价值、提升结构”为首要任务，在稳固销量规模的同时，产品向一类布局，通过产品线跳跃式拓展，带动结构、形象快速提升。实现产品线架构由“三类支撑、一二类点缀”向“高三类支撑，一类突破、二类布局，高端形象拉动”转变。

境内卷烟销售 卷烟销售平稳增长，结构持续提升，重点品牌协调发展，市场布局进一步优化。全年境内市场卷烟商业销量达到 556.04 万箱，同比增加 8.9 万箱，增长 1.63%，其中“玉溪”“红塔山”和“红梅”三大品牌销售 555.32 万箱，同比增加 10.21 万箱，增长 1.87%，占集团境内内销卷烟总量的 99.87%。

品牌商业销售 一类烟商业销售 145.2 万箱，同比增加 21.72 万箱，增长 17.59%，占集团内销卷烟总量的 26.11%；二类烟 1.28 万箱，减少 0.81 万箱，下降 38.76%，占 0.23%；三类烟 297.65 万箱，减少 7.62 万箱，下降 2.5%，占 53.53%；四类烟 71.61 万箱，减少 1.44 万箱，下降 1.98%，占 12.88%；五类烟 40.29 万箱，减少 2.95 万箱，下降 6.83%，占 7.25%。单箱批发价销售额 24014 元/箱，同比增加 1261 元/箱，增长 5.54%。“玉溪”品牌商业销售 145.16 万箱，同比增加 21.72 万箱，增长 17.59%，其中零售 300 元/条及以上“玉溪”销售 7.27 万箱，同比增加 1.56 万箱，增长 27.38%。“红塔山”品牌商业销售 298.26 万箱，同比减少 7.11 万箱，下降 2.33%，其中 100 元及以上“红塔山”销售 92.18 万箱，同比增加 4.3 万箱，增长 4.89%。“红梅”品牌商业销售 111.9 万箱，同比减少 4.4 万箱，下降 3.78%。

市场分布 2013 年，红塔集团品牌在全国各商业企业均有销售，商业销量在 10 万箱以上的省级市场有 19 个，排在前 10 名的依次为云南（59.19 万箱）、四川（48.39 万箱）、山东（37.27 万箱）、河北（35.21 万箱）、广西（33.06 万箱）、辽宁

（32.96万箱）、江苏（21.1万箱）、北京（20.74万箱）、广东（19.41万箱）、黑龙江（19.25万箱），10个省级市场的商业销量占红塔集团品牌境内总销量的58.73%，较上年略有下降。年内，红塔集团产品在21个省级市场实现销量同比增长，其中增长量在1万箱以上的省级市场有4个，依次为云南、吉林、河北、重庆。

编制销售计划 围绕生产经营目标及总体计划资源，按照集团"转方式、提结构"的总体要求，深入分析产品与市场状况，合理编制各省年度、半年度销售规划，促进集团销售目标的达成。

特色营销活动 对"玉溪""红塔山"品牌开展系列特色营销活动。"玉溪"品牌搭建微博、微信和玉溪1913平台，组织开展"回归自然之旅征文""玉溪品牌知识快搜快答"等活动，对"玉溪"品牌文化及"庄园"的自然理念进行有效传播。元旦、春节期间开展主题为"礼玉新春，福溪双至——自然香承40年，新春感恩送好礼"专项活动。首次采用买赠促销、团购奖励分开的形式，重点突出对团购渠道的拓展，将"玉溪"高端产品团购营销方式真正落到实处。中秋、国庆期间，打破统一策划的传统，采取品牌制定目标和策略，省区根据当地实际情况自行选择开展时间及活动类型的方式，有效提高活动的针对性及实效性。"红塔山"品牌针对"红塔山（国际100）"开展全国性的主题促销"轻装前行，礼享不停"活动；"阅经典悦时尚"——"红塔山创享2013，红塔山100元产品"春季专项活动。活动突出"一地一策"的操作思路，从准备到执行的整个流程，立足省区需求，同时开展网上抽奖及换礼活动，借助红塔山品牌网站及红塔山俱乐部平台，持续性地将网络载体投入到营销活动中。

特邀品鉴嘉宾活动 开展"红塔名品特邀品鉴嘉宾活动"。活动"以点带面、高端引领"的市场辐射效应，利用高端人群影响力，充分发挥产品推荐的"圈层效应"，提升产品知名度及销量。"红塔名品特邀品鉴嘉宾活动"在全国31个省区约6200位品鉴嘉宾中开展品吸烟邮寄活动，每月两包"玉溪（软境界）"，两月一寄；同时，面向云南省内玉溪、楚雄、大理、曲靖、昭通、红河六个州市具有影响力的255名品鉴嘉宾，每月适度邮寄"和谐玉溪"，经常收集特邀品鉴嘉宾反馈信息，适时采取完善措施。

数据库营销 开展数据库营销活动。围绕"红塔山""新势力"在云南省十个州（市）开展，先后开展14次线下会员活动，近1600人参与；围绕线下活动开展9次线上互动活动，近47000人次参与；先后参与数据库活动的会员近22.18万人。

终端管理与建设 与有关商业公司合作终端开展"陕西西安终端玉溪品牌宣传推广""吉林电梯媒体广告宣传""江苏媒体红塔品牌广告宣传"等10个新老项目，建设类项目100%采取公开招标的采购方式；与宁夏省区合作开展终端建设创新，在宁夏区公司三产"润夏"连锁烟店开展终端体验式营销。

售后服务 适时补充完善《客户投诉管理办法》和客户投诉管理流程，从制度上保障客户投诉管理及时快捷。先后受理客户投诉245次，其中实物投诉189次，非实物投诉56次，受理客户咨询267次，撰写《售后服务专刊》12期，及时赔偿、调换质量问题卷烟。

产品投放调控 加强产品投放调控，以年、月、周为周期，深入分析集团重点品牌规格存销状态；结合协议执行、订单发运等情况，提前预判断可能出现的销售问题并及时调控投放节奏和数量，保证货源投放的合理性和均衡性，逐步实现产品的精细化投放，全年重点品牌规格呈现出存销合理、价格平稳的良好状态。

合作生产产销衔接 加强合作生产的产销衔接，做好合作生产品牌的产销计划平衡，全年生产需求计划的调整频率与调整幅度明显减少，产销计划的准确率有效提高；与制造中心、物流中心及合作生产企业协调配合，规范合作生产落地发货流程，实现落地销售或者直发省外商业公司，全年落地发货

率超过66%，同比提高12%，提高货源调配、市场供应的及时性，有效降低物流成本，减少重复运输。

省区经理电话访问制度　建立省区经理电话访问制度，每周由信息人员通过电话访问省区经理，将相关业务要求及时传达到省区，并针对省区目标完成进度、订单及销售中存在的不足和风险及时提醒；同时，通过省区经理的介绍，及时、全面了解当前市场状态、市场需求、商业政策变动等信息。

“玉溪”品牌宣传　对“玉溪”品牌宣传力求媒体资源应用最大化，以“图版+文字”的形式，分别在《时代名流》《糖烟酒周刊》《商旅高尔夫》《瞭望中国》等13个报纸杂志媒体发布彩版硬广告，在15家媒体发布专题报道及新品上市消息；并借助重大活动为宣传平台，强化“玉溪”品牌宣传力度。举办“玉溪杯”第十二届中国西南棋王赛活动和“大画云南·回归自然”艺术交流周系列活动，深入推广“玉溪（庄园）”回归自然的文化理念。完成《“玉溪软庄园”：庄园香自然风》《云南中烟红塔集团推出“玉溪”（软庄园）》《红塔集团高端新品“玉溪软庄园”即将隆重上市》等新品上市活动报道。

“玉溪”品牌月度目标引导制度　建立“玉溪”品牌月度目标引导制度，对各省月度销量进行预测，结合总体销售目标，科学制定各省月度商业销量目标，明确省区阶段性的努力方向。

“红塔山”品牌宣传　在云南人民广播电台投放“欣享·新经典，超值欣升、绿色净爽、纯正满足，经典真本味——红塔集团倾情奉献”15秒音频广告宣传；在云南政务信息岛、云南网电波网络媒体投放“红塔山（欣经典）”品牌形象广告；在《云南信息报》《东方烟草报·金周刊》发布“红塔山（欣经典）刮起金色旋风”及硬广告。在云南、辽宁、福建、浙江、重庆省火车站联播套装进行“红塔山（硬欣经典）”15秒视频广告投放，在玉溪、楚雄投放“红塔山（欣经典）”品牌形象户外媒体广告。与云南日报、云南信息报、东方烟草报等媒体共同完成“红塔山（大师）”思路梳理的拟写及PPT编撰。

【原料保障】　烟叶采购计划　全年烟叶采购计划510万担，其中：省内烟叶平均计划395.1万担，占77.47%；省外烟叶采购计划114.9万担，占22.53%。晾晒烟采购计划23.75万担，其中省内12万担、省外11.75万担。

进口烟叶采购计划　全年进口烟计划为28.74万担，其中包括巴西8.47万担、阿根廷12.16万担、美国1.3万担、津巴布韦6.02万担和马拉维0.79万担。

原料工业调剂　与红塔辽宁烟草有限责任公司、黑龙江烟草工业有限责任公司和深圳烟草工业有限责任公司进行烤片和长烟梗的工业调剂，进一步优化集团原料对省外烟叶的等级结构需求。

原料基地建设　在全国2省7市新增8个国家层面烟叶基地单元或特色优质烟叶开发单元。截至2013年底，在8省23市36县建设42个基地单元或特色优质烟叶开发，基地化采购率达到82.9%。2010—2013年，所建基地单元在国家局委托省局验收、国家局抽查中20次被评为优秀。

烟草庄园建设　对“玉溪庄园凤窝园”和“玉溪庄园华叶临沧庄园”进行二期工程建设，对“玉溪庄园澄江园”开展以有机烟叶生产为主的高原特色农业项目。依据有机烟叶生产规划，着力构建以有机烟叶生产为主，有机蔬菜、水稻、油菜、玉米、养殖等非烟农业并行发展的多元化生产体系，园区功能得以进一步完善。

有机烟叶生产　有机烟叶生产以“K326”品种为主，“云烟87”为辅，在省内玉溪、大理、文山三州（市），省外贵州开展有机烟叶生产1万余亩，有机烟叶生产顺利完成预期目标。

品种识别技术培训　组织四大核心原料基地人员，进行全国烤烟主产区、品种及等级三个模块的强化培训，重点是集团四大核心原料基地主栽品种“红大”“K326”“云85”“云87”“KRK26”及“NC71”的外观识别培训；组织全体学员到研和世界烟草品种园实地考察学习，听取省烟草科学研究院专家对不同烤烟品种田间生长农艺性状及植物学性状的对比分析讲解。

基地烤烟品种纯度考查　对云南省内四大核心烟叶原料基地进行规定烤烟品种纯度检查和考核。召开品种纯度检查动员会，要求通过看现场、听介绍、学经验逐步提高品种鉴别技术。安排9个工作组分赴玉溪八县一区，对各县品种纯度进行调研，直至移栽结束。由玉溪市烟草产业办公室、玉溪市烟草公司、红塔集团物资采购中心组成3个检查小组，对玉溪八县一区育苗期间品种纯度和零星私自育苗及烤烟移栽期间非规定品种移栽情况进行检查。到楚雄、大理、昭通进行品种纯度考评。

主栽烤烟品种识别项目　启动“核心原料基地主栽烤烟品种识别方法研究”项目，分别在玉溪、大理、楚雄、昭通四大核心原料基地安排品种试验，名试验点安排技术人员全程驻点跟踪调查大田期烟叶生育状况和特征，收集整理相关数据和影像资料，并按要求分时段整理汇总上报完成情况。

复烤生产管理　省内四厂完成复烤生产任务443.64万担，其中自用烟复烤加工358.71万担、烤片回烤40.25万担、代加工44.68万担。自用烟复烤出片率67.66%，产品实物得率94.68%。工业分级455.08万担，常规分级31.15万担，分级综合合格率均达到集团90%以上的要求。

物资采购量　采购烟用物资44亿元，非烟用物资1.74亿元，其中烟用物资公开招标采购金额占86.8%。

招标采购　全面推进烟用物资招标采购。香精香料采购完成，招标金额28500万元，实现香精香料招标采购零突破。公开招标确定5家转移膜生产供应企业。完成2013—2014年度烤季集团省内四厂烟叶配套用物资5个标段42种材料的招标。顺利完成集团2014—2015年度烟用材料开标、评标，招标分为15个包140个标段，预计降低卷烟材料采购成本2273.36万元，接装纸供应商数量减少1家，烟标供应商数量减少1家。

供应商评审会　对烟用物资供应商进行2012年度评审，从“质量、售后服务”等方面进行综合评价。完成65家烟用材料、33家复烤包装材料供应商的年度评审并发布2013年度红塔集团合格供应商目录。

烟用材料采购　采购卷烟材料5852批，其中卷烟纸264批、内衬纸639批、拉线76批、接装纸323批、BOPP膜434批、乳胶266批、丝束9.2批、成形纸57批、烟用条与盒包装纸2595批、框架纸126批、烟箱635批、胶带85批、其他250批、滤棒10批，采购金额44.92亿元，平均合格率为99.62%。

机配物资供应商认证　组织集团四厂开展年内供应商认证，涉及集团省内四厂146家烟机零配件供应商，开展新增供应商认证、合格供应商认证考评，认证方式主要是现场认证和资料认证相结合。经过认证，集团烟机零配件供应商数减少到141家，其中玉溪烟厂非烟用物资供应商减少到45家，玉溪烟厂部分烟机零配件和非烟用物资供应商数量从162家精简为133家。

机配采购库存资金控制　省内四厂机配物资库存资金为33144万元，同比减少950万元，占当年设备固定资产原值总额的2.66%，低于年初制订的2.7%的挑战值。其中，玉溪烟厂库存23913万元，同比减少1878万元。

【科技创新】　技术中心概况　红塔集团技术中心成立于1997年，1998年被国家经贸委、国家海关总署、国家税务总局认定为“国家级企业技术中心”。2001年获批设立企业博士后科研工作站。2003年3月，技术中心质量监督检测站通过中国实验室国家认可委员会认可成为国家认可实验室，并于2008年再次通过中国合格评定国家认可委员会（CNAS）现场复评审。中心共有在岗员工185人，其中，高级职称18人，博士9人（含在站博士后）。2013年，技术中心紧紧围绕集团“转方式、调结构”的主要任务，加强产品质量维护，提升新品研发速度，不断丰富产品线，突出产品风格特色，提高产品市场核心竞争力。以产品研发维护和技术创新工作为核心，取得了显著的成效。

科研成果　科研项目获上级部门和机关奖励共15项，其中：国家烟草专卖局2012年度科技进步二等奖1项，云南省2012年度科技进步奖三等奖3项，云南中烟工业有限责任公司2012年度科技进步奖11项（一等奖1项，二等奖3项，三等奖7项）。集团自行评审科技进步奖54项。年内，红塔集团获授权专利73项，发明专利21项，实用新型27项，外观专利25项。发表科技论文20篇，其中发表在国内科技核心期刊14篇。参与制（修）订标准25项（烟草行业标准5项，企业标准19项，部门级标准1项）。

新型烟草制品研发体系　加大对新型烟草制品的研究力度。成立集团新型烟草制品领导小组，负责新型烟草制品研究、开发、生产、销售等总体战略部署、重大问题的协调与决策。领导小组下设办公室，按照“市场引导研发、研发提升产品、产品突破市场”的发展模式，制定集团新型烟草制品发展规划和工作方案。成立新型烟草制品研究开发室，组建涵盖植物学、有机化学、分析化学、材料、机械、电子电气、自动化、市场营销等相关学科，以硕博士为主体的核心创新研究团队。初步形成以新型卷烟为重点并积极探索其他类型的技术方案。

香精香料应用研究　围绕烟叶质量特性变化和产品配方应用实际情况，优化调整适应性下降的部分香精香料，与香精香料公司合作开发多个功能性好的香精香料并实现配方应用，在突出产品特色、稳定产品质量方面取得较好效果。自主调香产品在“玉溪（软小庄园）”新产品中实现应用。

“玉溪（软小庄园）”研发　以减害降焦为主线、市场为导向、科技创新为主体，系统开展卷烟配方综合技术集成及应用研究，加大低焦油卷烟新产品研发力度。成功开发“玉溪”系列的8毫克卷烟新品“玉溪（软小庄园）”，在延续“玉溪（硬庄园16支）”主体风格特征基础上，进一步丰富有机烟叶特征香韵，形成个性鲜明的风格特征，体现“庄园清香、清新自然”的产品理念，重点突出烟香的自然优雅感、丰富细腻的香气质感、强调烟气醇和湿润感和口感舒适性。

“红塔山（大师）”研发　成功开发“红塔山”系列的8毫克卷烟新品“红塔山（大师）”。该产品围绕突出“天然纯正本香”产品理念，深入开展区域烟叶风格质量特性互补配方研究，通过烟叶调香特色配方和配方降焦综合技术，采用分模块柔性加工工艺技术，充分发挥烟叶配方的特色、品质优势，诠释天然纯正本香的产品理念，彰显“自然纯美、品味高雅”的产品特色。

国际市场产品研发　国际市场产品研发模块共承接并完成任务54个。其中“威斯”“阿诗玛（金）”“ASHIMA（DF）”超细支系列、“GEM（硬MM）”“Marble”“先锋”等规格新品已经取得较好的市场反响，得到消费者的认可。

“威斯”新品研发　2013年9月，红塔集团研发的“威斯（硬经典）”和“威斯（软珍享）”在国内生产并投放市场。新品口味体现自然、丰富的烟草本香，烟香醇和流畅、余味干净舒适、有较好的生津回甜感。包装设计上引入中国元素，强调中西合璧，贴合消费者，也更具档次感。全年新品销售20000余件。

“阿诗玛（硬金）”研发　研发“阿诗玛（硬金）”，烟支长度84毫米，焦油含量11毫克，烟气烟碱量1.0毫克。新品商标设计在原有“阿诗玛美人像版”的基础上，加入品牌标识和国际化元素，简约自然，个性时尚，充分发挥云南小产区烟叶清香自然的烟叶特征香气，通过自主采购优质香原料调配提升产品口感和香气特征，吸味特征方面结合国际市场客户需求，在保证较好的满足感和口感的基础上，注重烟香的自然舒适感。烟香柔绵细腻，流畅飘逸，口感干净甜润。

新型卷烟研发　开展电加热型新型卷烟的研发，系统开展烟叶、再造烟叶、膨胀梗丝及复配形式的电加热新型卷烟用烟草材料的配方及制作关键技术研究，初步探讨在不同模拟温度下烟草材料关键致香成分、烟碱以及有害成分释放量测定方法及其释放行为规律。在整体集成关键技术方面，综合电加热片、控制系统、集成组装、烟草材料等设计及制作技术，制作出第二代电加热新型卷烟原型样品。共申请发明专利8项，实用新型专利7项。

无烟气烟草制品研发　结合国内外消费习惯，对配方中各组分选取和配比进行研究，不断优化配方，提高感官品质。同时对加工工艺——烟草材料预处理、烟草材料加工、非烟草材料添加及消毒包装等工艺参数进行优化，并初步搭建一条能满足需求的实验线及生产场地。已初步完成以高中低（0.5—1.0毫克）三档烟碱浓度为区隔，烟草清香型、薄荷型、果味型三款风格的第三代袋装口含烟的产品原型。同时开展可溶性烟草的研究，主要开展嚼烟及烟草含片的配方优化以及烟碱缓释控释技术的开发，完成嚼烟第四代原型样品的开发和烟草含片第二代原型样品的开发。综合食品评价及传统卷烟评价指标，从嗅香、味感特征、综合特征（协调性、干净度及余味）、生理感受及满足感多个维度进行无烟烟草制品感官评价，并建立感官评价表。在技术创新方面，共申请发明专利16项，实用新型专利3项。

电子烟研发　系统开展电子卷烟烟油、雾化器性能、电池参数、抽吸方式及构造设计等电子卷烟感官质量影响研究。对电子卷烟烟油当中所使用的溶剂种类及其含量、尼古丁含量以及香精香料类型及加入量，电子卷烟烟油pH值、沸点、黏度、密度等物理指标进行重点分析。系统开展电子卷烟感官质量评价指标研究，初步完成市场规划及调研。共申请发明专利5项，实用新型专利1项。

卷烟产品维护　把市场需求与集团现有产品配方结构特点相结合，稳步提高产品品质并满足消费需求。“玉溪”高档高端卷烟的风格特征突出，总体表现出较高的质量品质，卷烟的舒适性有较明显提高，产品质量稳中有升；多点合作生产卷烟的产品质量总体稳定，同一规格卷烟均质化控制总体良好。完成了3个香精香料的自主掌控、自主调香、委托生产的技术工作和生产应用；招标采购10个香精，招标采购金额达到年总采购量的30%。“微波膨胀梗丝配方应用研究”取得成效，实现了大批量生产，在新产品和老产品中实现应用，取得较好的配方应用效果。开展“特色高端低焦系列卷烟产品开发”“再造烟叶在卷烟产品中的应用研究”，科学规划、合理使用烟叶原料，以品牌为导向科学制订打叶复烤烟叶模块组合方案，进行功能性香精香料的研发和应用，使卷烟产品维护与持续改进科学合理、高质高效。

国际市场产品维护　国际市场产品研发模块共承接并完成提质维护任务16个。对国际市场产品做好盒标（焦油量、CO量、烟气烟碱）改版工作，同时为保证国内外产品质量的一致性，实时改进优化国际市场产品加工工艺标准，并制定《国际市场产品开发和维护流程标准》《国际市场产品成分披露程序标准》，推进国际市场产品研发相关过程规范化，并逐步完善了国际市场产品质量保障体系。

卷烟产品质量名列行业第一　红塔集团“玉溪（软境界）”以综合质量97.4分在国家烟草专卖局对全国208个卷烟产品质量抽查中，名列第一；“玉溪（硬庄园16支）”以综合质量97.7分在云南省烟草专卖局对省内44个卷烟产品质量抽查中，名列第一；“玉溪（硬庄园16支）”再次以综合质量97.7分在云南省烟草专卖局对省内38个卷烟产品质量抽查中名列第一。

新品种筛选　继续开展新品种筛选工作。从国外引进品种和国内自育品种中遴选出植物学性状和农艺性状较为符合烤烟生产需求的品种，选择合适的种植区域，进行品种比较试验和小面积试验。在新平大寨、红塔区龙树、易门茶树各安排一组小区品种比较试验，并对上年筛选出的表现好的新品种在澄江县和华宁县开展生产示范。

薄片应用研究　积极与薄片企业开展技术合作，共同开展老规格薄片的品质优化和功能薄片的应用开发，进一步拓展薄片的配方使用范围，有针对性

地提高部分产品的薄片用量，薄片配方使用范围和用量大幅提高。

梗丝应用研究　结合原料品质特性变化、卷烟风格和品质要求，进一步完善梗丝的卷烟配方适应性。微波膨胀梗丝配方应用研究取得成效，实现大批量生产，在新产品和老产品中实现应用，取得较好的配方应用效果。

境外烟叶基地建设　老挝烟叶基地建设取得良好发展，完成“老挝特色烟叶开发与应用”项目评价，对老挝烟叶基地建设选址、品种选择、栽培种植技术等方面作出指导建议，为集团境外烟叶基地建设提供技术支撑。全年老挝基地烟叶种植面积672公顷，收购烟叶1420吨。

【物流工作】　现代物流建设　现代物流建设取得组织化提升，探索形成统一管理与属地管理相结合的管理模式，建立相对独立的专业化物流经营管理组织，强化物流组织的经营管理职能；实施业务体系整合，构建系统完整的物流业务体系，贯通业务流程，实现物流集中统一服务；资源整合效果凸显，优化仓储资源，整合省内四厂原料仓库及堆场建筑面积125.74万平方米、储能51.98吨，物资（辅料、机配件）仓库建筑面积11.23万平方米，成品高架库、平库建筑面积8.93万平方米，储能为128.34亿支；优化运输资源，整合集团现有卷烟成品承运商12家，运输车辆1201辆；提升服务水平，建立客户服务保障、客户需求与满意度管理、客户投诉管理“三位一体”的服务质量管理体系；提升运作效率，提升ERP运用水平，强化仓储管理职能，加强对供应商的管理，推进工商物流一体化运作，改善原料成品日均出入库量、成品库存周转天数、原料人均发货量、人均综合物流效率等各项关键物流效率指标；合理控制成本，开展精益物流、对标管理、全面预算管理以及招投标等措施，改善单箱物流总费用、单箱卷烟运输费用、物流费用率、烟机零备件库存资金占用、物流费用利润率成本指标。

精益物流培训及实践　开展“3+15”精益物流课题及项目实践。成立精益物流建设组织机构，并围绕项目启动、执行、评审、总结各阶段，制定全面系统的奖惩激励机制。对集团仓储物流、运输物流中的物流设备管理、仓储货位管理、物流资源调度等业务环节中的无效和不增值环节实施重点改进，并在物流管理、物流文化、物流成本、物流效率、物流服务质量等领域积极推行先进管理方法。举办精益六西格玛管理系列培训。召开精益物流建设启动会。

发布《集团仓储运输项目管理办法》　制定并发布《集团仓储运输项目管理办法》，从组织、制度上确保权力在阳光下运行。在采购中本着“应招尽招、真招实招”的原则，对招标条件成熟的项目进行公开招标，通过招标，卷烟成品运输费用下降7000多万元。

提高卷烟落地与直发销售比例　同各品牌合作生产点协商合作，落地与直发销售卷烟93.2万箱，占72%，比上年提高18%，有效提高快速响应市场的能力，减少卷烟破损，进一步降低物流运输成本，全年节约运费2587万元。

建立物流服务质量管理体系　建立物流服务质量管理体系。安排专职物流服务管理人员，整合资源，归口管理，搭建一个统一对内对外的服务渠道与窗口。

健全服务质量管理运行考核试点方案　试点选择部分业务关键环节、业务节点，确定考评指标和标准，进行考评并将结果与绩效挂钩。试点方案设计9个考核指标，涉及卷烟成品、原料、统计、服务问题管理等业务26个考核点，考核以月度为考核周期，每月根据数据来源采集考核点相关数据，对数据进行整理、统计及分析，根据指标设定标准，与被考核科室进行结果确认，判定当月被考核科室业务运行是否达标。

建立库存物资盘点制度　建立、健全库存物资盘点制度。要求各仓储科针对不同种类的库存物资，进行月、半年、年度和不定期盘点，统一规范盘点资料和盘点方法。

物流ERP项目　组建物流ERP项目组，抛弃流程中不增值的环节，合并相应的报表和单据，完成原料、机电配件、辅料、成品及半成品、运输五大业务的收、存、发、运全过程的46个业务流程的编制，组织编修物流中心未来业务蓝图直至系统上线。

行业物流会议　2013年11月18日，全国烟草行业物流现场会在大理召开。国家局副局长何泽华、云南省副省长丁绍祥出席会议。参会代表参观大理卷烟厂物流管理现场，观看现代物流建设成果展示。何泽华充分肯定大理卷烟厂在纸箱回收利用、塑化箱周转方面的试验精神和对新成果、新技术、新方法、新材料的应用，认为工厂物流管理在行业中开展得较好，体现云南烟草的风貌，体现物流现场管理的最高水平；工厂就地技改做得很好，是典型，值得总结。

大理“工商物流一体化”项目　大理卷烟厂完成相关设备调试、仓储物流等，实施“红塔山（软经典）”以及“红梅（硬黄）”两个规格产品的纸箱循环利用项目和电子标签卷烟包装箱（RFID）的应用实验，积极与大理州烟草公司共同研究开发同城共库信息系统的使用，全面启动“工商物流一体化”项目。截至年底，纸质烟箱工商交接回收18.4万只；重新投入使用数量为15.6万只，可重复使用率为85%。实验使用电子标签卷烟包装箱（RFID）5900只，进入工商流通周转4次。

烟箱缺条自动分拣发明专利获公布　红塔集团员工王林参与完成的“一种在卷烟物流中烟箱缺条的自动分拣装置”获得国家知识产权局公开，专利号：201310072450.7。该专利是物流中心成立以来申请的第一个发明专利。该项发明涉及烟草行业的卷烟物流传输技术领域，尤其是卷烟企业在卷烟出库发货过程中对缺条烟箱的分拣，适用于高速传输和分拣过程中对缺条烟箱的剔除或分流，其最大的技术新颖性在于卷烟出库发货过程中不用扫描烟箱上的条码，就能直接对缺条烟箱进行剔除或分流。

外租库专项治理　组织外租仓库安全专项治理活动。通过调查摸底、安全评价、隐患治理、复查和总结，对不能整改的问题“硬件不足软件补”，制定控制措施并进行持续控制。对库区人员和租赁方人员开展有针对性的培训教育，提出今后退租顺序的意见和建议，形成专项治理报告。

密集式仓储立体货架改造　首次将密集式仓储技术应用在辅料库51#仓库，新建5000个标准货位和200个非标准货位，完成51#仓库硬件设施改造。

烟叶安全养护　烟叶产品做到分产地、分年限、分品种、分等级、分货位堆放。初烤烟叶入库采用塑料罩密封降氧保管，有效防止烟叶霉变、碳化、虫蛀、造碎。采用温湿度监测在库烟叶，控制库内温度在30℃以下，相对湿度在70%以下，有利于烟叶自然醇化。使用烟草专用虫情监测诱捕器，监测在库烟叶虫情，及时进行烟叶熏蒸防护，熏蒸杀虫库房786间，面积487.94万平方米，熏蒸烟叶、烟梗1021.72万担。

推广卷烟包装箱回收循环利用　在省内推广卷烟包装箱循环利用，省外拓展到四川和重庆。纸箱周转发货量39万箱，工商交接数34.4万箱；塑化箱周转工商交接数4641箱，发货量3734箱；节约纸箱87.99万只，减少采购费用625万元；扣除平均运输、整理纸箱成本203万元，产生经济效益422万元。

塑化电子件烟箱试点　投入10000只塑化电子件烟箱进行试点，完成红塔硬包电子件烟箱标准的制定，在省内试点工商企业间小批量试点。生产塑化电子件烟箱卷烟3823.20箱，发货3734.60箱，为在行业中推广塑化电子件烟箱的应用积累经验。

卷烟仓库前移　在山西省太原市和江西省南昌市设立卷烟中转仓库，太原前移卷烟5.6万箱，南昌前移卷烟3.7万箱。在省外首次实现卷烟仓库前移，缩短运输距离，提高快速响应市场的能力。

新建仓库部分投入使用　在红塔区灵秀新建的19栋初烤烟仓库交付使用。建筑面积13.1万平方米，最大存储量83万担，缓解仓容紧张的局面。初烤烟露天储存改为库内储存，降低仓储保管成本，保证烟叶的内在质量。

卷烟运输 省内四厂及合作生产点对外运输卷烟445.90万箱，转储58.03万箱。

原料半成品运输 省内外原料运输周转量2.88亿吨千米，联营加工烤片原料运输周转量0.56亿吨千米、香糖料354.22万吨千米，原料采购运输周转量1.63亿吨千米，原料倒短运输周转量0.66亿吨千米。

生产原辅料配送 玉溪卷烟厂自有生产用车原辅料配送到位率达100%，完成货运量343891吨，周转量741.5万吨千米。集团生活服务类用车行驶里程202.63万千米。

运输招投标 对涉及集团省内四厂发往全国各地的卷烟运输及部分合作生产点卷烟回购运输进行公开招标。21家运输企业投标，14家企业中标，招标涉及费用占卷烟运输费用的97.17%。通过招标，下半年节约卷烟运输费用3761万元。

GPS在途系统使用率 在途跟踪、精益考核物流在途信息系统使用情况的每一个指标，细化分解任务，全面落实执行责任。实现在途信息系统使用率从1月的71.07%上升到12月的99.78%，圆满完成国家局的考核要求。

【多元化经营】 *云南红塔集团概况* 云南红塔集团有限公司（以下简称“云南红塔集团”）为红塔烟草（集团）有限责任公司的全资子公司，具有独立法人资格，负责多元化经营管理。2013年，云南红塔集团注册资本56亿元，发展成为跨行业、跨地区、跨所有制经营的集团化管理型投资公司，投资项目涉及能源、交通、金融、保险、酒店、卷烟配套、医药、汽车、房地产等10多个领域。参与投资企业65家，列入统计的46家企业就业人数为30300人，其中全资控股24家企业在册职工9240人。累计投资收益107.65亿元，回报率为59.17%。

投资分布 截至2013年12月31日，云南红塔集团参与投资项目65个，总投资额196.29亿元。其中：金融证券行业投资项目16个，投资额89.60亿元，占投资总额的45.65%；能源交通业投资项目5个，投资额51.85亿元，占投资总额的26.41%；酒店房地产行业投资项目14个，投资额29.66亿元，占投资总额的15.11%；烟草配套及材料（轻化工）行业投资项目18个，投资额13.74亿元，占投资总额的7%；建材机电行业投资项目4个，投资额5.46亿元，占投资总额的2.78%；其他行业投资项目8个，投资额5.98亿元，占投资总额的3.05%。

经营效益 2013年，云南红塔集团多元化投资企业65个，纳入统计的46个企业实现销售收入496亿元，比上年同期增加59.51亿元，增长13.63%，完成年度计划450亿元的110.22%；累计实现利税149亿元，比上年同期增长17.30%，完成年度计划128亿元的116.40%；公司本部实现利润10.80亿元，比上年同期增长108.49%，完成年度目标8.70亿元的124.14%；共收回投资收益27.30亿元。

完成投资计划 2013年，云南红塔集团实际完成投资额14.48亿元，其中，对红塔证券股份有限公司增资扩股投资87220万元，对华泰财产保险股份有限公司增资14461万元，对华能澜沧江公司增资42124.75万元，对云南红塔大酒店有限公司增资499.09万元，对昆明桂花大酒店增资498万元。

多元化审计 接受国家审计署红塔集团审计组对国家局有关主要领导的离任审计。针对审计组提出的相关问题，及时与审计组沟通交流，做好解释说明，边整边改，多次召开专题会议，研究整改方案，能整改的及时限期整改，暂时难以整改到位的拟定整改计划，明确责任人，认真完成整改及信息反馈。从建立和完善各项财务审计制度入手，一方面加强本部会计核算及财务预、决算；另一方面将重点放在加强对全资、控股企业的财务管理与审计监督上，继续采取内、外审结合方式，对投资企业开展各类审计，进行6次外部审计，内容包括离任、任期经济责任、预算管理、财务收支等。

投资企业综合考评 制订《企业考评方案》，设计《全资（控股）企业2012年度各项经济技术

指标完成情况考评表》和《全资（控股）企业高层管理人员年度综合考评表》。从7月下旬开始至8月底，对22家全资控股企业从制度建设、机制运行、经营绩效、竞争力4个维度进行年度综合考评。总体评价为各企业对上年度董事会决议执行率100%；各企业各项经济技术指标基本完成；企业文化建设、安全维稳正常推进。

管理评价　开展评价，完成并上报包括29家全资控股子、孙公司的全部数据。在9月发布的国家局年度评价中，云南红塔集团全资控股的8家企业榜上有名。其中，云南红塔彩印包装有限公司在材料行业排名第二，云南红塔房地产开发公司和中山市红塔物业发展有限责任公司在房地产行业分列第四、五位。

重点项目管理　重点建设项目顺利推进。玉溪"山水佳园"和昆明"丽水雅苑"项目全面完工并交付业主使用。大理"怡景尚居"项目2012年4月正式启动后，当年完成土地竞拍、征用相关手续和岩土工程初勘，完成项目规划设计。

安全生产标准化　继续大力推进全资控股企业安全生产标准化管理认证，进一步完善各企业安全生产管理体系，以法制化、标准化、规范化、系统化全面促进安全生产管理。云南红塔彩印包装有限公司、云南华宁兴宁彩印有限公司、云南新兴仁恒包装材料有限公司、昆明红塔木业有限公司4家企业通过国家工贸企业安全生产标准化三级认证，云南红塔滇西水泥股份有限公司安全标准化正在推行中。

增资扩股红塔证券公司　2013年，红塔证券股份有限公司注册资本13.86亿元，总股本13.86亿股，云南红塔集团持股43.61%。6月8日，云南红塔集团与红塔证券公司签署增资协议，计划新发行股份6.71亿股，每股2.98元，募集资金20亿元。云南红塔按所占股份出资8.72亿元，认购2.93亿股。增资申请6月24日获得国家局审批同意，9月底顺利完成增资。增资扩股后，红塔证券总股本由13.86亿股增加到20.58亿股。

续投资华能澜沧江水电有限公司　2001年2月8日，云南华能澜沧江水电有限公司成立，注册资本41.66亿元，云南红塔集团持股12.6%，中国华能集团公司持股56%，云南省能源投资集团持股31.4%。根据2007年国家烟草专卖局文件的批复，红塔集团对云南华能澜沧江水电有限公司投资总额为35.23亿元，2013年计划投资4.21亿元，资金续投工作已于年底前完成。

滇西水泥　1993年9月，由云南红塔集团、云南省开发投资有限公司、大理州国有资产经营投资有限责任公司、大理市国有资产经营有限责任公司和云南新兴投资公司五方投资建成的云南红塔滇西水泥股份有限公司建成投产，总投资额13.56亿元，注册资本2.91亿元，云南红塔集团持股79.94%。2013年，生产石灰石282.71万吨，熟料203.91万吨，水泥238.49万吨，销售产品251.80万吨，分别比上年增长6.40%、9.30%、14.20%、5.80%，石灰石产量、水泥产量和产品销量创历史新高。完成工业总产值8.04亿元，销售收入8.07亿元，实现利税1.65亿元，利润总额9701万元，分别比上年增长1.30%、1.20%、9%、42%。参股企业华新红塔水泥（景洪）公司，生产熟料71.02万吨，水泥91.34万吨、销售产品90.69万吨，实现利润2667万元，分别比上年增长18.70%、20.10%、17%、26.10%。公司年内获多项表彰，荣获"全国建材行业'调结构、练内功、增效益'百家优秀企业""全国第十四次水泥品质指标检验大对比全合格单位""云南省连续五年水泥产品抽检合格企业""云南省质量效益型先进企业特别奖"；被国家工商总局授予"守合同重信用企业"，继云南名牌、云南省著名商标后，荣获大理州知名品牌，再次入选年度中国建材企业500强，排名第257位。公司《提高CS165E钻机钻孔效率》和《改进三次风闸阀》被命名为云南省优秀QC小组成果。

云南红塔大酒店　1994年5月13日，云南红塔大酒店有限公司成立，云南红塔集团持股75%。2008年，云南红塔集团收购香港新兴公司所持云南红塔大酒店股权，持股100%。2013年，酒店策划执行8次重大接待。年内，酒店下辖的红塔工业旅游接待中心接待游客16462人次，团队363个，其中，省外团队186个，游客8329人；省内团队172个，游客8068人；境外团队5个，游客65人。

红塔创投　2000年6月15日，红塔创新投资股份有限公司成立，注册资本6亿元，云南红塔集团持股52.50%，云南烟草兴云投资股份有限公司、烟台冰轮股份有限公司、云南白药集团股份有限公司等8家股东持股47.50%。作为国家发改委备案的创业投资企业，主要投资于生物制药、新型材料、新能源、环保、移动测量、现代服务业等领域中具有高科技含量及市场潜力的项目。形成“稳健、专业、果断”的投资理念，在投资中始终坚持风险控制为第一要素；确立把握市场节奏、公司长期利益至上的退出原则；细化投资项目实时跟踪、动态管理、专人专项的管理模式；树立“以人为本”企业文化，打造一支专业化、市场化程度极高的稳定团队，并在业内形成一定影响力和号召力。截至2013年末，公司利用自有资金滚动投资40个项目，其中11个已成为沪深证券交易市场的上市公司，累计实现净利润9.30亿元。股东投入资金4亿元，公司分配股利5.65亿元，其中现金回报股东3.65亿元、转增股本2亿元，未分配利润余额2.69亿元。

云南红塔彩印　1993年6月，云南红塔彩印包装有限公司成立，投资总额1572.36万美元，注册资本980万美元，占地面积4.60万平方米；云南红塔集团持股38%，云南通印股份有限公司持股37%，香港精工卫生纸业有限公司持股25%。公司主要为红塔集团生产“玉溪”“红塔山”“恭贺新禧”“阿诗玛”“红梅”等卷烟的商标、条盒、口花，为云南白药集团、昆明制药集团、昆明积大制药有限公司、昆明贝克诺顿制药有限公司、昆明牙膏有限责任公司、柳州两面针股份有限公司等著名企业提供包装盒。2013年，拥有资产总额21490万元，实现销售收入19489万元，利税总额4805万元。

华能澜沧江　2001年2月8日，云南华能澜沧江水电有限公司成立，注册资本41.66亿元，云南红塔集团持股12.6%。2013年，公司实现营业收入146.50亿元，利润总额43.00亿元，分别比上年增加42.34%，64.91%。5项成果荣获“2013年度电力建设科学技术成果奖”。

【企业管理】　总体发展战略　紧紧围绕“品牌强企、实力固本、国际跨越”的总体发展战略，紧紧围绕“转方式、调结构”战略任务和“5211”品牌发展目标，坚定信心，凝聚力量，攻坚克难，奋力推进集团转型发展。“红塔山”品牌销量298.34万箱，销售额519.42亿元；“玉溪”品牌销量145.39万箱，销售额726.57亿元。

品牌管理　成立品牌管理委员会，在经济运行部设立品牌管理办公室，其日常事务主要由战研室负责：完成品牌管理委员会成立相关文件及组织架构方案；组织完成集团品牌宣贯材料的起草；组织召开集团新产品宣传物料评审、“玉溪（软小庄园）”上市评审、集团二维码平台、新品市场测试评审等会议，为集团品牌宣传、“玉溪（软小庄园）”上市提供坚实保障；完成对新品“威斯（硬经典）”“威斯（软珍享）”“玉溪（椰王）”“玉溪（5毫克境界）”“玉溪（软小庄园）”“红塔山（硬经典世家）”“红塔山（硬金经典世家）”“红塔山（大师）”“红塔山（软红大师）”的准产申报。

经济运行分析　编制《经济运行分析》12期，对行业经济运行中的数据、资料进行整理、归类和量化，用文字或图表描述行业基本情况，包括工业企业、商业企业、品牌情况，实时跟踪“20+10”重点骨干品牌、一二三类分类别十大卷烟品牌、“15+15”品牌及存销比、工业企业产销规模与品牌规模等情况；《宏观经济与行业动态》12期，实时关注掌握国家、国内外烟草行业经济运行态势，对新热点、新问题进行研究分析。在品牌数据挖掘与维护方面，进一步对行业工商数据进行整理和分析，完善数据统计模版，提高运行效率，进一步完善运行数据；进一步做好品牌监控系统的价格、价类等信息的更新维护。编写各类分析报告36份，其中，集团卷烟生产经营数据质量分析报告12份、全国合作生产分析报告12份。

计划管理　编制下达生产经营、省外合作生产、原料采购计划60份。下达省内四厂内销计划367.20万箱，同比减少6.40万箱；合作生产计划173.80万箱（含省外互动2.50万箱），同比减少18.14万箱。每月及时准确申领分发计划码段，规范计划码段使用流程。

运行调控管理　根据销售订货、补货计划，从计划指标衔接、产销进度、品牌结构、低档卷烟、存销比、评吸烟提取、卷烟打扫码和效益实现等方面调控集团经济运行情况。协调处理6个规格卷烟限产限调令解除与控制产销。修订评吸烟管理办法，核定领用预算定额与库存定额。

编制统计报表　以提供“快、精、准”的统计信息为基准，完成工业、烟叶、物资、复烤、固定资产、能源、污染物、价格统计资料的收集、审核、加工整理、汇总，并发布相关报表4000余份，为烟草行业宏观调控和集团管理提供准确、及时的数据信息。

“两烟”标准成本管理　按标准价格及实际情况，组织编制下达集团省内四厂卷烟生产实物消耗定额指标。按月编制完成主要技术经济指标报表，跟踪各卷烟厂的物耗指标完成情况，集团主要物耗指标均达到云南中烟下达的目标。修订下达复烤标准成本考核指标，加大复烤生产过程考核力度，降低复烤消耗，节约成本。集团卷烟单箱耗烤片31.10千克，同比基本持平；单箱耗嘴棒12533.2支，同比基本持平；单箱耗盘纸3017.62米，同比下降0.03%；单箱耗商标2502.91张，同比下降0.006%；单箱耗条盒250.34张，同比基本持平。

节能减排　2013年，集团大部分卷烟厂大规模技术改造相继完成，随着厂区面积增大，工艺流程加长，耗能设备增多，装机容量大幅上升，导致用能、用水、排放量增加。各厂紧紧扭住节能减排这个关键环节不放松，集团省内四厂卷烟万元产值综合能耗8.36千克标煤，同比下降6.72%；卷烟万元增加值能耗10.39千克标煤，同比下降10.03%；复烤吨烟综合能耗149.06千克标煤，同比上升22.85%；卷烟单箱综合能耗14.93千克标煤，同比下降3.18%。复烤吨烟耗水4.75立方米，同比上升15.80%；卷烟单箱耗水0.48立方米，同比下降3.80%。集团省内四厂二氧化硫排放总量为379.79吨，同比下降14.55%；氮氧化物排放总量339.94吨，同比上升14.51%；化学需氧量排放总量30.90吨，同比下降16.01%；氨氮排放总量5.23吨，同比下降25.24%；二氧化碳排放总量145781.21吨，同比下降1.67%。

经济普查　进行经济普查前期清查，涉及卷烟生产销售、工会服务、技术服务、多元化投资、园林绿化等9个法人单位与15个产业活动单位及集团本部、四大中心、四家卷烟厂、装备技术部、工会、投资公司、物业公司等单位。

保险业务管理　强化保险业务管理力度，对集团财产、货运和车辆等保险业务中存在的问题进行调研。编制下发《红塔集团商业保险项目管理办法》；组织2014年《红塔集团保险统保项目保险公司采购》公开招标，加强对集团商业保险业务的集中管理，有效降低集团商业保险费用，降低集团风险。

企业标准体系建设　结合ERP外围系统改造项目对企业标准进行年度评审，实施企业标准制修订并开展各项企业标准化活动。重点加强与采购有关制度（标准体系）建设，并围绕ERP项目实施的财务、人力资源、设备、资产及项目管理等业务优化有关标准体系。用标准化管理手段保障信息化项目的实施，持续推进管理流程化、流程信息化。截至年末，集团企业标准体系由技术标准514项、管理标准354项和工作标准2194项组成。

牵头制定行业标准　牵头制定中国烟草总公司企业标准《再造烟叶碳酸钙的测定离子色谱法》《烟用热熔胶卫生要求》等4个项目。集团申报

《烟草企业安全生产标准化岗位达标规范》和《卷烟工业企业烟用材料质量安全监控通则》等10个项目，其中有6项被列入下年度烟草行业标准制修订项目。

管理成熟度评价　集团首次组织各中心工厂和职能部门开展管理成熟度评价暨管理评审，发现管理优势和改进空间，推动集团实现可持续发展。自评采取自下而上的方式，先由各科室、车间自评，然后由部门进行集中自评。在部门自评的基础上，集团再进行整体性评价。评价主要依据《管理大纲》和2013年职代会的要求；评价原则为“客观公正、开放思维、着眼发展、立足现实”。经过汇总各部门的自评报告，2012年度集团自评管理成熟度为52%。集团评价组在验证基础上，认为各部门自评成熟度水平是客观、真实的。评价组鉴于目前国际、国内对企业管理成熟度水平的评价情况，并着眼于有利于集团各部门今后的持续改进和创新，经过内部评议，2012年度集团的管理成熟度评价为45%。

行业工商企业质量管理体系交叉评价　严格按照国家局《关于一流质量管理体系建设评价标准》，紧紧围绕品牌发展战略目标，坚持“三个突出”指导思想，以管理创新为驱动力，分别从“质量目标引领、体系文件、持续改进、信息化支撑、队伍保障”五个方面，进一步开拓管理思路，从严落实整改措施，强化体系建设工作，得到国家局经济运行司评价组的高度好评。

“管理创一流活动”成果总结　总结“管理创一流活动”阶段性成果，将《系统梳理管理体系提高集团管控能力》等10个成果汇编成册，发全集团学习借鉴。《卷烟工厂标准化建设》等4个成果进行集团内部现场交流。

QC成果　在云南中烟第十次QC发布会上红塔集团荣获一等奖4项、二等奖7项、三等奖7项。

集团有3项优秀成果参加云南省质量协会QC发布。红塔集团楚雄卷烟厂设备技术科机修QC小组的《大力启运器的研制》课题荣获三分会场第一名，并代表云南省参加国家质协的发布交流。

集团有8项成果荣获“云南优秀QC小组”称号，其中，第1名1项，并代表云南省参加全国质量管理协会第35届QC发布会。

集团有优秀QC成果参加烟草行业第二十四届优秀QC成果发布会。玉溪卷烟厂卷包一车间勇攀高峰QC小组的《降低GDX500包装机五轮故障停机频次》课题荣获国家局一等奖；楚雄卷烟厂设备技术科机修QC小组《大力启运器的研制》课题荣获国家局二等奖。

绩效管理　以“提升一级绩效管理”作为深化集团绩效管理体系的重点，进一步强化、完善其落实品牌责任、传导战略压力的作用。策划2013年度绩效指标设计，明确设计思路和指导方法；通过走访座谈、交流沟通，总结2012年度一级绩效指标存在的问题，结合各单位提出的建议，对2013年一级绩效指标进行全面、系统梳理。拟定完善《2013年度绩效指标》。强化一级绩效考评结果的应用，完善一级绩效考评结果与各单位工资总额挂钩办法，提高其合理性和激励效应，进一步强化“责任明确、协作充分、执行有力”的绩效管理文化。加强绩效指标分解及落实，完成率基本达到目标值；实施各季度未完成绩效指标整改及落实，并纳入集团风险问题管理范畴。在实践的基础上提炼、总结，为后续推进完善二、三级绩效管理体系提供方法和思路。

构建精益六西格玛管理体系　制定精益六西格玛推进规划和实施方案，并初步确定各中心工厂的备选改善项目。经过严格筛选，集团确立52个精益六西格玛改善项目并认真组织实施，探索建立精益六西格玛管理体系。

合同管理　全年，审核各类合同2941份，合同审核金额45.08亿元。组织法规、审计、纪检、财务等相关部门参与广告促销、工程投资、物资采购等商务谈判及招投标文件会审、招投标论证、评标，有效防范法律风险，妥善解决合同履行纠纷，促进合同审批管理体系有效运行。

专卖专项检查　集团开展专卖专项自查，确保烟草废弃原料的处理严格规范。积极配合云南省烟草专卖局、云南中烟工业有限责任公司对集团烟草废弃原料的处理情况进行专项检查。12 月，集团再次开展专项自查，进一步规范烟草废弃物品管理，促进专卖管理更加规范有序。

烟草废弃原料管理 将烟草废弃原料管理作为重点专项管理，对拟处理烟草废弃原料厂家进行定期不定期检查，严格将烟草废弃原料进行销毁处理，并通过竞价方式确定处置费用。对于报废烟梗，严格执行“必须碎梗才能出厂”的要求，统一破碎后再进行处置。从立项、场地准备、设备购置等，开展安装毁形设备的前期准备工作，预计 2014 年 4 月可完成毁形设备安装上线。

报废烟草专用机械管理 组织销毁报废烟草专用机械 83 台（套）。报废烟草专用机械管理统一纳入专卖全过程管理，从申报、审批、销毁全过程资料备案，并由专卖管理人员参与监督销毁。销毁通过公开招标和竞争性谈判方式确定废旧物资收购厂家，由云南中烟组成销毁小组按照销毁方案统一组织实施。

“三项工作”管理 加强对“三项工作”管理，以“应招尽招、真招实招”为重点，要求各单位“要求要严”“工作要实”“责任到位”“严格问责”，不断健全机制、完善制度、规范流程、创新方法、强化措施，持续提高规范管理水平。先后进行香精香料、卷烟成品运输、保险等难点项目的公开招标，取得实质性突破。工程投资、物资采购、服务类采购项目执行 804 项，涉及金额 70.32 亿元，采购金额公开招标率分别为 99.63%、85.81%、57.60%。

内部管理监督考核 对 2013 年度涉及专卖管理、“三项工作”管理、办事公开、民主管理监督部门进行全面考核，并对考核结果进行公示。经各部门自评、考核组综合评议，玉溪卷烟厂、楚雄卷烟厂、装备技术部为内部管理监督考核前三名。

专项治理 认真开展规范卷烟包装标识、严防“天价烟”问题反弹、卷烟不规范生产经营行为、过度包装专项治理和质量管理体系建设交叉评价等专项治理，坚决杜绝“天价烟”问题反弹，规范生产经营行为。

法制宣传教育 举办“招投标及合同风险防范”培训、“采购管理实务”培训、“法律进车间”培训、消防安全专题培训、预防职务犯罪讲座、治安保卫法规知识讲座、6·26 禁毒防艾知识讲座、控烟公约及其对策讲座等多个方面的近 20 次专题培训或讲座，不断增强员工法律意识。组织 35 人参加云南中烟组织的专卖内管和法规工作培训、20 余人参加云南中烟组织的整顿规范工作培训、6 名专职法制宣传员参加省市法制宣传骨干培训、4 名企业法律顾问参加云南省国资委组织的继续教育注册培训，不断丰富集团法制宣传教育培训的内容，提升员工的专业法律知识运用能力。下发《全国六五普法学习读本》《六五普法 365 问》《六五普法实用读本》《全国六五普法教材系列》等 1300 多本法制书籍到集团省内各厂、各中心和部门，学习宣传。建立领导干部学法用法网络考试平台，并组织集团所有 613 名中层以上干部进行网络考试。

【信息化建设】 *ERP 及外围系统改造项目* 成立 ERP 及外围系统改造项目组。制定红塔集团 ERP 系统各类主数据编码和描述规范，并进行数据收集整理、起草数据维护管理流程；在梳理云南中烟主数据标准的同时，承担云南中烟及红塔集团主数据管理平台建设工作。完成 ERP 及外围系统改造项目的硬件安装及系统安装，进行报表和报表属性规范化管理。参与 ERP 外围改造项目的战略管理模块（SEM 模块）。主要对 SEM 模块功能、战略管理的相关工具进行学习，同时负责 SEM 模块中信息收集、战略分析、战略规划、品牌管理等相关业务蓝图的设计。

信息化安全运维 持续做好集团级的服务器系统、网络通讯、中心机房、终端设备、信息安全、互联网等集团信息化基础设施的维护保障。主要完成 ERPECC6 生产系统的 IO 卡、电源的更换，营销业务系统数据库服务器系统以及应用服务器系统双

机配置修改和系统迁移，配合维护一号工程服务器的运转、维护新品牌规格代码的申领和下发，对部分放假可动网络和机房进行整理规范，加大对行政楼、商务楼建筑智能化系统、一卡通系统、会议系统的巡查力度和维护，对集团网络数据流量、关键应用服务器、VLAN 和防火墙进行分析和监控，有力保障集团信息化基础设施的安全运行。

核心信息系统运维　对集团核心信息系统实行实时监控，对异常情况追踪，及时处理故障，不断进行优化和完善，集团级的管理信息系统（如 ERP 系统、行业一号工程系统、OA 系统等）没有发生数据丢失、严重影响集团生产经营和管理的事故，确保集团管理信息系统安全可靠、高速顺畅运行。

持续开发信息资源　持续开发利用信息资源，拓展数据中心系统应用，开发完成“设备管理绩效评价体系分析”应用主题 29 个，为实施设备管理绩效评价提供数据支撑平台和科学分析手段，在实际应用中取得较好成效；做好数据中心系统监控与维护更新，保障数据中心数据质量，应用“营销信息分析”，迅速获取全国 18 家卷烟工业企业产销信息、351 家商业地市公司购销存信息、550 多万个零售终端销售信息、36 个重点城市卷烟市场价格信息，把其与集团内部营销业务信息集成后进行综合分析，支持营销中心精准营销。

制修订信息化管理制度　完成《信息化项目管理规定》《信息化运维管理规定》草案，拟代替《工程项目管理规定》（Q/HTG. G09. 06 - 2010）信息化管理部分，以及《维护项目管理规定》中计算机维修部分。

【人力资源管理】　工资管理　加强工资总额宏观调控，严格执行《工资总额管理办法》，下达各厂、中心工资总额。通过预算管理、报表制度和 ERP 系统工资管理平台加强工资使用过程监督和管理，确保工资及时准确发放。

工资内外收入自查　对集团内部薪酬管理、“工效挂钩”政策执行、工资总额使用、工资外收入、企业年金公积金整改、补充医疗保险整改等情况作全面自查，对自查中不够规范的内容进行改进，促进集团内部控制体系不断完善，确保集团企业管理制度符合国家、行业规定，从制度上保障薪酬管理的规范化、标准化。

用工分配制度改革　继续完善《人事调配管理办法》，规范集团人事调配制度、优化人员配置、提高人力资源使用效率、促进人员合理有序流动，实现集团新员工招聘、员工内部调配、挂职、借用、外派、调入、调出、主动离职或解除劳动合同等一体化管理；修订《岗位管理办法》，明确岗位设置标准动态调整原则，要求每年 6 月下发下年跨年度的岗位设置标准，保证定岗定员标准的严肃性。

人力资源信息管理　及时、准确做好信息系统维护。践行“统筹规划、系统设计、整体推进”目标，建立健全人力资源管理信息系统人员业务和专业技术培训制度，加强信息化知识和人力资源管理信息系统业务知识培训，不断提高人力资源管理信息系统人员的政治素质和专业水平。根据 ERP 及外围系统改造项目要求，对未来业务流程主线进行梳理和初步设计；完成现状调研文档收集、整理。通过对现状调研文档研究和分析，确定人力资源模块所涉及的业务清单和优化重点。结合集团管理大纲，以岗位管理为核心，固化用工分配改革成果，完成岗位管理未来业务流程图、未来业务蓝图编制和系统实现设计。调整优化 HR 模块，通过 ERP 平台维护员工信息，实现人力资源信息一体化动态管理。

新员工招聘　优化新员工招聘流程，实现网络报名、简历收集和筛选，受理招聘申请 8917 人次。参照国家公务员招考办法，通过笔试与面试对应聘者进行筛选；按笔试成绩排名和专业招聘人数 2 倍的比例确定面试名单，结合专业知识与综合知识进行结构化面试。集团招聘新员工 150 名。

劳动关系管理　在全集团组织开展劳动用工清理工作，对用工方式、合同签订、办理社会保险、费用支付、同工同酬、法律风险等进行全面清理。要求各部门按照属地管理原则，全面做好职工《劳动合同变更书》的签订和登记；对存在用工风险的劳务派遣用工方式，要求各部门转变管理模式，在合同到期后按任务外包方式实行经济合同管理。

劳动生产率　科学设计改革思路、合理定岗定员、明确发展方向、规范用工秩序，将工作重点与主业经营、组织结构调整相结合，科学核定并动态调整用工数量，优化队伍结构，劳动生产率349箱/人。

岗位动态管理　规范岗位管理标准和办法，优化岗位设置，对岗位管理制度和实际工作中存在的共性问题或重大调整进行集中讨论和处理。做到科学设立岗位管理机构，合理定编，明确职责，调整岗位管理评审与定岗定编，分类管理，完善岗位评价、等级和档次及任职人员变动等岗位动态管理机制。实现按需设岗、因事设职，保证重点、兼顾一般，优化合理、精简效能的人力资源配置标准。

人力资源专项考核　继续完善《人力资源管理专项考核办法》，将人力资源专项考核划分为团队建设、人事劳资、教育培训三部分；对工作性质不同的考核指标，在统一协调的基础上，对各项工作进行细化考核，强化人力资源日常工作执行过程中的指导服务职能。

薪酬福利管理　认真落实“工效挂钩、两低于”基本工资制度和薪酬激励机制，加强劳动工资管理；利用ERP系统建立工资统一管理平台，将工资发放纳入ERP系统，监督和控制各厂、中心工资发放；修订完善《薪酬管理制度》，促进薪酬福利一体化。

人事管理　坚持以用为本的原则，充分发挥各厂、中心作为人才培养基础和人才储备中心的作用，通过内部组织调配和公开竞聘等方式，促进内部人才流动，实现人力资源优化配置。推荐挂职人员13人，借调或借用人员32人，办理内部调动124人，组织营销中心在集团内部公开选聘营销代表16人，协助云南中烟机关和直属单位在集团内部公开竞聘8人。

社会保险　按时、足额缴纳职工养老、失业、工伤、生育、医疗五大社会保险；落实《补充医疗保险实施办法》，为员工办理补充保险；开展补充医疗保险的建档建账、报销（理赔）等管理工作，减轻职工参加基本医疗保险后的医疗负担和压力。

就业见习基地管理　做实集团实践培训见习基地管理，完成对6名高校毕业生的见习实践培训，包括岗前和岗位见习培训、签订协议、收集考勤、发放见习补贴，充分发挥企业人才培养基地作用，体现集团社会责任感。

职工培训　从发展需要出发，有的放矢地自主培训职工，不断提高职工综合素质，办班295期，培训13406人次，培训6442人。

加强队伍建设　组织全体员工学习集团第十八届一次职代会暨第十五届二次工代会及纪检监察工作会议精神，对职代会报告中提及的卷烟产销形势和集团面临的严峻市场形势进行分析，并以此为契机推动全体员工在工作中围绕集团提出的“强队伍”转型发展路径，主动作为。以“艰苦奋斗、顾全大局、真抓实干”的集团共同价值观为指引，重点围绕职业发展通道建设、岗位任职考核工作，加强员工满意度研究，不断完善集团人力资源管理体系，促进集团实现转型发展任务。

职业技能评聘　顺利完成员工职业技能发展通道工程技术和烟叶质量一、二、三级职业技能评定及聘任。评聘范围为省内四厂和物资采购中心，涉及从业人员1900余人，聘任一级职业技能通道人员5人、二级职业技能通道人员74人、三级职业技能通道人员177人。

新员工内部流动　开展2012年新进青年员工流动工作。经过岗位定编评审、流动方案制定、流动志愿填报、公开竞聘、组织调配等一系列创新举措，玉溪本部符合流动条件新员工98名，其中41人报名参与内部流动，有19人分别流动到集团物资采购中心、技术中心、市场营销中心、国际事业部和人力资源部。

新员工成长培养管理　积极推进2013年新进青年员工成长培养管理。对新员工成长培养方案和材料进行梳理，作为新员工入职培训的重要组成部分，向新进青年员工全面介绍集团新进青年员工成长培养管理制度。课件从“为什么采用成长培养管理模式”“什么样的成长培养管理模式”“如何实施成长培养管理”三个方面让新员工融入企业、知晓制度、明确目标，为自身职业成长奠定坚实基础。

新增专业技术资格奖励　在前期ERP系统专业技术资格奖励流程测试完成的基础上，取得2013年度专业资格人员名单和金额，完成奖金领取和发放。577人次符合专业资格奖励条件，奖励金额91万余元，极大地促进员工努力学习专业知识并取证的热情，提高集团员工职业胜任能力。

新员工职业发展辅导计划　拟定2013年新进青年员工职业发展辅导计划，将新进青年员工职业发展管理制度落到实处。

新员工满意度测评　新进青年员工对集团培养满意度进行调查。发放调查问卷80余份，调查结果为集团2013年人力资源专项考核中的团队建设专项考核提供依据，也为集团今后的新进青年员工成长培养管理提供建议和参考。

教材题库出版　2013年，集团完成的全国烟草行业《打叶复烤工专业知识培训教材》《烟机设备修理工（打叶复烤专业知识培训教材）》《卷烟卷接工专业知识培训教材》《烟机设备修理工（卷接）专业知识培训教材》《卷烟包装工专业知识培训教材》5套教材由中国烟草总公司职工进修学院统一出版发行，首批发行28400套，相应的5个专业知识题库也在2013年烟草行业职业技能鉴定中应用，并分别荣获年度云南中烟科技进步三等奖和集团科技进步二等奖。

实操卷库开发　启动烟草行业《烟机设备修理工（制丝－SQ34X）技能实操鉴定卷库》《烟叶制丝工技能实操卷库》《烟机设备修理工（卷接PORTOS－M8）技能实操鉴定卷库》《卷烟卷接工技能实操卷库》《卷烟包装工技能实操卷库》开发，内容涉及16个机型480套实操试卷。其中《卷烟卷接工技能实操卷库》《卷烟包装工技能实操卷库》经国家局职业技能鉴定指导中心专家复审通过。

职业技能大赛　积极备战云南中烟第三届卷烟商品营销职业技能大赛，制订有针对性的培训方案，对39名选手进行分阶段、分层次的集中培训，培养和选拔参赛选手。集团30名选手参加云南中烟举行的第十二届职业技能竞赛暨第三届卷烟商品营销职业技能竞赛，有15名进入前24名，并获得第一、二、五、八、九名的好成绩。

职工技能大赛　集团5名选手参加云南省工业和信息化委员会、省人力资源和社会保障厅、云南省总工会联合举办的第二届全省工业企业暨工业园区职工技能大赛。4人获维修电工工种第二、三、四、五名的优异成绩，按照大赛实施方案，4人均获得云南省维修电工技术能手称号，由于第二、三名已具备技师资格，可破格晋升为高级技师。

内训师队伍建设　2013年，集团有294名专业技术人员参与授课，内训师授课比例在集团内部培训中呈上升趋势，综合评价后，35名内训师进入云南中烟师资库。

考评员队伍　新增培养考评员2人、高级考评员10人、裁判员4人，各工种考评员结构趋于合理。外派考评员参加职业技能鉴定、技能竞赛的各种考评41人次，外派专业技术人员参加职业鉴定相关教材、题库审订23人次。

高技能人才培养　高技能人才培养成果显著。5人取得烟机设备维修高级技师职业资格证书，1人取得烟叶分级高级技师职业资格证书，8人取得烟叶分级技师职业资格证书，5人通过营销师（二级）鉴定考试并取得相应资格证书。

【思想政治工作】　党建工作　各级党组织发挥政治核心作用，认真贯彻党和国家的各项方针政策，坚持社会主义方向，依法经营，促进企业健康稳步发展。集团党委以发展为第一要务，支持董事会、监事会和经营班子依法行使职权，参与企业重大经营决策，加强干部管理考核，为集团发展提供坚强政治保证和人才支撑。坚持以科学发展观为指导，深入贯彻落实党的十八大和十八届三中全会精神，紧紧围绕“转方式、调结构”战略任务和“5211”品牌发展目标，密切结合企业生产经营实际，深入开展“235”教育实践和“改进作风年”活动，不断加强党的思想、组织和作风建设，充分发挥基层党组织的战斗堡垒作用，进一步增强党性修养，发挥党员的先锋模范作用，为实现“卷烟上水平”战略任务提供支撑。

完善干部管理制度 拟订《关于明确集团2013年干部职数定编标准的通知》和《重要人事任免事项决策实施办法》。

完善党建考核制度 进一步修订党建量化评分标准。在维持原有主体考核体系的原则下，调整、补充重点工作的考核，对人才培养作具体加分要求，加大对各基层的考核力度，发挥党组织在培养人才特别是高精尖人才方面的主导作用；调整考核分值，强化加分项，进一步加大对基层党组织工作创新的考核力度。

干部年度考核 开展中层干部年度任职考核，563名干部参与考核，经测评和绩效考核，根据得分情况，按照15%比例确定优秀人选。考核结果为优秀87人，称职476人。

党建考核 对集团所属省内四厂党委、四大中心党总支和集团职能部门党支部党建目标责任制的落实情况进行检查考核。重点考核各级党组织的队伍建设、创先争优和创建学习型党组织情况，对授权干部管理的单位进行干部选拔任用情况检查考核。

基层党建 各级党组织紧紧围绕“转方式、提结构”战略目标和“5211”品牌发展目标，以“艰苦奋斗、服从大局、真抓实干”的共同价值观为依托，克难奋进、开拓创新、凝聚共识、狠抓落实，持续强化党建基础，以生产经营中心工作为落脚点，牢牢抓住领导班子和党员干部队伍建设不放松，抓住创先争优的学习型党组织建设不放松，抓住“改进作风年”的作风建设不放松，将各级党组织的思想、政治和组织优势转变为集团转型发展的不竭动力，为实现集团健康持续发展奠定坚固基石。省内四厂党委以生产经营的中心工作为出发点，以创建“优秀卷烟工厂”为落脚点，层层抓落实，步步求实效，以丰富多彩的主题实践活动为平台，通过思想建设、组织建设、队伍建设和作风建设四个维度的党建，把领导班子、党员干部和职工群众紧密联系起来，充分发挥党委的政治核心作用和基层党组织的战斗堡垒作用，对内为营造良好的舆论氛围做好红塔品牌和企业文化的宣贯，对外为树立良好的工厂形象做好与业务相关部门的沟通协调，履行企业社会责任，围绕集团“强思想、强品牌、强管理、强队伍”的要求，扎实稳健推进各项党建工作有序开展。机关党委所属各党总支、党支部按照机关党委的要求和部署，进一步健全基层党组织架构，完善党建制度，做好党员发展和党务管理，重视人才培养和部门团队建设，在领导班子和党员干部群众中坚持作风建设，并把深入开展各类主题教育实践活动作为促进创先争优和学习型党组织创建的有效载体，认真细化干部选拔任用的制度和标准，将各级党组织的队伍建设做深、做实。

干部交流轮岗 全年共有32名干部进行跨部门交流、部门内轮岗。

行政组织机构调整 下发红塔集团《关于设立审计部（审计派驻办）的通知》《关于审计部组织机构及管理岗位职数设置和干部任免的通知》《关于设立技术中心新型烟草研究开发室及管理岗位设置的通知》《关于设立玉溪卷烟厂复合滤嘴棒车间及管理岗位设置的通知》《关于设立四厂法律事务科（整顿和规范市场经济秩序领导小组办公室）的通知》等调整内设组织机构的文件，使职能界定更加清晰，有利于不断提高企业管理水平和组织运行效率。

党组织机构调整 集团党委深化改革，健全完善组织机构。成立党委工作部、纪检监察部、审计部党支部，撤销原党委工作部、纪检监察办党支部；技术中心党总支调整组织架构，由原来的2个党支部调整为3个，即技术中心第一党支部、第二党支部、第三党支部。

党委中心组学习　2013 年，红塔集团党委召开 4 次中心组学习（扩大）会议。

第一季度党委中心组学习（扩大）会议。深入传达学习全国“两会”精神和云南中烟中心组学习扩大会议精神，研究当前行业经济运行的形势和集团在改革发展中遇到的问题。集团领导班子成员围绕集团转型发展的战略任务和分管工作，就如何提升集团的品牌结构和价值、保持创新的能力与优势等进行深入分析和交流。

第二季度党委中心组学习（扩大）会议传达学习国家烟草专卖局局长凌成兴同志在滇调研期间的主要讲话精神和云南中烟总经理朱绍明在云南中烟党组中心组学习会议上的讲话要求，研究分析行业、集团当前和今后面临的形势。

第三季度党委中心组学习（扩大）会议深入学习党的群众路线教育实践活动各级会议精神及行业、企业教育实践活动的有关要求，介绍云南中烟“两整合、两统一”情况，学习相关法律法规知识等，通报并分析集团经济运行及市场营销情况，安排部署集团下一步工作。

第四季度中心组学习（扩大）会议，学习贯彻党的十八届三中全会精神，分析通报 2013 年集团经济运行情况，安排部署下一步如何开展党的群众路线教育实践活动，谋划 2014 年的工作目标任务。

民主生活会　集团党委召开以“为民务实清廉”为主题，反对“四风”、服务群众为重点的专题民主生活会，会议召开前收集并梳理出“四风”方面意见和建议 31 条、其他工作方面 33 条。会上，集团班子成员、党委委员紧紧围绕会议主题和重点，联系思想和工作实际，结合学习心得和干部职工所提意见，认真进行自我剖析，撰写个人发言材料。同时，对照广大干部职工提出的意见和建议，认真开展批评与自我批评，研究分析存在问题的原因，提出改进和提高下一步工作的思路和建议。

政治工作会议　组织召开集团政治工作会议。会议要求不断深入学习贯彻党的十八大、全国烟草行业政治工作会议、全国烟草行业离退休干部工作会议和云南中烟政治工作会议精神，强思想、转作风、抓队伍为集团转型发展提供坚强政治保障。

党务纪检干部培训　，组织 40 名党务、纪检监察干部参加井冈山红色主题教育培训。

领导干部培训　分 5 批组织 60 名处级干部参加云南中烟公司处级以上领导干部学习贯彻党的十八大精神专题培训班。分 2 批组织 30 名处级干部到井冈山干部学院参加云南中烟第一、二期处级以上领导干部培训班。2 批组织 30 名科级干部参加云南中烟第一、二期管理干部培训班。组织 2 名处级干部到国家局党校参加培训。组织省内四厂党委书记参加国家局党校培训。

新提拔干部任前培训　组织对新提拔干部进行任前培训，使其全面掌握科学的管理方法，熟悉集团各项工作流程，进一步提高管理效率。采取专题授课和现场实习相结合的方式，提高新任干部的领导力、执行力和综合素质。

深入学习十八届三中全会精神　集团党委下发《关于深入学习贯彻党的十八届三中全会精神的通知》，对密切联系实际、贯彻落实会议精神提出具体要求。组织召开党委中心组学习（扩大）会议，对深入学习贯彻十八届三中全会精神作安排部署。集团领导带头学习《关于〈中共中央关于全面深化改革若干重大问题的决定〉的说明》，发放《〈中共中央关于全面深化改革若干重大问题的决定〉辅导读本》和《党的十八届三中全会〈决定〉学习辅导百问》。玉溪、楚雄、大理、昭通卷烟厂党委分别召开中心组学习（扩大）会议，由厂级主要领导带头研读全会文件，并对学习贯彻全会工作进行部署。各支部通过下发通知、召开部门专题会议、党员大会、支部生活会等形式，对党的十八届三中全会《决定》和习近平总书记讲话等进行全面传达和深入学习，进一步增强全体干部职工通过深化改革推动集团持续健康发展的坚定性和自觉性。

干部管理系统咨询项目　启动《干部管理系统项目》，加强集团各级领导班子和干部队伍建设。构建红塔集团《部级、总部科级干部胜任素质模型》

编制红塔集团《干部考核评价办法》。

考核政治执行力 把学习贯彻十八大精神和行业、云南中烟政治工作会精神、全国烟草专卖局长（公司总经理）座谈会精神纳入年度党建目标责任制考核，对各级党组织传达和落实情况进行现场试题抽查，结果显示思想政治工作执行力效果均达到考核要求。

入党积极分子培训 举办入党积极分子培训班。集团本部68名入党积极分子参加，学习党章的发展历程、党的指导思想、奋斗目标性质、宗旨、组织制度和纪律，坚定理想信念、端正入党动机，争做一名合格的共产党员。

机关党委党建交流 举办党建交流活动，机关党委所属各党总支、党支部代表围绕行业、集团发展形势，结合工作实际，就如何贯彻落实十八大精神，充分发挥好支部战斗堡垒作用和党员先锋模范作用作交流发言。

优秀党员培训 在江西干部学院举办年度优秀党员培训班，30名来自集团各基层党组织的优秀共产党员参加培训。

党员发展情况 积极推进党员发展，严格把关，确保质量，取得显著成效。省内四厂、机关党委发展党员61名，其中，大学以上文化程度的53名，占党员发展总数的86.89%；35岁以下的34名，占55.74%，党员发展工作进一步规范化、制度化；按期转为正式党员115名，队伍结构进一步优化，增强党员队伍的生机和活力。

"改进作风年"活动 深入贯彻落实党的十八大精神和中央关于改进工作作风要求，以"强化大局意识、增强能力素质、改进工作作风、密切联系群众、高效廉洁履职"为主题，以多种形式扎实推进"改进作风年"活动开展，确保取得实在成效。集团领导班子和各级领导干部带头改进作风，密切联系职工群众，用实际行动做出表率，发挥积极的示范引领作用；各级领导班子和党员干部深入调研，贴近职工，切实改进学风、文风、会风，厉行节约，廉洁从业，作风更加务实，通过为基层、为职工办实事、解难事，进一步密切党群、干群关系，为集团的改革发展营造出和谐稳定的良好环境；集团全体干部职工通过学习培训，充分了解、认清行业与集团发展面临的严峻形势，在增强发展紧迫感的同时，大局意识、忧患意识和责任意识得到进一步强化，能力素质得到进一步增强。

民主党派人士座谈会 2013年12月27日，红塔集团党委召开民主党派人士座谈会，来自九三学社、国民党革命委员会、民主同盟、致公党、民主促进会、农工民主党、民主建国会的30名代表参加。传达云南省统战工作会议精神，通报红塔集团2013年1—11月生产经营情况。各民主党派人士纷纷发言，紧紧围绕行业战略任务，为集团科学决策建言献策。

廉洁自律 下发《关于继续落实好八项规定坚决反对四风遵守各项纪律要求的通知》《关于2013年节日期间改进工作作风严格遵守廉洁从业规定的通知》《关于加强节日期间廉洁自律工作的通知》。严禁公款大吃大喝，严禁安排高消费娱乐活动，严禁借开会、调研、考察、检查等名义变相旅游，禁止违反规定购建、装修办公用房和配置高档办公用品以及清理办公用房，严格执行公务用车相关制度规定。开展对领导人员和重点岗位人员进行"作风状况"评价的试点工作，将其廉洁从业、高效工作的情况向全体干部职工"亮牌"，使其自觉接受干部职工监督。

廉政教育 积极研究廉政教育和廉政文化建设新思路，为廉政教育营造风清气正的良好舆论氛围。组织副部级以上领导40余人前往云南省反腐倡廉警示教育基地开展警示教育活动；向副处级以上领导人员和专职纪检监察人员发放《廉洁自律（手册）》和《违纪违法行为处理相关法律法规汇编》两本廉政书籍；向集团副科级以上管理人员以及重点岗位相关人员编发1936条廉政短信进行温馨提醒；以组织观看《蜕变》《一个州长的疯狂》《贪官心理档案》廉政教育录像片、参观警示教育基地、召开廉政教育专题报告会、廉政座谈会等多种形式开展廉政文化活动106场、7318人次参与。

廉政论文评选 经过认真组织评选，推荐5篇论文参加云南中烟纪检监察论文评比，分获一等奖2篇、二等奖3篇；同时，获云南省纪检监察学会省直单位学联组论文评比一等奖1篇、二等奖2篇、三等奖2篇。召开党风廉政建设论文评审会议，评出一等奖5篇、二等奖10篇、三等奖15篇。

廉政制度建设 印发《关于贯彻落实“三重一大”决策制度监督管理实施细则》《关于加强领导人员反腐倡廉教育的实施办法》和《廉政风险防控工作实施办法》；省内四厂纪委结合实际制定完善“三重一大”、廉政风险防控、作风评价和廉政规程等方面的23项规章制度。

党风廉政建设新举措 启动“加强廉政风险防控规范权力运行”活动，重点开展“廉政风险防控体系”建设工作。针对432个岗位，查找出廉政风险点806项，制定防控措施937项；创新廉政教育形式，组织拍摄《考验》《招标》《人性的较量》等12部廉政题材情景剧。

廉政监督 各级党组织和纪检监察部门参加工程项目、物资采购、宣传促销招投标、施工方（供应方）选择和价格谈判、新员工招聘、干部选拔任用等廉政监督活动2447次，签订《工程建设廉政责任书》1224份。对1061家投标方（供应商）开展行贿犯罪档案查询139次。公示各部门和省内四厂招标投标项目、中标情况以及采购方式、供应商选定和采购物资种类等信息1300余次。对192人提出廉政审核意见，对49人进行任前廉政谈话，对12人进行诫勉谈话。启动评标室电子监控系统，同时明确10条招投标现场纪律，重点加强对行业《烟草企业采购管理规定》和《红塔集团采购管理规定》执行情况的监督检查。

党风廉政建设责任制 完成年度党风廉政建设责任制执行情况的自查报告。从宣传教育、制度建设、廉政监督等12个大项45个小项，对省内四厂党委以及集团机关党委隶属各党总支、支部进行细化考评，考评最高分99分，最低分94分，其中，一个单位被“一票否决”。

【企业文化】 *文化建设* 企业文化建设紧紧围绕集团“转方式、调结构”发展战略和“5211”品牌发展目标，致力于凝聚员工精神、构筑红塔文化、传播品牌形象，文化建设和文化传播水平不断提升。深入推进“235”教育实践活动、持续深化员工行为规范建设，重点抓好文化宣贯和文化管理实践活动，为增强企业凝聚力、激发员工创造力、提升企业核心竞争力提供重要的文化保障。以品牌内部宣贯、企业文化宣贯为抓手，促进职工达成文化理念共识并提升战略执行力；以“培养岗位好习惯”为突破口，持续深化员工行为规范建设，促进文化落地；以员工满意度测评为契机，促进管理软环境完善，为管理决策提供科学依据；以文化特色活动为推手，积极探索文化管理新途径。通过文化宣贯，大力弘扬“艰苦奋斗、服从大局、真抓实干”共同价值观，不断丰富红塔文化内涵；开展员工良好行为规范建设，促进员工行为由岗位约束走向文化自觉；开展员工满意度调查，体现企业对员工的信任和尊重，增强企业向心力、凝聚力；广泛开展文化传播，树立企业良好形象；积极践行社会责任，热心公益事业，为扶贫、赈灾、教育、环保和地方经济建设作积极贡献。

“235”主题教育实践活动 深入推进“235”教育实践活动。制定下发《深入推进“践行‘两个至上’、做到‘三个始终’、树立‘五种意识’”教育实践活动的实施意见》，明确目标任务和四项重点工作，提出具体实施意见。各厂、中心认真落实，积极开展丰富多彩的活动，着力在思想上抓深化、行动上重执行，不断增强队伍素质。玉溪卷烟厂把活动重点放在领导干部的学习和工作实践上，通过“五查五看”检验学习成效，找差距、摆问题，深刻剖析、查找自身问题；大理卷烟厂举办建党92周年主题活动、职工风采展示、先进人物宣讲和红塔共同价值观实践活动等，促进干部职工思想解放和作风转变，使命意识、创新意识、规范意识得到强

化；楚雄、昭通卷烟厂、各中心结合工作实际，开展一系列主题活动，有力促进管理和队伍思想建设。

品牌内部宣贯活动　深入开展品牌内部宣贯活动。集团各厂、中心、部门举办宣贯培训206场，约10400人参加，宣贯覆盖率超过95%。宣贯活动在职工中宣传普及集团品牌战略，让干部员工认清当前行业、企业形势，及“转方式、调结构”战略意义，深入领会集团品牌战略和策略布局，增强“转方式、调结构”的信心。

企业文化内部宣贯　开展企业文化内部宣贯，进一步深化集团干部职工对红塔文化的理解和认同，弘扬职代会提出的“艰苦奋斗、服从大局、真抓实干”共同价值观，促进文化管理水平和战略执行力提升。重新梳理和修订宣贯讲义，新讲义和培训课件包含理念、管理、行为3个主要部分，融入视频、案例、故事等，以更加新颖和喜闻乐见的方式延展红塔文化内涵。9—10月，集团总部、省内各厂、各中心开展企业文化宣贯活动119场次，宣贯覆盖率达90%以上。

员工满意度测评　启动员工满意度测评，成立项目领导和推进小组，经项目组前期对测评系统的开发和优化，形成“员工满意度测评问卷”“数据分析关键指标”以及“评价分析模型”。开展现场问卷调查测评，进行数据汇总分析和评价，并针对优势项和改进项提出完善举措。本次测评覆盖70%以上的员工，涵盖各岗位、年龄段人群。集团收到问卷7360份，其中6342份有效，职工总体满意度水平测评为75.91%，达到“良好”标准。其中，对“工作环境”“团队协作”“企业认同”等方面满意度较高，对“自我实现”有待提高。

员工行为规范建设　深入推进员工行为规范建设，以岗位好习惯的培养为重点，分“测评调研，发现岗位好习惯”“抓点推进，培养岗位好习惯”“亮点展示，弘扬好习惯”3个阶段进行。集团总部职能部门统一开展职业行为规范问卷调查，248人参与，占职工总数的56%。调查结束后，对优势项和改进项进行分析，将调查结果反馈到各部门。省内四厂、四大中心分别选取代表性岗位进行问卷调查，并结合各自实际，对具有示范作用的岗位行为规范作进一步细化和提炼，形成案例展示和传播。

“晒出岗位好习惯”微博活动　在集团内网开展“晒出岗位好习惯”展示活动，广大职工积极参与，在微博上以文字和图片形式展现个人及团队好习惯，16.70万条微博参与个人岗位好习惯讨论，37737篇图文展示团队岗位好习惯。

企业文化考核　对各单位企业文化建设进行考核。内容包括“235”教育实践活动、员工行为规范建设、红塔文化宣贯、品牌宣贯、员工满意度测评、思想状况调查、政研课题研究及特色工作。为检验企业文化和品牌文化宣贯效果，考核还设问卷测评，依据一定员工比例抽取人员答题。考核结果显示，各厂、各中心、部门企业文化建设紧紧围绕集团发展战略目标展开，结合各自实际情况和业务特点，目标明确，思路清晰，措施有力，富有成效。

《红塔时报》　《红塔时报》坚持正确的舆论导向，紧紧围绕集团“转方式、调结构”战略目标任务，坚持“服从于集团战略发展思路，服务于品牌发展目标”的思路办报。同时，《红塔时报》新生活读本——《山水》，充分发挥宣传平台的传播功能，提升品牌形象，增强企业美誉度，使集团新闻宣传取得新的进展，为企业的稳定健康发展营造良好的内外部宣传环境。全年《红塔时报》出版正报12期，《山水》出版4期。

红塔网站　红塔网站积极维护官网和内网运行环境，强化网站信息安全，及时更新新闻信息和公告，开发建设专题网站，完善网络功能，服务企业形象和品牌传播需求。开展“晒出岗位好习惯”微博展示活动、推出《庄园之境体验自然》“玉溪（软小庄园）”视频网站和《储藏时光》“红塔山（大师）”专题网站；建设繁体中文、英语、西班牙语、老挝语、越南语和罗马尼亚语6个语言版本子站点，推进国际化进程。全年集团网站总浏览量314万人次，平均浏览量9040人次/日，页面浏览量15659次/日，点击率28.13万次/日；官网发布各类新闻信息720条，其中，内网3660条，英文网站128条，越南语网站128条，老挝语网站126条，罗马尼亚语网站126条，西班牙语网站127条；《红塔时报》电子杂志制作发布11期，《山水》电子杂志制作发布4期。

红塔电视台 采播新闻661条，制作播出栏目《人文红塔》26期，《山之彩》15期，宣传企业形象、传播品牌文化。配合“红塔山（欣经典）”“玉溪（弘毅）”“玉溪（软小庄园）”上市，以新闻、栏目、广告等手段全方位宣传，制作播出专题片《品牌印记》《回归路上·一直相伴》《与自然共鸣》等。全程录制“五一”歌咏晚会、敬业爱岗演讲比赛、“六五”普法知识现场比赛等大型活动。

庄园视频网站 2013年9月，推出新产品“玉溪（软小庄园）”。为配合新产品上市，红塔网站搜集“玉溪（软小庄园）”相关资料，设计以“庄园之境体验自然”为主题的庄园视频网站。以视频、图片等形式着重介绍玉溪庄园所在地自然环境及烟叶生长情况，突出描绘庄园烟叶生长环境的绿色生态，并制作电子版《软小庄园宣传手册》，提供在线下载。

“红塔山（大师）”专题网站 红塔网站推出“储藏时光”——“红塔山（大师）”专题网站。网站以时间为主线索，讲述从20世纪初开始，重要时间节点上红塔集团发生的大事件及涌现的优秀人物，烘托出正是一代代优秀员工的心智与汗水成就今日的“大师”。同时对“红塔山（大师）”的产品信息及特点作详细介绍，并提供电子版“红塔山（大师）”产品手册下载。

【特事要辑】 1月7日，中共云南省委常委、常务副省长李江到楚雄卷烟厂调研。

1月8日，国家局副局长李克明到红塔辽宁公司调研。

1月12日，云南省副省长丁绍祥，云南中烟总经理朱绍明，党组书记、董事长柳万东到红塔辽宁公司调研。

2月26—27日，红塔集团在玉溪红塔文体中心召开第十八届一次职代会暨第十五届二次工代会，董事长柳万东作重要讲话，党委书记、总裁李穗明作生产经营工作报告。

3月3日，红塔集团向大理洱源地震灾区捐款150万元。

4月11日，中国联通集团公司总经理陆益民到红塔集团参观交流。

5月3日，云南省副省长丁绍祥到楚雄卷烟厂调研。

5月15日，云南省副省长丁绍祥到红塔集团调研。

5月21日，中共云南省委常委、常务副省长李江到大理卷烟厂调研。

5月29日，国家局局长凌成兴和中共云南省委副书记、省长李纪恒到红塔集团调研。国家局副局长何泽华到大理卷烟厂调研。

6月14日，红塔集团玉溪卷烟厂被评为“全国文明交通示范单位”。

7月22日，云南省人大常委会副主任程映萱、中国工程院院士朱有勇一行到玉溪庄园凤窝园调研。

8月9日，国家局局长凌成兴到大理卷烟厂调研。

8月31日，2013中国企业500强榜单发布，红塔集团以909.43亿元的营业收入位列132位，位列滇企之首、烟草行业第二位。

9月17—18日，国家局局长凌成兴到海南红塔公司调研。

11月2日，国家局局长凌成兴、副局长赵洪顺到红塔辽宁公司调研。

11月7日，云南省军区司令员张肖南到红塔集团武装部调研。

11月25日，成都军区副政委王增钵到红塔集团武装部调研。

玉溪卷烟厂

【概　况】　1956年5月，玉溪复烤厂创建。1957年9月，更名为玉溪烤烟厂。1959年5月，更名为云南省玉溪卷烟厂。1995年9月，玉溪卷烟厂作为核心企业组建玉溪红塔烟草（集团）有限责任公司。2005年12月，玉溪红塔烟草（集团）有限责任公司更名为红塔烟草（集团）有限责任公司。2007年7月1日，玉溪卷烟厂恢复建制，成为红塔集团主要的卷烟生产厂。截至2013年底，年综合卷烟生产能力1250亿支（250万箱），厂区占地面积991.35亩，拥有打叶复烤线4条，制丝生产线5条，梗丝生产线2条，离线式气流干燥膨胀线2条，卷接包装机组80台（套），滤棒成型设备37台。

2013年，玉溪卷烟厂紧紧围绕云南中烟“5521”和集团“5211”品牌发展目标，深入贯彻落实集团“转方式、调结构”的发展思路和“四强”发展路径，全面统一思想认识，全力强化过程控制，全程推进绿色制造，不断提升队伍素质、管理能力、制造水平。在基础管理方面，以不断强化制造管理能力、制造水平为核心，创新机制、激发活力，狠抓“五项基础管理”，扎实做好精益管理基础工作，深入推进“五个创一流”，基础管理工作扎实有效；结合工厂实际，选择行业内已结题的“六西格玛管理方法的应用”“卷烟生产加工精细化”“内控指标体系”“信息化建设”“企业文化建设”“现场管理”等6个专题在厂内推广实施，借助玉烟生产指挥中心平台，将专题成果融合，达到了成果推进、项目实施“双赢”的效果；注重方法运用，着眼于解决实际问题，深入推进工厂精益六西格玛项目。以推进“应招尽招、真招实招”为重点，理顺工作流程，突出工作重点，严格管理考核，提高信息化系统运行效率，构建科学有效的监管体系，确保工厂运营严格规范，工厂工作实现了“稳中求进”的总体目标。年内，继续保持“全国文明单位”称号；被全国实施“文明交通文明行动计划”领导小组评为“全国文明交通示范单位”、被国家安全生产监督管理总局评为“全国企业应急救援知识竞赛优胜单位奖”并获得其他多项殊荣，顺利通过云南省“三类”基层武装部规范达标验收。卷包一车间勇攀高峰QC小组被中国质量协会评为“全国优秀质量管理小组”，被国家局评为“烟草行业优秀质量管理小组”；卷包一车间勇攀高峰QC小组、卷包一车间展翼QC小组、卷包二车间包装修理QC一组及中试车间园丁QC小组获云南省质量协会“云南省2013年度优秀质量管理小组”称号；员工李春华、庄典帅获“云南省工业企业维修电工技术能手”称号。

组织机构　内设办公室、党群工作科、纪检监察室、工会办公室、经济运行科、财务科、人事劳资科、设备技术科、信息管理科、生产科、工艺质量科、质量监督检测分站、安保消防科、离退休管理科14个科室，复烤一车间、复烤二车间、制丝一车间、制丝二车间、卷包一车间、卷包二车间、中试车间、膨胀烟丝车间、滤嘴棒车间、复合滤嘴棒车间（2013年6月24日成立）、动力车间11个生产车间以及1个股份制公司（玉溪红塔物业有限责任公司）。

人员结构　在岗正式员工2990人（含厂级领导），其中，大专以上学历1954人（博士1人，研究生114人、本科生789人、专科生1050），专业技术人员977人（高职11人、中职412人、初职554人）。

领导成员

厂　长　马云参

副厂长　李向东　彭　涛　王金良

　　　　潘　文（2013.11—）

党委书记　陈俊松

党委副书记　马云参

纪委书记　李红林（2013.11—）

纪委副书记　李红林（—2013. 11）
工会主席　李红林（2013. 11—）
工会副主席　李红林（—2013. 11）
党委委员　陈俊松　马云参　李向东　王金良　李红林
厂长助理　潘　文（—2013. 11）

【卷烟生产】　2013 年，生产卷烟 1027. 88 亿支（205. 58 万箱），含出口 23. 87 亿支（4. 774 万箱），同比减少 22. 52 亿支（4. 50 万箱），下降 2. 14%。其中：一类卷烟生产 635. 94 亿支（127. 19 万箱），同比减少 7. 26 亿支（1. 45 万箱），下降 1. 13%；二类卷烟生产 4. 81 亿支（0. 96 万箱），同比减少 3. 25 亿支（0. 65 万箱），下降 40. 37%；三类卷烟生产 194. 65 亿支（38. 93 万箱），同比增加 6. 22 亿支（1. 24 万箱），增长 3. 30%；四类卷烟生产 22. 60 亿支（4. 52 万箱），同比增加 2. 58 亿支（0. 52 万箱），增长 12. 87%；五类卷烟生产 169. 89 亿支（33. 98 万箱），同比减少 20. 80 亿支（4. 16 万箱），下降 10. 91%。出口卷烟：一类卷烟生产 7. 91 亿支（1. 58 万箱），同比减少 2. 34 亿支（0. 47 万箱），下降 22. 84%；三类卷烟生产 7. 46 亿支（1. 49 万箱），同比减少 0. 99 亿支（0. 20 万箱），下降 11. 67%；五类卷烟生产 8. 50 亿支（1. 70 万箱），同比减少 1. 70 亿支（0. 34 万箱），下降 16. 67%。共生产“玉溪”635. 67 亿支（127. 13 万箱），“红塔山”191. 47 亿支（38. 29 万箱），“红梅”183. 99 亿支（36. 80 万箱），“马宝”2. 20 亿支（0. 44 万箱），“新兴”6. 00 亿支（1. 20 万箱），“阿诗玛”6. 254 亿支（1. 251 万箱），“GEM”0. 30 亿支（0. 06 万箱），代加工“威斯”2 亿支（0. 40 万箱）。万支卷烟综合能耗 2. 824 千克标煤，平均消耗烟叶 6. 36 千克/万支，滤嘴棒 1671. 40 支/万支、卷烟纸 603. 90 米/万支、接装纸 0. 33 千克/万支、商标 500. 69 张/万支、水 0. 0516 吨/万支、电 5. 459 千瓦时/万支。

【内部专卖管理】　将复烤烟叶加工，烟草专用物资、烟草机械管理，卷烟生产、库存情况，涉烟原、辅料废弃物的处理，涉及专卖的信息流管理纳入内部监管的重点，通过日常监管和季度检查相结合，确保生产过程的合法性、合规性。从专卖制度建设、学习宣传、过程监管入手，建立起内部专卖长效监督管理机制。下发《玉溪卷烟厂关于进一步加强涉烟废弃辅料管理的通知》。根据厂内业务变化，对新成立的复合滤嘴棒车间提出专卖管理要求，规范涉烟废弃物处理。召开报废烟草专用设备销毁启动会议，监销报废烟草专用设备 25 台（套）。在红塔集团年度专卖管理专项考核中得到 98 分，获第一名。

【绩效管理】　绩效管理坚持以结果为导向，从提升工厂产品制造水平入手，建立以卓越绩效管理模式为主，三标体系内外审、管理评审、绩效评审、T3M 员工满意度测评、生产运行分析、安全稳定分析等为辅的“问题发现机制”，通过目标要求的层层分解落实，结合绩效计划、体系修订、绩效辅导、绩效考核和绩效反馈等环节的进一步强化，围绕工厂目标实现，突出重点工作，促进工厂整体运营绩效的提升，使工厂获得长期的竞争优势。组织修订和完善工厂绩效管理方案，再度进行部门绩效沟通，重点突出效率、精细化加工、实物消耗、制造和管理成本、节能减排等关键指标。针对工厂运行情况调整创优及对标指标考核权重，细化考核，强化执行，促进并确保创优、对标各项指标达标，并不断提升。借助 MES 系统绩效管理模块，有效强化绩效考核职责，固化绩效考核流程，进一步发挥绩效管理的导向、激励和约束作用。在集团绩效管理考核中以 99. 7 分名列第一。

【卷烟工厂标准化建设专题】　2011 年 4 月，由玉溪卷烟厂牵头，南京、蚌埠、滕州、驻马店、延安、延吉 6 家卷烟厂共同参与的国家局“卷烟工厂标准化建设”专题正式启动。专题紧紧围绕提升转型后工厂“产品制造水平”和“基础管理水平”两大目标，历经 22 个月的日常研究与定期总结评审推进。2013 年 1 月 18 日，玉溪卷烟厂组织召开“卷烟工厂标准化建设”专题成果交流会，会议的召开标志着“卷烟工厂标准化建设”专题工作圆满结题，并形成专题成果——《卷烟工厂标准化建设实践》用于行业内交流推广，成果获得参会领导和专家的高度认可。

【管理创一流活动】 以“创优”工作为抓手，持续深化管理创一流活动。结合贯标、对标、创优、管理创一流活动执行方案，进一步明确年度目标任务、策略方法、各阶段工作进度计划，并详细分解活动任务，根据评价内容，明确责任部门和责任分管领导，落实领导责任，强化领导作用，促进执行力。全年以项目改进促进工厂管理创一流活动推广，组织各部门分别制订并提交部门创优工作计划。针对“对标”和“创优”薄弱指标成立课题组专项攻关，针对“单箱烟叶消耗”指标，工厂层面成立“玉溪卷烟厂物料消耗测试项目”，对指标控制措施全过程追踪和管控并将指标完成情况纳入绩效考核体系，在工厂管理工作会上作通报和分析，促进改进措施到位。

【创建优秀卷烟工厂】 大力落实行业“创建优秀卷烟工厂”要求，在推广“卷烟工厂标准化建设”专题的同时，结合工厂实际，选择行业内已结题的“信息化建设”“内控指标体系”“六西格玛管理方法的应用”“卷烟生产加工精细化”“企业文化建设”“现场管理”等6个专题，开展研究并组织实施推广。将创优融入专题、专项工作，与目标管理、绩效管理有机结合，取得优异成绩，在国家局13项创优指标中，玉烟有2项达到行业先进水平，8项指标累计水平同比提升。

【对标管理】 以过程为导向，以标杆为引导，以“过程对标”为手段，着力加强对标过程管控。从对标指标分析入手，通过达成情况、提升情况、与标杆差距进行对比分析，瞄准标杆实施改进。实施厂级改进项目12项，改进指标累计水平提升9项。15项对标指标中，处于行业标杆值1项，累计水平同比提升9项。积极开展标杆学习活动，介绍好经验、好做法，以标杆学习简报形式进行推广。通过OA发布《玉溪卷烟厂标杆学习简报》16期，内容涉及质量、成本、设备、技术、班组建设、现场管理等方面。构建管控知识库，建立健全有效的规章制度、清晰的岗位职责、健全的标准体系、顺畅的信息传递和严格的绩效管理。在集团对标管理专项考核中得到97分，获第一名。

【内控体系建设】 继续推进工厂内控体系建设。推广应用行业“创优”专题，围绕“卷烟工厂内控指标体系”专题成果“五个突出、五个兼顾”的原则，全面梳理工厂管理目标（指标）体系，形成厂级、部门级、班组级三级目标指标管理体系。对比专题成果指标，70项一级指标中工厂已使用或等同使用51项，使用率达72.86%。按照《红塔集团2013年度深化内部控制体系建设实施方案》，对工厂负责的《企业内部控制应用指引》相应内容所对应的制度、标准进行梳理、汇总，识别相关制度、标准165个，形成《玉溪卷烟厂内部控制制度》。对工厂相关的国家标准、行业标准、法律法规、政策文件及有关制度进行识别，并进行分类管理，识别文件400余个，持续完善内部控制体系，提升工厂现代化管理水平和管控能力，有效防范经营风险。

【标准化管理】 制定并下发工厂标准化工作计划，系统组织工厂标准体系评审工作，并依据评审结论形成标准制修订计划，严格按标准制修订发布流程和评审结论组织完成厂级标准制修订审批工作。公示企业标准制修订信息公告共计15期，完成92项厂级标准制修订及作废审批，其中，制定审批20项，修订审批60项，作废审批12项；共形成219项厂级管理标准、579项部门级管理标准、414项工作标准。标准制修订有效增强标准的适宜性和可用性，为提升工厂标准化管理水平奠定坚实基础。

【深化班组建设】 全面深化基层班组建设，完善部门班组建设组织机构、加强班组制度机制建设，夯实班组基础管理；优化目标（指标）管理，强化目标执行、改进和反馈，提升班组绩效水平；开展员工日常改善提案活动，优化价值流程，消除浪费，提升经济效益；学习型组织创建活动，组织班组长和班组成员培训学习，提升员工素质；通过实施6S管理，推进现场管理水平、提升员工素养；通过推广“白国周班组管理法”，突出隐患识别、防范事故、减少“三违”，提升班组安全建设；通过实施班组看板可视化管理，形成比学赶超氛围，激发员工行动力，提高班组业绩；通过经验交流、推广先进，树立先进典型，引导和推动班组建设全面发展。召开深化班组建设工作研讨会（征求意见稿），对《玉溪卷烟厂深化班组建设工作实施方案》进行集中讨论。正式发布实施《玉溪卷烟厂班组建设管理办法》，工厂各部门积极响应，扎实有序地开展班组建设各项工作。形成部门级班组建设管理制度15个，标志着玉溪卷烟厂班组建设工作迈向一个新的阶段。组织对工厂15个部门的86个班组开展三季度班组建设检查考评，检查考评采取部门自查自评和工厂检查考评相结合的方式进行，大部分班组总体水平较上年有明显提升，充分体现了工厂深化班组基础管理工作的成效。

【创新管理】 注重创新管理，严格把控项目质量。全年共立项“管理类”科技项目8项，QC课题14项，创新创效课题53项。完成2012年度创新项目管理类成果的形式审查和成果评审工作，其中科技项目成果5项，评出工厂二等奖1项、三等奖2项，报集团2项，获鼓励奖2项；QC成果24项，评出工厂三等奖4项、鼓励奖20项；青工创新创效成果50项，评出工厂一等奖2项、二等奖11项、三等奖17项、鼓励奖17项，报集团13项，获一等奖3项、二等奖9项、三等奖1项；完成工厂2013年度53个管理类创新创效成果的初审工作。

【精益六西格玛】 从架构流程优化、项目实施、人才培养三方面推进精益六西格玛项目管理工作。架构流程优化方面，完善组织架构，明确项目组长与推进者职责，加入财务人员进行项目财务收益核算；优化推进流程，将项目分为DM、A、IC三阶段推进，在立项后主要以“阶段培训—阶段考试—项目阶段工作开展—2次项阶段辅导—阶段评审—下阶段培训”的步骤推进，一方面确保培训内容充分运用于项目，另一方面通过阶段评审控制项目进度、指导项目方向。项目实施方面，《降低废弃梗签含丝率》项目获得“2012年度中国质量协会质量技术奖优秀六西格玛项目”奖励；《降低卷烟煤耗0.4KG标煤/箱》项目获得“2012年度中国质量协会质量技术奖精益管理优秀项目”奖励。采用DMAIC模式进行项目推进，预申报25个，立项评审后立项18个，其中质量类7个、效率类6个、物耗类4个、能耗类1个。组织开展3次绿带阶段培训、3次阶段辅导和2次阶段评审，18个项目已全部通过阶段评审并按计划有序开展，多个项目取得明显成效。人才培养方面，2名人员通过中质协注册六西格玛黑带认证，目前工厂共培养六西格玛黑带17名、绿带23名，其中6名取得中质协六西格玛黑带认证，3名取得全国注册六西格玛黑带认证。通过架构流程优化、项目实施与人才培养三者结合的方式，成功实现精益六西格玛DMAIC模式的推广运用。

【审计管理】 项目审计、工程项目、修理费、警卫消防费及管理费等项目，从起点介入、全程跟踪，保障项目规范运作，确保监督成效。全年共完成314个项目的结算，送审金额为2.28亿元，审减金额为756.90万元；在商务谈判（即价格审核）方面，完成商务谈判189项，其中，谈定总价的项目73项。谈定总价项目涉及报价金额6316.80万元，谈减额553.49万元，谈减率达8.76%；在招投标监督方面，参与招标及竞争性谈判项目的招标文件编制及审核，顺利完成46项招标投标活动，涉及中标金额（不含单价标）共计9588万元。

【合同审计】 在合同签订、管理过程中始终秉持“防患于未然”的原则，树立事前防范、过程跟踪的理念，在合同签订过程中进行规范、有效的审查，严把合同审核关，通过协同办公系统对合同条款的合法性、完整性以及价格的合理性等进行层层审核，有效防范法律风险。设置专人对合同专用章进行管理，全年对外签订经济合同295份，涉及合同金额6.45亿元。

【内管监督检查】 组织开展监督检查工作，及时发现并解决管理工作过程中的问题，促进工厂管理工作规范高效。在内部管理监督中，加强专卖、审计、纪检、财务、法规、整顿办之间的协作，形成“大监督”合力，通过加强日常及年度工作监督，实现事前预防、事中监督、事后整改，遵循PDCA的管理思想，实行闭环管理，切实提升内部监督管理工作的实效。完成对玉溪卷烟厂制丝线工艺调整及关键工艺设备更新配套改造项目的实质性检查；组织开展2012年度及2013年一季度合同监督检查；组织开展2013年上半年“三项工作”及合同监督检查；组织开展2013年“两项工作”检查工作。

【三项工作】 严格按照国家局、云南中烟以及集团各项管理规定组织开展“三项工作”。下发《玉溪卷烟厂关于调整整顿和规范市场经济秩序领导小组的通知》，调整和完善整顿办的工作职责和人员组成，并制定下发《玉溪卷烟厂2013年整顿规范工作实施方案》，明确工厂整顿规范工作开展思路。下发《玉溪卷烟厂关于调整“三项工作”管理委员会机构及人员组成的通知》，调整和完善“三项工作”管理委员会机构及人员组成，在保留工程投资领导小组和监督小组的同时，增设玉溪复烤领导小组，负责组织、开展玉溪复烤技改项目管理的各项工作；增设服务采购领导小组，将厂内涉及到的除工程投资之外的其他项目纳入管控。成立玉溪卷烟厂采购管理办公室，并对采购办的机构设置、职能定位作出明确规定。年内，召开厂“三项工作”管理委员会会议4次。对工厂采购工作管理制度和程序进行审定，对工厂及玉溪复烤及仓储项目现场指挥部组织实施的项目计划、采购方式、部分项目变更内容进行评审，对工厂《集中采购目录》进行审定，确定工厂候选招标代理机构名单，同时对上级整顿规范工作会议精神及有关文件制度进行的传达学习，充分发挥和履行“三项工作”管理委员会的职责。

【法律监督】 强化法律监督工作，重点加强对重大事项监督审查力度。落实法律工作现场监督检查，通过参与监督项目的商务谈判、采购招标等工作，不断建立健全法规监督审查工作机制，确保工作质量。强化合同监督管理工作，严格把好合同审核关。切实提高法律风险的防范意识，认真审核对外签订的合同和协议，加强合同审核的过程控制和痕迹化管理。全年共审核各类合同314份。通过推动具有玉烟特色的合同文本工作，不断推动合同文本管理水平不断提升。初步完成合同业务指导书的编制工作。全年未发生诉讼案件，为工厂持续健康发展提供坚实的法律保障。

【信息化建设】 在基本完成网络系统改造、MES制造执行系统建设、IT运维平台系统建设等信息化基础平台建设的情况下，继续深化“两化融合”，强化信息化为管理服务的理念，启动实施“玉溪卷烟厂调度指挥中心系统建设”，构建班组、车间、厂级领导3层管理驾驶舱系统。围绕生产、设备、质量、动力能源、财务、人力资源、经济运行、信息化、安全、行政及党纪工团等管理职能进行管理信息化建设。该系统在集成企业现有信息化成果的基础上，以“事件管理”为驱动，融合精益六西格玛信息化管理，围绕发现问题、关注问题、解决问题、优化管理的方式对经营信息进行组织、跟踪和应用。以调度指挥中心值班应用、参观应用、经济运行分析等应用模式提供管理者使用。突出企业管理重点、强化管理执行力、促进企业信息资源共享，为玉溪卷烟厂核心业务流程、业务支持流程及环境支持流程三大流程管理的协同配合提供有效的信息化支撑。

【安全生产】　继续完善“九大安全管理体系”，通过“一岗双责”和“四全”安全管理，形成横向到边、纵向到底、全面覆盖的“立体防控”安全管理网。扎实开展安全生产大检查及“四结合”的常态化安全检查，实现“五个零”和“四保”“五无”安全工作目标。

【岗位管理】　继续加强岗位管理，围绕管理模式的变化及新设备、新工艺的要求重点对设备技术科、卷包车间、膨胀烟丝车间、复合滤嘴棒车间、制丝一、二车间等部门进行业务流程梳理和岗位分析，重新梳理、评估流程中的岗位设置和人员配置，进一步提高了岗位管理的有效性。

【教育培训】　共举办各种培训200项（内训143项，外训57项）、11292人次，年度培训计划完成率为100%。在保证培训计划落实的基础上，继续把各部门的培训执行情况及培训效果、人才培养情况和绩效考核结合起来，促进各部门不断提升培训工作质量。积极参与行业职业标准、培训教材和鉴定题库的开发工作，全年工厂向国家局申报的职业标准及鉴定题库的开发项目共有5项获批，分别是《烟机设备修理工（制丝－SQ34X）技能实操鉴定卷库》《烟叶制丝工技能实操卷库》《烟机设备修理工（卷接PORTOS－M8）技能实操鉴定卷库》《卷烟卷接工技能实操卷库》《卷烟包装工技能实操卷库》。

【纪检监察】　以贯彻落实党的十八大精神为重点，“坚持一个中心、促进两个发展、构筑三道防线、确保四项安全”的工作目标，严格落实党风廉政建设责任制，加强廉政文化建设、纪检监察队伍建设，为工厂全面推进党风建设和反腐倡廉工作提供组织保证。举办整顿规范暨廉政教育培训；召开纪检监察工作会议，厂党委与各党支部签订2013年《党风廉政建设责任书》；启动工厂2013年深化岗位廉政教育工作；分类别、分场次组织开展6场岗位廉政风险点集中评审，共45人次参加，对工厂18个党支部评审识别出的239个岗位565条廉政风险点逐条评审，提出改进意见60余条。

【政　工】　解放思想，创新管理，提升能力，强化执行，以生产经营中心工作为抓手，牢牢扣住党建、企业文化建设与宣传三个维度的政工工作，以丰富的主题教育实践活动为平台，提升和延展“大政工体系”服务职能。以制度建设强化党建统领机制，深化学习型党组织建设，严格执行“八项规定”，强化大局意识，进一步规范党员干部队伍管理，加强思想政治工作，推进“政工信息化”，做好挂钩扶贫，进一步加大政工工作创新力度。召开政治工作会议。

【党员干部管理】　进一步规范完善干部管理制度。坚持党管干部的原则，成立干部竞岗和干部民主推荐工作组，形成“公平、公正、透明”的管理体系，组织和监督干部竞聘、人事任免等工作，严格选拔任用机制和人才资源配置。全年通过竞岗综合测评选拔任用了副科级干部11名，经民主推荐副职转正干部8名，调整轮岗管理人员18人。在党员发展工作，云南组织入党积极分子培训37人，发展预备党员22人，转正党员44人。

【工会工作】　不断深化职工建功立业活动，切实推动职工文化建设和服务职工工作，组织2998人次参加岗位技术练兵，覆盖320个工种，职工参与率为100%；收集汇总《职工思想动态报告》146份，意见和建议100多条，编制思想动态分析报告10份，调解职工家庭纠纷12起；亲属丧葬补助73人；丧葬抚恤补助23人；遗属生活费补助57人；职工伤病住院护理补助23人；“爱心帮困”救助60人；办理住院职工医疗互助2297人次；慰问70岁以上离退休职工848人；开展职工文化体育活动多达20

余场次，参与人数3000多人次，同时积极参与上级工会的各项比赛活动并取得优异成绩，其中获得云南中烟一等奖3项次、集团一等奖11项次。

【文体活动】 举办首届“玉烟杯”职工羽毛球赛、第三届“玉烟杯”职工足球赛以及第三届“玉烟杯”游泳比赛。

楚雄卷烟厂

【概　况】 红塔集团楚雄卷烟厂于1974年始建于楚雄州南华县城东郊。1988年，搬迁至楚雄市东郊。1992年，楚雄州烟草公司、专卖局、卷烟厂实行“三合一”管理体制。于1998年10月加入红塔集团，与红塔集团构成母子公司体制。2005年1月，楚雄卷烟厂取消独立法人资格，由红塔集团实行一体化管理。2007年6月，红塔集团生产制造中心成立，楚雄卷烟厂成为红塔集团下属的核心卷烟生产加工厂。2013年12月，红塔集团楚雄卷烟厂完成新一轮易地技改搬迁，新厂位于楚雄市彝海北路。截至2013年底，楚雄卷烟厂拥有现代化制丝线一条，12000千克/小时打叶复烤生产线1条，卷接包装设备27余台套；设备年综合卷烟生产能力达到60万箱。

2013年，楚雄卷烟厂紧紧围绕集团转型发展的战略部署，坚持“转方式、调结构”战略任务和“5211”品牌发展目标不动摇，按照建设新楚烟的“四新”总体要求，全面实施“四基四化”工程，着力强化思想基础、管理基础、原料基础和人才基础，坚定不移地推进“一二四”目标任务，圆满完成集团下达生产任务和各项指标，全厂继续保持持续健康和谐发展的良好局面。楚雄卷烟厂连续十七年保持“省级文明单位”称号，卷包车间丙班被云南省总工会评为“工人先锋号”。

组织机构　内设党群工作科、纪检监察室、工会办公室、办公室、经济运行科、人事劳资科、设备技术科、技术改造办公室、信息技术科、安保消防科、物业管理科、财务科、生产科、工艺质量科、质量监督检测分站、物资供应科、烟叶生产质检科、仓储管理科、运输配送科、广通转运站、离退休管理科21个科室和动力、复烤、制丝、卷包4个生产车间。

人员结构　在岗员工1775人，其中：中共党员527人，占在岗员工总数29.69%；大专以上学历人员1216人（研究生30人、本科生327人、专科生859人），占在岗员工总数的68.51%；专业技术人员742人（高职4人、中职182人、初职555人），占在岗职工的41.99%。

领导成员

厂　长　李泽良

副厂长　王敏慧　高中华　彭黎明　张志勇

张小乐（2013.8—）

布旭亮（2013.11—）

党委书记　王敏慧

党委副书记　李泽良

纪委书记　朱明言

党委委员　王敏慧　李泽良　高中华　彭黎明　朱明言

工会主席　朱明言

【卷烟生产】 生产卷烟62.51万箱，同比减少1.09万箱，下降1.71%，其中：“玉溪”11.38万箱，同比增加6.38万箱，增长127.56%，占总产量的18.2%；“红塔山”26.83万箱，同比减少5.86万箱，下降17.93%，占总产量的42.9%；“红梅”24.30万箱，同比减少1.60万箱，下降6.19%，占总产量的38.9%。各牌号卷烟产品总体质量稳定，合格率为100%。

【主要经济指标】 累计完成现价工业总产值94.23亿元，同比增长6.22%。实现税利76.80亿元，同比增长16.97%，其中，税费65.64亿元，利润11.16亿元。完成主营业务收入90.54亿元，同比增长18.17%。全厂在卷烟产量小幅下降的情况下，实现了产值、税利、主营业务收入的稳步提升，为集团“转方式、调结构”提供了有力支持。在集团21项卷烟主要经济技术指标中，全厂有9项指标在四厂中排名第一，6项指标在四厂中位居第二，与上年持平；5项指标位居第三，其中1项指标较上年提升一位。全厂13项创优指标中，11项达到行业标准，其中9项达到行业平均水平。

【发展目标】 推进“124”目标任务。即坚持一个目标：“争创行业优秀卷烟工厂”目标。力争两个突破：根据集团2013年主要生产经营目标的分解，在保持63.6万箱卷烟产量不变的前提下，提结构，抓效益，努力提升管理运行质量和经济效益水平，确保实现工业总产值增长10%，力争12%，总量突破95亿元；确保税利同比增长10%，力争12%，总量突破70亿元。

【工厂管理】 围绕集团下达的卷烟生产任务和绩效指标，以全面优质管理为载体，以班组建设、对标创优工作为抓手，以课题攻关为突破口，扎实开展精益六西格玛项目攻关和“6S”试点工作，不断深化对标工作和班组建设，全面提升生产组织、质量控制、成本控制、设备保障、安全保证和队伍建设“六项能力”，着力提升全厂生产制造能力，严格实施生产计划和现场管理绩效考核，切实保障全厂高效、顺畅运行，圆满完成集团下达生产任务和各项指标。

【生产安全】 坚持“安全第一、预防为主、以人为本、综合治理”的安全方针，深入落实安全生产责任制和“一岗双责”制度，认真贯彻《烟草行业安全生产标准化规范》，持续深化安全标准化建设，注重安全生产过程控制，突出安全隐患治理，持续推进环境、职业健康安全管理体系建设，加大安全检查整改工作力度，综合治理，防患于未然，顺利实现“五无”安全目标。

【基础管理】 扎实开展生产组织、设备保障、成本控制、质量保证、安全管理和队伍建设工作。圆满完成全年卷烟生产任务，生产计划满足率100%，设备有效作业率94.75%，单箱成本3192.73元，标准成本完成率96.71%，卷烟产品质量出厂抽检合格率100%。以全面优质管理为载体，以班组建设、对标创优工作为抓手，以课题攻关为突破口，扎实开展精益六西格玛项目攻关和“6S”试点工作，对标、创优指标进一步优化。生产、办公信息平台建设持续推进，设备管理、节能减排、清洁生产、物资保障、运输配送、仓储管理、物业管理工作扎实有效开展。科技创新取得明显成效，技术交流、工艺研究、QC活动、青工创新创效等科技活动深入开展，“红塔山品牌专用制丝生产线核心技术研究”项目通过国家局验收，8个项目获得专利授权，QC项目“大力启运器的研制”获行业二等奖。

【队伍建设】 深入开展党的十八大、十八届三中全会精神宣贯和学习型领导班子建设系列活动，认真组织学习党的群众路线教育实践活动相关文件精神，企业党建工作持续深化。围绕“三重一大”和规范管理，积极推进惩防体系建设，认真落实党风廉政建设责任制，出台《岗位廉政教育和风险防控实施办法》，党风廉政建设进一步加强。干部员工队伍建设进一步加强。完成10名中层干部的调整交流，扎实开展员工职业发展通道建设，高技能人才培养成效明显，4名职工顺利通过高级技师鉴定，成功举办楚烟首届烟机设备维修职业技能竞赛。扎实开展云南中烟“合和文化”宣贯工作，进一步理顺“合和文化”、红塔文化和楚烟子文化的关系，不断丰富、融合企业文化，推进文化落地。工会、共青团活动有声有色，老干工作扎实开展，全厂职工的凝聚力、向心力进一步增强，保持了企业的和谐稳定。

【精益六西格玛】 继续推进精益六西格玛管理体系运行实践活动。完成项目筛选确定，采用科学的打分方法，从原申报的21个项目中筛选出“降低‘红塔山（硬经典）’单箱耗丝量”“降低卷烟产品市场投诉率”等10个价值较大的项目；依据人才培养和项目开展的需要，确定46人作为精益六西格玛管理体系项目推进组成员。组织开展3天绿带培训，40余人参加培训和资格考试；进行体系运行项目辅导，分部门对10个项目的项目目标、关键测量指标、选题背景、范围界定、改进机会、项目预计收益等内容进行全面辅导。

【劳模创新工作室】 2013年10月25日，楚雄卷烟厂劳模创新工作室正式挂牌。劳模创业工作开展以劳模团队合作为主要形式，注重解决技术难关和管理难题，展现劳模精神，展示劳模技能，带动团队整体素质的提升和技能的提高，促进职工全面发展。

【烟叶工业分级】 承担65万担烟叶的工业分级任务，其中，地产烟叶60万担，包括30.2万担把烟和29.8万担片烟，外产保山烟叶5万担。组织对相关方分级人员进行烟叶分级技能培训，并进行实作、理论考核，所有培训人员均达到分选技术要求。开展烟叶工业83级分选，针对分选时间紧、任务重、质量要求高的特点，明确工作职责、合理分配用工、重抓质量管理，严格按照集团分选技术标准进行分选。截至12月底，累计投入分选44.97万担，累计分选成品44.32万担，累计分选成品率98.55%。保山烟共投入分选5万担，分选成品4.84万担，成品率96.8%。

【“红塔山”专用制丝线通过验收】 2013年11月12日，楚雄卷烟厂“红塔山”品牌专用制丝生产线接受国家局验收。国家局经济运行司委派郑州烟草研究院专家组到楚烟进行为期4天的测试。专家组对生产线开展调研测试，调研测试内容主要包括卷烟产品风格品质、原料使用价值、制丝加工水平、经济社会效益等指标。12月19日，“红塔山品牌专用制丝生产线核心技术研究”项目通过国家局验收。

【党　建】 以专题辅导报告会、知识竞赛、展板专版宣传等形式，在全厂党员、干部职工中深入开展党的十八大精神及十八届三中全会精神学习贯彻活动。深入推进“235”主题教育实践活动和创先争优活动，探索新思路，开创新方法，将活动组织开展的主动权下移，由各基层党支部结合工作实际，自主策划组织开展活动。积极探索党建日常管理工作新平台，经过软件开发、模块设置、相关信息导入、系统试运行等一系列工作，建立“楚烟党建在线”网络管理平台，集中展示厂党委和基层党组织的活动动态、制度规定、上级要求部署。实现党员信息、党员发展、组织关系接转等日常工作在平台上的维护和管理，有效提高党务工作效率。做好党员思想引导教育管理，针对全厂党员，组织开展“艰苦奋斗、服从大局、真抓实干、开拓进取”党员轮训和“牢记宗旨、艰苦奋斗、爱国守法”优秀党员培训，紧紧围绕保持党的先进性和纯洁性，以为民清廉务实为主要内容，以党政领导班子成员为重点，切实抓好全厂干部、党员党的群众路线教育活动的提前学习。

【企业文化建设】 开展行为规范建设问卷测评和岗位调研工作。组织全厂1316名干部职工开展员工满意度测评活动，根据调研测评反映出的问题，制定改进计划，并督促相关职能部门予以改进落实。组织开展“同心携手、助力营销”志愿者活动，配合集团开展好品牌宣传和新品促销。组织开展“庆七一”、迎厂庆，建设美+3心慰问活动。完成对全州12所红塔希望小学的标识调整及学校更名工作，并资助学习用品和生活物资给部分挂钩扶贫结对的学校师生。

大理卷烟厂

【概　况】　大理卷烟厂创建于1950年，原名“苍山烟厂”，由中国人民解放军驻下关部队兴建，是云南省最早的部队烟厂之一。后几经易名，1988年9月，经国家烟草专卖局批准，由“下关雪茄烟厂”更名为“大理卷烟厂”。1992年11月，企业上划云南省烟草公司主管，实行大理州烟草专卖局（公司）、大理卷烟厂“三合一”管理体制。1995年7月，加入红塔集团。2004年9月，大理卷烟厂取消独立法人资格，由红塔集团实行一体化管理。截至2013年底，工厂占地面积50万平方米，年卷烟生产能力250亿支（50万箱），拥有5台PASSIM7k卷烟机，10台ZJ17卷烟机，8台FOCKE350S包装机，7台B1包装机，1条12000千克/小时GARBUIO打叶复烤生产线，1条包含德国、意大利、美国等国家进口设备的8000千克/小时制丝线。年内，荣登2012年度大理州工业企业“纳税十强”榜首，荣获大理州工业总产值“上50亿元台阶奖”；荣获“云南省档案工作规范化管理示范单位”“云南省文明示范车队”称号；荣获云南中烟2012年度物资管理先进卷烟工厂一等奖；被评为大理州2012年度“四群”教育工作优秀单位。

2013年，大理卷烟厂就地技术改造项目主要内容顺利完成，新制丝生产线投入生产，工厂装备技术水平和加工工艺水平大幅提升，达到国内先进水平，已建设成为“管理科学、流程顺畅、工艺先进、装备精良”的现代化卷烟工厂。

组织机构　内设党群工作科、纪检监察室、工会办公室、办公室、经济运行科、人事劳资科、财务科、设备技术科、技术改造办公室、信息管理科、安保消防科、物业管理科、生产科、工艺质量科、质量监督检测分站、物资供应科、烟叶生产质检科、仓储管理科、运输配送科等19个科室和动力、复烤、制丝、卷包4个生产车间。

人员结构　在岗员工1392人，大专以上学历人员759人（研究生28人、本科生352人、专科生379人），中高级职称158人、初级职称342人，高级技师及技师68人，高级工521人、中级工187人。

领导成员

厂　长　杨煜文

副厂长　吕　坚　王洪云　李志新　杨　洪　王桂铝（2013.11—）

党委书记　吕　坚

党委副书记　杨煜文

纪委书记　范　斌

党委委员　吕　坚　杨煜文　王洪云　李志新　范　斌

工会主席　范　斌

厂长助理　王桂铝（—2013.11）

【卷烟生产经营】　生产卷烟44.82万箱，其中：“玉溪”1.65万箱，占总产量的3.68%；“红塔山”29.42万箱，同比下降1.75%，占总产量的65.63%；“红梅”13.75万箱，同比下降12%，占总产量的30.68%。按照统计分配口径计算，完成工业总产值53.27亿元，实现工业增加值44.26亿元，实现税利43.41亿元，同比增长15.09%。

【“创优”持续深化】　创建优秀卷烟工厂工作持续深化，在国家局公布的2012年卷烟工厂创优13项卷烟生产定量考核指标中，11项达标，排名全行业95家卷烟工厂第一的指标1项，排名前十的指标7项；排名省内8家卷烟厂第一的指标5项，排名前三的指标8项，实现半数以上指标进入全国前十、全省前三的目标。复烤4项指标全部达标，13项指标中同比有持续改善提高的6项，保持3项。

【成本控制】　持续深化全面预算管理，加大对预算执行过程和成本控制关键节点的监控，严格财务收支审批制度，重点费用大幅下降，各项成本和实物消耗得到有效控制。单箱制造费用125.82元，同比下降19.18%；单箱管理费用747.16元，同比上升6.52%，单箱耗烟叶量35.54千克，同比下降0.84%；单箱耗嘴棒量10429.9支、单箱耗盘纸量2952.88米、单箱耗商标纸2502.02张，三项指标同比基本持平；单箱卷烟综合能耗11.6千克标准煤，同比持平；复烤加工吨烟耗标煤87.81千克，同比下降8.27%，耗电333.62千瓦时，同比上升4.72%，复烤吨片烟综合能耗128.81千克标准煤，同比下降4.50%。

【思想作风】 深入学习贯彻十八大、十八届三中全会精神和习近平总书记系列重要讲话，深化思想认识，深刻领会全面深化改革的深刻内涵，坚定道路自信、理论自信、制度自信，强化理论武装，结合工厂实际，深入谋划、实践行业“三大课题”。严格执行中央“八项规定”和行业“九条要求”，坚决反对“四风”，持续加大党风廉政建设和反腐败工作力度，强化领导干部廉政教育和党的纪律教育。严格执行党中央国务院《厉行节约反对浪费条例》《车辆配备使用管理办法》和国家局《关于清理办公用房的通知》，制定和完善了《公务接待管理办法》《公务车辆管理办法》等管理标准和相关制度，厉行勤俭节约，反对铺张浪费，严格规范办公用房、公务用车、公务接待工作，严格各项费用管理控制，全年工厂接待费、会议费、差旅费同比分别下降23.58%、68.49%、23.9%。

【品质保障】 始终坚持“追求产品质量零缺陷”的质量愿景和“三个坚定不移”质量工作方针，不断完善质量管理体系，严格工艺纪律，强化过程质量控制，环环紧扣、关关严把、优质产出，质量管控水平始终处于集团内较好水平。全年卷烟成品合格率99.65%，同比提高0.08%，卷烟产品质量检验综合平均得分90.50分，卷烟产品质量监督抽检合格率保持100%。

【科技创新】 深入开展科技进步工作，着力推进工厂的技术创新能力和成果转化应用能力。全年获国家知识产权局授权专利13项，工厂共有专利51项，其中发明专利1项，实现了发明专利“零”的突破。申报科技成果奖项20项，荣获云南中烟、集团奖项19项。荣获全国优秀六西格玛项目5项。获云南中烟集团QC成果奖项8项。

【队伍建设】 统筹抓好管理人才、专业技术人才、高技能人才队伍建设，以提升职业素质和职业技能为核心，以培养技师和高级技师为重点，积极落实高技能人才培养措施，促进人力资源向人力资本转化。全年完成各类培训班（大于7小时）78期次2762人次。重新注册质量工程师21人，注册安全工程师考试通过12人，9人取得六西格玛黑带资格证书，4人通过黑带考试，1人通过绿带考试。全年新增中级职称8人，高级技师2人、技师1人；聘任一级维修师1人，二级维修师、烟叶质检师8人，三级维修师、烟叶质检师、卷烟生产质检师19人。在岗员工有中高级职称158人、初级职称342人、高级技师及技师68人、高级工521人、中级工187人，提前两年完成了“十二五”高技能人才的培养规划目标。

【内部管理监督】 切实加强内部管理监督工作，完善各项管理制度、管理标准和监管体系。制修订厂级技术标准63项，工作标准（含部门职能标准）1250项。全面开展自审自查，深入推进工程投资、物资采购、服务采购项目和办事公开、民主管理“两项工作”。严格工程投资、物资采购、服务采购的规范管理，全年工程投资、物资采购、服务采购项目公开招标率分别为88.24%、77%、89.8%，金额公开招标率分别为96.56%、97%、60.17%。

【就地技改】 完成就地技改项目二期制丝联合工

房的建设和新制丝设备的安装调试，新老制丝线实现顺利切换。“玉溪”卷烟品牌实现落地生产。截至年底，完成公用工程项目140个，配套其他烟草加工工艺设备项目23个，共签约金额15.49亿元，金额公开招标率93.24%（烟草专卖设备属于国家局计划分配，不能实行公开招标）。通过就地技改，厂区布局更加合理，工艺更加先进，物流更加顺畅，整体面貌焕然一新，工厂已成为一个管理科学、流程顺畅、工艺先进、装备精良的现代化卷烟工厂。

【六西格玛管理】 继续加强六西格玛管理工作，4人取得中质协注册六西格玛黑带资格证书，5人取得上海质量管理科学研究院六西格玛黑带资格证书，4人通过中质协注册六西格玛黑带考试，1人通过中质协注册六西格玛绿带考试，23人通过科理咨询公司六西格玛绿带培训；“提高卷包设备有效作业率”“提高打叶复烤生产效率”“提高制丝叶片段西格玛水平”“降低红塔山（硬世纪）卷包过程烟丝单箱消耗”4个六西格玛项目在2012年度全国质量技术奖励大会暨第十届全国六西格玛大会上受到表彰奖励，其中“提高卷包设备有效作业率”项目代表云南中烟在大会上发布交流。

【设备管理】 推进设备价值管理体系建设，按统一模板收集大量的基础数据，制订和梳理七项管理基准清单、设备功能结构表及设备关键功能受控管理因素与预防措施表的关系，对生产车间的设备管理、设备维修人员进行了6维度岗位能力评价。设备管理各项考核指标继续稳中有升，卷接设备运行效率达到100.14%，为行业最好水平；包装设备运行效率、制丝设备故障停机率、复烤设备故障停机率等指标水平均比上年有所提升；动力设备责任故障停机率保持为0。

【安全生产】 以安全生产责任制为核心，提升安全生产基础管理水平、提升整体安全保障能力，抓住消防安全、交通安全、施工安全三个工作重点，切实加强队伍建设，强化安全责任，提高技防水平，扎实开展各项安全生产排查治理工作，巩固安全标准化一级达标企业创建成果，确保工厂安全和谐运行。年初，工厂对安全工作进行了全面部署，与23个部门签订《环境、职业健康安全承诺书》，与安全监管的3个单位分别签订《安全责任书》，严格落实领导干部“一岗双责”要求，突出工作重点，严格安全监管。充实安委会成员，及时调整组织机构，下设11个专业管理小组，细化管理职能，强化落实安全生产责任制。全年无重大环境污染、生产、工伤、交通、火灾事故，无群体性事件，实现了“四保五无”安全目标。在集团安全检查考评中得分99.1分。公务车交通安全管理成效明显，荣获云南省“文明交通示范车队”称号。工厂职工食堂荣获“云南省饮食服务食品安全示范单位”称号。

【信息化】 信息管理工作以ERP、OA、一号工程等系统为核心，突出信息化工作为品牌服务的工作重点，以就地技术改造为契机，积极完善企业信息化基础设施，突出企业信息化软硬件支撑平台的可持续运行保障能力，保证基础支撑平台的稳定运行。全面推进就地技改项目的信息化工作，开发完成工厂装卸、运输费用结算信息系统和评标专家管理系统，全面清理清查工厂信息化资产和设备，加强网络管理和计算机维护费用管理，提高运维质量和水平。同时，结合行业信息化“三全”工作的全面开展，对企业当前的信息化资产、管理流程和制度等进行了梳理和完善，突出了信息化建设、维护和管理的流程化和规范化。

【协同营销】 加强属地红塔卷烟品牌的培育和维护，为市场营销提供积极支持。全年大理市场红塔卷烟品牌销量38687箱，库存明显减少，占市场份额29.6%，其中“玉溪”品牌销售4727.48箱，同比增长12.51%。“玉溪”（硬和谐）销售1485箱，同比增长40.96%；新上市“红塔山”（欣经典）销售2628箱。

【精益7S管理】 精益7S管理工作正式启动。截至12月底，顺利完成1S（整理）、2S（整顿）阶段工作任务，并转入3S（清扫）阶段，各阶段转段合格率为100%，达到预期工作目标。通过对生产区域、办公区域、厂区环境进行全面整理、整顿和清扫，各区域现场干净整洁，物品分类整齐，标识清晰明确，物品定置规范有序，员工素养有了较大提升，改善效果显著。

【党　建】 深入学习贯彻十八大、十八届三中全会精神和习近平总书记系列重要讲话，深化思想认识，深刻领会全面深化改革的深刻内涵，坚定道路自信、理论自信、制度自信，强化理论武装，结合工厂实际，深入谋划、实践行业“三大课题”。严格执行中央“八项规定”和行业“九条要求”，坚决反对“四风”，持续加大党风廉政建设和反腐败工作力度，强化领导干部廉政教育和党的纪律教育。严格执行党中央国务院《厉行节约反对浪费条例》《车辆配备使用管理办法》和国家局《关于清理办公用房的通知》，制定和完善《公务接待管理办法》《公务车辆管理办法》等管理制度，厉行勤俭节约，反对铺张浪费，严格规范办公用房、公务用车、公务接待工作，严格各项费用管理控制。

【“改进作风年”活动】 党委以十八大精神为引领，紧紧围绕“改进作风年”活动八个方面内容开展工作，同时注重把活动与群众路线教育实践活动、“235”教育实践活动、“四群”教育活动等紧密结合起来，使活动收到很好的实效。成立“改进作风年”活动领导小组及办公室，加强对活动的组织领导。下发通知和方案，明确开展改进作风年活动的具体工作要求。把中央“八项规定”要求认真贯彻落实到各项工作之中，对业务接待、会风、文风、公务用车、办公用房等进行规范和清理。加强学习教育。各级管理人员和党员干部积极参加各级组织的培训。坚持党委中心组学习制度。通过形式多样、富有特色的建设活动，不断把学习型党组织建设活动引向深入。把“235”教育实践活动与“改进作风年”活动结合起来，通过丰富多彩、突出特色、注重实效的主题活动，促进全厂党员职工坚定理想信念、转变工作作风、增强责任感和使命感。把“改进作风年”活动内容纳入党支部年度工作目标管理责任制考核范畴，强化制度保障。扎实深化“四群”教育活动。强化干部职工的大局意识、忧患意识、责任意识。

【“四群”教育】 深入贯彻“四群”教育工作的精神及要求，大理卷烟厂积极谋划部署，认真组织实施，通过制订切合实际的实施意见，广泛宣传发动，实行领导联系基层单位制度，深入挂钩点调研、选好帮扶项目、扎实开展新农村建设工作，把“四群”教育工作纳入党支部目标管理责任制考核等有效措施，“四群”教育工作取得明显成效。年内，被大理州委评为2012年度“四群”教育工作优秀单位。

【纪检监察】 以贯彻落实党风廉政建设责任制为主线，以有效发挥监督检查职能为抓手，持续加强反腐倡廉建设，促进生产经营行为更加规范，党风廉政建设和反腐倡廉各项工作取得较好成效。落实中央“八项规定”，强化制度执行。全年工厂接待费、会议费同比上年分别下降23.58%、68.49%，清理腾退办公用房2160.99平方米，处置超标配备公务车4辆。加强宣传教育，筑牢思想道德防线。结合“235”主题教育实践活动，组织形式多样的教育活动，增强党员、管理人员的反腐倡廉意识，提高廉洁自律的自觉性。加强监督检查，促进严格规范；积极探索制度创新，力求实效。积极开展作风测评试点工作，制订《中层管理人员作风评价体系建立及运行方案》，开展对中层管理人员的作风评价。加强预防，强化源头治理。制订了《廉政风险防控工作实施细则》，针对23个部门313个岗位，查找出1509项风险点，制定防控措施2078项。加强纪检监察队伍建设。年内，在集团党风廉政建设目标责任制专项考核中得分 99 分，排名集团第一。廉政建设论文获集团一等奖 1 篇，二等奖 3 篇。

【检企共建】 在大理州检察院的协助下，坚持对项目潜在合作方做行贿犯罪记录查询。充分发挥公证机关、检察机关和大理卷烟厂共同预防职务犯罪的职能优势，通过现场公证、法律问题答询、行贿犯罪记录查询、警示教育等活动，扎实启动联合共防行动。

【档案管理】 档案管理责任到位，基础扎实，软硬件建设不断加强，规范化管理水平不断提升，信息化工作稳步推进，业务创新和档案利用取得明显成效，档案管理工作逐步走上科学化、规范化、标准化、现代化的轨道，为企业持续健康稳步发展发挥较好的服务支撑作用。11 月 29 日，受云南省档案局委托，大理州档案局对大理卷烟厂档案工作规范化管理进行评审认定，工厂成为大理州首家荣获省级档案工作规范化管理示范单位称号的企业。

【财务资产管理】 充分发挥财务部门的核算、监督、管理职能。强化财务管理基础、资金管理和结算、税金管理、财务档案管理等各项工作；积极配合“营改增”业务对接工作，有效规避税务风险；加强成本费用核算，深化全面预算管理，优化预算申报流程，提高预算考核透明度，加大对预算执行过程和成本控制关键节点的监控；严格财务收支审批制度，加强资产清查力度，减少资金占用，有效提高资产使用效率。紧密结合“对标”“创优”工作，从卷烟工厂成本管控能力提升的角度出发，密切掌握成本费用指标水平，定期对指标进行预测和分析，进一步明确控制的重点和难点，确保各项指标控制在合理范围内。重点费用大幅下降。

【共青团】 本着“服务大局、服务青年”的宗旨，发挥青年在生产管理中的生力军作用，促进青年成才成长，积极开展“挥洒青春助力营销”志愿者活动，引导广大团员青年用实际行动践行“全员营销”活动 7 次，派出志愿者 416 人次，服务 312 小时。开展青工创新创效活动。以技术、经验交流为主，完成青工创新创效技术成果的申报评审工作，产生 46 项技术成果，上报集团团委 28 项。首次尝试自主式内训与专题知识外训结合，开展团建交流暨团干内训活动。开展文体活动。以青年志愿者文化展示活动、“‘永远跟党走’党章学习活动”、举办工厂第二届“庄园杯”羽毛球赛、希望水窖捐款、警示教育等多种方式，参与庆祝建团 91 周年纪念活动。积极组织新员工成长引导活动和“青年成长轨迹”调研，服务青年员工成长成才。持续推进“号”“手”活动。推荐 4 个集团级青年文明号岗位和 4 名“青年岗位能手”。

【青年志愿者】 人民公园“仁爱与我同行”——帮助永平白血病女孩鲁榕娟爱心募捐义演现场，积极发动工厂爱心人士筹得善款 6400 元；开展第六届“爱心送考”志愿者活动，20 辆爱心车辆为 70 名考生提供接送服务；组织捐款 16290 元用于“共青团希望水窖”活动；开展走进七五村星海幼儿园——“关爱农民工子女”青年志愿者活动，爱心募款 2000 多元，为幼儿园购置儿童玩具、书籍、儿童活动用品等物资；到敬老院开展“关爱老人、构建和谐”志愿者服务活动；12 月，厂团委开展“保护洱海，建设美丽乡村”志愿者活动，清理白色垃圾，倡导爱护环境。

昭通卷烟厂

【概　况】　昭通卷烟厂始建于1970年，2005年与红河卷烟厂合并重组为红河卷烟总厂，2007年5月依法改制更名为红河烟草（集团）有限责任公司昭通卷烟厂。2008年11月经国家局批准，与红塔集团实现重组整合。截至2013年底，昭通卷烟厂设备年综合卷烟生产能力80万箱，厂区占地面积69.53万平方米，拥有12000千克/小时打叶复烤生产线1条、9000千克/小时制丝线1条，卷接机组26台套，包装机组28台套，滤棒成型机组20台套。

2013年，昭通卷烟厂围绕集团“转方式、调结构”的中心任务，艰苦奋斗、服从大局、真抓实干，圆满完成了生产经营管理各项工作任务，继续保持了持续健康发展良好态势，为助推集团转型发展取得新突破提供了应有的支撑。

组织机构　内设党群工作科、纪检监察室、工会办公室、办公室、经济运行科、人事劳资科、财务科、物资供应科、技术改造办公室、设备技术科、信息管理科、生产科、工艺质量科、质量监督检测站、烟叶生产质检科、仓储管理科、运输配送科、安保消防科、离退休管理科等19个科室，动力、复烤、制丝、卷包4个生产车间以及物业管理科、后勤服务科、运输科（2013年4月撤销）、职工活动中心、安通公司、龙泉公司、金鹰酒店等7个多元化服务部门。

人员结构　在岗员工2010人，其中中共党员408人，占在岗员工总数20.30%；大专以上学历人员963人（研究生7人、本科生215人、专科生741人），占在岗员工总数的47.91%；专业技术人员696人（高职1人、中职214人、初职481人），占在岗员工总数的34.62%。

领导成员

厂　长　胡发明

副厂长　张学忠　陈永伟　朱远华　陈树平（2013.11—）　刘向虹（2013.11—）

调研员　宋国华

厂长助理　陈树平（—2013.10）

刘向虹（—2013.10）

党委书记　张学忠

党委副书记　胡发明

党委委员　张学忠　胡发明　陈永伟　谢成明　朱远华

纪委书记　谢成明

工会主席　谢成明

【卷烟生产】　全年生产卷烟60.29万箱，卷烟生产计划满足率达99.76%，同比提升0.06个百分点。其中：一类烟0.98万箱、二类烟0.1万箱、三类烟36.22万箱、四类烟22.42万箱；五类烟0.57万箱。“红塔山”36.33万箱、“红梅”22.98万箱、“玉溪”0.98万箱。

【发展目标】　明确“1328”工作规划，即一个目标：“十二五”期间和更长一段时间内“打造全国优秀卷烟工厂”；“创优、对标”“节能减排”、成本费用控制等指标稳步实施三步走，到2015年力争80%的指标项达到行业内卷烟工业企业先进水平；努力提升“软、硬”两个实力；着力实施文化建设、品牌生产、设备管理、基础管理、工商协同、基地建设、人才培养、党建和精神文明建设八项工程，努力提升工厂的文化引领能力、产品制造能力、硬件支撑能力、原料保障能力、协同营销能力、管理创新能力、队伍建设能力、和谐发展能力八项能力。

【生产管理】　加强生产过程调度控制，完成质量保障体系的改版重构和试运行工作，拟定《昭通卷烟厂过程质量考核办法》，梳理完善新的市场反馈缺陷产品处理流程，认真做好集团在省外联营品牌的工艺质量监管工作；组织开展操作及工艺质量培训，开展 QC 活动、烟机操作维修职业技能竞赛以及加香加料、烘丝等专项技能竞赛，强化操作人员、设备维修人员“操作能力、维修能力”两个能力建设，为生产任务圆满完成奠定了坚实基础。

【设备管理】 加强设备操作、维修、管理“三支队伍”建设，深入实施设备管理标准、设备价值管理、能源管理“三个体系”，设备运行效能和生产保障能力不断提升。全年，设备完好率保持 100%，卷包设备有效作业率提升到91.22%，制丝、复烤设备故障停机率分别控制在 0.09%、0.35% 的较好水平。

【协同营销】 2013 年，“红塔山（欣经典）”在昭通上市后，组织干部职工到各县（区）开展“红塔山（欣经典）”营销工作，红塔集团品牌在昭通市场“销量、结构、占有率”得到同步提升，昭通市场累计销售红塔品牌卷烟 6.07 万箱，同比增加 4077.94 箱，增长 7.2%；市场占有率 35.24%，同比增加 2.41 个百分点；高三类以上卷烟累计销售 2.24 万箱，同比增加 2108.39 箱，增长 10.4%。

【原料保障】 进一步发挥主导作用，扎实推进原料基地建设，认真做好原料仓储、醇化、投料工作，为复烤、制丝和卷烟生产正常进行提供了有效保障。争取到 7 万担烟叶复烤加工出口任务，复烤产能和加工量失衡的问题得到一定程度的缓解。工商交接烟叶总量 25.61 万担，计划完成率 100%；工商交接等级合格率 67.87%，上等烟比例 73.43%；工业分级质量巡检平均合格率为 93.58%。

【生产安全】 认真开展安全文化、安全信息化和安全标准化建设，层层落实安全生产、职业健康安全、环境管理目标责任制，强化应急预案演练，加强监督、严格检查，强化整改，杜绝了各类重特大安全、环境事故的发生，全面实现“四保”“五无”安全管理工作目标。

【队伍建设】 继续加强队伍建设，提前开展党的群众路线教育实践活动学习，开展“改进作风年”“践行‘两个至上’、做到‘三个始终’、树立‘五种意识’”“学习党章，遵守党章，为集团转型发展做贡献”等教育实践活动，出台《昭通卷烟厂中层干部选拔任用办法》和《昭通卷烟厂重要人事任免事项决策实施办法》，改变文风、转变会风，取消领导干部用车并对超标公务车进行清理封存，对办公用房清理腾退，严格按标准进行接待，确保管理配置达标、职务行为合规。深入推进企业文化建设，坚持开展违纪违规、工作失误典型案例教育，进一步增强全员“讲正气、重责任、强执行”的意识。全面开展云南中烟“两统一、两整合”改革工作宣贯，把全厂干部职工的思想行动统一到立足本职、扎实工作，助推集团转型发展和云南中烟改革发展的决策部署上来。

【群众路线教育实践活动】 印发并实施《昭通卷烟厂党委关于在党的群众路线教育实践活动中进行提前学习的工作方案》，为工厂参加第二批群众路线教育实践活动奠定了基础。

【新制丝线投产】 2013 年 11 月 6 日，昭通卷烟厂举行了制丝线生产工艺调整配套改造项目新制丝线投产暨工厂恢复生产启动仪式。该项目完成后，缩短了制丝生产线工艺路线，优化了生产布局，节约了能源，能更好地满足红塔集团卷烟工艺加工要求。

【改进作风年活动】 开展“改进作风年”活动，着力改进工作作风，打造纪律保障，为加快推进工厂的转型发展提供支撑。严格贯彻执行中央“八项规定”，严明劳动纪律、组织纪律和政治纪律，强化执行，坚持整改，工厂生产经营管理水平和工作质效得到进一步提升。

【基础管理】 召开管理评审及内部整顿规范总结会，推进“三标一体”体系文件内部审核，全年有13项课题完全结题并形成成果共享。成本费用控制取得一定成效，成本费用利润率提升至21.13%，同比提高2.63个百分点。主要控制提升的28项创优对标指标中，18项实现同比提升；13项创优定量指标；11项指标达到国家局优秀标准；集团下达的9项节能减排指标全部达标。全年工程投资、物资采购项目公开招标率分别达到85.39%、93.67%，金额公开招标率分别为95.91%、96.48%。将员工行为规范建设与学习型组织、管理创一流等工作紧密结合，通过细化岗位行为规范，培养岗位好习惯、优化工作流程和模式等，促使行为规范建设常态化、长效化，促进文化与行为的“知行合一”。召开7S现场管理六源改善活动启动大会，对工厂推行7S现场管理四年来取得的成效给予充分肯定，并对7S现场管理六源改善活动的开展提出要求。

红塔辽宁烟草有限责任公司

【概　况】 2003年12月，红塔辽宁烟草有限责任公司由辽宁省烟草专卖局（公司）与红塔烟草（集团）有限责任公司实行股份制合作组建，下设沈阳卷烟厂、营口卷烟厂。红塔集团以货币出资，持股比例为51%；辽宁省烟草专卖局（公司）以2厂资产总额出资，持股比例为49%。2004年，根据国家局《关于调整兰州卷烟厂等8家卷烟工业企业管理体制的通知》要求，辽宁省烟草专卖局（公司）所持股权划转至中国烟草实业发展中心。2005年，红塔集团增持股份，持股比例上升至52.17%，中烟实业持股比例为47.83%。公司占地面积41.5万平方米，拥有6500千克/小时、6000千克/小时制丝生产线2条，卷接机组25台（套），包装机组25台（套）。截至2013年底，年卷烟生产能力为499.5亿支（99.9万箱），总资产57.28亿元，其中固定资产20.74亿元（净值）、流动资产31.78亿元，资产负债率为20.46%。共有在岗员工1461人。

2013年，公司被中国企业文化研究会评为“改革开放35周年企业文化竞争力优秀单位”。

组织机构　公司本部设办公室、党群工作部、人力资源部、经济运行部、财务会计部、采购中心、技术改造部、安全管理部、中烟实业审计派驻办公室、纪检监察部、红塔集团营销中心东北分中心、红塔集团技术中心东北分中心等12个职能部门。

领导成员

董事会

董事长　李穗明

副董事长　赵　琦

董　事　李穗明　赵　琦　马保军　李剑波　蒋顺华　秦　燕　李德贤　宋玉强　罗　晶

监事会

主　席　汪利华

监　事　汪利华　张　萌　朱学成　赵广伟　董丽艳

班子成员

总经理、党组书记　李德贤

副总经理、纪检组长、工会主席、党组成员　宋玉强

副总经理、党组成员　罗　晶　慈　东　张　峥　魏　利（2013.6—）　侯　伟（2013.6—）

总经理助理　王旭东

【卷烟生产经营】 生产卷烟278.9亿支（55.78万箱），同比增长0.9%，其中三类以上卷烟235.9亿支（47.18万箱），同比增长3.2%。合作生产240亿支（48万箱），同比下降4.25%。生产“人民大会堂”46.8亿支（9.35万箱），同比增长40.3%。

全年销售卷烟 277.0 亿支（55.4 万箱），同比增长 0.2%。

全年实现销售收入 73.65 亿元，同比增长 10.13%。实现税利 51.38 亿元，同比增长 13.52%，其中利润 4.75 亿元，同比增长 3.43%。公司三项费用率为 10.1%。

2013 年，公司万元产值综合能耗 13.95 千克标煤/万元、万支卷烟综合能耗为 3.89 千克标煤/万支。平均消耗烟叶、嘴棒、盘纸 7.24 千克/万支、1683.6 支/万支、605.77 米/万支。平均消耗水 0.1 吨/万支、电 9.48 千瓦时/万支。

【原料保障】 2013 年，实际到货烟叶 58.67 万担 2.93 万吨（不含内部调剂），验收原料合格率为 100%。优化库存结构，内部调剂烟叶 7.49 万担（0.37 万吨）。

【科技创新】 “烟支储存器输送装置上的烟末收集装置”项目获国家专利局颁发的国家发明专利。

【安全生产】 推动安全文化建设，建立安全文化体系，落实安全生产责任制，重点突出“一岗双责”，加强安全生产标准化建设，全面实现安全生产标准化二级企业水平。

【标准体系建设】 制定《标准化管理办法》，将标准制定实施全过程划分为 10 个主要控制环节，规范了工作机制；编写了《工厂标准化活动指南》等八项工作指南；发布自有标准 207 个，识别外来标准 335 项。

【对标管理】 重点突出效率、实物消耗、成本和节能减排等关键指标。确定了 208 项公司级目标和 162 项部门级目标，调整指标权重，完善流程标准，强化目标管理。

【QC 活动管理】 共注册 QC 课题 36 项。《减少 YF17 通道烟支堵塞次数》荣获中烟实业发展中心优秀 QC 成果发布一等奖、国家局三等奖；《提高公司本部基层管理人员绩效考核满意率》项目获二等奖；《轴承检测方法的研究》获三等奖。

【人力资源管理】 重新核定定岗定员，完善部门及岗位说明书，实施岗位再评价，完善竞争上岗制度。加强内训体系建设，共组织培训 420 项，其中内训 256 项、外训 164 项，人均 92 学时，培训费用 406 万元。

【企业技改】 完成沈阳卷烟厂易地技改项目卷包和滤棒设备的搬迁、调试工作，通过了“红塔山”“恭贺新禧”等七个牌号的卷烟产品工艺验证，完成了项目各单项工程的验收工作。国家局局长凌成兴称赞沈阳卷烟厂易地技改项目“技改定位准、生产水平高、发展潜力大”，是“最像工厂的工厂”。营口卷烟厂建设职工文化活动中心项目完成了网架工程施工、活动中心场馆土建、配套管网工程、场馆室内装饰、弱电及运动配套设施的施工，并具备使用条件。红塔集团技术中心东北分中心建设项目完成各项设计工作并着手办理建设规划许可证等地方手续。公司总部改造项目完成招标代理机构选定、全过程跟踪审计单位确定和设计招标、初步设计编制等工作，并请中烟实业发展中心组织完成了初步设计评审，完成了原建筑改造工程施工图设计及场地围挡工程、监理服务的招标工作，以及项目环境评价、安全评价、节能评价的报告编制和原建筑改造工程施工招标等工作。

【思想政治工作和企业文化】 结合“235”教育活动、创先争优活动和公司实际，组织了政研会研讨活动，研究探索实现文化建设落地的途径办法。筹备召开了公司文化建设、员工队伍建设研讨会议，组织召开了特色班组文化建设研讨会暨打造学习型企业读书总结交流会。围绕庆祝公司组建十周年，组织筹办了重大事件推选、故事征文、大型图片展以及员工家庭摄影大赛、纪念公司组建十周年专题报告会等系列载体活动。

【沈阳卷烟厂】 红塔辽宁烟草有限责任公司沈阳卷烟厂始建于1908年。2003年12月，红塔辽宁烟草有限责任公司成立，企业成为红塔辽宁烟草有限责任公司下辖的卷烟厂。新厂总占地面积为29万平方米，现有6500千克/小时制丝线一条，其中5000千克/小时制丝线一条，1500千克/小时梗丝线一条；1500千克/小时制丝线一条。卷烟机11台（套），包装机11台（套），其中软盒包装机8台（套）、硬盒包装机3台（套）。年卷烟生产能力为124.74亿支（41.58万箱）。共有从业人员705人。

领导成员

厂长、党委副书记　魏　利

党委书记、纪委书记、工会主席　裴禄军

副厂长、党委委员　李　军（2013.12—）　安鹏启

靳　松

厂长助理、党委委员　张　涛

【营口卷烟厂】 红塔辽宁烟草有限责任公司营口卷烟厂始建于1909年。2003年12月，红塔辽宁烟草有限责任公司成立，企业成为红塔辽宁烟草有限责任公司下辖的卷烟厂。企业占地面积12万平方米，营口厂现有6000千克/小时制丝线一条，其中4800千克/小时叶丝线一条，1200千克/小时梗丝线一条；卷烟机14台（套），包装机14台（套），其中软盒包装机8台（套）、硬盒包装机6台（套）。年生产能力291.6亿支（58.32万箱）。共有从业人员811人。

领导成员

厂长、党委副书记　侯　伟

副厂长、党委书记　白龙潭　张　玮（—2013.12）

高延迪（2013.12—）

工会主席、纪委书记、党委委员　赵广伟

厂长助理　周景喜（—2013.1）　谭心彤（2013.1—）

海南红塔卷烟有限责任公司

【概　况】 海南红塔卷烟有限责任公司前身为琼山卷烟厂，成立于1978年。1988年，更名为海南省琼州卷烟厂。1990年，改名为海南卷烟厂。2002年4月，中国烟草总公司海南省公司与红塔烟草（集团）有限责任公司实行股份制合作组建海南红塔卷烟有限责任公司，海南省烟草公司占股51%，红塔集团占股49%。2003年7月，股份调整为红塔集团占股51%，海南省烟草公司占股49%，成为红塔集团控股烟草企业。2004年11月，海南省烟草公司所持49%股份划归中国烟草实业发展中心管理。截至2013年底，公司拥有总资产23.32亿元，其中固定资产10.76亿元、流动资产12.21亿元，资产负债率33.36%。占地面积27万平方米，设备年综合卷烟生产能力34万箱，拥有国产制丝生产线1条，卷包机组9台套，其中ZJ17－GDX1卷包机组4台套、ZJ17－GDX2卷包机组1台套、ZJ17－ZB25卷包机组2台套、ZJ17－ZB45卷包机组2台套、嘴棒成型机4台套。

2013年，公司按照“深化融合、提升水平、加快发展”工作思路和“扩规模、调结构、强能力、提水平”的工作目标，认真落实国家局局长凌成兴调研海南烟草的指示精神，及时调整“十二五”发展规划，重新规划公司未来的发展。公司坚持“以市场为导向，以服务市场需求为中心，以工作质量为保障”的工作要求，在深入开展对标、创优活动和持续完善“三标一体”管理体系的同时，建立了持续改进运行体系，大力推行6S管理，加强重点品牌培育，提升柔性化加工能力，进一步夯实了基础管理工作，经济运行继续保持了平稳较快的发展态势。

组织机构　内设综合办公室、品质管理科（技术中心海南分中心）、市场营销科、设备技术科、人力资源科、安保消防科、生产供应综合科、纪检监察室、党群工作科（工会办）、财务科、老职工管理办公室、审计科、经济运行管理科、整顿办、制丝车间、卷包车间、动力车间、技改办公室、物流科等20个职能科室以及海南宝岛实业公司1个全资子公司。

人员结构　在岗员工598人，其中大专以上学历人员283人（研究生13人、本科生140人、大专130人）；专业技术人员188人（高级技术职称3人，中级技术职称36人，初级技术职称136人，高级技师2人，技师11人）。

领导成员

董事会

董事长　张建军

副董事长　蒋顺华（—2013.6.20）

郑中文（2013.6.20—）

董　事　张建军　蒋顺华　刘　龙　秦　燕

朱明权　郑中文（—2013.6.20）

梁生龙　杜泽平

监事会

主　席　曹　航

监　事　曹　航　严奉炎　赵　强

林春雨　吴　锋

经理层

总经理　郑中文

副总经理　梁生龙　杨明权（—2013.8.14）

潘　明　魏春辉（2011.12.12—）

罗海光（2013.9.5—）

总经理助理　冯旺潜

党委会

书　记　梁生龙

副书记　郑中文

纪委书记　杜泽平

党委委员　梁生龙　郑中文　杜泽平　潘　明

杨明权（—2013.8.14）

魏春辉（2013.9.5—）

罗海光（2013.9.5—）

工　会

工会主席　杜泽平

【卷烟生产经营】　生产卷烟23万箱，比上年增长9.52%。生产红塔集团品牌21.8万箱，占公司生产总量的94.78%，加工生产红云红河集团品牌“云烟（紫）”0.5万箱，占公司生产总量的2.17%。生产一类烟0.44万箱，增长1589%；二类烟0.69万箱，增长12.56%；三类烟17.89万箱，增长16.11%；四类烟2.44万箱，下降17.25%；五类烟1.54万箱，下降23%。生产“玉溪（硬）”0.4万箱，增长100%；“红塔山”17.04万箱，增长12.55%；“红梅”3.98万箱，下降19.76%；“恭贺新禧”0.38万箱，下降18.75%；自有品牌“椰王”0.7万箱，增长17.92%。2013年销售卷烟22.6万箱，比上年增长5.96%。其中：一类烟0.36万箱，增长1241.37%；二类烟0.66万箱，增长6.68%；三类烟17.55万箱，增长11.92%；四类烟2.46万箱，下降17.97%；五类烟1.57万箱，下降21.5%。其中，销售“玉溪（硬）”0.32万箱，增长100%；“红塔山”16.7万箱，增长8.54%；“红梅”4.03万箱，下降19.4%；“恭贺新禧”0.38万箱，下降11.76%；自有品牌“椰王”0.67万箱，增长11.67%。实现销售收入24.51亿元，增长15.92%。实现税利16.88亿元，增长19.21%，其中：税费（税金）13.62亿元，增长18.11%；利润3.26亿元，增长23.4%。平均单箱税利增长12.41%。

【规划调整】　重新规划未来发展定位，明确以“纳川托玉、和融共赢”的企业精神为指引，在未来一段时期，以信息化建设为突破口，理顺并规范管理流程，推进精益管理模式，融入创建优秀卷烟加工中心的实践，打造“高温高湿地区优秀卷烟加工中心”特色工艺，逐步实现“世界领先品牌”高效加工及便捷销售。

【生产效率】 生产计划完成率100%，实际生产时间210天，平均日产量达1095.2箱，同比增加95.2箱，增长9.52%；生产综合能耗为3.59千克/万支，同比上年3.705千克/万支减少0.12千克/万支，减幅为3.10%；设备有效作业率91.69%，同比提高2.43%；设备故障停机率0.40%，同比降低23.62%；各项产能效率指标创下历史最好水平。

【产品结构提升】 生产三类（含）以上卷烟19.02万箱，占总产量的82.67%，同比增长18.55%；销售三类（含）以上卷烟18.57万箱，占总销量的82.17%，同比增长13.72%，其中，一类烟增长1241.37%，二类烟增长6.68%，三类烟增长11.92%，四、五类卷烟分别下降17.97%和21.5%。新品"玉溪（硬）"成功引入本地市场并逐渐形成稳定发展态势，市场发展前景良好，全年销售3190箱，完成全年目标的100%。

【"玉溪（硬）"卷烟生产】 2012年12月27日，随着第一条"玉溪（硬）"卷烟在B2硬包机顺利下线，标志着一类卷烟——"玉溪（硬）"在海南红塔公司正式落地生产。2013年共生产"玉溪（硬）"卷烟0.4万箱，销售0.32万箱。

【规范管理】 按照中央"八项规定"和国家局、中烟实业发展中心的规范管理要求，严格对照标准对车辆配备、住房公积金、企业年金、办公用房、招待费用以及各类补贴津贴等进行清查和调整，确保符合国家及行业政策规定要求。重点费用得到有效控制，业务招待费同比上年降低8.12%，会议费同比上年降低24.06%，涉外费同比上年降低28.57%，宣传费同比上年降低10.57%。公司党委深入开展"改进作风年"教育活动，加强党风廉政建设，严格落实党风责任制，重视抓好"两项工作"和贯彻执行"三重一大"决策制度，切实转变工作作风，确保中央"八项规定"及各项规范要求落实到位，为公司的持续健康发展提供重要保障。

【6S管理持续推进】 深入推进6S管理，在生产、物流、设备维修等方面现场实施6S管理，通过开展目视管理、红牌作战、案例改善、亮点展示、星级考评等活动，不断激发员工参与6S管理的兴趣，增强发现问题解决问题意识，形成全员参与6S管理的氛围，6S管理取得较大成效。

【安全生产标准化二级达标企业评审】 2013年9月，公司顺利通过安全生产标准化二级达标企业评审。公司以易地技改为契机，全面建设完善的安全生产标准化体系，大力推进安全标准化建设，提高了企业安全基础管理水平。

【"十二五"信息化规划】 2013年10月15日，公司"十二五"信息化规划通过中烟实业发展中心和红塔集团组成的专家组的评审。公司将以信息化规划和建设为契机，全面更新管理思路，全面提高精益管理水平。

【教育培训】 组织培训105期，受训4091人次；积极开展职业技能鉴定工作，新增烟机设备修理技师3名，初、中、高级工13名，技师鉴定考核通过率100%。培养了3名高级考评员、3名考评员和1名质量督导员；1名质量督导员被国家局鉴定指导中心聘任为质量督导员。内训工作初见成效，自2012年9月以来，已累计组织培训90期，授课127课时，培训人数达3307人次。

【企业文化】 认真落实红塔集团母子文化要求，提炼出《企业文化导向纲要》。总结出"纳川托玉、和融共赢"的企业文化精神和"和谐、务实、创新、高效"的核心价值观，提出创建"高温高湿地区优秀卷烟加工中心"，融入并践行"努力打造世界领先品牌"的实践，实现"快乐工作、品质生活”的美好追求的企业愿景，并重新诠释“质量观、安全观、成本观、改进观、服务观、学习观、用人观、荣誉观”的企业执行观念，初步建立和完善有企业特色的企业文化体系。

吉林烟草工业有限责任公司

【概　况】　吉林烟草工业有限责任公司前身为延吉卷烟厂和长春卷烟厂。2006年12月1日，由中烟实业发展中心与红塔烟草（集团）有限责任公司分别以延吉卷烟厂和长春卷烟厂2005年12月31日账面净资产出资12.94亿元，组建吉林烟草工业有限责任公司，其中：中烟实业发展中心出资6.55亿元，占出资总额的50.6%；红塔烟草（集团）有限责任公司出资6.39亿元，占出资总额的49.4%。截至2013年底，共出资28.2亿元，其中：中烟实业发展中心出资14.27亿元，占出资总额的50.6%；红塔烟草（集团）有限责任公司出资13.93亿元，占出资总额的49.4%。公司下辖延吉卷烟厂、长春卷烟厂，朝鲜平壤白山烟草有限责任公司、朝鲜大同江烟草有限公司、朝鲜罗先新兴烟草会社，延边友利打叶复烤有限责任公司，延边长白山嘴棒有限公司，延吉长白山文化传媒有限公司。截至2013年底，公司拥有总资产（年末值）124亿元，其中固定资产（年末净值）26亿元、流动资产93亿元，资产负债率为50.50%。

2013年，公司坚持以科学发展观为统领，高举“两个至上”旗帜，以提升“长白山”品牌价值为中心，以实施“双调双百”工程为主线，实现观念创新、管理创新、技术创新，推动产品研发和市场开发“两个轮子”齐转，打好上规范、上管理、上质量、上科技、上结构、上规模、上效益攻坚战，坚定不移提前完成“十二五”目标任务，努力建设“严格规范、富有效率、充满活力”的吉林烟草工业。

组织机构　公司内设办公室、经济运行部、财务部、审计部、人力资源部、安全保卫部、党群工作部、国际部、品质控制部、采购中心、营销中心、技术中心、企业管理部、信访办公室、纪检监察部、投资装备管理部、整顿规范工作办公室、特有工种职业技能鉴定站，共18个部门。

人员结构　在岗员工3293人，其中：中共党员1158人，占在岗员工总数的35.17%；大专以上学历人员1271人（研究生42人、本科生600人、专科生629人），占在岗员工总数的38.6%。

领导成员

董事会

董事长　张建军

董　事　张建军　赵　琦　刘　龙　夏开元
　　　　袁国旺　孙国伟　吕子军　金胜龙
　　　　姚　琛

监事会

主　席　曹　航

监　事　曹　航　严奉炎　王春联　孙金昕
　　　　于　霞

班子成员

党组书记　孙国伟

党组副书记　吕子军

党组副书记、纪检组长　李凤元

党组成员　孙国伟　吕子军　李凤元　金洪天
　　　　　吴　刚　李元实

经理层

总经理　孙国伟

常务副总经理　吕子军

副总经理　金洪天　吴　刚（2013.12—）
　　　　　李元实（2013.12—）

营销总监　吴　刚（—2013.12）

技术总监　李元实（—2013.12）

【卷烟生产经营】 国内销售卷烟91.74万箱，同比增长4.3%，全部为三类以上卷烟。其中，一类卷烟2.18万箱，同比下降28.96%；二类卷烟4.71万箱，同比增长18.32%；三类卷烟90.1万箱，同比增长4.86%。国外产销“长白山”品牌卷烟20.26万箱，同比增长23.47%。

“长白山”品牌实现销售77万箱，同比下降6%；销售红塔集团品牌卷烟“红塔山”16万箱。实现销售收入（含税）144亿元，同比增长5.31%。实现税利85.6亿元，同比增长7.02%，其中利润（税前利润）16亿元，同比增长28.72%，三项费用率为10.64%。

【发展目标】 国内产销卷烟100万箱以上，“长白山”品牌国内实现销售85万箱以上，同比增长10%。其中，一、二类卷烟销售8万箱，同比增长26.2%。实现税利92.6亿元，同比增长8%，力争达到94.3亿元，增长10%。国外产销卷烟20万箱以上。

【企业管理】 坚持以财务管理为核心，严格执行财务预算，强化资产和资金管控，成本费用得到有效控制。2013年，公司收入成本率同比下降0.1个百分点，三项费用率同比下降0.3个百分点，业务招待费同比下降5.1%。坚持以“管理创一流”为目标，围绕提前完成“十二五”目标任务，深入开展贯标、对标和优秀卷烟工厂创建活动，各项管理、技术工作指标明显改善，延吉、长春两厂达到了行业优秀卷烟工厂标准。稳步推进信息化建设，ERP项目正式上线运行，MES系统运行良好，为加强企业管理、提高运营效率提供了有力的支撑。安全生产主体责任和监管责任有效落实，安全隐患排查治理深入开展，安全生产标准化建设卓有成效，安全“六无”目标圆满完成。按照国家局严格规范的要求，以全面贯彻落实《烟草企业采购管理规定》为抓手，突出抓好工程投资、物资采购、宣传促销规范管理，确保“应招尽招、真招实招”。剔除国家局计划分配项目，2013年公开招标占比达到78%。认真落实国家局进一步做好审计整改工作的要求，对存在的问题逐条逐项进行梳理整改，除涉及历史遗留等疑难问题外基本完成整改。

【科技创新】 坚持低害低焦的品牌发展方向，着力在新产品研发、老产品提质、减害降焦等方面开展科技攻关和技术创新，先后推出“长白山（红人参）”和“长白山（悦）”卷烟新品，市场反应良好。对软、硬红“长白山”和“长白山（神韵）”等重点规格卷烟进行升级改造，有效解决低焦油卷烟香气弱、满足感不强、燃烧速度快的问题，使产品更好地满足了消费者需求。深入实施“十二五”重大科技专项，积极开展“长白山”低焦油卷烟工艺技术研究和再造梗丝、再造烟叶的研究与应用，5项创新成果获得国家专利。

红云红河烟草（集团）有限责任公司

公司概况

【概　况】　红云红河烟草（集团）有限责任公司（简称“红云红河集团”）是以烟草为主业，跨地区经营的大型国有企业。成立于2008年11月8日，由原红云烟草（集团）有限责任公司和原红河烟草（集团）有限责任公司红河卷烟厂、新疆卷烟厂合并组建，下辖昆明卷烟厂、红河卷烟厂、曲靖卷烟厂、会泽卷烟厂、新疆卷烟厂、乌兰浩特卷烟厂，控股山西昆明烟草有限责任公司、内蒙古昆明卷烟有限责任公司。核心品牌“云烟”“红河”为中国驰名商标、中国名牌产品。截至2013年底，拥有总资产785.64亿元，其中，固定资产123.54亿元、流动资产586.52亿元，资产负债率为24.01%。共有从业人员12035人，其中在岗员工11435人。

2013年，面对经济下行和行业市场“拐点”到来的双重压力，红云红河集团认真落实行业、云南中烟工作安排，围绕“云烟增量为重点、结构提升为主线、高端引领为关键、稳扩规模为支撑”的中心工作，以做优做强为目标、以提升能力为重点、以增强效能为关键，全面完成了云南中烟下达的目标任务。

2013年，集团列中国企业500强第156位、制造业500强第70位，集团工会被中华全国总工会评为“全国模范职工之家”，集团被中共云南省委、省政府评为“云南省2012年度社会扶贫工作先进集体”，被云南省质量协会、云南省总工会、共青团云南省委、云南省科学技术协会、云南省妇女联合会评为“云南省质量效益型先进企业”。

领导成员

董事会

董事长　姚庆艳

董　事　姚庆艳　武　怡　许力为　赵子敏　祁　燕　郭　曼　方　斌

监事会

主　席　田东明

监　事　田东明　陆　琪　魏琼仙　姜　磊　罗建华

总裁班子

总　裁　武　怡

副总裁　谷　宏　毕凤林　和国刚　李　恒　冯　斌　王家寿　黄木忠（—2013.9）

党委班子

党委书记　许力为

党委副书记、纪委书记　代　伟

工会主席　田东明

党委委员　许力为　姚庆艳　武　怡　代　伟　田东明　杨校平　谷　宏　马　珍　肖亚泽　白九重　胡　霈　陈景云　李建平

集团相关领导

集团巡视员　俞瑞方（—2013.12）　马子肖（—2013.4）

副厅级　魏志刚

财务总监　周芳旭

董事会秘书　罗建华（2013.5—）

总裁助理　王绍坤　刘根栓（—2013.8）

调研员　田　福（—2013.7）　袁建华（—2013.9）　王绍坤　黄木忠（2013.9—）　周选松（2013.5—）

【机构设置】　1月，设立法律事务部，与经济运行部合署办公。6月，设立董事会工作办公室，与党政办公室合署办公。截至2013年底，集团总部下设5中心15部室，即市场营销中心、技术研发中心、生产制造中心、物资采购中心、物流中心、党政办公室（董事会工作办公室）、人力资源部、经济运行部（法律事务部）、财务部、审计部、原料部、信息管理部、海外拓展部、宣传策划部、基建技改部、多元化投资管理部、党群工作部、纪检监察部、工会综合办公室、调研室。

【卷烟生产经营】 共生产卷烟（含控股企业山昆、蒙昆公司产量，不含出口烟）2571.5 亿支（514.3 万箱）同比增长 0.51%，其中生产一类烟 393 亿支（78.6 万箱）、二类烟 76.85 亿支（15.37 万箱）、三类烟 1718.55 亿支（343.71 万箱）、四类烟 262.75 亿支（52.55 万箱）、五类烟 120.35 亿支（24.07 万箱）。销售卷烟（含控股企业山昆、蒙昆公司销量，不含出口烟）2588.05 亿支（517.61 万箱），同比增长 5.37%，其中销售一类烟 387.1 亿支（77.42 万箱）、二类烟 78.25 亿支（15.65 万箱）、三类烟 1738.15 亿支（347.63 万箱）、四类烟 263.45 亿支（52.69 万箱）、五类烟 121.1 亿支（24.22 万箱）。出口烟产量 20.3 亿支（4.06 万箱），出口烟销量 20.3 亿支（4.06 万箱）。

与川渝中烟、河南中烟、红辽公司、海红公司合作生产卷烟 79.95 亿支（15.99 万箱）。全年实现销售收入 799.02 亿元、同比增长 11.42%，实现税利 663 亿元、同比增长 12.82%，实现利润 135.95 亿元、同比增长 20.67%。三项费用率为 6.63%。

全年万元产值综合能耗为 9.24 千克标煤，万支卷烟综合能耗为 2.93 千克标煤。烟叶、滤棒、盘纸平均消耗分别为 7.19 千克/万支、2131.88 支/万支、593.87 米/万支。水、电平均消耗分别为 0.06 吨/万支、8.34 千瓦时/万支。

【品牌培育】 *品牌布局* 全年生产卷烟共 10 个品牌、83 个规格，品牌有“云烟”“红河”“小熊猫”“红山茶”“福”“茶花”“钓鱼台”“雪莲”“冬虫夏草”“大青山”。

按照“增云烟、增份额、促高端、确保云烟品牌总量增长”原则，推行“高端产品规模化拓展，规模产品结构性升级”战略，突出培育各价位段主导规格，集团品牌市场布局逐步完善，重九、印象、珍品、精品四大品系的市场定位日渐清晰，“大重九”的尖端引领，提升了“云烟”的价值形象，扩大了品牌高端影响力，加快了印象系列高端规模化、珍品系列大众主流化、精品系列上结构强支撑的发展进程。

销售情况 全年“云烟”销量 341.06 万箱、同比增长 14.8%，商业批发销售额 964.7 亿元、同比增长 16.2%，“云烟”产销规模、商业销售收入均列行业重点品牌第 2 位，“云烟”增幅在行业 300 万箱以上大品牌中列第一，“云烟”商业单箱销售额 2.83 万元、同比增长 1.25%，三类以上“红河”销量 97.62 万箱、同比有所减少、减量资源转化为“云烟”增量。全年集团高端卷烟销量 7.73 万箱、同比增长 16.2%，高价位卷烟销量 3.36 万箱、同比增长 50.2%，均高于行业平均增幅，“云烟（大重九）”全年销量 1.23 万箱，列行业千元价位单规格销量第 3 位。全年集团低焦卷烟销量 44.05 万箱、同比增长 64.15%，其中 6 毫克以下 0.49 万箱、同比增长 195.89%。

全员营销 集团领导密集走访全国销区，广泛传播“云烟”品牌发展“好声音”，及时有效根据政策与市场实际改善市场布局，争取品牌规模效益双提升。完善属地营销考核体系，强化生产厂所在地市场拓展力度，深化省外分中心工作协调，整合社会资源，全年分中心总销量和一类烟销售占集团销量的 31% 和 22.2%，核心基地市场支撑“云烟”品牌规模扩张的优势作用得到突出体现。

市场推广 深化工商合作，加强市场走访，工作重心下移至重点县区公司和零售户，强化市场维护、提升服务水平、夯实市场基础，扩大销售覆盖面，积极衔接正常计划，努力争取补货计划，最大限度挖掘市场潜力。创新营销手段，开展软文推广、微信、微电影等新型推广模式，新商盟宣传、终端团购、一桌式品鉴等实效性促销，2013 年组织市场促销 1099 场次、全国品牌培育专项活动 2 次。调优市场状态，围绕关键指标，加强信息分析，动态调

控市场，保障供货均衡、量价匹配，“云烟”在全国31个省级市场销量实现增长，其中9个增幅超过20%，1万箱级地市市场99个，10万箱以上省级市场8个。

海外拓展 制定国际市场拓展方案，明晰拓展内容，突出拓展重点，完善拓展规划，落实目标责任，2013年集团品牌国际市场拓展进程加快，全年完成海外销售72.4万件、同比增长40%，其中境外加工销售52.1万件、同比增长64.6%，实现了拓展方式由一般贸易出口向境外加工销售的关键性转变。“云烟”销售30.25万件、同比增长68%，“红河”销售35.03万件、同比增长44.3%，混合型系列产品销售30.8万件、同比增长34.5%。

缅甸项目包括集团控股缅甸掸邦第一特区果敢卷烟厂和集团授权委托加工的木姐环球卷烟厂。果敢卷烟厂全年生产卷烟2.7万件、销售2.58万件。木姐环球卷烟厂全年加工销售集团品牌卷烟14万件、同比增长71.6%。

联合烟草合作项目有马其顿佩莱博、迪拜INTER－CONTINENTALTOBACCO两个合作工厂，全年加工销售集团品牌卷烟17万件、同比增长28%。

印尼合作项目全年加工销售集团品牌卷烟14.86万件、同比增长89%，其中印尼ROCK公司完成加工13.25万件，香港红塔公司完成加工1.61万件。

纳米比亚合作项目于2013年4月正式投产，全年加工销售集团品牌卷烟3.5万件。

【科技创新】 *产品研发* 进一步找准市场需求、明晰品牌定位、优化产品结构，力促“云烟”品牌价值链由“金字塔形”向“橄榄形”转变。突出“清甜香”特色，着力低焦新品开发，开发上市“云烟（大云）”“（黄清甜香）”“（红清甜香）”3个新品，完成“云烟（超细支清甜香）”“（软印象烟庄）”“（硬印象烟庄）”新品研发，填补丰富200—400元价位规格，布局品牌升级换代。研发储备海外市场新品，加强对海外市场烟草限制性法规符合性和准入原则的研究，提高研发效率。

在线维护 强化持续维护，稳定提高主导规格产品品质，“云烟（大重九）”销量增幅412.9%，带动引领了“云烟”发展，“云烟（软珍品）”增幅14.5%，增强了“云烟”品牌的创效能力，“云烟（紫云）”增幅13.7%，稳固了行业单规格销量第一的优势。本着提质、稳定、降耗的原则，完成所有在线产品配方维护，叶组结构进一步优化。推进减害降焦，稳步降低产品焦油量，完成“云烟（WIN）”盒标焦油量降至6毫克；“云烟”“红河”两品牌焦油加权平均值降至10.3毫克/支、10.1毫克/支，同比下降1.01毫克、1.47毫克；“云烟”危害性指数从8.8降至7.9，在行业重点品牌排名中从15位跃升至第3位，减害降焦取得重大突破。

原料科技 提高烟叶品质，努力在一个产区确定一个主栽品种、制定一套适宜技术、执行一套生产标准，以生态凸显特色，以品种保障风格，以技术提高质量。加强配方维护，研究制定产品配方的年度调整方向和目标，合理配置集团原料资源，提升配方需求和库存原料匹配度，完成原料统一调配，保障生产。坚持品牌定制、配方功能需求导向，调整配方打叶设计思路，完成昆明、曲靖、红河三大烟区的复烤模块化配方打叶设计。推进“烘烤调香”和“陈化调香”，开发烘烤调香专用设备，昆明市宜良县“烘烤调香”扩大到700亩。深入原料应用研究，推进成果转化应用，提高省外烟叶、梗丝使用比例，薄片使用量同比增加13%。

工艺质量 凸显品牌特色，依托行业调香技术重点实验室推进香精香料自主研发，一批特色香原料进入产品试用，调配多个功能性香基，建立香原料资源库开展研究，强化调香核心技术掌控。完善工艺技术标准，优化产品加工工艺，推进工艺项目实施和工艺硬件升级，完成新品工艺路线设计，深化特色制丝加工和打叶复烤工艺技术，定期进行工艺质量评价考核和工艺符合性测试，组织2次工艺技术互动交流会，持续工艺改进、消除工艺短板，保障多点生产均质化水平。加强卷烟成品、卷烟烟气、烟用添加剂、烟用材料质量安全检测分析，严

格控制产品质量安全。开展增香材料、镂空滤棒、个性烟包等方面的研究，在卷烟辅料设计中严控质量安全指标，制定烟用材料准入使用评价准则，开展烟用材料供应企业质量安全保障资质评审。系统储备新型卷烟技术，提前介入电加热卷烟研究并申报24个专利，自主开发电子烟感官评价方法，集团被指定为行业新型卷烟研制重大专项研究主力单位。

国家级技术中心　集团技术中心2004年被认定为国家级企业技术中心。共有职工150名，其中博士10名、硕士52名，具有中高级技术职称科研人员101名。2013年共承担各级科研项目177项，其中在研国家局科研项目15项、云南中烟科研项目38项，并牵头承担行业"中式卷烟消费体验感官评价方法"项目研究，全年集团为第一承担单位的18项成果获上级奖励，其中中国烟草总公司科技进步三等奖2项，云南省科技进步二等奖1项、三等奖4项，云南中烟科技进步一等奖3项、二等奖4项、三等奖4项；申请专利233件、其中发明专利142件，获授权专利105项、其中发明专利16项。发表科技论文57篇。

博士后科研工作站　集团博士后科研工作站成立于2008年6月，在站博士后12名。2013年完成3个云南中烟科研项目、5个集团自立科技项目，参与2项国家局科技项目、5项云南中烟科研项目、3项集团自立科技项目，共获中国烟草总公司科技进步三等奖1项，云南省科技进步三等奖2项，云南中烟科技进步一等奖2项、二等奖2项；申请发明专利20项、获授权5项，SCI刊物发表论文3篇，中文核心期刊发表论文14篇。

利用微生物及酶类开发新型烟用制剂及烟用香精香料研究。通过生物技术等方法，筛选具有显著降刺除杂、凸显烟叶本香作用的微生物和酶，同时对能够增加烟草香气、降低烟气有害成分的微生物进行筛选，并开发出能提升烟叶品质的新型功能性烟用制剂。2013年度主要完成了降纤维素等大分子物质菌株在卷烟中的作用效果评价、香精香料的安全性评价试验、酶制剂的安全性评价试验。获得了降纤维素等大分子物质效果较好的微生物各一株，微生物发酵烟用香料3种。从烟叶上筛选具有产香功能的微生物并用于发酵生产烟用香精香料，对发酵条件进行优化，同时对发酵得到的香精香料进行多方面评价。2013年度主要完成了产香微生物的筛选与鉴定、发酵底物筛选、香精香料产品评价等部分内容，以及技术报告的撰写、完善等工作。开发得到产香微生物3株，并开发出3种烟用香精香料，对卷烟香气的提升具有明显的作用。

新型重组低危害卷烟的技术开发与应用研究。该项研究主要目的是集成原位重组、离体重组及复合重组技术，对烟叶材料本身进行分离后重组，降低烟叶的有害成分；同时开发含烟草材料的重组卷烟纸和复合嘴棒，进一步降低烟草有害成分，并综合以上技术，得到新型低危害重组卷烟产品。2013年度对重组烟草的配方进行了研究，以某牌号低焦卷烟叶组配方为基础，加入经降烟碱、蛋白、纤维素等微生物处理后的原位重组烟叶Ⅰ和经产香微生物处理后的原位重组烟叶Ⅱ，并加入经固液分离、低温膨胀处理并涂布津巴布韦烟叶提取物的离体重组烟丝，开发出低焦低害、香气透发性好、质感细腻、烟气醇和、刺激性小的重组烟草叶组配方；涂布烟草提取物及微生物发酵香料卷烟纸的制作；在昆明卷烟厂完成烟草颗粒复合嘴棒、新纤维沟槽复合嘴棒在卷烟中应用的放样工作；在红河卷烟厂分别完成重组薄片、复合嘴棒、卷烟纸在卷烟中应用的放样工作，并完成了重组烟草样品的中试放样生产。

"四级调香"及烟庄香料植物综合利用研究。在"四级调香"方面，2013年度主要完成对印象烟庄间作的烟草和香料植物内生菌和土壤微生物多样性进行分析，结果表明采用间作的方式能增加烤烟内生菌和土壤微生物的种类，无论是温室还是大田间作的烤烟中内生细菌和土壤微生物的多样性均高于单作烤烟。将五种香料植物分别在装烟期、变色期、定色期和干筋期添加入烤炉和烟叶共同烘烤；对比致香成分的检测结果，结果表明，在变色器添加香叶天竺葵进行烘烤的烟叶致香成分总量最高；将从印象烟庄植物中筛选的内生菌制成微生物制剂在初烤烟叶中进行应用；结果表明，于橡木桶中存放的添加微生物制剂的初烤烟叶陈化四个月后，感官品质有较大改善。在烟庄香料植物综合利用方面，通过对云烟印象烟庄及云南特色香料植物的调查研究，从烟用香精香料、功能性烟用辅料、功能性再造烟叶等传统调香途径展开综合利用研究，同时，结合集团独创的“大调香”理念，从创新调香途径的“田间调香”“烘烤调香”两个层面对其具体的模式及效果进行探索与评价，并开展了相应的工业应用验证，对特色资源进行综合有效利用。共获取产品 11 种，其中 1 种产品已在实际卷烟生产中进行了工业化应用。

烟草内源性组分在卷烟提质中的应用研究。通过紧密结合“红河”一、二类卷烟品牌风格特征，围绕“红河”品牌复烤线碎片、制丝线碎片、“红河”烟梗等红河特色原料，结合感官抽吸、理化分析等对原料进行可用性分析评价，根据一、二类卷烟的风格特征及互补性，完成了原料筛选工作。并建立了烟叶配比—感官质量数学模型，用于内源性产品开发的原料烟叶复配指导，有效利用了资源。最终建立起红河品牌需求的特色化、精细化、专一化原料体系。通过分析红河一、二类高端卷烟的风格特征及提质需求，采用酸碱分离、溶剂梯度分离及树脂分离方法进行有效成分的分段加工，并结合分子蒸馏、超临界、低温萃取、泡蒸等方法手段，根据香味成分的理化性质差异，有针对性地获得具有不同风格特征的内源性组分。并依据互补性原则和卷烟调香原则，将内源性精细分离组分，有目的地应用在卷烟产品中，建立了适宜“红河”一、二类卷烟的烟草内源性精细分离香料产品体系。通过对原料全组分综合研究基础上，筛选“红河”优质烟叶表面参与烟叶醇化的生香微生物，并利用烟草生香微生物对香气前体组分及高糖的液体组分进行生物改性（即生物衍香），促进并丰富烟草内源性成分的生成及转化，富集高效补香的烟草衍香组分，提升烟草内源性香料的补香效果。

烟叶加工副产品的精细化处理及应用研究。2013 年度主要从烟叶加工副产品包括烟叶碎片、烟末、烟灰棒、烟梗等的综合利用出发，对烟叶加工副产品进行收集分类，并对这些烟叶加工副产品进行相应的功能定位，划分为骨架型、香味型和质感型的副产品原料。对不同功能型的烟叶加工副产品进行水提、醇提、酶解提取等方面的研究，初步确定了最佳的酶解提取工艺；采用不同截留分子量的超滤膜对常规提取及酶法提取的烟草提取物进行精细分离处理，得到不同分子量段的提取物，并对提取物的进行了常规成分、致香成分及感官评价，结果表明酶法提取物常规成分及致香成分均较常规提取高，感官评价表明分子量较低的提取物对卷烟增香效果明显。

降低“云烟”七项烟气成分释放量的叶组配方技术研究。2013 年度对不同地区、品质、部位、等级的烟叶单体及“云烟”品牌烟草薄片进行了烟气七项成分及焦油测试，明确了不同地区、品质、部位、等级的烟叶单体七项成分释放水平，及“云烟”品牌相应烟草薄片的七项成分及焦油释放水平，为卷烟叶组配方单体使用提供了依据；结合不同地区、品种、部位、等级的烟叶单体检测结果，设计了不同七项成分、焦油释放量的单体搭配，并对其进行七项成分及焦油释放量检测，探索不同释放水平单体间配合使用后的七项成分及焦油释放情况。

基于优化烟叶原料资源配置的模块化技术研究。2013 年度对库存烟叶原料进行统计分析，明确集团库存烟叶原料整体结构及质量状况。对“云烟”品牌叶组配方结构进行解析，明晰烟叶在叶组配方中的功能定位。结合上述研究结果，将烟叶功能划分为骨架型、质感型和香味型三种功能，并借助集团烟叶感官评吸指标，建立了不同功能型烟叶单体的感官评价模型。对典型的功能型烟叶单体进行了常规化学成分及致香成分分析，采用逐步回归分析法，获得了不同功能型烟叶单体的回归模型，为骨架型、质感型和香味型的功能烟叶模块构建提供了技术支撑。

卷烟制丝工艺过程控制方法的研究与应用。在影响卷烟质量及稳定性的关键指标分析方面，对影响“云烟”代表性品牌“云烟（紫）”和“云烟（软珍品）”卷烟质量及稳定性进行研究，明确了烟支物理质量指标对卷烟质量的影响，并建立了烟支重量与吸阻、总通风率、硬度等卷烟物理指标以及焦油、烟碱、CO 等烟气常规指标之间的线性方程，并考察了烟支重量对卷烟感官质量的影响；确定了烟丝填充值对烟支物理质量及稳定性的影响，建立了烟丝填充值与烟支物理质量及稳定性的线性相关方程；确定了影响卷烟质量及稳定性的关键指标。在卷制过程对卷烟质量及稳定性的影响研究方面，实验研究了 Protos70 型卷烟机工艺参数对卷烟质量及稳定性的影响，明确了 VE 负压、针辊转速、回丝量、剔梗签量等工艺参数对烟支物理质量及稳定性的影响，为提升卷烟制造过程质量控制水平提供了基础。

红云红河集团卷烟生产工艺质量评价体系的建立。在建立卷烟加工过程质量评价体系研究方面，2013 年度选取了显著影响卷烟加工过程质量的工艺流量、关键参数、过程质量、卷制质量、设备性能、保障条件共 6 个方面作为主要评价指标，各评价指标又细分为多个重要子指标，形成评价指标体系，采用统计分析法、过程能力指数等方法进行评价，并进行指标权重设置和评分计算，最终建立系统、全面、定量的卷烟加工过程质量评价体系。应用结果表明，该评价体系能有效反映卷烟加工过程质量，有利于促进卷烟加工过程质量控制水平的提高。

烟用辅料参数设计、功能性携香辅材相关研究。烟用辅料参数设计方面，本年度选取卷烟主流烟气 7 种烟气成分〔一氧化碳、氢氰酸、4－（甲基亚硝氨基）－1－（3－吡啶基）－1－丁酮（NNK）、氨、苯并［a］芘、苯酚、巴豆醛〕为主要研究对象，系统剖析在一定的卷烟物理参数条件下卷烟辅料（三纸一棒）、薄片梗丝掺入比例变化等对主流烟气及感官质量的影响情况，探寻卷烟设计参数与卷烟主流烟气之间的量化关系，并采用数学统计方法，对主要烟气成分分别建立科学的数学模型。功能性携香辅材方面，在行业卷烟舒适程度等指标评价体系以及云南特色植物应用研究成果基础上，利用云南省特有的植物资源提取和精制系列植物提取物，从中筛选能够提高卷烟的轻松感、舒适感和满足感、具有安全性和适用性的功能性植物提取物。通过提取物与三醋酸甘油酯相容性和稳定性试验，筛选适合加载于该体系的提取物。比较不同种提取物的成分和种类，研究其对增香协香性能的影响，通过物理指标的测定和感官评吸鉴定，筛选出物理性能良好并能改善卷烟吸味的产品。在小试实验的基础上，通过成本控制开发出可批量应用的模块式增香协香系列提取物，以集团主导规格为载体实现转化应用，提升“云烟”品牌产品的区域特色和吸味。在大颗粒胶囊大携香量的前提下，通过可控性挤破胶囊壁从而释放调香物质，改善香气特征、强化“云烟”品牌“清甜香”吸味，建立“云烟”品牌专属特征风格。

【生产制造】 管理体系建设 制定 2013 年《管理体系建设工作要点》《管理目标分解要求》，完善目标指标系统性，并通过对目标的有效监测、分析，找出体系运行存在的问题，发挥目标引领作用。举办“三标一体”管理体系知识培训，系统讲解 GB/T19004－2011、GB/T28001－2011 标准转版等知识，结合国家局一流质量管理体系《建设评价标准》《检查评价实施细则》，分析存在的差距，并对下一步体系工作提出要求。组织五中心等重点部门开展一流体系自我评价，寻找短板，实施改进提高，并接受云南中烟体系评价。开展年度体系内部审核工作，有效整改审核中发现的不符合和改进建议项。开展管理评审工作，重点围绕战略、服务水平、产品质量以及国家局 2013 年体系建设的要求进行全面系统评价，深入研究关键性问题，提出改进方向，落实各项决议，管理体系持续改进。开展管理体系第三方监督审核工作，审核提出的 3 个不符合项及

31个改进建议项完成整改，通过第三方监督审核。组织体系文件评审、修订和完善工作，全年修订管理标准711项、技术标准372项、工作标准195项，新增管理标准684项、技术标准205项、工作标准61项，废止管理标准159项、技术标准42项、工作标准44项，标准制修订率达47%，体系文件对业务工作的规范指导作用持续提升。

对标创优　加强对标体系建设，修订完善三级指标体系和MES系统对标创优数据报送流程。落实定期分析制度，按季度完成对标分析工作，按月以《对标、创优工作领导小组通知》形式发布集团生产厂对标、创优基础数据，树立工厂层面的内部标杆，形成内部争学先进的氛围。以项目制推进对标弱值指标的改进提升，验收考评2012年度对标项目并交流经验、共享成果，以成本费用控制、降耗节能、提高效率等为重点开展2013年度对标项目研究工作。创优工作以课题推广应用为重点，推广应用“班组管理规范”和“6S管理规范”，借鉴应用“精益六西格玛导入与实施指南”“卷烟生产加工精细化管理指南”等专题成果，着力提升生产厂“生产组织柔性化能力、生产加工精细化能力、成本控制即时化能力、生产控制智能化能力、生产安全标准化能力、提升管理创新能力”。在MES系统中建立对标创优管理模块，完善数据统计分析系统，在协同办公系统内建立对标专栏，搭建信息沟通交流平台。2013年，与国家局公布的34项行业对标指标相比，集团优于行业平均的指标有22项，达标率为64.71%，4项指标进入行业前三位；与行业18家工业企业相比，集团达到行业平均水平的指标数量位居行业第6位。按照国家局新13项“创优”评价标准，集团6个生产厂全部达标，“优秀卷烟工厂”达标率保持100%，其中昆明卷烟厂、红河卷烟厂、曲靖卷烟厂、会泽卷烟厂、新疆卷烟厂各有12项指标达标，乌兰浩特卷烟厂有10项指标达标。

生产管理　以提高制造保障能力、确保“云烟”重点规格的增量为主要原则，详细测算分解各生产厂规格计划，合理优化品牌规格生产布局。召开卷烟物耗管理控制工作交流会，找出集团和行业优秀工厂之间的差距，总结和发掘生产厂在物耗管理方面的有益举措，以物耗考核评价为手段，引导工厂优化生产组织，降低生产成本。及时掌握市场信息，对节前生产、手工包装产品市场需求突增等情况，提前周期足量准备所需物料，做到均衡连续生产，提高生产效率满足市场需求。开展MES生产计划管理、进度监控和生产统计模块建设，修正和优化功能设计，核对报表数据和逻辑关系。召开2013年安全生产质量工作会议，签订年度安全生产、环境保护责任书和生产厂基础管理绩效考核责任书，通报2012年产品质量情况、生产厂基础管理绩效考核情况及“八项考核”运行情况。修订完善《八项生产安全管理考核办法》，对6个生产厂开展现场检查考评，召开上半年“八项考核”运行评价会议。巩固夯实6S工作开展以来所取得的成效，各工厂生产现场井然有序，员工个人素养和工作效率得到提高。

质量管理　提升质量水平，严格全方位质量管理，精细过程控制，全年集团产品质量出口商检、行检、抽检合格率100%，无重大质量事故发生，产品市场投诉1个制造缺陷单位，万箱投诉率0.003、同比下降95%，在行业全年三次市场抽检中，集团9个规格综合质量、4个规格感官质量进入前10名，“云烟（大重九）”综合及感官得分再次位居行业第1名。按月收集、分析质量信息，形成质量分析报告并开展质量预警，及时向生产厂反馈质量信息和分析报告，发现问题督促整改。以“质量零缺陷”为追求目标，开展“赶超质量标杆，追求卓越质量”的主题质量月活动，以质量标杆为引领，促进工厂、车间、班组、机台“比、学、赶、超”的质量改进氛围。举办优胜机台（班组）评选，开展集团卷烟外观质量实物标样评比活动，根据集团主流机型，设置GDX1机、B1机、FOCKE350、GDX2、软包硬化、高速软包、高速硬包7组机型，评选出的标样下发各厂学习赶超。组织相关人员到曲靖卷烟厂、昆明卷烟厂开展质量工作经验交流活动，重点对技改搬迁后的质量管控重点、难点和长期存在的共性质量问题深入探讨。召开集团2013年QC小组成果发会，6个生产厂25个小组87名代表参加会议；2013年集团2个QC小组获“全国优秀质量管理小组”，8个QC小组获“云南省优秀质量管理小组”，1个QC成果获全国烟草行业第二十四届QC成果发布会一等奖，17个成果参加云南烟草工业第十次QC成果发布会获2个一等奖、6个二等奖、9个三等奖。

设备保障　按照“先进、经济、适用”的原则，结合集团品牌发展战略和现有装备技术状况，统筹规划、分步实施，提高集团工艺技术装备水平和综合配套能力，全年申报年度烟草专用机械设备购置4批128台套，完成部分引进设备的技术谈判及商务谈判，对昆明卷烟厂、曲靖卷烟厂技改后装备技术状况形成专题调研报告，曲靖卷烟厂打叶复烤技改烟草专用机械设备开始选型论证。配合云南中烟开展设备管理考核评价工作，启动设备价值管理体系建设咨询项目，实施MES项目设备管理模块建设，举办设备优秀操作法评比。外租纳米比亚的1组B1包装机、2组PASSIM卷烟机以及两组COMFLEX连接器项目，红河卷烟厂KDF3滤棒成型机电控改造项目，曲靖卷烟厂制丝线除尘系统改造及1台GDX1、1台GDX2包装机组大修、5台S90连接器大修项目，会泽卷烟厂包装机大修项目等顺利实施。

合作生产　与山昆公司、蒙昆公司、川渝中烟、河南中烟、红辽公司、海红公司完成合作生产80.99万箱，其中“云烟”系列60.11万箱、“红河”系列20.88万箱。根据合作生产工作要求，集团向安阳卷烟厂、重庆卷烟厂、营口卷烟厂、海红公司派驻质量工作人员，对其生产的集团合作产品进行现场监督，同时在山昆公司、蒙昆公司生产集团新牌号时派驻质量工作人员，年内共派出质量人员14批43人次；积极协调合作生产，及时向输入方传递合作产品质量监督检验结果和市场投诉信息，对其存在的突出质量问题要求其整改并反馈整改报告；按月将集团对照卷烟样品寄送输入方，督促其开展质量一致性评价工作；将山昆公司、蒙昆公司产品纳入集团月度质量分析和评价的范围。全年合作生产产品市场投诉3个制造缺陷单位。

安全管理　全面落实安全生产责任制和“一岗双责”制，签订安全责任书，细化分解并层层落实集团安全目标。深化落实安全标准化建设，着重结合岗位达标及专业达标，做到标准“进班组、进岗位、进流程、进制度”，各厂修订完善各类标准、文件575个，深入开展安全对标自查，对11月云南中烟达标复评提出的56个问题及4项建议抓紧整改，乌兰浩特卷烟厂向国家安监总局申报安全标准化一级达标企业评审。开展安全文化示范企业创建活动，将企业安全文化建设与安全生产标准化的内容相结合。深入开展安全隐患排查治理和“打非治违”行动，2013年各厂开展综合安全检查60次，消防、交通、施工等安全专项检查86次，排查并整改各类安全隐患、违规违章行为637项；在集团范围内组织安全生产大检查活动，发现问题634项，整改627项，整改率98.9%。加强职业健康管理工作，开展噪声、粉尘等职业病危害因素检测，加强对职业病危害因素的控制，2013年开展各类职业健康体检5094人，无职业病检出。实施全员安全教育，开展“安全生产月”“交通、消防百日安全竞赛”“消防运动会”“应急演练周”等活动。完善应急制度体系，制定集团《生产安全事故综合应急预案》《总部办公楼消防应急疏散预案》，强化应急救援队伍管理，开展应急预案演练77次。加大安全投入，认真执行新建项目安全设施“三同时”制度，对设施设备定期进行检测、校验和维护，全年投入4800多万元，确保安全技术防范系统、生产设施安全装置和仓储设施达标配置和状态良好。全年集团实现安全工作的“六无”目标，企业员工因公死亡率和重伤率为零，轻伤率控制在2‰以下，企业主要负责人和安全管理人员、特种作业人员持证率为100%，各类事故隐患整改率、特种设备年检率为100%。

环境与能源　注重过程管控，密切监控分析主要污染物的排放情况，对检查中发现的相关问题进行检查通报并监督整改，合规处置危废保障环境安全；开展环境、职业健康管理体系评审、更新工作，识别出 6064 个环境因素，其中重要环境因素 138 个，适用的环境法律法规 157 个；完成集团 MES 系统环境管理模块建设，完善减排相关数据采集、统计和分析功能；推进清洁生产，完成各厂“清洁生产评价准则行业标准执行情况”年度自评，并组织交叉审核验证。修订年度能源计量考核办法并分解下达节能指标，实施集团能源管理体系建设咨询项目，调研能源管理基础情况，开展能源管理体系标准宣贯培训和节能宣传周活动，组织集团动力设备能效对标工作及各厂能源计量管理情况评价，填报重点用能单位能源利用状况年度报告，编写集团 2012、2013 年度“国家万家低碳行动单位节能目标责任考核”自查报告。

基建技改　深化基建技改制度体系建设，制订《基建项目管理暂行办法》，修订《基建项目管理程序》《技改项目管理程序》，进一步提升工程投资项目管理水平。优化项目采购会审流程，突出项目论证及采购方式审批重点环节，加强项目实施过程监管。集团管理总部 1 月投入使用，云烟科技园 8 月投入使用，集团总部主入口及昆明卷烟厂厂前区两个配套设施项目通过云南中烟初步设计审查、进入规划报建和招投标阶段。昆明卷烟厂易地技改项目开展竣工财务决算，做好总体竣工验收准备工作；原生产厂房改建醇化库项目开展土建改造，打叶复烤易地技改初定选址；182 户大板房拆除重建项目完成向政府相关部门的申报，原住户全部签订拆迁协议，完成全部危房的搬迁拆除，重建土地进入招拍挂流程。红河卷烟厂易地技改项目 9 月获国家局批复，完成环保审批、土地审批及项目批复备案等前期工作；弥勒星田烟叶醇化库项目进行方案论证和项目申请报告书编制工作。曲靖卷烟厂就地技改项目基本完工并投入使用；打叶复烤易地技改和新建烟叶仓库 6 月获国家局批复。会泽卷烟厂就地技改项目完成联合工房、生产管理用房、职工食堂主体工程，按计划实施专卖设备及通用设备采购工作。新疆卷烟厂易地技改项目联合工房、动力中心、库房工程土建及装饰、机电安装、消防进入收尾，综合办公楼主体基本完成，制丝设备及动力设备进入单机调试，新购卷接包设备就位。乌兰浩特卷烟厂技改项目 1 月通过国家局验收，填平补齐项目 3 月获国家局批复、11 月初步设计通过国家局审批、主要项目招标工作完成；后勤保障中心项目完成初步设计评审、施工图设计等。集团全年实际完成工程投资 14.68 亿元、占年度投资计划的 79.41%。

【物资管理】　烟用物资采购　以“保障供应、服务生产”为目标、以“严格、规范、阳光、透明”为原则，深入推进烟用物资招标采购。梳理、修订和完善卷烟材料《采购管理程序》《供应商动态评价管理规定》及烟机零配件《采购管理程序》《供应商动态评价管理规定》等管理程序文件，推进物资统计、信息、核算等工作，加强对重点工作环节及重要工作岗位的廉政风险排查与监控。制订 2013 年度烟用物资采购方案，明确主要烟用物资的采购方式，全年采购烟用材料 56.41 亿元，节约采购资金约 4100 万元；除丝束、嘴棒、进口卷烟纸、部分香精香料外的烟用材料公开招标比率为 90.87%，香精香料（添加剂）公开招标比率达 20.5%；采购烟机零配件 2.55 亿元，消耗 1.86 亿元，调剂 105.7 万元，销售 238.6 万元。

卷烟材料　根据卷烟材料公开招标结果发放中标通知书，编制下发 2013 年上、下半年卷烟材料采购计划并监督、跟踪、指导框架的执行，按照卷烟生产计划完成卷烟材料季度采购计划、月采购计划及增补计划的编制，满足生产需要。制订 2014—2015 年度卷烟材料公开招标方案，确定公开招标卷烟材料卷烟纸、条与盒包装纸、封签纸、成形纸、包装膜、接装纸、内衬纸、框架纸、烟用纸箱、拉线、卷烟用胶、三乙酸甘油酯共 12 类 207 个品名，对投标人按照价格、产品质量、供货业绩、服务、供应商等级五方面进行评分排序，加大质量评分的权重并细化产品质量扣分项，卷烟材料采购的分包和价格制定更加客观、合理。

香精香料　制订2013年香精香料公开招标方案，评标按产品品质鉴定、价格、供应商等级、业绩、产品质量五方面评分，其中产品品质鉴定按理化指标验证、相似度、感官功效等方面进行综合评价，全年完成两批共103个规格的公开招标。

烟机零配件　制订《2014—2015年烟机零配件公开招标采购方案》，对具备招标条件的卷包、嘴棒设备国产专用件和部分通用件数据进行分类、鉴别、汇总，明确国产专用件的投标人必须是所投产品的生产制造商、通用件投标人必须是云南中烟通用件合格供应商，公开招标不接受联合体投标、不得转包和分包，将投标人的销售业绩考核细化到标段或机型；专用件招标扩大为PROTOS2－2、PROTOS70＋ZJ17、FOCKE700、FOCKE350、KDF2＋KDF3、PASSIM7000＋PASSIM8000＋ZJ19、GD121（老）、GD2000＋GD3000、GDX1（ZB25）、GDX2（ZB45）等机型及其辅联设备，通用件涵盖工量具类、标准件类、通用电器类、物流等类别。按照区域定向或品种定向的方式与中标供应商签订年度框架协议，结合信息系统建设，构建更加规范、高效的零配件采供流程，全年完成包括国产专用机加工件、国产专用专业件、通用件三个大类13个标段共计6435项零配件的公开招标工作。

非烟用物资采购　针对非烟用物资范围广、类别杂、采购部门多、管理方式和业务运作存在不一致的现状，从归口管理部门的角度，对集团总部及省内四个生产厂非烟物资采购管理情况现状进行调研并形成报告，初步理顺物资分类、预算编制、采购管理、报表统计报送等工作，逐步规范集团非烟物资采购。编制形成并审核批准实施2013年非烟用物资采购方案，2013年非烟用物资采购预算4.36亿元，实际执行采购3.93亿元，其中公开招标采购金额2.34亿元；其他采购方式采购金额1.59亿元。

供应商管理　深化供应商资质认证、考核和评价，推行供应商年度动态等级考核评价管理，建立科学合理的供应商评价体系，进一步提升供应商的供货质量和服务能力。坚持统分结合认证方针以及统一标准、集中考评、分级管理的原则，严格按照《卷烟材料供应商质量动态评价实施办法》，按月对入库检质量问题、入库检合格率、物资供应保障率、紧急供货响应能力进行评分，再按月度评分、年度质量总评分及上机适应性评分得出年度总分，使供应商动态评价更客观、及时，增强处罚可操作性。完成2013年烟机零配件供应商动态资质认证工作，首次对国产专用烟机零配件供应商自主加工产品目录进行收集整理，形成国产专用烟机零配件供应商自主加工产品目录，为实现专业化供应商等级分类与考核、区域化管理做好储备数据。

物资质量控制　继续深化“四位一体”质量管理模式，树立服务卷烟生产、保障物资需求的全局意识。建立日常质量统计、评价体系，实行供应商月质量考核、上机适应性日常控制，从供应源头提升质量安全的控制能力，同时督促供应商加强过程和上游控制，杜绝不合格卷烟材料。严格供应商考核，全年对不合格供应商发出整改通知、收集整改报告7次，对3家抽检不合格的供应商进行处罚。加强对不合格供应商产品的跟踪抽查或现场检查监督，定期向相关烟用材料供应商发放烟用材料质量通报。根据国家局《卷烟品牌许可生产质量保障通则》要求，将被许可方非专卖品烟用材料供应商纳入统一管理，要求被许可方按月报送盒包装纸、条包装纸、接装纸的采购情况，并加强对卷烟材料执行情况的监督、跟踪和指导。

【物流管理】　非法人实体化运作　理顺物流组织和业务体系，推进业务重组和流程再造，修订完善制度标准体系，形成“统一管理、分散作业”的物流业务模式和统一的物流业务运行规范。4月各生产厂完成物流部（科）的组建，5月集团财务部增设物流财务科；以项目推进制度建设，制定完善管理制度24项，内容涵盖仓储、运输、装卸搬运等物流各个环节；开展物流标准体系建设，构建工商协同流程对接、标准对接等机制，制定卷烟包装箱循环利用业务运作工作流程和工作标准。

精益物流 选择北京、天津等地9家商业公司进行精准到货试点，精准到货率由49.66%提升至97.69%。修订完善货损管理办法，加强卷烟成品装卸、搬运、堆码、运输等管理，2013年卷烟成品平均货损率为0.49‰、同比下降71.49%。开展外租劳务和运输服务试点招标，规范物流服务商管理，降低综合服务成本。统一管理、综合调配仓储资源，采取划分仓库类别、规划存储区域、增加烟叶堆码高度及合理投料、供料、调运、周转等措施，充分挖掘仓储潜力。开展昆明卷烟厂成品立体仓库移库入库改造项目和丝束直接到货入立体高架库项目。针对省内生产厂异地片烟调运频繁的现状，提出“以生产需求为导向的烟叶物流流程”，缩短移库过程中间距离，降低损耗，减少调运费用。根据2013年初烟叶收购计划，针对烟叶库存的平衡性和结构的合理性，提前规划烟叶收购区域，合理存放；同时，根据收购进度、复烤库容及复烤模块配方工艺要求，采取直投供料模式，减少烟叶造碎浪费、降低运输成本。

工商物流一体化 与云南省烟草公司协同开展按存销比发货工作，优化供货机制，降低卷烟库存，减少资金积压，使商业存销比有效控制在0.56。与红河州烟草公司开展工商卷烟及时订单直供模式，实现以客户订单为驱动、工商协同一体化应对市场的零库存管理。新疆卷烟厂与新疆维吾尔族自治区烟草公司规划共建物流，促进工商一体化。开展行业卷烟包装箱循环利用试点项目，3月在省内实现16个州市、省内4个生产厂、所有在销产品三个“全覆盖”，6月推广至重庆市烟草公司和成都市烟草公司，全年超额完成云南中烟下达的75万箱卷烟包装箱循环利用任务。

科技物流 加快物流信息化平台建设，实现对卷烟成品、原料、物资、零配件的运输和仓储业务的统一管理和运作，物流信息平台一期项目上线运行，实现成品计划管理、调运和车辆调度管理、卷烟仓储业务管理、卷烟物流业务管理、集成系统应用体系五大功能。推进原料密集式仓储技术研究，探索片烟RFID管理，同时推进包装箱材料创新及RFID在卷烟包装箱上的拓展应用。

【原料保障】 *基地建设* 巩固扩展基地建设，2013年申报4个国家局基地单元。稳固合作机制，与省内8个州（市）签订长期合作协议，优选90个基地单元。截至年底，集团共有98个基地单元，其中国家局基地单元23个。与当地烟草公司密切协作，优化基地生态布局，优选适宜植烟区域，足量安排烟叶生产计划，扩大特色优质品种种植，保障集团卷烟配方需要，全年入库红大品种148.9万担，K326品种69.6万担，美引品种22.6万担。制定烤烟育苗、田间移栽、田间管理、封顶抹杈、成熟采收、科学烘烤等基地烤烟生产管控计划，各阶段派驻生产技术人员开展基地巡查指导，推进基地烤烟生产科学合理、技术优化、品质稳定、特色突出。全面调查各基地单元海拔、光照、降水和土壤状况等生态条件及育苗、移栽、烟田管理、病虫害发生与控制和烟叶采收烘烤等生产条件，增强烟叶基地单元建设的针对性，推进集团品牌导向型烟叶基地单元建设。

【企业管理】 *董事会工作* 坚持把做好董事会工作作为建立现代企业制度、完善法人治理结构的重要保障，加强董事会制度化、规范化、程序化建设。成立董事会工作办公室，与集团党政办公室合署办公，全年组织召开4次现场董事会会议，审议和通报重大事项37项，闭会期间书面审议7项，形成会中有记录、纪要有签字、委托有授权、会后有决议、过程有存档、存档有备案。加强对下属企业董事会的工作指导，制定《关于进一步加强对所属公司及多元化投资企业董事会管理监督的意见》，确保集团重大经营方针的有效贯彻和落实。

计划统计分析 加强组织协调，合理安排总量分配和计划进度，及时编制下达生产准备滚动计划、

正式生产计划及调整通知，每月召开生产准备保障会，确保计划顺利下达。完成年度统计手册编制和各类报表统计上报，推进“统计应用提升咨询”项目实施。撰写月度《经济运行通报》和季度《经济运行分析简报》，并着手草拟相应专题分析报告，对行业、竞争对手和集团品牌和经济运行的部分基础数据进行整理，为集团决策提供参考。做好“云烟品牌诊断及专题咨询服务”项目，明确“云烟500万箱战略思路及战略结构建议”和“低一类云烟重点市场发展咨询专题”两个组成项目。

三项工作　调整工程投资、物资采购和宣传促销为物资、工程和服务采购“三项工作”管理委员会，制定《“三项工作”管理委员会工作规则》《评标委员管理办法》《采购管理制度》，编制《集中采购目录》，进一步推进工程投资、物资采购、宣传促销、服务及对外投资项目的公开招标、规范采购工作，2013年集团召开“三项工作”管理委员会会议9次、审议议题19个，工程投资工作领导小组会议11次、审议事项225项次，宣传促销工作领导小组会议13次、审议事项149项次，物资采购工作领导小组会议8次、审议事项29项次，主业与多元化投资（服务及对外投资）工作领导小组会议13次、审议事项69项次。

内部监管　继续开展“六禁一控”、卷烟过度包装、天价烟等专项治理工作，坚决防止“天价烟”和卷烟过度包装问题出现反弹。协调完成469台套已报废烟草专用机械设备的处置工作，开展曲靖卷烟厂144台套报废烟草专用机械设备的销毁前准备工作，统一各厂报废烟草专用机械设备处置所需装订资料目录。及时办理报废卷烟销毁审批手续并协调进行监销，保证受损报废卷烟合规处置，全年处置受损报废卷烟1449.5万支。严格涉烟废弃物处置监管，实地考察涉烟废弃原料处置企业，协调各生产厂做好废弃烟梗毁形设备的安装工作，做好集团18万担报废长梗销毁的准备工作，妥善办理曲靖天福公司涉烟废弃原料外泄事件及后续整改工作。配合国家局专卖司开展2012年末准运证开具及卷烟运输情况调研，配合云南省局、云南中烟对集团废弃原料处置管理检查调研、卷烟打扫码专项检查等工作。推进公务用车、办公用房、“两金”（住房公积金和企业年金）等自查清理和落实整改，健全长效机制。

审计监督　强化审计监督，全年会审经济合同3394项、审减金额507.82万元，审核工程结算774项、审减金额5974.21万元；公开招标637项、金额43.2亿元，占计划项目和资金总额的92.5%和84.7%。落实整改事项，认真对待、积极配合国家局有关经济责任延伸审计，边审边改，全年完成审计整改134项。对集团总部、昆明卷烟厂、红河卷烟厂、曲靖卷烟厂等6家主业和昆明市红云医院、云南九九物业管理有限公司、云南红河投资有限公司、庆来学校等6家全资及控股企业，共12个审计对象进行2012年度企业货币资金和2011年度、2012年度保险费管理和核算情况专项审计，汇总14类25项问题、提出2项管理建议。完成乾坤纸制品、天福复烤、九九集团、红云地产、九九物资、九九运输等6家单位负责人任期经济责任审计和奎屯红雪莲经理离任经济责任审计。

全面预算　导入“精益管理”理念，强化全面预算管理。预算编制明确部门分工和权限，以工作计划的量化为体现，提升预算编制精准度；全面深入进行预算分析，注重预算过程监控及评价考核，做好预算执行调整，不断缩小预算执行偏差率，预算评价考核效果逐步显现。按照云南中烟对BPC预算系统统一整合的要求，查缺补漏、修订指标、优化系统，“以变求进”完成统一整合对接工作。

资产管理　夯实资产管理基础，按照“严防流失、确保增值”要求推进国有资产管理，对各单位国有资产增减变动情况进行监督管理，重点核查资产及权益变动等项目，及时办理产权登记年检及对外投资企业的收益确认手续、权证变更，完成对红塔证券的增资扩股，进一步规范资产租赁业务，严格“到期一项评估一项”进行续租。

财务基础　强化费用控制和资金风险防范，制定《银行账户及货币资金管理暂行办法》，严格日常核算管理，优化会议费报销流程，开展流动资产专项清查，持续提升财务核算管理工作水平。推进财务信息化建设，PS 项目管理模块和资金监管系统上线运行，ERP 系统闭环流中的业务单元进一步完善。配合开展会计信息质量、纳税风险管理检查，持续提高财务管理水平。

劳动工资　推进绩效管理体系建设，成立集团绩效管理工作领导小组，完成绩效管理体系建设项目招标及合同签订，制订绩效管理工作建设实施方案和具体工作计划，完成组织构架、部门职能职责、岗位说明书的梳理；强化以绩效为核心的分配导向，落实员工岗位工资调档机制，建立员工绩效考核档案，不断提高绩效管理水平。修订《薪酬福利管理程序》，制定《境外企业及驻外机构工作人员薪酬管理规定（暂行）》，完善驻外人员薪酬管理；制定《营销人员驻外营销工作岗位销龄工资实施细则》，落实营销人员销龄工资待遇；落实技术中心专业技术人员聘任后的待遇，初步建立与员工职业通道建设相配套的薪酬政策；制定《补充医疗保险实施办法》，与四家保险公司签订补充医疗保险服务合同。统筹安排全年工资总额使用计划，进一步规范工资发放工作，统一津补贴管理，实现省内省外各单位员工福利费及工资性补贴项目和标准的基本统一，将劳动技能竞赛、评优评先等各种奖励经费统一纳入工资总额管理。理顺总部退休（内退）人员工资管理关系，加强调研、协调落实行业内评定的高级职称人员的养老金待遇。修订《劳动合同管理程序》，加强对生产厂业务外包工作的管理与监督，督促新疆卷烟厂和乌兰浩特卷烟厂对劳务派遣用工进行清理整改，通过岗位调整等方式解决混岗现象，新疆卷烟厂完成劳务派遣用工择优直签 60 人。

多元化经营　加强投资企业管理，狠抓规范运行，做专、做实、做强，提高多元化企业自我发展能力。配合推进云南中烟多元化整合和酒店专业化管理工作，完善全资、控股企业法人治理结构，充分发挥“三会”的监管作用。履行参股企业出资人职责，及时上报涉及企业产权、重大投资及决策、收益权等事项。定期开展经济运行分析，立足提升多元化企业“服务保障、经营管理、自我发展”三项能力，加强对企业运营的指导和把控。推进天恒、天平、石林三家酒店的安全设施专项改造及基础硬件设施维修改造；进一步改善优化物流企业运输力量，保障卷烟精准到货；积极采取措施，创新酒店企业营销方式，努力争收创收；加强庆来学校培训基地建设，狠抓教育教学，小升初考试连续六年全市第一，中考连续三年全市第一。2013 年，集团全资、控股的 10 家多元化企业经营业绩稳步增长，实现营业收入 11.91 亿元、实现利润 1015 万元，天恒酒店被评为全国“金鼎奖最佳商务酒店”，湖泉生态园顺利通过国家 4A 级旅游景区省级评定，在行业多元化经营管理评价中，天恒、湖泉两家酒店进入酒店企业前 10 名，红河投资房地产分公司列地产企业第 7 名。

【信息化建设】　遵循“统筹规划、系统设计、整体推进”的要求，以集团信息化总体规划为指引，有序开展各项工作。完善信息化管理制度，制定集团《信息化项目管理规定》及主数据收集模板和数据交互标准等。成立 ERP 及外围信息系统改造项目建设领导小组，推进 ERP 及外围系统和接口改造，以符合云南中烟主数据编码标准和技术规范。重视信息化安全工作，制订信息化应急演练方案，集团总部及生产厂每季度开展一次专题演练。通过主题培训、技术交流、内训师选拔等多种方式加强队伍建设，锻炼和培养集团信息化人才。

项目建设　开展 ERP 后续功能模块项目建设工作，1 月项目管理、设备管理、报表合并、商务智能二期等模块上线运行，9 月供应商管理模块上线运行；9 月启动 ERP 系统及接口改造项目，2014 年 1 月上线运行；曲靖天福烟叶复烤有限责任公司 ERP 系统建设项目完成（仅用时 65 个工作日）。集团总部 MES 项目和红河卷烟厂 MES 项目一期通过验收，昆明卷烟厂 MES 项目一期正式运行、项目二期开始启动，曲靖卷烟厂MES项目抓紧开发实施，乌兰浩特卷烟厂MES项目完成招标。完成与资金监管系统接口的开发及应用，完成采购管理信息系统改造工作，开发新版移动办公系统，开展集团总部及6个生产厂的档案历史数据迁移工作，配合云南中烟完成远程消息传递功能及外事管理信息系统建设。物流信息平台一期项目8月正式上线；在建工程监管、昆明卷烟厂柔性制造系统、原料基地管理系统、原料系统远程支持维护平台、ERP与行业统一会计核算软件系统接口、行业卷烟物流数据统计应用、一号工程集中打码控制系统、CA系统等多个项目完成验收；实物资产管理系统、片烟物流跟踪系统、国家局物流在途应急备份等系统展开实施。

【行政事务】 公文管理 积极推广电子公文，严把关口环节，认真细致审核文稿，确保格式规范、内容准确、流转及时、办理到位。全年处理文件2900多份，其中电子收文1600份、纸质文件1300份，完成430多份集团发文的排版印制及近25万张印数的复印，确保集团行文正常流转。强化文件材料的精品意识，提高拟写质量，完成各类总结汇报、贯彻意见、发言讲话等重要材料百余篇。加强印章管理，严格按规定刻制、保管、使用、回收印章，全年刻制流转新印章36枚，回收移交销毁旧印章2枚。

外事管理 根据国家局出台的新规，对外事工作的计划拟定、团组申请、人员组成、行程安排等都作了更为严格的要求，工作中吃透政策，认真执行规定，加强内外沟通协调，没有发生任何违规违纪事件。

会务接待 严格落实中央“八项规定”，严控会议人数和规模，提高会议质量和效率，突出集团会议决议批复和重大事项的执行办理，确保决策有落实、有反馈。全年组织召开集团办公会、党委会26次，审议并通报各类重大事项151项次，接待管理务实节俭、杜绝浪费，简化接待项目，明确接待审批和报销流程，细化接待用餐、住宿、会议和陪同等标准。

档案管理 强化归档文件资料前端控制，根据集团机构职能变化及时调整归档范围，按标准对各类纸质及电子档案进行梳理分类和编号建档，推进档案信息化建设，做好历史档案数据迁移工作，多渠道、多模式开发利用档案信息资源，完成《集团2012年年鉴》（11万字）编撰及《中国烟草年鉴》《云南中烟年鉴》《昆明年鉴》等行业省市年鉴共15万字组稿报送。

法律事务 制订《2013年普法依法治理工作计划》，开展“深化‘法律六进’推进烟草行业法治建设”等法制宣传教育主题活动。妥善处理各类法律纠纷，办理红河源外观设计专利无效行政诉讼、“红河奔牛图”广告画面著作权许可合同纠纷、黑龙江市场部业务外包劳动争议等法律纠纷。围绕生产制造、科研、营销、采购、物流、原料6个方面编制业务流程法律风险点识别图。举办2013年集团法律论坛，制作《学法一点通》电子刊物12期，持续更新“普法面对面”和“法律法规”的栏目内容。

信访保密 高度重视信访稳定工作，妥善处置来信来访，及时就地疏导和化解矛盾，严格季度不稳定因素排查报送，妥善处置来信来访14批次。严格保密要求，开展“六五”保密普法自检自查及上报工作，组织完成集团保密工作普查，确保各项保密工作落到实处。

事务管理 党政办公室增设事务管理科，制定《员工食堂管理办法》《“一卡通”智能卡管理办法》《新办公区车辆出入停放管理办法》等规定，重点抓好总部工程项目安全、物业、餐饮接待、环境保护等管理工作。

【队伍建设】 经营管理人才培养 在干部选拔任用方面搭建竞争性选拔平台，加大干部竞聘力度，严把资格审查、民主推荐、组织考察、纪检监督、任前公示“五关”。2013年集团共调整聘任（任命）中级管理人员456人次，其中公推选拔生产厂副职2

人、总部及生产厂副调研员9人、技术中心副处级2人；竞聘选拔多元化投资管理部部长1人、各中心部室科（副科）级管理人员56人。按照后备干部队伍建设的要求，公推选拔总部部门正职后备干部5人、生产厂领导班子副职后备干部15人。组织1010人参加管理人员年度考核，并对考核排名前10%的92人进行表彰奖励，对考核排名后5%的44人进行诫勉谈话，对2011、2012年度连续2届考核被诫勉谈话的2人进行末位调整。以挂职、外派等方式促进岗位互动交流、培养锻炼人才，全年集团内部工作调动86人、工作调整89人，在上级单位挂职31人（竞聘输送到云南中烟及直属单位挂职试用7人；选送到国家局、省政府办公厅、云南中烟及直属单位17人，续借7人），生产厂到总部挂职3人、续挂6人，国际公司到集团挂职1人，外派海外合作企业38人。

专业技术人才培养　以培养高技能人才为重点，促进科技领军人才队伍的形成，1人被认定为云南中烟特色烟叶原料科技领军人才，3人获全国烟草技术能手、2人获云南省技术状元、6人获云南省技术能手、4人获云南中烟技术能手称号，昆明市名匠1人、昆明市优秀技术能手1人，集团被授予“昆明市名匠工作室”，昆明卷烟厂“创新”技师工作站被授予“云南省职工技师工作站”。创新高技术技能人才选拔使用方式，完善员工发展通道建设和管理机制，按照通道分类、专业发展的原则和要求，制订集团技术中心专业技术岗位考核聘任实施办法，共聘任首席工程师3人、项目专家4人、项目工程师10人。组织职称申报、评审、认定和推荐工作，评审认定初级职称83人、中级职称36人、申报高级职称16人。184人通过特有工种职业资格鉴定，其中高级技师4人、技师25人、初中高级工155人。通过博士后工作站引入4名博士，与四川大学联合培养企业管理方向博士后，博士后科研工作站由“单元”向“多元”研究转变。创新毕业生招聘方式，校园招聘和传统招聘方式并行，2013年在北京和成都两地开展校园招聘，全年集团共招收大学以上学历毕业生240人，其中昆明卷烟厂56人、红河卷烟厂66人、曲靖卷烟厂49人、会泽卷烟厂21人、新疆卷烟厂31人、乌兰浩特卷烟厂17人。

教育培训　全面整合优化培训资源，提高培训质量，降低培训成本，推进集团实训基地建设，分层次分类别组织实施专题、专项、专业培训。2013年采取请名人来讲、到名校去学的培训方式，聘请知名学者教授到集团举办专题讲座1期，选派中级管理人员到同济大学、复旦大学、武汉大学等高校专项培训4期，组织营销、制造、物流、原料、政工、生产管理及操作维修等专业人员到庆来学校、云南烟草教育培训中心专业学习16期。建立基础理论与实操技能、课堂讲授与动手实践相结合的集团生产制造培训基地，设立生产制造管理委员会及专业培训站、基础培训站，搭建知识共享的学用一体培训平台。全年投入经费3031万元培训971起，分别增长1.1%、18.7%，受训34659人次。

技能竞赛　以“超越杯”职业技术技能竞赛为平台，开展卷烟商品营销、烟叶分级、财务管理职业技能竞赛，以赛促训，以训练兵，提升集团员工职业技术技能。举行2013年“超越杯”卷烟商品营销、烟叶分级职业技能竞赛；29名选手参加卷烟商品营销职业技能竞赛，竞赛按照案例分析、营销理论知识、营销策划方案编制、营销策划方案陈述四个阶段进行；58名选手参加烟叶分级职业技能竞赛，竞赛分理论竞赛、“把烟”分级操作竞赛和“单片烟”分级操作竞赛三部分。举行2013年“超越杯”第三届财务管理职业技能竞赛，20支代表队194名参加竞赛，竞赛分为初赛、复赛、决赛三个环节，采用笔试、口试、必答、抢答等形式层层筛选。组织参加第十二届云南中烟职业技能竞赛暨第三届卷烟商品营销技能竞赛，4人荣获“云南中烟技术能手”称号，并入选云南中烟高技能人才库。组织12879人次参加QC小组活动、优秀操作法、设备维修、节能降耗、卷烟评吸、营销之星评比、安全行车、优胜班组、标杆班组建设等劳动竞赛活动，把经济技术创新活动延伸到生产经营重点岗位和重点工作。

评优树模　树立模范典型，全年集团内部表彰奖励342名先进个人和46个先进集体。集团工会被评选为“全国模范职工之家”，昆明卷烟厂三部A区机械维修组、曲靖卷烟厂制丝部修理班获云南省工人先锋号。在各生产厂、公司举办“成长责任价值”劳模巡回报告会，宣讲劳模精神和先进事迹，积极营造关心劳模、宣传劳模、学习劳模、争当劳模的良好氛围。

【党建群团】　党建工作　贯彻落实民主集中、集体决策和领导干部集体学法制度，坚持民主生活会、交心谈心和“三会一课”，制定集团《进一步加强和规范党委中心组学习实施细则》，以学习宣传贯彻党的十八大、十八届三中全会精神为首要任务，采取讲座、党课、辅导等形式，利用网站、报刊等载体，发放相关学习资料，确保学习主题鲜明、内容具体。重点抓好领导干部作风建设，围绕“四风”方面存在的问题切实加强教育整改，健全作风评议、工作问责、首问负责、限时办结制，坚持领导干部联系部门和生产厂、挂片走访调研市场、基层工作联系点等制度，2013年集团领导班子年度测评基本以上满意率为100%。完善思想政治工作交流平台，制定《加强思想政治建设实施办法》，坚持员工思想动态月报和党员挂靠机台制度，开展“三走访”、送温暖活动和“党员机台”“党员技术攻关”“两帮一带”活动，编印《基层党组织建设典型案例集》《“作风建设大家谈”征文集》。以开展“改进作风年”活动为载体，总结深化创先争优工作，健全集团党委、基层党委、总支（支部）三级党务公开体系和党员党性定期分析制度，逐级签订党建目标管理责任书，采取红色基地教育等方式开展党务干部培训，切实提高党建工作能力，昆明卷烟厂党委的《党委工作评价考核办法》和党建工作标准化、曲靖卷烟厂党委的“党建工作确认制”和“阳光党支部”建设效果明显、成绩突出，机关党委的“党委—总支—支部”分级考核体系、红河卷烟厂党委的“到车间去、到一线去”实践活动、会泽卷烟厂党委的“每月一谈”“讲述身边的故事”、新疆卷烟厂党委的“转变工作作风、服务群众”工作组、乌兰浩特卷烟厂党委的“我是一面旗帜”“十个一点”活动让党组织的工作更贴近基层、让党员先锋带头作用进一步凸显。开展庆祝建党92周年系列活动，网上知识竞赛、“思与辩·知与行”辩论赛、红河卷烟厂“转作风、提士气、再树拼搏进取精神”主题论坛、曲靖卷烟厂“创特色支部、筑坚强堡垒”主题实践、会泽卷烟厂“大浪淘沙、不进则退”主题讨论、乌兰浩特卷烟厂“忠诚故事大家讲”等主题教育活动有特色有亮点。2013年，编印政研成果135篇，出刊《党群工作简报》22期，走访慰问老党员和困难党员381人次，110名优秀员工入党。

廉政建设　以“严明纪律、改进作风、惩治腐败”为重点，以党风廉政责任制为核心，推进廉政风险防控、廉政文化建设、惩治和预防腐败体系建设。健全防控机制，落实领导干部“一岗双责”，研究制定“三重一大”决策制度监督、廉政风险防控实施方案、新任职管理人员廉政谈话等制度规定，利用信息技术手段努力形成权力制衡、程序控制、岗位制约的运行机制，集团总部和6个生产厂的廉政风险防控体系初步搭建。加强对“三重一大”、干部选拔任用、工程投资、物资采购、宣传促销等重点领域廉政监管，严格执行工程建设“五个关口”“五个金额”和“环节”报告制度，落实“应招尽招、真招实招”，工程、物资、宣传促销项目公开招标占比持续提升。以宣贯集团廉政文化理念为核心，以重点领域和关键环节为重点，组织廉政教育活动250场26000人次，推动廉政文化落地，增强干部员工拒腐防变、廉洁从业意识。严格执行廉洁自律若干规定、中央“八项规定”和国家局“九条要求”，强化监督检查，力戒形式主义、官僚主义、享乐主义和奢靡之风。坚持领导干部述职述廉、民主生活会、重大事项报告、收受礼品上交、职工民主测评制度。加强对群众信访举报的分析核实和对反腐倡廉网络舆情的监控，严肃查处违反党纪政纪的行为。

团建工作　围绕“党政所需、青年所求”的定位，紧扣“青年成长成才”主题，深入学习贯彻团十七大精神，举办“坚定理想信念、锤炼优良作风”共青团干部井冈山培训班，做好《红云红河集团青年思想引导手册》在基层团组织的深化和运用工作，落实青年思想动态月报制度。召开“青春、责任、梦想”五四表彰会，表彰9个五四红旗团支部（总支）、24名优秀共青团员。打造立足本职工作、开展项目攻关，创造岗位价值的创新创效团队，编辑《创新项目星光奖优秀项目成果集》，命名表彰15个集团青年文明号集体和15个特色青年团队。开展“责任先锋”2013年青年志愿服务活动，举办“文化、价值、品牌”第五届青年论坛，发布7部微电影作品，创作《用青春托起梦想——红云红河青年之歌》，以行为规范建设为主要内容举办专题培训班，组织“微电影拍摄主题及思路”实践演练，提升各级团干部和团组织服务行为规范建设的积极性、主动性和创造性。

办事公开民主管理　推进办事公开、民主管理，维护好广大员工的知情权、参与权、表达权和监督权。2013年集团职代会、工代会合二为一，对集团领导班子进行民主测评，表决通过并签订新一轮《集体合同》。加强职工代表提案征集，共收到提案和建议186条并及时进行回复和追踪落实，回复率达100%，落实满意率99%。昆明卷烟厂将办事公开民主管理工作上升为独具特色的阳光文化，推行党务、政务、事务公开工作；红河卷烟厂实行提案管理项目责任制，围绕企业绩效管理、易地技改，开展建言献策活动；曲靖卷烟厂突出公开重点部位和关键环节，体现全员、全方位、全过程公开透明的运行模式；会泽卷烟厂、新疆卷烟厂、乌兰浩特卷烟厂完成信息公开体系建设。2013年集团各中心、部室、生产厂公开各类信息28260条，有效确保一线职工的知情权。

企业文化　围绕行业“两个至上”共同价值观和云南中烟“合和”文化，以突出特色、有效运用为着力点，强化价值引领、行为改善和素质提升。把云南中烟“合和”文化宣贯与弘扬行业“四种精神”、提升员工素质结合起来，创新宣贯载体、丰富宣贯形式，使员工在寓教于乐中加深对“合和”文化的理解。系统整理、深入挖掘各生产厂企业文化建设经验，完善集团文化内涵，修订《企业文化手册》，编印《故事红云红河Ⅱ》。昆明卷烟厂的“双品文化”提升、红河卷烟厂的“红烟故事”编印、曲靖卷烟厂的“寻找身边的好人”和“终身成就奖”评选、会泽卷烟厂的《大道于学》系列丛书及企业文化展演、新疆卷烟厂的“我为企业谋发展、立足岗位做贡献”和乌兰浩特卷烟厂的“坚定自信跟党走、忠诚企业促发展”等活动，使员工更加积极主动参与文化建设。通过开展品牌故事展演、“大美云烟”文化交流等活动，传播品牌文化，品牌价值进一步凸显。搭建集团《行为规范体系》，提炼红云红河人的“行为符号”，编印行为规范体系《导读》和《宣导手册》，在全集团开展宣讲，以文化内训师、党务干部和青年干部三支队伍为主力开展培训，制作播出9个篇章32个电视短片的《礼仪行为规范》和《职业行为规范》系列展示片；在总部和昆明卷烟厂选点开展行为规范试点打造工作，调研形成《试点部门员工行为报告》，召开解读会，制订并执行组织氛围和员工行为改善计划，编写《试点部门行为规范》，提炼《试点部门岗位行为规范建设案例》。

宣传工作　坚持贴近现实、贴近发展、贴近职工找准宣传定位，把握正确舆论导向，打造集团宣传平台。2013年，《今日红云红河》出刊15期、发行近50万份，《红云红河烟草》报出刊18期、发行约18万份，《今日红云红河》《红云红河烟草》报在云南省新闻出版局举办的云南省第四届连续性内部出版物评选中分别荣获金奖和铜奖。集团网站全年净增访问量4300万人次，累计点击量近1亿次，稳居行业第一位，开通集团手机视频频道及微信平台；编播《红云红河新闻》42期，拍摄《难忘2012》《见证》等25部专题片和微电影《心香》。

制作集团成立五周年系列丛书，开展“美在红云红河”征文活动。持续加强与社会主流媒体合作，密切关注舆情动向，在平面媒体上发布各类报道240余篇，对外传播精准度持续提高，集团宣传覆盖面不断扩大、影响力不断增强。

和谐建设　践行“履行社会责任，创造恒久价值”的企业使命，构建以人为本、企业内外和谐的发展环境。开展“面对面、心贴心、实打实服务职工在基层”活动，坚持开展送温暖，完善两级爱心帮扶，做职工群众的贴心人，全年帮扶186名困难职工，发放帮扶金96.7万元，实施劳动模范、复转军人、职工生日、女职工等慰问活动。举办“创新杯”文化竞赛和“和谐杯”体育竞赛，开展“践行两个至上、争当云岭先锋”劳动竞赛和书画摄影展、棋牌球类比赛等积极向上的文体活动，2013年集团工会被评为“全国模范职工之家”。推行离退休目标管理，发挥老领导的作用，开展调研、考评工作，编制《离退休管理工作手册》；编印《云烟心语》离退休职工文学作品集，举办敬老节表彰会、离退休职工健身操、太极拳展演等活动，集团荣获云南省“敬老助老先进集体”称号；拓展“文化养老”平台，曲靖卷烟厂的“文化养老——老有所学”基地成为国内首家此类示范基地。持续开展兴边富民、对口帮扶、救灾救难、助学助教、扶贫扶困等社会公益活动，启动帮扶藏区工作，举办公益晚会、公益图片展，推进帮扶工作规范化、长期化、品牌化，“红云园丁奖、红河助学金”连续5年实施，累计奖教、助学1万余名高校师生，集团连续6年被评为“云南省社会扶贫先进单位”。

【特事要辑】　1月6日，国家烟草专卖局党组成员、中纪委驻国家烟草专卖局纪检组组长高林到集团调研并视察昆明卷烟厂。

1月14—16日，举办自立科技项目专家评审会。

1月24日，海关总署署长、党组书记于广州，副署长邹志武在云南省副省长高树勋、昆明海关关长张金诚的陪同下到集团调研并参观昆明卷烟厂。

1月31日，举行2012年度表彰会暨企业文化故事展演。

1月，申报行业“卷烟调香技术重点实验室”通过国家局专家评审，成为该次批准成立的9家行业重点实验室之一。

2月4日，在由昆明报业传媒集团、昆明广播电视台、红云红河集团共同推出的“幸福新昆明”2012年度城市贡献奖评选颁奖典礼上。

2月27日，由春城晚报主办、集团全程支持的2012年度“春城晚报·红云红河十大新闻人物”颁奖典礼举行。

3月10日，与缅甸福兴兄弟集团公司在仰光举办WIN牌卷烟新品上市推介促销会。

5月28日，国家烟草专卖局党组书记、局长凌成兴，中共云南省委副书记、省长李纪恒，国家烟草专卖局副局长杨培森，云南省副省长丁绍祥等到昆明卷烟厂视察。

5月30日，国家烟草专卖局党组书记、局长凌成兴，副局长杨培森，云南省副省长丁绍祥到红河卷烟厂视察。

6月6日，非洲马拉维共和国总统乔伊丝·班达及丈夫一行在中共云南省委常委、常务副省长李江的陪同下到昆明卷烟厂参观。

6月28日，由云南省委宣传部、省委政法委、省人力资源和社会保障厅、省公安厅联合举办，冠名支持的第三届红云红河杯“百姓最喜爱的人民警察”和首届“公安机关爱民模范集体”颁奖典礼举行。

8月9日，美国国会议员助手代表团到红河卷烟厂参观。

8月17日，云南省副省长刘慧晏到红河卷烟厂调研。

8月28日，在曲靖卷烟厂举行“老有所学示范基地授牌仪式”等2013年文化养老系列活动。

8月，在各生产厂、公司举行“成长责任价值”2013年劳模巡回报告会。

10月10日，国家烟草专卖局党组书记、局长凌成兴，内蒙古自治区政府副主席王波，国家烟草专卖局副局长杨培森到乌兰浩特卷烟厂调研。

10月14日，召开干部大会，传达云南中烟工业有限责任公司“两统一、两整合”工作相关情况。

10月30日，举办“文化、价值、品牌”第五届红云红河青年论坛。

11月5日，国家烟草专卖局党组书记、局长凌成兴到新疆卷烟厂易地技改项目现场调研。

12月5日，国家烟草专卖局副局长赵洪顺到红河卷烟厂调研。

12月6日，云烟科技园、集团总部及后勤保障设施工程项目通过竣工验收。

12月7日，由云南广播电视台和昆明市委宣传部共同举办，集团全程支持的“2013红云红河·昆明好人”颁奖典礼举行。

昆明卷烟厂

【概　况】　昆明卷烟厂始建于1922年，1992年建立工厂、公司和专卖“三合一”管理体制，2003年6月昆明卷烟厂和昆明市烟草专卖局（公司）完成“工商分设”，7月出资控股成立山西昆明烟草有限责任公司，10月出资参股成立内蒙古昆明卷烟有限责任公司，2004年9月联合重组春城卷烟厂，2005年11月与曲靖卷烟厂合并改制成为红云集团所属生产厂，2008年11月红云集团与红河集团合并组建后成为红云红河集团所属生产厂，2009年1月昆明卷烟分厂整体并入昆明卷烟厂。厂区占地面积194.4万平方米（其中新厂区占地面积81万平方米），配备意大利进口的12000千克/小时打叶复烤生产线2条，5000千克/小时制丝线3条，3000千克/小时制丝线1条，3000千克/小时梗丝线1条，卷包机组48台（套）等，年卷烟生产能力1250亿支（250万箱）。有从业人员（在岗员工）4295人。

2013年，昆明卷烟厂生产三部A区机械维修组被云南省总工会评为“云南省工人先锋号”，昆明卷烟厂“创新”技师工作站被云南省总工会、云南省职工技术协会评为“云南省职工技师工作站”。

领导成员

厂长、党委副书记　范　晓

党委书记、副厂长　杨校平

副厂长、党委副书记　刘　豪

副厂长、党委委员　杨　勇　田建华

副厂长　白海俊

纪委书记、工会主席、党委委员　吴　岗

副调研员　郭　辉　陈静春　吴运昆（2013.6—）

张助云（2013.6—）

【机构设置】　3月，成立法律事务部，与企业管理部合署办公。6月，集团驻厂科室—昆烟财务科、昆烟审计科划转昆明卷烟厂管理。

截至2013年底，下设生产一部、生产二部、生产三部、生产四部（物流部）、生产五部、生产管理部、品质管理部、设备管理部、动力管理部、党政办公室、人力资源部、企业管理部（法律事务部）、财务科、审计科、信息管理部、基建技改部、安全保卫部、党群工作部、纪检监察科、工会办公室、团委、离退休管理委员会，九九物业管理有限公司、劳动服务公司、九九集团股份有限责任公司。

【卷烟生产】　主要生产卷烟品牌有“云烟”“红河”。全年生产卷烟（不含出口烟）705.9亿支（141.18万箱），其中一类烟239.3亿支（47.86万箱）、三类烟466.55亿支（93.31万箱），生产出口烟14.6亿支（2.92万箱）。全年万支卷烟综合能耗为3.31千克标煤。烟叶、滤棒、盘纸平均消耗分别为7.37千克/万支、2107.66支/万支、594.16米/万支。水、电平均消耗分别为0.05吨/万支、11.38

千瓦时/万支。

【基础管理】 全面提升管理水平，开展17项管理专题工作，建立六西格玛测评体系，58名职工绿带培训考试和5名职工黑带认证考试通过；识别梳理565个业务类、367个操作类SOPS流程，《岗位作业手册》覆盖全厂，ISO10012通过AAA级认证。坚持全面预算管理，全年费用类、维修改造类、资产购建类预算执行率分别为101%、91%、92%。严格物资、工程和服务采购“三项工作”管理，全年组织招标、比价116项，节约资金1377万元。开展效能监察和廉政风险防控，在499类岗位中识别评定廉政风险点379个。MES系统（一期）通过验收，与豪尼集控系统、物流系统、能源管理系统、排产系统、风力送丝、条烟输送等周边系统的集成工作完成；ERP系统深化应用，PM设备管理、PS项目管理、SRM供应商管理、采购管理平台等模块投入使用；“一号工程”运行维护和相关技术标准完善，全年打码误差率为零。

【质量管控】 推进工艺质量工作标准化建设，完善工艺质量评价和考核体系，加快以SPC为核心的过程监控和工艺质量分析平台建设，深化对失效模式与影响分析（FMEA）的实践运用，强化“重点指标、重点牌号、重点工序、重点时段、重点机台”质量控制。在2013年国家局两次抽检中有9个牌号规格包装与卷制得满分，“云烟（软大重九）”上半年抽检综合质量得分排名第一；省二级站两次抽检合格率均为100%；集团监督检验包装与卷制平均得分99.66分；全年产品质量市场零投诉。

【对标创优】 对标创优扎实开展，通过确立关键绩效指标，实时跟踪云南中烟、集团每月动态标杆指标，查找差距、及时改进。2013年，国家局13项创优指标中12项达标；行业95家工厂15项对标指标中14项达到行业平均水平（排位第6）、10项同比有提升，其中烘丝机出口水分偏差排位第一、单箱可控管理费用排位第四；80万箱以上规模的16家卷烟工厂中，11项指标达到该类平均水平（排位第3），在指标质量方面优势明显，达到行业平均水平指标数量和指标达标率处于较好控制水平。完善《区域规划管理办法》《工具物品摆放管理办法》等9个规范性文件，以寻找问题根源为切入点，突出定置管理、目视管理、行为管理、班组管理四个专项的实施，6S现场管理检查覆盖率100%，全年现场问题同比减少38.2%。

【设备管理】 以“生产效率极限化、产品质量最佳化、经济效益最大化”为目标，推进设备价值管理体系建设，全年组织现场咨询诊断及培训14起579人次，阶段性完成3类子模块的构建和设备ABC分类清单工作，按照PDCA模式有序实施子项目。推进TnPM设备管理全面预防维修，有效提升设备生产效率，全年设备有效作业率卷接为95.03%、包装为93.51%，平均故障停机率制丝为0.29%、打叶复烤为0.18%。

【技术改造】 完成易地技改10个专项验收和总体竣工验收申请报告汇编，完成新手工包烟作业区改造、烟包入库自动卸车翻转输送物流系统、烟叶醇化库改造等技改项目（项目投资1.04亿元），完成“十二五”规划拟引进设备的项目申报。

【节能减排】 通过优化完善流程制度、加大检查考核力度、下移考核层级、精确分析用能现状、实施用能管理精细化、严格控制排放指标等举措，大力开展节能减排工作，各项能耗指标均严格控制在目标值范围内，在云南中烟年度节能减排考核中继续位列第一。

【属地营销】 推行以精确市场预测、精准产品投放、精细品牌管理、精实客户服务的精准营销模式，加大品牌培育力度，推动集团品牌在昆明市场的持续健康发展。2013年，集团品牌在昆明市场累计销售16.77万箱，其中一类烟4.95万箱，同比增长21.25%；二类烟0.95万箱，同比增长29.38%；“云烟”品牌销售13.6万箱，同比增长6.78%；高端卷烟销售1.09万箱，同比增长23.21%。

【队伍建设】 开展管理人员网校学习、课题研究、专题培训，完善“四考”制度，加大干部交流力度，全年调整38名中级管理人员岗位。开展员工综合绩效考核结果定性评价，运行“卓越绩效管理平台”，组织明星员工评比、作业长公开竞聘、技术技能竞赛、印象人物评选等活动，激发员工工作热情。加大全员培训力度，全年开展培训428起23982人次。开展3期43人次特有工种技能鉴定，7人通过技师资格鉴定，2人通过高级技师鉴定（通过率连续三年100%）。24人获得专业技术初级职称，4人获得中级职称，1人获得高级职称，增聘1名安全工程师。招聘录用58名大学生。

【和谐建设】 绘制《企业文化构架图》，推进行为文化建设，制定并推广《干部职工行为规范》，加快廉洁文化建设，推进“文化养老”，动力文化、“COFFEE”文化、“LOGO”文化等部门文化丰富了企业文化。加强团员青年队伍建设，持续打造青年素质提升、文化风采和凝聚力工程。组织“红色七月”职工书美影作品征集、“云淡风清”职工廉政书画展、庆祝建党92周年、“金色秋天”文艺演出等活动。夯实安全基础管理，持续深化巩固安全生产标准化一级达标企业的创建成果，被云南省安全生产监督管理局授予“云南省安全文化建设示范企业”。

红河卷烟厂

【概　况】 红河卷烟厂筹建于1985年，1987年试产，1988年取得国家烟草生产经营许可证，1993年建立工厂、公司和专卖“三合一”管理体制，2003年1月红河卷烟厂和红河州烟草专卖局（公司）完成工商分设，2004年8月与昭通卷烟厂合并重组为红河卷烟总厂，2005年12月新疆卷烟厂加盟红河卷烟总厂，2007年5月红河卷烟总厂改制为红河集团，2008年11月红云集团与红河集团合并组建后成为红云红河集团所属生产厂。厂区占地面积40万平方米，配备8000千克/小时制丝线2条、卷包机组32台（套），年卷烟生产能力750亿支（150万箱）。有从业人员（在岗员工）1132人。

2013年，红河卷烟厂被云南省总工会评为“云南省职工体育先进集体”。

领导成员

党委书记　谷　宏（兼）

厂长、党委副书记　许永明

副厂长、党委委员　张云飞

副厂长　李　斌

工会主席、党委委员　胡建伟

党委副书记、纪委书记　谭国庆（2013.4—，此前任副厂长、党委委员）

副厂长　戴　宇（2013.6—，此前任副调研员）

调研员　梁　高

副调研员　邱润泉（2013.6—）

【机构设置】 3月，成立法律事务部，与企管部合署办公。6月，集团驻厂科室红烟财务科、红烟审计科划转红河卷烟厂管理。截至2013年底，下设物流部、复烤部、制丝部、卷包部、生产管理部、品质管理部、设备基建部、动力部、党政办、企管部（法律事务部）、人力资源部、财务科、审计科、信息网络部、公共设施维修部、安保部、党群部、纪检监察部、工会办、离退休管理部、后勤管理部。

【卷烟生产】 主要生产卷烟品牌有“红河”“云

烟”。共计生产卷烟（不含出口烟）518亿支（103.6万箱），其中一类烟5.9亿支（1.18万箱）、二类烟28.45亿支（5.69万箱）、三类烟386.1亿支（77.22万箱）、四类烟97.6亿支（19.52万箱），生产出口卷烟0.45亿支（0.09万箱）。

全年万支卷烟综合能耗为2.19千克标煤。烟叶、滤棒、盘纸平均消耗分别为7.21千克/万支、2093.16支/万支、594.80米/万支。水、电平均消耗分别为0.06吨/万支、6.09千瓦时/万支。

【基础管理】 全年修订体系文件143个、新增8个、废止17个，内审由“符合性检查”向“管理诊断”转变。完善项目（课题）管理，以产品质量提升为重点新增项目（课题）40余项，前期项目（课题）验收评审77项。进一步规范重大决策、重大业务等事项的公开途径和内容，认真落实“应招尽招、真招实招”，加强对各级管理人员和重点、热点岗位人员的党风廉政教育和监督，严格废弃专卖品处理环节的监管，顺利通过各级专卖检查。强化预算管理，全年费用类、维修改造类、资产购建类预算执行率分别为99.87%、93.47%、96.69%。推进ERP二期模块的实施应用，MES系统9月通过验收，完成一号工程打码系统升级改造和“全面绩效管理”“项目（课题）群管理”“招标评委随机抽选”等多个软件的自主开发。

【质量管控】 强化质量管理考核，严格工艺内控标准，开展“质量优胜机组”评比、工艺符合性验证和工艺问题改进，持续做好烟草虫害防治，多措并举提升质量管理水平。2013年国家局抽检卷制包装8个规格次，有6个规格100分、平均得分99.91分；省二级站抽检卷制包装12个规格次，有10个规格100分、平均得分99.93分；集团监督检验抽检68个规格次，平均得分99.32分。

【对标创优】 对标注重与绩效管理融合，突出关键指标的过程测量和改进，按照业务流程间的关联关系进行指标合并和细化分解，建立“未达标”指标改进机制，对连续两季度以上达到“挑战值”的指标承担部门按基数给予50%的递增奖励。2013年，国家局13项创优指标中有12项达标；行业95家工厂15项对标指标中10项达到行业平均水平（排位第34）、7项同比有提升，其中在岗职工人均劳动生产率排位行业第一、单箱卷烟综合能耗排位第八；80万箱以上规模的16家卷烟工厂中，10项指标达到该类平均水平（排位第六），达到行业平均水平指标数量和指标达标率处于较好控制水平。

【设备管理】 拓展设备轮保内容，强调全员参与，有效提升轮保效果；建立和完善“修状态”的维修模式，进一步做实点检、例检；精准监测分析设备状态，合理制定状态维修策略，有效降低突发性维修频次，设备故障停机明显减少，卷包设备有效作业率同比提升8.27%，卷包日均产量突破4500箱。

【易地技改】 9月易地技改项目获国家局批复，并取得省级备案证书，设计任务书编制初步完成，实施16项前期工作并完成验收12项；新建陈烟仓库项目开始申请报告编制。

【消耗控制】 从设备、工艺、管理等方面入手，实施消耗控制研究及改进，重点开展降低卷包单箱废烟量研究、GD机型“云烟（紫）”降耗研究、降低单箱烟叶耗用量研究等工作，根据用能、供能及生产调度现状搭建有效的沟通协调机制。2013年，单箱耗烟叶量35.51千克，同比下降0.26千克；单箱耗嘴棒量10467.44支，同比下降17.91支；单箱综合能耗10.94千克标煤，同比下降0.18千克标煤。

【绩效管理】 编制绩效管理三大类38项工厂级KPI指标，并分解形成105项部门级KPI指标和覆盖全员的岗位级KPI指标。强化绩效计划的制订和沟通机制，实现工厂发展目标、部门绩效目标和员工岗位目标的逐级分解和有效支撑。严格绩效过程管理和持续改进，建立健全目标绩效的监测、分析机制，引入SPC等科学的统计分析方法强化过程性的监测，提升目标绩效的实现和达成保障力度。

【属地营销】 营销工作紧紧围绕“渠道、终端、消费”三个层面的营销策略，深入县区做细市场，局部区域重点突破，实现总量增长、结构提升、市场份额扩大的目标。2013年，集团品牌在红河州市场占有率达到76.5%、同比增长4.5%，其中“云烟”系列同比增长33.4%，单箱批发收入同比增加1442元、增幅5.5%。

【队伍建设】 开展“转作风、提士气，再树拼搏进取精神”大讨论和“到车间去，到一线去”实践活动，领导班子成员深入部门、员工走访调研，管理人员参加夜班跟班、烟叶收购现场劳动，进一步融入员工、服务生产。系统实施全员培训和岗位练兵，开展管理人员“绩效计划制订”“绩效沟通辅导”等专题培训，持续实践“师徒制、员工课堂、以赛代训”等人才培养模式，以快速转变、快速融入、快速成长、快速成才为标准做好新员工培养。全年组织各类培训345起5300余人次，开展技术技能竞赛50余项7000余人次。

【和谐建设】 组织《红烟故事》编印，推进“故事理念化和理念故事化”工作，开设“我在桃园路50号”专栏，开展“感恩企业，珍惜岗位”活动，组织主题辩论赛、演讲赛，推进行为规范建设，使集团行为规范入脑、入心、入岗。推进办事公开民主管理工作，全年公开各类厂务信息194条，回复办理提案49条，提案回复率100%。关心青年员工成长，组建“青年特色团队”，开办青工技能培训班，增强对青年员工的思想引领和能力培养。开展主题交流、健身、团队拓展等各类活动150余次7400余人次，兴趣协会各类活动60余次2335人次。全面落实安全生产主体责任，持续完善安全管理体系，进一步提升安全生产标准化达标水平，安全生产形势平稳，事故隐患整改率、特种设备年检率、安全设施设备完好率、员工安全教育培训率、职业健康体检率均达到100%。

曲靖卷烟厂

【概　况】 曲靖卷烟厂前身为筹建于1966年的曲靖烟叶复烤厂，1972年开始生产卷烟，1975年更名为曲靖卷烟厂，1978年列为全国卷烟定点生产厂家，1993年建立工厂、公司和专卖“三合一”管理体制，1997年“九五”技改后形成100万箱年卷烟生产能力，2003年6月曲靖卷烟厂和曲靖市烟草专卖局（公司）完成工商分设，2004年5月联合重组会泽卷烟厂，2005年6月联合重组乌兰浩特卷烟厂，2005年11月与昆明卷烟厂合并改制成为红云集团所属生产厂，2008年11月红云集团与红河集团合并组建后成为红云红河集团所属生产厂。厂区占地面积约121万平方米，配备6000千克/小时制丝生产线2条、3000千克/小时梗处理线1条、卷包机组35台（套）等，年卷烟生产能力725亿支（145万箱）。有从业人员（在岗员工）2680人。

2013年，曲靖卷烟厂制丝部修理班被云南省总工会评为“云南省工人先锋号”。

领导成员

厂长、党委副书记　李　林

党委书记　马　珍

副厂长、党委委员　郭　跃

副厂长　陈金奎

纪委书记、工会主席、党委委员　陈燕林

副厂长　赵　荣　邹玉胜

副调研员　徐智勇　陈治林（2013.6—）
副调研员、党委委员　晏崇德（副调研员任期自2013年6起，8月15日因病去世）
党委委员　张飞豹　董德鹏（2013.5—）

【机构设置】　4月，成立物流部、法律事务科。6月，集团驻厂科室曲烟财务科、曲烟审计科划转曲靖卷烟厂管理。7月，撤销设备基建部，成立设备管理部、基建部。截至2013年底，下设制丝部、制造一部、制造二部、制造三部、生产管理部、品质管理部、设备管理部、动力保障部、计量节能减排办公室、党政办公室、人力资源部、企管部、法律事务科、财务科、审计科、信息管理部、技改工程指挥部、基建部、物流部、卷烟仓储科、烟叶仓储科、安全保卫部、党群工作部、纪检监察科、工会办公室、离退休管理部、后勤管理部，曲烟实业集团公司、曲靖天福烟叶复烤有限责任公司。

【卷烟生产】　主要生产卷烟品牌有“云烟”“红山茶”“红河”。共计生产卷烟（不含出口烟）561.95亿支（112.39万箱），其中一类烟124.75亿支（24.95万箱）、二类烟10.3亿支（2.06万箱）、三类烟340.75亿支（68.15万箱）、四类烟11.05亿支（2.21万箱）、五类烟75.15亿支（15.03万箱），生产出口卷烟1.9亿支（0.38万箱）。

全年万支卷烟综合能耗为2.46千克标煤。烟叶、滤棒、盘纸平均消耗分别为7.33千克/万支、2090.87支/万支、592.94米/万支。水、电平均消耗分别为0.06吨/万支、7.05千瓦时/万支。

【基础管理】　以严格规范作为企业的“生命线”，不断健全完善基础管理体系，全面规范内部管理。从适应技改后新的发展出发，推进组织机构优化和人力资源配置，理顺管理关系，完善业务流程。规范企业采购行为，强化审计监督，认真落实“应招尽招、真招实招”。推进公务用车、办公用房、“两金”等自查清理和整改落实，健全长效机制。加强预算管理，建立预算项目进度及实施效果责任制度，全年费用类、维修改造类、资产购建类预算执行率分别为93.99%、93.83%、90.90%。扎实推进企业信息化建设，MES系统及卷接包生产过程数字化透明管理系统项目启动并进入系统测试阶段。

【质量管控】　以生产大系统的优化为目标，完善生产管理流程，强化调度指挥中心职能，整合各项资源要素，促进生产协同。修订完善《卷制包装外观质量内控标准》等制度及规范，健全质量管控体系。强化卷烟物理指标“精度控制”，减少指标离散程度和系统误差，确保卷烟烟气指标稳定。每周开展品质改善分析，及时解决存在的问题，增强品质改善的及时性。围绕新设备新工艺，初步建立特色工艺体系，加强工艺在线测试，有效提升工艺控制水平。2013年，制丝线整线流量稳定性大幅提高，松散回潮含水率等过程控制能力进一步增强，烟丝与梗丝的混合掺配精度由0.044提高到0.035，加香精度由0.11提高到0.1。全年产品质量市场零投诉，国家局抽检包装卷制5牌次有4牌次得满分，1个牌号在两次抽检中质量综合得分进入前十；省二级站抽检包装卷制13牌次有12牌次得满分；集团抽检66牌次，达标率100%，综合质量评价95.63分。

【对标创优】　围绕新设备新工艺，加强指标过程分析和跟踪改进，突出管理的系统性、协调性和有效性，找标杆、补短板，积极倡导全员参与、持续改进。2013年，国家局13项创优指标中有12项达标；行业95家工厂15项对标指标中14项达到行业平均水平（排位第4）、13项同比有提升，其中包装与卷制质量检验加权平均值排位第一、单箱卷烟综合能耗排位第7、烘丝机出口水分偏差排位第八、烟支单支克重偏差排位第九；80万箱以上规模的16家卷烟工厂中，13项指标达到该类平均水平（排位第一），达到行业平均水平指标数量和指标达标率处于较好控制水平。

【设备管理】　开展设备价值管理体系建设，依托MES系统数据采集，加强生产设备维护管理子体系和设备管理规范标准信息库建设；严格设备品质维护，完善设备保养、检修、润滑的管理制度和技术标准，坚持班保、日保、周保、月保及轮保、中修、项修，持续提升设备对质量、物耗的保障力。2013年，卷接设备有效作业率为94.22%、同比上升0.11%，包装设备有效作业率为90.3%、同比上升0.32%。

【就地技改】　加快就地技改收尾，制丝大部分主机及辅联设备验收转固，土建项目进入结算阶段；打叶复烤易地技改及新建烟叶仓库项目获国家局批复，与曲靖经济技术开发区管委会签订《项目新征土地及配套设施建设协议书》，730亩土地征购、初步地质勘察和局部场地平整完成。

【属地营销】　属地营销保持平稳，结构上移。全年集团品牌在曲靖市场销售14.35万箱，其中“云烟”系列11.05万箱，同比增长10.6%；一类烟2.87万箱，同比增长13.2%。

【队伍建设】　以理想信念教育及岗位技能、综合素质和领导能力的培养提升为重点，推进干部职工队伍建设，不断完善中级管理人员选拔、培养及考核评价机制，创新后备干部选拔培养方式，竞聘选拔35名后备干部。以新设备新工艺为重点开展机械、电气、质量、统计、安全等培训，建设电工实验室，全年开展业务技能培训2173人次、综合素质培训6294人次。为优秀员工创造跨部门实践的机会，加快青年员工岗位成长成才，组建优秀培训师团队开展新员工培训。

【和谐建设】　结合集团行为规范体系和云南中烟“合和”文化宣贯，深化企业文化建设，举办“道德讲堂”，推进文化养老，成为集团“文化养老——老有所学示范基地”。坚持开展“曲烟工人终身成就奖”“曲烟年度团队贡献奖”的评选表彰工作，以榜样的力量传承精神，弘扬价值。不断完善困难职工帮扶体系，营造和谐友爱的人文环境；开展特色文体活动，积极改善生产生活环境，各项民生工作的开展，进一步增强了职工对企业的认同感。开展安全文化建设，强化隐患排查和治理，加大安全设施的投入和维护力度，实现安全发展。

会泽卷烟厂

【概　况】　会泽卷烟厂始建于1973年，1983年经国家批准为雪茄烟定点厂，1986年开始生产卷烟，1990年形成10万箱年卷烟生产能力，2003年7月体制上划行业归口管理、为省属国有企业，2004年5月合并重组为曲靖卷烟厂会泽分厂，2005年11月重组为红云集团会泽卷烟厂，2008年11月红云集团与红河集团合并组建后成为红云红河集团所属生产厂。厂区占地面积26.67万平方米，配备5000千克/小时制丝线1条，卷包机组9台（套），年卷烟生产能力175亿支（35万箱）。有从业人员（在岗员工）748人。

领导成员

党委书记　肖亚泽（2013.11—，此前任厂长、党委书记）

厂长、党委副书记　郭柱荣（2013.11—）

副厂长、党委委员　梁明成

副厂长　李　昀

副厂长、党委委员　王建明

纪委书记、工会主席、党委委员　罗　琼

副调研员　林丹（2013.6—，此前任厂长助理）

　　　　　唐开新

党委委员　陈永东

【机构设置】 3月，成立法律事务科，与企业管理科合署办公；撤销原料仓储科、卷烟仓储科，成立物流科；成立节能减排办公室。6月，集团驻厂科室会烟财务科、会烟审计科划转会泽卷烟厂管理。截至2013年底，下设卷烟车间、成型车间、动力车间、生产管理科、品质管理科、设备基建科、节能减排办公室、党政办公室、人力资源科、企业管理科（法律事务科）、财务科、审计科、信息管理科、物流科、安全保卫科、党群工作科、纪检监察科、工会办公室、离退休管理科、行政管理科、物业管理科。

【卷烟生产】 主要生产卷烟品牌有“红河”“云烟”等。共计生产卷烟（不含出口烟）115.65亿支（23.13万箱），其中一类烟5.55亿支（1.11万箱）、三类烟110.15亿支（22.03万箱），生产出口卷烟3.3亿支（0.66万箱）。

全年万支卷烟综合能耗为2.73千克标煤。烟叶、滤棒、盘纸平均消耗分别为7.20千克/万支、2094.17支/万支、594.02米/万支。水、电平均消耗分别为0.09吨/万支、6.18千瓦时/万支。

【基础管理】 “三标一体”通过第三方监督审核，“驱动流程管理”咨询完成流程优化框架。严格“三项工作”管理，规范物资（服务）采购行为，成立就地技改全过程跟踪审计执行情况自查工作组，推进行业延伸审计检查的问题整改工作，完善涉烟废弃物内部专卖管理。全年审核各项经济合同（含技改项目合同）142项，审减79.91万元；零星修缮项目结算审核89项，审减15.64万元；委托招标、自行组织公开招标等方式采购27项，中标金额1.07亿元，节约采购成本908.22万元。强化预算控制和成本管理，全年费用类、维修改造项目和新增固定资产预算执行率分别为100.9%、96.5%、96.4%；除单箱管理费用因工资调整因素超定额16.19元外，单箱重点控制费用和制造费用与集团考核定额相比分别下降了21.2元、78.54元；卷烟单箱耗烟叶（含梗）、嘴棒、盘纸、条盒、商标同比分别下降0.39%、0.04%、0.06%、0.10%、0.09%。持续开展清洁生产自评、自查、交叉检查，单箱综合能耗和单箱卷烟耗煤、耗水、耗电同比分别下降17.67%、19.76%、3.8%、12.17%。

【质量管控】 修（制）定14个质量管理制度、48个企业标准，增加质量投诉离岗学习考核方式，严控生产过程“三关键”质量行为，完善5分钟及倍数工作法。强化人工跟踪记录、离线检测与人工数采分析，配合云南中烟、集团开展卷烟烟气共同试验、工艺符合性测试和分析整改。推进“小改小革”、QC攻关和科技创新，制定并实施“五小”活动、科技项目和专利管理办法，激励职工创新举措，针对生产中发现的问题，组织论证、申报并启动实施工艺短板与弱质指标改进项目4项、工艺技术革新6项、工艺研究试验4项。全年产品质量市场零投诉，市场抽检、行检及商检合格率100%，万箱缺陷投诉单位为零。

【对标创优】 下发《“管理创一流”及“深入开展对标、创建优秀卷烟工厂”活动实施方案》，推进项目课题式，2013年国家局13项创优指标中有12项达标；行业95家工厂15项对标指标中7项达到行业平均水平、14项同比有提升，其中单箱可控制造费用排位行业第4；30万箱以下规模的25家卷烟工厂中，10项指标达到该类平均水平。修订完善8S现场管理标准，坚持每月专题例会制度，采取巡回诊断、交叉检查、轮值汇报等有效方式，改进提升作业现场。

【设备管理】 修订完善设备管理制度19个，拟制设备管理价值体系实施方案，完成设备分类，编制A类设备7项基准清单。以设备专题会、考评会沟通传达设备管理目标，强化设备日保、周保及保养检查考核，在卷烟、成型车间开展设备深度维护保养探索实践，实施相关设备设施的填平补齐、维修改造。全年设备有效作业率卷包为89.23%、成型设备为92.57%，制丝故障停机率0.37%。

【就地技改】 就地技改联合工房、生产管理用房、职工食堂主体建设完成，钢网架、太空板屋面安装，35千伏外供电线路完工，项目累计完成签约投资7.8亿元、实际支付4.02亿元。

【队伍建设】 以训促学，抓好岗位业务学习和技术管理、技能水平提升等培训，2次24人参加的注册安全工程师考前培训7人取得任职资格，27人次参加烟草特有工种职业技能鉴定、技师鉴定合格率80%，组织"普托"维修技能提升、制丝工艺培训、生产技术标准及控制技术要求培训等，全年完成培训项目89项2639人次。以赛促思，举办烟机设备维修、电气控制技术、操作技能、物流知识职业技能等竞赛。选拔任用中级管理人员6人，为考核优秀的73人调整岗位工资档级，招聘应届大学毕业生21人。12人申报初、中级专业技术职务，7人通过认定。

【安全生产】 强化安全生产责任制，加大安全设施及管理投入，狠抓全员安全教育培训和监管，深入推行危险源辨识预控、作业场所职业危害因素监测、应急预案培训评审演练和安全风险评价评估，规范职工职业健康体检及监护，严格特种设备和特种作业人员管理，强化日常检查、专项安全检查和阶段工作专项治理。全年召开安全会议25次，安全综合检查21次、日常安全检查635次，查出并整改隐患186项，确保安全发展。

新疆卷烟厂

【概 况】 新疆卷烟厂始建于1960年，1986年上划国家局，1999年10月加入将军烟草（集团）有限责任公司，2005年12月与红河卷烟总厂合并重组更名为红河卷烟总厂新疆卷烟厂，2007年5月依法改制更名为红河集团新疆卷烟厂，2008年11月红云集团与红河集团合并组建后成为红云红河集团所属生产厂。奎屯厂区占地面积57.05万平方米，乌鲁木齐新厂区占地面积56.67万平方米，有3000千克/小时制丝生产线1条，卷包机组12台（套）。年卷烟生产能力240亿支（48万箱）。有从业人员1070人，其中在岗员工775人。

2013年，新疆卷烟厂被新疆维吾尔自治区精神文明建设指导委员会评为"新疆维吾尔自治区自治区文明单位"。

领导成员

厂长、党委副书记 张树山

党委书记 白九重

副厂长、党委委员 程振西 朱福桢 陶 新 张 嵘

纪委书记、工会主席、党委委员 刘保江

厂长助理 赵利平

【机构设置】 3月，成立法律事务科。截至2013年底，下设制丝车间、卷包车间、动力车间、物流车间、生产管理科、品质管理科、工艺技术科、设备基建科、党政办公室、人力资源科、企业管理科、法律事务科、财务科、审计科、集团营销中心新疆分中心、信息管理科、易地技改指挥部、供应科、小车队、安全保卫科、政工科、纪检监察科、工会委员会、退委会，新疆奎屯红雪莲有限公司、奎屯海纳尔物业服务有限公司。

【卷烟生产】 主要生产卷烟品牌有"红河""雪莲""云烟"等。共计生产卷烟180亿支（36万箱），其中一类烟2.65亿支（0.53万箱）、三类烟

100.7 亿支（20.14 万箱）、四类烟 69.1 亿支（13.82 万箱）、五类烟 7.5 亿支（1.5 万箱）。

全年万元产值综合能耗为 17.58 千克标煤，万支卷烟综合能耗为 3.93 千克标煤。烟叶、滤棒、盘纸平均消耗分别为 5.92 千克/万支、2518.97 支/万支、581.25 米/万支。水、电平均消耗分别为 0.07 吨/万支、8.60 千瓦时/万支。

【基础管理】 推进目标管理和文件优化，开展内部审核和管理评审，强化审核质量，保证体系的有效运行和持续改进。依托 AAAA 标准化平台，导入流程管理，不断提高工作效率。进一步规范招标工作，公开招标的数量和金额分别占采购总数量和总金额的 90.08%、98.91%。加强内部审计，全年送审金额 4.55 亿元、审定金额 4.45 亿元、审减近 1000 万元。全面贯彻执行中央八项规定，切实改进文风会风，严格执行公务用车和职务消费的有关规定，全年业务接待费同比降低 17.73%，封存超标车 4 辆，清理多占办公用房 845 平方米，易地技改办公楼办公家具采购无超标超支。全面预算管理坚持效益优先、从严安排成本费用预算，全年费用类、维修改造类、资产购建类预算执行率分别为 100.95%、87.18%、95%。单箱备件消耗 35.86 元，比考核标准降低 10.35 元，企业节能降耗工作成效显著，主要污染物排放指标均符合国家标准，达到集团要求。

【质量管控】 完善质量管理制度和考核办法，编订《过程产品质量管理规定》，在质量考核中增加质量奖励内容，健全质量管理体系。继续强化“重点指标、重点工序、重点时段、重点机台”质量控制，提高产品质量控制水平。每周进行质量分析，成立工艺质量小组，负责过程产品工艺指标的执行和维护、工艺纪律和自检装置的检查、现场质量问题的分析整改和落实。2013 年国家局抽检中共有 2 个牌号规格包装与卷制得满分，省二级站抽检合格率为 100%，集团监督检验包装与卷制平均得分 98.44 分，全年产品质量市场零投诉。

【对标创优】 围绕行业创优细化形成四大类 14 小类共计 279 项内控指标体系，运用“六西格玛”有效提升弱项指标的控制力，引入项目管理，管理资源和专业领域优势互补，促进职能部门自主提升和自我改善。2013 年国家局 13 项创优指标中有 12 项达标；行业 95 家工厂 15 项对标指标中 4 项达到行业平均水平、12 项同比有提升；在 30 万—80 万箱规模的 54 家卷烟工厂中，4 项指标达到该类平均水平。

【设备管理】 推进设备价值管理体系建设，完成主要设备的分类分级管理，建立设备关键功能管理、故障管理、点检管理、保养管理、润滑管理、维修管理、备件管理分类分级清单，制定和推进 8 类工作计划的实施与管理。建立主要设备关键功能台账，完善维护保养、点检规程，推进构建设备状态维修体系。通过 ERP 系统的建设和应用，实现设备采购、转固、使用、运维、报废等全生命周期的信息化管理，有效提升设备管理水平。2013 年卷接设备有效作业率为 90.47%、同比提升 0.67%，包装设备有效作业率为 88.87%、同比提升 0.36%。

【易地技改】 易地技改联合工房、动力中心、库房土建及装饰、机电安装、消防进入收尾，综合办公楼主体施工完成；制丝、卷包、动力设备完成调试和带料生产；后勤服务配套及保障设施项目主体结构基本完成；工商一体化物流配送中心完成总体规划设计。截至年底，技改项目签订合同 140 份，累计金额（含专卖设备）15.72 亿元，已支付 12.68 亿元。

【属地营销】 加强内部管理，规范销售流程，充分挖掘、调动各种资源，编制《一省一策工作计划书》和针对全疆 14 个地州的《一地一策》，厂领导班子成员分别挂片对口联系全疆各地州公司，增进工商交流。2013 年累计销售卷烟 34.64 万箱、同比增长 1.94%，三类以上卷烟销售 19.46 万箱、同比增长16.53%，“雪莲”系列卷烟销售13.14万箱、同比增长17.22%。

【队伍建设】 拓展人才成长通道，全年组织外出培训387人次、内部培训860人次；开展岗位练兵、“优秀操作法”“QC”比赛等群众性的创新活动；强化薪酬激励作用，坚持员工收入与工作责任、业绩挂钩，薪酬向一线、向关键岗位倾斜；竞聘中级管理人员6人，聘任专业技术、职业技能人员共12人，招聘毕业生31人，择优直签60名劳务用工。

【和谐建设】 坚持民主决策、民主参与、民主监督，坚持厂务、党务公开，扎实实施“三重一大”决策制度，持续丰富完善创先争优长效机制，开展庆祝建党92周年“转变作风求实干凝心聚力促发展”主题系列活动。进一步推进惩治和预防腐败体系建设，强化廉政风险防控。本着“统分有度、兼容并蓄”的原则，以“激情文化”为主线，开展文化宣贯和实践活动，全年全员企业文化培训4轮28场次，《易地技术改造项目志》开始着手编写。开展丰富多彩、内容健康向上的文化体育活动，增强企业凝聚力。组织工作组通过资金捐助、驻村工作、走访慰问等形式，帮扶农牧民，企业被伊犁哈萨克自治州评为2013年扶贫先进单位。积极倡导文化养老，不断提高对内退、离退休人员的服务管理水平。加强安全管理和安全保卫工作，层层签订目标责任书，确保一方平安。

乌兰浩特卷烟厂

【概　况】 乌兰浩特卷烟厂前身为筹建于1981年的乌兰浩特市雪茄烟厂，1984年体制上划归属内蒙古自治区烟草公司统一管理，1992年5月“乌兰浩特雪茄烟厂”更名为“乌兰浩特卷烟厂”，2005年6月合并重组为曲靖卷烟厂乌兰浩特分厂，2005年11月重组为红云集团乌兰浩特卷烟厂，2008年11月红云集团与红河集团合并组建后成为红云红河集团所属生产厂。厂区占地面积47.68万平方米，配备3000千克/小时制丝生产线1条，卷包机组13台（套），年卷烟生产能力240亿支（48万箱）。有从业人员934人，其中在岗员工629人。

2013年，乌兰浩特卷烟厂工会被内蒙古自治区总工会评为“全区示范化企业工会”。

领导成员

厂长、党委副书记　王保佳

党委书记、副厂长　胡　霈

副厂长、总会计师、党委委员　尹继东

纪委书记、工会主席、党委委员　袁庆文

副厂长、党委委员　王力佳

副厂长　屈凤香（2013.6—，此前任副调研员）

调研员　陈　刚（2013.4—，同月退休，此前任副调研员）

副调研员　邸殿洪

【机构设置】 3月，成立法律事务科、物资采购科；撤销法律顾问室、原料科、材料科。截至2013年底，下设制丝车间、卷接包车间、动力车间、生产管理科、设备管理科、技术监督科、质量管理科、节能减排办公室、党政办公室、人事劳资科、企业管理办公室、法律事务科、考核办公室、总务科、财务核算科、审计科、技术改造办公室、信息中心、集团营销中心内蒙古分中心、物流科、物资采购科、安全保卫科、政工科、宣传科、纪检监察科、工会办公室、离退休办公室，劳动服务公司。

【卷烟生产】 主要生产卷烟品牌有“红河”“云烟”“红山茶”等，共计生产卷烟130亿支（26万箱），其中一类烟10.05亿支（2.01万箱）、三类烟

69.7亿支（13.94万箱）、四类烟33.15亿支（6.63万箱）、五类烟17.15亿支（3.43万箱）。

全年万元产值综合能耗为21.96千克标煤，万支卷烟综合能耗为4.67千克标煤。烟叶、滤棒、盘纸平均消耗分别为7.18千克/万支、2096.99支/万支、593.61米/万支。水、电平均消耗分别为0.05吨/万支、7.52千瓦时/万支。

【基础管理】 推进“三标一体”建设，全年制定修改99个管理标准、43个技术标准、100个工作标准，梳理车间班组管理制度40项。征集合理化建议采纳实施268条、创效益130.9万元，合理化建议和技术改进项目评审34项、创价值816万元，修旧利废39项、创效益35.89万元。推进审计监管，审核采购资金1501.45万元、节约资金24.12万元，二期技改招投标审核69项、合同金额5884万元。加强“三项工作”，完善采购管理制度，制定集中采购目录，明确同级监督职责，增加考核问责机制，按时公开采购各环节，全年实施采购项目130项，金额3.93亿元，采购招标率100%。认真贯彻落实八项规定，整改、腾退办公室，封存超标车辆，自查清理“两金”。强化预算管理，全年费用类、维修改造类、资产购建类预算执行率分别为98.02%、92.39%、98.7%。ERP系统深化应用，9月设备管理、项目管理模块等二期推广项目上线运行，MES系统完成招标及各项准备工作。

【质量管控】 坚持“月计划、周考核、日控制、均衡生产”作业管控模式，加强生产各环节协同，实施过程管控、操作维修精细化，确保质量行为规范和过程产品质量相关因素在控，开展质量月和主题研讨活动，职工质量责任意识进一步增强，全年产品质量抽检合格率100%。完成16项工艺改进项目，烟丝加香流量波动由36.86%降低到0.4%，单箱耗叶降低0.28千克；“红河（小熊猫世纪风）”“云烟（紫）”落地生产，参数符合率99.94%。QC活动全年形成成果15项，创经济效益180.75万元。

【对标创优】 深入对标创优，定期开展指标对比和工作成效分析工作，完善创新激励机制，积极组织对外交流活动，加大先进指标和标杆岗位奖励力度。2013年国家局13项创优指标中有10项达标；行业95家工厂15项对标指标中6项达到行业平均水平、12项同比有提升；30万箱以下规模的25家卷烟工厂中，9项指标达到该类平均水平。加强现场管理，组织承办国家局2013年“卷烟工厂现场管理专题”活动总结暨经验交流会，卷烟工厂《6S管理规范》《班组建设规范》两项专题成果在行业推广。

【设备管理】 新增ZJ17机组10套、YF17辅联设备10套、ZB45机组1套、ZB25机组4套，新设备得到高效应用，全年卷接包设备有效作业率94.22%、制丝设备停机率0.025%、动力设备停机率为零。

【技改工作】 易地技改项目1月通过国家局验收；填平补齐项目3月获国家局批复、11月初步设计通过国家局审批、主要项目招标工作完成；后勤保障中心项目完成初步设计评审、施工图设计等；联合工房回暖间改造、空调机房改造、卷包车间改造改建工程施工，除尘房改扩建完成封闭施工；片烟库及辅料库4栋仓库基础施工完成。

【节能减排】 建立完善节能减排管理体系，能源管理体系和清洁生产审核认证工作完成，清洁生产综合评价AAAA级。开展节能减排活动节约资金400多万元，单箱综合能耗同比降低8.13%、单箱耗水降低7.14%、二氧化硫降低13.4%、化学需氧量降低4.5%。

【队伍建设】 抓好党员队伍建设，树立忠诚典型，培育职工的责任感和使命感。以岗位业务学习和技术管理、技能水平提升等为重点抓好培训，组织参加各级培训83期，19名职工通过职业技能鉴定理论考试。开展技能交流暨创新成果推介活动和设备操作维修技术交流会，展示技术创新、小改小革、先进操作方法等经验成果，促进职工素质提升。抓人才储备，招聘应届大学毕业生 17 人。规范劳务用工，调整 143 名职工的岗位，消除混岗现象。推进以“知识管理为核心、以提升绩效为目标”的班组建设和管理模式，制订实施方案，加强考核评定，卷包车间甲班和制丝车间制丝班被评为“内蒙古自治区质量信得过班组”。

【和谐建设】 开展系列主题活动营造忠诚文化氛围，加强民主管理和厂务公开，获“自治区厂务公开民主管理工作示范单位”。搭建廉政教育平台，与兴安盟纪委、盟检察院联合建成廉政教育中心，组织警示教育和廉政征文活动，营造廉政文化氛围。推进送温暖工程，慰问 67 人次，发放慰问金、爱心帮扶金 20.12 万元。努力提高内退、离退休人员收入待遇，共享改革发展成果。逐级落实安全生产责任制，推进安全生产标准化达标建设，完善 13 个安全管理制度、263 个岗位安全生产责任制和 11 个安全技术标准，特种设备安全管理达标检查通过验收，实现安全发展目标，获“自治区消防安全工作先进企业”。

山西昆明烟草有限责任公司

【概　况】 山西昆明烟草有限责任公司（简称“山昆公司”）的前身太原卷烟厂始建于 1930 年，1998 年兼并曲沃卷烟厂。2000 年配合国家局、山西省烟草专卖局关闭了芮城卷烟厂，成为山西省唯一的卷烟工业企业。2003 年 7 月以太原卷烟厂为基础，山西省烟草公司和昆明卷烟厂共同出资组建山昆公司。2004 年 11 月山西省烟草公司所持股份划转中烟实业发展中心，企业行政管理权也随之上划。2005 年 11 月红云集团组建，红云集团承继原昆明卷烟厂股权控股山昆公司。2008 年 11 月红云集团与红河集团合并组建后红云红河集团承继原红云集团股权控股山昆公司。

公司注册资本 6.13 亿元，红云红河集团持有 60.86% 股份，中烟实业发展中心持有 39.14% 股份。2013 年公司总资产（年末值）28.81 亿元，其中固定资产（净值）7.93 亿元、流动资产 20.25 亿元，资产负债率 12.10%。公司占地面积 12.94 万平方米，其中厂区 8.54 万平方米、新营库 4.39 万平方米。配备 5000 千克/小时制丝生产线 1 条、1250 千克/小时梗丝生产线 1 条、卷包机组 14 台（套），年卷烟生产能力 300 亿支（60 万箱）。有从业人员 1102 人，其中在岗员工 1013 人。

2013 年，山昆公司营销中心被山西省社会主义劳动竞赛委员会评为“山西省工人先锋号”。

领导成员

董事会

董事长　李增林

副董事长　许力为

董　事　李增林　许力为　马保军　黄训良
　　　　陈景云　郭杜荣（—2013.12）
　　　　刘根栓（2013.12—）　李稚宏

监事会

主　席　毛家昌

监　事　毛家昌　朱家福　杨德江　杨耀荣
　　　　田　芳

班子成员

总经理、党委副书记　陈景云

党委书记、副总经理　郭杜荣（—2013.8）

党委书记、纪委书记、副总经理　刘根栓（党委书记、副总经理任期自 2013 年 8 月起，纪委书记任期自 2013 年 12 月起）

常务副总经理　刘建明

工会主席、党委委员　李稚宏（2013.12—，此前任纪委书记、工会主席、党委委员）
副总经理　杨　帆（—2013.8）
总会计师　陈　东
副总经理　崔建刚（2013.8—）　何小兵（2013.8—）
调研员、党委委员　付云祥（2013.8—，此前任副总经理、党委委员）

【机构设置】　12月，成立技改工程项目管理办公室。截至2013年底，下设制造中心、营销中心、技术中心、物流中心、办公室、企划管理部、人力资源部、财务部、审计部、整顿规范办公室、安保人武部、党群工作部、纪检监察部、工会、技改工程项目管理办公室，云福物业管理有限公司。

【卷烟生产经营】　主要生产“云烟”“红河”等品牌卷烟。全年生产卷烟157.5亿支（31.5万箱），其中一类烟1.55亿支（0.31万箱）、二类烟1.1亿支（0.22万箱）、三类烟134.6亿支（26.92万箱）、四类烟20.25亿支（4.05万箱）。销售卷烟156.2亿支（31.24万箱），其中一类烟0.5亿支（0.1万箱）、二类烟1.3亿支（0.26万箱）、三类烟133.65亿支（26.73万箱）、四类烟20.8亿支（4.16万箱）。全年实现销售收入40.41亿元、同比增长10.56%，实现税利29.47亿元、同比增长16.94%，实现利润7.01亿元、同比增长41.03%。公司三项费用率6.22%。

全年万元产值综合能耗为14.19千克标煤/万元，万支卷烟综合能耗为3.72千克标煤/万支。烟叶、滤棒、盘纸平均消耗分别为7.35千克/万支、2120.18支/万支、613米/万支。水、电平均消耗分别为0.11吨/万支、8.50千瓦时/万支。

【基础管理】　以“三标一体”为基础，推进目标管理体系建设，搭建公司、部门、班组、岗位四个层级的目标指标体系，发布公司级目标15项、部门级目标85项；创新内部审核模式，通过开展公司和部门两级审核，实现全员参与、全过程审核。推进全面预算管理，开展预算定额体系建设工作，强化预算的刚性约束和过程管控；强化对重点费用、工程维修支出的管控，成本费用增长幅度明显降低；加快财务信息化建设，财务业务一体化及全面预算管理系统上线运行，阶段性完成会计核算、资金监管、预算管理“三融合”。坚持目标引领，推进对标、创优工作，2013年国家局13项创优指标中10项达标、同比增加3项，34项对标指标中23项同比提升。

【质量管控】　从现场质量入手，通过日监测、周汇总、月分析、季总结等形式发现问题、查找原因、采取措施、组织攻关，并进行相关验证，形成PDCA闭环管理。注重产品质量缺陷易发时段和使用新设备、新工艺、新材料、新员工生产卷烟时的产品质量控制。配合集团进行两次工艺符合性测试，开展卷包设备参数控制、卷包除尘环节工艺测试等多项工艺改进，全年工艺参数符合率99.91%、同比提升0.33个百分点。开展质量优胜机台挂牌、质量月等活动，提升员工质量意识，全年成品抽检盒装缺陷率7.51%、同比下降9.95%，条装缺陷率2.02%、同比下降2.56%，集团抽检43个牌号次，平均得分99.05。

【设备管理】　树立保养、点检重于维修的理念，生产主线设备采取日保、周保加月保的保养方式，确保设备零负荷运行；主要生产设备采取三级点检，对设备静态、动态状况实施监控，重点加强设备状态点检，及时准确做好各级点检记录，真实反映设备存在的问题；在设备点检基础上重点开展以轮保轮修为主的设备状态维修，按照“六定、二洁、三过滤”方法加强设备润滑管理，降低故障发生率，提高设备生产效率。

【技术改造】　易地技术改造项目位于太原经济技术开发区，规划用地404.2亩，净用地341.3亩，按年产量40万箱规划设计，总建筑面积10.66万平方米，项目总投资15.93亿元（不含烟草专用机械购置费）。4月签订《入区企业项目协议书》，5月太原市政府批示同意项目规划，6月项目立项请示上报国家局，8月项目申请报告通过第三方审查，12月项目获国家局批复。

锅炉煤改气项目于2012年11月获中烟实业发展中心批复，项目总投资3750万元。已完成项目施工图设计，取得项目规划许可证，通过公开招标确定锅炉品牌、项目监理单位及职业病危害预评价、节能评估、安全预评价的编制单位，9月与太原市天然气公司签订天然气管道安装合同。

【品牌营销】 坚持“规模结构效益型”品牌发展之路，推行“按订单组织货源、按需求衔接计划、按价格调整策略”，加强品类管理，提升一、二、三类卷烟比重，减少低类烟产销。借助“低焦”品牌发展契机，强化产品宣传、逐步提升上柜率，扩大市场知名度和影响力。实时关注商业库存，动态响应货源需求，合理安排市场投放，从片面追求税利增长转变到增加适销对路产品、满足消费者需求上，着力营造品牌价值感，维护市场价格稳定，努力实现市场需求基本满足、零售客户有所选择、知名品牌较快发展、经济效益较快增长。

【科技创新】 开展“烟用搭口胶热裂解行为的研究”等10个科技项目的研究，中烟实业发展中心立项项目“烟草中多酚含量与卷烟品质的关系研究”结题验收。“云烟（软福）”“紫气东来”的研发申请得到集团批复，应用新技术、新材料推进减害降焦，完成焦油含量8毫克卷烟的配方、辅料初步设计。3项QC成果参加中烟实业发展中心成果发布。

【队伍建设】 坚持德才兼备、以德为先的用人标准，完成8名中级管理人员的聘任工作。开展专业技术职务评聘工作，突出制造中心机台一线员工的主体地位，按照技能等级增加岗位津贴，引导员工立足岗位成才。重视同工同酬，实现劳务派遣员工与正式员工同等工作条件的同等报酬。坚持公开公平公正原则，完成退伍兵子弟招聘工作。全年培训6775人次，其中安全培训3535人次，安全培训覆盖率达100%。

【安全保障】 坚持“安全发展”的指导原则，以提升安全生产标准化达标水平为主线，加强安全生产红线意识教育，签订安全生产责任书，明确各部门、岗位的安全主体责任，落实“一岗双责”，全面提升安全生产管理水平，通过山西省安监局安全生产标准化二级达标审核。

【和谐建设】 坚持党委中心组理论学习制度，加强基层党支部建设，开展“党员干部率先学习讲党课”“学党史强信念、谈体会做表率”“重温入党誓词佩戴党员徽章”等活动。贯彻落实“八项规定”，规范公务用车，清退超标办公用房。开展廉洁自律“明示与承诺”工作，签订廉洁承诺书222份。举办“高举旗帜跟党走、基业常青山昆梦”纪念建党92周年暨公司成立10周年职工文化活动，组织“放飞我的梦想”主题演讲比赛和“一站到底”知识竞赛。

内蒙古昆明卷烟有限责任公司

【概　况】 内蒙古昆明卷烟有限责任公司（简称“蒙昆公司”）的前身呼和浩特卷烟厂于1966年建成投产。2003年10月以呼和浩特卷烟厂为基础，内蒙古自治区烟草公司和昆明卷烟厂共同出资组建蒙昆公司。2005年11月红云集团组建，红云集团承继原昆明卷烟厂股权参股蒙昆公司。2008年11月红云集团与红河集团合并组建后红云红河集团承继原红云集团股权参股蒙昆公司，2010年12月红云红河集团通过追加投资控股蒙昆公司。

公司注册资本12.33亿元，红云红河集团持有51%股份，中烟实业发展中心持有49%股份。2013年公司总资产（年末值）42.44亿元，固定资产（净值）6.10亿元，流动资产35.28亿元，资产负债率6.17%。厂区占地面积约17万平方米。配备4800千克/小时制丝线1条，卷包联合机组13台（套），年卷烟生产能力210亿支（42万箱）。有从业人员（在岗员工）1461人。

2013年，蒙昆公司制造中心动力车间白塔锅炉工段被中华全国总工会评为“全国模范职工小家”，蒙昆公司被内蒙古自治区“创争”活动领导小组评选为“全区学习型组织先进单位”，蒙昆公司工会被内蒙古自治区总工会评选为“全区示范化企业工会”。

领导成员

董事会

董事长　李增林

副董事长　许力为

董　事　李增林　许力为　马保军　黄训良
　　　　李建平　夏家全　田凤霞

董事会秘书　魏　霞

监事会

主　席　毛加昌

监　事　毛加昌　刘玉祥　朱家福　张志春
　　　　高晓东

班子成员

总经理、党委副书记　李建平

党委书记、副总经理　夏家全

党委副书记、纪委书记、工会主席　田凤霞

副总经理　王　林（—2013.8）

副总经理、党委委员　蒋宗剑（副总经理任期自2013年8月起，党委委员任期自2013年12月起）

副总经理、党委委员　张耀中　赵秋蓉（2013.12—，此前任总工程师）　谷超今（2013.12—，此前任副调研员）

总会计师　倪乐峰（—2013.8）

调研员　王向荣（2013.12—，此前任副总经理、党委委员）

副调研员　魏　霞

【机构设置】 截至2013年底，下设市场营销中心、技术研发中心、生产制造中心、物流采购中心、办公室、企业规划部、人力资源部、财务部、审计部（审计派驻办公室）、整顿办、政治工作部、纪检监察部、工会办公室（离退办）、安保部、后勤保障部、技改办；呼和浩特市苁蓉物业有限责任公司、呼和浩特卷烟厂劳动服务中心（含纸箱厂）。

【卷烟生产经营】 主要生产“云烟”“红河”“大青山”等品牌卷烟。全年生产卷烟202.5亿支（40.5万箱），其中一类烟3.3亿支（0.66万箱）、二类烟37.05亿支（7.41万箱）、三类烟110亿支（22万箱）、四类烟31.6亿支（6.32万箱）、五类烟20.6亿支（4.12万箱）。销售卷烟196.6亿支（39.32万箱），其中一类烟3.15亿支（0.63万箱）、二类烟38.1亿支（7.62万箱）、三类烟106.3亿支（21.26万箱）、四类烟28.1亿支（5.62万箱）、五类烟21亿支（4.2万箱）。全年实现销售收入52.25亿元、同比增长15.15%，实现税利40.20亿元、同比增长16.11%，其中利润6.54亿元、同比增长13.58%。公司三项费用率6.34%。

全年万元产值综合能耗为13.02千克标煤/万元，万支卷烟综合能耗为3.44千克标煤/万支。烟叶、滤棒、盘纸平均消耗分别为6.99千克/万支、2103.44支/万支、595.83米/万支。水、电平均消耗分别为0.1吨/万支、7千瓦时/万支。

【基础管理】 宣贯精益管理理念，普及精益管理知识，营造“人人讲精益、事事求精益、处处要精益”的良好氛围。完善《6S管理公共区域考核》《6S管理生产区、库区考核》等制度并严格考核，实施目视管理，制作标识卡、管理看板，巩固6S管理成果，提升现场管理水平。推进清洁生产，贯彻节约能源、降低消耗、预防污染、改善环境战略，在国家局清洁生产评价抽查中达到AAA级标准。组织烟叶降耗、嘴棒降耗、能源降耗三个课题组攻关，2013年烟叶消耗同比下降1.49%、嘴棒消耗同比下降0.21%、综合能耗同比下降24.89%。提高预算管控能力，加强对重点费用的控制，以全面预算管理信息系统上线为契机，规范会计核算，强化会计基础管理水平；利用资金监管系统，严格资金管理，确保资金安全。推进对标、创优工作，2013年国家局13项创优指标中有11项达标，34项对标指标中27项同比提升。

【品牌营销】 围绕品牌发展规划和目标，通过挖掘市场潜力、培育重点品牌、调整产品结构、加强终端建设、突出品牌培育和消费引导等方面工作，实现销量持续增长、效益稳步提升、重点品牌较快发展的目标。2013销售卷烟39.32万箱、同比增长6.55%，“冬虫夏草”销售5990箱、同比增长31.65%，“云烟（软苁蓉）”销售23432箱、同比增长41.52%，“云烟（12毫克苁蓉）”销售52288箱、同比增长58.35%。

【科技创新】 重点开展“冬虫夏草”“云烟（苁蓉）”系列卷烟产品维护工作，保证两个主打产品的质量稳定性，且不同程度降低料组配方成本。推进“冬虫夏草”低焦高档卷烟开发的技术储备工作，拓展“云烟（苁蓉）”品牌规格，两个一类卷烟新品研发完成降焦配套材料及实验室新产品叶组、料组配方，并组织新品在线试制工作。持续开展控焦工作，2013年在产品牌卷烟焦油加权平均值为10.4毫克/支（2012年为10.7毫克/支），卷烟焦油盒标值与实测值偏差≤0.65mg/支，焦油产生量及稳定性得到有效控制。加强产学研技术合作，加快建设高层次科技创新平台，提高研发效率，2013年科技项目完成成果2项、在研项目4项。

【队伍建设】 持续深化用工分配制度改革，按照精简、统一、效能的原则核定岗位及定员，采取公开竞争方式选拔人员，充实生产一线力量，优化人员结构，激发员工工作积极性。完成职称评定工作，截至年底专业技术人员达267人（其中高级2人、中级139人、初级126人）；全年培养特有工种技师6人，截至年底取得通用职业和特有工种（职业）资格证1256人。落实年度教育培训计划，丰富培训内容，提高培训质量，全年培训7829人次，其中内部培训202期7417人次、送外培训89期412人次。公开招聘大学毕业生29人，接收复员退伍军人19人。

【安全保障】 制订《进一步深入开展岗位达标和专业达标的实施方案》和《班组标准化达标建设实施方案》，通过落实岗位达标、专业达标和班组达标，督促各岗位员工切实执行安全行为规范。开展安全检查和隐患排查治理工作，以消防设施、电气设施、特种设备、压力容器、道路交通、库房等检查为重点，系统开展隐患排查和专项整治工作，全年组织部门自查10次、专业检查9次，接受上级部门联合检查4次。加强特种设备监督管理，开展防火安全、交通安全和施工安全等宣传教育和培训，全年组织各类安全培训17次710人次。

【和谐建设】 组织十八大精神宣讲，落实中央八项规定，开展“改进作风年”活动，组织“转变作风、勇于担当”思想大讨论活动，开展领导班子成员“我下基层”活动为一线解决难点问题。征集职工代表提案及员工意见、合理化建议，全年共计答复29条。举行“我们的担当”员工文艺汇演，举办乒乓球比赛等文体活动，丰富员工文化生活。完善《补充医疗保险基金管理规定》，实现员工门诊医疗费用定额报销，提高员工医疗保健待遇水平。组织员工疗养，关心员工生活，全年慰问住院员工30名。组织152名离退休员工到老年大学学习，增加离退休人员、内部退养员工生活补贴，共享企业发展成果。

红云红河集团所属二级单位

曲靖天福烟叶复烤有限责任公司

【概　况】 曲靖天福烟叶复烤有限责任公司成立于2003年11月，由曲靖卷烟厂、曲靖市烟草专卖局（公司）共同出资组建。2008年，公司股权划转红云红河集团和云南中烟工业公司。公司注册资本2.46亿元，红云红河集团持有95%股份，云南中烟持有5%股份。

厂区占地面积7.4万平方米，有在册在岗员工205人。配备12000千克/小时打叶复烤生产线2条，年复烤加工能力120万担。2013年总资产（年末值）3.62亿元，固定资产（净值）7173.90万元，流动资产2.85亿元，资产负债率10.06%。

领导成员

董事长　陈金奎

董　事　陈金奎　毛加昌　李云贵　杨志伟　马剑雄（—2013.9）陈剑（2013.9—）

监事会主席　郭洪林

监　事　郭洪林　李石山　钱嘉鑫

总经理　杨志伟（—2013.9）　高　文（2013.9—）

副总经理　程　钢　代　宁

财务总监　任　蕻

【生产经营】 2013年，复烤加工烟叶74.21万担，产出片烟48.91万担。全年实现主营业务收入1.42亿元，实现税利6796.7万元，实现利润3438.41万元。

直属単位

云南烟草科学研究院

【概　况】　云南烟草科学研究院经国家烟草专卖局批准，成立于1998年，是具有事业法人资格的科研机构，在业务上接受国家烟草专卖局科技主管部门的指导，原隶属云南省烟草专卖局（公司），是在原云南省烟草工业研究所、云南省烟草科学研究所、云南省烟草经济信息中心的基础上组建而成的，曾代管云南省烟草质量监督检测站。工商分设后，现隶属于云南中烟工业有限责任公司，是专门从事基础性、前瞻性、共性技术研究的综合科研机构，是全国烟草行业知识创新体系和云南卷烟工业系统技术创新体系的重要组成单位。位于昆明国家高新技术产业开发区，占地面积7万平方米，建筑面积5万平方米，固定资产原值3.7亿元。

2013年，从业人员总数152人，其中：在岗员工中有博士27人，硕士50人，高级技术职称43人，其中1人享受国务院政府特殊津贴，5人享受云南省人民政府特殊津贴。1人为烟草行业减害降焦研究方向学科带头人，1人为云南中烟科技领军人才，2人为云南中烟学科带头人。拥有云南省突出贡献的优秀专业技术人才2人，云南省中青年学术和技术带头人4人，云南省技术创新人才5人，昆明市中青年学术、技术带头人6人。1人获得云南中烟“十一五”期间“突出贡献专业技术人才”、5人获得云南中烟“十一五”期间“科技创新优秀人才”荣誉称号。

云南烟草科学研究院以“服务决策、服务企业、服务品牌”为宗旨，致力于烟草科学发展、科技创新。按照《烟草行业中长期科技发展规划纲要》的总体要求，依靠科技创新，以卷烟上水平为发展目标，实施专项科技攻关，积极开展烟草化学、卷烟减害降焦、烟草添加剂安全性、特色烟用香原料与增香保润、卷烟原料及薄片、烟草经济信息等领域的研究和相关学科建设。承担多项国家局科技攻关项目及7项烟气成分检测工作，设有中国烟草总公司烟草添加剂安全性测试中心、云南省烟草化学省级重点实验室、博士后科研工作站、院士工作站和省级烟草化学创新团队。拥有先进的烟草化学和生物学分析测试平台、产学研科技创新合作平台、云南特色香原料种植基地、院企合作的卷烟原料工业应用实验室等重要科技支撑条件。截至2013年末，管理使用的固定资产共1190台套，净值1.67亿元，其中科研设备559台套，净值8092.35万元。

云南烟草科学研究院设院办公室、人力资源部、财务审计部、科研管理部、党群工作部和事务管理部6个职能管理部门。现设有5个研究中心，即减害降焦研究中心（减害降焦技术研究室、烟草化学研究室、标准化研究室）、烟用添加剂安全性评价与研究中心（生物学评价研究室、化学评价研究室）、卷烟原料研究中心（原料研究室、烟草薄片研究室）、香精香料研究中心（天然香料研究室、增香保润研究室）、经济信息研究中心（经济研究室、情报研究室、烟草控制框架公约履约研究室“学会办公室”），代管云南中烟工业有限责任公司卷烟产品质量检测中心。另设有院学术委员会。

领导成员

院长、党委副书记　李光斗

党委书记、副院长　程永照

党委副书记、纪委书记、工会主席　张嘉滨

党委委员、副院长　缪明明　郭生云　段惠明

【科研项目】　全年承担在研科技项目累计达到74项。其中，国家自然科学基金项目2项；云南省科技项目5项；中国烟草总公司项目16项；云南中烟项目29项；横向科研项目22项。

2013年，获中国烟草总公司2012年度科技进步二等奖1项、云南中烟2012年度科技进步奖9项、

云南中烟2012年度技术发明三等奖1项，获中国烟草总公司2013年度科技进步三等奖1项、云南中烟2013年度科技进步奖一等奖2项、二等奖2项、三等奖2项；获云南中烟2013年度技术发明二等奖1项、三等奖1项。全年共有30件专利申请获受理，31件专利获授权，其中21件发明专利获得授权；在《Analyst》《烟草科技》等SCI、EI刊源及国内核心期刊上发表学术论文72篇，其中被SCI、EI源期刊收录24篇。承担完成的“烟草及烟草制品烟气安全性生物学评价BEAS-2B细胞体外微核试验”（YQ/T43-2013）、“烟草及烟草制品烟气安全性生物学评价MTT细胞毒性法”（YQ/T42-2013）、“烟用添加剂（烟用香料）自身安全性毒理学评价规程”（YQ/T37-2013）三项中国烟草总公司企业标准获准颁布。完成了《云南中烟2013年科技创新目标责任书》明确的科技创新目标任务，通过了云南中烟工业有限责任公司2013年科技创新目标考核。

重大专项和项目研究进展顺利。云南烟草科学研究院主申报的“具有降低苯并［a］芘功能的造纸法再造烟叶关键技术研究及应用”项目，获国家局减害技术重大专项立项；在国家自然科学基金项目申报上取得突破，“液相—气相二维色谱新技术研究多环芳烃和亚硝胺在吸烟者体内的代谢”和“云南烤烟中新颖的酚类化合物及其抗烟草花叶病毒活性研究”项目首次获国家自然科学基金委立项；“云南烤烟中新颖的酚类化合物及其抗烟草花叶病毒活性研究”和“烟梗微波处理及丝状成型工艺、设备研究及应用”获云南省科技厅立项，还有“烟叶生物质燃烧特性研究”获云南省应用基础研究自筹经费项目立项。2013年共有10个项目（含四个重大专项）获云南中烟批准确立为2014年度新立项科技计划项目。在研科技项目通过了云南中烟组织的年度进展评价，在研项目考核优良率为100%（4个项目考评结果为良好，11个项目考评结果为优秀）。

【科研平台建设】 首次成功申报国家自然科学基金项目，云南中烟卷烟产品质量检测中心顺利通过中国国家实验室认可委员会认可，实现了检测数据国际互认。云南中烟新材料科技有限公司正式成立以及院士（专家）工作站、博士后工作站、云南省烟草化学创新团队、天然香原料研究应用平台、卷烟原料重金属检测平台、卷烟原料物理检测平台、卷烟原料工艺试验平台、卷烟原料农残检测平台、造纸法再造烟叶工艺试验、造纸法再造烟叶理化检测平台建设的持续推进，与国内著名学者开展安全性评估学术交流活动，科研创新平台建设迈上了新台阶。

【技术服务】 完成国家局下达的2013年度行业烟草添加剂安全性集中评估相关测试任务，组织集中评估裂解测试组和体外毒理学测试组的工作会议。完成67个样品的热裂解测试，第3—7批共92个样品的Ames试验、MTT细胞毒性、体外微核试验检测、数据分析整理、报告撰写及添加剂自身安全性毒理学测试方案设计等工作，相关测试结果分别在2013年1月、4月和6月召开的行业烟草添加剂安全性评估委员会上通过审定。承担云南中烟卷烟产品质量内控检测、卷烟烟气7项成分检测、卷烟材料质量安全性指标检测以及卷烟产品农残检测等检测任务。全年累计完成云南中烟7个牌号60多个规格461个卷烟产品的烟气化学成分检测；完成云南中烟所有卷烟牌号的主流烟气7种成分的分析；开展烟用香精香料禁限用成分、卷烟包装材料挥发性有机化合物、卷烟胶卫生安全指标等分析检测以及云南中烟8牌号40个规格40个卷烟产品的农残指标检测，并及时撰写专项分析报告，按时按质按量完成2013年云南中烟卷烟产品质量安全内控工作。同时，为两红集团提供检测技术服务，为新增烟用香精开展质量安全性指标符合性检测。

【决策咨询】 围绕国家局局长凌成兴提出的“三大课题”积极开展相关专题研究，并发表于《东方烟草报》等多家媒体。参加云南省政府研究室牵头的“进一步提升烟草产业对云南经济社会发展支撑力研究报告”的调研及撰写工作。参加《中国烟草控制规划》实施专题等研究。系统研究云南优质烟叶快速发展与云南烟草产业协调发展的关系，开展云南中烟重点品牌量本利分析，为云南中烟科学决策提供参谋。围绕云南中烟发展的重点、热点和难点问题，积极开展品牌、市场、原料、物流、履约等研究，共调研、撰写和编发《经研专报》20 期、《决策参考》12 期，公开发表论文 14 篇，较好地发挥了决策咨询服务作用。

【人力资源管理】 按照《云南烟草科学研究院用工分配制度改革实施方案》和《云南烟草科学研究院绩效管理实施方案》的要求，深入调研、不断完善绩效考核工作，制定考评实施方案和计划，完成绩效考评工作，充分调动科研人员和员工的工作积极性、主动性和创造性。根据上级批复，完成 2013 年毕业生公开招聘考试，实际招收 5 名毕业生，1 名博士后研究人员进站工作。完成 2011 年聘用毕业生两年期综合考评，完成专业技术职称申报和 2013 年度专业技术岗位（职务）聘任工作，专业技术职称审核申报 19 人，按聘任程序完成 80 名专业技术岗位员工的聘任工作。选拔推荐云南中烟第二批“科技领军人才”2 人和“学科带头人”5 人，“省贴”1 人，“云南省技术创新人才”1 人，“昆明市中青年学术技术带头人”2 人，行业“科技领军人才”1 人，云南省科学技术奖励评审专家 11 人。组织完成上级各类培训 58 项，累计培训 244 人次；组织内部各类培训 17 项，累计培训 760 人次，完成 2013 年职工教育培训工作。

【综合管理】 推进安全生产标准化和体系建设。根据“384”安全标准，按照工作方案和实施计划，在对相关制度进行梳理的基础上，评审、发布 30 余项规章制度，组织开展了 2 次自评自查工作，并对现场进行了多次检查，建立起一体化的安全生产管理体系，通过了云南中烟组织的考核检查，促进了安全管理水平的整体提升。顺利完成 2013 年质量、环境、职业健康安全管理体系内部审核和管理评审工作，重点对体系运行情况及 2011 版职业健康安全管理体系换版后体系运行的适应性进行审核。深入推进整顿规范工作。全面贯彻落实《烟草企业采购管理规定》，进一步梳理采购流程、采购方式涉及的规范化管理要求，切实做到“应招尽招、真招实招”；通过开展行业流动资产专项清查工作，对建院以来报废的固定资产进行了彻底清查，规范报废资产后续管理工作。为提升规范化管理水平，结合云南中烟推进 ERP 财务业务对科研、行政管理涉及的经济业务进行全面梳理，设计规范的信息化管理业务流程，顺利完成 ERP 上线工作，通过 BPC 全面预算管理系统提升了规范化管理工作的水平。

【对外合作与交流】 本着“开放、流动、联合、竞争”的原则，加强与各大专院校、科研机构和制造企业的交流与合作，先后与北京大学、云南大学、昆明理工大学、云南财经大学、郑州烟草研究院、中国人民解放军军事医学科学院、中国科学院大连化学物理研究所、中国科学院昆明植物研究所、行业多家省级中烟工业公司技术中心和美国 Arista 实验室、加拿大 Labstat 实验室、法国施伟策－摩迪国际集团公司等高校、研究机构和国外有关科研机构、企业开展了学术交流和项目合作，搭建了“产学研”科技创新平台，与红塔集团和红云红河集团建立了战略合作伙伴关系，加大了联合攻关力度，为科研人员多渠道、多途径的学术交流与合作创造了条件，组团赴西班牙参加 CORESTA 体外毒理学研究会议，参加 CORESTA 体外毒理学工作组年度会议并进行学术交流。

【企业文化】 按照《云南烟草科学研究院文化建设五年发展规划（2011—2015）》的要求，开展企业文化建设工作，开展企业文化向部门延伸活动，完成了部门精神、员工座右铭提炼工作。积极宣贯“合和”文化，营造有利于实施和推进“两统一、两整合”工作的良好舆论氛围。

【就地技术改造项目】 按照“高标准、高规格、高水平”原则，统一规划、整体设计实施云南烟草科学研究院就地技术改造项目，并由云南省设计院完成了项目申请报告，把现有科研综合楼改造为科研办公使用，原中试车间改造为科研实验区，项目改造总建筑面积31600平方米，投资估算1.91亿元。云南烟草科学研究院就地技术改造项目获国家局批准。

【思想政治工作】 组织召开2013年度党委中心组集中学习（扩大）会议四次，大力推进以完善惩治和预防腐败体系为重点的反腐倡廉建设，认真组织开展了廉政从业风险防控工作，完成了管理职能部门46个岗位138个风险点、研究中心12个岗位36个风险点的排查、等级评定和防控措施制定；以为民务实清廉为主题，以“反对‘四风’、服务群众”为重点，认真做好党员领导干部专题民主生活会的组织工作；开展了领导班子、领导干部全面考核和“一报告两评议”工作；印发了《云南烟草科学研究院干部综合考核评价办法（试行）》《云南烟草科学研究院干部年度考核办法（试行）》，开展了2013年度干部考核工作。

按照“公开是原则，不公开是例外”的基本要求，切实推进办事公开民主管理工作，实现办事公开民主管理工作制度化、规范化、常态化。“必须公开”运作程序体现了“必须”要求，公开内容、节点、方式、范围、结果符合国家局要求。职工参与民主管理，职工“四权”得到有效落实。

开展以“认真学习党章，严格遵守党章，努力增强党性”为主题的党章培训活动。按照“学习型、服务型、创新型”的目标，加强思想、组织、作风、制度及反腐倡廉建设，接收7名新调入党员和5名新进员工党员的组织关系。表彰了2个先进基层党支部、3名优秀党务工作者、6名优秀党员。1个基层支部获“云南中烟先进基层党支部”称号，1人获“云南中烟优秀党务工作者”称号，1名科研人员获“云南中烟优秀党员”称号。

在云南中烟工会召开的2012年度目标管理考评中，云南烟草科学研究院工会再次被评为优秀基层工会。院烟草学会联合两红集团学会与省烟草学会工业专业委员会共同举办优秀学术论文评选，院烟草学会工作荣获云南省烟草学会年度目标管理考核优秀学会一等奖。认真开展普法工作及法律进班子活动，参加云南中烟第二届法律知识竞赛，荣获团体一等奖。

云南中烟物资（集团）有限责任公司

【概　况】 云南中烟物资（集团）有限责任公司是根据《国家烟草专卖局关于云南卷烟工业企业管理体制改革的批复》，于2006年6月26日经国家烟草专卖局批复同意，由云南中烟物资配套公司改制而成的，属于云南中烟工业有限责任公司的全资子公司，是一个以经营管理云南省烟草工业系统卷烟材料、烟机设备和零配件、仓储运输为主的国有独资公司。其前身云南中烟物资配套公司于2005年7月29日由原云南中烟工业公司原直属单位云南省烟草物资配套公司、云南省烟草储运公司和云南省烟草机械公司合并重组而成。公司主要从事全省烟草工业生产所需的卷烟材料、烟机零配件以及仓储运输的经营业务；履行全省卷烟材料、烟机设备和零配件以及非烟用物资行政管理职能。下辖管理企业1家，即云南烟草机械有限责任公司；拥有控股、参股企业6家，其中控股云南云成印务有限公司、大理市古榕会馆旅游有限责任公司、云南卷烟材料厂大理三塔分厂等3家企业，参股云南浩鑫铝箔有限责任公司、交通银行股份有限公司、中国太平洋保险（集团）股份有限公司等3家企业。

公司现有员工325人，其中在岗员工127人。截至2013年底，公司资产总额36.29亿元，负债16.92亿元，净资产19.37亿元；固定资产（净值）1.14亿元，流动资产33.08亿元，资产负债率为46.62%。

公司2013年度获得的荣誉主要有：“昆明市2012年度纳税优秀企业”“云南中烟2012年度宣传工作先进集体”，“云南烟草工业系统2012年度基层工会目标管理考核优秀单位”；李大庆荣获云南省总工会授予的“云南省女职工之友”荣誉称号。

公司设有11部3室，分别是办公室、党委工作部、纪检监察室、人力资源部、信息部、发展管理部、财务部、审计室、卷烟材料部、物资管理部、烟机配件部、物流部、设备管理部、工会办公室。

领导成员

董事长　顾　波

董　事　顾　波　赵　勇　吴　先
　　　　李　恒　张建华

监事会主席　李大庆

监　事　李大庆　金　航　张爱群

总经理　赵　勇

副总经理　张　俊　王洪碧　张洪见（2013.5—）

党委书记　吴　先（—2013.7）

党委委员　赵　勇　张　俊　王洪碧　李大庆

纪委书记　李大庆

工会主席　李大庆（—2013.8）　和德彰（2013.8—）

财务总监　张漫辉

调研员　孙　翔（—2013.7）　张祖明　张　平
　　　　杨　敏（2013.4—）　吴　先（2013.7—）

副调研员　余家成

【经济效益】　全年实现主营业务收入123.33亿元，其中，卷烟材料业务收入117.47亿元，烟机配件业务收入5.46亿元，仓储运输业务收入0.4亿元；结转主营业务成本119.80亿元；实现毛利3.53亿元；三项费用支出1.66亿元；实现利润总额1.97亿元，圆满完成云南中烟工业有限责任公司下达的经营目标任务。

【烟用物资供应】　加强丝束货源控制和计划管理，稳定丝束使用规格；根据卷烟集团卷烟品牌培育和结构调整的要求，保障丝束正常供给。加强对烟用物资的统筹安排和计划调整，充分发挥ERP信息系统的桥梁纽带作用，加强与供需方的沟通交流，确保烟用物资按照需求采购供应。加强运输队伍管理，规范运费结算工作，为卷烟企业提供更好的物资配送服务。

强化产品质量控制，积极配合开展卷烟材料内控检测工作，配合完成云南中烟卷烟辅料质量安全评价体系构建工作，为全面评价卷烟辅料质量安全奠定坚实基础。督促卷烟企业严格落实质量安全责任，延伸质量安全管控，加强源头管理，持续提高烟用物资保障能力。2013年，保障服务能力持续增强，实现烟用物资按时按质按量采购供应，顾客满意率为98.96%、投诉率为零。

【烟用物资管理】　招标采购工作认真贯彻落实“应招尽招、真招实招”的行业总体要求，相继出台卷烟材料、烟机零配件的公开招标采购指导意见，研究制定卷烟材料指导价格，为卷烟企业制定拦标价提供指导参考。编制各项物资集中采购目录，积极推进公开招标采购工作，卷烟材料公开招标的品种、规格覆盖率为93.7%，金额比例为95.6%；成功实现香精香料招标采购的突破，香精香料公开招标采购比例达到35%；烟机零配件公开招标采购的范围扩大到所有机型的国产专、通用零配件，基本实现“应招尽招、真招实招”。

【供应商管理】　在认真总结分析近三年供应商资质认证工作的基础上，按照控数量、优结构的目标，切实改进供应商资质认证的评价方法和认证标准。组织实施卷烟材料供应商达标升级认证和年度烟机零配件供应商动态认证，发布合格供应商名录，减少供应商数量，优化供应商结构。提高供应商认证结果在公开招标工作中的实际运用水平，组织制定统一的招标评分办法，增加供应商资质在评分中的比重，加大等级间的分值差，建立健全奖优汰劣的良性机制，促进供应商在管理能力、质量保障等方面的综合水平。

【物资对标工作】 加强与行业先进企业量本利数据的分析对比，统一统计报表数据口径，对《云南中烟卷烟材料统计分析》内容和结构进行优化，同时深入研究卷烟材料消耗规律，借鉴参考行业先进的物资对标指标，不断建立健全统计分析模式，提高《云南中烟卷烟材料统计分析》的实用性和参考价值。改进创新物资检查工作，科学量化物资检查指标，研究制定《云南中烟物资管理（对标）检查方案》，组织开展2012年度物资管理工作检查。在此基础上，深入开展调查研究，通过对标工作的导入和运用，创新检查方式、丰富检查内容、深化“创优”工作，促进云南中烟物资管理水平的有效提升。

【非烟用物资管理】 非烟用物资基础管理贯彻落实《云南中烟非烟用物资采购工作指导意见》，针对非烟用物资的特点和管理实际，研究制定《云南中烟非烟物资采购管理办法》，科学界定非烟用物资的范围，编制完成云南中烟机关和直属单位、两红集团集中采购目录，建立健全管理机构，明确职责分工，为提升非烟用物资管理奠定良好基础。

【非烟用物资采购管理】 继续做好非烟用物资采购管理工作，积极推进公开招标采购。2013年度，非烟用物资公开招标比例突破80%（扣除水、电、气），“应招尽招”得到切实体现。通过实施招标采购工作，有效降低非烟用物资采购成本，提高集中采购程度。

【烟机设备管理】 在设备价值管理体系运行方面，继续推行云南中烟设备价值管理体系，并以标准化管理、关键功能受控管理、现场5S管理、预防维修与计划检修管理、信息化管理、知识管理为着力点，以《云南中烟设备ABC分类管理办法》为实施载体，在各卷烟企业推行设备分类分级管理，促进各卷烟企业建立设备关键功能台账，完善设备技术和管理标准，促进设备管理工作优化，为统一设备管理技术标准奠定坚实基础。

【设备价值管理绩效评价】 制订2013年度云南中烟设备价值管理绩效评价方案，组织开展对卷烟生产企业的设备价值管理绩效评价，出具2012年度评价报告和2013年度评价意见书，将传统经验型检查考核转变为工作量化分析和关联分析，为云南中烟设备管理工作提供更为全面、客观、准确的依据。2013年，云南中烟设备运行目标顺利完成，设备完好率计划达到100%、实际为100%，卷包设备有效作业率计划≥92%、实际为92.7%，制丝设备故障停机率计划≤0.5%、实际为0.31%。

【仓储运输】 根据实际情况对仓储费率进行适当调整，同时合理规划仓库，努力提高仓库利用率，进一步增加仓储收益。推行6S管理，改善库区环境，开展安全管理体系建设，加大安全检查、监督和隐患整改的力度，强化现场管理和安全工作，确保库区及储存物资的安全。加强运输队伍管理，规范运费结算工作，进一步提高物资配送服务的安全性、及时性和准确性。

【党建工作】 思想政治建设坚持执行学习制度，通过多个层次和多种形式组织思想政治学习，重点学习贯彻党的十八大及十八届三中全会精神、全国烟草工作会议和云南中烟工作会议精神，以及国家局领导在滇调研期间重要讲话精神；开展“改进作风年”活动，结合中央政治局关于改进工作作风、密切联系群众的“八项规定”要求，召开党员领导干部专题民主生活会，使领导干部深化群众观念，增强宗旨意识、大局意识、责任意识和进取意识。

【党风廉政建设】 推进党风廉政建设，贯彻落实云南中烟纪检监察工作会议精神，认真组织开展党风廉政建设和反腐败工作任务分解和考核工作；抓好廉政警示教育，举办专题讲座和征文活动，组织干部职工观看廉政教育宣传片，提高拒腐防变能力；制订廉政风险防控工作实施方案，加强“三重一大”、物资采购、财务管理等重点领域、重点环节的同步监督和风险防控，提高工作运行机制的透明度。

【改进作风年活动】 严格执行国家局和云南中烟的规定要求，制订实施“改进作风年”活动方案及公务接待管理办法等制度，强力推进“转作风、正会风、改文风”，实实在在转变工作作风；及时准确地落实政策规定，结合实际清理、调整了公务用车和办公用房，切实加强规范管理，有效降低费用支出，涉外费同比下降 60.94%、会议费同比下降 70.83%、业务招待费同比下降 59.39%。

【人力资源管理】 进一步深化干部人事和用工分配制度改革，实施部分岗位的竞聘、招聘工作，拓宽干部职工的晋升通道，调动干部职工的积极性和主动性；修订绩效管理办法，开展部门绩效考核，对部门工作职责完成情况和基础管理情况进行考核，提倡鼓励工作改进和创新，各部室工作绩效显著提升；完善人力资源管理体系，以定岗、定编、定员、定责为主线，建立绩效评价机制，开展干部职工绩效评价工作，提升人力资源管理的综合水平。

【教育培训】 强化教育培训工作，组织对公司、各卷烟集团以及供应企业的相关员工进行培训，安排公司员工参加行业内、外其他培训机构举办的各类培训，全年共完成培训 286 项次，参培人数达 3248 人次。结合经营管理工作需要，重点开展云南中烟设备价值管理绩效评价办法培训、卷烟材料产品质量培训、物资采购专业技术人员培训等多项专题培训，进一步提高物资队伍的素质和能力。

【基础管理】 管理体系运行进一步完善基础管理体系，以制度、规章、细则、流程为主线，健全和完善各类管理标准，构建管理管道，强化管理基础；保持质量、环境和职业健康安全管理体系的正常运行和持续改进，按时组织内部检查和管理评审，顺利实现体系转版，并通过三年一次的外部监督审核；严格执行计划管理和检查评价，合理编制年度、季度、月度工作计划，按时进行对照检查和考核，确保各项工作落到实处，全面预算管理不断完善，预算管控和执行情况进一步改善，确保了经营管理工作的规范运行和持续改进。

【信息化建设】 在保障云南中烟 ERP 一期项目正常运行的基础上，根据 ERP 系统性能和实际业务需求，以规范、完善、高效为目标，不断进行业务流程、系统性能的优化完善；按照云南中烟的统一部署，完成云南中烟 ERP 二期硬件设备的安装、集成、调试及安全应用；不断完善“云南中烟标准信息服务平台”，全面完成建设任务，获得云南中烟科技进步三等奖。

【安全管理】 组织实施安全标准化建设，建立完善各项安全制度及保障措施，按照云南中烟安全生产责任目标的考核要求，制定公司安全工作要点，强化安全生产职责，落实各级安全责任，实行安全生产责任目标考核奖惩制度；加大安全教育力度，举办专题知识讲座，组织消防灭火、应急疏散演练，开展“安康杯”知识竞赛活动和“安全月”活动，增强职工安全意识；认真开展内部治安综合治理，坚持执行安全巡查制度，定期开展安全检查，及时督促整改隐患，维护安全稳定的局面，实现安全责任事故为零，为公司健康发展提供坚实保障。

【下属企业管理】 加强投资企业管理，配合办理大宗公司清算关闭和中宇公司股份转让工作；加强对投资企业的日常管理和目标考核，督促投资企业提升管理水平和赢利能力，确保国有资产保值增值。积极支持代管企业云南烟草机械有限责任公司的发展，督促烟草机械有限责任加大技术创新力度，扎实开展烟机零配件加工和大修业务，同时努力拓展农机产品研发和生产业务，企业的生存空间显著扩大，为转型发展奠定了基础条件；积极维护云南烟草机械厂离退休人员稳定，促进公司和谐稳定发展。

【企业文化建设】 持续推进文化管理战略，通过基础管理体系和人力资源管理体系的强力支撑和制度机制的有效保障，促进物质文化核心理念的落地，提升公司干部职工的综合素质。学习贯彻云南中烟“两统一、两整合”改革方案，学习传达云南中烟企业文化理念体系和建设规划，参加企业文化内训师和通讯员培训，为实现母子文化融合奠定坚实的思想基础。编办公司内部刊物，开展读书交流活动，倡导多思考、勤动笔、善总结的理念；2013 年度向云南中烟上报通讯稿 215 篇，刊登 139 篇，国家局网站引用 22 篇。开展丰富多彩的文体活动，定期召开职工代表、女职工、退休职工、复转军人等不同类别的座谈会，了解职工的思想动态和心理诉求，增进职工的凝聚力和向心力。

云南中烟 2011—2013 年卷烟材料消耗情况

类别	单位	消耗数量			金额（万元）		
		2011 年	2012 年	2013 年	2011 年	2012 年	2013 年
丝束	吨	52404	53931	51650	218571	228632	223605
卷烟纸	吨	19232	19685	19591	40975	40839	40918
条盒商标	万张	200794	209709	205489	150590	151677	153824
小盒商标	万张	2005708	2093152	2048713	339242	353995	348951
封签	吨	875373	1037784	1080306	4628	5329	5459
框架纸	万张	8028	7583	6934	9757	9748	8908
内衬纸	吨	22096	23069	22764	46491	48679	48607
成形纸	吨	6896	6692	6490	12204	12703	13178
BOPP	吨	11276	11898	11513	24735	24882	24293
接装纸	吨	12588	13127	13456	67462	71527	73727
纸箱	只	40309574	42135266	40533620	25050	26967	25703
香精香料	千克	5172883	6635079	3826159	77882	73058	69399
拉线	万米	386343	399740	396171	3259	3408	3505
其它					67863	68961	64858
合计					1088709	1120405	1104935

2013 年分价类卷烟材料单箱消耗金额

价类	云南中烟			红塔集团			红云红河集团		
	产量（箱）	消耗金额（万元）	单箱消耗金额（元）	产量（箱）	消耗金额（万元）	单箱消耗金额（元）	产量（箱）	消耗金额（万元）	单箱消耗金额（元）
一类	2332552	322185.95	2562.44	1489767	184232.56	2619.55	842785	137953.40	2419.68
二类	63215	9871.61	1672.15	14565	2422.94	1728.89	48650	7448.68	1520.85
三类	3749616	524619.53	1478.16	1024945	127350.09	1582.90	2724671	397269.44	1366.43
四类	825904	73587.07	970.94	383406	31229.39	875.82	442499	42357.68	1054.16
五类	388810	29245.38	814.17	189293	14293.90	871.79	199517	14951.47	679.74
合计	7360097	959509.55	1912.04	3101975	359528.88	2051.67	4258122	599980.67	1677.95

2011—2013 年全国烟草原料、卷烟材料单箱成本情况

	价类	2011 年度			2012 年度			2013 年度		
		原料单箱成本（元）	卷烟材料单箱成本（元）	卷烟材料占材料成本比重（%）	原料单箱成本（元）	卷烟材料单箱成本（元）	卷烟材料占材料成本比重（%）	原料单箱成本（元）	卷烟材料单箱成本（元）	卷烟材料占材料成本比重（%）
全国烟草行业	卷烟合计	1574.63	1340.48	45.98%	1645.6	1354.21	45.14%	1779.3	1407.9	44.17%
	内销合计	1575.72	1339.33	45.95%	1646.17	1352.91	45.11%	1780.15	1406.7	44.14%
	一类烟	2171.22	1899.38	46.66%	2231.38	1805.59	44.73%	2433.35	1870.7	43.46%
	二类烟	1956.25	1736.69	47.03%	1999.12	1628.15	44.89%	2151.7	1669.2	43.69%
	三类烟	1723.33	1446.29	45.63%	1717.73	1413.71	45.15%	1804.35	1424.9	44.12%
	四类烟	1321.1	1121.87	45.92%	1258.82	1062.8	45.78%	1277.7	1079.9	45.81%
	五类烟	869.78	704.4	44.75%	874.07	705.64	44.67%	930.75	717.5	43.53%
	出口烟	1439.15	1399.83	49.31%	1577.83	1433.88	47.61%	1694.25	1500.05	46.96%
红云红河集团	卷烟合计	1605.03	1364.18	45.94%	1689.34	1423.43	45.73%	1794.7	1468	44.99%
	内销合计	1606.73	1364.1	45.92%	1688.57	1422.26	45.72%	1792.4	1465.9	44.99%
	一类烟	2099.29	1768.84	45.73%	2043.91	1834.86	47.31%	2081	1902.85	47.76%
	二类烟	1786.53	1833.22	50.64%	1819.72	1682.74	48.04%	1913.05	1565.45	45.00%
	三类烟	1678.55	1503.79	47.25%	1689.65	1443.01	46.06%	1805.75	1487.9	45.17%
	四类烟	1328.25	944.97	41.57%	1430.36	811.17	36.19%	1560.55	818.75	34.41%
	五类烟	793.45	743.32	48.37%	836.5	715.11	46.09%	916.3	771.3	45.70%
	出口烟	1455.9	1371.79	48.51%	1780.4	1525.93	46.15%	2058.8	1664.85	44.71%

续表

	价类	2011年度			2012年度			2013年度		
		原料单箱成本（元）	卷烟材料单箱成本（元）	卷烟材料占材料成本比重（%）	原料单箱成本（元）	卷烟材料单箱成本（元）	卷烟材料占材料成本比重（%）	原料单箱成本（元）	卷烟材料单箱成本（元）	卷烟材料占材料成本比重（%）
红塔集团	卷烟合计	1673.57	1243.3	42.62%	1676.56	1186.36	41.44%	1887.6	1182.05	38.51%
	内销合计	1676.23	1240.52	42.53%	1674.39	1179.88	41.34%	1886.75	1175.05	38.38%
	一类烟	2117.38	1261.49	37.33%	2238.35	1257	35.96%	2619.8	1305.5	33.26%
	二类烟	1986.78	1567.51	44.10%	2072.59	1581.3	43.28%	2136.75	1585.55	42.60%
	三类烟	1846.2	1535.27	45.40%	1757.79	1385.09	44.07%	1836.65	1324.3	41.90%
	四类烟	1107.79	838.8	43.09%	917.57	811.5	46.93%	950.95	807.3	45.91%
	五类烟	732.26	761.68	50.98%	657.32	762.88	53.72%	837.4	750.3	47.26%
	出口烟	1519.28	1338	46.83%	1791.27	1540.71	46.24%	1939.9	1612.9	45.40%

云南中烟物资（集团）有限责任公司所属二级单位

云南烟草机械有限责任公司

【概　况】　云南烟草机械有限责任公司由云南中烟工业有限责任公司与中国烟草机械集团有限责任公司共同出资，在原云南烟草机械厂基础上，于2008年5月22日改制组建，2008年6月23日正式注册成立。公司经营范围涵盖烟用包装、储存、输送机械生产销售及大修理，烟用卷接机械大修理，烟用零配件设计生产销售及机械产品设计销售。截至2013年底，公司资产总额24885万元，固定资产（净值）5071万元，流动资产18749万元，资产负债率为31.82%。

2013年公司在岗员工总数332人。公司设有15个部（室），即党政办公室、人力资源与企管部、纪检监察部室、财务部、审计部、技术部、工艺部、质量管理部、信息部、综合计划部、市场部、采供部、设备部、大修理车间、机加工车间。

领导成员

董事长　张　俊

董　事　张　俊　范思齐　毛　军　张　年　张　诚

总经理　张　年

副总经理　杨建东　殷伟刚　王爱国　李　富

监事会主席　董翠珍

监　事　董翠珍　陈俊奎　曹　阳

党委书记　杨建东

党委副书记　张　年

党委委员　杨建东　张　年　殷伟刚　李正旭　王爱国

纪委书记　李正旭

工会主席　李正旭

【经济运行】　全年实现工业总产值39935万元，工业增加值9665万元，产品销售收入39949万元，税利4004万元，利润总额2505万元。其中，烟机配套件加工累计实现销售收入1989万元，烟机大修及项修销售收入5347万元，烟草专用机械设备技术改造、技术服务及自营零配件实现销售收入3798万元，烟用储柜实现销售收入4522万元，烟夹及烟夹技术开发收入24293万元。三项费用率11.05%，万元产值能耗3.52千克标煤/万元，万元增加值能耗21.21千克标煤/万元。

【生产经营】 经营烟机修理、配套件加工、零配件销售及技术改造等传统业务，烟机设备现场项修增多，生产组织、管控力度加强，作业效率提高；零件的加工精度、加工质量和加工进度实现较大提升，凸轮加工质量优异，加工制造能力持续提高。在保持传统业务的基础上，积极寻找新的经济增长点，努力拓展新市场新业务，承担烟草行业烤房改造所需烟夹和散叶分风板的供货任务。以建设行业烟草农业机械制造基地为目标，积极探索农机生产组织的有效模式，构建管控体系，细化生产组织，优化资源配置，农机产品加工制造能力短期内显著提升。企业经营业务范围跨入烟用农业机械新领域，企业生存空间显著扩大，为转型发展奠定基础条件。

【技术改造】 围绕烟机设备提质、降耗、运行稳定性等内容，进行烟机个性化产品开发，不断改进设计缺陷，努力满足客户要求。重视新机型修理技术开发，着眼高端突破，学习掌握高速、超高速烟机修理技术，开展高速、超高速包装机组零配件的开发工作。大力实施烟用农机技术攻关，在掌握烤烟种植基本农艺要求及流程的基础上进行技术创新，完成产品总体布局、急需机型的设计开发。针对烟夹产品规模化生产制造的要求，建成国内第一条机械化烟夹产品生产专线，并通过中国烟草机械（集团）有限责任公司组织的专家评审，缩短生产工序，提高生产效率，满足市场需求。认真开展科技项目研究工作，抓好“GDX500包装机组大修及零配件开发”“FOCKE700包装机组大修及零配件开发”“GDX2000包装机组控制系统升级”等三个项目的实施，完成“高速超高速烟草包装设备零配件国产开发”“全自动烤烟烟苗移栽机开发”两个项目的申报。“缩短YB47硬盒包装机产品零件生产周期”项目在年度国产烟机工业QC成果活动发布会上获得优秀成果二等奖。获得三项实用新型专利。

【企业管理】 管理体系建设 持续改进质量、环境、职业健康安全管理体系，完善体系手册和程序文件，通过中质协质量保证中心组织的年度审核，保持管理体系的认证注册和有效性，推进基础管理工作规范有序开展。

信息化建设 不断深化ERP系统应用，清理优化采供、机加工历史数据，补充烟用农机材料领用流程数据，完成烟夹、分风板产品的BOM搭建工作，加强日常盘点管理，及时反映物料管控情况，实现对数据的有效监督和平衡管理，实现对物流、资金流和信息流的有机集成，进一步健全内部管理体系。

财务管理 进一步健全财务管理制度，建设成本核算体系，构建农机业务财务管控模型，加强基础工作的规范建设。持续细化财务预算编制工作，做好预算分析和预算管理，确保预算的完整性和可执行性。深化信息化运用，组织财务系统模块培训，提高财务系统的运行效率及准确性。

队伍建设 贯彻落实云南中烟建设高技能人才队伍的要求，选拔10人参加云南中烟组织的技能人才培养，14人到卷烟企业学习高速烟机维保及安装调试技术。注重提高干部队伍综合素质，全年对9名中层管理人员进行不少于40学时的脱产培训。全面开展人才培养工作，通过人才引进、外送培训、合作培养、继续教育、专项技能开发以及加大应届毕业生招聘力度等各项措施，努力培养高素质人才队伍，全年组织员工参加各类教育培训420人次，职业资格证书持证人员达到175人。

安全管理 认真贯彻“安全第一、预防为主、综合治理”的方针，落实“一岗双责”，着力构建安全生产长效机制。在取得三级安全生产标准化企业创建成效的基础上，继续开展二级安全生产标准化企业创建工作。进一步完善安全生产规章制度和操作流程，强化安全基础，加大安全投入，抓好安全检查和隐患整改。加强安全教育培训，着重加强防火安全、交通安全管理，全员安全意识进一步提高。

司务公开民主管理 修订《推进办事公开民主管理实施办法》，完善职工代表大会制度，在推进司务公开、民主管理实施中，坚持企业的重大事项和有关职工切身利益的事情提交职工代表大会讨论和审议。全年公示170余项内容，使广大职工更好地了解企业状况、广泛参与管理，促进民主管理水平不断提升。

【思想政治工作】 *思想作风建设* 通过召开党委中心组学习会议、举办专题讲座、上党课等形式，深入学习贯彻党的十八大精神，加强政治思想建设。认真贯彻落实中央关于改进工作作风、密切联系群众的各项要求，按照行业和云南中烟“改进作风年”工作部署，召开领导班子专题民主生活会，紧密结合工作实际和企业转型发展形势，查找问题，落实整改。认真组织开展公务用车治理和办公用房清理工作，从精简会议、精简文件、改进活动接待，加强调查研究等方面持续改进工作作风，努力克服形式主义、官僚主义、享乐主义，杜绝奢靡之风，树立企业良好形象。

党风廉政建设 坚持“标本兼治、综合治理、惩防并举、注重预防”的方针，加强廉政机构建设，落实党风廉政责任制，做到一级对一级、层层抓落实。组织开展警示教育活动，加强对领导班子成员、中层干部以及重点岗位人员的廉政教育和风险防控。坚持制度护廉、监督管廉，制订《廉政风险防控工作实施方案》，强化生产经营内控制度建设，修订完善相关制度及流程，抓好重点领域、关键环节的监督检查，持续构建“有章可循、有据可查、有人监督、有人负责”的管理机制，促进各项工作健康、规范开展。

云南云成印务有限公司

【概　况】 云南云成印务有限公司前身是云南黎马敦包装有限公司，成立于1995年12月26日。2002年4月15日通过重组，更名为云南云成印务有限公司，注册资本1.24亿元。由云南中烟物资（集团）有限责任公司、红云红河烟草（集团）有限责任公司、汕融地产（国际）控股有限公司、天成（太平洋）有限公司投资经营，服务于省内外各大卷烟生产企业，并向社会各界提供出版物印刷和包装装潢印刷品印刷。截至2013年，在岗员工总数244人（其中派遣员工78人），资产总额1.99亿元，固定资产原值1.46亿元，流动资产1.19亿元，资产负债率15.36%。

公司设有11个部门（生产线），即行政部、企业管理部、市场部、财务部、物资采购部、工艺质量部、安全与设备管理部、社会产品综合部、印刷生产线、烫模生产线、成品生产线。

2013年，公司通过云南中烟卷烟材料供应企业A级资质认证，被云南省工业和信息化委员会评定为云南省清洁生产合格企业，荣获昆明市和谐企业、昆明市平安建设先进单位、昆明市安全文化建设示范一类企业、昆明市三级安全教育示范企业、昆明市安全生产标准化三级企业、高新区安全工作先进单位、消防安全先进集体等称号，荣获高新区工会目标责任考核特等奖；公司有3名员工分别荣获高新区安全生产先进个人和消防安全先进个人荣誉称号。

【经济运行】 2013年，实现销售26.94万大箱配套烟标产品，产品销售收入1.34亿元，其中烟标产品1.37亿元、社会产品334万元，利税3988.9万元，利润总额3122.3万元。

【企业管理】 面对烟草行业品牌调整，在保障“云烟（红）”产品正常供货的同时，争取到“云烟（紫）”产品的生产，实现了产品结构优化调整。围绕“药盒市场为中心，增加经济效益”的工作思路开拓社会产品市场，完成400个工作单，加强与云南白药集团股份有限公司、云南曲靖药业有限公司等的合作，以药盒为主打产品的格局初步形成。开展安全生产标准化管理体系构建工作，通过达标验收，加强与职业健康安全体系的融合，保障体系有效运行。每季度召开经济运行分析会，分析各项经济经营指标的完成情况。引入咨询公司为公司做以人力资源为主的管理咨询服务，梳理现有管理体系，进行有针对性的改善和提高。加强原辅材料检验、生产过程质量控制、成品检验，确保出厂产品的高质量。

【技改创新】 重大技改项目主要有圆压圆烫金、模切设备的技改工作和松德复卷机技改工作。完成了主生产车间高压微雾加湿系统、可燃气体报警系统、空压机变频节能、辅机房降温、除尘通风系统改造等多项技改工作，解决了生产中的实际问题。

【企业文化】 组织开展党员学习交流活动、团员主题交流活动、职工汉字听写比赛、气排球比赛、五一劳动技能竞赛、消防安全运动会等集体活动，丰富职工文化生活，提升职工思想凝聚力。编办公司内刊，宣扬企业文化，塑造良好的企业形象。履行社会责任，组织抗旱爱心捐款活动。

云南中烟新材料科技有限公司

【概况】 云南中烟新材料科技有限公司于2013年5月成立。公司是由云南中烟物资（集团）有限责任公司、红塔烟草（集团）有限责任公司、红云红河烟草（集团）有限责任公司以货币资金出资，在昆明投资设立的具有独立企业法人资格的高新科技成果转化机构。公司注册资本为人民币2980万元。其中，云南中烟物资（集团）有限责任公司出资1490万元，占总投资的50%；红塔集团和红云红河集团分别出资745万元，各占总投资的25%。

公司的经营范围为香料（作物）种植、收购、加工及产品生产、销售，烟草新材料、新工艺、新技术研发及产品生产、销售与技术服务，烟草化工原料及香料作为种植配套物资（化肥、农药、地膜等）等的经营销售。

公司现设4个部（室），分别是党政办公室、财务审计部、技术部、生产部。现有员工19人。

【组建历程】 2013年年初，按照云南中烟的统一部署，由云南烟草科学研究院成立筹备小组，按相关工作程序开展成立公司的准备工作。3月30日，云南中烟第一届董事会第五次会议通过公司成立议案和具体组建方案。4月25日，云南中烟正式批复同意组建，明确出资人和方式、公司经营范围和章程等内容，同日召开了公司首次股东单位会议，明确各股东单位的参股比例（认购），审议公司章程，确定组成公司董事会、监事会的推荐人选，聘任总经理、副总经理等高层管理人员，原则通过公司发展规划。公司于6月6日完成挂牌，正式运营。

【建章立制】 2013年，公司完成各部门负责人及核心岗位人员的调整、安排，按照现代企业管理的要求，坚持高效、精简的原则，开展公司管理制度建设，抓住关键、突出重点、分批制定，成熟一个、执行一个。完成公文管理、财务收支、费用管理、物资采购等7项基础管理制度的制定，并正式发文执行，为公司生产经营和业务管理提供制度保障。

按照行业及云南中烟的相关管理规定和要求，成立了公司“三项工作”管理委员会和预算管理委员会，对公司人事、财务管理、预算管理、物资采购等重大事项，进行科学决策、民主管理，确保公司运行规范。

【平台建设】 从科研工作的实际需要，对实验室进行升级改造，进一步完善科研试验的工作环境条件。加大硬件设施投入，在原有各类科研仪器设备39台（套）的基础上，新增仪器设备16台（套），总数达55台（套），基本能满足香精香料试验、样品检测及品质分析等科研工作的需要，为公司产品研发及质量控制提供了重要的技术平台。为满足公司的生产需要，积极配合云南烟草科学研究院开展

"香精香料实验生产线"工程项目建设。项目计划投资1306万元，预计2014年建成，设计生产能力为提取加工香料植物300吨/年，单班每年调配香精产品1200吨。完成工程设计招标，正在开展工程设计。2013年，公司有西双版纳、德宏、昆明三个香料种植基地，共509亩。2013年种植香料品种15个，采收香料植物原料194吨，提取精油225公斤。

【科研工作】 *产品研发* 以基地示范种植的15种香料为主体，结合云南现有种植产业（烟草、咖啡、核桃、花卉等），从原料保障、提取工艺、调香技术等方面，加快推进天然香料开发及应用技术研究，注重品质内涵，力求做精、做细、做强特色烟用香料产品。全年累计试验、评价、检测、分析各类单体香料样品150多个，研发特色单体香料44个、功能型香基29个（增香型18个、降刺型8个、保润型3个），其中，向两红集团推荐单体香料产品8个、功能型香基产品4个，进行卷烟品牌应用评价；提供云南中烟再船烟叶有限责任公司单体香料6个、中烟施伟策（云南）再造烟叶有限公司单体香料10个，开展烟草薄片应用试验。

科研项目 围绕公司的发展需要，依托云南中烟"云南特色天然香原料在红塔集团卷烟产品自主调香中的应用研究""天然香原料在云烟低焦产品开发中的应用研究"及"烟用香料植物产业化关键技术研究与示范"等重点科技项目，与两红集团保持密切合作，加快推进特色天然香料在卷烟品牌中的推广应用。牵头、联合两红集团以天然香料植物为主要研究对象，开展新型烟用载香材料及特色烟草薄片研发技术的科技攻关，共同申报云南中烟2014年科技计划项目"源于香料植物的特色烟草薄片及卷烟功能滤嘴的研发与应用"，并获批准立项，计划用三年时间完成研究任务，形成特色产品在卷烟品牌中的实际应用。

【技术交流】 2013年，公司与两红集团、云南中烟再造烟叶有限责任公司、中烟施伟策（云南）再造烟叶有限公司及省内外香精香料生产企业建立了良好的技术合作关系，科研方向更加明确、产研结合更加紧密、攻关目标更加具体。通过组织技术骨干进行考察学习，专题调研天然香原料研发技术、成果转化、人才培养、运行机制、管理模式等内容，取得较大收获，为云南天然香料开发应用及公司建设发展等工作拓宽了思路。

云南烟草教育培训中心

【概　况】 云南烟草教育培训中心（以下简称"培训中心"）始建于1983年，原名云南烟草工业干部学校，1986年3月，经云南省教育厅、省计划委员会批准为全日制普通中等专业学校。1989年，开始面向全省招收全日制中专生。2000年9月，经云南省烟草专卖局（公司）批准，云南烟草工业干部学校更名为云南烟草教育培训中心。云南烟草教育培训中心隶属于云南中烟工业有限责任公司，是云南烟草工业系统教育培训的重要基地，主要承担云南烟草工业系统干部职工教育培训任务，并根据企业需求自主开发各类培训班，为云南烟草工业、商业企业提供培训咨询、策划、教学等服务。

云南烟草教育培训中心占地1.7万平方米，建筑面积2.08万平方米，拥有计算机房、多媒体教室、餐厅、招待所等教学设施和生活服务设施，建有电工、PLC、液压气动、烟草物流自动化、Beckhoff（倍福）控制、烟叶分级等6个实验室和1个烟机实训基地。现有教职员工55人，研究生9人，高级职称8人，中级职称38人，高级企业培训师20人，二级企业培训师8人。10名培训师入选国家烟草专卖局师资库。

2013年，培训中心秉承"面向烟草服务企业"

的办学理念和“强素质重服务优质培训促发展”的核心价值观，以“内强素质外塑形象打造培训品牌”作为发展目标，以突出高端培训为重点、强化特色培训为关键、提高培训服务能力和水平为主线、打造培训品牌为目的、抓实基础管理为根本，大力开展教育培训工作，开发省外培训市场，拓展培训项目，紧跟企业发展步伐，为行业干部职工提供了优质、高效的教育培训服务。

2013 年，培训中心共组织完成烟草行业各类培训班 136 期，培训 7821 人次，累计实现创收毛利 634.32 万元。

领导成员

主任（校长）　朱崇测（2013.5—）

副主任（副校长）　朱崇测（—2013.5）

　　吴再喜（—2013.5）

　　张一凡（—2013.6）

　　尹兰英

党总支书记　吴再喜（—2013.5）

副书记　朱崇测

党总支委员　吴再喜（—2013.5）　朱崇测

　　尹兰英　王永华　吕映玢

工会主席　吴再喜

调研员　吴再喜（2013.5—）

　　姚抗美（2013.1—2013.3）

副调研员　张一凡（2013.6—）

【机构设置】　共设置 10 个部门，其中 4 个培训教学部门，即专业技术培训部、综合培训部、学员管理部、信息管理部，6 个管理服务部门，即党政办公室、纪检监察室、工会办公室、人力资源部、财务部、事务管理部。党政办公室、纪检监察室、工会办公室合署办公。

【教育培训工作】　开发和策划培训项目　结合云南烟草工业系统的实际，突出培养创新型人才，注重培养应用型人才，2013 年自主开发了西门子 PLC 应用技术和工业自动化网络、烟机常用零件材料与热处理、物流管理及调度系统、生产物流技术——AGV 自动引导小车、物流工程项目筹建、倍福自动化控制技术、新型烟机设备理论知识等 16 个培训项目 26 个培训班，培训 1325 人次，占培训项目总数的 20.3%，培训项目更加贴近企业实际。在云南中烟指导下，完成了云南中烟处级以上领导干部学习贯彻十八大精神专题培训、科级管理干部、企业内训师、原料高技术人才、科研人才高级研修及烟机设备维修技师培训的方案策划，组织实施了 5 期云南中烟处级以上领导干部学习贯彻十八大精神专题培训、2 期科级管理干部“管理创新”模块的培训班、1 期原料高技术人才培训班、1 期科研人才高级研修班和 1 期烟机设备维修技师持续滚动式的培训班等。2013 年为云南中烟举办培训班 54 期，培训 2990 人次；为红塔集团、红云红河集团、云南中烟直属单位举办培训班 25 期，培训 1233 人次；为商业企业和省外烟草企业举办培训班 31 期，培训 2273 人次。

拓展培训领域　开发了新的培训市场，打造具有云南中烟特色的培训项目，为贵州中烟、河南中烟、山昆公司、海南红塔、云南省烟草烟叶公司、常德烟机举办了生产物流技术、PLC 应用技术、烟机设备修理等培训项目，共培训 275 人次，比 2012 年增长 30%。拓展了物流工程项目筹建、典型零部件装配技术、制丝工艺、BECKHOFF（倍福）自动化控制技术、卷包维修技能提升等新的培训项目，为行业干部职工提供优质、高效的教育培训服务。

突破高技术人才培训领域　针对云南中烟原料、卷烟工艺配方等高技术人才系统培训的缺失问题，深入企业进行专项调研，赴郑州烟草研究院、郑州轻工业学院和中国烟草总公司职工进修学院进行咨询、请教和寻求支持，为云南中烟策划设计了 2013 年原料高技术人才和科研人才的培训方案，并组织实施了原料高技术人才和科研人才培训班，授课讲师整合了行业内外的优质资源，取得了较好的效果，为云南中烟高技术人才的系统培训做了初步尝试，在高技术人才培训领域有了突破。

提高培训组织管理水平　修改完善《云南烟草教育培训中心培训师管理办法》《云南烟草教育培训中心培训教学管理工作要求》，加强对培训师的管理，细化培训组织管理流程。优化培训组织方式，精心策划培训方案，设计精细化的培训组织实施过程。建立完善了协调、顺畅、高效的培训班运作体系。实施班主任负责制，严格培训班的日常管理。组织学员开展小组讨论、学习感悟分享、培训心得交流、培训成果展示、课余文体活动，培训组织管理覆盖了培训的全过程。2013 年教学组织总体满意率达到或超过 98.4%。

促进培训调研交流与合作　派出培训师赴红云红河集团、红塔集团、乌兰浩特卷烟厂、新疆卷烟厂、山昆公司、蒙昆公司、昆明卷烟厂、川渝中烟、河南中烟、山东中烟、江苏中烟徐州卷烟厂、山东省烟草职工培训中心、郑州轻工业学院、郑州烟草研究院等省内外企业和科研院所调研，了解培训需求，进行培训项目交流，征求培训合作意见，探讨高层次、高技能、高技术人才的培养工作。组织培训师到昆明学院进行教学交流，研讨烟草专业技术导向和课程设计，探讨专业化培训思路，探究新的培训模式，尝试整合新的培训资源，提升职业教育水平，为烟草企业和社会培养输送优质人才。到云南中烟昆船瑞升科技有限责任公司薄片厂进行培训调研，为其开发了管理人员培训项目。与德国西门子、倍福公司、昆船智能公司、新高原等多家烟机配套公司建立了合作伙伴关系，优先得到技术支持。3 月，浙江大学继续教育学院昆明培训基地在云南烟草教育培训中心挂牌，进一步整合了浙江大学的品牌优势、师资优势以及丰富的培训经验，挖掘与发挥了名校的教育资源优势和行业资源优势，标志着行业与名校合作的教育培训新格局取得初步成果。

提升培训师队伍素质　在云南中烟系统内招聘了 1 名培训师，进一步充实了培训师资队伍。举办 CM1 培训师业务能力培训、倍福控制技术师资培训等专兼职培训师业务能力培训，从培训师定位、培训师职业形象塑造、有效沟通表达、教学技巧、团队协作、培训组织与管理等多个方面开展培训，着力打造一支敬业、专业、乐业的培训师队伍。组织培训师到楚雄烟厂、大理烟厂、曲靖烟厂、云南冶金专科学校、云南烟草机械有限责任公司、昆明市烟草公司等地开展烟机、物流、营销、专卖、烟叶等专业实践活动，收集整理案例，丰富培训教学内容。派出培训师参加云南中烟组织的中国南方烟叶科技园品种示范基地实地观摩学习，选派培训师参加国家局举办的烟叶专业化分级散叶收购工作规范培训，选派专兼职培训师参加企业大学生招聘、管理干部竞聘、员工素质测评等工作，增强培训师理论联系实际的能力，提高履职水平。

完善教育培训基地建设　结合两红集团的调研情况，对倍福实验室进行技术改造，使其成为一个典型的、具有代表性的西门子工业控制实验室，依托倍福实验室新开发出针对超高速机的培训项目。对物流实验室下位程序、AGV 小车路径规划、调研系统进行升级，消化吸收其控制、管理、调度、通讯等综合技术，为工业企业生产物流人员开展深层次培训提供有效平台。利用云南中烟系统烟机实训基地，开展烟机设备高技能人才“定单式培训教学”，不断提升企业高技能人才理论联系实际的能力和解决实际问题的水平，为云南中烟培养烟机设备维修领域的大师级人物提供可靠的基础。

开发培训教材和科研项目　开发编写了“柔性制丝设备培训教程”“烟草企业能源环境管理与技术培训教程”2 个科技项目，并完成结题评审。启动“烟草物流设备应用与实践”和“制丝线控制系统维护实用技术”2 本教材编写科技项目，完成大纲的编写和审定工作。向国家局申请《烟草物流师基础知识和专业知识远程教材开发》立项，向云南中烟申请“倍福控制技术在烟草行业的应用”“ERP 培训教材开发”2 个项目立项。推进协同管理平台科技项目的开发工作，举办了用户培训和集成测试，修改完善系统功能及界面。选派教师参加国家局高级烟草专卖管理师岗位技能鉴定培训教材《培训指导》《烟叶保管工》初、中、高级教材的编写与审定工作；参与了烟机设备初、中、高级和技师题库，国家局《烟叶分级》技师、高级技师题库的编写工作。组织专兼职培训师撰写学术论文，向云南省烟草学会工业专业委员会撰写论文卷烟设备与电气类6篇、烟草社会科学类8篇，其中1篇获二等奖、4篇获三等奖。

加强试题、师资、课程、案例等“四库”建设　组织培训师为云南中烟系统各烟草企业、云南烟草商业各地州公司出题、阅卷，自主出题19批次，试题包括标准化、综合试题、案例分析、写作题、面试题等多种题型，出题量为2862题。新增外聘教师33人，涉及党史教育、领导力激励、人力资源管理、企业内训师、烟叶生产、薄片生产、执行力、纪检监察等多个授课领域；协助云南中烟进行师资库的管理、维护及更新，完成云南中烟12名入选国家局师资库培训师的考核上报工作。在企业内训师培训中设计“演”—“编”—“导”三个课程进阶，培养内训师具备自编自导自演独当一面的培训教学、设计开发的培训技能技巧，使培训课程规划逐渐趋向于系统化体系化。组织专兼职培训师开展案例编写，16名专兼职培训师编写培训教学案例20篇，涉及烟叶生产、烟机设备维修、烟机设备管理、卷烟商品营销、烟草专卖管理、烟草信息化建设等类别。依据国家局对烟站站长培训要求，组织学员撰写烟站管理案例，由项目培训教师进行案例筛选、修改完善，并将其应用于培训教学之中。

延伸培训服务内容　完成烟草企业的员工招聘、干部竞聘、员工素质测试出题阅卷工作；承办云南中烟第三届卷烟商品营销职业技能竞赛工作；派员参加上海烟机技师鉴定考评员工作和蒙昆公司烟机设备操作、维修中高级鉴定考评员工作；派员参加云南中烟2013年烟机设备修理技师鉴定和烟机设备修理高级技师鉴定项目现场评审工作。

【思想政治工作】　理论学习　每季度召开中心组学习扩大会议，采用自学、集中辅导学习、研讨的方式，学习贯彻党的十八届三中全会精神及十二届人大一次会议精神、习近平总书记关于开展党的群众路线教育实践活动一系列重要讲话精神、国家局局长凌成兴在滇调研期间的重要讲话，国家局、云南中烟2013年工作会议精神和云南中烟2013年政治工作会议精神。落实思想政治建设工作实施方案，增强做好培训工作的责任感和紧迫感，坚定道路自信、理论自信和制度自信。

党群工作　召开“以务实清廉为主题，以反对‘四风’、服务群众为重点”2013年专题民主生活会，党总支主要负责同志与班子每名成员之间、班子成员相互之间、班子成员与分管部门负责同志之间开展谈心交心活动，围绕在贯彻落实中央八项规定、转变作风方面特别是形式主义、官僚主义、享乐主义、奢靡之风方面找差距，针对广泛征求的党员、职工提出的意见和建议，研究制订整改方案。开展“跨越发展争先锋、党建工作走前头”专题活动，以学习贯彻党的十八大精神为主线，以创建先进基层党组织、争当优秀共产党员活动为载体，实现党建工作走在前头。开展由全体党员、入党积极分子参加的党史专题学习培训和“重温党史牢记宗旨”读书活动。组织党员参加以“新党章解读”为主要内容的党课。对照党支部目标管理考核办法对所属4个支部进行考核，党员对照党员目标管理考核内容从政治态度、党内生活、先锋模范作用等方面进行民主评议，评选出2012—2013年度先进支部1个、优秀党务工作者2名和优秀党员7名。召开庆祝建党92周年暨表彰大会，进行《中国梦》读书心得交流。看望住院职工，做好离退休人员的管理和服务，定期组织好老同志及老干党支部的活动；春节前夕，党总支、行政、工会组成6个慰问组，由领导班子成员率队走访慰问2名劳模、40名离退休职工和1名重病职工。开展以“回顾、珍惜、感恩、奋进”为主题的庆祝第29个教师节暨纪念建校30周年庆祝活动，学习传达习近平总书记致全国广大教师的慰问信，举办职工书画摄影手工艺品展。

党风廉政建设　学习贯彻十八届中央政治局关于改进工作作风、密切联系群众的八项规定，习近平同志关于厉行勤俭节约反对铺张浪费重要批示，传达学习十八届中央纪委二次全会精神、全国烟草行业纪检监察工作会议精神，召开领导班子民主生活会，学习《党员领导干部廉洁从政若干准则》《国有企业领导人员廉洁从业若干规定》，开展示范教育、警示教育和岗位廉洁教育。总支书记代表培训中心与云南中烟党组签订2013年度党风廉政建设责任书。培训中心党总支与各部门主要负责人签订党风廉政建设责任书，开展中层干部述职述廉、考核工作。执行干部选拔任用制度，通过民主推荐和民主测评，选拔聘任了4名正科级干部。调整了办事公开民主管理工作领导小组成员、“三项工作”管理委员会成员，修订了培训中心领导班子集体议事规则，完善了办事公开民主管理工作的实施办法和工程投资、物资采购等内部管理监督制度，明确了培训中心2013年工程投资、物资采购目录和方式，在工程投资、物资采购重点领域加强对项目立项、预算、采购方式、供应商管理等关键环节进行监管。落实“八项规定”，开展“改进作风年”活动，制订8条实施意见，抓好“改进工作作风、密切联系群众八项规定”的贯彻落实，在培训班、会议食宿安排、会场布置等各方面，按照简约、简朴的原则降低培训班和会议成本。按照中央、国家局、云南中烟关于车辆、办公用房等方面的清理、整顿要求，完成培训中心车辆、办公用房、接待工作的清理、整顿，制定了《车辆配置和使用管理实施办法》《公务接待管理办法》。按《资金使用审批程序》规范资金的使用和审批，控制接待经费支出，2013年业务招待费预算同比下降30%，业务招待费实际支出同比下降54.4%。维修工程、物资采购项目均控制在预算范围内。培训班不安排结业会餐，2013年接待跨省交流次数同比下降60%、人数同比下降30%、费用同比下降73%。

【人力资源管理】 绩效管理　修改完善绩效管理办法，明确了绩效管理工作的考核体系框架、绩效管理工作机构和职责、绩效考核结果的等级分布和标准以及绩效考核结果的应用；调整了部门基础管理考核项目，调整了部门、中层干部、一般员工的考核内容和权重，对中层干部和一般员工考核实行多维度考核，增强考核的全面性；简化了绩效考核工作步骤和表格，使考核工作更加简便易行，可操作。对中层管理人员开展绩效管理专项能力提升培训，3名参与修订的老师从绩效管理考核体系框架、部门绩效考核工作流程、员工绩效考核工作流程、考核结果的等级分布和标准以及结果应用等方面进行专题讲座，通过解读和学习新修订出台的绩效管理办法推动绩效管理有效实施。完成2013年4个季度和年终绩效考核工作，通过部门季度考核和年度考评、全员季度绩效考核和年度测评、领导综合测评相结合的方式，评估每个部门的工作业绩和每一个员工的敬业精神、服务意识、工作态度、业务能力、工作实绩。在绩效考核基础上，评选出2个先进部门，19名优秀员工、先进工作者、优秀培训师、优秀班主任、优秀鉴定工作者。启动员工岗位职责说明书修订工作，从岗位说明书的名称和代码、部门工作职责的增加变化引起的员工职责变化、员工增减引起的职责调整、员工岗位职责调整变化、安全工作“一岗双责”的要求等五个方面进行修订。

职工教育培训　制订2013年培训中心员工培训计划，以“全员培训”为员工培训工作的核心理念，以师资培训、中层干部培训、岗位培训为重点，内容包括培训师培训、倍福实验室师资培训、培训业务管理等，把体系运行、安全管理、预算管理、法律法规、计算机操作等业务能力培训纳入自办或外派培训计划。进行了以专题讲座、理论测试、读书活动、撰写读书笔记或心得体会、观看培训教育影视片、集中学习为主要形式的内训，组织承办了全员参与的法律法规、全面预算管理、ERP系统培训、安全教育、危险源改进管理、消防培训演练、协同办公系统操作专题培训等自主培训。安排员工参加云南中烟举办的法律、信息、纪检、财务、审计、人力资源管理、安全、企业文化、投资、工程、整顿规范等工作业务培训，组织教师参加烟草行业职工进修学院举办的专职教师培训，参加了高级考评员培训、培训教师轮训、烟草行业高级培训师中外合作培训、教育培训机构交流研讨培训。对1名新进人员、1名挂职人员进行了新进员工培训，同时进行了安全管理三级教育培训。2013年全员参加培训达281人次。自办培训计划22项，计划完成率为84.6%。外派员工参加国家局、烟草行业职工进修学院、云南中烟举办的培训项目35个，参加培训员工90人次。

【基础管理】 *管理体系运行工作* 以质量、环境、职业健康安全管理体系为平台，规范各项管理工作，分3个修订组对管理手册、21个程序文件、安全管理制度等进行修改审定，并发布新修订的管理手册、程序文件，完成了2013年管理体系文件的转版工作。按照转版的管理体系文件要求、相关法律法规及标准，对管理体系运行的符合性、有效性进行内部审核，采用抽样审核和现场审核的方式，审核了包括最高管理层在内的9个部门，内容覆盖标准要求的158个要素。北京新世纪认证有限公司对培训中心管理体系进行第三方监督审核，并通过2013年质量、环境、职业健康安全管理体系再认证审核。强化制度建设，修改完善了《合同管理办法》《采购管理规定》《培训班班主任管理办法》《培训师管理办法和培训教学管理工作要求》《员工考勤及休假管理办法》等制度，进一步规范内部管理工作。

安全管理 启动安全生产标准化建设，成立了安全标准化建设推进领导小组，开展一系列安全生产标准化建设宣贯培训，对照YC/T384－2011《烟草企业安全生产标准化规范》，对安全基础工作、活动现场进行全面对标诊断，编写及修订基础管理、安全技术、现场要求的制度文本，编制安全知识宣传手册，并完成职业健康安全管理体系转版，发布26个安全管理制度，发布17个应急预案、现场处置方案和23个操作规程。开展安全标准化自评工作，掌握安全生产标准化运行动态，强化基础管理及现场整改力度。深入贯彻行业安全生产工作电视电话会议精神和云南中烟2013年度安全工作会精神，安排部署年度安全工作，实行“一岗双责”制，与各部门、驾驶员、租住户、相关方签订安全责任书。开展以“强化安全基础，推动安全发展”为主题的安全月活动，通过现场安全教育培训、张贴安全宣传挂图、重点区域和部门专项检查、消防灭火和应急疏散演练、“百日交通无事故”宣传、安全知识竞赛等活动，弘扬企业安全文化，有效防范和坚决遏制重特大事故。对照安全生产标准化规范、技术规范要求，开展安全生产大检查活动，将安全生产主体责任落实、外来施工作业安全管理、消防安全管理、安全隐患排查治理、食品安全、学员外出活动安全管理等作为检查重点，加大重点部位、重点区域日常检查，加大安全隐患排查力度，做好节假日安全值班和检查工作。组织教职员工、保安人员、劳务派遣人员观看消防知识宣传资料片，宣传普及火灾预防、报警和火场自救逃生知识，进一步增强师生员工消防安全意识。

后勤保障 严格按工作流程做好培训班用餐、学员住宿管理，核算控制食堂成本，合理安排培训班用餐，2013年完成39161人次的餐饮服务和31594人次的住宿服务，每天平均148人用餐、120人次住宿，未接到餐饮、住宿投诉，餐饮、住宿总体满意率均达到或超过96%。完成学生公寓外墙粉刷、办公室隔断、教学楼及办公楼顶围栏的维修改造，按照物资采购管理的要求完成30项固定资产和41项低值易耗品的采购和管理。做好二次供水规范管理，保证水质良好，2013年被评为A级供水单位，列为昆明市10个水质监测点之一。

【工会工作】 开展“创建学习型组织、争做知识型职工”的活动，利用培训中心的培训资源优势，鼓励职工参加云南中烟、培训中心举办的职工代表培训、企业文化培训等。召开职工及离退休老同志座谈会，听取他们的意见、建议，了解他们的思想及生活状况。在广泛征求职工意见的基础上修订了集体劳动合同，在平等协商的基础上续签了集体劳动合同及女职工专项劳动合同。推进和健全办事公开制度，对归纳整理出的8大项23项应公开的事项进行定期检查落实与考核。贯彻落实职工大会制度，召开职工大会4次，召开工会委员及小组长会议4次，做到公开透明。换届选举了4名职工代表，明确责任义务，在干部选拔任用、领导评议、劳模评选、评优评先、绩效考核、涉及职工利益等方面发挥重要作用。开展“面对面、心贴心、实打实服务职工在基层”活动，开展“安康杯”竞赛系列活动，提倡健康安全的工作、生活方式。成立了游泳、网球、羽毛球、乒乓球、桥牌、瑜伽、舞蹈兴趣小组，制定了兴趣小组活动细则。结合云南中烟“合力图强、和谐致远”的企业文化理念，组织开展职工拓展训练和乒乓球比赛。以开展五年来女职工工作情况调研活动为契机，召开女职工座谈会，听取女职工对女工工作的意见和建议，组织女职工开展主题鲜明、各具特色、内容丰富的“三八”节庆祝活动。关心困难职工，对长期生病住院的3位老同志及1名家庭困难职工进行帮扶慰问，及时探望生病住院及有困难的职工，全年走访慰问生病职工20人次。

云南烟草国际有限公司

【概　况】　云南烟草国际有限公司（以下简称“国际公司”）成立于2006年12月14日，系云南中烟工业有限责任公司全资子公司，主要承担云南烟草工业系统拓展国际市场的管理与服务职能，在香港设有1家子公司，即天成（太平洋）有限公司。国际公司主要经营卷烟、烟丝、烟草专用机械设备和零配件及其他烟用辅料出口，烟丝、丝束、烟草专用机械设备和零配件及其他辅料进口配套服务，烟草经济技术交流与合作等业务。2013年实现进出口总值2.35亿美元，同比增长8.11%；实现收入26.09亿元，同比增长9%；实现利润总额1.75亿元，同比增长2%。截至2013年底，资产总额达15.47亿元。

国际公司共有从业人员54人，其中外派至香港5人、老挝1人。全体人员中40周岁以下人员30人，占56%；本科及以上学历46人，占85%；具有中级及以上专业技术职务资格的19人、中级及以上职业资格的11人。

2013年，国际公司紧紧围绕“聚焦三个重点，实现五个转变”的工作任务，在“质优于量”的工作原则的指导下，强化管理、统筹规划、稳中求进，聚焦重点市场和品牌、推进境外生产和销售、加强国际市场管理和服务。全年共计实现卷烟境外销售190.3万件，同比增长17.6%，继续保持行业第一。其中，卷烟一般贸易出口50.4万件，同比下降6.8%；境外生产销售卷烟139.9万件，同比增长30%。获云南省人民政府授予的“云南省2013年完成外贸进出口目标任务先进单位”荣誉称号。

领导成员

董事长　顾　波

董　事　顾　波　王　勇　王家寿　李　力　陈光瑶

监事会主席　魏琼仙

监　事　魏琼仙　张敏　汪丽萍

总经理　李　力

副总经理　李桂芬　杨雪梅　王应书　施文萃（—2013.5）

党总支副书记（主持党总支工作）　陈光瑶

委　员　陈光瑶　李　力　李桂芬　杨雪梅　王应书　何昆毅　白　怡

工会主席　陈光瑶

【卷烟境外销售】　全年境外销售卷烟190.3万件，同比增长30%，高于行业13.9%的增长水平，占行业境外总销量的27.2%，继续保持行业第一。其中，卷烟一般贸易出口50.4万件，同比减少6.8%；境外生产销售卷烟107.5万件，同比增长70%。实现境外市场销售总收入25亿元，其中，老挝红塔实现销售收入3.7亿元，同比增长43%；香港红塔实现销售收入4.5亿元，同比增长52%；红塔瑞士罗马尼亚子公司实现销售收入1.8亿元，同比下降49%；香港天成实现销售收入1.8亿元、同比增长15%。

【重点品牌发展】 着重加强卷烟境外销售计划管理，做好计划执行情况的跟踪、分析和反馈，有效实现卷烟境外销售向重点品牌和重点市场聚焦。加大品牌形象的宣传和推广力度，在纽约、洛杉矶等机场免税店全面启用新的云南中烟统一品牌视觉形象宣传系统，并积极推进韩国、新加坡等重点机场免税店卷烟销售专柜陈列。

“红塔山”“云烟”“玉溪”“红河”四大核心品牌境外销售的规格达到38个，同比增加5个。“红塔山”实现境外销售29.01万件，同比增长13.5%，实现销售收入3.9亿元，同比增长14%；“云烟”实现境外销售29.61万件，同比增长67.8%，实现销售收入5.2亿元，同比增长81%；“玉溪”实现境外销售21.58万件，同比增长1.6%，实现销售收入5.4亿元，同比增长14%；“红河”实现境外销售35.21万件，同比增长28.9%，实现销售收入1.95亿元，同比增长26.6%。四大品牌总销量占云南中烟境外总销量的64%，同比增长8%。高端品牌“钓鱼台”全年实现销售6011件，同比增长116.06%，销售点由上年的8个增加到了20余个。

【重点市场建设】 按照国家局提出的加大缅甸烟草市场拓展力度的工作要求，在中烟国际牵头下，组织与缅甸政府相关部门进行了深入商谈和接洽，为下一步拓展缅甸市场提供了科学的决策依据。

重点市场的集中度明显提升，其中东南亚市场、中东市场、中南美洲分别实现销售124.96万件、24.55万件和14.74万件，同比增幅为35%、34%和17%，分别占境外总销量的65%、13%和8%；三大区域总销量占云南中烟境外总销量的86%，同比增长9%。老挝国内有税市场销量13.2万件，同比增加3.2万件，增长32%，占老挝当地市场26%的份额。缅甸市场实现销售25万件，同比增加5.3万件，增长27%，继续保持云南中烟境外销量最大单一市场的地位。香港和澳门市场全年分别实现卷烟销售7382件和10400件，同比增长6.57%和16.27%。

【境外生产运行】 积极推进重点境外生产企业技术升级改造。针对境外生产中存在的缺乏科学布局规划、资源配置效率不高等问题，组织开展境外生产项目分析工作，了解和掌握境外生产项目运行现状，为下一步调整境外生产布局、整合境外生产资源提供决策依据。2013年境外生产稳步增长，共计生产140.3万件，同比增长27.2%。其中：香港红塔生产39.27万件（不含代加工红云红河集团的品牌），同比增长21.39%；老挝红塔生产37.18万件，同比增长30.02%；越南升龙烟厂生产4.78万件，同比减少59.61%；缅甸果敢烟厂生产2.7万件，同比增长3.29%；缅甸环球烟厂生产13.97万件，同比增长71.27%；马其顿佩莱博烟厂生产9万件，同比增长7.14%；迪拜INTERCONTINENTALTOBACCO生产8.2万件，同比增长128.09%；印尼ROCK生产13.24万件，比增长89.02%；纳米比亚工厂生产3.5万件。

【拓展国际市场管理】 境外经销商管理　组织开展对60余家境外经销商的资信调查工作以及对新增经销商准入资格的审查工作。优化和完善经销商分级管理模式，改进评价指标设置，侧重对经销商在维护和巩固市场方面的贡献进行评价。经评审，评出红塔集团A类（优秀）经销商16家、B类（合格）27家、C类（不合格）7家；红云红河集团A类（优秀）经销商12家、B类（合格）20家、C

类（不合格）5家。分级评审结果将在2014年的境外卷烟销售计划安排和经销商管理中综合运用。

其他拓展国际市场管理　配合相关烟草专卖管理机构完成走私回流卷烟的调查工作，并对涉及回流的经销商进行详细排查，梳理经销渠道，查找回流原因，制定整改措施。加强拓展国际市场专项资金管理，组织对2012年拓展国际市场专项资金使用情况进行检查，并进一步明确资金使用原则、适用范围、投入标准、预算要求以及使用流程。加大国际市场监测力度，组织开展菲律宾市场持续监测项目，积极探索对重点市场零售终端的持续监测方法，实现对国际市场和经销商的有效监管。

【拓展国际市场的服务保障】　烟机物资进出口　全年共计销售进口卷烟纸2110吨、丝束24672吨、滤嘴棒7298.261千支；新签进口专卖设备合同28个，涉及制丝卷接、包及复合嘴棒成型机等设备，到货19个批次51台套设备；新签非专卖仪器设备合同131个。出口烟草废料3853.27吨，复进口烟草薄片2558.06吨；出口境外生产用烟丝7491.567吨、卷烟纸480.91吨、滤嘴棒10.89亿支；出口烟机设备12批次。

境外生产物资保障　为云南中烟境外生产企业提供专业、高效、优质的原辅料及设备出口服务，保障年度境外生产目标的顺利完成。针对境外加工生产企业的实际情况，给予不同的延期付款政策，在一定程度上缓解境外加工生产企业资金紧张的问题；建立“提前申报、分年管理、跨年核销”的业务操作方式，有效解决每年年初烟丝不能及时出口至境外生产企业的问题；创新工作方法，成功探索出一条将境外生产企业的老旧设备进口回国进行大修后再出口的新路子；组织完成老挝寮中红塔好运烟草有限公司技改所需设备的出口工作；全面梳理设备租赁业务流程，顺利完成首个租期届满设备复运进境工作；积极探索和研究境外企业生产考核和原辅料采购管理制度。

进出口货运保障　高度重视货物安全和规范运作，加强专卖和准运证管理，并通过装配电子报关操作系统等有效措施，提高效率、降低成本，确保全年进出口设备和物资的报检、报关以及运输工作顺利开展。

【国际合作】　积极推动红塔集团与帝国烟草于2013年6月6日顺利完成“WEST（威斯）”品牌许可生产合作协议的续约，推动双方将合作层次提升为国家局与帝国烟草之间的全球性战略合作。双方高层达成战略合作共识，组建专门的工作小组，在国际国内市场互动、品牌资产互动原则指导下，启动双方在品牌、市场、联合购并等方面的深入合作。不断加大与全球知名免税运营商DFS公司的合作力度，与其建立全球战略合作伙伴关系，借助其在全球设立的多家机场免税店，促进和规范卷烟免税市场销售，提升云南中烟品牌知名度。组织举办和参加多次技术交流活动，为云南烟草工业系统各单位了解和引进国际烟草先进技术和经验、加强与国际知名企业的技术交流与合作提供渠道和平台。

【国际市场营销统一】　按照云南中烟“两统一，两整合”改革的统一部署，启动实施，统一云南中烟国际市场营销业务。

基本思路是：在“一公司、两集团”的管理体制下，依托两红集团和云南中烟技术中心，以国际公司为主体，创新国际市场拓展运营管理体系，在项目投资、生产布局、供应链管理、品牌培育、市场拓展、营销费使用、渠道建设等方面统一管理和配置，提高资源使用效率，实现国际市场营销统一，实现国际市场营销重心外移。发展目标是：到2015年境外销量达到42万箱；到2020年境外销量达到130万箱，其中内生增长部分销量达到70万箱，国际合作及并购销量达到60万箱，占行业境外销量的16.3%，占云南中烟销售总量11%，继续保持行业拓展国际市场的领先地位。主要任务是：推进境外研发中心建设、境外原料基地建设、境外生产基地建设，搭建原辅料国际采购平台、境外营销平台，推进国际合作与跨国并购，创新拓展国际市场管理体制机制。

2013 年 7 月，国际公司牵头成立云南中烟国际市场营销统一工作小组。国际市场营销统一工作小组多次赴两红集团进行广泛深入的调研，并向中国烟草国际有限公司相关领导、云南中烟相关部门、境外经销商积极征求意见和建议。在此基础上，历经多次论证与讨论，于 2013 年 9 月完成《国际市场营销统一实施方案》编制。

【内部管理】 持续完善公司管理体系建设，顺利完成质量及职业健康安全管理体系标准换版审核与新版体系文件的编制和发布工作。完成 ERP 信息管理系统升级一期项目的建设工作。重视拓宽员工晋升渠道，扩大干部公开竞聘选拔范畴，新提拔干部 3 人。认真组织开展员工教育培训工作，按照“请进来”与“走出去”相结合的思路，采取公司领导授课、外请老师授课、实地参观学习等多种形式分层次、有重点地开展培训，全年组织、参加各类培训 450 人次，组织开展重点培训 12 次、国际化人才库专题培训 4 期，有 1 人取得安全工程师资质。高度重视内部管理监督，健全内部管控制度，扎实开展财务管理与审计监督，强化和落实全面预算管理，严格控制各项成本费用支出，全年业务招待费、会议费同比下降 55.03% 和 96.85%。建立健全采购管理工作机制，切实实现采购工作的程序化、痕迹化与规范化，全年组织完成物资、工程和服务类采购 29 项，采购公开招标率达 89.7%。充实安全管理人员配备，加强日常安全事务管理，重视开展日常安全警示教育及应急预案的编制和演练，全年安全责任事故率为零。

【党建工作】 组织建设 党总支下设两个党支部，共有党员 23 人。2013 年上半年，党总支组织完成自成立以来的首次民主换届选举，并总结出一套开展类似工作的经验和做法。积极组织党支部书记、党员发展对象和入党积极分子参加专题党课培训。

作风建设 严格贯彻落实中央“改进工作作风、密切联系群众八项规定”及云南中烟党组的九项规定要求，将“八项规定”纳入到党总支中心组理论专题学习和领导干部专题民主生活会中。领导班子成员带头发扬艰苦奋斗、勤俭节约的精神，切实改进学风、文风、会风等工作作风，并对照“八项规定”内容，认真对照检查，深入查找班子和自身在作风建设方面存在的问题和不足，提出改进措施和办法。结合实际制定《中共云南烟草国际有限公司党总支贯彻落实中央关于“改进工作作风、密切联系群众八项规定”的实施办法》，并以该实施办法作为原则和指导，全面梳理与工作作风相关的各项制度和规定，先后制定发布了《云南烟草国际有限公司工作规则》《督办工作办法》《问责制实施办法》《关于贯彻落实“改进作风年”活动实施方案》等多项管理制度，并组织对《公务接待工作实施细则》《因公出国境管理规定》等制度进行了修订和完善。

思想政治建设 严格落实党总支中心组理论学习制度，每季度组织召开中心组理论学习会议，每次集中学习时间不少于 3 天，全年不少于 12 天，健全和完善领导干部理论学习责任制和检查考核制。严格落实党支部“三会一课”制度，以十八大和十八届三中全会的学习宣贯工作为主线，认真组织开展了多次爱国主义和国防教育活动、新农村建设扶贫帮困活动等专题活动。

党风廉政建设 深入贯彻落实十八届中纪委三次全会精神和全国烟草行业纪检监察工作会议精神；组织各支部、各部室、境外下属企业签订《党风廉政建设责任书》，做好党风廉政建设责任的分解、下达和考核工作；抓好廉政警示教育工作，组织干部群众观看廉政教育宣传片、到警示教育基地参观、参加廉政建设和反腐工作专题讲座，通过多种形式的宣传和教育，使广大党员干部自觉抵制拜金主义、享乐主义、极端个人主义的侵蚀，自觉拒腐防变，增强自律意识。

【工会工作】 始终围绕“以党建带工建，以工建促党建”的基本工作思路和方法，积极发挥工会组织的各项职能与作用，建立和完善集体劳动合同协商机制，完成2013—2015年集体合同的签订及认证工作；积极推进办事公开民主管理工作，选举出新一届的职工代表参与、监督公司各项重大决策，切实维护广大职工的知情权、参与权、表达权和监督权；结合派驻境外工作人员不断增加的实际情况，做好对外派员工及其家属的关心和慰问工作，进一步稳定境外工作队伍；组织开展读书、网球、桥牌、舞蹈、羽毛球等兴趣小组活动，丰富职工文体文化生活。

【企业文化建设】 根据《云南中烟工业有限责任公司企业文化建设规划》要求，认真宣贯云南中烟“合力图强、和谐致远”的核心理念，积极推进公司企业文化建设，以其实际的工作成效推动国际市场营销统一工作的顺利开展；着手培养和建立公司企业文化内训师队伍，并结合公司实际，组织完成公司《企业文化建设规划》与实施方案的编制工作，为2014年企业文化建设工作的全面展开奠定坚实基础。

云南烟草兴云投资股份有限公司

【概　况】 云南烟草兴云投资股份有限公司（以下简称“兴云公司”）前身为云南烟草集团兴云股份有限公司，成立于1993年1月，注册资金4亿元，发起股东为中国烟草总公司云南省公司、玉溪卷烟厂、昆明卷烟厂、曲靖卷烟厂、楚雄卷烟厂及昭通卷烟厂。1999年，在中国烟草总公司云南省公司的主导下，在兴云公司的基础上，对中国烟草总公司云南省公司直接投资的多家直属单位管理的多元化资产进行重组整合，并更名为云南烟草兴云投资股份有限公司，注册资金变更为5.5亿元。后又因中国烟草行业工商分设、集团化经营等改革的影响，公司经营管理的部分资产也相应地进行了调整。公司股东、出资额及股份比例分别为：云南中烟工业有限责任公司出资6.6亿元，占45.29%；中国烟草总公司云南省公司出资6.49亿元，占44.43%；云南红塔集团有限公司出资1亿元，占6.85%；红云红河烟草（集团）有限责任公司出资5000万元，占3.43%。公司主要经营范围为房地产、物业管理、金融及酒店等行业。

截至2013年末，公司的投资项目有20个，投资总金额162830万元，其中：全资2个，投资金额15520万元；控股8个，投资金额38873万元；参股10个，投资金额108437万元。投资项目按行业划分，分为房地产、物业管理、酒店管理、股权投资项目四类。房地产项目3个，投资金额10.34亿元，其中：投资昆明万兴房地产开发有限公司4025万元，持股70%；投资云南世博兴云房地产有限公司19350万元，持股45%；投资云南三联置业有限公司80000万元，持股40%。物业管理项目4个，投资金额19685万元，其中：投资云南烟草物业管理有限公司13520万元，持股100%；投资云南烟草兴云物业管理有限公司240万元，持股80%；投资云南博园物业管理有限公司600万元，持股60%；投资云南烟草国贸商城有限公司5325万元，持股93.01%。酒店管理项目1个，投资昆明翠湖宾馆有限责任公司22866万元，持股64.01%。其他股权投资项目12个，分别是：红塔创新投资股份有限公司、昆明东软金沙信息有限公司、云南英茂通信股份有限公司、昆明老拨云堂生物产业有限公司、大连国际商贸城有限公司、大连兴云伟业经贸公司、云南烟草集团兴云卷烟展销部、昆明国际信托投资公司、深圳银团实业股份有限公司、中植生物科技开发有限责任公司、江苏金丝利药业股份有限公司、云南花卉产业投资管理有限公司。

截至2013年末，公司资产总额41.46亿元，负债总额15亿元，主营业务收入61234万元，利润总额11617万元，净利润9619万元。从业人数1702人。公司总部设办公室、财务部、审计派驻办、人力资源部、投资策划部、企业管理（安全）部和纪检监察（党群）部等七个部室。

领导成员

董事长　李光林

副董事长　郝和国

法定代表人　王　波

董　事　李光林　郝和国　刘天义　陈效贤
毕凤林　邵　明　王　波

董事会秘书　张　隼

监事会主席　杨　柱

监　事　杨　柱　魏琼仙　陈　玟　徐　宏
翟　言

公司总经理　王　波

公司党委书记　邵　明

公司党委副书记、纪委书记、工会主席　杨　柱

公司副总经理　陈国章　任红军　鲁　宁（2013.6—）

调研员　樊崇俊

副调研员　张　隼（—2013.6）

副处级　李学辉（2013.6—）　孙　涛（2013.6—）

【经营思路】　围绕董事会确定的三大板块及主导产业，经营班子提出“转观念、理思路、求突破，搭平台、建机制、促效率，重基础、抓规范、提素质，树品牌、强竞争、增效益”36字工作方针，以搭建新的房地产、物业管理、金融（资本）管理、总部四大平台为核心，整合公司同类资源，强化内部精细化管理，提升员工市场竞争意识，锻炼培养专业团队，在云南中烟“两统一、两整合”的改革发展进程中，努力为兴云公司今后的多元化经营打下较好的基础。

【资源整合】　认真梳理和研究房地产、物业管理、金融（资本）管理和总部四大平台建设的指导思想、总体思路和目标以及工作举措，制订并实施了《兴云公司强化内部管理推进资源整合工作框架方案》等9个方案和相关规定。9月中旬，兴云公司召开干部职工竞聘上岗工作动员会，全面启动各平台的竞聘上岗工作。9—12月，严格按照行业选拔干部的规范程序，通过公开竞聘选拔产生房地产、物业管理和金融（资本）管理平台的新一届班子成员、中层干部以及员工队伍。对各平台经营班子坚持采取竞聘演讲、民主推荐、民主测评、组织考察、任前公示等领导干部选拔任用规定和行业要求程序严格执行；对各平台部门负责人和员工的竞聘，采取笔试和面试成绩综合评定的原则，打破身份界限，真正把想干事、能干事、干成事的人才选拔出来。竞聘工作实施过程中，坚持公司纪检监察、审计人员全程监督，工作人员坚持原则，保证过程和结果及时公示，保证程序和安排公开透明，有效保证了竞聘上岗工作的公开、公平和公正性。此次竞聘上岗，房地产板块经营班子岗位报名15人、竞聘上岗4人，中层干部岗位报名87人次、上岗21人，员工岗位报名112人次、上岗46人；物业板块经营班子岗位报名12人、上岗4人，中层干部岗位报名81人次、上岗22人，员工岗位报名121人次、上岗41人；深圳兴云诚昆明分支机构产生了1名副经理和4名员工。新平台的搭建，为做好优化资源配置、探索创新机制、提升市场化经营水平奠定了坚实基础。

【资产处置】　制订云南英茂通信股份有限公司、昆明老拨云堂药业股份有限公司的股权转让方案，上报云南中烟报国家局审批。大连商贸城的处置工作，取得云南中烟、云南省烟草公司及中国烟草总公司的相关批复，启动投资权益评估工作，为股权处置奠定了基础。通过司法诉讼程序，完成深圳蓝津公司投资款的收回工作。

【信息化建设】　新建并实施了会审流程、采购申请流程、用印审批流程、办事（信息）公开审批流程和网站信息发布流程，显著提高了工作效率，同

时节约了人力和物资消耗。采用国际先进的 drupal-CMS 系统，自主开发了公司门户网站，既可以发布公司的公共文件、通知宣传、新闻动态、公告，同时支持“两项工作”信息公开的要求。网站设置的部室专栏，将各部门的部门信息集成在网站上，部门信息包括部门职责、部门规章制度、服务指南、领导讲话等。

【经营工作】 以万兴房地产开发有限公司为基础，搭建房地产开发业务平台，对所属房地产项目公司进行统一管理、专业化经营，积极稳步整合房地产资源，锻炼培养房地产专业化经营团队，逐步打造房地产专业经营核心能力。以云南烟草兴云物业管理有限责任公司为基础，搭建物业管理业务平台，对所属物业管理项目公司进行统一管理、专业化经营，通过构建内部管控平台、标准化业务支持平台和运营平台，创立云南烟草物业管理品牌。以深圳兴云诚投资有限有限公司为基础，拓展房地产信托基金平台开展对外投资业务，打造金融（资本）管理平台，根据国家宏观金融管理政策的变化积极进行业务转型。

【教育培训】 结合企业发展实际，及时调整教育培训工作思路，以搭建三个板块、整合内部资源为契机，发现人才、锻炼人才、引发思考为原则，将提高解决实际问题能力作为培训工作的重点。组织了“锻铸职业竞争力”的企业文化建设培训。地产、物业、金融平台搭建过程中，由第三方咨询公司结合管理咨询中对公司现状的调研诊断，讲解房地产、物业行业发展趋势、标杆企业的先进管理经验、公司存在的问题与改进建议；通过“中州阳光项目物业管理的招投标模拟演练”“洱海翠宾大理项目的物业管理介入的利与弊的辩论赛”引发职工思考；为面向市场开展了营销、营运的沙盘推演培训。地产和物业全员竞聘前做了员工心理辅导，开展了演讲力培训。平台人员组建完成后，各业务板块又针对管控流程、专业技能开展专业培训。公司各职能部门密切配合，开展党务知识、消防安全知识、公文写作、财会知识、法律和信息化管理等培训。2013 年度自主培训参训人员达 1109 人次，参加系统内组织的处级、科级管理干部培训班以及财务、人力资源、多元化投资、国资管理、审计、党务纪检和文秘、安全等培训计 115 人次。经过全面、突出重点的教育培训，促使员工尽快转变观念，增强责任意识和危机意识，提高业务工作能力，尽快适应新的工作任务。

【基础管理】 根据烟草行业多元化经营管理评价体系的相关要求，组织 9 家所属企业参加培训，完成兴云公司四个维度的经营管理评价，组织所属企业三个维度的填报工作，并在规定时间内及时上报。完成公司“三标”体系的外部监督审核，印制新版“三标”体系文件并同时在公司内网上发布。进一步规范各项津补贴的发放。签订《安全生产责任书》，层层落实一岗双责；抓好防火、交通、施工安全等三项重点安全管理工作；建立安全生产标准化体系的常态运行机制，开展安全生产标准化达标创建工作，全年无重大安全事故发生，完成了年度安全工作的目标任务。设立董事会下的“三项工作”管理委员会，成立公司采购办。制定“三项工作”管理委员会工作规则，明确“三项工作”管理委员会、采购办及各工作小组的职责和权限。修改和印发《关于调整“三项工作”管理委员会的通知》《关于明确采购管理机构及其职责的通知》《公司董事会工程投资物资采购服务类采购管理委员会工作规则（试行）》《招投标管理制度》《采购管理实施细则（试行）》《确定招标代理机构和供应商库通知》《关于印发招标代理机构库管理办法（试行）的通知》等 14 个配套文件，形成组织保障、工程投资管理、采购管理、股权投资管理、内部监督管理 5 方面的制度及文件 39 个，包含操作性制度、审计制度及监督管理制度三大类。所有制度统一纳入公司“三标”体系实施管理，进一步规范和完善了工程投资、物资采购及服务类采购项目论证、申报、审批、立项、实施、监督、审计等各个环节的管理规程。

【党务工作】 坚持组织开展党委中心组学习，深入学习党的十八大精神以及十八届二中、三中全会精神，分别召开了以贯彻落实十八大精神、“改进作风年”以及十八届三中全会为主题的党委中心组学习（扩大）会议，召开“以为民务实清廉为主题，反对‘四风’服务群众为重点”的领导班子专题民主生活会，开展批评与自我批评，并制定了整改措施，不断强化领导班子的作风建设。制订公司党委思想政治建设实施方案；开展庆“七一”系列活动，举办党史知识讲座、党章知识问卷答题活动、“我与企业共成长——纪念兴云公司成立20周年”征文评选活动，制作兴云公司成立20周年特刊；组织公司47名中层干部签订2013年度党风廉政干部履职责任书；围绕公司经营管理、改革发展、两个文明建设等方面内容，在全公司范围内开展了“合理化建议”征集活动，共征集到建议和意见53条；制订“践行两个至上，争当云岭先锋方案”；结合兴云公司成立20周年，以云南中烟“合和”母文化体系为框架，搭建符合公司自身实际的子文化过程，探索和建立适合公司发展的企业文化体系，探索符合公司实际的企业文化建设工作模式，初步形成《兴云公司企业文化建设工作流程图》。

【工会工作】 结合“践行两个至上、争当云岭先锋”活动，配合党委在“七一”建党节开展“六个一”系列活动。成立7个职工兴趣爱好协会（小组），初步形成了个人、协会组织、工会小组、基层工会、公司工会5个层面的活动方式。组织总部职工坚持每个季度开展一项户外团队建设活动。参与云南中烟系统桥牌、游泳、“庆祝云南中烟成立十周年职工书画摄影作品征集活动”等各类文体活动。参与云南中烟工会“送温暖献爱心”活动，参加云南中烟扶贫领导小组到景洪和临沧地区扶贫调研，到公司扶贫点西双版纳勐龙镇景龙村查验云南中烟投资修建的村道路，并捐赠一批文体用品。

2013年末兴云公司多元化投资情况表

投资企业名称	累计投资额（万元）	持股比例（%）	股权状况
云南烟草物业管理有限公司	13520	100.00	全资
云南烟草集团兴云卷烟展销部	2000	100.00	全资
云南烟草国贸商城有限公司	5325	93.01	控股
云南烟草兴云物业管理有限公司	240	80.00	控股
昆明万兴房地产开发有限公司	4025	70.00	控股
大连国际商贸城有限公司	2021	65.00	控股
昆明翠湖宾馆有限公司	22866	64.01	控股
云南博园物业管理有限公司	600	60.00	控股
云南英茂通信股份有限公司	3770	59.99	控股
大连兴云伟业经贸公司	26	52.00	控股
云南世博兴云房地产有限公司	19350	45.00	参股
昆明老拨云堂生物产业有限公司	1536	43.00	参股
云南三联置业有限公司	80000	40.00	参股
昆明东软金沙信息有限公司	631	21.02	参股

续表

投资企业名称	累计投资额（万元）	持股比例（%）	股权状况
中植生物科技开发有限责任公司	472	15.09	参股
昆明国际信托投资公司	2017	14.43	参股
深圳银团实业股份有限公司	400	9.30	参股
云南花卉产业投资管理有限公司	800	5.48	参股
江苏金丝利药业股份有限公司	231	5.00	参股
红塔创新投资股份有限公司	3000	5.00	参股
深圳市蓝津科技股份有限公司	700	3.73	参股
合　计	163530		

兴云公司所属二级单位

昆明万兴房地产开发有限公司

【概　况】 昆明万兴房地产开发有限公司（以下简称“万兴房地产”）成立于1993年，系云南烟草兴云投资股份有限公司下属的全资国有房地产开发企业。公司注册资本5750万元，具备房地产开发二级资质，经营范围涵盖城市综合开发、旧城改造、商住楼建设等。地产拥有一支独立的开发、经营及管理团队，具备自主投资开发、经营和管理品牌住宅项目、商业物业的实践经验和能力。公司自成立以来，秉承“经济效益、环境效益和社会效益相统一”的理念，先后独立成功开发了万兴花园一期二期、万兴建材城、万兴印象小区、博园邻里小区、安宁金叶科技园住宅楼等6个项目。积极寻求合作机遇，成功入股云南三和房地产开发有限公司和大理上和置业有限公司，联合开发了昆明中洲阳光项目和大理上和半岛假日酒店项目。2013年10月，兴云公司推行“强化内部管理、推进资源整合”工作，通过全员竞聘及法人治理结构调整，在原万兴房地产的基础上重新搭建兴云公司地产运营平台。整合了兴云公司的所有房地产板块资源与能力，全面覆盖了地产开发业务和管理职能。整合后的新万兴房产代表兴云公司对所属控股、参股房地产公司的日常运营实施管理。主要肩负对公司现有正在开发的房地产项目形成整体支撑和管控，对公司及云南中烟系统内其他有待开发的房地产项目和资源进行更好地调研、设计和策划，更好地在市场中寻找新的项目，探索新的经营模式，深入研究现有的地块和资源，吃透相关政策和法规，切合市场需求，寻求创新的经营模式。

截至2013年末，万兴房地产合并报表总资产为12.62亿元；固定资产（净值）306万元；流动资产11.50亿元；资产负债率94.88%。从业人数68人，其中聘用员工数36人。

【业务工作】 楸木园项目顺利完成竣工验收，进入交房。

新万兴房地产平台成立后，着手推进“中洲阳光”5.86亩商业预留用地的开发工作，对项目在投资分析、客户定位、产品设计、成本控制、营销管理等方面进行了充分的可行性研究，并按照全新的运营管理机制和流程制定了项目关键节点计划、总控计划、专项计划，将各项关键节点和专项计划按职责分解到了各个部门，确保按质按量推进该项目的各项工作。

云南三联置业有限公司在完成拆迁相关事宜专题调研报告基础上，拆除土地约183亩。同时推进了设计、招标和合同签订工作；与煤气公司协调正式启动煤气设计工作，同时推进煤气配套费减免申请。根据昆明市已基本确定的五里项目周边增加两地铁站的方案，进行了规划和重点开发研究。

大理上和“洱海翠湖宾馆”项目工程建设、营销工作全面推进，2013年实现两次开盘销售。为解决项目内大理第四水厂土地资产遗留问题，经过多次协调谈判，达成了收购大理第四水厂资产的方案，为项目的统一规划开发建设清除了障碍。完成项目混凝土主体施工，正积极开展精装修设计招标。

世博兴云地产低碳中心项目进展顺利，完成主体工程设计、招采、预算审核、安全等工作，同时开展多种形式的营销活动，预计2014年实现预售。

针对万兴印象商业区不同商户的特点进行不定期回访，积极沟通并建立良好的合作关系，在客户维稳工作方面取得了较好的效果，不良租户的数量大大减少，顺利完成了租赁任务指标。聘请专业评估机构对商业区租金进行评估并实施租金调整后，顺利完成6家租户的续租工作，商业区G栋2、3楼也完成了新的招租工作。商业区可租赁总面积：2.08万平方米，出租面积2.01万平方米，出租率96.6%；空房率3.4%

云南烟草物业管理有限公司

【概　况】　云南烟草物业管理有限公司（以下简称“烟草物业”）于1998年6月开始组建，1999年3月完成工商注册登记，属国有独资公司，出资人为中国烟草总公司云南省公司，注册资本1亿元人民币，具有国家物业服务企业三级资质，2005年9月划归云南烟草兴云投资股份有限公司统一管理，成为云南烟草兴云投资股份有限公司下属的全资子公司。2013年6月，经云南省工商局批准，烟草物业投资主体由中国烟草总公司云南省公司变更为云南烟草兴云投资股份有限公司。2013年11月，烟草物业整合了兴云公司所属的兴云物业、烟草物业、博园物业和万兴物业等4家物业企业资源，搭建烟草物业运营平台，组成党政办公室、人力资源部、财务管理部、安全管理部、运营管理部、工程技术部及资产管理部7个职能部门，烟草科技园、兴云大厦、博园邻里、万兴物业、中洲阳光和洱海翠宾6个客服中心。整合后的烟草物业以“合道明礼、和人润物”为企业宗旨，坚持“至尊、至美、至坚”的管理方针，致力于打造“工作有标准、服务有样板、管理有团队、经营有效益”的物管模式，为业主提供优质服务，保证物业的正常使用功能，努力使业主的物业保值、增值，为业主营造高尚的生活环境。烟草物业、兴云物业、博园物业3家物业公司全年共计实现总收入6840万元，总支出5150万元，实现利润总额1690万元，净利润1540万元。从业人数370人，聘用人数341人。

【经营情况】　烟草物业经营管理总面积48万平方米，涉及对写字楼、商铺、客房、餐饮、幼儿园等商业物业项目的综合管理租赁及商业开发，以及对云南中烟系统内办公楼、住宅小区等物业项目的综合管理和个性化定制服务。所管物业相继取得“全国物业管理示范大厦”“全国最佳物业管理模式”“园林小区”“绿色小区”等称号，多次被行业及市区两级政府评为“先进单位”“文明单位”。公司办的烟草科技园幼儿园是云南省第一家通过昆明市教委“云南省一级三等示范幼儿园”评定的企业办幼儿园，曾获得“文明学校”“教书育人先进集体”等荣誉称号。

云南烟草兴云物业管理有限公司

【概　况】　云南烟草兴云物业管理有限公司（以下简称“兴云物业”）成立于1998年4月，注册资金300万元，为云南烟草兴云投资股份有限公司下属的国有控股公司，具有国家物业管理三级资质。公司经营范围为物业管理，园林绿化，建筑材料，金属材料、五金交电、机电产品、化工原料及产品、橡胶及制品、日用百货、农副产品的批发、零售、代购代销。截至2013年12月31日，总资产12410万元，固定资产（净值）1233万元，流动资产830万元，资产负债率28%。兴云物业2013年末从业人员93人，其中聘用职工79人。

【基础管理】 兴云物业的主要业务是负责兴云公司委托管理的资产——兴云投资大厦的物业管理和服务、国贸小区资产的租赁、兴云汽车城的经营管理和茭菱路职工小区的物业管理工作。2013年兴云物业一手抓服务，着力提高物业管理核心业务水平；一手抓经营，着力提升物业公司长期稳定持续发展的保障能力，在科学发展中创新经营理念、增强服务意识、提高服务技能及市场运营能力，在“三标”体系的平台上提高公司的物业管理服务水平，使公司整体服务水平和经营能力都保持稳步增长。加强标准化、规范化工作，对照物业管理行业服务收费标准，按照质量、环境和职业健康安全标准管理体系的相关要求，结合公司服务工作实际逐步建立绿化保洁、共用设施设备维修保养、公共秩序维护、食堂安全卫生等多项管理标准体系，规范操作流程，使公司各项服务、经营工作都纳入标准管理的轨道，保持提供高质量的基础物业服务，并持续改进提高服务水平和标准，更好地满足客户需求。2013年，兴云公司考评小组对兴云物业所管理的职工食堂和住宅小区工作满意度的测评结果分别是94.6%和96.28%，都超过了兴云公司下达的90%的考核指标。

【经营效益】 2013年，完成收入1677万元，超额完成目标责任18.09%，最终实际利润278万元，与预算相比多盈利214万元，超额完成2013年度任务目标。

云南博园物业管理有限公司

【概　况】 云南博园物业管理有限公司于2006年12月注册成立，是云南烟草兴云投资股份有限公司下属的具有独立法人资格的物业管理三级资质企业。公司设办公室、财务部、客户服务中心和安保部。公司承担着云南中烟综合业务用房、会所、博园邻里小区、隐舍精品酒店的物业管理，管理面积超过10万平方米。于2009年通过了“三标一体”管理体系认证。2013年公司主营业务收入1075万元，营业外收入2万，实际支出994万元，实际利润总额为23万元。截至2013年12月31日，从业人数161人，聘用员工161人。

【经营特色】 始终秉承“24小时酒店一站式”的服务宗旨，以“全心全意、客户满意”为服务理念。持续创新，不断整合服务与顾客需求，为住户提供“亲切、贴心、专业”的新型物业管理服务。管理的办公楼和小区分别荣获“全国物业管理示范大厦”、昆明市“宁静小区”和“园林小区”等荣誉称号。

云南烟草国贸商城有限公司

【概　况】 云南烟草国贸商城有限公司于2000年12月29日完成注册登记。公司注册资本4000万元，总投资额5742万元，云南烟草兴云投资股份有限公司持股比例为90%，昆明万兴房地产开发有限公司持股比例为10%。公司对外股权投资五家企业，分别是红塔证券股份有限公司持股1.16%、昆明万兴房地产开发有限公司持股30%、昆明万兴物业管理有限公司持股10%、云南博园物业管理有限公司持股40%、深圳市兴云诚投资有限公司持股80%。公司与云南沃尔玛百货有限公司签订了15年的房屋租赁协议，租赁场地面积17562平方米。公司拥有总资产19896万元，其中固定资产1783万元、流动资产8662万元，资产负债率42.31%。公司经营范围为财产租赁、电子产品及通讯设备、汽车、汽车配件、家具、五金交电、化工产品及原料、日用百货、电器机械及器材、金属材料、建筑材料、装饰材料、珠宝玉石及制成品、工艺美术品、农副产品的批发、零售代购代销。公司在岗员工总数4人。

【经营效益】 实现对沃尔玛房屋租赁收入1354万元，其他业务收入547万元，实现营业总收入1901万元，权益法核算投资收益246万元，实现利税1340万元，其中净利润833万元。

云南英茂通信股份有限公司

【概 况】 云南英茂通信股份有限公司成立于1994年6月，曾用名为云南英茂烟草通信有限公司，于1999年12月变更为云南英茂通信股份有限公司。2003年进行股份重组，由云南烟草兴云投资股份有限公司、云南省卷烟烤烟交易市场、四川长虹电子集团有限公司、云南英茂集团股份有限公司、云南英茂花卉产业有限公司共同出资组建，注册资金6804.99万元。截至2013年底，公司总资产3448.67万元，其中固定资产747.31万元，流动资产2701.35万元，资产负债率1.8%。

公司现有员工38人，其中具有本科以上学历人员占职工总数的85%。公司拥有住房和城乡建设部、工业和信息化部、中国质量认证中心等政府和行业主管部门颁发的多个行业资质，并且在云南省内的安防监控工程、建筑智能化、计算机网络及安全系统、国内VSAT卫星通信等行业领域拥有较高的行业地位和发展前景。

【业务情况和荣誉】 公司以市场需求为导向，以关键核心技术为支撑，业务领域涉及烟草行业、教育行业和政府行业等多个领域，能够为客户提供全方位的智能化系统解决方案。公司以优良的工程质量和良好的服务在用户心目中确立了自身的地位。部分承担的项目获得“鲁班奖”“科技进步奖”等。被云南省工信委和发改委、企业技术中心联合评选为“云南省省级企业技术中心”称号。

【经营规划】 以系统集成、建筑智能化设计（施工）、服务外包等方式互为支撑，立足云南、辐射西南片区、面向全国；以现有业务模式为基础，围绕云南的发展，探索新信息化业务模式；通过管理、市场、效益的稳步全面发展，提升企业品牌价值，将公司打造成高成长型的知名企业。

云南中烟工业有限责任公司特有职业（工种）职业技能鉴定站

【概 况】 云南中烟工业有限责任公司特有职业（工种）职业技能鉴定站（以下简称“鉴定站”），是2007年10月由国家劳动和社会保障部批准设立的职业技能鉴定机构，隶属于云南中烟工业有限责任公司，业务上接受国家烟草专卖局职业技能鉴定指导中心（以下简称“国家局鉴定中心”）管理、监督和指导。鉴定工种涉及烟机设备操作工、烟机设备修理工、烟草检验工、烟叶保管工、烟叶分级工、营销师（卷烟商品营销）和烟草物流师等职业（工种）对应的国家职业资格三级、四级、五级三个等级，协同国家局鉴定中心实施国家职业资格一、二级的鉴定工作，鉴定业务覆盖云南中烟系统两大集团及所属企业和昆明醋酸纤维有限公司。

鉴定站下设综合科、考核科两个部门和14个考点。截至2013年底，鉴定站有工作人员10人，其中兼职领导4人，专职鉴定工作人员6人。鉴定站及所辖各考点有职业技能鉴定专业专家36人，裁判员33人，考评员155人，高级考评员98人，覆盖了烟草农业、工业、商业、专卖管理和物流五大主体专业领域。

领导成员

站 长 李新军（兼）

常务副站长　祁　燕（兼—2013.6）
副站长　赵子敏（兼—2013.3）　乐忠明（兼）
张　军（兼）　朱崇测（兼2013.5—）
邬亚萍（专职）

【鉴定工作】　坚持“客观公正、科学规范、尽心服务、致力改进”的质量方针和“社会效益第一、鉴定质量第一”的原则，全面推进职业技能鉴定工作。截至12月底，共对红塔集团、红云红河集团所属省内外生产厂组织15个行业特有工种1—5级的鉴定585人。其中，高级工鉴定294人，鉴定合格145人，合格率50%；技师鉴定62人，鉴定合格50人，合格率81%；高级技师鉴定19人，鉴定合格10人，合格率53%。从2013年起，新增烟草物流师（工种）鉴定。

【技能竞赛】　协助举办第十二届云南中烟职业技能竞赛暨第三届卷烟商品营销职业技能竞赛，组织选手参加第十一届全国烟草行业职业技能竞赛暨第二届卷烟商品营销职业技能竞赛。2013年，云南中烟共有9人获“云南中烟工业有限责任公司技术能手”，3人获“全国烟草技术能手”荣誉称号。

【基础工作】　制定下发了《职业技能鉴定违纪人员处理办法（试行）》，修订了《员工绩效管理办法》和《主任科员竞争选拔管理办法》；启动了考点视频监控系统筹备工作，为实现鉴定考试全过程的监督和有据可查做好了准备；连续四年实现了顾客满意度100%、鉴定资格审核准确率100%和阅卷评分准确率100%的质量目标。

【队伍建设】　组织举办云南中烟技能鉴定人员素质提升培训班，培训云南中烟考评人员30人；选派鉴定站专职工作人员13人次参加国家局和云南中烟举办的党政、文秘、质量督导员、内审员等各类相关培训，培训面覆盖鉴定站全体工作人员，培训率超过200%；选派云南中烟优秀技能员工参加国家局举办的考评员、高级考评员和职业技能专家等资格培训；2013年新增职业技能专家9人、裁判员5人、考评员5人、高级考评员28人、内审员2人、质量督导员2人。

云南中维酒店管理有限责任公司

【概　况】　云南中维酒店管理有限责任公司经国家烟草专卖局批准设立，于2012年7月18日成立。公司类型：有限责任公司。公司股东：云南中烟工业有限责任公司、中国烟草投资管理公司、红塔烟草（集团）有限责任公司和红云红河烟草（集团）有限责任公司。公司注册资本：人民币1亿元。公司股东出资额及所占注册资本比率：云南中烟工业有限责任公司出资4000万元，占注册资本的40%；中国烟草投资管理公司出资2000万元，占注册资本的20%；红塔烟草（集团）有限责任公司出资2000万元，占注册资本的20%；红云红河烟草（集团）有限责任公司出资2000万元，占注册资本20%。

公司设立股东会、董事会、监事会，董事会下设三个专门委员会，即预算委员会，薪酬委员会，工程投资、物资采购、宣传促销管理委员会。公司实行董事会领导下的总经理负责制，具有完备的公司章程和股东会、董事会、监事会议事规则，根据《中华人民共和国公司法》和公司章程有关规定，按照现代企业管理制度，加强公司法人治理结构建设，依法经营、规范经营。

公司作为国家局行业酒店整合试点单位，按照国家局、中国烟草投资管理公司和云南中烟确立的“统一品牌、统一管理、统一营销”战略布局，在云南中烟的领导下，依据云南中烟赋予的职权，对云南中烟全资或控股宾馆酒店进行整合。依托烟草平台，发挥行业优势，以推行“中维酒店”挂牌管理为基础，建立“中维酒店品牌”管理标准、执行标准和培训体系，搭建中维酒店中央预订系统、云南中维酒店物资用品集中统一采购管理平台，优化酒店资源，规范行业管理，全面提升云南中烟宾馆酒店管理水平、经济效益和竞争能力，形成可学习、可操作、可复制的规范管理模式，为全国烟草行业宾馆酒店整合提供经验和做法。

云南中烟全资或控股宾馆酒店共 14 家，总资产近 40 亿元，从业人员近 5000 人，涵盖五星、四星、三星、二星和休闲度假型酒店。14 家酒店分别是：昆明翠湖宾馆、云南天恒大酒店、湖泉酒店、云南红塔大酒店、曲靖石林国际大酒店、昆明桂花大酒店、望湖宾馆、大理美登酒店、大理古榕会馆、楚雄雄宝酒店、云南金鹰大酒店、苏州天平大酒店、云南烟草科技园接待中心和吉庆大酒店。

公司现设有八个中心，即行政中心、运营管理中心、市场营销中心、发展策划中心、人力资源中心、财务管控中心、采购咨询中心、技术工程中心，并辅之五个专门委员会，即品牌管理委员会、绩效管理委员会、品质监管委员会、培训指导委员会和工程咨询委员会。公司核定编制 40 人，现配备正式、借聘干部职工 16 人。

截至 2013 年末，公司总资产 10680.40 万元，固定资产净值 205.56 万元，流动资产 10473.80 万元，资产负债率为 1.77%。

领导成员

董事长　李光林

副董事长　吴　益

董　事　李光林　吴　益　姚宗东（—2013.5）张　莹（2013.5—）　郭　曼　李剑波　毕凤林　李　强

监事会主席　魏琼仙

监　事　魏琼仙　陈效贤　宁宏元

总经理　李　强

总经理助理　王华良　韦飚　李雪梅

党委书记　李　强

党委副书记　孙国胜

党委委员　李　强　孙国胜　王华良　韦　飚　李雪梅

【经营范围】　酒店经营管理、酒店管理输出服务、酒店管理咨询服务、培训服务、酒店用品采购咨询、酒店工程咨询服务、酒店用品和旅游产品的销售、与酒店配套的健身、娱乐、商品部、自用车队、停车场经营、广告咨询与策划服务、物业管理服务、客房预订系统服务、酒店和旅游及相关产业投资开发等。

【发展思路】　以建立机制灵活、机构精干、运作高效、管理规范的内部管理体系为目标，以制定科学合理并符合市场导向的薪酬管理体系为核心，以充分利用翠湖宾馆的管理资源为基础，以聘请业内专家和各类专业人才为补充，建立“两个体系”，即管理制度体系和管理标准体系，打造“两个平台”，即管理平台和营销平台，发挥整体资源优势和体制优势，统一规范管理标准，共享客户资源，全面提升整体管理水平，构建具有云南中维特色的酒店运营管理模式，为全国烟草行业酒店整合积累经验、打好基础。

【整合模式】　以挂牌管理、协作管理、指导管理三种管理模式，与云南中烟宾馆酒店签订管理合同并纳入统一管理；按照“维尊”“中维”“维笙”“维居”标准，对云南中烟宾馆酒店逐一进行品牌定位，重点抓好昆明翠湖宾馆、云南天恒大酒店、弥勒湖泉酒店和金州翠湖宾馆首批加盟“中维酒店”挂牌工作。

【主要工作】　全年以创建中维酒店品牌为中心工作，以编写《中维酒店品牌建设指南》为重点任务，以完成国家局交付的工作任务为导向，扎实有序推进云南中烟宾馆酒店整合试点工作，完成上级和公司董事会下达的各项工作任务，实现云南中烟宾馆酒店整合试点工作的良好开局。

完成《中维酒店品牌建设指南（第一版）》编制任务。大胆探索、勇于实践，选择一条与国际品牌酒店管理公司截然不同的路径，即先创品牌，在品牌框架下推进行业酒店整合的模式。克服时间紧、任务重、要求高等诸多困难，全力抓好以《中维酒店品牌建设指南》为核心的"中维酒店品牌"创建工作，与品牌策划公司密切合作、攻坚克难，完成由7本手册、45本配套文件组成的《中维酒店品牌建设指南（第一版）》的策划、编写、印制、装订成册任务，实现国家局确立的年内"中维酒店品牌"对外发布的既定工作目标，取得行业酒店整合工作重要阶段性成果，得到行业酒店的一致认同，为推进全国烟草行业宾馆酒店整合发挥引领示范作用。

全力推进酒店专项改造。积极配合云南天恒大酒店、昆明桂花大酒店、云南红塔大酒店和曲靖石林国际大酒店完成国家局专家组对酒店的现场考察和装修改造项目论证；配合云南天恒大酒店对设计方案进行调整、优化、升级。面对形势变化，公司从提升酒店服务品质出发，向云南中烟上报酒店专项装修改造计划，主动配合并协助各酒店积极申请专项改造资金。

指导酒店抓好现实经营管理。委托昆明翠湖宾馆派出管理骨干对苏州天平大酒店和昆明桂花大酒店进行协作管理，有效提升酒店的经营管理成效。面对酒店经营下滑态势，公司及时提出"顺应市场变化、调整经营方向"指导意见，协助酒店细分客源结构，重新定位客源市场，适时调整营销策略，研发推广新菜肴，强化对客服务，严控经营成本，提升入住率和服务品质，尽量抑制酒店经营大幅下滑势头。

全面推进酒店培训。紧紧围绕酒店经营工作，重点抓好酒店安全生产、客房服务、餐饮服务等专项培训，深入酒店进行现场施教，加强酒店培训组织管理，全面推进酒店培训工作；公司全年举办云南中维培训师资格认证培训班2期，酒店安全生产标准化培训班和中维礼官培训班各1期；组织并选送行业酒店管理人员、业务骨干参加国家局、云南中烟举办的专项培训，有力促进行业酒店专业技能和服务水平的提升。

加强酒店安全生产。从行业管理的角度，立足酒店现有条件，积极协助酒店认真抓好安全生产，防止安全事故发生；支持酒店积极筹措资金，更新、补充安全设备设施；主动配合酒店向上级主管单位申请专项资金，对酒店安全设备设施进行专项改造，消除酒店安全隐患；加强对行业酒店安全生产督导检查，全年先后组织对云南中烟14家酒店开展安全大检查2次，对云南中烟驻昆五家酒店进行安全专项检查2次，为确保酒店安全和圆满完成南博会接待任务奠定坚实基础。

认真做好公司和行业酒店发展工作。逐步建立完善法人治理结构和公司各级组织机构，强化建章立制，进一步建立完善并落实以目标责任制为主要内容的岗位考核，不断优化薪酬管理及分配制度，以目标责任制管理和全员绩效考核，调动广大干部职工的积极性，增强公司的发展活力，使公司经营管理和内部建设更加有序、规范。建立云南中维信息交流平台，及时通报行业动态，加强酒店信息交流，适时对酒店经营工作提出指导意见，创办公司《维梦》年刊杂志，组织行业酒店开展学习交流，进一步增强行业酒店广大干部职工的归属感和向心力，为深入推进云南中烟宾馆酒店整合试点工作凝聚合力。

【酒店经营情况】 2013年，面对客源大幅下滑态势，云南中烟宾馆酒店创新服务、拓展经营、挖掘潜力，优化客源结构，行业13家酒店（不含烟草科技园）共实现经营收入5.57亿元，同比下降5%；平均住房率60%，同比降低0.81个百分点；平均房价422元/间（套），同比减少0.53元/间（套），与云南酒店行业经营情况基本相符，酒店经营面临日益严峻的形势。

2013年云南中烟宾馆酒店经营情况统计表

企业名称	注册资本（万元）	经营收入（万元）	平均住房率
昆明翠湖宾馆有限公司	26279.66	12485	70%
云南天恒大酒店	62872	9940	60%
湖泉酒店		12419	59%
望湖宾馆		2563	53%
云南红塔大酒店有限公司	5160	3867	66%
昆明桂花大酒店	6500	1358	62%
云南金鹰大酒店	12869	617	49%
石林国际大酒店		1692	51%
雄宝酒店		4379	55%
大理美登酒店	600	2647	70%
大理古榕会馆	4556	1000	68%
苏州天平大酒店	3000	2363	39%
吉庆大酒店	800	321	89%

云南中维酒店管理有限责任公司所属二级单位

昆明翠湖宾馆有限公司

【概　况】　昆明翠湖宾馆始建于1954年，于1956年5月1日建成并投入营业，是新中国成立后云南省投资建设的第一家高档涉外宾馆。1989年1月，昆明翠湖宾馆引进外资，成立中外合资经营企业昆明翠湖宾馆有限公司；1998年8月，宾馆进行资产重组，云南烟草入股并控股昆明翠湖宾馆有限公司；2007年8月，外方转让股份，企业类型由“中外合资经营企业”变更为“内资企业”。2005年1月，昆明翠湖宾馆被评定为五星级旅游饭店。酒店占地面积31亩，经营面积超过5万平方米，主要经营涉外宾馆及其相关配套旅游服务。

2013年，宾馆平均住房率70%，比上年下降4个百分点；平均房价1106元/间夜，比上年增加4元/间夜；全年实现营业收入12485万元，同比降幅12.25%；实现利润901.45万元，继续位居昆明市高星级酒店领先地位。截至2013年末，宾馆总资产39303万元，固定资产净值20877万元，流动资产18188万元，资产负债率9.66%，在岗员工总数541人。

【经营亮点】　宾馆秉承英国皇室管家理念，为住店宾客提供“24小时专职管家服务”，以“尊重私密、优雅体贴、卓尔不群、贴心细致”为经营宗旨，关注宾客需求，关注服务品质，细化服务流程，强化经营管理，成为云南省最具特色的高端商务酒店，先后荣获福布斯“中国最优商务酒店”、中国旅游行业最高奖“中国饭店金星奖”和美国优质科学协会“国际五星钻石奖”等殊荣。

【服务创新】　宾馆秉承创新发展理念，立足经营管理，立足对客服务，积极研发新产品，不断创新对客服务，先后推出特色小吃、中西式套餐、寝前饮品、晚安小食品、节日礼盒、枕头菜单、欢迎果汁、桌前分餐、外带便当、iPad点餐等项目，全年推出创新成果7项，在携程网、艺龙网等10家主要订房网络公司在线评价中，点评数达1812条，综合评定分为90分，得到宾客广泛好评。2013年，宾馆被批准为国家级服务业标准化项目试点单位，在国家服务业标准框架下，全面推进宾馆管理标准化体系建设。2013年，宾馆出色地完成接待老挝国家主席朱马里、斯里兰卡总理贾亚拉特纳、马来西亚前总理马哈蒂尔、美国驻华大使骆家辉及美国大型贸易代表团、美国国家旅游局代表团、首届南博会、泰国驻昆领事馆庆祝泰国国王生日宴会等重大任务，荣获“昆明市2012年度质量兴市示范单位先进典型”，被昆明市人民政府命名为“市级文明单位”，荣登“云南省扶持培育的本土酒店管理集团及品牌”榜。

【企业文化】 宾馆开展“微笑由心”服务月及“规范员工行走路线”主题活动，进一步规范员工行为举止，积极引导教育员工发自内心微笑去面对宾客，变“被动式服务”为“主动式服务”，以“到我为止”体现“一站式服务”品质；以打造“家”文化为平台，妥善解决企业职工“两费”纳入社保统筹支付历史遗留问题；积极组织员工参与共青团云南省委开展的“希望水窖一元捐款”公益活动，以翠湖宾馆“爱心互助”基金为依托，不断完善企业帮扶机制，在企业积极营造和谐向上的氛围。

云南天恒大酒店

【概　况】 云南天恒大酒店是由红云红河烟草（集团）有限责任公司全额投资建盖的五星级酒店，于1999年4月20日正式投入营业。主要经营涉外酒店及其相关配套旅游服务、物业管理等。2013年，酒店先后荣获“云南省著名商标”、中国饭店业协会年度“金鼎奖—最佳商务饭店”、首批“云南省餐饮服务食品安全示范单位”“联合利华饮食策划杯”第七届全国烹饪技能竞赛“团队优胜奖”等殊荣。

2013年，酒店平均住房率60%，比上年下降5个百分点；平均房价593元/间夜，比上年增加13元/间夜；全年实现营收9940万元，同比降幅10.84%。截至2013年末，酒店总资产42416万元，固定资产净值10717万元，流动资产17213万元，资产负债率8.11%，在岗员工总数590人。

【服务创新】 酒店坚持“以人为本、以客为尊、贵在用心、重在于行”经营理念，围绕宾客需求，创新服务。2013年，酒店推出“天恒至尊贵宾卡”，周末家庭套餐、生态海鲜、酒店微信营销、午间商务套餐与网络订房限时抢购等灵活促销手段及订房信息短信自动回复、私人管家服务、电子点菜单等创新服务，顺应市场变化，满足宾客需求，拉动酒店营收，赢得宾客一致认同。

【企业文化】 酒店坚持以人为本，把加强企业政治工作、关爱员工成长贯穿于企业文化建设。2013年，酒店开展深入学习贯彻党的十八大精神活动，举办专题辅导讲座、组织党员干部赴柯渡、井冈山红色教育基地接受革命传统教育，坚持企业正确的政治方向。酒店针对青年员工多、思想活、爱好广、参与强特点，先后组织员工开展“美丽中国”环保行、青年成长服务活动、“青春思考”沙龙、六五普法宣传教育、健康知识讲座、定向运动、职工文艺汇演、羽毛球比赛等丰富多彩的企业文化活动，用企业文化凝聚员工、塑造员工、培育员工，为圆满地完成GMS经济走廊活动周会议、云南中烟2014年上半年云产卷烟衔接会等重要接待任务提供有力保障。

湖泉酒店

【概　况】 湖泉酒店是由红云红河烟草（集团）有限责任公司与云南省烟草公司红河州公司共同投资并按国家五星级酒店标准兴建的集住宿、餐饮、会议、娱乐为一体的休闲度假酒店，于2003年4月30日正式营业。主要经营住宿、餐饮、文体娱乐、水上娱乐、温泉、会议服务等。酒店以湖泉生态园为依托，主打地热温泉经营项目，全面拉动客房、餐饮、会议营收。2013 年，湖泉温泉被评为“最原始生态温泉”，荣获中国温泉唯一权威大奖“首届中国温泉金汤奖”，酒店荣获弥勒市总工会“职工创新工作室”荣誉称号。

2013 年，酒店平均住房率 59%，比上年增加 1 个百分点；平均房价 476 元/间夜，比上年增加 29 元/间夜；全年实现营收 12419 万元，同比增幅 14.82%。截至 2013 年末，酒店总资产 155371 万元，固定资产净值 51350 万元，员工总数 1072 人。

【经营亮点】 酒店以优美生态环境、优质天然温泉、豪华温馨客房、丰富娱乐项目有机结合为经营亮点，生态园占地面积 3000 余亩，湖面面积 1700 余亩，有 200 余种植物；“重碳酸钙”型天然温泉，水质清澈透明、轻滑柔顺；豪华舒适客房，依水而筑、傍山而立、风景别致；高尔夫、网球、羽毛球等高尚休闲运动项目，场地设施一流，服务一应俱全；酒店以独具特有的“时尚、高雅、休闲、温馨”经营优势，成为省内外宾客及居家旅游休闲度假的最佳胜地。

【服务创新】 酒店开展“中国旅游日”“三月湖泉游”“美食在湖泉”“月满中秋、情系湖泉”等主题营销活动，以协议优惠价、调整与旅行社代理商合作运行模式，拉动酒店营收；推出“度假顾问”服务项目及“一站式”管家服务，为宾客量身定制休闲度假安排并提供贴心服务，赢得市场、赢得宾客。2013 年，酒店以一流设施和优质服务，出色地完成接待斯里兰卡总理贾亚拉特纳及 2013 年云产卷烟大品牌培育座谈会、2013 微软公共事业部用户峰会、红河州旅游产业发展大会、红河州 2013 年第二次重点项目推进会等重要任务，得到政府及社会各界的一致好评。

望湖宾馆

【概　况】 红塔体育中心是红塔烟草（集团）有限责任公司投资建设的大型综合性体育运动场所，主营体育运动、餐饮、住宿、烟、酒、体育用品等项目。望湖宾馆作为红塔体育中心配套服务设施四星级酒店，主要承担专业运动队及各类会议接待。2013 年，宾馆先后荣获昆明滇池国家旅游度假区“消防安全奖”“目标责任考核特等奖”等殊荣，1 名员工被昆明市总工会授予昆明市“五一劳动奖章”光荣称号。

2013 年，宾馆平均住房率 53%，比上年下降 3 个百分点；平均房价 380 元/间夜，比上年增加 38 元/间夜；全年实现营收 2563 万元，同比降幅 9.88%。

【经营管理】 宾馆以红塔体育中心为依托，发挥区位优势，将营销重点由“会务型销售”向“会务型与度假型销售并重”转移，加强足球冬训市场营销，全力拓展会务市场，加大对商务公司、专业运动队、健身会员和业余球队等重点客户促销力度，与携程网、艺龙网等知名订房网站进行合作，开展客房预订销售。2013 年，宾馆出色地完成接待云南省第十二届人民代表大会第一次会议、2013 亚洲图书馆馆长论坛、云南中烟职工网球乒乓球比赛、“云南地矿杯”职工桥牌赛等重要任务，顺利完成朝鲜国奥队、天津泰达、北京国安、青岛海牛、北京全运会、江苏全运会、云南全运会等 17 支集训球队及云南省公安杯、昆明市邮政杯、万科集团杯等业余足球联赛等接待任务，进一步扩大红塔品牌的社会影响力，为促进全民健身运动开展作出积极贡献。

【企业建设】 2013 年，宾馆以夯实基础管理为抓手，对各岗位业务流程、岗位职责进行全面梳理，修订完善《员工手册》及财务管理、安全生产、对客服务、经营管理等规章制度，进一步加强企业内部建设，规范企业经营管理。2013 年，宾馆开展“春节送温暖”“寒窗助学”“中秋节慰问”等活动，对宾馆困难职工、农民工子女进行走访慰问并提供帮扶；组织员工向贫困山区孩子捐款捐物，向大理州南涧县乐秋乡联合小学开展爱心助学活动，向学校捐赠书籍、教学用具及体育用品等，为支持贫困山区教育事业奉献爱心；举办第七届女职工手工作品展、组织员工体检及开展户外运动，进一步增强广大员工的社会责任感及公民责任意识，为构建和谐社会作出应有贡献。

云南红塔大酒店有限公司

【概　况】　云南红塔大酒店有限公司是红塔烟草（集团）有限责任公司投资兴建的四星级酒店，于1996年10月28日正式营业，主要经营客房、餐饮、娱乐、酒店配套服务及红塔烟草工业园区展示、推介等。酒店占地面积60亩，建筑面积3.8万平方米。2000年2月，酒店被国家旅游局星级评定委员会评为“四星级饭店”；2010年3月，被全国绿色饭店工作委员会评为“国家五叶级绿色饭店”。2013年4月，酒店在玉溪市商务局统计工作表彰会上，被国家商务部、云南省商务厅评为“2012年商贸流通业典型统计调查企业”；2013年，酒店在红塔区旅游饭店服务技能大赛中，取得前厅服务、西餐宴会摆台、客房中式铺床一等奖优异成绩，继续保持玉溪地区旅游饭店业领先水平。

2013年，酒店平均住房率66%，比上年增加3个百分点；平均房价362元/间夜，比上年减少10元/间夜；全年实现营收3867万元，同比降幅10.73%。截至2013年末，酒店总资产12357万元，固定资产净值10104万元，流动资产1841万元，员工总数295人。

【经营管理】　酒店面对市场新形势、新变化，认真分析市场，转变经营思路，突出经营重点，推出中秋滇味火腿月饼销售、圣诞自助大餐、平安夜特价房、黄金周“温馨套房”等专项促销活动，以协议客户、会议团队、商务散客为营销重点，进一步优化客源结构，确保酒店营收。2013年，酒店出色地完成全国政协“涉法涉诉信访工作改革”调研组及云南省美丽乡村建设工作会、玉溪市第四届人民代表大会、第三届中国聂耳音乐（合唱）周等重要接待任务，为促进地区旅游业发展作出积极贡献。

昆明桂花大酒店

【概　况】　昆明桂花大酒店是红塔烟草（集团）有限责任公司投资兴建的三星级酒店，于1999年3月正式营业。酒店主要经营住宿、餐饮服务、卡拉OK演唱、停车场等。酒店推出的“中国云南名宴”入选“云南特色宴席选”，首创的“紫色永恒主题婚宴”荣获“云南省最佳金牌婚宴名店”称号，酒店被命名为“云南省餐饮名店”，并入选云南省餐饮五十强企业。

2013年，酒店平均住房率62%，比上年下降1个百分点；平均房价217元/间夜，比上年减少4元/间夜；全年实现营收1358万元，同比降幅3.62%。截至2013年末，酒店总资产6507万元，固定资产净值5229万元，流动资产1111万元，资产负债率4.04%，员工总数130人。

【经营管理】　酒店坚持以市场为导向，以打造精品个性特色商务酒店为目标，加强与旅行社、网络销售商合作，扩大团队量及海外团队开发，开展网络预订房销售，确保客房入住率；调整餐饮营销策略，面对社会大众消费市场，依托网络销售平台，对酒店餐饮产品进行直销，主打温馨浪漫主题婚宴，重点抓好家庭套餐、徽菜精品系列产品宣传促销，受到广大消费者青睐。2013年，酒店通过网络销售餐饮产品、实现营收233万元，开展婚宴促销、实现营收118.86万元，有效提升餐饮营收能力。2013年，酒店全面推行精细化管理，对大堂环境氛围进行营造，改变客房布局、提高自助早餐质量，有效提升酒店品质。2013年，酒店出色地完成接待老挝青年团访华赴滇交流考察、首届南博会、国家高速公路G4216技术评审会、云南省环境科学院工作会议等重要任务，赢得社会各界的一致好评。

云南金鹰大酒店

【概　况】　云南金鹰大酒店是红塔烟草（集团）

有限责任公司昭通卷烟厂在昆明投资兴建的三星级旅游涉外酒店，于1999年1月18日正式营业，现为红塔烟草（集团）有限责任公司全资企业。酒店占地面积7.6亩，建筑面积19886平方米。主营住宿、餐饮、娱乐。先后荣获省、市、区“消费者信得过单位”“平安单位”“纳税先进企业”等殊荣。

2013年，酒店餐饮对外承包经营，娱乐项目暂停营业，自营项目为客房。酒店平均住房率49%，比上年下降15个百分点；平均房价154元/间夜，比上年增加6元/间夜；全年实现营收617万元，同比降幅6.23%。截至2013年末，酒店总资产6580万元，固定资产净值5824万元，流动资产368万元，资产负债率2.48%，员工总数102人。

【经营管理】 酒店与携程、艺龙等旅游门户网站及美团、大众点评等团购网站合作，借助网络销售平台，拓展销售渠道，提升客房入住率；从强化服务品质入手，建立客户数据库，完善客史档案，主动上门听取常住客意见，对重点客户进行定期回访，持续改进对客服务，留住常住客，争取回头客，确保客房营收；推行精细化管理，强化节能降耗工作，与云南省警协保安服务公司合作，以劳务外包用工形式，对酒店保安用工方式进行改革，有效降低酒店人工成本费用；在全馆开展为期半年的“推进员工行为规范建设”及晒出“岗位好习惯”活动，积极教育引导广大员工养成良好的职业习惯，不断提升员工队伍的职业素质，为出色圆满地完成首届南博会昭通代表团、曲靖代表团接待重要任务提供有力保障。

石林国际大酒店

【概　况】 1998年2月28日投入营业的曲靖石林国际大酒店，是红云红河烟草（集团）有限责任公司投资兴建的一家集住宿、餐饮、娱乐、会议为一体的四星级酒店，主营客房、餐饮、娱乐及配套服务，现为曲靖福牌实业有限公司分支机构。酒店依寥廓山森林公园而建，占地面积70亩，经营面积2.7万平方米，绿地覆盖面积达46%。2009年10月，酒店顺利通过国家级绿色饭店评审，成为曲靖市第一家“国家四叶级绿色饭店”。2013年，酒店先后荣获“云南省旅馆行业治安五星级单位”“云南省公共场所卫生等级A级场所”等殊荣。

2013年，酒店平均住房率51%，比上年提高1个百分点；平均房价207元/间夜，比上年减少1元/间夜；全年实现营收1692万元，同比减幅1.17%。截止2013年末，酒店固定资产净值1704万元，在岗员工总数227人。

【经营管理】 2013年，酒店坚持“诚信待客、规范操作、周到服务”经营宗旨，秉承“细心、耐心、贴心”服务理念，转变经营思路，及时调整营销策略，以当地高端商务客源市场为营销重点，加大对商务公司、商务散客促销力度，打造商务别墅经营亮点，推出行政管家一站式服务，细分服务产品，提升产品附加值，积极应对市场变化，确保酒店营收。2013年，酒店加强员工安全培训，全面加强企业安全生产，不断提升员工队伍的安全意识及防范能力；组织员工开展“绿化石林、美化石林”植树活动，建立完善企业帮扶机制并开展困难职工帮扶，进一步增强广大员工的社会责任意识和环保意识，大力弘扬中华民族传统美德，为促进企业发展凝聚正能量。2013年，酒店出色圆满地完成曲靖市四届人大一次会议、市总工会第三届六次全委（扩大）会议、市妇联第四次代表大会、全市招商引资工作会议及云南省卷烟营销分析座谈会等重要接待任务，为曲靖市经济社会发展作出应有贡献。

楚雄雄宝酒店

【概　况】 楚雄雄宝酒店是红塔烟草（集团）有限责任公司楚雄卷烟厂投资兴建的楚雄州首家四星级旅游涉外酒店，于1993年7月23日正式营业，主营客房、餐饮、娱乐及配套服务，现为云南红塔集团有限公司分支机构。酒店占地面积19.8亩，总建筑面积3.28万平方米。2009年5月，酒店加入“世界金钥匙酒店组织”；2011年9月，被评定为

"国家四叶级绿色饭店"；2012 年 7 月，被国家教育部确定为"全国职业教育学校青年老师培训实践基地"。2013 年，酒店在楚雄州职工技术技能竞赛中夺得客房服务个人金奖。

2013 年，酒店平均住房率 55%，比上年下降 8 个百分点；平均房价 237 元/间夜，比上年减少 6 元/间夜；全年实现营收 4379 万元，同比降幅 15.43%。截至 2013 年末，酒店总资产 609 万元，固定资产净值 241 万元，流动资产 362 万元，在岗员工总数 370 人。

【经营管理】 2013 年，酒店积极应对市场变化，适时调整房价及会议销售价格，加强网络预订销售，加大对地接旅行社促销力度，借助酒店微信平台，开展微信促销，确保客房入住率；推出"彝香园"火锅，餐饮面向社会大众消费市场转型；强化预算执行，严控经营成本，规范采购管理，加强设备维护保养，努力降低营运成本；立足对客服务，鼓励员工服务创新，将手折千纸鹤、丝网花、精美鼠标垫等员工创新项目转化为酒店经营亮点，不断提升酒店服务品质；举办员工艺术插花展、趣味运动会、观看影视精品、员工技能大赛等，努力营造积极向上、奋勇争先的企业氛围。2013 年，酒店出色地完成接待全国人大调研组、国家发改委调研组、国家司法局调研组、国际企业集团考察团及全国农业投资大会、楚雄州政协九届二次会议、楚雄州 2013 年火把节、云南省烟草创新科技会议等重要任务，赢得社会各界的一致好评。

大理美登酒店

【概　况】 大理美登酒店是红塔烟草（集团）有限责任公司大理卷烟厂按四星级标准投资兴建的旅游商务酒店，2001 年 4 月投入营业，主营住宿、餐饮、卡拉 OK、美容美发、康体服务。酒店占地面积 22 亩，总建筑面积 20000 平方米。2002 年 4 月，酒店被评定为四星级酒店，并先后荣获"国家四叶级绿色饭店""大理州消防安全四个能力建设达标单位""大理州州级商业节能减排示范单位"殊荣。2013 年，酒店被大理市政府授予"消防工作先进单位"荣誉。

2013 年，酒店平均住房率 70%，比上年下降 1 个百分点；平均房价 400 元/间夜，比上年增加 41 元/间夜；全年实现营收 2647 万元，同比降幅 0.64%。截至 2013 年末，酒店总资产 5520 万元，固定资产净值 5137 万元，流动资产 373 万元，资产负债率 6.75%，员工总数 354 人。

【经营管理】 酒店坚持以市场为导向，在加强携程、艺龙、美团网络销售基础上，搭建 QQ、微信、微博营销平台，与当地州、市电台合作，宣传促销酒店客房、周末自助餐、主题宴、优惠套餐等产品；推出外卖自助冷餐及"快乐童心"儿童节、"星空银海湾"七夕情人节、"品味意大利美食""金色喀秋莎"等周末主题自助餐，面向社会大众消费市场，扩大酒店社会影响力，提升酒店餐饮营收；酒店以宾客需求为立足点，根据宾客不同需求，推出移动电源、便捷健身包、个性化枕头、儿童寝具、助眠香薰、温馨留言卡、烂漫枕边花、贴心晚安饮品等个性化服务，把"宾客至尊、服务为先"经营宗旨完美体现；抓经营、强服务，积极应对市场变化，提升经营管理成效。2013 年，酒店出色地完成接待全国烟草行业物流工作现场会等重要任务，得到社会各界的一致好评。

大理古榕会馆

【概　况】 大理古榕会馆是隶属云南中烟麾下国有控股的高端休闲会所酒店，由云南中烟物资（集团）有限责任公司、云南红塔集团有限公司、云南卷烟材料厂大理三塔分厂、立可达包装有限公司共同投资兴建，于 2007 年 11 月 16 日正式营业。主营住宿、餐饮、健身娱乐、停车场经营等。会馆占地面积 11917.98 平方米。2013 年，会馆先后荣获"大理州先进职工之家""大理市消防安全重点单位标准化管理达标企业""大理镇 2013 年度纳税十强企业”等殊荣。

2013 年，会馆平均住房率 68%，比上年提高 3 个百分点；平均房价 536 元/间夜，比上年增加 39 元/间夜；全年营收 1000 万元，同比增幅 5.82%。截至 2013 年末，会馆总资产 2369 万元，固定资产净值 1979 万元，流动资产 374 万元，资产负债率 1.88%，员工总数 91 人。

【经营管理】 2013 年，会馆根据市场变化，细化客源结构，以散客、旅行社系列团、商务公司为营销重点，筛选协议客户，挖掘并开发潜力客户，以合理的客源结构，保持稳定的市场占有份额，拉动客房营收。2013 年，会馆全面加强预算管理，严格财务制度，优化供应商甄选，推行库房分级管理，使企业管理更加规范；重新规划庭院绿化，翻新改造部分客房，为宾客提供优美、舒适的居住环境。2013 年，会馆采取减员增资举措，员工人数由 127 人减少为 91 人；推行扁平化管理，将九个部门整合为三大中心；引入竞争机制，将主管以上 27 个岗位面向全员公开竞聘；改革劳动用工制度，创新企业用人机制，为会馆首次突破 1000 万元经营大关、实现历史新突破奠定坚实基础。

苏州天平大酒店

【概　况】 苏州天平大酒店是红云红河烟草（集团）有限责任公司独家投资建设管理的四星级酒店，位于苏州太湖之滨，坐落于千年古镇木渎，是一家融苏州园林建筑艺术风格与欧陆风格为一体的花园式酒店，占地面积 100.64 亩，总建筑面积 40859.84 平方米，于 1998 年 4 月正式对外营业。酒店主营住宿、餐饮、健身娱乐等。2013 年，酒店荣获木渎镇“优秀企业”“企业工会工作先进集体”等殊荣。

2013 年，酒店平均住房率 39%，比上年下降 4 个百分点；平均房价 278 元/间夜，比上年增加 11 元/间夜；全年实现营收 2363 万元，同比增幅 11.99%。截至 2013 年末，酒店总资产 12362 万元，固定资产净值 10067 万元，流动资产 1303 万元，资产负债率 34.14%，在岗员工总数 246 人。

【经营管理】 酒店以“让宾客满意”为经营宗旨，以“满足宾客需求、超越宾客期待”为服务准则，关注宾客感受，从微笑服务开始，以“微笑、真诚、周到、贴心”彰显服务品质。酒店餐饮主打上海菜、淮扬菜及苏帮菜，以婚宴市场为营销重点，全新改造的天平食府推出集苏帮菜、川菜、湘菜、粤菜、滇味为一体的精品系列菜肴，面向社会大众消费市场，满足客人餐饮多元化需求，拉动酒店营收，并成为当地最具特色的餐饮食府。酒店加强企业文化建设，组织开展读书月、职工征文、安全知识竞赛、帮扶困难职工等活动，用企业大家庭关爱温暖每一位员工，增进企业人际和谐。2013 年，酒店出色地完成全国田径锦标赛、苏州吴中“环太湖”国际竞走赛、中国（苏州）速度轮滑公开赛暨 WIC 世界杯马拉松分站赛等重要任务，为千年古镇木渎旅游业发展作出积极贡献。

吉庆大酒店

【概　况】 吉庆大酒店是由红云红河烟草（集团）有限责任公司曲靖卷烟厂、曲靖市对外经济技术合作公司、富源水泥有限责任公司三家合资兴建的集吃、住、行、停车为一体的二星级涉外旅游酒店，占地面积 1684.92 平方米，建筑面积 4502.59 平方米，于 1997 年 3 月 7 日试营业。酒店主营客房服务，兼营租赁、餐饮等酒店配套服务。1997 年 4 月，酒店被河口县旅游局批准为“涉外旅游”定点单位；2006 年 12 月，酒店荣膺二星级酒店。

2013 年，酒店平均住房率 89%，比上年增加 3 个百分点；平均房价 126 元/间夜，比上年提高 14 元/间夜；全年实现营收 321 万元，同比增幅 26.88%。截至 2013 年末，酒店总资产 759 万元，固定资产净值 361 万元，流动资产 292 万元，资产负债率 9.95%，员工总数 21 人。

【经营管理】 酒店地处云南边境地区河口县，作为旅游服务窗口，酒店以接待商务客人、旅游观光游客为主，坚持“宾客至上、服务第一”经营宗旨，以整洁、舒适、安全的住宿环境和快捷、便利、贴心的优质服务，充分彰显经济型酒店“洁、廉、优”经营特点，赢得当地政府和广大宾客的一致认可，成为商务客人、旅游观光客人下榻首选之地。2013 年，酒店经营再创新业绩，实现经济效益和社会效益双提升。

云南中烟所属其他二级单位

云南中烟再造烟叶有限责任公司

【概　况】　云南中烟再造烟叶有限责任公司是由云南中烟工业有限责任公司控股（50% 股份），昆明船舶设备集团有限公司（25% 股份）、云南瑞升烟草技术（集团）有限公司（25% 股份）参股的国有控股股份制企业，注册资本 9000 万元。主要经营业务是造纸法再造烟叶相关配套工艺技术研究、工艺装备设计开发，以及再造烟叶产品的生产和销售。截止 2013 年底，公司总资产 6.78 亿元，共有员工 562 人。目前，公司生产基地拥有完全自主知识产权的生产线 3 条，生产能力 2 万多吨/年，获得国家烟草专卖局 2 万吨/年生产计划和 3.3 万吨/年原料采购计划。

云南中烟再造烟叶公司自成立以来，严格按照《烟草专卖法》和行业各项要求规范生产经营和管理，通过持续不断的努力和自主创新，目前已发展成国内生产规模位居前列、品质具有特色、持续保障能力和综合技术实力较强的再造烟叶研发和生产企业。同时，公司也是国家局 2003 年确定的 3 家造纸法再造烟叶研发基地之一，通过了 ISO9001:2008 质量管理体系认证，并被认定为云南省高新技术企业、云南省创新试点企业、省级技术中心，连续多年入选“昆明工业企业百强企业”“昆明市税收贡献百户企业”，公司产品被认定为云南省名牌产品。

【主要经营情况】　近年来，公司生产经营保持持续稳定健康发展。依托产品技术先发优势和云南原料优势，形成了通用型、特色型、功能型等系列化产品，在全国 14 家省中烟公司 20 余个中高端重点卷烟品牌系列中得到规模应用，市场覆盖率超过 80%。良好的产品品质和持续的技术创新保障使公司产品一直供不应求，2013 年生产再造烟叶产品 22999 吨，销售再造烟叶产品 22164 吨，实现销售收入 6.67 亿元，利税 2.24 亿元，净利润 1.49 亿元。

【特色与成果】　公司以“夯实基础、持续创新、引领行业、协同联动”为科技发展总体思路，建立了涵盖产品、技术、装备、工程等门类齐全的自主研发和产业化团队，具备主导开展再造烟叶相关技术研究的系统性能力。针对中式卷烟的技术需求，开发了多项具有自主知识产权的工艺装备、生化处理与产品理化成分重组技术，拥有多项发明专利，使造纸法再造烟叶有效适应中式卷烟产品的技术发展要求。

【核心竞争力】　自 2012 年以来，公司积极参与并承担国家局“造纸法再造烟叶技术升级重大专项”，其中主体承担项目 6 个、参与协作项目 4 个，通过近 3 年的研发和产业化实施，已取得阶段性成果。2014 年 6 月，公司主体承担的“高水平中试生产线创新工艺与装备研发”重大专项通过国家局组织的鉴定，取得国际领先成果。通过多年来持续不断的研究和创新，以及重大专项的实施推进，公司目前主要拥有以下核心技术：

生产制造技术

整线自主知识产权的工艺技术，在国内形成最具自身特色、完全国产化的生产线，具有运行超高车速、原料精细加工、产品柔性制造、设备自主研发和生产清洁环保五大自主创新技术，其中运行车速210米、吨产品水耗17.8吨等指标均优于进口线水平，达到国际领先。

产品技术

关键化学指标调控技术。通过生物技术实现对再造烟叶产品水溶性糖、总氮、蛋白质、烟碱、钾离子、氯离子等关键化学指标的调控。

降CO技术。采用生物酶制剂技术以及改性填料技术研究，实现对再造烟叶产品CO的有效控制。

有机填料技术。利用微波膨胀后的烟梗具有疏松多孔、比表面积大、吸收性强、填充值高等特点，负载不同风格特征的烟草致香成分，提升再造烟叶产品品质。

降NNK技术。通过特殊功能性催化材料的导入，实现混合型再造烟叶产品显著降低产品的NNK释放量。

中烟施伟策（云南）再造烟叶有限公司

【概　况】　中烟施伟策（云南）再造烟叶有限公司（以下简称CTS）于2011年8月在云南省玉溪市正式成立，由中国双维投资公司、云南中烟工业有限责任公司、红塔烟草（集团）有限责任公司、红云红河烟草（集团）有限责任公司和施伟策－摩迪国际有限公司共同投资组建，中外双方各占50%股份。项目预计总投资12.46亿元，项目建设用地426亩。

截至2013年末，CTS总资产为9.17亿元，固定资产净值为1.66亿元，流动资产合计为8633.87万元，资产负债率为64.15%。公司尚未投产，暂无经济效益。公司主要生产再造烟叶，对烟梗、烟叶碎片、烟末或其他可利用的烟草废弃物进行回收利用，经过多道工序，制成再造烟叶成品销售给烟厂，再按照相应比例填充到卷烟中。截至2013年12月底，公司在岗人数102人。

【经营情况】　与100余家合格供应商建立合作关系，完成200余个采购合同的签订，其中国外进口合同33个，折合人民币1950.38万元，完成烟草原材料采购入库2290.48吨，完成备品备件入库总计12878件。

【安全管理】　通过严格办理施工单位准入手续、建立安全领导小组、实行安保人员培训考核、持证上岗等措施，从管理体制上规避安全事故的发生，并根据政府相关部门要求，不断完善公司安全管理制度，及时对公司存在的安全隐患进行整改。与玉溪市红塔区大营街街道签订2013年度安全责任状，开展安全生产“十查十看”；组织全体员工学习干粉灭火器、消防栓与水带、水枪的使用方法，并实际操作演练，普及公司消防安全知识和消防应急措施。截至2013年12月底，召开安全工作例会44次，参会人员919人次，下发安全整改通知单及通知文件材料共计313份。现场巡检190次，参检人数472人，受检施工单位48家，共查出安全隐患289项，整改率达100%。截至2013年12月底，未出现人员伤亡事故。

【技术工作】　结合实验需求，建设齐全的实验室软硬件设施。开展工艺、质检仪器设备申购，确保了8台检测型精密仪器、8台工艺型仪器及36台实验室通用型仪器的到货、安装、调试；整理SWM技术文件300余份，收集国家及烟草行业相关检测标准150余份，建立企业技术标准65份，有效保证了检测工作的开展。开展68个烟草原料总氮、总糖、还原糖、烟碱、钾、氯、硝酸盐检测，配合烟草原料评价，为原料采购和产品提供理论支撑。

全年进行原料配方试验20余次，添加剂配方试验10余次。开发的红塔集团高档产品得到客户认可，正在准备中试；红塔集团、红云红河集团中档产品开发工作正在开展中。

对172种香料原料及添加剂样品进行品质判定，并不断研究、开发新型原材料，为再造烟叶品质不断完善提供技术支持。

【完善内控体系】 开展管理制度编制工作，形成部门规章制度及技术标准。着手以 ISO9000、ISO14000、ISO18000 为基准，汇总全公司 353 个体系文件，规范公司三标文件体系。逐渐形成遵照流程办理业务、严格痕迹管理，实时记录、查询的良好内控氛围。ERP 软件的运用，将公司采购管理、库存管理、销售管理、财务管理连成一条线，使公司物账财实现统一及同步管理。

公司将前馈控制与反馈控制相结合，层层把关，实现资源合理配置及利用，严格控制成本。

【人事培训】 全年共招聘员工 84 人，组织完成公司内部培训 47 场，安排 22 名员工出国培训；结合实际需求，通过外请专家培训、内部培训、部门培训等方式，自行组织员工培训，不断提高员工业务及综合素质。

境外卷烟生产企业

香港红塔国际烟草有限公司

【概　况】　1992年，楚雄卷烟厂在香港创建控股企业雄伟（国际）烟草有限公司。1998年，国家烟草专卖局批准将楚雄卷烟厂的资产划转给红塔集团；同年12月9日，雄伟（国际）烟草有限公司更名为香港红塔国际烟草有限责任公司。该公司由红塔集团控股55%，仁恒国际投资有限公司持股30%，云南烟草国际有限公司持股15%。公司是持有香港特别行政区香烟生产许可证的3家公司之一。

截至2013年底，拥有总资产3.58亿港元，固定资产净值9579万港元，流动资产总额2.63亿港元，资产负债率37.7%；年生产能力8万箱，占地7000平方米（自有房产2700平方米，其余为租用），有4条卷接包生产线；有员工80余人。年内，继续充分利用香港贸易自由港及国际金融中心的优势和便利条件，扮演好配合云南烟草拓展国际市场的重要角色，承担好云南烟草品牌从国内市场向海外目标市场本地化转移前过渡期的桥梁作用；按照董事会的部署，顺利实施各项技改任务，逐步将其打造成为云南中烟在境外的高端产品加工平台。

【生产经营】　全年生产卷烟40.29亿支（8.058万箱），同比增加4.19亿支（0.838万箱），增长11.61%；销售卷烟40.26亿支（8.052万箱），同比增加4.15亿支（0.83万箱），增长11.47%。

【品牌与市场】　主要生产两红集团品牌，其中：红塔集团的“玉溪”“红塔山”“红梅”“阿诗玛”品牌，红云红河集团的“云烟（紫）”，“云烟（软珍）”等传统烤烟型品牌；另外，生产混合型口味的“ESTON”“STRAND”“BRASS”“SOBONG”等品牌。产品主要销往东南亚、中东、非洲、南美等地区。

老挝寮中红塔好运烟草有限公司

【概　况】　1992年，寮中好运烟草有限公司在老挝万象市成立。2008年7月28日，资产重组后更名为老挝寮中红塔好运烟草有限公司，其中，红塔集团控股61%，海南省烟草公司持股30%，老挝因得·沙伯服装厂持股6%，老挝D.D建筑有限公司持股3%。2012年12月在经过第十一届股东第九次会议、第十六届董事会第五次会议后，海南省烟草公司将所持30%股份转让给红塔集团，现红塔集团持股91%，沙湾万里进出口有限公司持股6%，老挝道沙湾投资建筑集团有限公司持股3%。

截至2013年底，公司拥有总资产5735.82万美元，其中，固定资产2477.22万美元、流动资产3258.60万美元，资产负债率为38.56%；公司占地面积为2万平方米，有员工387人，其中中方员工70人。公司下设动力、复烤、制丝、卷接包4个车间，拥有梗叶混合制丝生产线1条、简易打叶线1条、卷包机组4台（套）、滤棒成型机2台。年生产能力40万件。

2013年，公司紧密围绕董事会下达的销售目标，积极拓展老挝国内有税市场，以优质、高效、低耗为指导，组织开展卷烟生产工作，加快原料加工基地建设，积极推进烟叶种植。稳步推进新工厂建设项目。

【生产经营】 生产卷烟37.19亿支（37.19万件），同比增长8.76亿支（8.76万件），同比增长31%；销售卷烟35.72亿支（35.72万件），同比增长8.18亿支（8.18万件），同比增长30%。实现卷烟销售收入5949.41万美元，其中，内销烟实现销售收入1544.43万美元，出口烟实现销售收入4404.98万美元。全年利润总额760万美元，实现净利润610.69万美元。

【品牌与市场】 主要生产“玉溪”“红塔山”“阿诗玛”“恭贺新禧”“红梅”等品牌烤烟型卷烟和“GEM”“JONNEE”“琼花”等品牌混合型卷烟。“GEM”“JONNEE”“琼花”在老挝有税市场销售，“玉溪”“红塔山”“阿诗玛”“恭贺新禧”品牌卷烟同时在老挝有税、免税市场以及海外市场销售，“红塔山”主要出口到越南、柬埔寨、迪拜、缅甸，“恭贺新禧”主要出口到柬埔寨市场，“红梅”主要出口到新加坡市场。

缅甸掸邦第一特区果敢卷烟厂

【概 况】 缅甸掸邦第一特区果敢卷烟厂成立于1994年，位于缅甸联邦境内掸邦第一特区果敢昔娥寨。企业注册资本430万元，其中红云红河集团持有64%的股份，天成（太平洋）有限公司持有18.5%的股份，缅甸掸邦第一特区政府持有17.5%的股份。截至2013年底，总资产1165.75万元，固定资产39.65万元，流动资产1126.1万元，资产负债率14.4%。年卷烟生产能力5亿支，配备新中国卷烟机2台（套）、YJ－14卷烟机1台（套）、70毫米小包机1台（套）、84毫米横包机1台（套）。厂区占地面积约1万平方米，共有员工26人，其中中方管理人员3人。

【生产经营】 企业生产经营由红云红河集团委派的经营班子负责，生产的卷烟品牌为“昔娥”，主要规格是“昔娥（70毫米无嘴软）”及“昔娥（84毫米过滤嘴软）”，均为烤烟型卷烟，该品牌以质优价平在缅甸果敢地区销售，消费人群逐年增加，现向周边及缅甸内地拓展，少量进入印度市场。全年生产卷烟2.7亿支，销售2.58亿支；实现销售收入1123.3万元，实现利润236.9万元。

天成（太平洋）有限公司

【概 况】 天成（太平洋）有限公司（以下简称“天成公司”），于1993年9月14日在香港注册成立，公司注册资本为100万港元。其中，中国烟草云南进出口公司持股90%，云南省烟草公司持股10%。1999年11月，根据云南省烟草公司（云烟办（1999）495号）文，天成公司与滇龙实业有限公司重组，重组后的天成公司注册资本为300万港元，云南省烟草公司持股70%，中国烟草云南进出口公司持股30%。2003年工商分离后，天成公司划转为云南中烟工业公司的全资子公司。2011年，天成公司划转为云南烟草国际有限公司（以下简称“国际公司”）的全资子公司。

天成公司位于香港金钟道力宝中心一座35楼3502室，占地面积约430平方米。现有员工13人，其中国际公司外派4人，香港本地员工9人。

截至2013年末，总资产额32675.58万港元，其中，流动资产24305.6万港元，占总资产的74%；固定资产179万港元，占总资产的0.5%；投资性房地产6800.46万港元；公司负债总额2124.05万港元，均由短期负债构成，资产负债率6.5%。对外投资1390.41万港元，其中控股澳门金成烟草有限公司30万港元，持股比例为60%；投资缅甸果敢烟厂74万港元，持股比例为18.5%；参股云南云成印务有限公司1156万港元，持股比例为10%，投资钓鱼台（香港）烟草有限公司130万港元，持股65%。

作为云南烟草国际有限公司下属的境外全资子公司，天成公司积极适应新形势与新任务的需要，充分利用地处香港的区位、政策与资源优势，积极配合母公司"走出去"战略的实施，努力发挥业务拓展平台、市场管理平台、信息服务平台、资金结算平台、人才储备平台"五大平台"作用，为不断开创云南中烟拓展国际市场的新局面贡献力量。

【生产经营】 天成公司的主营业务包括：出口卷烟销售及境外加工卷烟销售，烟叶销售。2013年度实现主营业务收入22728万港元，完成预算113.7%，同比增长15.7%；净利润3159万港元，完成预算的138.8%，同比增长42.9%。销售出口卷烟54809件，同比增长11%，完成预算的124%。销售境外加工卷烟销售16114件，同比增长4.6倍。销售云产烟叶300吨。

【产品及品牌策略】 天成公司销售的品牌主要有：钓鱼台、红河、红塔山、小熊猫、玉溪、云烟，销售到包括香港、澳门、新加坡、韩国、阿联酋、马来西亚等在内的全球多个国家和地区。其中，"钓鱼台"作为天成公司经营的重点超高端品牌，2013年实现当期销售6011件，销售收入7087.69万港元。2013年7月，"钓鱼台"卷烟在香港有税市场上市。针对"钓鱼台"品牌，主要采取以下品牌发展策略：制定新的价格策略，与经销商签署合作协议，保证其按照协议的约定进行产品定价和销售；遵照"稳中有增、适度从紧"原则，以市场的实际需求确定全年销售目标，并保持小批量、多频次的发货节奏；坚持"打牢免税、突破有税"的方针，继续深化与全球免税运营商的合作，并同时努力提升香港有税市场销量，争取在新加坡有税市场上市；坚持"实地考察、据实评估、稳步推进"的原则，稳步拓展销售区域；集中精力完成新品的研发和测试，选定1—2个相对比较成熟的市场投放新品；继续推进品牌的境外商标注册工作，为品牌的国际化战略实施奠定基础。

【内部管理】 天成公司以"严格规范"为主线，认真梳理公司各项管理制度，新增制定制度15项，不断加强各项规章制度的落实和执行力度，着力提升财务管理水平，理顺物业管理模式，规范业务接待工作，持续打牢内部管理基础。

文化与公益事业

文　化

【企业文化理念体系】　云南中烟工业有限责任公司文化理念体系由八个部分组成。

价值观、企业精神、企业愿景、企业使命、企业战略、行为准则、管理理念、品牌理念

价值观：国家利益至上　消费者利益至上

释义：一个民族，只有当精神体现出比物质更强大的力量，才能造就更大的文明进步；一个企业，只有当发展方式体现出更强的文化价值，才能进入更高的发展阶段。

"两个至上"激发了行业的文化自觉和文化自信，体现了国家实行烟草专卖制度的根本要求，奠定了烟草行业持续发展的思想基础，也明确了云南中烟的价值取向。在国家烟草专卖体制下，我们把国家利益和消费者利益作为一切工作的根本出发点和归宿。

国家利益至上：必须把维护国家利益摆在高于一切的位置，不折不扣地执行国家烟草专卖相关法律政策，确保国有资产保值增值。

消费者利益至上：必须把维护消费者利益摆在高于一切的位置，提升品质、强化服务、减害降焦，努力满足不同层次消费者的多元化需求。

企业精神：合力图强　和谐致远

释义："合"是一种势，也是一种实力；"和"是一种美，也是一种境界。

汇聚合力，共建和谐。我们致力于发挥整合效应，形成整体优势，瞄准国内领先、国际一流，实现云南中烟的跨越式发展。

合力图强：目标一致，同心同德，形成强大凝聚力，融合文化，整合资源，形成持续发展力，促进云南烟草工业从"竞争"走向"竞赛"、从"竞赛"走向"竞合"，共同推动企业做大做强。

和谐致远：为消费者生产高品质产品，与行业工商企业、零售户形成"和谐、互惠、共赢"的紧密合作关系，努力构建资源节约型、环境友好型企业，积极承担社会责任，为促进地方经济社会发展、实现和谐社会作出贡献。

企业愿景：国内争先　世界创优

释义：梦想，给予我们美好的憧憬；愿景，给予我们奋斗的力量。在愿景和现实之间，是我们持之以恒的行动。

我们以勇争第一、与时俱进的精神状态，瞄准国内和国际先进标杆，保持行业领头羊，创造全球新纪录，为全国烟草行业再立新功。

国内争先：作为云南省、全行业的重要支柱，继续保持产量规模、销售收入、利税总额的三个全国第一，注重结构调整、科技创新、市场培育，不断增强企业核心竞争力。

世界创优：强化一流管理，打造优质产品，准确把握国内外烟草企业发展趋势，坚持"走出去"，开拓国际市场，大力增强品牌国际影响力，不断提升国际竞争实力。

企业使命：报国有责　惠民有爱　树人有方

释义：履行责任，担当使命，赋予我们更加宽广的胸怀。

我们致力于成为负责任的烟草企业，牢固树立责任意识，激扬报国之情，力行惠民之举，构建树人之道，为国家、社会、员工尽责尽力。

报国有责：承载云南烟草工业实业报国的梦想，肩负烟草企业做大做强的责任，以恪尽职守、精益求精的工作态度，以积极向上、勇于进取的工作热情，为国家富强、民族复兴贡献力量。

惠民有爱：秉承社会道义，推行惠民义举。关爱烟农、零售户和消费者，提供优质产品和服务，热心参与公益事业，努力做一个富有爱心、勇担责任的企业公民，为地方经济建设、社会和谐发展奉献爱心。

树人有方：员工是云南中烟发展的主力军。坚守对每一位员工的职业发展负责的信念，努力为员工营造轻松愉悦的工作氛围，开辟员工施展才华的职业通道，搭建员工不断进取的发展平台，确保员工劳动有价值、工作有回报、事业有成就。

企业战略：做精做优品牌　做大做强企业

释义：品牌因企业而厚重，企业因品牌而鲜活。

面对日益激烈的竞争环境和日趋丰富的市场需求，在由大图强的道路上，我们把培育云产卷烟大品牌、奉献行业发展作为云南中烟的共同目标、共同利益、共同责任，致力于促进技术创新上水平、市场营销上水平、企业管理上水平、队伍建设上水平、文化建设上水平，提升凝聚力、创新力、发展力，不断做大做强企业。

做精做优品牌：持续提升品牌形象、提升品牌价值、提升服务水平，在科技创新、引导消费、创造需求、培育市场等方面充分发挥品牌影响力，敢于求新求变求异，注重在持续创新中不断丰富和体现品牌文化的厚重感、时代感、鲜活感，提升品牌的知名度、美誉度和忠诚度。

做大做强企业：立足创新，夯实基础，精益求精，注重内涵式发展，持续增强企业创新能力、产品开发能力、市场竞争能力和抵御风险能力，不断提高企业的整体素质，提升企业整体竞争实力。

行为准则：同心同向　同步同力

释义：人心齐，泰山移；聚群力，成大业。

我们以共同追求和共同目标为基础，上下同心、相互协作，形成强大的凝聚力和荣誉感；心往一处想，劲往一处使，以同心同向、同步同力之势促进云南中烟持续健康发展。

同心同向：坚持共同的价值理念，互相理解、互相尊重、上下同欲，统一行动方向，团结一心，共同奋斗。

同步同力：坚持共同的行为准则，凝聚全体干部职工的智慧和力量，充分发挥团队的作用，步调一致，相互配合，实现共同目标。

管理理念：规范出效率　人本创价值

释义：企业的竞争，归根结底是人才的竞争。我们坚持以人为本，持续提升管理水平，形成协同、高效、开放、和谐的管理风格，打造现代企业管理模式，促进企业运营更加规范、更富效率，为企业持续成长提供不竭动力。

规范出效率：规范是保持企业健康发展的生命线。本着“严管理、促规范、提效率”的原则，规范决策机制，严格工作标准，优化工作流程，完善规章制度，确保有制度可依、有规章可循；促进要素合理流动，优化资源配置，强化管理创新，提升员工执行力和团队协作力，不断提高运行效率，增强经营活力。

人本创价值：理解人、尊重人、激励人、发展人，用先进的管理理念、管理方法、管理手段，为员工搭建成长平台、建立激励机制、营造积极氛围，充分发挥员工才能，在创造企业价值的同时实现员工的个人价值。

品牌理念：云山玉水　清甜香醇

释义：品牌决定出路，品牌决定成败。

云南卷烟品牌的发展承载着厚重的历史，寄托着云南烟草工业人的追求，承担了民族品牌的责任和使命，见证了中国民族工业的曲折和辉煌。我们因这份荣耀而自豪，也因这份重任而担当。

云山玉水，七彩云南。我们依托云南得天独厚的自然条件，坚持优质原料、特色工艺，持续推进技术创新，加强产品减害降焦，突出“清甜香醇”的风格特色，为客户提供独特的消费体验。

云产卷烟，品质至上。我们以市场需求为导向，以优质产品为根本，把品牌发展集聚于“云烟”“红塔山”“玉溪”“红河”四大重点骨干品牌，不断完善质量管理体系，把对消费者的责任体现在生产过程的每个环节和品质管控中；注重市场培育，加速规模拓展，以结构上移为主线，以高端突破、低焦拓展为关键，占据行业卷烟品牌制高点，推动品牌做精做优，努力打造中国烟草“含金量”最高的规模型品牌。

高原情怀、大山精神，培育了我们执著和朴实的性格特征。云一样的高远，山一样的坚韧，玉一样的温润，水一样的包容，都融入了云产卷烟的品牌文化。我们不断丰富中式卷烟内涵，以深厚的品牌文化底蕴和独有的风格特色，提升品牌附加值，提高消费忠诚度，努力促进品牌由国内市场向国际市场跨越，创造高技术、高品质、高品位的中式卷烟，为实现“中国梦”贡献力量。

【《云南中烟》杂志】 《云南中烟》杂志是云南中烟工业有限责任公司面向“十二五”及更加长远的未来，立足云南烟草工业发展所创办的一份内部期刊。杂志定位于“展示形象的窗口、凝聚人心的平台、沟通信息的桥梁、传播文化的载体”。《云南中烟》隶属于公司党群工作部。目前为双月刊，大16开，72页，全彩色铜版纸印制，每期发行12000册，发行范围为公司所属各部门、各单位，国家烟草主管部门，省直机关单位，各省区市中烟公司、烟草公司。2013年，《云南中烟》主要设置有“要闻”“资讯”“专题”“纵横”“深度”“风采”“人物”“业界”“印象”“境界”“金碧”“声音”等10余个栏目，重点突出烟草行业的政策导向、云南中烟的战略目标，以及公司本部和直属单位、两红集团及所属卷烟工厂的动态新闻和深度报道；辅以行业动态观察、焦点探索，配以文化建设、员工随笔等内容，力求全方位、多角度展示云南中烟的发展状态和员工的精神面貌。严谨规范、大气深厚、品味独特，集权威性、指导性、可读性、可视性为一体的企业杂志，是《云南中烟》杂志的价值追求。

【烟草报刊名录】

报刊名	报刊号	创刊日期	刊期	主办单位
《云南中烟》	云新出（2011）准印连字第00047号	2011年1月	双月刊	云南中烟工业有限责任公司
《红塔时报》	云新出（2012）准印连字第T00135号	1987年5月	半月报	红塔烟草（集团）有限责任公司
《价值》	玉图（报、刊）字2008169	2008年9月	季刊	玉溪卷烟厂
《红塔楚雄时讯》	云新出（2012）准印连字第T00017号	1983年	半月报	楚雄卷烟厂
《红塔大理时讯》	云新出（2012）准印连字第T00067号	1984年	半月报	大理卷烟厂
《红塔昭通时讯》	云新出（2012）准印连字第T00070号	1988年2月	半月报	昭通卷烟厂
《今日红云红河》	云新准印连字（Y00133）号	2009年1月	月刊	红云红河烟草（集团）有限责任公司
《红云红河烟草》	云新准印连字（Y00134）号	2009年1月	旬刊	红云红河烟草（集团）有限责任公司
《和谐昆烟》	云新出（2011）准印连字第A16088号	1990年1月	双月刊	昆明卷烟厂党群工作部
《烟草工业科技》	云新出准印连字第Y00259号	2011年12月	半年刊	云南烟草科学研究院

公益事业

【云南中烟工业有限责任公司】 2013年，云南中烟本部共捐款7623万元，用于各项社会公益活动。其中公益性捐款1303万元，救济性捐款6320万元。公益性捐款项目：向大理市洱海保护治理龙湖湿地生态项目捐赠1000万元。救济性捐款项目：向云南大理洱源“3·3”地震捐赠350万元，向四川雅安“4·20”地震捐赠300万元，向广南县新农村扶贫建设项目捐赠100万元，向云南慈善总会“8·31”

迪庆州抗震救灾捐赠300万元，向广南县政府捐赠帮扶项目建设资金130万元，向楚雄州老年护理院建设项目捐赠1000万元，向曲靖市农业农村发展扶贫专项捐赠1000万元，向景洪市第三小学教学楼建设项目捐赠210万元，向临沧市沧源县佤山幸福工程捐赠340万元，向云南省政府“爱心水窖”项目捐赠2500万元。

【红塔集团】 2013年，红塔集团捐款7000余万元，用于各项社会公益活动。其中，向四川雅安捐赠抗震救灾款300万元；向大理洱源捐赠抗震救灾款150万元；向玉溪国家非物质文化遗产传承保护展捐款15万元；向玉溪共青团希望水窖“1+X”公益活动捐款9万元；向贡山县捐赠教育扶贫资金350万元；向维西傈僳族自治县捐赠扶贫款350万元；向玉溪师范学院捐款100万元设立“红塔奖学金”，资助贫困大学生；向昭通小龙洞乡小米村小学捐款30万元；向昭通市特殊教育学校捐款5万元；向玉溪龙树小学捐款50万元；向玉溪元江哈尼族彝族傣族自治县园达镇中心小学捐款30万元；向玉溪峨山彝族自治县岔河乡文山小学捐款40万元；向玉溪新平彝族傣族自治县新化乡小学捐款30万元；向大理州民族中学宏志班学生生活费捐款20万元；向玉溪通海县纳古中心小学捐款30万元；向玉溪澄江县白牛小学捐款30万元；向玉溪、楚雄、大理、昭通、临沧教育捐款2000多万元。

【红云红河集团】 2013年，集团共捐赠6469.24万元用于各项社会公益活动。扶贫济困：捐赠兴边富民对口帮扶富宁县200万元、沧源县200万元、香格里拉县200万元、镇康县200万元，捐赠挂钩扶贫巧家县450万元、会泽县500万元，捐赠香格里拉县援藏项目100万元，捐赠云南省海外交流协会点亮牧民新生活项目100万元，捐赠曲靖市社会主义新农村社会公益项目95万元，捐赠会泽县新农村建设指导员工作经费12万元，捐赠曲靖市政府社会公益项目1000万元，捐赠红河州政府社会公益项目700万元，捐赠云南省老龄事业发展（助老工程）40万元，捐赠昆明市慈善总会50万元，捐赠昆明市慈善总会“感恩父母，关爱贫困老人”公益宣传暨慈善募捐活动50万元，捐赠武定县插甸乡基础设施建设费30万元，捐赠景洪市大渡岗乡结基林村小组基础设施建设及产业发展资金补助20万元。捐资助学：捐赠云南大学等13所高等院校“红云园丁奖”“红河助学金”1380万元，捐赠云南省教育基金会安全饮水项目30万元。救助灾害：捐赠四川雅安地震灾区300万元、大理洱源地震灾区100万元。资助文化体育：捐赠中国—南亚博览会文化艺术系列活动500万元。其他捐赠合计212.24万元。

昆明卷烟厂共捐赠199.89万元用于各项社会公益活动。扶贫济困：参加昆明市“三下乡”活动向东川区拖布卡镇捐赠棉被款项12万元，捐赠五华区残联贫困残疾人“践行低碳节能打造环保厨房”活动9.54万元，捐赠红云街道办事处爱心食堂、文化扶贫项目20万元。捐资助学：捐赠云南省青少年发展基金会17.27万元，捐赠昆明市第八中学、第十中学和五华区红云小学“昆烟园丁奖”110万元，捐赠五华区新萌学校12万元。其他捐赠合计19.08万元。

红河卷烟厂共捐赠199.38万元用于各项社会公益活动。扶贫济困：捐赠建水县甸尾村委会冲门小组提水泵站建设8万元，弥勒市竹园镇竹园村委会第一小组道路建设5万元，捐赠“希望水窖1+X”公益活动3万元。捐资助学：捐赠石屏一中建设10万元，捐赠红河州教育局“红烟桃李奖”20万元、“红烟园丁奖”19.2万元，捐赠弥勒市团委“爱心圆梦大学”活动8万元，捐赠“我为孩子捐本书”活动7.48万元，资助保平村大学生2.7万元。资助文化体育：捐赠绿春县牛孔乡文化帮扶4万元，捐赠弥勒市红原女子管乐协会15万元，捐赠弥勒自行车运动协会8万元。其他捐赠合计89万元。

曲靖卷烟厂共捐赠130万元用于各项社会公益活动。扶贫济困：捐赠曲靖市政府新农村扶贫建设资金33万元，捐赠曲靖市第一人民医院贫困和“三无”人员医疗救助款10万元。捐资助学：曲靖市关心下一代工作委员会“中华魂”主题教育活动9万元。资助文化体育：捐赠爱在身边——传递爱心守护微笑活动3万元，捐赠曲靖市残疾人联合会残疾人运动会20万元。其他捐赠合计55万元。

会泽卷烟厂共捐赠250万元用于各项社会公益活动。扶贫济困：捐赠会泽县者海镇道路修缮40万元，捐赠会泽县大井镇、娜姑镇水利建设180万元，捐赠会泽县金钟镇挂钩扶贫款14.6万元，捐赠会泽县22家乡镇敬老院14.7万元。捐资助学：六一儿童节捐赠金钟镇松山小学0.7万元。

新疆卷烟厂共捐赠119.9万元用于各项社会公益活动。扶贫济困：捐赠对口帮扶裕民县77.9万元、特克斯县20.6万元，捐赠奎屯市红十字会4万元，捐赠奎屯市福利院2万元。捐资助学：捐助奎屯各中小学防震减灾图书4.95万元，捐赠奎屯第一小学1万元，资助贫困助学款1.47万元。资助文化体育：捐赠奎屯歌舞团5万元。其他捐赠合计2.98万元。

乌兰浩特卷烟厂共捐赠499.96万元用于各项社会公益活动。扶贫济困：捐赠巴彦芒哈苏木大芒哈嘎查委员会扶贫点12.7万元、对口扶贫点购置面粉7.06万元，捐赠援助单身特困母亲行动25万元，捐赠兴安盟红十字会博爱一日捐5万元，捐赠慰问贫困青年活动5万元，捐赠乌兰浩特市阳光同人残疾人互助会全国助残日活动5万元。捐资助学：捐赠乌兰浩特市教育局捐资助学款300万元，捐赠兴安盟人民教育基金会40万元，捐赠兴安盟特殊教育学校10万元。救助灾害：捐赠四川雅安地震灾区10万元。资助文化体育：捐赠兴安盟红云中老年艺术团5万元。资助和平街办事处社区建设40.2万元。捐赠乌兰浩特老年公益事业35万元。

山昆公司共捐赠322万元用于各项社会公益活动。扶贫济困：曲沃分厂农民协议工生活困难救助金300万元，“慈善一日捐”活动捐赠2万元。捐资助学：捐赠曲沃县捐资助学款20万元。

蒙昆公司共捐赠1000万元用于各项社会公益活动。捐资助学：捐赠呼和浩特市玉泉区、赛罕区捐资助学款800万元，内蒙古工业大学助学款100万元，乌兰浩特市教育局助学款100万元。

【云南烟草国际有限公司】 向公司对口扶贫帮困点怒江州福贡县匹河乡匹河完小捐赠价值1000余元的书籍、文体用具；向文山广南杨柳井村委会捐赠公司已做报废处理的两台电脑；组织职工向广南县杨柳井村委会大荒地村小组捐赠衣物献爱心活动，共捐赠衣物、被子等361件；组织职工到昆明市盘龙区环城敬老院开展“暖冬送爱心”活动，捐赠新乐洗衣机一台，洗涤用品及食物若干。

重要文件

中共云南中烟工业有限责任公司党组贯彻落实中央关于“改进工作作风、密切联系群众八项规定”的实施办法

滇烟工党〔2013〕8号

云南中烟领导干部带头艰苦奋斗、勤俭节约、反对铺张浪费，切实改进学风、文风、会风等工作作风，进一步密切联系广大职工群众，对于深入贯彻落实党的十八大精神，实现云南中烟“卷烟上水平”战略任务和“十二五”发展目标，保持持续健康发展具有重要意义。根据《十八届中央政治局关于改进工作作风、密切联系群众的八项规定》（中发〔2012〕11号）和《中共国家烟草专卖局党组印发认真贯彻落实〈十八届中央政治局关于改进工作作风、密切联系群众的八项规定〉实施办法的通知》（国烟党〔2012〕102号）精神，结合云南中烟工业有限责任公司（以下简称“云南中烟”）实际，特制定本实施办法。

一、坚持理论学习制度，加强学习教育

（一）建立健全理论学习制度，抓好政治理论学习的落实工作。进一步完善中心组学习制度，结合实际制定中心组每季度学习计划，坚持集中学习与个人自学相结合、理论学习与其他业务学习相结合，增强学习的针对性和实效性，提高学习质量。每季度中心组学习确定一个学习专题，每次集中学习时间不少于3天，全年不少于12天。云南中烟党组成员每年读一本政治理论书籍，并根据学习思考情况撰写一篇读书心得体会；每年与所分管单位（部门）的负责人至少谈心一次。

二、坚持求真务实，改进调查研究

（二）把调查研究作为决策的重要依据，云南中烟党组重大决策之前，要采取多种形式进行调研和论证，坚持不调研论证不作决策，做到科学、依法、民主决策。

（三）注重实际效果，多听意见了解情况。云南中烟领导到所属各单位（含生产厂）调研要有目的、有主题、有重点，多深入困难多、问题多、矛盾多的单位，研究问题、解决困难、指导工作，力求准确、全面、深入了解情况，听真话、查实情，防止走形式、走过场。云南中烟领导班子成员每年确定1至2个调研主题，实事求是安排考察内容，深入开展调研，调研后要形成有情况、有分析、有针对性建议的报告，重要意见和建议应向云南中烟党组报告。每年的调研时间不少于15天。

（四）改进调研工作作风，减少层层陪同。云南中烟主要领导到所属各单位（含生产厂）考察调研陪同的公司机关各部（室）、直属单位负责人不超过3人，云南中烟副职领导到所属各单位（含生产厂）考察调研陪同的公司机关各部（室）、直属单位负责人不超过2人。随行工作人员不超过2人。所属各单位陪同的负责人不超过2人。结合调研内容和分管工作听取所属各单位（含生产厂）汇报，一般不安排集中汇报，不需要所属各单位（含生产厂）领导班子全体人员参加，考察现场保持客观真实，不搞弄虚作假。

（五）坚持领导干部挂片联系基层企业制度，实行云南中烟领导分片联系销区制度。云南中烟领导每年定期或不定期到联系片区考察调研，了解市场变化、竞争动态，协调解决问题，促使领导干部情况在一线掌握、政策在一线落实、问题在一线解决、作风在一线转变、感情在一线交流。云南中烟领导走访调研销区，市场管理部、两红集团营销中心陪同负责人不超过3人，随行工作人员不超过1人。

三、坚持改进会风，精简会议活动

（六）改进会风。严格清理各类会议活动，从严控制以云南中烟名义召开的全系统会议和举行的重大活动。提倡少开会、开短会、开解决问题的会，可开可不开的坚决不开，可以合并的坚决合并。云南中烟各类会议要统筹安排，实行会议计划管理，严格控制计划外会议。以云南中烟名义召开的全系统会议，由公司主要领导和分管领导出席，其他公司领导一般不出席；云南中烟机关各部（室）召开的业务工作会议，公司领导一般不出席。

（七）严格控制各类会议规模和时间。坚持减人数、开短会、求实效，讲短话、讲真话、讲管用的话，不讲空话、大话、套话。云南中烟召开的工作会、销售工作会、政治工作会、纪检监察工作会，人数不超过130人，时间不超过1天；公司各部（室）、直属单位召开的业务性会议人数不超过110人，时间不超过1.5天。要精简会议议程，切实改进会风，提高会议效率和质量。各类会议一般安排在云南中烟会议中心或本系统内的酒店。

（八）云南中烟领导班子成员未按规定经过批准，一律不出席各类剪彩、奠基活动和参加各类庆祝会、纪念会、表彰会、博览会、研讨会及论坛活动。

四、坚持改进文风，精简文件简报

（九）减少各类文件简报，提高质量时效，切实改进文风。严格执行中央、国家局和云南中烟关于文件处理的规定，可发可不发的，一律不发；凡法律法规和党内法规以及上级已作出明确规定的，一律不再制发文件；现行文件规定仍然适用的，不再重复发文；没有实质内容、可发可不发的文件，一律不发。

（十）对云南中烟党组、云南中烟文件，各单位要结合实际情况贯彻落实，不搞层层转发。各单位要按照有关要求，规范上报程序，不得多头报文。所属各单位简报不报云南中烟，各单位新增简报种类要报云南中烟总经理办公会议审批。积极推广电子公文，加快实现文件和简报网络传输和网上办理，降低管理成本，提高工作效率。

五、坚持厉行节约，简化接待工作

（十一）公务接待坚持有利工作、简化礼仪、务实节俭、杜绝浪费的原则，由有关部门集中管理、规范统一。严格按照接待标准安排食宿、交通、考察等，不得超标准、超规格接待。云南中烟领导班子成员到所属单位考察调研期间，在职工餐厅或烟草行业的酒店安排工作餐，不粘贴悬挂标语、横幅（含电子屏幕），不安排干部职工迎送，不铺设迎宾地毯，不摆放花草，不组织专场文艺表演，一般不安排接见合影，不赠送各类纪念品和土特产，不安排到风景点区游览参观。

六、坚持廉洁从业，规范出访、车辆配备

（十二）云南中烟领导出访要根据工作需要，有明确的目标任务，不把出访作为待遇。出访不安排迎送，出访回国后，应在一月内向国家局和云南中烟提交出访报告。要严格执行云南中烟年度出访计划，出访时间、国家及陪同人数按外事规定执行，严格按照规定乘坐交通工具。要严格执行《烟草行业车辆配置使用管理办法》（国烟办综〔2012〕526号）规定。新增车辆要严格执行车辆配置标准。

七、坚持贴近职工，严格文稿发表、改进新闻报道

（十三）云南中烟领导班子成员个人不公开出版著作，不发贺信、贺电，不题词题字（除云南中烟统一安排外）。

（十四）云南中烟领导班子成员考察调研活动的新闻报道要多反映干部职工关心的实质性内容，多贴近实际，多贴近职工。出席会议活动的新闻要按照精简务实、注重效果的原则压缩报道的数量、字数。

八、坚持报批程序，规范业务往来活动

（十五）云南中烟领导班子成员带队跨省（区、市）相互走访、参观、考察、交流、文体等活动以及云南烟草工商企业召开各种推介会、恳谈会、联谊会、座谈会等类似会议，要严格报批程序。

九、坚持率先垂范，严格贯彻落实

（十六）改进作风重在落实、贵在坚持。云南中烟领导班子成员要以身作则、率先垂范，身体力行，从自身做起，要求别人做到的、自己首先做到，要求别人不做的、自己坚决不做。带头执行中央八项规定及本实施办法，带头改进工作作风，带头密切联系职工群众，带头解决实际问题，自觉接受监督，并将个人执行情况在年度民主生活会和述职述廉中报告。

（十七）严格执行本办法，建立抓落实长效机制，加大督促检查力度，防止走形式，严禁搞变通。纪检监察部门要把监督执行本办法作为党风廉政建设一项经常性工作，常抓不懈。要定期督促检查，纳入党风廉政建设责任制考核内容，每年年底通报执行情况。审计部门每年要对所属各单位会议活动经费、接待经费使用情况进行审查，并通报审查结果。

（十八）所属各单位要按照国家局党组贯彻落实“八项规定”的实施办法和本办法精神，从本单位实际出发，制定具体贯彻落实的制度规定。每年年底要对执行情况开展专项检查，并于每年12月初将本单位执行及检查情况报云南中烟党组。

（十九）本实施办法由云南中烟党组负责解释。

（二十）本实施办法自印发之日起施行。此前发布的有关规定，凡与本办法不一致的，以本办法为准。

二〇一三年一月二十九日

中共云南中烟工业有限责任公司党组关于贯彻落实“三重一大”决策制度的监督管理办法

滇烟工党〔2013〕9号

第一条 为深入贯彻落实“三重一大”决策制度，进一步规范云南中烟工业有限责任公司（以下简称“云南中烟”）各级领导班子和领导干部决策行为，切实加强对权力运行的制约和监督，根据中共中央办公厅、国务院办公厅《关于进一步推进国有企业贯彻落实“三重一大”决策制度的意见》（中办发〔2010〕17号，以下简称《意见》）和中共国家烟草专卖局党组《对烟草行业直属单位贯彻落实“三重一大”决策制度的监督管理办法》（国烟党〔2012〕88号）精神及行业有关规定，结合云南中烟实际情况，制定本办法。

第二条 本办法适用于云南中烟本部、各卷烟集团（含各卷烟生产厂）、各直属单位及云南中烟全资、控股的多元化企业（以下统称“各单位”）。

第三条 加强“三重一大”决策监督管理应与健全现代企业制度相配套，与完善公司法人治理结构相适应，与维护企业管理者依法行使决策权相结合，坚持分级负责、预防为主、过程参与、违规必纠原则，以制度建设为基础，以严格规范决策程序为关键，坚持和完善内部管理监督工作格局和工作机制，强化制度执行力和约束力，不断提高领导班子依法决策、科学决策和民主决策水平，保证云南中烟持续健康发展。

第四条 各单位依据《意见》和行业、云南中烟有关规定，结合本单位实际情况，制定“三重一大”决策具体实施办法和配套制度，明确重大决策、重要人事任免、重大项目安排、大额度资金运作的具体范围、决策机构、决策程序等事项。

第五条 云南中烟相关职能部门负责组织对各单位贯彻落实“三重一大”决策制度情况的监督检查，各单位负责组织对所属单位贯彻落实“三重一大”决策制度情况的监督检查。监督检查采取专项检查、重点抽查和单位自查的方式进行。监督检查的主要内容是：被检查单位党委（党总支）、董事会、行政领导班子贯彻落实“三重一大”决策制度的情况。监督检查的重点是单位主要负责人贯彻落实“三重一大”决策制度的行为。

第六条 “三重一大”决策监督检查的重点

（一）“三重一大”决策制度建立情况

1. “三重一大”决策制度及具体实施办法是否建立；

2. 决策范围、事项、主体、权限界定是否全面恰当、依法合规；

3. 决策程序是否规范严密、便于操作；

4. 决策回避制度、决策失误纠错改正机制等是否建立；

5. 其他按照“三重一大”决策制度要求需建立的制度。

（二）“三重一大”决策程序执行情况

1. 决策议题的提请和确定，是否符合本单位制定的董事会、行政办公会、党委（党总支）会有关工作规则、议事规则；

2. 提交会议集体决策前须研究论证、进行可行性研究或听取专家意见的，是否按要求进行调研和论证；

3. 研究决定企业改制及经营管理方面的重大问题、涉及职工切身利益的重大事项、制订重要的规章制度，是否通过工会、职工代表大会等形式听取广大职工群众的意见建议；

4. 召开决策会议是否预先告知，是否提前足够时间为与会人员提供相关材料；

5. 会议是否按照议事规则进行决策，参与决策人员是否进行充分讨论并分别发表意见，主要领导是否按规定在最后发表结论性意见；

6. 存在严重分歧时是否推迟作出决策，是否存在由个人或少数人临时决定的事项，临时决定事项是否在事后按程序予以追认；

7. 是否完整、详细地记录议事决策会议全程；

8. 其他按照“三重一大”决策要求需要履行的程序。

（三）“三重一大”决策实施情况

1. 作出的决定、决议是否符合法律法规及国家局、总公司和云南中烟有关规定，是否属于法定职责、权限范围之内；

2. 决策作出后按规定须上报审批的是否在上报批准后实施，按规定须公开的是否做到决策、过程、结果、制度依据同步公开；

3. 决策的落实部门和督办机制是否明确，对决策实施过程和结果是否进行了考核评价；

4. 是否存在擅自变更或者拒绝执行的情况，对决策作出重大调整是否重新履行决策程序；

5. 是否存在决策失误及纠错改正的情况，未按规定程序决策的是否追究了责任；

6. 其他按照“三重一大”决策要求需要落实的事项。

第七条 各单位党政主要领导是本单位贯彻落实“三重一大”决策制度的主要责任人，必须坚持重大问题集体研究决定，严禁个人说了算或少数人说了算。预算委员会、薪酬委员会和工程投资、物资采购、宣传促销等专业性管理委员会要认真履行职责，充分发挥职能作用。

第八条 各单位要把贯彻落实“三重一大”决策制度情况作为向职代会报告、领导班子民主生活会、领导人员述职述廉、办事公开的重要内容，作为民主测评领导人员的重要依据，认真对照检查并接受广大职工的监督。

第九条 建立“三重一大”决策情况报告制度。各单位要对本单位“三重一大”决策情况进行自查，并于每年 12 月底向云南中烟党组专题报告。报告内容主要包括：

（一）重大决策会议次数、会议议题、作出的决定或决议等；

（二）选拔任用干部的总体情况；

（三）本单位审批的重大投资项目建设规模、投资总额等；

（四）预算和决算执行、国有资产处置、对外捐赠或赞助、大额度资金使用等；

（五）“三重一大”决策事项是否按规定程序进行以及公开的情况；

（六）自查发现的问题、整改措施及成效；

（七）对所属单位开展监督检查情况；

（八）需要报告的其他事项。

第十条 建立“三重一大”决策情况公开制度。各单位要把应该公开的“三重一大”事项决策过程、结果纳入公开目录，严格按照公开项目、公开内容、公开形式、公开时限等规定予以公开。

第十一条 各单位综合管理部门要加强对重大决策会议的组织和管理。及时发布会议通知，在规定时限内提供相关材料，完整、详细地记录决策事项、过程、参与人及其意见、结论等内容，保证会议记录真实、全面反映会议议事决策过程并存档备查，做好会议纪要整理编发工作，加大决策实施的督办力度。

第十二条 各单位组织人事部门要严格执行干部选拔任用标准和程序，加强对所属单位重要人事任免事项的监督管理。坚持和完善“一报告两评议”制度，将“三重一大”决策制度的执行情况作为考核领导班子、考察领导干部的重要内容，考核、考察结果作为任免、奖惩的重要依据。在领导干部任职谈话时，要对贯彻执行民主集中制、落实决策制度提出严格要求。

第十三条 各单位计划投资部门要加强对重大项目决策的监督管理。严格执行国家局、云南中烟投资管理办法，认真审核所属单位投资规划和年度投资计划，严格按照规定权限审查办理重大项目申请。项目申请报告未附带提交董事会或投资委员会决议的，不予批准。要认真组织对重大投资项目的专家论证，严格按照决策会议确定的项目规模和建设内容进行批复，加强对已批准项目实施情况的管理监督。

第十四条 各单位财务部门要完善大额资金管理使用的相关制度，明确决策程序和使用审批权限；严格执行财经纪律和财务管理有关规定，加强资金监管，严格规范运作；实施行业统一资金监管系统软件，对资金使用实施全过程监控，严格管控大额度资金的调动和使用。

第十五条 各单位审计部门对领导干部进行经济责任审计，要把“三重一大”事项作为重要内容，切实加强审计监督。

第十六条 设有监事会的单位，要进一步发挥监事会的监督作用。监事要根据《公司法》《国有企业监事会暂行条例》等法律法规，对董事会、经营班子贯彻落实“三重一大”决策制度进行监督。发现违反决策制度的情况，要及时提出质询或处理建议。有关监督情况作为向上级单位报告工作的重要内容。

第十七条 各单位纪检监察机构要加强对所属单位贯彻落实“三重一大”决策制度监督检查的指导、组织、协调、督办。

要加强对同级领导班子及其成员执行“三重一大”决策制度的监督；发现违反决策制度的行为，要及时制止并提出处理意见。如得不到纠正，要及时向上级纪检监察机构反映。要把“三重一大”决策制度的执行情况，作为党风廉政建设责任制考核和巡视检查的重要内容，作出客观、准确的评估；对存在的问题，视情况采取诫勉谈话、函询、监察建议等措施，督促整改落实。

第十八条 各单位领导干部有下列情形之一的，要依据《国有企业领导人员廉洁从业若干规定》（中办发〔2009〕26 号）和相关法律法规以及国家局、云南中烟有关规定，给予相应的处理：

（一）决策内容违反党和国家政策法规的；

（二）有意规避集体决策搞个人独断专行或少数人决定的；

（三）不履行或者不正确履行“三重一大”决策程序的；

（四）决策后发现可能造成损失，能够挽回而不及时采取措施的；

（五）不执行或者擅自改变集体决策事项的；

（六）其他违反集体决策规定的情况。

第十九条 各单位要依照本办法，结合本单位实际，制定对所属单位贯彻落实“三重一大”决策制度监督管理的具体实施细则。

第二十条 本办法由云南中烟纪检监察部负责解释。

第二十一条 本办法自印发之日起施行。

二〇一三年一月二十九日

国家烟草专卖局办公室关于云南中烟工业有限责任公司“十二五”信息化规划的批复

国烟办综〔2013〕183号

云南中烟工业有限责任公司：

《云南中烟工业有限责任公司关于上报“十二五”信息化规划的请示》（滇烟工信〔2013〕54号）收悉。经研究，现批复如下：

一、同意《云南中烟工业有限责任公司“十二五”信息化规划》（以下简称《规划》）。

二、《规划》以云南中烟工业有限责任公司“十二五”期间“5521”品牌发展战略为目标，设计了符合“支撑战略管控体系、促进中烟整体协同、提升品牌竞争能力”需求的业务架构、应用架构、数据架构、技术架构和IT治理架构，内容完整，架构合理。

三、《规划》执行中，请遵循《烟草行业信息化工作管理办法》（国烟办〔2011〕529号）、《国家烟草专卖局办公室关于卷烟工业企业信息化建设的指导意见》（国烟办〔2011〕212号）、《卷烟工业企业生产执行系统（MES）功能与实施规范》（YC/T388－2011）等规范性文件要求；落实烟草行业信息化总体技术架构、烟草行业信息化标准体系、烟草行业数据中心建设实施意见等相关技术要求；按照安全性原则要求，坚持同步规划、同步建设、同步运行，切实加强信息化安全保障体系建设，进一步完善运维管理体系建设。

四、要更加注重落实行业信息化建设统一性、系统性、完整性要求，进一步突出工作重点，优化实施路径，既要满足行业、中烟的管控要求，又要兼顾企业的现实需求；既要进行业务流程优化，又要注重信息集成；既要有效推进企业信息化重点工程项目的建设，又要充分考虑并切实落实行业信息化重点工程项目的建设要求，加快实现集成整合、协同共享。

五、要进一步加强《规划》实施的情况跟踪和效益评估，建立持续优化的长效工作机制，不断完善规划内容、提升规划水平、推进规划落地，切实发挥《规划》的引领作用。

六、请严格按照国家局、总公司投资管理的相关规定，进一步落实规范性原则要求，组织好《规划》的实施工作，积极促进信息化与烟草产业深度融合。

二〇一三年三月二十九日

云南中烟工业有限责任公司审计整改工作实施方案

滇烟工办综〔2013〕40号

为了贯彻落实2013年全国烟草行业财务审计工作会议精神及《国家烟草专卖局关于进一步做好审计整改工作有关事项的通知》（国烟审〔2013〕117号）的要求，结合云南中烟实际，制定本方案。

一、审计目的

本次审计整改工作是以国家局提出的建设“更加规范、更加富有效率”的中国烟草为目标，积极落实各项审计、检查发现问题的整改完善工作，提高云南中烟严格规范水平，为全面落实“卷烟上水平”目标任务奠定更加坚实的基础。

二、组织机构设置

为切实加强对审计整改工作的组织领导，云南中烟工业有限责任公司成立审计整改工作领导小组。

组　长　朱绍明

副组长　李光林

成　员　文华玖　董翠珍　方　斌　祁　燕　郭　曼　沈凌华　马宗泽　赵　勇

审计整改工作领导小组下设办公室，办公室设在云南中烟审计部，负责审计整改工作的日常组织协调

三、整改内容

审计整改的内容包括2010年、2011年、2012年云南中烟及各单位接受的国家局组织开展的经济责任审计、年报审计、全面审计（包括自查、复查、国家局重点检查）、工程项目审计（含国家局直接审计和授权审计），以及外部审计机构、财政部门、税务部门检查中发现的问题，以及各类审计检查中明确提出需要关注的事项和管理建议书中提到的相关问题。

四、审计整改实施阶段及时间安排

（一）整改方案上报阶段

各单位认真梳理各类审计、检查中提出的问题，制订完善整改方案，细化整改措施，确定整改责任部门、责任人，限定整改时限。同时各单位要填列审计发现问题整改任务分解表，并将表格作为附件于2013年4月25日前将整改方案以正式文件报送云南中烟。

（二）整改落实阶段

各单位应根据指定的整改方案及审计发现问题整改任务分解表，尽快组织开展整改落实工作，对存在的问题逐一对照检查整改，并在2013年9月10日前将整改报告以正式文件报送云南中烟。国家局、云南中烟将从2013年5月份开始对部分单位的整改情况进行检查。其中如有需要国家局或云南中烟协助解决或给予答复的问题，可以在6月30日前以正式文件报送云南中烟。

五、整改标准

各单位要按照审计发现问题的性质进行分类，逐项进行整改落实。一是涉税方面，少缴个人所得税、企业所得税、营业税、增值税等，一律进行补缴；二是涉及主辅关系方面，无偿占用主业资金、资产的，一律进行收回或收取相应的资产使用费；三是涉及职工利益方面，工资外列支工资性支出的一律调入工资列支，为职工承担建房成本费用的一律收回；四是涉及资产管理方面，权证不全、权属不清、长期闲置的，一律进行权属办理和资产清理；

五是涉及管理程序方面的，制度不健全的进行梳理修订，制度执行不到位的加强制度落实的监督检查；六是涉及历史遗留问题方面，新官要理旧账，明确责任、落实到人、限期整改。各单位要针对不同的审计问题类型，按照统一的标准进行确认和评估，确保审计整改达到预期的效果。

六、整改要求

（一）加强领导，落实责任。整改落实工作是加强内部管理监督、规范生产经营的重要内容。各单位要深刻认识行业的特殊性，切实增强责任意识，从行业发展大局对待审计整改工作，充分意识审计整改工作的重要性和迫切性。各单位“一把手”作为审计整改工作第一责任人，全面负责本单位的审计整改工作，切实做到思想上更加重视，行动上更加自觉，措施上更加有效，以高度负责的态度，把审计发现问题的整改落到实处，进一步深化审计整改工作。各单位要成立由单位主要领导任组长，分管领导任副组长的审计整改工作领导小组，负责审计整改工作的组织协调、部署落实和指导督办。审计整改工作领导小组成员由财务审计等业务部门组成，领导小组下设办公室，办公室设在审计部门，具体负责审计整改工作的组织、协调工作；各业务部门指定专人负责，抓好具体问题的整改落实工作。各单位按投资关系，逐级负责监督整改落实。

（二）奖惩结合，完善制度。为确保整改落实到位，各单位要将整改情况纳入目标考核，细化整改措施，制订科学的考核指标并对考核指标尽可能的量化，用明确的考核指标指导整改，加大整改率的量化考核，将考核结果与绩效挂钩，以强化整改的执行力度。各单位要进一步健全完善制度体系，堵塞制度漏洞，针对审计发现的问题，进一步加强审计整改问题的推进管理，建立机制，对屡查屡犯、屡禁不止的单位、部门加大责任追究，对未解决的重大问题，要深刻剖析原因，实施重点督办。各单位要不断促进行业规范管理，提高整改成效，同时要不断完善制度建设。

（三）确保质量，整改到位。各单位要严格执行国家局及云南中烟审计整改工作的部署和要求，系统梳理近三年来各项审计提出的问题，结合本单位实际，进行深层次的分析，查找问题发生的原因，制定科学、可行的整改措施，组织财务、审计、投资、生产、人事、计划、营销、采购、企管、纪检和整顿办等相关部门积极整改，确保审计整改工作取得实效。

各单位要以此次审计整改为契机，按照国家局建设“更加规范、更加富有效率”的要求，进一步提高认识、强化措施、落实整改，积极推动各项工作的落实，扎实推进企业基础管理水平的提升。

二〇一三年四月十日

云南中烟工业有限责任公司工作规则

滇烟工办〔2013〕131号

第一章　总　则

第一条　云南中烟工业有限责任公司（以下简称“云南中烟”）依据《国家烟草专卖局、中国烟草总公司工作规则》和《云南省人民政府工作规则（试行）》，根据《云南中烟工业有限责任公司章程》，结合实际，制定本规则。

第二条　云南中烟工作的指导思想是，高举中国特色社会主义伟大旗帜，以邓小平理论、“三个代表”重要思想和科学发展观为指导，在国家烟草专卖局、中国烟草总公司和中共云南省委、云南省人民政府的领导下，严格执行党的路线、方针和政策，解放思想、实事求是、与时俱进、求真务实，维护国家利益、维护消费者利益，紧紧围绕行业“卷烟上水平”的基本方针和战略任务，紧紧围绕科学发展、和谐发展、跨越发展，依法组织实施生产经营活动，经营管理国有资产，提高经济效益和社会效益，建设行为规范、运转协调、公正透明、廉洁高效的现代企业。

第三条　云南中烟工作的准则是，实行科学民主决策，坚持依法生产经营，推进司务公开，健全监督制度，完善法人治理，改善工作机制，加强廉政建设。

第四条　云南中烟的各级领导干部在行政管理、生产经营活动中要坚持立党为公、执政为民，自觉遵守公司章程，自觉遵守云南中烟的各项决定，认真履行职责，忠于职守，服从命令，顾全大局，团结协作，勤勉廉洁，确保政令畅通。

第二章　公司领导及组织机构职责

第五条　云南中烟董事会、监事、经理层要按照《中华人民共和国公司法》《云南中烟工业有限责任公司章程》及其他相关制度的规定，依法依规履行法律法规和公司章程赋予的职责，忠实勤勉地为公司的改革与发展服务。

董事长负责云南中烟董事会工作。董事长召集和主持公司董事会会议。按照公司章程应由董事会会议审议的事项，必须经董事会会议审议。

第六条　云南中烟实行总经理负责制。总经理领导并主持云南中烟行政全面工作；副总经理、巡视员（或副巡视员）协助总经理工作。

党组书记领导并主持云南中烟党务全面工作；其他党组成员协助党组书记工作。

第七条　总经理召集和主持公司总经理办公会议（或总经理办公扩大会议）。公司行政工作中的重大事项，必须经总经理办公会议（或总经理办公扩大会议）讨论决定。

党组书记召集和主持公司党组会议。公司党务工作中的重大事项，必须经党组会议讨论决定。

第八条　副总经理、巡视员（或副巡视员）按照分工负责处理分管或协管工作。受总经理委托，负责其他方面的工作或专项任务，并可代表公司进行外事活动，处理与其他单位之间的事务。

党组成员按照分工负责处理分管或协管工作。受党组书记委托，负责其他方面的工作或专项任务。

公司领导要按照工作分工，独立处理分管或协管工作，并加强协作配合，提高工作效率。

第九条 总经理、党组书记出省、出国期间，分别由总经理、党组书记委托一位副总经理、党组成员主持云南中烟行政、党务日常工作。

第十条 云南中烟组成部门实行主任、部长负责制，由各部（室）部长或主任负责本部门的工作。

云南中烟各单位、各部门要依照工作职责和有关规定，在本单位、本部门职权范围内履行职责、行使职权。要树立政治意识、大局意识、责任意识、服务意识和保密意识，各司其职，各尽其责，顾全大局，精诚团结，维护政令统一，用心、用情、用力工作，坚决贯彻落实云南中烟的各项工作部署。

第三章 全面履行公司职能

第十一条 云南中烟要全面履行法律法规、国家烟草专卖局（中国烟草总公司）和公司章程赋予的行业管理、资产经营管理、组织生产经营活动等职能。

云南中烟受中国烟草总公司委托，对云南烟草工业系统国有资产行使出资人权利，经营管理国有资产并承担保值增值责任。

第四章 坚持依法科学民主决策

第十二条 云南中烟及各单位、各部门要按照现代企业制度和法人治理结构的要求，认真贯彻有关规定，加强决策制度建设，完善决策机制、决策机构和决策支持机构，健全重大决策规则和程序，实行依法决策、科学决策和民主决策。

第十三条 云南中烟在研究预算、薪酬和物资工程服务采购等工作的重大事项时，应分别由云南中烟董事会预算委员会、薪酬委员会和工程投资物资采购宣传促销管理委员会审议或审定，并提交云南中烟董事会审议。

第十四条 云南中烟在作出重大决策前，应采取多种形式，深入开展调研和论证，广泛听取意见和建议，积极吸纳诤言。

第十五条 云南中烟各单位、各部门提请云南中烟讨论决定的重大决策建议，必须以行业及云南中烟总体工作部署或发展规划为依据，经过认真调查研究，征求相关方面意见，进行充分论证，并经过相关审核或决策程序；需公司董事会审批的，须经过本公司董事会审定。涉及有关单位或部门的，应充分协商，形成共识；涉及基层单位的，应事先征求意见。

第十六条 云南中烟各单位、各部门必须坚决贯彻落实云南中烟的决策，确保政令畅通，不允许有令不行、有禁不止。办公室要加强督促检查，确保各项决策落实到位。

第五章 坚持依法生产经营管理

第十七条 云南中烟及各单位、各部门要严格按照法定权限和程序，遵循权责一致的要求履行职责、行使职权，不断提高依法生产经营管理水平。

第十八条 云南中烟根据经济社会发展的需要以及行业、云南中烟改革发展的要求，适时制定、修改或废止云南中烟规范性文件，确保规范性文件质量。

第十九条 云南中烟各单位、各部门根据工作职责负责组织起草有关专业性的规范性文件草案（限于以云南中烟名义），按规定和程序审定发布。

第二十条 云南中烟及各单位、各部门制定规范性文件，必须符合国家法律法规、方针政策以及行业、云南中烟有关规定；必须紧密结合行业及云南中烟实际，加强调研和论证，增强可操作性、针对性和实用性；必须从全局出发，做好与行业、云南中烟有关规定及要求的相互衔接工作，提高其权威性。

第六章 推进司务公开

第二十一条 云南中烟及各单位、各部门要认真贯彻国家、行业及云南中烟有关信息公开规定，大力推进司务公开，健全信息公开制度，完善各类办事公开、民主管理制度，提高工作透明度。

第二十二条 云南中烟总经理办公会议（或总经理办公扩大会议）和党组会议讨论决定的事项，云南中烟及各单位、各部门制定的政策，除需要保密的外，应及时公布。

第二十三条 凡国家法律法规和行业、云南中烟规定需要公开的其他事项，均应通过单位网站、报刊、会议、广播、电视等方式，依法、及时、全面、准确、具体地公开。

第七章　健全监督制度

第二十四条　云南中烟要自觉接受国家烟草专卖局、中国烟草总公司和云南省委省政府的领导和监督，认真负责地报告工作。

第二十五条　云南中烟各单位、各部门要依照有关法律规定接受监督，同时要自觉接受纪检监察、审计等部门的监督。对监督中发现的问题，要认真查处、整改并向云南中烟报告。

第二十六条　加强云南中烟内部监督，健全监督制度。云南中烟各单位、各部门要严格执行规范性文件审查制度，及时撤销或修改违反法律法规规章和上级单位有关政策文件的规范性文件，纠正违法或不当行为。

第二十七条　云南中烟及各单位、各部门要自觉接受新闻舆论和群众监督。对新闻媒体报告和各方面反映的重大问题，云南中烟有关单位或部门要积极主动查处、整改并向云南中烟报告。

第二十八条　云南中烟及各单位、各部门要重视和加强做好人民群众来信来访工作，落实信访工作责任，完善信访制度，确保信访渠道畅通。公司领导及各单位、各部门负责人要亲自阅批重要的群众来信，督促处理有关信访反映的问题。

第二十九条　云南中烟及各单位、各部门要推行绩效管理制度和问责制度，明确问责范围，规范问责程序，严格责任追究，确保制度的严肃性和权威性。

第八章　学习制度

第三十条　实行公司领导班子集体学习制度，加快领导干部知识更新，优化知识结构，提高履职能力和水平，促进领导班子学习制度化、规范化、经常化，努力建设学习型组织。

第三十一条　学习侧重综合理论知识，重点学习中国特色社会主义理论体系，学习党的路线、方针、政策，学习社会主义市场经济、现代企业管理、烟草科技和法律法规等知识。

第三十二条　集体学习由公司领导班子及各单位、各部门主要负责人参加；根据工作需要可安排各单位、各部门其他负责人参加。

第三十三条　学习一般每季度安排1次。学习主要采取自学、集体讨论、专题辅导等形式，根据学习内容邀请有关政府官员、专家学者作专题辅导。

第九章　会议制度

第三十四条　云南中烟实行董事会会议、总经理办公会议（或总经理办公扩大会议）和党组会议制度。

第三十五条　董事会会议按照公司章程有关规定召开。董事会会议分为定期会议和临时会议。董事会定期会议原则上每年举行2次。公司因重大事项，可由中国烟草总公司、董事长、1/3以上董事或总经理提议召开董事会临时会议。

公司董事长召集和主持董事会会议。董事长不能履行职务或不履行职务的，由董事长或者中国烟草总公司指定1名董事召集和主持。董事会决议的表决，实行1人1票，其中普通决议须经全体董事的过半数通过、特别决议须经全体董事2/3以上同意。

非董事总经理、副总经理等公司高级管理人员、董事会秘书，以及经董事长同意、与董事会会议议题有关的人员，列席董事会会议。

第三十六条　总经理办公会议主要采取办公会议、扩大会议两种形式召开。总经理办公会议由公司总经理召集和主持，也可由总经理委托其他领导召集和主持。总经理办公会议实行集体讨论、总经理决策制。

办公会议一般每月中旬召开1次。参会人员：在本部工作的总经理、副总经理、纪检组长；列席人员：副巡视员、相关机关部（室）部长（主任）和直属单位行政主要负责人。

扩大会议一般每月上旬召开1次。参会人员：在本部工作的总经理、副总经理、纪检组长、副巡视员及机关各部（室）部长（主任）、各直属单位行政主要负责人。

会议的主要任务是：

（一）讨论决定云南中烟行政工作中的重要、重大事项；

（二）部署云南中烟的重要行政工作；

（三）通报和讨论其他重要行政工作事项。

第三十七条 党组会议由党组书记召集并主持；党组书记因故不能出席时，由党组书记委托副书记或其他党组成员召集并主持。党组会议原则上每两个月召开1次，遇重大或急需党组会议讨论的事项，可临时召开会议。党组会议坚持民主集中原则，坚持少数服从多数的原则。

党组会议的参加人员为全体党组成员，列席人员为办公室主任、党组秘书及与议题相关的人员。

会议的主要任务是：

（一）讨论决定云南中烟党务工作中的重要、重大事项；

（二）部署云南中烟的重要党务工作；

（三）通报和讨论其他重要党务工作事项。

第三十八条 董事会议题通过董事提议、总经理提议、上一次董事会会议确定的事项、其他合乎规范的方式等4种方式提出。议题经董事会确认后，由董事会办公室组织相关部门制作议案材料。

总经理办公会议议题由机关各部（室）、各直属单位提出，经分管领导审核同意并由办公室汇总整理后报请总经理审定。

党组会议议题由党组成员、相关职能部门提出，由办公室报请党组书记确定。

第三十九条 董事会会议应有2/3以上的董事出席，方可举行。董事会成员不能出席董事会，可书面委托1名出席会议的董事代为投票表决。

公司领导不能出席总经理办公会议的，应事先向总经理请假，并可委托其他参会领导在会上表达其意见；其他参会人员不能参会的，应事先向办公室请假，由办公室向总经理报告。

党组会议须有2/3以上党组成员出席，方能召开。不能出席的，可将自己的意见以书面或口头形式告知会议主持人。

第四十条 凡属公司领导或各单位、各部门职责权限范围内决定、审批的事项，原则上不提交总经理办公会议（或总经理办公扩大会议）或党组会议讨论；除特殊情况外，会前未经协调的事项，不得提交总经理办公会议（或总经理办公扩大会议）或党组会议讨论。

第四十一条 董事会会议的组织工作由董事会办公室负责。会议决议由董事会办公室负责起草。

总经理办公会议（或总经理办公扩大会议）或党组会议的组织工作由办公室负责。会议决定事项由办公室负责起草。

对会议决定的事项，各部门、各单位必须坚决执行，抓紧办理；落实情况由办公室或董事会办公室负责催办、督办。

第四十二条 规范并减少以云南中烟名义召开的全省性会议。以云南中烟名义召开的全省性会议，云南中烟各单位、各部门应于每年11月底前提出会议计划，报总经理办公会审定。

凡计划外确需召开的会议，由会议承办单位或部门报分管领导审核后提交总经理办公会批准。

第四十三条 云南中烟及各单位、各部门召开的工作会议，要减少数量，控制规模，控制会期，严格审批。全省性会议应尽可能采用电视电话会议等快捷、节俭的形式召开。

各类会议都要充分准备，提高效率和质量，重在解决问题。

第十章 公文审批制度

第四十四条 各单位、各部门报送云南中烟的公文，应当符合云南中烟公文处理的有关规定，并由办公室按照公司领导工作分工呈批，或送交有关单位、部门阅处。凡不符合有关规定的，应退回报文单位或部门。

各单位上报云南中烟的请示、报告，不得直接报送公司领导个人，并不得多头主送。

第四十五条 云南中烟重要公文和上行文由公司主要负责人或者主持工作的负责人签发；下行文或者平行文，由公司主要负责人或者主要负责人授权的其他负责人签发。公司办公室公文应由起草部门或者单位报分管领导同意后，由办公室负责人签发。

签发人签发公文，要签署意见、姓名和完整日期；圈阅或者签名的，视为同意。

第四十六条 国家烟草专卖局、中国烟草总公司和云南省委省政府领导的批示件和交办事项，以及其他地方党委政府和单位的函件，由办公室呈报总经理或党组书记阅批。

第十一章 督办落实制度

第四十七条 全面加强和改进督办工作，确保行业、云南省、云南中烟的重要决策和部署得到全面贯彻落实，切实提高企业的执行力。

第四十八条 云南中烟督办工作坚持围绕中心、突出重点，实事求是、务求实效，领导负责、分工协作，及时办理、从速落实，遵章守纪、严格保密的原则。

第四十九条 云南中烟督办事项分为决策督办事项、专项督办事项两类。

决策督办事项包括：上级方针、政策、文件、批示和交办事项；党组会议、总经理办公会议（或总经理办公扩大会议）、专题会议等需要立项督办的事项；工作会议、党组中心组学习会议等重要会议决定立项督办的事项。

专项督办事项包括：公司领导的批示及明确要求督办的事项。

第五十条 督办工作应创新工作方法，建立有效督办格局，强化云南中烟工作目标责任管理。年初安排部署，年中督促检查，年末评价考核，确保各项重大决策和工作部署落到实处。

第十二章 公务活动

第五十一条 除云南中烟统一安排的活动外，公司领导一般不出席系统外各类剪彩、奠基等活动和庆祝会、纪念会、博览会、研讨会及各类论坛等。

第五十二条 公司领导代表云南中烟发表讲话和文章，须报总经理批准。除行业内报刊外，个人不得将报告、讲话等工作性文稿整理汇编署名公开出版。除统一安排外，个人不发贺信、贺电，不题词、题字。

第五十三条 公司领导外出考察调研要轻车简从、简化接待、深入基层，注重研究和解决实际问题，遵守各项廉政建设规定。

第五十四条 公司领导公务活动的宣传报道要严格按照行业和云南中烟有关规定执行。

第五十五条 凡由国家烟草专卖局党组管理的公司主要领导，原则上2年内因公出国（境）不超过1次；公司副职领导和享受厅级待遇的领导3年内因公出国（境）不超过1次。分管外经外贸的公司领导因公出国（境），根据工作需要严格控制。

以上领导因公出国（境）任务，应按照有关规定报国家烟草专卖局审批。

第五十六条 公司领导接待来访客人，除参加云南中烟统一组织的活动外，原则上按照对等、对口原则安排有关领导代表云南中烟接待。

第十三章 作风纪律

第五十七条 坚决贯彻执行中央、行业、云南省及云南中烟关于改进工作作风、密切联系群众的有关规定，切实加强廉政建设和作风建设，发扬求真务实的作风，努力改进学风、文风和会风，切实精简文件，倡导开短会、讲短话、发短文。坚决反对形式主义、官僚主义，坚决反对急功近利、不思进取，努力营造心齐气顺、风清气正的良好环境。

第五十八条 云南中烟各单位、各部门要认真履行职责，规范工作行为，增强服务观念，提升工作效率，提高工作成效。对职权范围内的事项要按照规定程序和时限积极负责地办理，对不符合规定的事项要坚持原则不得办理；对由于不作为、乱作为、推诿、拖延及失职、渎职等不良作风造成影响和损失的，要追究责任；对违规、违纪、违法行为，要严肃查处。

第五十九条 严格执行请销假制度。公司副职级领导出差、出访或休养、休假，应事先报告总经理，由办公室通报公司其他领导同志。各单位行政主要负责人、机关各部（室）主要负责人出差、出访或休养、休假，必须事先经分管领导同意，并报公司总经理批准；党委（党总支）主要负责人出差、出访或休养、休假，必须事先经分管领导同意，并报公司党组书记批准。

各单位、各部门应严格执行云南中烟领导干部外出报备制度，领导外出相关信息应及时告知办公室。

第六十条 云南中烟各级领导干部必须坚决执行云南中烟的决定，如有不同意见可在内部提出，在云南中烟没有重新作出决定前，不得有任何与云南中烟决定相违背的言论和行为；代表云南中烟发表讲话或文章，个人发表涉及未经云南中烟研究决定的重大问题及事项的讲话或文章，事先须经云南中烟同意。

第六十一条 云南中烟各单位、各部门发布涉及云南中烟重要工作部署、改革发展重要问题、与群众利益密切相关重要事项的信息，要经过严格审定，重大情况要及时向云南中烟报告。

第六十二条 云南中烟各级领导干部要严格遵守党的政治纪律，坚决维护中央的权威，自觉维护国家烟草专卖局、中国烟草总公司和云南省委省政府的领导。严格遵守保密纪律和外事纪律，严禁泄露国家秘密、工作秘密或因履行职责掌握的商业秘密等，坚决维护国家、行业和云南中烟的安全、荣誉和利益。带头执行民主集中制，顾大局、讲团结，自觉维护班子的团结和谐。

第六十三条 云南中烟各级领导干部要严格遵守中央、行业、云南省及云南中烟有关廉洁从政规定，不得利用职权和职务影响为本人或特定关系人谋取不正当利益，厉行勤俭节约、反对铺张浪费。严格要求亲属和身边工作人员，不得利用职权和工作便利为自己和他人谋取私利。

第十四章 附则

第六十四条 本规则自发布之日起施行。2004年2月9日发布的《云南中烟工业公司工作规则》（滇烟工办〔2004〕56号）同时废止。

二〇一三年四月十二日

中共云南中烟工业有限责任公司党组关于深入开展党的群众路线教育实践活动实施方案

滇烟工党〔2013〕41号

为深入贯彻落实党的十八大精神，按照《中共国家烟草专卖局党组关于在全行业深入开展党的群众路线教育实践活动的实施意见》（国烟党〔2013〕55号）要求，结合云南中烟实际，现就在全系统深入开展党的群众路线教育实践活动制定如下方案。

一、指导思想

坚持以马克思列宁主义、毛泽东思想、邓小平理论、“三个代表”重要思想、科学发展观为指导，紧紧围绕保持党的先进性和纯洁性，以为民务实清廉为主要内容，以严格贯彻落实中央八项规定、国家局党组“九条要求”和云南中烟党组关于“改进工作作风、密切联系群众”的相关要求为切入点，以云南中烟领导班子成员和副处级以上党员领导干部为重点，切实加强全系统党员、干部马克思主义群众观点和党的群众路线教育，坚决反对形式主义、官僚主义、享乐主义和奢靡之风，着力解决职工群众反映强烈的突出问题，提高做好新形势下群众工作的能力，为云南中烟科学发展、创新发展和跨越发展提供坚强保证。

党的群众路线教育实践活动全过程，要贯穿

"照镜子、正衣冠、洗洗澡、治治病"的总要求。"照镜子"，主要是学习和对照党章，对照廉政准则，对照改进作风要求，对照群众期盼，对照先进典型，查找宗旨意识、工作作风、廉洁自律方面的差距。"正衣冠"，主要是按照为民务实清廉的要求，严明党的纪律特别是政治纪律，敢于触及思想，正视矛盾和问题，从自己做起，从现在改起，端正行为，维护良好形象。"洗洗澡"，主要是以整风精神开展批评和自我批评，深入分析出现形式主义、官僚主义、享乐主义和奢靡之风的原因，坚持自我净化、自我完善、自我革新、自我提高，既要解决实际问题，更要解决思想问题。"治治病"，主要是坚持惩前毖后、治病救人方针，区别情况、对症下药，对作风方面存在问题的党员、干部进行教育提醒，对问题严重的进行查处，对与民争利、损害群众利益的不正之风和突出问题进行专项治理。

二、工作原则

（一）坚持正面教育为主。要加强马克思主义群众观点和党的群众路线教育，加强党性党风党纪教育和道德品行教育，引导党员、干部坚定理想信念，增强公仆意识，讲党性、重品行、作表率，模范践行社会主义核心价值观，坚守共产党人精神追求，自觉践行"两个至上"行业共同价值观，努力做到"三个始终"，牢固树立"五种意识"。

（二）坚持开展批评与自我批评。开展积极健康的思想斗争，敢于揭短亮丑，崇尚真理、改正缺点、修正错误，真正让党员、干部思想受到教育，作风得到改进，行为更加规范。自我批评，要真正触及问题、挖到思想深处，防止避重就轻；相互批评，要敢于指出问题、真诚帮助提高，防止好人主义。

（三）坚持讲求实效。要开门搞活动，让党员、干部和职工群众积极参与到活动中，请群众参与，让群众评判，受群众监督，努力在解决作风不实、不正和行为不廉上取得实效，在提高群众工作能力、密切党群干群关系、全心全意为人民服务上取得实效。

（四）坚持分类指导。要结合各单位、各部门工作实际，找准需要解决的突出问题，提出适合各自特点的目标要求和办法措施。要把国家局要求与公司党组的安排部署紧密结合起来，与本单位本部门工作实际结合起来，与党员、干部思想工作实际结合起来，灵活掌握时间进度，探索务实管用的具体载体。

（五）坚持领导带头。各级领导干部特别是主要领导要以身作则、率先垂范，带头学习、带头听取意见、带头谈心、带头开展批评和自我批评、带头进行整改，形成党组（党委）主要领导负总责，一级抓一级、层层抓落实的工作机制。

三、目标任务

教育引导党员、干部树立群众观点，弘扬优良传统，解决突出问题，保持清廉本色，使党员、干部思想进一步提高、作风进一步转变，党群干群关系进一步密切，为民务实清廉形象进一步树立。要坚持围绕中心、服务大局，全面贯彻落实党的十八大提出的各项任务要求，把作风建设放在突出位置，以作风建设的新成效凝聚起推动云南中烟改革发展的强大力量。

（一）要落实为民务实清廉要求。为民，就是要坚持人民创造历史、人民是真正英雄，坚持以人为本、人民至上，坚持立党为公、执政为民，坚持一切为了群众、一切依靠群众，从群众中来、到群众中去。要始终把维护国家利益、消费者利益和广大群众利益放在心上，成为公司领导班子成员和机关各部（室）服务基层、服务群众的自觉行动。要始终把调动全体员工积极性、主动性、创造性作为一切工作出发点。进一步转变作风，坚持工作要深入、办事要认真、自身要廉洁，为一线职工创造更好的工作环境，营造团结和谐的良好氛围。务实，就是要求真务实、真抓实干，发扬理论联系实际之风；坚持问政于民、问需于民、问计于民，发扬密切联系群众之风；谦虚谨慎、戒骄戒躁，厉行勤俭节约、反对铺张浪费，发扬艰苦奋斗之风。清廉，就是要自觉遵守党章，严格执行廉政准则，主动接受监督，自觉净化朋友圈、社交圈，带头约束自己的行为，增强反腐倡廉和拒腐防变自觉性，严格规范权力行使，把权力关进制度的笼子，坚决反对一切消极腐败现象，切实做到干部清正、班子清廉、政治清明。

（二）要着力解决突出问题。党的群众路线教育实践活动，要紧紧抓住反对形式主义、官僚主义、享乐主义和奢靡之风，着力在解决作风不实、不正和行为不廉上取得实效。要把反对“四风”贯穿始终。一是坚决反对形式主义，就是要教育引导党员、干部端正学风，改进文风会风，在大是大非面前敢于担当、敢于坚持原则，真正把心思用在干事业上，把功夫下到察实情、出实招、办实事、求实效上；二是坚决反对官僚主义，就是要教育引导党员、干部深入实际、深入基层、深入群众，接地气、通下情，坚持民主集中制，改进调查研究，虚心向群众学习，真心对群众负责，热心为群众服务，诚心接受群众监督；三是坚决反对享乐主义，就是要教育引导党员、干部牢记“两个务必”，克己奉公，勤政廉政，保持昂扬向上、奋发有为的精神状态；四是坚决反对奢靡之风，就是要教育党员、干部坚守节约光荣、浪费可耻的思想观念，做到艰苦朴素、精打细算，勤俭办一切事情。着力解决突出问题，就是要认真思考、努力破解影响云南中烟持续改革发展的难题，完成年度各项目标任务，推动“5521”品牌发展目标的实现。

四、活动安排

按照国家局党组的统一部署和要求，云南中烟开展党的群众路线教育实践活动从2013年7月开始，自上而下分2批进行，每批大体安排半年时间，到2014年7月基本完成，每一批次教育实践活动期间的集中教育时间一般不少于3个月。要通过教育实践活动，使广大党员普遍接受一次马克思主义群众观点和党的群众路线教育。

（一）第一批教育实践活动

1. 参加范围：云南中烟领导班子、公司机关各部（室），重点是公司领导及机关副处级以上党员领导干部。

2. 时间安排：从2013年7月开始，到2013年底前基本结束。

7月中旬，待国家局督导组审批同意后，公司将召开动员大会，对教育实践活动进行安排部署。动员会上，国家局督导组将对公司领导进行民主测评。会后，公司党组成员带头开展教育实践活动，认真听取群众意见，查找“四风”方面存在的问题，总结落实中央“八项规定”和行业“九条要求”情况，分析存在问题，开展批评与自我批评，研究提出进一步加强和改进作风建设的措施。公司领导建立教育实践活动联系点，加强指导，为参加第二批教育实践活动的单位起好示范和带动作用。

公司动员大会召开后，机关各部（室）要迅速行动起来，严格按照本实施方案的要求，着力抓好各个环节的落实，开展好本部门的教育实践活动，机关各部（室）主要负责人为本部门教育实践活动的第一责任人，机关挂职（聘用）人员中的党员，在挂职（聘用）部门所在党支部参加活动。

（二）第二批教育实践活动

1. 参加范围：各卷烟集团及其省内各生产厂、各直属单位，重点是各单位党委（党总支）成员及副处级以上党员干部。

2. 时间安排：从2014年1月起，到2014年7月基本结束。

2013年底，云南中烟将召开会议总结第一批教育实践活动，安排部署第二批教育实践活动。公司党组将派出督导组，对各单位的教育实践活动进行督导。红塔集团、红云红河集团也要派出督导组，负责督促指导所属各生产厂及基层党组织的教育实践活动。

各卷烟集团、各直属单位党委（党总支）要按照国家局和云南中烟党组的统一部署，不等待、不观望，提前做好开展教育实践活动的各项准备工作。同时要结合现阶段正在进行的专项审计等发现的问题，做到边查找、边剖析、边整改、边落实。

五、方法步骤

每个批次、每个单位的教育实践活动，着重要抓好3个环节。

（一）学习教育、听取意见。重点是搞好学习宣传和思想教育，深入开展调查研究，广泛听取干部群众意见。

1. 组织开展多层次、全方位的学习教育。

组织党员、干部认真学习中国特色社会主义理论体系，学习党章和党的十八大报告，学习习近平总书记一系列重要讲话精神，以及党中央和烟草行业在近期所作的关于切实改进作风、密切联系群众的一系列具体要求（学习内容参见推荐书目）。要丰富学习教育形式，创新学习教育载体，切实抓好基层党员的学习教育。党员领导干部要先学一步、学深一些，围绕党的群众路线的基本理论和历史实践开展主题学习活动，公司党组成员、各级党委（党总支）主要负责人要结合党的光辉历史和优良传统，在分管和联系的范围内，讲一次“密切联系群众、不断转变作风”的专题党课。各级党委（党总支）要结合实际制订学习计划，采取专题组织生活会、个人自学、集体研讨、交流发言、专题辅导和专题党课等多种形式开展学习教育活动，并认真做好学习讨论记录。各级党委（党总支）要对本单位的学习教育活动负总责，指导督促各支部认真开展学习教育活动。在学习教育活动中要紧密结合云南中烟实际，深刻理解当前面临的形势和任务，深入思考如何进一步改进作风，密切联系群众，解决制约改革发展的关键问题，深化落实各项工作思路和应对措施。

在第一批教育实践活动中，要对机关党员干部进行集中培训，邀请有关专家作党的宗旨和优良传统、群众路线、作风建设辅导讲座，以党支部为单位组织学习和交流，各部门领导干部要带头作学习发言。

2. 广泛开展调查研究。

要通过调研活动充分征求群众意见，为对照检查、开展批评和解决问题打好基础。调查研究要突出“两个结合”，即结合国家局凌成兴局长提出的“三大课题”来思考，结合云南中烟实现“5521”目标所面临的“八个方面问题”来谋划；坚持“三个贴近”，即贴近一线、贴近市场、贴近群众；做到“三个聚焦”，即聚焦当前工作的难点、聚焦群众关心的热点、聚焦转变作风的突破点。通过调查研究，着力解决各单位、各部门面临的主要矛盾、制约瓶颈和发展动力问题，增强内生动力，破解发展难题。调查研究要采取“一竿子插到底”的方式开展，直接面向基层党员、干部和群众了解真实情况，听取真实意见，原汁原味记录第一手资料。公司领导要深入到市场、深入到车间、深入到挂钩扶贫点，深入到困难多、问题多的地方，通过走访、座谈、个别听取意见等方式进行蹲点调研。各单位党委（党总支）成员的调查研究要深入到班组、深入到最基层岗位，通过跟班劳动等方式，听民意、察民情、解民忧，虚心听取基层党员和干部群众对解决“四风”问题的意见和建议。机关各部（室）要结合部门工作深入基层开展调查研究，调研要深入具体，了解真实情况，要把服务基层工作到位不到位、部门工作群众满意不满意等纳入调研范围，广泛听取基层群众意见，找准群众反映最强烈、最不满意、最期盼解决的问题，制定切实可行的整改措施，为深层次解决问题奠定基础。

3. 结合实际开展“五个一”的特色活动。

要开展一次专题培训活动，统一组织系统处级以上领导干部分两批赴革命老区开展党的群众路线教育实践活动专题培训，促进干部理论水平和实践经验的有效结合。要开展一次党史教育，各单位通过报告会、座谈会、参观红色基地、主题实践等多种形式，以群众路线的具体实践为重点开展党史教育，提升广大党员、干部对党的群众工作极端重要性的深入认识。要读一批好书，党员、干部要在认真学习相关政策文件和泛读推荐书目的同时，精读一批关于建党以来贯彻群众路线的经典书籍，并撰写读书心得。要组织一次征文，云南中烟将在全系统范围内组织一次以“密切联系群众、切实转变作风”为主题的征文活动，进一步引导和激励广大党员、干部努力践行党的群众路线，立足本职转变作风。开展一次走访慰问征求意见，全系统各级党组织要在“中秋节”前后，组织相关部门人员走访、看望、慰问系统的老党员、老干部和困难党员、职工，把党的关怀送到广大群众中去，虚心听取群众意见和建议。各单位可结合实际，创造性地开展各项特色活动，不断扩大教育实践活动的影响面和带动面。

（二）查摆问题、开展批评。重点是围绕为民务实清廉要求，通过群众提、自己找、上级点、互相帮，认真查摆形式主义、官僚主义、享乐主义和奢靡之风方面的问题，进行党性分析和自我剖析，开展批评和自我批评。

1. 开展党员领导干部“四查四看”活动。

“四查四看”，一查思想认识，看是否树立正确的世界观和权力观，是否具有责任感和事业心；二查工作作风，看是否深入基层、贴近实际，是否廉洁自律、正风肃纪；三查方式方法，看工作思路是否清晰，工作重点是否突出；四查办事效率，看工作效率高不高、效果好不好，是否注重实际，注重实干，注重实效。紧密结合工作特点，重点查找领导班子成员是否违反中央“八项规定”、国家局党组“九条要求”和云南中烟党组的相关规定，是否符合为民务实清廉要求，是否认真处理职工关心的热点、难点问题。通过“四查四看”，对查找出来的问题进行认真梳理，去伪存真、去粗取精，为开好民主生活会做好认真准备。

2. 各级党组织要认真召开专题民主生活会。

党组（党委、党总支）成员要按照为民务实清廉和“四查四看”要求带头查摆问题，带头开展批评和自我批评。会前，要充分听取群众意见，党组（党委、党总支）主要负责同志要与班子成员逐一谈心，班子成员之间要相互谈心，每个班子及其成员要对照为民务实清廉要求撰写对照检查材料。会上既要进行深刻的自我批评，又要进行诚恳的相互批评。会后要在规定范围通报民主生活会情况和班子成员的对照检查材料。

在第二批教育实践活动期间，公司将向所属单位派出督导组进行巡回指导，加强督促检查。督导组全程参与所督导单位领导班子的专题民主生活会，并会同党委（党总支）主要负责同志对班子成员的对照检查材料、开展批评和自我批评情况进行评价，采取适当形式进行反馈。

公司机关各部（室）、各基层党支部（党小组）要结合“四查四看”的要求召开专题组织生活会，引导每个党员针对存在问题，提出改进措施和办法，组织生活会要邀请非中共党员同志参加。

（三）整改落实，建章立制。要针对前两个阶段教育实践活动所查找出来的问题，制定和落实整改方案，对一些群众反映较为集中的突出问题，要进行集中治理；要抓住重点，注重从体制机制上解决问题，使贯彻党的群众路线成为党员、干部长期自觉的行动。

1. 抓效果检查，突出针对性。

要紧扣为民务实清廉要求，在反对形式主义方面，要对各单位的各类会议、文件、简报、节庆、评比表彰和达标活动再次进行认真清理，该简化的简化、该合并的合并、该取消的坚决取消。在反对官僚主义方面，要对各单位领导勤政情况进行检查。在反对享乐主义方面，要对领导班子和领导干部落实有关工作和生活待遇规定的情况进行专项检查，进一步规范和落实公务接待、办公用房、公务用车及职务消费等方面的问题。在反对奢靡之风方面，严格控制“三公”经费支出，坚决制止铺张浪费行为。

2. 抓整改落实，注重实效性。

要把整改措施的落实，作为巩固扩大教育实践活动成果的重要内容，针对需整改项目，制定整改任务书，分项目明确整改时间、责任部门和责任领导，并严格进行督导检查，做到整改一项、合格一项、验收一项，整改情况作为各级领导干部年度重要工作内容纳入年终考核；要把教育实践活动作为提高群众工作能力的重要途径，着力解决一些党员领导干部不愿做、不会做、不敢做群众工作的问题，掌握群众工作的方法和手段，拓宽群众工作的渠道和途径；要把教育实践活动与认真做好公司当前各项工作结合起来，做到两手抓、两不误、两促进，既要认真落实中央和行业的统一部署和要求，又要围绕云南中烟改革发展的新目标新定位新任务，把认真思考、谋划、实践行业改革的“三大课题”和云南中烟持续发展所面临的“八个方面问题”作为教育实践活动的重要载体，把持续推进云南中烟持续健康发展作为检验教育实践活动取得成效的重要标准。

3．抓制度建设，体现长期性。

要把制度建设贯穿始终，从改进工作作风，树立企业良好形象，推动企业科学发展的大局出发，切实加强制度建设。对贯彻党的群众路线已有制度进行梳理，经实践检验行之有效、群众认可的，要长期坚持，抓好落实；对不适应新形势新任务要求的，要抓紧修订完善。要研究制定新制度。从活动一开始，就要重视研究出台一些加强作风建设的具体制度和规定。注重总结实践中的好经验好做法，上升为制度规范。重点建立健全体现群众意愿的科学民主决策机制，健全干部作风状况考核评价机制，建立健全厉行节约、制止浪费制度，修订完善公务接待管理制度，严格规范领导干部职务消费行为，建立健全公务支出、职务消费方面的审计制度等。要严格落实制度，坚持一手立规矩、定制度，一手抓整改、抓落实，强化制度执行力，用严明的制度、严格的执行、严密的监督，形成加强作风建设的长效机制。要把教育实践活动与云南中烟企业文化建设有机结合起来，在文化体系架构、行为规范建设等方面结合教育实践活动的要求，发挥企业文化的导向作用、约束作用、激励作用和辐射作用。

4．抓活动总结，保持延续性。

第一批教育实践活动基本完成时，将对公司党组及机关各部（室）开展教育实践活动情况的满意度进行测评，并把满意度测评与领导干部年度“一报告两评议”工作结合起来，根据测评情况进一步完善整改落实措施。召开总结大会，对公司党组及机关开展教育活动情况进行总结，并向国家局教育实践活动领导小组办公室及国家局督导组报送书面总结报告；机关各部（室）向公司教育实践活动领导小组办公室报送本部门开展教育实践活动情况的总结报告。在抓好整改落实工作的同时，第一批教育实践活动中总结出来的好经验、好做法、好成果，要在第二批教育实践活动中进一步运用并体现。

六、工作要求

（一）加强组织领导。云南中烟开展党的群众路线教育实践活动在公司党组的统一领导下进行，成立云南中烟开展党的群众路线教育实践活动领导小组，领导小组下设办公室，负责领导小组的日常工作。各卷烟集团、直属单位党委（党总支）要按照国家局党组的统一部署和云南中烟党组的总体要求，成立本单位教育实践活动领导小组和工作机构，分别负责教育实践活动的组织领导和日常工作。

（二）明确责任主体。公司机关各部（室）主要负责人、各单位党委（总支）主要领导是抓好本单位、本部门教育实践活动的第一责任人，要高度重视，认真负责。纪检部门从一开始就要介入，认真抓好正风肃纪各项措施的制定和落实；办公室和人事部门要加强沟通，注重协调；政工部门要加强宣传，注重舆论引导，各部门之间要密切配合，形成工作合力。

（三）注重活动实效。各单位要把开展党的群众路线教育实践活动，与行业“235”教育实践活动相结合，与云南省“四群教育”活动相结合，与云南中烟年度工作会议提出的“强化责任、突出服务、改进作风”要求相结合，与公司工会开展的“面对面、心贴心、实打实服务职工在基层”活动相结合。要服从安排、统筹推进，确保“规定动作”不走样；还要贴合实际、突出特色，推进“自选动作”有创新。力戒雷声大雨点小、形式主义、走过场，不搞文山会海，不滥发资料简报，不搞层层检查评比，坚持边学边改、边查边改、边整边改，切实推进教育实践活动取得实效。

（四）积极宣传引导。要充分发挥内部杂志、报刊、网站、电视等媒体的宣传引导作用，广泛宣传中央、国家局和云南中烟教育实践活动的精神和要求，切实注重舆论引导。云南中烟网站和杂志将开辟“党的群众路线教育实践活动”专栏，全面反映全系统教育实践活动的进展和成效，深入挖掘学习教育活动中的典型事例和先进人物，为教育实践活动营造良好氛围。

（五）加强督促指导。国家局督导组进驻云南中烟开展工作，对教育实践活动的顺利开展具有重大的意义，云南中烟将全力支持工作、服从指导和接受监督。在第二批教育实践活动期间，各督导组要深入联系点调研指导，列席相关活动，审阅活动方案，提出工作建议，协调督促推进。各单位党委（党总支）也要建立相应的督促检查机制，确定工作内容和工作任务，加强对下级单位的工作指导。

各卷烟集团、直属单位党委（党总支）要按照国家局和云南中烟党组的总体部署，分批次制定本单位教育实践活动实施方案，经云南中烟督导组审阅后，报云南中烟党的群众路线教育实践活动领导小组备案。各单位活动开展情况要及时报云南中烟党的群众路线教育实践活动领导小组。

二〇一三年七月十五日

云南中烟省外参控股卷烟企业品牌互动合作生产实施意见（试行）

滇烟工企〔2013〕290号

第一章　总　则

第一条　省外参控股卷烟企业的互动生产是推动云南中烟品牌发展的重要举措。实现省外参控股卷烟企业的品牌互动合作有利于合作品牌的落地销售，降低物流成本；有利于促进合作品牌对当地市场的拓展，做大云南中烟重点品牌；有利于在更大范围内统筹资源配置，提升合作企业的效益水平；有利于进一步强化"全省烟草一盘棋"的思想，促进"5521"品牌目标的加快实现。

第二条　省外参控股卷烟企业的品牌互动合作生产由云南中烟经济运行部统筹协调，各卷烟集团制造中心具体负责。互动合作应坚持市场导向、公平结算、竞合发展的原则。互动品牌以云南中烟重点骨干品牌为主。

第二章　互动生产方案确定

第三条　云南中烟相关部门根据云南中烟品牌发展年度计划，结合市场情况，拟定互动合作生产的品牌规格、互动总量、互动企业具体产量、成本核算标准等方案，并协调做好互动生产的上报、产销计划安排等工作。

第四条　每年10月份召开品牌互动生产协调会，部署安排下一年度品牌互动合作相关事宜。各卷烟集团应于当年11月份签订互动合作加工协议并将其上报云南中烟。

第五条　各卷烟集团应结合本集团品牌发展规划，合理预测下一年集团品牌在参控股卷烟企业所在地的市场规模，并统筹考虑集团整体发展，确定参控股卷烟企业年度效益增长目标，预留品牌互动合作空间，与所属的参控股卷烟企业进行沟通，形成共识。

第六条　参控股卷烟企业收到国家烟草专卖局关于合作生产的批复文件后，应及时与所在省（市）烟草公司进行沟通衔接。

第三章　生产方式及成本核算

第七条　合作生产原则上采用当地制丝的方式，所需原料数量由品牌输出方按国家局批复的合作生产数量提供；结算价格原则上按照云南中烟省内企业生产同规格产品的"单箱原料成本（含烟叶、烟草薄片、烟梗和香糖料）乘以1.1”进行结算。相关成本的确定以省内企业财务量本利核算价格为准。

第八条 互动合作生产所需原料、辅料的采购、运输、结算等事项由合作双方协商确定后，以补充协议的方式进行签订。财务部门应在年度合作生产结束后一个季度内完成互动合作生产所涉及各项费用的结算。

第九条 互动品牌的生产进度由互动合作双方在充分协商的基础上，按照有利于及时满足市场、均衡组织生产、合理安排调运等原则确定。

第十条 卷烟集团在签订互动合作生产协议的同时，还应以补充协议的方式明确互动合作所涉及的生产、财务、营销、物流等业务的具体负责人，确保互动合作的顺利推进。

第四章　仓储、调运及销售

第十一条 互动合作生产的成品仓储、出库过程中产生的费用由品牌输入方承担。

第十二条 成品仓储及出库期间造成的破损由品牌输入方负责处理或赔损。成品出库工作由品牌输入方负责，除在后续环节发现成品存在制造环节缺陷的情况外，成品出库后即可视为产品交验合格。

第十三条 互动成品调运、承运方选择、运输费用等均由品牌输出方负责。出库后的成品，如无运输环节破损或发现产品制造环节缺陷的情况，其他原因所造成的产品破损由品牌输出方负责。落地销售的成品运输由输入方负责。

第十四条 成品销售工作由品牌输出方负责，营销部门协助做好销售调拨计划的落实，原则上要实现互动品牌的落地销售或就近销售。当年生产，当年完成工业调拨销售。

第五章　互动生产质量保障

第十五条 品牌互动按照烟草行业《品牌许可生产质量保障通则》的相关标准进行质量写实、生产小试和中试工作。由品牌输出方负责组织，输入方配合。

第十六条 按照行业标准及品牌输出方提出的质量标准，成品的感官质量评级工作由输入方负责组织，云南中烟及中国烟草实业发展中心派员参与，评吸成员原则上不超过9人，其中品牌输出方人员占多数。

第十七条 设备工艺适应性改造费用由品牌输入方承担。品牌输出方应在输入方要求下派员参与设备改造工作。

第十八条 生产期间，品牌输出方派出的监制人员必须根据输入方作息时间，确保每班次均有监制人员。监制人员食宿由品牌输入方负责安排。

第十九条 产品出现市场投诉时，合作双方应及时沟通协商，相互通报预防整改措施。

第六章　附　则

第二十条 本实施意见由云南中烟经济运行部负责解释。

第二十一条 本实施意见自下发之日起施行。

二〇一三年七月十九日

中共云南中烟工业有限责任公司党组关于加强思想政治建设的实施意见

滇烟工党〔2013〕45号

各卷烟集团、各直属单位党委（党总支），直属机关党委：

为深入贯彻落实党的十八大精神，扎实推进社会主义核心价值体系建设，牢固树立和践行“两个至上”行业共同价值观，大力弘扬求真务实、真抓实干的工作作风，不断提升云南烟草工业系统干部职工队伍思想政治素质，根据《中共国家烟草专卖局党组关于加强行业思想政治建设的意见》（国烟党〔2013〕51号）精神，制定本实施意见。

一、大力加强思想政治建设的重要意义和总体要求

（一）思想政治建设在党的建设和云南中烟改革发展中占有重要地位和作用。思想政治工作是我们党执政的重要基础，体现了党的优良传统和政治优势，是中国特色现代国有企业制度的鲜明特征。党的十八大对坚持和发展中国特色社会主义作出了全面部署，对加强和改进党的思想政治工作提出了新的任务和要求。在当前新形势下，大力加强思想政治建设，全面提高党的建设科学化水平，对于坚持党的性质和宗旨，永葆共产党人政治本色，对于推动社会主义核心价值体系建设、构建社会主义和谐社会，对于云南中烟全面推进“卷烟上水平”都具有十分重要的意义。

（二）大力加强思想政治建设的必要性和紧迫性。云南中烟党组历来高度重视思想政治建设，近年来全系统先后组织开展了学习贯彻“三个代表”重要思想、“保持共产党员先进性”“‘两个至上’在岗位”“深入贯彻落实科学发展观”“创先争优”等重大理论学习和主题教育活动，增强了领导干部党性修养，夯实了群众基础，集聚了发展力量，为云南中烟改革发展提供了坚实的思想基础。在当前新形势下，云南中烟要坚持把解放思想、实事求是、与时俱进、改革创新贯穿于思想政治建设的始终，把增强“三个自信”作为加强思想政治工作的首要任务，把践行新的定位作为加强思想政治工作的重要内容，把深入推进学习型党组织建设作为加强思想政治工作的基础工程，积极研究新情况，努力解决新问题，不断创新新经验，为云南中烟科学发展、创新发展和跨越发展提供坚强的思想保证。

（三）大力加强思想政治建设的总体要求。高举中国特色社会主义伟大旗帜，以邓小平理论、“三个代表”重要思想、科学发展观为指导，扎实推进社会主义核心价值体系建设，牢固树立和践行“两个至上”行业共同价值观，紧紧围绕云南中烟“卷烟上水平”战略任务和“5521”品牌目标，坚持解放思想、实事求是、与时俱进、改革创新，坚持以人为本，尊重人、理解人、关心人，坚持把解决思想问题与解决实际问题相结合，坚持贴近实际、贴近生活、贴近群众，积极创新内容形式和方法手段，不断提高云南烟草工业系统思想政治建设科学化水平，努力培养和打造一支有理想、有道德、有文化、有纪律的干部职工队伍，为推动云南中烟改革发展做出积极的贡献。

二、大力加强思想政治建设的主要任务

（一）全面推进党的建设，不断增强“三个自信”。全系统各级党组织要切实把增强“三个自信”作为加强思想政治建设的首要任务。各级党组织要围绕“三个自信”组织一次专题党课，引导党员干部深刻领会中国特色社会主义的总依据、总布局和总任务，进一步坚定中国特色社会主义的道路自信、理论自信和制度自信；各级领导干部要切实增强政治责任感和历史使命感，带头增强“三个自信”，既要身体力行，又要精心组织，认真抓好贯彻落实，扎实推动各项工作；各单位要把增强“三个自信”作为党员干部教育培训的必修课程，通过教育培训使广大党员干部真正做到思想上深刻领会、工作中牢牢把握、实践上坚决贯彻。

（二）深入推进社会主义核心价值体系教育。各级党组织要重点抓好中国特色社会主义理论体系、党章和党的十八大报告、习近平总书记一系列重要讲话精神、党的光辉历程和优良传统的学习，大力开展理想信念、党性党风党纪和道德品行教育，牢固树立正确的世界观、权力观和事业观；各单位要通过专题组织生活会、个人自学、集体研讨、交流发言、专题辅导和专题党课等多种方式，认真抓好党员领导干部、基层党员和离退休党员的学习教育，进一步增强全系统党员干部的大局意识、使命意识、责任意识、忧患意识和公仆意识；各单位要进一步完善党组（党委、党总支）中心组学习制度，每季度中心组学习要确定一个学习专题，每次集中学习时间应不少于3天，全年不少于12天，并严格落实中心组学习通报制度、预告制度和报告制度。

（三）大力开展主题教育实践活动。开展主题教育实践活动，是不断推进思想政治建设的有效手段。云南中烟将根据中央和国家局的最新要求，积极大力开展各类主题教育实践活动。当前，要深入开展以“为民务实清廉”为主要内容的党的群众路线教育实践活动，通过积极组织领导班子和领导干部民主评议、开展“五个一”活动、“四查四看”活动和召开专题民主生活会等，认真查摆形式主义、官僚主义、享乐主义和奢靡之风方面的问题，真正使贯彻党的群众路线教育实践活动，成为云南中烟党员干部长期的自觉行动；继续深入开展“践行‘两个至上’、做到‘三个始终’、树立‘五种意识’”教育实践活动，通过不断丰富活动内容、创新活动手段、突出活动特色、大力宣传营造、注重总结推广等举措，真正使“235”教育实践活动做到有章可循、扎实推进、取得实效；深入开展“改进作风年”活动，通过加强组织领导、狠抓学习教育、深入调查研究、改进会风文风、坚持厉行节约、推进文化建设、构建长效机制等措施，促使云南中烟全体干部职工大局意识不断增强，能力素质不断提高，工作作风明显改进，联系群众更加密切，廉洁履职更加高效。

（四）严格遵守各项纪律。严格遵守政治纪律，坚持党的基本理论和基本路线，提高政治敏锐性和政治鉴别力，在思想上、政治上、行动上自觉同党中央保持高度一致，确保党的路线方针政策、中央决策部署、国家局及云南中烟各项规定得到全面贯彻落实；严格贯彻执行民主集中制，坚持“三重一大”等重要决策事项集体研究决定，积极构建长效机制，严格落实职工群众的知情权、表达权、参与权和监督权，不断提升职工对企业的认同感、归属感、使命感和责任感；严格遵守生产经营纪律，认真贯彻落实《国家烟草专卖局关于进一步深入推进严格规范工作的意见》（国烟办〔2013〕51号），深入推进工程投资、物资采购、宣传促销规范管理，切实抓好“六个严禁、一个严控”各项要求的落实，确保严格规范工作深入推进；严格遵守组织人事纪律，认真贯彻执行领导干部选拔任用工作各项规定，严格执行干部选拔任用程序，严格规范选人用人行为；严格贯彻执行《党员领导干部廉洁从政若干准则》和《国有企业领导干部廉洁从业若干规定》等各项制度规定，把严格廉洁自律作为思想政治建设重要任务，自觉遵守廉政准则，增强反腐倡廉和拒腐防变的自觉性和坚定性，永葆共产党人清正廉洁的政治本色，大力营造云南中烟风清气正的良好氛围。

（五）不断加强基层党组织建设。党的基层组织是党的全部工作和战斗力的基础，基层党组织建设是党执政能力建设的着力点和落脚点。各单位要以整体推进基层创先争优活动为契机，不断加强基层党组织建设，积极推进思想政治建设工作。全系统各级党组织和广大党员干部，要通过基层创先争优活动的整体推进，始终坚持正确的价值追求，积极营造“学先进、赶先进”的良好风气，牢固树立和践行“两个至上”行业共同价值观，大力弘扬勤俭节约、艰苦创业，改革创新、开拓进取，奉献国家、回报社会，注重效率、严格自律的行业精神；各单位要不断加强基层创先争优长效机制建设，各基层党组织在发展党员时要坚持发展标准，严格履行发展程序，确保党员的质量；各单位要认真做好创先争优活动试点单位的达标验收和经验推广工作，对广大干部职工进行再发动、再宣传，积极探索“领导班子集体调研”“课题研究制”“项目落实制”等手段，不断把创先争优活动引向深入，切实推进云南中烟基层党组织建设取得实效。

（六）不断加强改进宣传工作。宣传工作是国有企业思想政治工作的重要组成部分，肩负着统一思想、宣传主张、教育群众、推动工作的重要职责，在促进企业科学发展中发挥着重要作用。宣传工作要注重突出重点，紧紧围绕党的十八大、习总书记一系列重要讲话，以及国家局领导重要讲话精神，努力提升党员干部宣贯党的路线方针政策的积极性和主动性，引导广大职工认清当前烟草行业改革发展的形势，加大对国家局相关政策的准确解读，为云南中烟改革发展提供良好的舆论环境；要坚持目标引领，围绕云南中烟“卷烟上水平”和“5521”品牌发展战略，切实把干部职工的思想和行动统一到公司党组的决策部署上来，使全体干部职工进一步统一思想，凝聚力量，树立“全省烟草工业一盘棋”的理念；要关注舆情，严格监管，各单位要继续加强对舆情的监控力度，对宣传工作要全程管理，严禁脱离实际，严禁一味追求大策划、大制作、大手笔、大场面、大媒体而花钱大手大脚，严禁临时动议，在没有立项、审批的情况下新增对外宣传项目；要严格执行《云南中烟工业有限责任公司关于印发内部宣传工作管理考核办法的通知》（滇烟工党群〔2013〕294 号）、《云南中烟工业有限责任公司关于印发对外宣传及舆情管理办法的通知》（滇烟工党群〔2013〕295 号），以定性与定量相结合的方式，严格进行考核。

（七）全面推进企业文化建设。当前云南中烟“合和”企业文化理念架构体系已初步搭建，全面推进云南中烟企业文化建设，对于加强思想政治建设具有重要意义。要以“同心、同向、同步、同力”为核心，积极构建云南中烟母文化架构体系，全面提升云南中烟软实力；各单位要按照“上下一体、明确边界、共享核心、尊重个性”的要求，全面梳理和认真总结企业文化建设成功经验，积极做好与云南中烟母文化体系的有效对接和宣贯落地；对于已开展企业文化建设的单位，要继续深入挖掘企业的历史和文化资源，不断完善企业文化价值理念，持续推动企业文化提升，进一步增强企业文化对干部职工的影响力和渗透力；要扎实推进以“四大品牌”为核心的品牌文化建设，以“德、礼、能、技”为主要内容的行为规范建设和以“廉洁从业”为重点的廉政文化建设，不断推进云南中烟企业文化建设向纵深发展。

（八）切实维护职工合法权益。维护职工合法权益，是工会的基本职责。严格贯彻落实《中共云南中烟工业有限责任公司党组关于印发职工代表大会实施办法的通知》（滇烟工党〔2011〕43 号），坚持和完善职代会会前、会后报告制度，进一步增强职代会规范化运作的水平，有效提升职代会的质量，切实增强职工代表参政议政的能力；要持续推进办事公开民主管理工作，要充分发挥工会自身组织网络健全、群众基础广泛的优势，积极构建党委统一领导、党政共同负责、纪委负责监督、工会负责日常管理、职能部门各司其职、职工群众全员参与的办事公开民主管理长效机制，严格落实职工的知情权、表达权、参与权和监督权；要认真贯彻落实《劳动合同法（修正案）》，从源头上有效维护职工的合法权益，尊重职工群众主体地位，依法保障职工政治权益、经济权益、文化权益、劳动权益，积极构建和谐劳动关系；要积极宣传和弘扬劳模精神，切实关心劳模的学习、工作和生活，努力为劳模成才成长、发挥作用创造条件，各级工会要通过深入开展“践行两个至上、争当云岭先锋”活动，进一步掀起尊重劳动、尊重知识、尊重人才、尊重创造的浓厚氛围。

（九）注重人文关怀和心理疏导，培育自尊自信、理性平和、积极向上的社会心态。各单位要高度重视和密切关注干部职工多方面的心理感受和情绪反应，积极开展多种形式的员工心理健康教育，不断健全心理咨询网络，提供及时有效的心理咨询服务，引导干部职工正确对待自己、他人和社会，正确对待困难、挫折和荣誉；要把干部职工的幸福感、满意度作为思想政治工作的考量，通过调查问卷、座谈、职工代表测评等形式，积极探索建立职工满意度调查测评工作运行机制，广泛听取职工意见，倾听职工呼声，对干部职工普遍反映的热点难点问题要及时研究，认真落实；各级工会要积极关心职工群众疾苦、倾听职工群众呼声，进一步完善困难职工帮扶机制，充分发挥各级“职工爱心慈善（帮困）金”的作用，有效解决职工群众困难，同时要善于运用网络、手机、微博等新技术，进一步畅通诉求表达、矛盾协调、心理疏导的通道，疏导职工群众情绪，回应职工群众关切，不断提升职工群众应对重大心理危机的抗压能力和心理承受能力，培育良好的社会心态。

三、大力加强思想政治建设的责任体系和保障机制

（一）建立健全符合烟草专卖体制和现代企业制度要求的思想政治工作格局。各单位要充分发挥党组织的政治核心作用，科学配置思想政治工作资源，采取党组（党委、党总支）成员、董事会成员“双向进入、交叉任职”“专兼结合、一岗双责”等方式，不断建立健全目标明确、责权分明、运转协调、渠道畅通的思想政治建设工作领导体制和工作机制；要把思想政治建设与生产经营、改革发展各项工作结合起来，与云南中烟各个层面工作贯通起来，形成党组（党委、党总支）统一领导、党政共同负责、工会共青团组织齐抓共管，以专兼职政工干部队伍为骨干、以职工群众广泛参与为特色的大政工格局。

（二）不断强化企业党组（党委、党总支）在思想政治工作中的领导职责。各单位党组（党委、党总支）对思想政治建设负总责，党组（党委、党总支）书记是第一责任人。要不断强化领导班子思想政治意识，努力做到讲党性、重品行、作表率，模范践行社会主义核心价值体系；要深入推进学习型党组织创建，以思想理论建设为根本，以党性教育为核心，继续抓好党组（党委、党总支）中心组学习制度，提高党建科学化水平；要把思想政治工作纳入企业管理目标考核体系，把职业精神和职业道德融入岗位职责和工作标准，带头做好思想政治工作的决策酝酿、计划制订，带头执行并推动落实有关规章制度；要按照精简、高效、协调、务实的原则，科学设置思想政治工作机构并结合企业改革发展的中心任务和阶段性目标，制定实施思想政治工作总体规划、年度计划，确保思想政治工作各项任务要求落到实处。

（三）有效激发基层党组织开展思想政治工作的积极性、主动性和创造性。各单位要充分发挥基层党组织教育群众、服务群众的重要作用，严格执行支部党员大会、支部委员会、党小组会和党课“三会一课”制度，大力推广“党员责任区”“党员先锋岗”等做法，团结带领全体职工干事创业；要认真组织政治理论学习和主题教育活动，把党的理论路线方针政策传达到每位职工、落实到基层一线；要进一步完善党员干部直接联系群众制度、谈心交心制度和走访慰问制度，坚持问政于民、问需于民、问计于民，真正把工作做到职工心坎上；坚持党建带工建、党建带团建，积极发挥工会、共青团的桥梁纽带作用，更好地反映职工群众呼声，切实维护员工合法权益。

（四）大力加强政工队伍建设。党务、工会、共青团等政工干部，是直接面向职工群众开展工作的一线队伍，是搞好企业思想政治工作的骨干力量。各单位要结合实际，认真落实政工干部的编制和数量，按照稳定队伍、优化结构、提高素质的要求，大力实施企业政工队伍人才培养工程，努力吸引和选拔政治素质好、知识层次高的青年干部到政工岗位上工作；各单位要结合实际，分层次制订政工干部培训工作计划，力争每5年对所属基层政工干部轮训一遍；要建立政工干部交流、轮岗制度，使政工干部合理流动，在不同岗位经受锻炼、增长才干，努力成为复合型人才；广大政工干部要坚持深入基层、深入职工群众，不断提高业务技能和服务本领，努力成为企业思想政治工作的行家里手。

（五）切实加强思想政治建设经费保障和阵地建设。各单位要把日常思想政治工作经费列入企业年度经费总体预算，具体额度可根据经营情况确定；要不断加强企业报刊、杂志、电视、网站以及图书室、活动室等思想文化阵地建设，不断丰富职工群众精神文化生活；要不断加大政工平台建设投入，积极开设网络互动、手机短信、博客、微博等栏目，积极构建高效、互动、个性化的企业思想政治工作网络体系；要充分发挥单位职工思想政治工作研究会作用，围绕企业思想政治工作的难点、热点问题，组织开展深入调研，切实提升企业思想政治工作的理论水平和解决现实问题能力；要不断加强舆论导向，营造良好氛围，使思想政治工作更加贴近实际、贴近生活、贴近群众。

各卷烟集团、各直属单位党委（党总支）要结合实际，按照本实施意见制定贯彻落实的具体举措，并于2013年9月底前报云南中烟党组。

二〇一三年七月三十日

云南中烟工业有限责任公司关于实施“两统一、两整合”方案的请示

滇烟工运〔2013〕394号

国家烟草专卖局：

2013年以来，面对宏观经济和行业发展新形势新任务，凌成兴局长提出全行业要深入思考、谋划、实践“改革的红利在哪里，发展的潜力在哪里，追赶的目标在哪里”三大课题。按照这一要求，我司在广泛调研、深刻思考和深入研究的基础上，认为面对新的发展阶段和发展形势，要谋划和实践好“三大课题”，推动云南中烟可持续发展，就必须创新发展思路，进一步深化改革，释放改革红利。为此，我司拟在立足自身“一公司、两集团”管理体制不变的前提下，本着“积极稳妥、平稳过渡、突出重点、分步实施”的原则，实施统一云南中烟、两红集团之间营销、研发业务，整合卷烟品牌、多元化经营业务的“两统一、两整合”改革工作，并形成了《云南中烟工业有限责任公司“两统一、两整合”实施方案》，现予以上报。

当否，请批复。

附件：云南中烟工业有限责任公司“两统一、两整合”实施方案

二〇一三年九月二十九日

附　件

云南中烟工业有限责任公司“两统一、两整合”实施方案

一、云南中烟改革发展现状

云南中烟工业有限责任公司于2011年1月27日由原云南中烟工业公司改制而成，公司是集卷烟生产销售、烟草物资配套供应、科研以及多元化经营等为一体的，目前全国卷烟产销规模最大的省级中烟工业公司。截至2012年底，公司资产总额1686亿元，净资产1364亿元，资产负债率19%。现有从业人员（含省外控股企业）41212人。2012年，云南卷烟品牌销量规模1050万箱，烟草主业（含省外控股企业）实现税利1144亿元。

过去十年来，云南中烟围绕“深化改革、推动重组、走向联合、共同发展”的战略任务，大力推动企业重组改革，先后完成省内卷烟厂“九变四”“四变三”“三变二”战略重组任务，组建了红塔、红云红河两大卷烟集团。以资产为纽带，以品牌为支撑，积极推动跨省重组，整合了新疆、乌兰浩特卷烟厂，控股山昆、蒙昆、红辽、海红公司，参股吉林烟草工业公司。公司还拥有云南烟草科学研究院、云南中烟物资（集团）有限责任公司、云南烟草教育培训中心、云南烟草国际有限公司、云南中烟特有职业（工种）职业技能鉴定站等5家直属单位，参控股云南烟草兴云投资股份有限公司、云南中维酒店管理有限责任公司等多家企业。多元化投资方面，云南中烟投资的具有独立法人主体资格、投资层级两级以下的房地产、酒店、物业管理、股权投资等多元化项目144个，累计投资总额241.29亿元，累计分回现金收益73.28亿元。投资的具有独立法人资格的境外企业共10个，累计投资额折合人民币12.19亿元。授权许可生产6家企业。

2013年5月份，国家烟草专卖局局长凌成兴在云南调研时对云南烟草的改革发展给予了高度评价，指出：“云南烟草在云南省、在全行业是重要支柱，在烤烟生产、卷烟工业、专卖营销上是三个典范”“云南烟草工业创造了产量规模、销售收入、利税总量三个第一”“云南烟草工业为云南省社会经济发展作出了不可替代的重大贡献，为全行业跨越发展作出了不可替代的重大贡献”。

今年以来，面对宏观经济和行业发展的新形势、新任务，凌成兴局长提出全行业要深入思考、谋划、实践“改革的红利在哪里，发展的潜力在哪里，追赶的目标在哪里”的“三大课题”。围绕“三大课题”，我们结合自身实际，提出要思考“八个问题”，即：在现有体制机制不变的前提下，如何进一步整合资源，推动品牌大发展；在国家局的期盼和省委省政府的要求下，如何确保税利目标；在现有品牌合作生产受困的情况下，如何创新突破，求得合作多方共赢；在此消彼长的存量空间争夺中，如何深化大营销体系构建；在初步完成多元化企业清退工作后，如何进一步整合优化“散、乱、低”的多元化企业，提高投资效益和水平；在科技创新已上升为国家战略的大背景下，如何在事关产品竞争力的关键技术上取得重大突破；在当前社会更多关注、质疑烟草产业的情况下，如何进一步严格规范管理、严控成本费用；在云南中烟“十二五”人才培养规划已经明确的前提下，如何育人、用人和调动人，支撑云南中烟发展。

经过广泛调研、深刻思考和深入研究，我们认为，面对新的发展阶段和发展形势，要谋划和实践好“三大课题”，解决好“八个问题”，推动云南中烟的可持续发展，保持竞争优势地位，就必须创新发展思路，进一步深化改革，在立足自身“一公司、两集团”管理体制不变的前提下，实施统一工业公司、两红集团之间营销、研发业务，整合卷烟品牌、多元化经营业务的“两统一、两整合”改革。通过深化改革，进一步整合资源、释放红利、挖掘潜力、促进发展。

二、“两统一、两整合”的目的意义

“两统一、两整合”的改革，是云南中烟从发

展模式、资源配置、发展目标、实现路径四方面出发，对行业“三大课题”作出的深入思考和积极践行，其目的和意义主要体现在四个方面。

一是进一步整合资源，挖掘潜力，充分释放改革红利的需要。

过去的十年里，云南中烟在推动企业重组整合、做大企业规模的同时，按照国办发57号文件的要求，努力完善体制机制，积极推进传统工厂制向现代公司制转变，在行业内率先试行母子公司体制改革试点，建立了三级法人管理体制。

改革，促进了资源效率的发挥；改革，促进了经济红利的释放。对比2003年，2012年云南中烟省内企业卷烟销售收入从462亿元增加到1148亿元，增长148%；平均单箱销售收入从7326元增加到15451元，增长111%；实现税利从322亿元增加到978亿元，增长204%，年均递增72亿元，特别是2011年、2012年分别增加153亿元和137亿元；平均单箱税利从5225元增加到13173元，增长152%。

当前，无论宏观经济还是行业发展，都开始步入深刻变化的关键时期，转方式、调结构成为经济工作的主题。在控烟形势日益严峻、市场容量渐趋饱和，经济增长速度明显放缓的大环境下，行业总量增长空间越来越小，烟草行业即将进入新一轮的发展周期。发展的动力，将主要通过优化存量资源来激发，而要优化存量资源，就要深化改革，进一步释放改革红利。

就云南中烟而言，上一轮改革形成的“一公司、两集团”运行模式经过近五年的运行，两红集团的品牌格局、资源格局、利益格局、市场格局已基本固化，改革所激发出的动力日益减弱。在宏观经济运行放缓的大背景下，现行体制所存在的一些弊端日渐凸显。主要表现在：由于云南中烟是行业内唯一保留三级法人管理体制的工业企业，管理层级的增加降低了管理效率，加大了管理成本，延缓了对市场的响应速度。同时，两红集团在相互竞争过程中，由于品牌定位、市场布局的重叠，导致云南品牌相互冲突，市场份额此消彼长；由于营销机构的重叠，导致市场营销上的重复投入和竞争性内耗；由于科技研发机构重叠，导致基础建设、科技经费重复投入，科研成果转化、共享水平低。此外，多元化投资较分散，投资效率和效益有待进一步提升。国际市场开拓未能实现集中力量、统一谋划，抱团出击。在当前在经济增长动力持续减弱的情况下，云南中烟保持竞争优势、实现持续发展的压力不断加大。今年，云南中烟与云南省委省政府签订的经济责任目标实现难度很大，推动明后年乃至长期发展的经济增长压力更大。因此，亟须通过推进新的改革，减少管理层级、提高管理效率、提高反应速度，从而释放新的改革红利，进一步激发企业发展内生动力。

二是进一步优化存量，做强品牌，实现“5521”品牌发展目标的需要。

过去几年，云南中烟按照“做精做强做大品牌”的思路，围绕打造重点骨干品牌、增强品牌核心优势、提高品牌竞争力，明确了以“玉溪”“红塔山”“云烟”“红河”为重点的四大品牌发展思路。推进品牌结构优化，引导资源向四大品牌聚集，促进了品牌集中度大幅提高，品牌规模迅速扩张，品牌结构明显提升，品牌竞争力显著增强。到2012年，云南内销卷烟品牌10个，较2003年的36个减少26个。云南卷烟商业销量达到1050万箱，较2003年的617万箱增长70%。“玉溪”“云烟”“红塔山”“红河”四大品牌商业销量分别达到123万箱、297万箱、305万箱和173万箱，品牌集中度达到85%。其中，“红塔山”“云烟”销量分别居行业重点品牌第二位和第三位，“玉溪”居行业一类烟销量第二位；“云烟”“玉溪”“红塔山”销售收入分别位居行业第三、第七和第八位。

以重点品牌为纽带，实施对外品牌输出，拓展品牌发展空间，积极推进与省外13家企业的品牌合作生产并建立长期稳定的合作关系，促进合作双方共同发展。品牌合作生产量由2003年的50万箱左右增长到2012年的268万箱。以聚焦三个重点（培育重点品牌、拓展重点市场、打造重点境外企业）、实现五个转变为核心，推动云南中烟由国内市场向国际市场跨越。2012年卷烟境外销售总量32万箱，较2003年的6.68万箱增长379%，位居行业第一，其中一般贸易出口近11万箱、境外生产21万箱。

进入“十二五”以来，根据行业发展形势的变化，云南中烟结合自身发展需要以及保持竞争优势的要求，三次调整品牌发展规划，由“5331”调整为“5422”，又进一步调整为“5521”，即到2015年，“红塔山”品牌规模达到500万箱以上，商业批发销售收入1100亿元；“云烟”品牌规模达到500万箱以上，商业批发销售收入1600亿元；“玉溪”品牌规模达到200万箱以上，商业批发销售收入1000亿元；“红河”品牌根据市场需求，结构全部提升为三类以上，规模调整到100万箱左右。这一规划得到了国家局的高度认可和商业公司的普遍认同。

随着宏观形势的发展，特别从今年的市场形势来看，四大品牌发展情况各有不同。“玉溪”销量稳定增长，但完成目标任务的压力不断增大，预计2013年销量145万箱左右。“红塔山”从2012年开始出现销量下滑的现象，目标完成的前景不容乐观，预计2013年销量290万箱左右。“云烟”虽然在300万箱以上大品牌中保持较好的发展势头，但计划缺口仍然较大，预计2013年销量340万箱左右。“红河”结构提升后，销量持续下降，其所让出的市场份额能否为“云烟”所承接还难以预估，预计2013年销量155万箱。“红梅”“红山茶”等品牌由于市场刚性需求较大，短期内难以大幅度缩减规模，腾出计划资源。

目前形势下，云南中烟发展的潜力就在于进一步整合品牌资源，做大重点品牌，提升品牌价值。从四大品牌发展形势判断，受计划资源缺口增大、合作生产推进困难、市场冲突加剧等因素影响，在两红集团品牌、市场格局基本固化的情况下，如果不能统筹集中云南中烟全部计划资源、原料资源进行优化配置、重点突破，云南中烟“5521”的品牌发展目标将难以完成，云南卷烟品牌竞争力将难以得到进一步提升。

三是进一步提高效率，形成合力，努力追赶新目标的需要。

凌成兴局长在云南调研时对云南中烟的发展提出“保持行业领头羊，创造全球新纪录”的要求，这既是云南中烟的努力方向，也是云南中烟所要追赶的目标。目前，云南中烟产销规模、税利总量、一类烟规模、境外卷烟产销量几个指标保持了行业第一的位置。但同时，云南中烟的单箱税利仅排行业第6位，高端烟、低焦油烟的规模也较小，所占份额较低，与云南中烟的地位不相称。实现“5521”的品牌发展目标后，云南中烟将同时拥有两个500万箱的品牌、三个销售额超过1000亿元的品牌，行业领头羊的地位将得到进一步巩固。同时，云南中烟将力争在高端、低焦卷烟产销量上实现突破，在重点市场覆盖率、单品牌国际市场销量，有机、绿色、生态烟叶型卷烟总量等指标上成为行业领头羊。在此基础上，在品牌发展、企业管理、科技创新等方面进一步树立新的目标，寻求新的跨越，实现新的突破，成为行业的标杆企业，并向“创造全球新纪录”的更高目标奋进。

要实现这些新的追赶目标，就需要不断深化内部改革、转变发展方式、提高发展质量。当前，就是要通过“两统一、两整合”的专业化整合，消除两大卷烟集团内耗式竞争，促进资源优化配置。要按照专业化整合的要求，抱团经营，协调发展，努力实现联合采购、联合营销、联合研发、资金集中管理、费用合并削减、资源共享、客户共享、设备产能共享等，降低运营成本，提升运营效率，发挥协同效应，实现整体优化。

四是进一步提升实力，增强动力，实现持续健康发展的需要。

云南作为经济社会发展相对落后的边疆少数民族地区，还需要投入大量的财力物力，推进各项基础设施的建设，努力改善民生。当前，正值云南省加快建设“面向西南开放重要桥头堡”、推进经济社会转型升级、力争与全国同步进入小康社会的关键时期。云南省委省政府对烟草的发展提出要“撑竿跳高、勇攀高峰”的更高要求，省领导在充分肯定“两统一、两整合”工作思路的基础上，对云南中烟的发展改革提出“要有利于云南烟草的发展，有利于云南社会经济的发展，有利于成为行业标杆，有利于调动企业积极性”的要求。烟草作为云南省最重要的支柱产业，进一步加快发展、提升效益，带头推动云南经济发展责无旁贷。

“两统一、两整合”的改革将有利于形成云南中烟在市场竞争中的整体性，实现品牌的互补性和联动性，进一步增强品牌竞争力。有利于集中云南中烟人才、资金、技术等资源，降低各项成本费用，充分挖掘发展潜力，增强发展内生动力，推动云南中烟的持续健康发展，为行业发展、为云南经济社会发展作出新的更大贡献。

三、“两统一、两整合”的实施方案

（一）“两统一、两整合”总体原则和实施进度

为确保云南中烟生产经营、市场销售、经济运行的平稳，“两统一、两整合”改革将本着“积极稳妥、平稳过渡、突出重点、分步实施”的原则，在各项改革方案充分研究成熟后，稳步推进实施。

“积极稳妥”，即改革总体上要坚持“两个不变、两个不涉及、四个有利于”。两个不变”指云南中烟现行“一公司、两集团”管理体制不变，“5521”品牌发展目标不变；“两个不涉及”指改革不涉及“帽子”和“票子”；“四个有利于”指改革要有利于中国烟草未来发展的方向，有利于云南社会经济的发展，有利于云南烟草工业做强做大，有利于调动广大干部职工的积极性。

“平稳过渡”，即改革既要积极推进，但在过程中更要周密策划，多方听取意见，尽量考虑周全，保持改革期间生产经营的稳定，实现平稳过渡，为下一步发展打下坚实的基础。

“突出重点”，即改革要先从重点业务开始，先抓住龙头，后面再进行系统的推进和完善。重点先推进国内营销业务统一和品牌整合，然后再推进科技研发、国际市场、多元化等业务的统一和整合，并同步推进相关人员安置、职能调整、流程优化等改革。

“分步实施”，即改革方案成熟一个实施一个，稳步推进、分步实施。先从有一定基础、方案相对成熟的业务推进改革。2013 年方案拟订和准备，推进营销统一和品牌整合。对科技研发等涉及面较大的领域进一步细化方案、听取意见，稍后推进。2014 年实现“两统一、两整合”相关业务调整的过渡。2015 年进入全面运行。

实施进度安排：2013 年 9 月份形成整体改革初步方案，向云南省委省政府和国家烟草专卖局汇报。初步方案获得批准后，10 月份拟定各方案的实施细则。11 月初，确定营销机构设置及领导班子配置，营销中心人员基本调整到位，统一衔接 2014 年上半年销售计划。同时，进一步完善科技、国际市场、多元化业务统一及整合方案。

2014 年初确定科技研发业务的机构设置及领导班子配备。上半年完成质检体系、质量管控体系、基础共性技术研究体系的统一，2014 年底前完成产品研发、维护体系的统一，实现科技研发业务的完全统一。国际市场、多元化业务的统一和整合改革同步推进，2014 年上半年完成方案细化、职能调整、班子配备、人员配备等工作，下半年全面推进整合运行。

（二）“两统一、两整合”方案总体思路

根据以上原则，云南中烟“两统一、两整合”方案总体思路如下。

1. 营销统一总体思路

（1）国内市场营销统一总体思路

统一国内市场营销按照“先优化、后整合”的步骤推进改革，实现从流程性变革到组织性变革，分两个阶段推进营销统一。

第一阶段：保持现有营销组织架构不变，以调整管理模式和业务流程为抓手，促进组织机构、组织效能不断优化。一方面建立“集中决策”机制，由云南中烟和两红集团相关领导成立“决策委员会”，确定品牌发展目标、产销计划等重大事项，并统一销售目标和计划衔接，完成明年上半年集中交易，保持品牌和市场的平稳发展。另一方面，启动信息资源、宣传资源、人力资源三大共享平台的建设，优化全员营销、协同对接、物流配送、营销服务四个保障体系，理顺内外业务流程和工作接口关系，为营销的全面整合构建相应的保障和支撑体系。

第一阶段自今年9月开始，11月底结束，确定明年任务目标，完成产销计划衔接，搭建共享平台，优化保障体系。

第二阶段：将云南中烟市场管理部与两红集团营销中心现有人员和相关资产整体划入云南中烟，按照非法人实体模式组建成立云南中烟市场营销中心，完成营销的全面整合。新的营销中心将按照集中资源配置、实现自主管理，归并交易账户、统一计划运作，承担品牌责任、强化内管监督、妥善安置人员的原则进行运作。

第二阶段自今年10月开始，明年3月结束，主要开展动员部署，制定整合实施细则，组织方案实施，机构正式运行。

（2）国际市场营销统一总体思路

国际市场营销统一的目的，是整合和优化国际市场的品牌、市场、经销商、营销费用、境外加工、营销团队等资源配置。云南烟草国际有限公司作为云南中烟拓展国际市场的主体，由“管理经营型”向“经营实体型”转变，逐步理顺国际市场业务流程和工作关系，实现云南中烟国际市场营销的全面统一。云南烟草国际有限公司具有云南品牌在国际市场的使用权，承担国际市场规划、管理、运营和烟草制品进出口职能，负责云南中烟对外贸易、对外投资和对外合作业务。两红集团承担境内外烟丝、成品供应、境外工厂管理、人员配备工作。

按照“分步实施”原则，国际市场营销统一步骤考虑如下：2014年制定战略规划，统一关键流程。在保持两红集团现有国际业务机构不变、设置不变、人员不变的前提下，对国际市场营销业务、工作流程和工作关系进行调整，云南烟草国际有限公司统一制定规划、统一计划管理及经销商管理，拓展国际市场的运作仍由两红集团负责，初步实现国际市场营销的统一。

2015年理顺内部关系，整合境内资源。云南烟草国际有限公司在完善规划、理顺关键流程的基础上，统一品牌管理、统一营销费用投入、统一市场运作，实现国际市场营销的全面统一。云南烟草国际有限公司根据发展需要调整组织架构，撤销两红集团国际事业部和海外市场拓展部，相关人员根据工作需要，调整到云南烟草国际有限公司工作。两红集团负责境外生产的管理，以及出口产品的生产。技术中心负责新产品的研发和在线产品的维护。

2. 研发统一总体思路

研发业务的统一坚持“科学发展、服务品牌、扁平高效、技术领先、确保稳定”原则，在云南中烟“一公司、两集团”体制不变前提下，统一配置“一院两中心”现有科技资源，充分发挥科技创新整体优势，全面提升云南中烟科技创新运行效率。将云南烟草科学研究院和两红集团技术中心的现有人员及相关资产整体划入云南中烟，组建成立云南中烟技术中心，实行非法人实体模式运作。按照“职责清晰、责权对等、避免交叉、协同支撑”思路，设置产品研发与维护、产品质量管控、基础研究、产品质量检测四个业务板块和一个包括业务管理、科技管理、财务审计、政工管理的综合管理板块。

实施步骤，2014年上半年，首先启动产品质量管控、基础研究、质量检测三个业务板块的统一运作。新产品研发与在线产品维护业务采用项目制的方式开展相关工作，保证产品研发与维护工作的连贯性和稳定性。下半年，适时启动产品研发与维护业务板块的正式统一运作。2014年底完成所有业务统一。

3. 品牌整合总体思路

云南中烟品牌整合以“5521”品牌发展目标为基础，按照品牌资源“用好增量、盘活存量”方针，结合云南品牌实际，遵循市场规律，引导消费需求，优化配置好现有品牌资源，深化品牌互动，加快整合步伐，把品牌发展的重点聚焦于“玉溪”“云烟”“红塔山”上。结合云南卷烟品牌的发展历史、发展现状、品牌文化及卷烟品类差异性，通过“确立主导规格、加强整合引导、实施区隔营销”的“三个途径”，积极推进非重点品牌、区域性品牌的整合。

对于重点品牌，通过明确“价格档次定位、品牌结构定位、文化价值定位”的“三个定位”，完善价格链条，缩小单品牌价格跨度，确立各价位段主导规格，减少云南卷烟品牌的相互冲突，体现整体协作，适度补充。通过不断完善云南卷烟品类体系，整体发展上实施以中高档次为重点的差异化、梯次化发展战略，具体操作层面实施子品牌和副品牌相互支撑、相互影响、相互促进的发展策略。

品牌整合要达到的目的，是盘活存量，提升效益。从完善品牌价值链角度出发，以拓展高端品牌为重点，以做强中高档品牌为核心，突出发展重心，加大创新力度，努力建成定位明确、层次清晰、集中度高、竞争力强、占有率高的云南卷烟品牌体系，形成支撑云南中烟在"十二五"及更长时期持续健康发展的重要支点。

4. 多元化业务整合总体思路

多元化经营业务的整合按照各集团企业利益不变的原则，分为两个步骤进行：首先完成在云南中烟内部多元化整合重组。在此基础上，按照云南省委省政府"打造云南省最具实力投资公司"的目标要求，吸纳云南省有意向的投融资公司、企业集团等入股，通过增资扩股将单一中央企业结构性质的企业改制为中央地方多元结构的现代企业。

管理构架上，构建起云南中烟投资管理部、实体化专业化投资管理公司、多元化经营实体企业层三个层级的投资管理架构。利用现有云南红塔集团有限公司作为整合平台，以两红集团及云南中烟本部作为新的投资管理公司的直接出资人。其中，红塔集团、红云红河集团以现有的多元化项目资产作为投资，分别持有新公司约70%—80%和10%的股权；云南中烟以现金出资，持有新公司10%—20%的股权。

整个改革重组工作拟分为以下三个阶段，分步骤组织实施。

第一阶段，组建多元化业务整合工作小组，成立新的投资管理公司。

第二阶段，完成股权并入新投资管理公司的各项工作。

第三阶段，以新的投资管理公司为主体，完成两红集团多元化管理机构合并撤销工作。

时间安排：2013年底前完成重组整合工作小组和职能工作小组的组建工作。2014年3月底前，完成对参与重组整合企业的全面的清理摸底，制定《重组整合实施方案》。2014年底前完成参与重组整合的79家企业并入新投资管理公司的资产划转、资产剥离、增资扩股等相关行为报批和账务处理、投资主体变更登记等各项工作。拟用1至2年的时间，最终完成新投资管理公司内部的实质性整合工作。

四、"两统一、两整合"的管理支撑体系

在"一公司、两集团"管理体制不变的基础上，进行"两统一、两整合"的改革后，云南中烟目前的管控模式、管理职能及管理体系必须做出相应的调整和改变，才能适应和支撑新的管理运行模式，实现云南中烟的平稳发展。

（一）调整云南中烟的管控模式

云南中烟作为国有大型集团企业，整体的管理协同性将决定其综合实力，而综合实力将决定未来竞争的格局。目前较为典型的集团公司管控模式主要有三种：投资管控模式、战略管控模式、经营管控模式。不论采用哪种管控模式，其本质都表现为母公司对子公司生产经营管理的集权、分权程度，最终目的都是为了最大限度地创造母子公司的协同效应，达到整体业绩最大化。

目前，云南中烟立足于"一公司、两集团"的三级法人管理体制实际，在管控模式选择上采用的是战略管控模式。在这一模式下，工业公司的主要职能是战略管理和管理服务，公司本部职能定位为战略中心、管控中心和评价中心，主要职责是"管要点、立目标、评结果"。作为母公司，立足于为子公司提供更多的管理服务，创造更多的附加价值来增强凝聚力和成员企业的归属感。各卷烟集团作为生产经营主体，是利润创造中心，其职责是抓好企业生产经营各项业务，提升品牌竞争力，做大做强云南中烟重点骨干品牌。

按照"两统一、两整合"思路进行改革后，虽然现行管理体制保持不变，但由于经营管理业务范围改变，整个云南中烟的管控模式必须作出相应的调整，才能适应新的工作需要。因此，云南中烟的管控模式将由战略管控型调整为经营管控型。

（二）调整云南中烟的职能定位

在经营管控模式下，云南中烟的主要职能定位于“战略管理、资源配置、经营管理、统筹协调、绩效管理”五大块。对应这五块职能，工业公司的工作要点可以概括为“定方向、管战略；定资源、管配置；定要素、管经营；定规则、管协调；定目标、管绩效”。云南中烟职能定位见下图：

在新的管控模式下，工业公司本部如何保持高效率的运作，如何通过组织机构建设和能力建设，进一步调整优化与卷烟集团、直属单位的良好对接，发挥价值创造作用，防止“大企业病”，是集团管控面临的新问题。因此，工业公司和卷烟集团的管理范围、管理定位等都应作出相应的调整，以适应和支撑管理形式的变化。要不断提高工业公司本部的运作效率，完善卷烟集团治理模式，有效实施对各直属单位的管控，保证云南中烟战略意图的彻底贯彻，防范风险，同时又充分发挥各大板块的协同效应，实现整体最优和价值最大化。一些工作初步构想如下：

战略管理：要进一步强化工业公司战略管理功能，强化目标体系等管理体系建设，确保公司战略的有效落地和整体推进。

资源配置：工业公司根据品牌发展目标，统一管理、下达生产计划。两红集团的原料资源，要按照云南中烟整体品牌发展需要，进行统一管理和配置。此外，在资金筹措和使用、投资项目等方面进行统一配置管理。立足于整合内部资源，通过建立资源共享机制，创造业务板块及所属各企业之间的协同互补，建立完善基于 ERP 系统的统一的管理信息化平台，进一步提高资源配置效率和管理服务水平，实现整体战略联动。

经营管理：按照“两统一、两整合”方案，工业公司的经营管理职能主要包括：统筹考虑品牌发展，统一国内、国际市场营销业务，统一科技研发业务，统一管理全省的多元化经营业务。

统一后的营销、科研机构按照“独立运行非法人实体”模式，给予充分的自主权，工业公司主要通过预算管理、绩效管理等手段进行管控。多元化业务、国际业务整合后，作为云南中烟的全资子公司，采用独立法人运行模式，工业公司对其管控采用投资管控型模式，主要管投资项目、资金使用、投资回报等主要内容。

统筹协调：主要包括对外品牌合作加工、省外控股企业互动加工等合作方案的确定。引导和推动先进管理思想、管理方法在各企业的运用实施，为企业提供各种资源共享服务、信息技术支持、政策咨询、教育培训等，为企业的发展提供持续的内生动力。此外，立足于营造良好的外部环境，做好集团整体风险管控，对政府部门、社会机构等的公共关系管理，从政策扶持、原料供应、卷烟销售等方面，对品牌做大做强给予支持与服务。

绩效管理：对所属各单位的综合绩效管理职能。

（三）工业公司及两红集团部门职责的调整

进行以上改革后，云南中烟公司本部和卷烟集团的运行模式将发生一定的变化。因此，相应的管理制度、目标体系、管理流程，信息系统建设，绩效管理体系等都将进行相应的调整，需要进行系统策划。工业公司各业务部室、卷烟集团对应职能部门的职责定位也将进行相应的转变，因此要努力实现业务流程接口的顺畅，确保生产经营的平稳。

（四）工业公司对卷烟集团责任目标考核

改革后，工业公司承担了大部分经营责任，而两红集团主要承担生产主体责任及部分经营责任。因此，待“两统一、两整合”完成后，工业公司对各卷烟集团责任目标的考核，应由目前以税利、品牌发展为主转向以生产制造、成本费用、预算执行、原料管理、物流管理、投资技改、内部管理、队伍建设等为主。2014 年的考核按照“一公司、两集团”管理体制，经营责任由工业公司和两红集团共同承担，并依据职能定位对新成立的营销中心进行经营责任考核，对技术中心进行目标责任考核。

（五）地方利税分配

改革后，由于卷烟集团不再具备营销职能，其税利目标等经济责任将主要由工业公司承担。对于烟厂所在地的地方政府利益的分配，有两个方案可供考虑：

方案一：暂时维持现有分配机制不变，工业公司根据目前两红集团各企业所在地的税利分配比例，结合品牌发展目标，合理安排各集团生产的品种结构和生产数量，基本保持两集团实现税利同比例增长，确保地方税利的平衡和合理增长。此方案优点是：可随改革的进行立即推行，不需要通过省政府协调；问题是：工业公司在计划分配上要统筹考虑地方政府的利益问题，计划分配品种结构和生产数量的安排调整工作量大大增加。

方案二：是由省政府出面协调，可以按 2012 年和 2013 年实际实现的税利总额平均数为基数，核定各地方政府税利基数。以后云南中烟实现的税利总额按“同比例增减”的方法进行分配。此方案的优点是一旦分配的比例、方法等细则确定下来，就可照此执行，工业公司在计划分配、生产安排上无需过多考虑地方利益。问题是需要由省政府出面协调，方案的制订、执行需要一定时间。

此外，还要与省统计局进行协调，确定各地工业总产值、工业增加值等与地方经济利益密切相关的经济指标的基数问题，以避免工业公司按品牌发展目标安排各地生产的品种、结构时，引起地方国民经济统计数据的较大波动。

（六）对一些后续问题的考虑

改革方案通过后，还将涉及到很多具体问题，如营销中心和物流中心如何实现有效的对接。现有原料资源如何按品牌发展目标，实现统一调配。营销、科研、多元化业务统一和整合后，相关人员的薪酬问题等等，都需要作系统思考和周密策划。

总之，云南中烟改革的推进必须有相应的管控模式、管理体系作支撑，才能确保发展的平稳。集团管控的核心任务就是既要解决发展问题，又要有效防范风险；既要关注个体利益、促进个体发展，更要关注全局利益、促进整体利益的最大化。管控模式的设定和运行要本着能够有利于开拓市场、有利于开发技术、有利于开发人才、有利于降低成本费用、有利于提高整体竞争力的原则，实现整体优化，确保“两统一、两整合”目标的实现。

五、“两统一、两整合”需要的政策支持

（一）云南中烟党组已就“两统一、两整合”的改革方案统一了思想、达成了共识，云南省委省政府坚决支持，请求国家局给予批准。

（二）请求国家局批准云南中烟在今年 11 月份召开“两统一、两整合”实施方案情况通报会，由云南中烟在会上向全国各省区介绍“两统一、两整合”的方案，寻求大家的理解和支持。届时，恳请国家局领导莅临指导并给予鼓励。

（三）请求国家局对云南中烟的品牌整合给予支持，加大销区对重点品牌销售培育的考核力度，在云南中烟重点品牌的规格调整、新品审批上给予支持。

（四）请求国家局对已经同意 2014 年进入基数的 10 万箱抗震救灾卷烟生产计划，能列入 2014 年上半年卷烟集中交易的销售计划。同时，请国家局给云南中烟 2014 年提前预生产计划 65 万箱。

（五）请求国家局给云南中烟与大品牌发展需要相适应的打叶复烤、制丝等工艺技术升级改造及烟机装备升级改造的政策支持。

国家烟草专卖局 中国烟草总公司
关于云南中烟工业有限责任公司
“两统一、两整合”工作的批复

国烟法〔2013〕386号

云南中烟工业有限责任公司：

《云南中烟工业有限责任公司关于实施“两统一、两整合”方案的请示》（滇烟工运〔2013〕394号）收悉。经研究，现批复如下：

一、原则同意云南中烟工业有限责任公司（以下简称云南中烟）开展“两统一、两整合”工作。统一管理所属红塔烟草（集团）有限责任公司、红云红河烟草（集团）有限责任公司（以下简称两红集团）的市场营销、产品研发业务，整合卷烟品牌和公司本部及所属两红集团现有多元化经营企业及股权，进一步优化资源配置，实现企业持续健康平稳发展。

二、云南中烟在“两统一、两整合”的过程中，要依法依规妥善处理与地方人民政府的利益，积极争取地方人民政府和相关部门的支持；要严格规范操作、不断总结经验、完善政策措施，抓住重点，突破难点，确保工作扎实推进。

三、“两统一、两整合”工作进行过程中涉及需要向国家局、总公司报批的事项，要依据有关规定履行报批手续。

工作中遇到的情况和问题，请及时报国家局、总公司。

二〇一三年十月十八日

云南中烟工业有限责任公司
关于清理办公用房工作方案

滇烟工办综〔2013〕106号

按照《中共中央办公厅国务院办公厅关于党政机关停止新建楼堂馆所和清理办公用房的通知》（中办发〔2013〕17号）及《国家烟草专卖局办公室关于印发清理机关办公用房工作方案的通知》

（国烟办综〔2013〕535号）要求，为切实做好云南中烟办公用房清理工作，制定如下工作方案。

一、组织领导

云南中烟办公用房清理工作由企业管理部牵头负责，办公室、财务部、人力资源部、纪检监察部、事务管理部主要负责同志及有关人员组成工作组，具体负责宣传贯彻国家局有关精神、制订工作方案、组织开展清理、按要求报送材料等工作。所属各单位也要成立工作组，具体负责办公用房清理工作。

二、清理腾退办公用房的原则

坚持“两不动”“一严控”的原则，即：办公用房主体结构不动、办公用具不动原则，不购置新的办公用具、不改变主体结构、不产生新的浪费；严控清理整改费用。

三、清理腾退办公用房措施

（一）云南中烟机关及所属各单位领导干部办公室设有休息室的，一律取消。

（二）云南中烟机关：公司领导使用单间，处级干部2人一间，处级以下干部3人或3人以上一间合并办公。

（三）两红集团本部、研究院领导使用单间；两红集团的五中心（营销中心、技术中心、采购中心、制造中心、物流中心）正职领导使用单间，副职领导2人一间；其他部门领导2人一间。部门以下干部合并办公。鉴于目前云南中烟“两统一、两整合”工作已启动实施，两红集团营销中心、技术中心办公用房暂不调整，待统一后，按此方案执行。

（四）其他直属单位及各卷烟厂领导使用单间，部门正、副职2人一间，部门以下干部合并办公。

（五）使用单间的领导干部，现有办公用房超标准的，可以采用“大改小”的办法，将办公室改小，采用轻质隔断，隔出来的房间用作公共会议室或其他人员使用的办公室，也可以搬至面积符合标准的办公室。

（六）对清理出的办公用房全部封存，待清理腾退后根据工作需要由原单位调剂使用。

（七）严格按照《党政机关办公用房建设标准》（原国家计委计投资〔1999〕2250号）规定的面积标准开展清理工作。正厅级：每人使用面积24平方米；副厅级：每人使用面积18平方米；处级：每人使用面积12平方米；处级以下：每人使用面积6平方米。

（八）云南中烟机关清理腾退办公用房工作由事务管理部和办公室负责实施。各单位清理腾退办公用房工作原则上要在2013年11月20日前完成。

（九）各单位制定的清理办公用房工作方案，须报云南中烟企业管理部备案。

（十）本工作方案由云南中烟企业管理部负责解释。

二〇一三年十一月一日

云南中烟工业有限责任公司非烟用物资采购管理办法

滇烟工物〔2013〕455号

第一章 总 则

第一条 为规范云南中烟工业有限责任公司（以下简称云南中烟）非烟用物资采购行为，推进非烟用物资招标采购管理，按照《国家烟草专卖局中国烟草总公司关于印发烟草企业采购管理规定的通知》（国烟运〔2012〕313 号）要求，制定本办法。

第二条 本办法所指非烟用物资是指除烟用物资（包括卷烟材料、烟叶配套物资、烟草物流配送物资、烟机及烟机零配件等）以外的原材料、燃料、运输工具、办公、劳保、生活、五金、设备等物资（附件 1）。

第三条 非烟用物资的采购主体是云南中烟有限责任公司机关（以下简称公司机关）、各卷烟集团（含各卷烟集团授权采购的卷烟工厂）和各直属单位。

第四条 采购工作必须遵守国家相关法律和法规并依法接受监督，遵循公开透明原则、公平竞争原则、公正原则和诚实守信原则。

第二章 管理机构及职责

第五条 云南中烟工业有限责任公司物资采购工作领导小组（以下简称领导小组）是非烟用物资采购管理工作的领导机构。

第六条 领导小组下设办公室，办公室设在云南中烟物资（集团）有限责任公司（以下简称物资集团），负责非烟用物资采购管理日常工作。

第七条 各单位要逐级建立和完善非烟用物资采购管理机构，对非烟用物资采购管理工作实行集中归口管理。

（一）公司机关、各直属单位须由一个部门统一对非烟用物资采购管理工作进行归口管理。

（二）各卷烟集团物资采购中心是非烟用物资采购管理工作的归口管理部门。物资采购中心应设立机构，明确专人专项负责非烟用物资采购管理工作，在本单位“三项工作”管委会的指导下负责对集团各部室、各卷烟工厂非烟用物资采购工作进行指导、监督等管理工作，并负责相关资料收集、汇总、统计、上报。

第三章 采购目录和采购计划管理

第八条 各单位按照采购组织形式和采购需求编制年度《采购目录》和《集中采购目录》，实行分级分类管理，每年定期更新。

（一）公司机关、各直属单位自行组织编制年度《采购目录》报领导小组办公室备案；公司机关、各直属单位的年度《集中采购目录》由物资集团负责编制后报领导小组办公室备案。

（二）各卷烟集团的年度《采购目录》和《集中采购目录》由各卷烟集团自行组织编制，经各卷烟集团“三项工作”管委会审定后报领导小组办公室备案。

第九条 各单位根据企业实际，编制年度非烟用物资采购计划和预算（附件 2）。经本单位“三项工作”管委会审定（设立董事会的单位，经“三项工作”管委会审议后，报董事会审定）后报领导小组办公室汇总审核，由云南中烟董事会审批后执行。

第十条 各单位必须严格按照批复的年度计划和预算实施。确因生产需要，需追加采购计划或变更采购内容的，要按照第九条审批程序办理。原则上采购计划、预算每年年中进行中期调整。

第四章 采购方式及适用条件

第十一条 非烟用物资采购方式包括以下五种：

（一）公开招标；

（二）邀请招标；

（三）竞争性谈判；

（四）单一来源采购；

（五）询价。

第十二条 公开招标要作为非烟用物资采购的主要方式。任何单位和个人不得将应当公开招标的采购项目化整为零或以其他任何方式规避公开招标。全资三产公司采购的项目不在此规定范围内。

第十三条 符合下列情形之一的采购，可以采用邀请招标方式采购，由实施采购主体的同级采购办向 3 个以上具备承担招标项目能力、资信良好的特定的法人或者其他组织发出投标邀请书：

（一）技术复杂、有特殊要求或者受自然环境限制，只有少量潜在投标人可供选择；

（二）采用公开招标方式的费用占项目合同金额的比例过大。

第十四条 符合下列情形之一的，可以采用竞争性谈判、单一来源、询价采购的方式进行，但必须严格按照规定程序进行。

（一）供应商不足3家；

（二）涉及行业安全和秘密；

（三）涉及烟草行业核心技术；

（四）采用特定专利、专用技术。

第十五条 符合下列情形之一的采购，可以采用竞争性谈判方式采购：

（一）招标后没有供应商投标或者没有合格标的或者重新招标未能成立的；

（二）技术复杂或者性质特殊，不能确定详细规格或者具体要求的；

（三）采用招标所需时间不能满足用户紧急需要的；

（四）不能事先计算出价格总额的。

第十六条 符合下列情形之一的采购，可以采用单一来源方式采购：

（一）只能从唯一供应商处采购的；

（二）发生了不可预见的紧急情况不能从其他供应商处采购的；

（三）必须保证原有采购项目一致性或者配套服务的要求，需要继续从原供应商处添购，且添购资金总额不超过原合同采购金额10%的。

第十七条 采购的货物规格、标准统一，现货货源充足且价格变化幅度小的，可以采用询价方式采购。

第五章 招投标管理

第十八条 各单位应加强对非烟用物资采购过程管理，严格工作程序，强化对重要步骤和关键节点的控制，确保非烟用物资采购"应招尽招、真招实招"。

第十九条 各单位非烟用物资采购组织形式分为集中采购和分散采购两种形式。

（一）公司机关、各直属单位集中采购由物资集团按《集中采购目录》组织实施；分散采购由各单位自行组织实施；

（二）各卷烟集团集中采购按本单位编制的《集中采购目录》自行组织实施，各卷烟工厂的集中采购可由各卷烟集团授权进行；分散采购分别由各卷烟集团有关部门和卷烟工厂自行组织。

第二十条 各单位对采购的非烟用物资要提前规划、合理打包、归类整合，变分散采购为集中采购，变零星采购为批量招标采购。对于采购需求不明确的物资种类，应先通过公开招标方式确定原则上不少于3家供应商，并在采购实施过程中根据本办法第四章相关要求选择适当的采购方式进行采购，做到"应招尽招，真招实招"。

第二十一条 各单位要建立非烟用物资招标代理机构库，可通过竞争性谈判方式，确定不少于3家的招标代理机构，纳入招标代理机构库。

（一）公司机关、各直属单位招标代理机构库由物资集团确定，报领导小组办公室备案；

（二）各卷烟集团自行建立本单位招标代理机构库，报领导小组办公室备案；

（三）各单位在组织实施非烟用物资公开招标采购时，选择的招标代理机构应在相应的招标代理库中以抽签方式确定。

第二十二条 各单位建立非烟用物资采购专业技术人员库。

（一）公司机关、各直属单位非烟用物资采购专业技术人员库由物资集团统一建立和发布，并报领导小组办公室备案。

（二）各卷烟集团自行建立本单位的非烟用物资采购专业技术人员库，并报领导小组办公室备案。

（三）各单位在组织实施非烟用物资招标采购评标时，可在各自的非烟用物资采购专业技术人员库中抽取评标人员；也可根据招标项目需要，上报领导小组办公室在云南中烟的其他非烟用物资采购专业技术人员库中抽取评标人员。

第二十三条 领导小组办公室负责云南中烟非烟用物资采购专业技术人员库的管理工作。建立、健全云南中烟非烟用物资采购专业技术人员管理制度，严格认定评标成员资格，加强培训考核、评价和档案管理，根据实际需求和考核情况及时对评标成员进行更换和补充，实行评标成员动态管理。

第二十四条 各单位非烟用物资要采用公开招标方式的，要发布公告。依法必须招标的项目，要在国务院发展改革部门依法指定的媒介上发布。法律法规没有规定的，要在两家以上省级媒介上进行发布。

第二十五条　各单位根据非烟用物资招标项目的特点和需要，制定科学合理，公平公正，切实可行的招标文件。招标文件中不得要求或者标明特定的生产供应者以及含有倾向或者排斥潜在投标人的其他内容，一般要载有采用设定“最高限价”的条款以控制成本。

第二十六条　在公开招标采购活动中，各单位结合实际特点制定流标及废标的管理办法，流标或废标后，除采购项目取消情形外，要重新组织招标；再次流标或废标后，如需要采用其他采购方式的，要在再次采购活动开始前应经各单位“三项工作”管委会审批后方可实施。

第二十七条　在公开招标采购活动中，原定以公开招标作为采购方式发生变化的，需由本单位“三项工作”管委会重新审批。审批完成后，若在集中采购目录的，报领导小组办公室备案；若不在集中采购目录的，由本单位归口管理部门备案。

第二十八条　在公开招标采购活动结束后，若招标结果在实际执行中发生变化，需由本单位“三项工作”管委会进行审批，并由本单位归口管理部门备案。

第六章　供应商管理

第二十九条　各单位根据非烟用物资类别及物资重要性对非烟用物资供应商进行管理，建立健全供应商管理档案，建立健全管理制度。建立供应商资质认证制度，通过综合评价建立本单位审核批准的非烟用物资合格供应商名录。

（一）公司机关、各直属单位非烟用物资集中采购供应商名录由物资集团统一编制，分散采购的供应商名录由各单位自行编制，并报领导小组办公室备案。

（二）各卷烟集团非烟用物资集中采购供应商名录由各卷烟集团自行编制，并报领导小组办公室备案；分散采购的供应商名录由卷烟集团各经办部门、各卷烟工厂自行编制，并报物资采购中心备案。

第三十条　各单位经办部门要加强对供应商的日常管理，完善供应商基础资料信息，并及时维护和更新；对合格供应商实行动态管理，建立评审标准和进退机制；加强对合格供应商产品和服务质量等情况的跟踪评审，对评价不合格的供应商，取消其供应资格；对于与各单位长期合作或单项目采购超过100万元以上的供应商，原则上需进行现场认证。

第三十一条　根据采购项目的特殊要求，可以规定供应商的特定条件，但不得以不合理的条件对供应商实行差别待遇或者歧视待遇。

第七章　采购档案管理

第三十二条　各单位应责成采购经办部门安排专人负责非烟用物资采购档案的管理，按“一项一卷”的要求，做好采购项目实施全过程资料的整理、保管、记录工作，形成采购文件卷宗，确保采购实施全过程可检查、可追溯。需按类别或项目设立档案明细，并进行编号和归档，具体内容如下：

（一）所有供应商档案资料；

（二）《国家烟草专卖局中国烟草总公司关于印发烟草企业采购管理规定的通知》（国烟运〔2012〕313号）要求的所有采购管理档案；

（三）所有技术资料；

（四）所有计划；

（五）所有合同；

（六）所有验收凭证；

（七）用电子文档将上述资料编制成相应的表格记录，建立完整的非烟用物资采购管理台账。

第三十三条　各单位归口管理部门应督促指导本单位的非烟用物资档案管理工作，并建立相应的非烟用物资档案管理办法及制度，确保非烟用物资采购管理“规范化、痕迹化”，以便调阅及检查。

第三十四条　各单位要加强采购管理信息化建设，对采购项目实施网上运行，通过信息化固化运作程序和档案资料。

第八章　采购统计管理

第三十五条　各单位归口管理部门对非烟用物

资采购实施情况按季度进行统计，并上报领导小组办公室汇总、备案（附件3）。

第三十六条 非烟用物资中如有需要和烟用物资中烟叶配套物资、烟草物流配套物资打包集中采购的物资，应纳入非烟用物资统计范畴。

第三十七条 非烟用物资中如有需要和烟机零配件打包集中采购的通用设备、配件、五金杂品等物资，应纳入非烟用物资统计范畴。

第三十八条 非烟用物资如包含在工程（含信息化项目）、服务项目内采购，则纳入工程及服务类管理、统计，不纳入非烟用物资管理统计范畴；若工程、服务项目结束后发生的采购，则纳入非烟用物资管理统计范畴。

第三十九条 各单位应保证非烟用物资采购计划和季度执行情况报表数据的真实性、准确性和及时性。

第九章 监督和检查

第四十条 各单位要建立严格的非烟用物资采购活动工作程序、职责、内部监督的工作制度，经办采购的人员与合同审核、验收、付款人员的职责要明确并相互分离。

第四十一条 各单位审计部门负责对采购活动实施全过程进行跟踪、监督。纪检监察部门负责对采购活动中涉及廉政方面的工作进行再监督，受理涉及采购活动的投诉和举报，对采购活动中发生的违纪违规行为进行核实和查处。可视情况对采购活动进行现场监督或专项检查。

第四十二条 各单位须将非烟用物资采购活动纳入办事公开民主管理范围，及时公布采购事项中采购方式及成交供应商等采购活动信息，接受群众监督。

第四十三条 领导小组对各单位非烟用物资的采购实施情况，适时开展监督检查。

第十章 附则

第四十四条 本办法第二条规定的非烟用物资的分类，如各单位有品种增加或名称改变的项目，应上报领导小组办公室审批。

第四十五条 各单位统计上报及领导小组审批流程需在云南中烟“两项工作信息管理系统”进行运行。

第四十六条 各单位应按照本办法制定相应的实施细则，并报领导小组办公室备案。

第四十七条 本办法自印发之日起施行，原《云南中烟工业有限责任公司关于非烟用物资采购工作的指导意见》（滇烟工法改〔2012〕332号）同时废止。本办法没有规定的，严格按照《国家烟草专卖局中国烟草总公司关于印发烟草企业采购管理规定的通知》（国烟运〔2012〕313号）文件执行。

第四十八条 本办法由领导小组办公室负责解释、修订。

附件：1. 云南中烟工业有限责任公司非烟用物资分类表（略）

2. 云南中烟工业有限责任公司非烟用物资年度采购计划表（略）

3. 云南中烟工业有限责任公司非烟用物资季度执行情况统计表（略）

二〇一三年十一月二十日

云南中烟工业有限责任公司企业文化建设规划

滇烟工党〔2013〕69号

为认真贯彻落实党的十八大精神，持续推进以“两个至上”行业共同价值观为核心的思想政治建设，服务于云南中烟“两统一、两整合”的整体工作要求，努力实现企业文化建设向文化管理迈进，用文化引领发展，用文化凝聚合力，用文化促进和谐，进一步增强企业核心竞争力，根据行业企业文化建设工作要求，结合云南中烟实际，制定本规划。

一、指导思想

以邓小平理论、“三个代表”的重要思想和党的十八大、十八届三中全会精神为指导，深入学习实践科学发展观，牢固树立“两个至上”行业共同价值观，紧紧围绕云南中烟“做精做优品牌做大做强企业”的发展战略目标，按照国家局《中国烟草企业文化建设纲要》和《文化创新考核指标》的要求，坚持文化立企、文化塑企、文化强企，扎实有序地推进具有自身特色的企业文化建设，为促进云南中烟持续健康发展提供强大支撑，为实现“中国梦”贡献力量。

二、基本原则

云南中烟企业文化建设是一项长期的系统工程，为保障企业文化建设始终沿着正确的方向前进，在各个阶段取得预期效果，在进行企业文化建设工作过程中，必须遵循以下原则：

（一）服务发展原则。要把服务发展作为企业文化建设和管理的第一要务，既要从企业的组织结构、管理形式、发展目标、经营战略、生产经营和员工队伍状况的实际出发，又要全面考虑政治、经济、文化环境等诸方面因素的影响，有的放矢地推进企业文化建设，在体现先进性、导向性、针对性和可操作性的同时，注重实效，充分发挥文化引领云南中烟持续健康发展的作用。

（二）以人为本原则。要尊重人的个性、关注人的价值、激发人的潜能，要充分调动员工参与企业文化建设的积极性、主动性和创造性，努力引导员工认知认同企业文化，使之成为员工的自觉行动，并为员工提供实现自我价值的机会和平台，最终实现员工和云南中烟的共同发展。

（三）统分结合原则。云南中烟企业文化建设和文化管理工作的开展与持续推进过程中，坚持统分结合的原则，云南中烟主要负责统筹文化建设规划、确定文化建设整体思路、文化架构体系框架等，所属各单位要从实际出发，把共性和个性有机结合，在做好行业和云南中烟母文化宣贯落地的同时，实事求是地进行文化与业务工作的塑造、融合工作，突出特色，打造亮点，既服从于母文化的整体发展要求，又体现文化对经营管理工作的指导和引领作用。

（四）传承创新原则。既注重传承云南中烟所属各单位既有的优秀文化因子，又着眼于行业深化改革的发展要求与云南中烟未来发展的诉求，在继承中创新，在发扬中升华。所属各单位在云南中烟母文化的统一引领下，结合新一轮改革发展的要求，既充分吃透母文化内涵，又能够结合自己的发展历程找到、找准对接点，不断把企业文化建设工作做实、做深、做厚。

三、建设目标

短期目标：在“两统一、两整合”的总体要求下，紧紧围绕“合力图强和谐致远”的理念，争取用2年时间，夯实文化管理基础，建立企业文化内训师队伍及管理机制，促进企业文化宣贯落地，加强行为规范建设，构建云产卷烟品牌文化内涵体系，搭建企业文化在线平台，形成企业文化建设的评价激励制度。

中长期目标：持续推进文化建设向文化管理迈进，通过企业文化建设提升云南中烟的凝聚力和竞争力，推进卷烟上水平，最终为实现云南中烟持续稳定发展提供文化支撑。

四、工作机制

企业文化建设是一项长期工作，并非一蹴而就，因此，在工作中需要相应的机制来督促进度，保障成效。云南中烟企业文化建设中，将坚持“R－PDCA”的工作机制：即在企业文化建设各项工作扎实做好“计划—实施—检查—改进”循环的同时，引入“反思（Reflection）”的环节，从而实现从思想到工作行动指引、从思维到工作成效改进的闭环循环，在企业文化建设中让“文化理念”这一指挥棒更有导向、更富活力、更重实效。

五、实施步骤

为了确保企业文化建设目标的实现，云南中烟企业文化建设将分步骤有序推进。

（一）宣贯

基于云南中烟“两统一、两整合”的工作要求和“合和”文化内涵，开展企业文化宣贯相关工作。主要工作内容包括：搭建企业文化内训队伍和机制，各单位结合实际开展形式多样、内容丰富的企业文化系列宣贯活动，强化行为规范建设，梳理品牌文化，构建统一的企业文化在线平台，开展员工满意度测评等。

（二）深化

总结、提炼中烟和各单位企业文化建设经验和成果，探索云南中烟由文化建设向文化管理迈进的方式和途径。主要工作内容包括：母子文化融合，子文化亮点打造，运用《烟草行业企业文化评价体系》对云南中烟及所属各单位企业文化建设工作及成效进行评价，适时进行云南中烟文化建设交流研讨、经验总结。

（三）提升

结合行业形势和云南中烟发展需要，进一步将云南中烟企业文化建设推向纵深；探索云南中烟文化管理的方式和途径，最终通过“文化上水平”促进“卷烟上水平”。

六、实施内容

（一）夯实文化管理的基础和底蕴

在云南中烟“合和”文化的统领下，企业文化建设逐步从理论体系构建向运行体系、保障体系实践延伸，特别是文化理念的入脑、入心、入行，必须与主要职能和管理工作结合起来，展现文化自信，逐步完成从文化建设向文化管理的升华。所属各单位的子文化建设，在坚持“合和”文化一元为核的基础上，鼓励百花齐放，结合各自的重点职能和关键工作，对“合和”文化的理念进行延展，夯实“合和”文化与各业务板块经营管理的结合，从而实现“合力图强和谐致远”企业精神和“同心同向同步同力”行为准则在各直属单位的对接和落地，最终形成“合和”文化统领下，各单位文化融入管理，文化亮点突出的上下一心、合为一体的文化管理模式。

（二）构建云南中烟内训师队伍和机制

在所属各单位现有企业文化内训师队伍和机制的基础上，整合资源，建立统一的企业文化内训师队伍及管理机制，编制统一的宣贯培训教材，统一组织实施宣贯培训活动。

（三）全面开展企业文化宣贯

在云南中烟机关各部（室）和各所属单位全面开展企业文化系列宣贯活动，注重培训效果的检查与考评，注重“合和”文化与各单位子文化的融合，促使“合和”文化理念在员工中形成“入脑入心”的局面；通过各种方式，扩大“合和”文化理念在员工中的影响；充分发挥各类媒体平台、报纸杂志、宣传栏和理念墙等渠道，大力宣传“合和”文化理念体系，在云南中烟内部形成时时可见、处处可闻的局面。

（四）强化行为规范建设

参照烟草行业行为规范“德、礼、能、技”四大内容和“教、训、练、考”四种方法，通过打牢基础、推动实践、持续提升三阶段建设，云南中烟层面做好广大干部职工对行为规范的认识与看法的统一、行为规范建设结构与框架的统一、行为测评工具与方法的统一（简称“三个统一”），所属各单位做好实施方案编制、培训活动组织、行为现状盘点、关键队伍建设“四个规定动作”和试点、特色亮点打造工作。行为规范建设要与行业及云南中烟要求的中心工作相结合，与所属各企业单位工作实际相结合，促进云南中烟企业文化核心价值主张由理念向行为转变，促进员工职业素能和岗位技能水平的提升。

（五）构建企业文化在线平台

充分发挥信息技术在企业文化宣贯、传播、交流等方面的作用，完善内部企业文化在线平台。其主要功能包括：展现云南中烟及下属单位的企业文化建设成果，如企业文化理念体系、文化宣传片、文化案例、员工活动风貌等；发布企业文化活动资讯信息，实现企业文化活动信息的集中发布和统一管理；构建“合和”文化互动论坛，实现“合和”文化在各单位、部门和员工之间的互动、交流；营造企业文化学习氛围，实现对企业文化知识和经验的交流、分享和学习。

（六）云南中烟品牌文化建设

建立并优化“云烟”“红塔山”“玉溪”“红河”四大品牌的品牌文化体系，为云南中烟依靠品牌软实力在竞争中脱颖而出建立坚实的基础。通过2年左右时间，梳理、完善四大品牌的品牌文化理念体系；依托营销人员和内训师队伍等，加强对内、对外宣讲学习；并通过适当的渠道，建立消费者对云南中烟品牌文化的认知和了解；促进云南中烟品牌文化管理机制的形成和运用，为云南中烟的品牌发展提供组织保障。

七、保障措施

在企业文化建设实践工作中，各单位要落实好以下措施，以确保企业文化建设高效有序进行，促进企业文化真正落地生根。

（一）组织保障

云南中烟企业文化建设领导小组、企业文化建设办公室、企业文化建设项目小组、企业文化建设协作团队以及企业文化内训师、通讯员，形成了云南中烟多层次的企业文化建设组织架构。要持续发挥它们各自在企业文化建设工作中的作用：企业文化建设小组要发挥对企业文化建设的指导和总体统筹工作；企业文化建设办公室要发挥好企业文化建设日常管理和沟通协调作用；企业文化建设项目小组要承担起云南中烟企业文化建设的具体工作，把企业文化建设的各项要求和措施落实到位；企业文化建设协作团队要配合企业文化建设项目小组做好各项工作；企业文化内训师和通讯员要积极开展内部宣讲、宣传、报道等工作。

各单位要建立健全企业文化建设的组织机构，加强沟通、协调、合作，共同推进企业文化建设各阶段工作。

（二）制度保障

云南中烟将应用有效的评估工具，定期对所属各单位企业文化建设情况进行科学评估，并将企业文化建设工作及其成效纳入公司综合绩效考评体系进行年度考核。所属各单位要建立科学合理、运行顺畅、制度健全的运行机制，重点抓好运行机制和激励机制的建设。在运行上要建立企业文化建设的长效管理机制，包括科学的管理制度、完善的培训宣贯、创新实践体系，做到责任明确、协作紧密、检查规范、评价到位，实现企业文化建设工作制度化、明确化、规范化。积极鼓励企业文化内训师、协作团队及广大员工结合工作实际开展企业文化理论研究、管理实践和变革创新。

（三）人员保障

注重企业文化建设队伍素质培训，定期举办企业文化管理人员和企业文化内训师的培训班，同时有计划地组织企业文化管理人员和企业文化内训师参加各类高层次的业务知识和技能培训，逐步提升企业文化队伍的专业素质，努力增强企业文化队伍的工作能力。

二〇一三年十二月十二日

云南中烟工业有限责任公司违规配备车辆处置办法

滇烟工办综〔2013〕120号

根据《国家烟草专卖局办公室关于做好行业违规配备车辆处置工作的通知》（国烟办综〔2013〕623号）要求，结合云南中烟车辆配置现状，特制定本办法。

一、组织领导

云南中烟违规配备车辆处置工作由云南中烟公务用车问题专项治理工作领导小组负责，具体负责宣传贯彻国家局有关精神、制定处置方案、组织开展检查、按要求报送材料等工作。所属各单位也要成立违规车辆处置工作领导机构，负责本单位违规配备车辆处置工作。

二、违规配备车辆认定

违规配备车辆认定以《国家烟草专卖局办公室关于印发烟草行业车辆配备使用管理办法的通知》（国烟办综〔2012〕526号，以下简称《通知》）和《关于进一步严格规范烟草行业车辆配备使用管理的补充通知》（国烟办综〔2013〕375号）所规定的车辆配备编制和标准为准。认定时间范围为2012年10月22日之后违规购置的车辆，购置时间以购车发票开具时间为准。2012年10月22日之前购置的豪华进口车辆，视同违规车辆处理。豪华装饰的车辆，其增加的高档配置或豪华内饰采取评估作价计入原车价值，超出价格标准的按违规车辆处理。

三、违规配备车辆处置原则

（一）严格遵守国家相关规定，坚持公正公开、严格规范、厉行节约、避免浪费的原则；

（二）经核实确属违规配备并且实际价值高于新配备标准的豪华进口车辆一律处置；

（三）违规配备车辆实际价值低于新配备标准的进口车辆可作为生产经营管理用车继续使用；

（四）各单位车辆总数超过编制总数的必须进行处置。

四、违规配备车辆处置方法

（一）2012年10月22日后购置的违规车辆处置

2012年10月22日后各卷烟集团购置的37部违规车全部处置，处置方式为厂家收回、厂家置换或公开拍卖。采用厂家回收、厂家置换的车辆原则上不应低于公开拍卖价格；公开拍卖采取分单位、分期、分批方式进行。

（二）2012年10月22日前购置的豪华进口车辆处置

2012年10月22日前购置的豪华进口车辆，车辆实际价值高于新配备标准的一律处置。车辆实际价值低于新配备标准的，经上级主管部门批准后可作为生产经营管理用车继续使用。

车辆实际价值计算方法：

车辆实际价值＝新车购置价格×（1－已使用年限/更新年限）。使用年限超出更新年限的，其实际价值视为低于新配备标准。按照《通知》的规定，车辆更新年限为8年。

处置方式为厂家收回、厂家置换、公开拍卖、报废等。采用厂家收回、厂家置换的车辆原则上不应低于公开拍卖价格；对没有实际使用价值又无法进行厂家回收、厂家置换或公开拍卖的违规车辆，可采取报废方式处置。

五、违规配备车辆处置范围

云南中烟本部、各卷烟集团（含卷烟集团全资子公司）、各直属单位（含直属单位全资子公司）。控股企业参照执行。

六、违规配备车辆处置实行分级负责

云南中烟机关本部由事务管理部负责；各卷烟集团负责集团本部及所属卷烟厂处置工作；各直属单位负责本单位处置工作。

七、违规车辆处置要严格按行业固定资产处置相关规定执行

对在违规配备车辆处置中，未履行相关程序擅自处置违规车辆的，继续使用已封存违规车辆的，未经批准采用其他方式处置违规车辆的，故意规避评估、拍卖程序，或向评估、拍卖机构提供虚假材料，或干预评估、拍卖机构独立执业，或操纵评估、拍卖价格的，在违规车辆处置中徇私舞弊、弄虚作假、低价转让、合谋私分处置收入的单位或个人，纪检监察部门要责令整改并进行处理。造成国有资产损失的，要依法追究责任。

各单位违规配备车辆处置工作要在2014年3月31日前完成。

各单位制定的违规配备车辆处置方案及处置完成后的有关工作情况，要以书面形式专题报送云南中烟公务用车问题专项治理工作领导小组。

二〇一三年十二月十七日

云南中烟工业有限责任公司
关于进一步加强所属公司董事会建设的指导意见

滇烟工办〔2013〕490号

各卷烟集团，各直属单位：

为进一步加强云南中烟工业有限责任公司（以下简称“云南中烟”）所属公司的董事会建设，适应云南中烟“两统一、两整合”改革工作需要，建立健全各司其职、有效制衡、高效运转的法人治理结构，根据《中华人民共和国公司法》及行业董事会建设相关要求，现就进一步加强云南中烟所属公司董事会建设提出以下意见。

一、适用范围

本意见适用于云南中烟所属已组建董事会的各卷烟集团、各直属单位，以及云南中烟全资、控股多元化企业（以下简称“云南中烟所属公司”）。

二、董事会建设的重要意义

董事会建设是云南中烟在烟草专卖体制下建立法人治理结构工作的一项重要举措；是深化云南中烟内部管理体制改革、推进烟草企业由传统工厂制向现代企业制度转变的重要方式；是提高云南中烟决策水平和管理水平、实现云南中烟持续健康发展的体制保障。董事会建设有利于进一步理顺云南中烟和所属公司的资产管理关系，有利于建立有效的激励约束机制和责任传递机制，有利于云南中烟战略意图的有效贯彻，有利于保障所属公司依法享有经营自主权。

三、董事会职责权限

根据云南中烟经营管控型模式以及战略管理、资源配置、经营管理、统筹协调、绩效管理的职能定位，云南中烟所属公司董事会按照《公司法》及相关法律法规，重点履行向出资人报告年度生产经营各项目标及举措、报告董事会会议决议执行情况、履行授权范围内重大事项的科学依法民主决策职能、履行重点费用控制及重点项目进展等工作的监督管理职能；充分发挥董事会下管理、预算、薪酬等各专业委员会的作用，广泛听取意见，确保决策内容和决策程序科学严谨、合法合规、符合实际。云南中烟所属公司经理层要对董事会负责，负责组织实施董事会各项决议，并向董事会报告工作，接受董事会的管理和监督。

四、董事会管理监督职能

（一）充分发挥好董事会对规范企业生产经营行为的管理监督职能。云南中烟所属公司的董事会在会议召开前，要向云南中烟报告会议内容，并按照云南中烟总体战略目标和工作要求召开董事会。董事会要认真听取并审议经理层对生产经营、投资、预算、薪酬、国有资产管理等方面的工作报告。对公司规范经营管理、执行董事会决议等情况进行评价，评价意见要单独形成决议，并将其作为对公司经理层年度工作业绩考核的重要参考依据之一。

（二）充分发挥好董事会对预算和重点控制费用执行情况的监督作用。董事会要加强对预算编制依据、执行过程、执行结果及重点控制费用执行情况的实质审查和程序审核。年度预算和中期调整方案等须经董事会预算委员会审核。

（三）充分发挥好董事会对公司重大投资项目的监督作用。董事会要严格执行下达的投资计划，督促公司科学发展、理性投资，不断提高投资执行率，对重点、重大投资项目进行跟踪检查，督促公司严格执行国家局、云南中烟关于工程和多元化投资的各项制度规定。年度投资项目计划和中期调整方案等须经董事会管理委员会审核。

（四）充分发挥好董事会对公司服务类采购的监督作用。董事会负责审批公司物资、工程、服务类采购的年度计划和采购方式，采购方式一经董事会审定，不得随意更改。年度物资、工程、服务类采购计划及采购方式，中期调整方案等须经董事会管理委员会审核。

（五）充分发挥好董事会对公司薪酬管理的监督作用。董事会要审议公司年度工资计划及调整方案。严格按照国家及行业相关政策，检查、指导、监督公司薪酬管理和用工分配制度落实情况。年度薪酬计划和调整方案等须经董事会薪酬委员会审核。

（六）充分发挥好董事会对公司制度建设的监督作用。董事会要对公司基本制度建设和执行情况进行安排和监督。建立健全公司各项基本制度，同时根据企业实际执行情况督促对基本制度的修订完善，进一步提高制度的针对性和可操作性。

五、进一步完善董事会工作机制和工作流程

（一）健全董事会工作机构。云南中烟所属公司要结合实际设立董事会工作办公室（有下属资产管理关系的）或董事会办公室。要健全董事会工作机构，配齐专门工作人员。董事会（工作）办公室是董事会的日常办事机构，在董事会秘书领导下，组织开展工作。董事会（工作）办公室在做好日常工作的同时，要做好对所属公司董事会建设的指导协调服务工作。

（二）明确和规范决策权限。云南中烟所属公司要严格按照《中华人民共和国公司法》规定及行业相关管理要求，结合企业实际情况，科学配置决策权力。一般按照经理层办公会直接决定、经理层办公会研究并提交董事会决定、董事会直接决定和董事会研究并提交出资人或股东会决定等4个层次，明确划分决策权限。

（三）建立健全董事会各项基本制度。要结合实际制定董事会议事规则、董事会秘书工作制度、董事会预算委员会工作规则、董事会薪酬委员会工作规则、董事会管理委员会工作规则等确保董事会科学民主规范决策的基本制度。对人员构成、议事内容、表决程序、决议实施等各个方面和环节作出具体的规定，确保开好董事会和董事会各专业委员会会议。董事会会议召开的次数和时间，要从满足董事会充分履行各项职责的需要科学制定和安排，确保需要董事会审议的重大事项不延误。非特殊原因，重大事项不得采取书面会签方式进行审议。要认真做好会前准备、会中记录、会后纪要以及会议决议的落实与执行工作，会议纪要、发言记录、授权委托书等相关会议资料要立卷存档、妥善保管备查。

（四）明确董事会和董事会各专业委员会关系。公司董事会下设管理、预算、薪酬等专业委员会，专业委员会向董事会报告工作并对董事会负责，委员会主任由总裁或总经理担任。董事会各专业委员会要切实履行好董事会会议召开前的物资、工程、服务类采购管理，预算管理，薪酬管理等的专项审核职能；未经董事会各专业委员会审核的工程投资、物资采购、服务类采购、预算、薪酬等议案不得直接提交董事会审议。

（五）明确董事会和经理层工作流程。经理层是公司组织生产经营的执行机构，董事会不干预其具体的生产经营活动。董事会在云南中烟授权范围内对公司的投资、预算、薪酬等重大事项行使决策权，董事会与经理层各司其职、各负其责、有效配合、协调运转。提报董事会或董事会各专业委员会审议的重大事项须经经理层办公会审核通过后方能上会，不能越级动议或临时动议；经董事会审议决定的事项，经理层要认真执行落实并向董事会报告工作。

（六）做好会议召开和工作报告工作。云南中烟所属公司在每次董事会会议召开前，要向云南中烟董事会工作办公室报送会议议案相关内容。涉及生产经营计划指标、预算、投资、采购、薪酬等重要事项的议案，一般须提前5个工作日、特殊情况须提前3个工作日报备。云南中烟董事会工作办公室要建立与所属公司董事会（工作）办公室的工作联系机制，定期不定期到会对云南中烟所属公司董事会会议召开进行指导协调服务。云南中烟所属公司董事会（工作）办公室要做好向云南中烟董事会工作办公室的年度工作总结、全年董事会会议材料和相关董事会制度建设的年度报备工作。

（七）加强对委派董事的管理服务。云南中烟委派的董事要对出资人负责，主动向云南中烟反映公司的经营管理情况，认真勤勉地行使《公司法》和公司赋予的权利，并对表决结果负责。云南中烟所属公司董事会研究重大问题和重要决策时，云南中烟委派的董事可在会前主动要求云南中烟职能部门研究商议或提交相关资料，各级董事会（工作）办公室也要履行好服务职能，派出董事应主动听取云南中烟相关部门的意见和建议，并在董事会会议上予以反映，以体现出资人的战略意图。

（八）加强对各级董事会的监督和对董事会（工作）办公室的指导职能。云南中烟所属公司的董事会（工作）办公室要发挥好对下级公司及多元化投资企业董事会工作的监督指导和服务职能；做好所属公司董事会、董事与公司的沟通协调工作，根据工作需要列席所属公司董事会会议指导工作，并对重点工作的推进情况进行监督。

（九）加强董事会队伍建设。要加强对董事及董事会工作人员的培训，使其充分掌握相关法律、法规和业务知识，掌握行业、云南中烟相关决策部署和工作要求，掌握企业生产经营管理等方面情况，不断提高董事决策水平及董事会工作人员素质。

六、完善多元化企业董事会建设

（一）切实加强董事会建设。云南中烟全资、控股的境内外多元化企业必须依法设立董事会。董事会建设工作要与行业关于加快推进行业多元化企业法人治理结构的工作要求相结合，要与云南中烟加强董事会建设的工作要求相结合。多元化企业的董事会对公司发展战略和重大经营活动作出决策，切实维护出资人权益。董事实行任期制，经委派或选举产生，因工作变动、离退休或出现其他不能有效履职情况的，要及时更换董事人选。原则上董事长与总经理实行分设。

（二）有效发挥董事会的决策和监管职能。多元化投资企业的董事会履行战略管理、投资管理、预算管理、薪酬管理、企业基本制度建设和监管等方面的职责。要确保行业各项规定和要求在企业得到贯彻执行。董事会职责所涉及的事项中，按照行业规定须报有关主管单位审批或备案的，要严格按照程序报批或备案。重点抓好董事会对企业重大事项的决策权，重点抓好决策程序规范，实行集体决策。要充分发挥专业委员会的决策咨询和建议作用，不断提高董事会的科学决策水平。董事会对经理层行使监督权，检查经理层对董事会决议的执行情况，对经理层进行目标责任考核。

（三）加强对董事的管理与考核。多元化企业要建立健全董事人选任职资格、产生程序（含委派、选举、选拔、聘任等）、履职要求、职责义务、考核考评、责任追究和解聘解职等方面的制度，确保董事、监事和高管人员充分维护出资人权益。董事要定期向出资人报告工作和履职情况，派出董事在就审议事项发表意见前，要向出资人报告。

（四）加强多元化投资企业董事会机构建设、制度建设、工作机制完善、工作流程优化，以及对派出董事的管理。多元化投资企业涉及需上报云南中烟董事会决定的事项，要按程序上报出资人审批。

（五）云南中烟参股的多元化投资企业参照本指导意见执行。

七、本意见自发布之日起施行。发布之前有关规定中与本意见相抵触的，以本意见为准。

二〇一三年十二月十六日

云南中烟工业有限责任公司工程项目管理办法

滇烟工运〔2013〕496号

第一章　总　则

第一条　为加强云南中烟工业有限责任公司（以下简称“云南中烟”）基建、技改工程项目管理，对工程项目实施进行科学、有效的规划、决策、组织、协调和控制，使工程项目达到既定的质量要求、成本要求、进度控制、安全要求，圆满实现工程项目管理目标，根据《中华人民共和国建筑法》及相关法律、法规，特制定本办法。

第二条　本办法适用于云南中烟本部及直属单位基建、技改工程项目，各卷烟集团参照本办法完善相关管理制度。

第二章　管理职责与权限

第三条　各单位根据基建、技改工程项目规模的大小，成立工程项目管理机构。需上级主管部门审批的工程项目成立工程项目领导小组，下设工程项目建设指挥部或工程项目管理办公室等；一般工程项目成立工程项目管理办公室；小的工程项目成立工程项目管理小组。根据基建、技改工程项目的大小制定具体职责和授权进行管理。

第四条　工程项目领导小组是工程项目的组织者和决策层，对工程项目负全面责任，对整个项目的重大事项进行决策，并领导指挥部（办公室）工作。

第五条　工程项目建设指挥部或工程项目管理办公室等在领导小组领导下开展工作，并对领导小组负责，认真贯彻领导小组的各项决定，具体负责项目的组织实施和管理；负责项目立项、可行性研究、资金申报、方案论证、设计、规划报批、招投标、监理、施工管理、投资控制、合同管理、竣工验收、决算审核、审计以及文档管理、到相关部门备案、城建归档、产权证办理等一系列组织实施管理工作。

第三章　质量、成本、进度控制

第六条　质量控制

（一）严格执行中华人民共和国建筑法等有关建筑法律、法规和工程建设强制性标准，保证工程项目达到一次性验收合格标准。

（二）施工原材料的质量。对施工过程中所需的原材料、装修材料等应分批分期抽检，严格执行材料检验标准，杜绝不合格材料进场。

（三）施工阶段质量控制。施工质量可委托政府部门的质量监督站监督和监理公司进行现场工程监理。对隐蔽工程和每道工序实施“自检—互检—专业检”的方式，上一道工序需经施工方、监理公司、建设方的验收签证，才能进行下一道工序施工。

（四）对图纸以外新增减工程的签证需附文字说明和图纸，并由现场设计、监理工程师、现场管理人员、建设方现场负责人等签字认可。

（五）实行现场工作会议制度，定期召开每周一次现场工作例会。

会议由监理公司主持，施工单位、设计方驻工地代表、监理公司和建设方有关人员参加会议。

会议主要内容：检查上周计划完成情况，制定下周计划，反馈质量、进度、安全、文明等工作；协调解决存在的问题，分析计划完不成的原因，制定弥补措施。

对于施工中遇到的复杂技术问题，建设方现场负责人可不定期召开专家会议，根据专家意见做出结论，减少建设方现场负责人处理复杂技术问题的片面性。

工作例会必须有正式的会议记录，记录本次会议中讨论的主要内容和会议做出的决定。会议记录应有各方签到单，方能进入档案记录。

（六）建材成品、半成品及设备订货、检验。

根据设计图纸、材料样板及审定后的工程量清单，提出材料和设备的规格、型号、数量清单。

由分管材料的建设方现场负责人及预决算人员组成市场调查组进行市场调查做出性价比，写出调查报告，并进行招投标确定供货商。

供货商确定后由甲方与乙方签订订购合同。

货到工地后，建设方现场负责人汇同施工单位及监理公司核对到达现场的材料和设备产地、规格、型号、质量是否与设计图纸和供货合同相符，并按合同及国家有关规范标准验收签字，做好相应记录。

施工总承包项目，除在招标文件、合同中指定的甲方供应材料外，其他材料的采购应由承包单位组织。

第七条 成本控制

（一）严格执行《中华人民共和国招标投标法》《中华人民共和国招标投标实施条例》和烟草行业及所在地人民政府相关规定。

（二）工程造价的控制从设计阶段开始

严把设计关，设计的浪费是最大的浪费，对设计方案的可靠性、合理性、经济性要有科学的分析，设计人员在保证工程设计质量要求的前提下，优选设计方案，并积极推行限额设计。

初步设计审查要按照《云南中烟工业有限责任公司投资项目管理办法》执行。

设计人员在设计过程中，要正确处理技术与经济的关系，大胆采用新结构、新工艺、新材料、新成果节约造价。

（三）施工单位、成品、半成品、原材料、设备供应商的选择应依照《云南中烟工业有限责任公司工程投资项目采购管理办法》执行。

（四）对影响工程项目较大的材料实行“甲方定价、定质量标准、乙方采购”或“甲方定价、定质量标准，并采购，乙方施工”的方法。

（五）建立预算校审制度。概预算成品经过校核、审核，对其进行综合的、系统的形成文件的检查，及时发现和纠正计算中存在的缺陷和不足，防止不合格成品输出，以保证概预算成品符合质量特性。

校核人员应具备注册造价工程师资格，并严格遵守注册造价工程师职责。

校核概预算中文件所得资料是否可靠，计算公式及计算结果是否正确。

校核概预算文件中采用的经济指标、费用标准、设计数据是否正确。

校审人员应参与项目的方案拟订，了解设计施工全过程，并和设计人员、现场监理人员密切配合。

第八条 进度控制

（一）施工进度计划采用横道图或网络图的形式。

（二）实施施工进度计划，要做好三项工作：

1. 编制月施工计划。

2. 如实记载每项工作的开始日期、工作过程和结束日期，为计划实施检查、分析、调整、总结提供原始资料。

3. 做好调度工作。对进度起协调作用，即协调配合关系，排除施工中出现的各种矛盾，克服薄弱环节，实现动态平衡。

（三）施工进度检查。用实际进度与计划进度进行对比，从而发现偏差，以便查明原因，调整或修改计划。

第九条 进度款审批

按施工合同和现场进度由乙方向甲方写出付款申请，交建设方现场人员及监理公司现场监理工程师签署意见后，交建设方，由建设方填表、建设方负责人签字，经审计人员、财务负责人审核、审定后方能拨付工程进度款。

第十条 工程预（结）算审核及竣工决算审计

工程预算、结算审核由建设方、监理公司组织初审后，请工程造价咨询公司进行审核，建设方复核定案。竣工决算审计由工程造价咨询公司进行审计，竣工验收决算最终款项需经审计后才能支付。

第十一条 项目的管理是为使项目取得成功（实现所要求的质量、所规定的时间、所批准的费用预算）所进行的全过程、全方位的规划、组织控制与协调。其五大管理职能：决策职能、计划职能、组织职能、协调职能、控制职能中的组织职能就是建立以项目指挥部或项目管理办公室为中心的组织保证系统。给这个系统确定职责，授予权利，健全规章制度，保障其有效运转，确保实现工程目标。

第四章 设备、材料采购、检验、测试

第十二条 设备、材料采购是工程施工中的重要工作之一，采购货物质量的好坏和价格的高低，对项目的投资效益影响极大，严格检验、测试是保证施工质量的基础。

（一）重要设备、材料的采购，必须进行招投标。

（二）建设方根据图纸和工程要求，提出材料和设备的规格型号、数量及使用时间清单。

（三）建设方组织人员进行市场调查，并写出调查报告，上报工程项目领导小组。

（四）现场指挥部或项目管理办公室等通过招投标选择能够保证工程质量，价格优惠，讲信誉的供货商。

（五）重要设备和材料订货须工程项目领导小组同意方能进行。

（六）货到工地后，建设方、监理公司会同施工单位核对到现场的设备和材料的产地、规格、型号、质量，开箱检验，验明符合设计图纸、供货合同及国家有关规范标准后方能验收签字，并做出相应记录，禁止一切伪劣产品进入现场。

（七）对于乙方自购材料，建设方的材料员应汇同监理公司工程师对乙方到现场的所有材料进行不定期的抽样检查，凡是检查报告不合格的产品一律清出工地。检测费及退场费由施工方承担。

（八）设备、材料清单需建设方、监理公司、施工安装单位、供货商四方签字。

第五章 现场签证

第十三条 现场签证是工程项目建设过程中施工活动的综合记录，是反映工程内在质量和综合造价的主要凭证，是工程项目交付使用后对工程管理、维修及改、扩建等物业管理工作的重要依据。

（一）现场签证必须及时、准确、真实。

（二）现场签证一式四份，签证人员签证后需保存好其中一份。

（三）签证内容须在完成工作或具体落实一周内办理，过时视为作废，不得搞事后的“回忆录”。

（四）图纸变更、设计变更须经过设计单位和建设单位同意签章出图后，方能办理现场签证。

（五）预算补增减工程，须在24小时内报请监理工程师，现场监理和建设方在一周内经测量或计算明确工作量后签证。零星记工应按现行平均劳动力水平由建设方现场负责人签证。

（六）隐蔽工程验收记录内容要翔实，文字说明不清要配图，监理工程师必须要现场检查验收同意签字后，方能进行下一道工序。

（七）因停水、停电和人力不可抗拒因素造成的停工、返工，重复工作和造成的工程费用的增加，

应在监理工程师施工日志中记录，经现场认证、核实后报建设方负责人审查后方办理签证。

（八）凡是施工单位超出设计图纸范围和因自身原因造成的返工和拖误工期，不予办理签证。

第六章　合同管理

第十四条　对工程合同进行科学、规范的管理，才能有效控制工程进度，提高工程质量，合理利用资金，降低工程成本。

（一）合同的编制必须严格遵守国家的有关法律、法规，进行规范编制、规范管理，涉及施工等专项合同应按照行业标准执行。

（二）合同签订前由建设方现场负责人、预决算设备材料管理员、审计人员等有关人员与乙方进行谈判，进行严格把关，确定合同的具体条款事宜，完成合同的草拟。

（三）合同草拟后由建设方现场负责人、审计人员、法规部门进行审核、把关、修改签字后按权限报上级领导审批签字认可。

（四）在签订主合同时签订《建设工程廉政合同》和安全生产、文明施工协议书并加盖与主合同一致的甲、乙双方印章，《建设工程廉政合同》送相关部门备案。

第七章　施工现场安全管理

第十五条　为了确保基建、技改工程项目顺利进行，保证各施工单位进场人员及工地现场安全，避免发生安全事故，各施工安装单位、全体进场人员工必须切实遵守下列要求：

（一）建设方是工程建设安全工作的监管单位，施工单位承担安全工作的主体责任。

（二）成立安全领导小组。原则上由工程项目主要施工单位任组长，监理公司任副组长，各安装施工单位委派一名本单位安全工作的负责人，共同组成施工现场安全领导小组，定期开会研究解决安全问题，教育管理好本单位职工遵守执行保安规定。

（三）由组长单位负责在入口处，设值班门卫，施工人员凭贴有本人照片胸标进场，携物件、设备、材料外出者，凭各单位开具有公章的证明放行。

（四）各施工安装单位，需在工地看守材料住宿的外地员工，每个单位按工程的工作量每层楼只准住一人，需先到有关单位申办临时居住证，其余员工一律不准住在工地。

（五）各施工安装单位，必须对员工进行安全、防火、防盗工作的宣传教育，特别是使用大功率设备、电焊机等时必须办理相关手续。

（六）进场施工人员进场要求。

1. 进入施工现场必须戴好安全帽，只准在本单位施工现场内，不允许到外单位施工现场乱窜。

2. 禁止穿拖鞋、高跟鞋或赤脚进入现场；也不准带小孩、家属进现场。

3. 严禁酗酒后上岗操作。

4. 高处作业的手持工具、零星材料、物件不得上下抛掷。

5. 严禁向窗外倒垃圾、丢杂物。

6. 未经物主同意，不准拿用外单位施工机具设备、材料和任何物品，违者按偷盗论处。

7. 室外高空作业，须先设好防护设施，系好安全带，方可进行。

8. 室内登高作业，须先检查支架的牢固与安全，确实可靠，方可登高作业。

9. 出现交叉作业，各施工安装单位应协商妥当，互相协调配合有序施工。

10. 施工现场一律不准生火用电烧菜做饭，凡在现场生火用电引起的火灾，损失概由生火用电者及单位负责。

11. 施工人员间由于工作、生活发生分歧甚至冲突时，请单位领导出面解决或相互协调解决，绝不容许打人、骂人。先动口骂人，先动手打人者，除责成该所属单位扣发其奖金，并对引发后果承担责任。

12. 违反以上规定者，视情节轻重处以500元至3000元的罚款，严重者按实际发生进行赔偿。

总的原则是各单位的安全、防火、防盗，由安全领导小组全面负责，各单位领导和安全工作负责人具体负责；单位之间发生的安全问题，由安全领导小组协调解决。

第八章　废旧物资处理

第十六条　为规范工程项目中产生的废旧物资管理，强化废旧物资监管力度，各有关物资处理单位必须切实遵守下列要求。

（一）基建、技改工程项目中，已报废旧建构筑物、设备、设施的处理必须遵守国有资产管理、环境保护、固体废物污染防治、清洁生产、烟草专卖等法律、法规和各级行政主管部门相关规定。

（二）工程项目建设指挥部或工程项目管理办公室应履行如下职能。

1. 实物管理；
2. 建立并保管记录和台账；
3. 按规定办妥相关手续；
4. 建立并执行移交和计量制度；
5. 处理的全部费用交财务入账。

（三）根据授权委托有相关资质的单位进行处理。

（四）处理前需委托有相关资质的单位进行评估并采用招投标、拍卖等公开方式进行，相关资料归档留存。

第九章　档案管理

第十七条　工程档案是指进行勘察、规划、建设和管理等活动中形成的具有保存价值的文字、图表、照片、电子文档等各种载体的文件材料。

（一）工程档案是建设工作的真实记录和历史凭证，是基建、技改、使用、维修、抗震加固的重要依据，是档案的重要组成部分。档案必须实行集中统一管理，建立以内部档案管理部门为中心，基建、技改、维修、房产、动力、通信等部门为基础的基建、技改档案管理网络，保证档案的完整、准确、系统、安全和有效利用。

（二）工程文件材料的形成、积累和归档是工程管理工作的重要环节，必须纳入建设规划、计划、管理制度及管理人员和部门负责人职责范围中，坚持工程项目一开始就与建立基建、技改档案的工作同步进行，工程项目建设过程中要与项目文件材料的形成、积累、整理、审定工作同步进行，工程竣工验收要与验收工程档案同步进行，否则工程项目不能进行竣工验收，工程材料归档以后，档案部门出具归档合格证明，财务部门方可作财务结算。

（三）归档的工程文件材料必须反映其管理和项目建设的全过程，保证完整、准确、系统。归档的重点是项目建设各个阶段形成的不同载体形式的文件材料，特别是含竣工图在内的全套图纸。档案资料的收集范围：凡属新建、改建、扩建的项目，应包含设计资料、上级部门对项目建议和可行性研究报告及初步设计的批复、地质钻探资料、规划、土方平衡、室外标高、外水外电、下水、道路、初步设计、扩大初步设计、施工预算、开工报告、测量定位记录、施工合同、工程协议书、图纸会审记录、修改设计资料、设计修改图、竣工图、设备、设施的购置安装、大修资料和图纸、竣工结算、招投标工作文件等资料。

（四）各类工程资料由专人管理，工程的档案资料由项目负责人组织整理验收后归档。

（五）工程文件材料归档要求。

1. 凡归档的文件材料均应是原件，做到审查手续完备、格式统一、字迹清楚，图面清晰、整洁，不得用易褪色的书写材料书写。

2. 归档份数由各项目实施单位根据实际需要确定，并应在相应的合同条款中约定。

3. 凡具有法律依据和凭证的重要文件材料（审批文件、使用证明等）在办理、处理完毕后应及时归档；竣工图、施工文件材料、声像材料、电子文档在竣工验收后三个月内归档。

第十章　附　则

第十八条　云南中烟所属各卷烟集团要制定相应的工程项目管理办法并报云南中烟备案。

第十九条　本办法自印发之日起施行。原《云南中烟工业公司关于印发工程项目管理规定（试行）的通知》（滇烟工生〔2009〕496 号）同时废止。云南中烟已发布的有关工程项目管理方面的规定，与本办法相抵触的，按本办法执行。

二〇一三年十二月二十日

云南中烟工业有限责任公司投资项目管理办法

滇烟工运〔2013〕495号

第一章 总 则

第一条 为加强云南中烟工业有限责任公司（以下简称“云南中烟”）投资项目管理，落实中央和国务院“三重一大”的规定和要求，规范投资行为，提高投资效益，根据《中华人民共和国烟草专卖法》《国家烟草专卖局中国烟草总公司关于印发烟草行业投资项目管理办法的通知》（国烟计〔2012〕365号）及《国家烟草专卖局中国烟草总公司关于印发云南中烟工业有限责任公司章程的通知》（国烟法〔2012〕279号）等有关法律及文件，结合云南中烟实际情况，制定本办法。

第二条 本办法适用于云南中烟本部及所属各卷烟集团、各直属单位的固定资产投资项目、信息化投资项目、多元化投资项目、境外投资项目、利用外资项目以及烟草主业企业间股权投资项目的全过程管理。

本办法所称：

——固定资产投资项目：是指整体技改（主要指卷烟厂、复烤厂、再造烟叶厂、雪茄烟厂、烟机厂、烟用丝束厂、滤嘴棒厂等工业企业及商业企业卷烟物流配送中心的整体性技术改造）、局部技改、生产设施、工艺设备、辅助生产设施、公用动力设施、科研教育设施、经营业务用房、烟叶仓储设施、烟叶工作站、后勤保障设施等的建设和购置项目。

——信息化投资项目：是指信息化基础设施建设、信息安全保障设施建设、应用系统开发及建设、应用支撑系统建设、信息化咨询和监理等投资项目。

——多元化投资项目：是指烟草行业各单位以货币或非货币资产投资于除《中华人民共和国烟草专卖法》规定的烟草专卖品（不含卷烟纸）以外产业和产品，形成资产或权益的投资行为。

——境外投资项目：是指以现金、实物、技术、专利、管理等方式在境外（包括香港、澳门特别行政区、台湾地区）设立独资、合资、合作企业及代表处（办事处）等的投资行为。

——利用外资项目：是指在中国境内以中外合资或中外合作等方式进行投资的项目。

——烟草主业企业间股权投资项目：是指烟草行业内主业企业之间相互参股或股权投资项目。

建筑物的维护加固、设备修理等维护性工程以及工器具、车辆、办公家具和设备等购置不在本办法所述固定资产投资项目之列。

第二章 审批权限

第三条 投资项目实行分级管理、部门协同和项目法人负责的管理体制。

第四条 项目审批权限

（一）上报国家烟草专卖局（以下简称国家局）审批项目：

项目实施单位按行政隶属关系报云南中烟审核，报国家局审批。

——烟草制品生产企业（指卷烟、雪茄烟、烟丝、再造烟叶、复烤烟叶生产企业）涉及产能的整体技改、局部技改、生产设施改扩建和工艺设备更新改造等项目。

——烟草专用机械设备购置项目。

——境外投资项目。

——涉及烟草专卖品的利用外资项目。

（二）上报中国烟草总公司（以下简称总公司）审批项目：

项目实施单位按行政隶属关系报云南中烟审核，报总公司审批。

——烟草制品生产企业总投资在8000万元（含）以上不涉及产能的固定资产投资项目。

——除烟草制品生产企业外的其他企业总投资在5000万元（含）以上的固定资产投资项目。

——总投资在1000万元（含）以上的新建、改扩建、迁建、购置经营业务用房项目。

——总投资在3000万元（含）以上的信息化投资项目。

——总投资在500万元（含）以上的多元化投资项目。

——总投资在3000万元以上的烟草主业企业间股权投资项目。

（三）云南中烟审批项目：

项目实施单位按行政隶属关系报云南中烟审批。

——烟草制品生产企业总投资在8000万元（不含）至2000万元（含）不涉及产能的固定资产投资项目。

——除烟草制品生产企业外的其他企业总投资在5000万元（不含）以下的固定资产投资项目。

——总投资在1000万元（不含）以下的新建、改扩建、迁建、购置经营业务用房项目。

——烟草制品生产企业总投资在3000万元（不含）至1000万元（含）的信息化投资项目。

——除烟草制品生产企业外的其他企业总投资在3000万元（不含）以下的信息化投资项目。

——总投资在500万元（不含）以下的多元化投资项目。

——总投资在3000万元（不含）以下的烟草主业企业间股权投资项目。

（四）云南中烟所属各卷烟集团、各直属单位审批项目：

1. 各卷烟集团可审批总投资在2000万元（不含）以下不涉及产能的固定资产投资项目和1000万元（不含）以下的信息化投资项目。

2. 各直属单位无审批权限。

第五条 云南中烟安全实施建设项目严格按国家局和云南中烟相关文件和管理办法执行。

第三章 项目前期管理

第六条 投资规划编制。云南中烟职能部门根据烟草行业产业政策、投资政策及云南中烟中长期发展目标和发展战略，编制五年投资规划，经云南中烟总经理办公会及董事会审议通过后，报国家局、总公司备案（具体内容要求见附件1）。

第七条 投资计划编制。年度投资计划是指为落实投资规划而编制的项目年度投资计划，年度投资计划由国家局审批。云南中烟本部及所属各卷烟集团、各直属单位于每年10月15日前将下一年度投资计划（具体内容要求见附件2）报送云南中烟；由云南中烟职能部门审核汇总，经云南中烟总经理办公会及董事会审议通过后，上报国家局批准。

年度投资计划在执行过程中，因特殊原因发生项目增减，各单位需在6月15日前提出当年投资计划的调整申请上报云南中烟（具体内容要求见附件2），由云南中烟职能部门审核汇总，经云南中烟总经理办公会及董事会审议通过后，上报国家局批准，1年1次。

第八条 投资计划分解下达。云南中烟职能部门根据国家局批复的年度投资计划，结合各单位当年投资情况，对年度投资计划进行分解，报云南中烟总经理办公会审议批准。

年度投资计划一经下达必须严格执行，未经批准不得擅自超计划投资。

第九条 项目立项申报。项目实施时要编制项目申请报告书（具体内容要求见附件3）。对于技术复杂程度较高、投资额度较大的投资项目，项目申请报告书要聘请具有咨询或设计资质的单位编制；投资额5000万元（含）以上的项目要聘请具有甲级资质的咨询或设计单位编制。

项目建设单位在同一时期同一地点原则上只能申报一个相同类别的项目。待上一个项目的实施形象进度超过70%后方可申报下一个项目。

第十条 项目前置性审查。卷烟物流配送中心建设项目、多元化投资项目、境外投资项目由国家局、总公司所属专业性公司进行前置性审查。

第十一条 项目论证评估。云南中烟对须由国家局、总公司及云南中烟审批的工程建设类投资项目组织专家进行论证评估。

第十二条 项目立项审批。项目审批单位按审批权限进行审批，不得越权或化整为零审批投资项目。

对于行业内两家或两家以上单位参股的项目，其项目申报由出资额相对较大的单位负责申报（如出资额相等，由其中的一家申报）。

经营业务用房类项目报行业立项前需经项目所在地人民政府（地市级及以上）批复。

第十三条 项目立项审批流程。对已列入年度投资计划、须报国家局（总公司）审批的项目，由云南中烟职能部门组织初审，经云南中烟总经理办公会审议通过后，上报国家局（总公司）批准；对已列入年度投资计划、云南中烟审批的项目，由云南中烟职能部门组织初审，云南中烟总经理办公会审议批准，并报备云南中烟董事会。对未列入年度投资计划、须报国家局（总公司）审批的项目，由云南中烟职能部门组织初审，经云南中烟总经理办公会及董事会审议通过后，上报国家局（总公司）批准；对未列入年度投资计划、云南中烟审批的项目，由云南中烟职能部门组织初审，经云南中烟总经理办公会审议通过后，报云南中烟董事会审议批准。

第十四条 项目立项备案。云南中烟审批的项目报国家局、总公司备案，云南中烟所属各卷烟集团审批项目报云南中烟备案。

需报国家有关部委审批、核准或备案的项目统一由国家局、总公司审核后组织上报；需报地方人民政府备案的，各单位要按照相关规定办理备案手续。

第十五条 初步设计审批。工程建设类投资项目要编制项目初步设计文件，报项目审批单位审批。

（一）国家局、总公司批复的工程建设类项目由国家局、总公司组织审查批复或委托云南中烟审查批复初步设计。对于投资额1亿元以上的工程建设类投资项目初步设计方案，项目申报单位需委托有相应资质且无利害关系的第三方设计咨询、造价咨询机构对初步设计方案和概算进行审核并出具概算审核报告。

（二）云南中烟批复的工程建设类项目由云南中烟审查批复初步设计，备案国家局、总公司。

（三）各卷烟集团审批的工程建设类项目由各卷烟集团自行组织审查批复初步设计，备案云南中烟。

项目初步设计概算不得超过项目立项批复总投资估算15%、总建筑面积不得超过项目立项批复总面积5%。因特殊情况确需调整的，必须执行项目调整变更程序。

第四章 项目过程管理

第十六条 年度投资计划经国家局批准后，方可使用投资项目资本性支出预算；项目立项批复后，才能启动项目招标、规划设计、采购、合同（协议）签订等工作。项目前期工作相关的调研、咨询等费用可在企业管理费用中列支，待项目获批复后再转入项目费用中。

第十七条 项目建设程序。建设程序主要包括：办理土地使用权证、环境保护许可证、建设用地规划许可证、规划设计招标、初步设计编制、初步设计审查批复及备案、建设工程规划许可证申领、施工图设计、建安工程招标、建筑工程施工许可证办理、工程施工、设备招标、设备安装、试运行和竣工验收等（具体项目流程详见附件4）。需行政许可的环节，必须办理完相关事宜后，方可进入下一环节。严禁边勘察、边设计、边施工的“三边工程”。

第十八条 项目调整变更。在实施过程中如有下列情形之一，须由原设计或咨询单位编制项目调整报告，存在项目超投资的还需跟踪审计单位出具超支审计报告，经项目审批单位批准后方可继续实施。

（一）项目规模和内容发生调整，建筑面积超过立项批复5%或超过初步设计批复建筑面积；

（二）建设地点的变更；

（三）技术方案的变更；

（四）投资额发生重大调整，超过立项批复15%或超过初步设计批复投资概算；

（五）参、控股股权比例发生重大变化；

（六）投资合作方严重违约。

第十九条 项目法人负责制。投资项目要成立以企业法定代表人或其授权的项目负责人为第一责任人的项目业主机构，负责项目策划、筹资、规划、设计、实施、投产运行、竣工验收等全过程管理工作，承当相应的责任。

第二十条 招标投标制。各单位投资项目招投标的具体要求按《中华人民共和国招标投标法》《中华人民共和国招标投标实施条例》和烟草企业采购管理规定有关招标投标实施办法及所在地人民政府相关规定执行。

第二十一条 项目定期报告制。各单位投资主管部门须于每月5日前将上月年度投资计划执行情况和重大工程项目实施情况上报云南中烟投资主管部门，对存在的问题进行分析，提出改进意见和建议。

第二十二条 项目合同管理。项目建设单位要与为该项目提供服务的商家签订合同。合同签订前，项目建设单位法规机构要进行合法合规性审查，堵塞漏洞，避免损失。要使用国家公布的合同示范文本，使合同管理做到规范化、标准化。合同金额累计超过项目批复投资额的，项目单位要停止签订合同。

第二十三条 项目资金管理。项目建设单位在项目立项批复后要编制项目年度资金使用计划，申报年度投资计划和投资项目资本性支出预算；支出要与项目实施进度相匹配并要符合合同规定。

第二十四条 项目竣工验收管理。项目竣工并经试运行（生产性项目试运行要在3个月以上）后，项目建设单位要向当地人民政府有关职能部门申请项目单项验收，在全部单项验收合格并经财务竣工决算审计后，按照行业投资项目竣工验收的相关规定编制项目竣工验收报告并向项目审批单位申请进行项目总体竣工验收。

第二十五条 项目后评价管理。投资额1亿元以上的工程建设类投资项目竣工验收交付使用1年后，项目审批单位要按照行业投资项目后评价的相关规定对竣工项目进行全面、系统的综合评价。

第五章 重大投资项目管理

第二十六条 重大投资项目是指：

——投资额2亿元以上烟草专卖品生产企业（卷烟厂、复烤厂、再造烟叶厂、雪茄烟厂、烟机厂、烟用丝束厂、滤嘴棒厂、卷烟纸厂）技术改造项目；

——投资额1亿元以上卷烟物流配送中心、烟叶工作站、经营业务用房、后勤保障设施、仓储设施等的建设或购置项目；

——投资额5000万元以上的信息化投资项目；

——投资额3000万元以上的多元化投资项目；

——投资额500万美元以上的境外投资项目及利用外资项目。

第二十七条 重大投资项目除执行本办法以上章节各项管理规定外，项目立项还必须提交国家局、总公司投资委员会进行审议。

第六章 项目监督

第二十八条 工程建设类投资项目要按照国家局及云南中烟相关文件要求实行过程跟踪审计制度，要求详见国家局和云南中烟相关文件。

第二十九条 项目建设单位纪检监察机构依法对投资项目进行程序监督并对全过程进行廉政监督。

第三十条 重大投资项目管理要严格执行中共中央办公厅、国务院办公厅《关于进一步推进国有企业贯彻落实“三重一大”决策制度的意见》（中办发〔2010〕17号）精神。

第三十一条 工程建设项目要按国家有关规定实行工程监理制，确保工程质量安全。

第三十二条 因管理不善、弄虚作假或擅自决策造成项目严重违背批复建设内容的，工程质量低劣、损失浪费、存在重大安全隐患和其他失误的，要追究项目负责人的责任。对于未经批准擅自开工建设的或擅自提高建设规模和建设标准造成项目严重超投资的，责令项目建设单位进行整改，根据情节轻重给予单位或法人通报批评，在一定时期内可暂停批准其新的投资项目。

第三十三条 投资项目的决策和实施的各个环节都必须坚持"公开、公平、公正"的原则，接受有关部门和职工的监督。

第七章 附 则

第三十四条 烟草专用机械的购置按《国家烟草专卖局关于印发烟草专用机械购置管理办法的通知》（国烟法〔2004〕645 号）的规定执行。烟草专用机械购置计划等同于烟机购置项目的批复。

第三十五条 云南中烟所属各卷烟集团、各直属单位要制定相应的项目管理办法并报云南中烟备案。

第三十六条 本办法自印发之日起施行。原《云南中烟工业公司关于印发投资项目管理规定（试行）的通知》（滇烟工生〔2009〕494 号）同时废止。云南中烟已发布的有关投资项目管理方面的规定，与本办法相抵触的，按本办法执行。

二〇一三年十二月二十日

云南中烟工业有限责任公司资金管理规定

滇烟工办综〔2013〕123 号

第一章 总 则

第一条 为进一步加强云南中烟工业有限责任公司（以下简称"公司"）资金内部控制和管理，确保公司安全、规范、合理、有效地管理和使用资金，根据《中华人民共和国会计法》《企业内部控制基本规范》等相关法律法规及国家局有关规定，结合公司实际，制定本规定。

第二条 本规定所称资金指货币资金即现金、银行存款和其他货币资金。

第三条 本规定适用于云南中烟工业有限责任公司本部。

第二章 资金管理的原则

第四条 合法合规原则：经济事项必须真实、合法，票据真实、有效，审批手续完备，符合国家、行业及公司相关规定。

第五条 预算管理原则：资金的使用原则上根据经批准的年度财务预算，按规定和用途使用，未列入年度财务预算的原则上不得开支，特殊情况必须按预算审批程序先报批预算，经批准后在批准额度内使用。

第六条 分级审批原则：资金使用按其使用性质、额度，实行统一管理，分级审批，实行授权管理的资金支付，按授权范围和权限审批。

第七条 合同控制原则：公司对外投资、工程建设、物资采购、宣传促销、维修改造等经济业务，必须按公司合同管理规定签订书面经济合同，经办部门按合同约定办理付款手续。

第八条 集体研究原则：涉及大额资金使用和需要集体决策的特殊事项，须通过公司总经理办公会议研究决定。

第九条 "双签制"原则：利息支出、税费、五项社会保险、工会经费交纳、对报账制单位日常资金拨付，由财务部两名负责人审核后支付；其他经济事项发生的资金支付都必须经两个以上相关部门负责人或公司领导签字方可支付。

第三章 资金的管理

第十条 现金的管理。现金是指公司财务部门为保障日常零星业务支付而储备的货币资金。

（一）现金使用范围

1. 支付职工津补贴。

2. 支付个人的劳务报酬。

3. 支付国家规定的对个人的其他福利支出。

4. 出差人员预支及报销的差旅费。

5. 2000 元以下的零星支出。

6. 中国人民银行规定允许支付现金的其他支出。

7. 超过以上范围需要支付现金的，需提前报经财务部门负责人同意。

（二）库存现金限额规定

1. 根据公司现金使用情况现金库存上限为人民币伍万元。

2. 公司财务部不得超限额保存现金，超限额部分必须当日送存银行。

（三）现金收支的管理

1. 公司现金收入应于当日送存银行，当日送存确有困难时，应报告财务部负责人，采取防范措施，妥善保管，次日送存银行。

2. 公司支付现金，只能从库存现金限额中支付或者从开户银行提取，不得从公司的现金收入中直接支付（即坐支）。

3. 公司从开户银行提取现金，应当写明用途，不得以任何方式套取现金或扩大现金开支范围。

4. 出纳负责办理现金收付和保管工作，实行钱账分管，现金收支必须遵守相关制度。出纳人员根据财务系统审核后的业务事项与原始凭证核对无误后办理现金支付，并负责登记现金日记账，但不得兼管稽核、会计档案保管，以及收入、费用、债权、债务等账目的登记工作。

5. 出纳人员必须严格遵守现金收支的有关制度，并在手续齐备情况下进行现金收支。收支现金，收支双方必须当面点清，并进行复核，以防差错。收支现金后，必须在现金收支凭证上加盖“现金收讫”或“现金付讫”戳记，出纳人员、当事人签字，以防重收重付。每日终了，应结出库存现金余额，进行账实核对，不准以“白条”抵库，发现现金余缺应及时向部门负责人报告，并逐级汇报，待查明原因后按相关规定处理。

6. 总稽核及综合管理岗位人员应定期、不定期地对库存现金进行抽查，编制现金盘点表，发现问题及时处理。

第十一条 银行存款的管理。银行存款是指公司存在银行的货币资金。

（一）银行存款支付的范围

公司在日常经营活动中发生的各项经济业务，除第十条规定的现金使用范围外，严格按照中国人民银行发布的《支付结算办法》及其补充规定，通过银行办理转账支付，不得直接支付现金或开具现金支票。

（二）账户管理

1. 开立、撤销银行账户必须经总经理办公会审定。

2. 财务部应当定期清理银行账户，不使用的银行账户应及时进行清理，经批准后及时销户。

3. 严格遵守银行结算纪律，严禁出租、出借银行账户。

（三）银行存款的管理：

1. 财务部对各种支票和付款凭证，必须妥善保管，使用时要按编号顺序登记。如有遗失，必须及时向开户行办理挂失手续，并登报声明作废；对责任人视情节及损失金额给予相应处罚。

2. 银行预留的印鉴、支付密码器应分别指定专人保管，不得由一人统一保管使用。印鉴、支付密码器保管人临时外出，由财务部负责人指定专人临时代管并办理交接手续。

3. 印鉴保管人必须亲自在银行结算凭证等单据、票据上面加盖银行印鉴，不允许由其他人代替。一般情况下，不得携带银行印鉴外出使用；如确实需要，应事先经财务部负责人批准，印鉴保管人必须亲自携带各自的印鉴外出使用。印鉴保管人应建立印鉴使用登记簿，记录印鉴使用的情况。

4. 发生结算业务时，应按照中国人民银行颁发的《支付结算办法》规定，办理银行结算业务。对签订银企直联协议的银行账户原则上采用银企直联方式支付，特殊情况可采用转账支票加支付密码方式支付，未签订银企直联协议的银行账户采用转账支票加支付密码方式支付。财务部应当严格遵守银行结算纪律，不得签发没有资金保证的票据或远期支票，套取银行信用；不得签发、取得和转让没有真实交易和债权债务的票据。

5. 出纳人员根据财务系统审核后的业务事项与原始凭证核对无误后进行银行结算支付。涉及支票支付的，印鉴保管人应对签发的支票进行复核，复核金额与记账凭证是否相符，审批手续是否完整、齐全等内容，方能加盖银行印鉴。银行印鉴保管人对结算业务承担复核责任。

6. 银行结算业务完成后应顺时逐笔登记银行存款日记账，不准多笔汇总登记，也不准以收支差额记账。会计人员应按月与银行对账单进行核对，并编制银行存款余额调节表，交总稽核管理岗人员复核并经财务部负责人签字确认。如银行存款账面余额与银行对账单余额调节不符，应当查明原因，及时处理。出纳不得同时从事银行对账单的获取、银行存款余额调节表的编制等工作。

第十二条 其他货币资金的管理。其他货币资金，是指公司除现金、银行存款以外的其他各种货币资金。包括外埠存款、银行汇票存款、银行本票存款、在途货币资金等。其他货币资金应按照会计制度规定的内容核算，不能使用其他会计科目代替；管理该项业务的会计应配合出纳定期清理其他货币资金账户。

第四章 资金审批权限

第十三条 资本性支出。经批准列入年度预算的资本性项目资金支付按以下权限审批。

（一）基建项目、技改项目、信息化设备、研发资产以及其他固定资产、无形资产等资金支出，单笔金额小于100万元的，由经办部门牵头、归口管理部门及财务部负责人联审后支付；单笔金额在100万元以上300万元以下的报分管财务副总经理审批；单笔金额在300万元以上的报总经理审批。

（二）对外投资、追加投资，由经办部门、归口管理部门及财务部门负责人审核后报分管财务副总经理、总经理逐级审批。

第十四条 费用性支出。经批准列入年度预算的主要费用性资金支付按以下权限审批。

（一）业务宣传、租赁、资产维修、物资采购及低值易耗品购置，一次性支出50万元以内的，由经办部门、归口管理部门和财务部门负责人联审后支付；一次性支出50万元以上100万元以下的，经联审后报分管财务副总经理审批；一次性支出在100万元以上报总经理批准。

（二）科研经费、中介费、劳务费、咨询费，一次性支出100万元以内的，由业务部门、归口管理部门及财务部门联审后支付，一次性支出总额在100万元以上300万元以下的报分管财务副总经理审批，一次性支出总额在300万元以上的报总经理审批。

（三）业务招待费支出，一次性支出总额1万元内由办公室负责人审批，一次性支出总额1万元以上由办公室分管领导审批。

（四）银行结算手续费、贷款利息支出及税费的交纳由财务部负责人审核支付。

（五）除上述外的其他日常费用支出，按公司资金监管规则审核支付（见资金监管规则及业务流程表）。

（六）营销中心和技术中心费用按授权范围和权限进行审批。

第十五条 对公司报账制单位的资金拨付，财务部根据批准的年度预算，按报账制单位《财务管理及会计核算办法》规定审核拨付资金。

第十六条 其他支出：包括捐赠赞助、对所属企业委托贷款等支出，根据公司总经理办公会议决议由业务部门、归口管理部门、财务部联审后，报公司分管财务副总经理审批，支付金额超过100万元的报总经理审批。

第十七条 公司开户银行之间划款，属缴纳税款、烟叶结算、下拨资金、支付货款、支付职工薪酬、上缴投资收益、偿还贷款等需划转相应账户的资金，由财务部两名负责人审核后划转；其他划转资金，包括银行间活期存款和转存定期存款等，由财务部门提出，分管领导审核同意，总经理办公会议审定后方可划转。

第五章 资金支付

第十八条 所有资金使用须先审批后支付，按照如下程序办理资金支付业务：

（一）支付申请；

（二）支付审核；

（三）支付审批；

（四）办理支付。

第十九条 支付申请

经办人根据业务性质在公司综合办公系统（OA）中填制费用报销单、差旅费报销单等，写明款项用途、金额、支付方式等内容，并附有效经济合同、原始单据或相关文件、依据等。

第二十条 支付审核

（一）经批准列入年度财务预算的各项支出，必须先由经办部门的负责人作真实性、必要性审核，涉及归口管理事项的，归口管理部门要按照职责进行联审。

（二）财务审核人员应当对支付申请进行审核，审核报销事项手续是否正确，相关单据是否真实、齐备，金额是否准确等，并签字报财务负责人审核后确认。

（三）因不可预见原因未列入年度财务预算或超过预算额度项目的支出，必须提交资金使用项目专题报告申请，经公司领导或公司办公会议研究批准后列入预算，再行审核。

第二十一条 支付审批

审批人根据其职责、权限和相应程序对支付申请进行审批。对不符合规定的货币资金支付申请，审批人应当拒绝批准，涉及性质严重或金额重大的，还应及时报告有关部门。

第二十二条 办理支付

出纳应当根据经审批的支付凭据与原始凭证核对无误后，按规定办理货币资金支付手续，并及时登记现金和银行存款日记账。

第二十三条 利息支出、缴纳税费、五项社会保险发生的资金支付，对直属报账制单位的日常资金拨付，由财务部直接办理。

第二十四条 各种暂支（借支）款项须在公务办妥后一周内办理报账手续，并结清借支款项。公务办妥后一个月以上不办理报账或不结清借支款项的，从借款人工资中扣除。

第二十五条 审批手续不完备，票据不合规的支付申请，财务部门应拒绝办理款项支付。

第六章 监督和检查

第二十六条 公司审计部、纪检监察部负责实施资金管理的日常监督和检查工作。定期和不定期地对资金的安全进行检查。

第二十七条 监督检查的内容主要包括：

（一）资金业务相关岗位及人员的设置情况。重点检查是否存在资金业务不相容岗位混岗的现象。

（二）资金审批权限是否按规定程序执行。重点检查重大货币资金支出的审批手续是否健全，是否存在越权审批的行为。

（三）支付印鉴、密码器的保管情况。重点检查支付印鉴是否按制度妥善保管和使用。

（四）有价证券和票据的保管情况。重点检查票据的购买、领用、保管手续是否健全，保管是否存在漏洞。

（五）监督检查货币资金内部控制情况，指出内部控制薄弱环节，提出改进措施。

第七章 附 则

第二十八条 遇国家有关法律、法规和公司章程修改，出现本规定与法律、法规及公司章程有抵触的，按国家有关法律、法规和公司章程执行。

第二十九条 本规定由云南中烟财务部负责解释，自下发之日起执行。原《云南中烟工业公司办公室关于印发云南中烟工业公司机关费用管理规定及云南中烟工业公司资金管理制度的通知》（滇烟工办综〔2004〕24号）同时废止。

二〇一三年十二月三十一日

附　录

云南烟草工业系统获行业外省部级以上奖励先进个人名单

1. 中华全国总工会授予“全国五一劳动奖章”：红云红河集团红河卷烟厂　胡云成

2. 中华全国总工会授予“全国五一劳动巾帼标兵”（总工发〔2013〕7 号，2013 年 3 月 6 日）：红云红河集团烟叶基地　李东节

3. 人力资源和社会保障部、中国轻工业联合会、中华全国手工业合作总社授予“全国轻工行业劳动模范”：海南红塔公司制丝车间主任　安红涛

4. 中华全国妇女联合会授予“全国巾帼建功标兵”：红塔集团工会女工委主任　张　蓉

5. 中华全国妇女联合会、全国维护妇女儿童权益暨平安家庭创建协调小组授予“全国维护妇女儿童权益先进个人”：红塔集团工会　段燕萍

6. 中共云南省委授予“新农村建设工作队优秀指导员”：红塔集团国际事业部　李红林

7. 云南省总工会授予“云南省五一劳动奖章”：云南烟草机械有限责任公司　张配帆

8. 云南省职工经济技术创新工程领导小组授予“云南省技术状元”3 人，“云南省技术能手”22 人：（云联创〔2013〕1 号，2013 年 3 月 25 日）

“云南省技术状元”3 人：

红云红河集团原料部　张　梅（云南省烟叶分级技术状元）

红云红河集团红河卷烟厂　陈　伟（云南省烟机设备电气维修技术状元）

红塔集团昭通卷烟厂　陈正荣（云南省烟机设备维修技术状元）

“云南省技术能手”22 人：

云南省烟叶分级技术能手：

红塔集团昭通卷烟厂　耿　旭

红塔集团大理卷烟厂　周雪娟

红塔集团物资采购中心　张坤兰

红塔集团楚雄卷烟厂　李春燕

红塔集团大理卷烟厂　杨爱梅

红塔集团昭通卷烟厂　徐　萍

红塔集团物资采购中心　徐昭梅

红云红河集团原料部　张家瑞

红云红河集团原料部　赵　景

云南省烟机设备电气维修技术能手：

红塔集团玉溪卷烟厂　李春华

红塔集团楚雄卷烟厂　刘云松

红塔集团楚雄卷烟厂　何相佑

红云红河集团红河卷烟厂　王伟华

云南省烟机设备维修技术能手：

红塔集团玉溪卷烟厂　杨存龙（SQ311A 机型）

红塔集团昭通卷烟厂　杨　城（SQ311A 机型）
红塔集团玉溪卷烟厂　杨清毅（PROTOS70 机型）
红塔集团玉溪卷烟厂　王国琦（PROTOS90S 机型）
红塔集团玉溪卷烟厂　李少杰（PROTOS90S 机型）
红塔集团玉溪卷烟厂　郭向东（GDX1 机型）
红云红河集团昆明卷烟厂　杨　俊（PROTOS70 机型）
红云红河集团曲靖卷烟厂　田　润（GDX1 机型）
红云红河集团红河卷烟厂　庄护林（GDX2 机型）

9. 云南省总工会授予“云南省五一巾帼标兵”：（云工〔2013〕49 号，2013 年 4 月 22 日）

红塔集团物资采购中心　徐昭梅
红塔集团物资采购中心　张坤兰
红塔集团楚雄卷烟厂　李春燕
红塔集团昭通卷烟厂　徐　萍
红塔集团昭通卷烟厂　耿　旭
红塔集团大理卷烟厂　周雪娟
红塔集团大理卷烟厂　杨爱梅
红云红河集团原料部　张　梅
红云红河集团原料部　张家瑞
红云红河集团原料部　赵　景

10. 中华全国总工会、中国质量协会、中华全国妇女联合会、中国科学技术协会授予“全国质量管理小组活动卓越领导者”：

蒙昆公司　张耀中

11. 内蒙古自治区总工会授予“内蒙古自治区金牌工人”：

蒙昆公司　段志宏

云南中烟获“全国烟草技术能手”荣誉称号的人员名单

袁　林　云南中烟工业有限责任公司红塔烟草（集团）有限责任公司
饶　杰　云南中烟工业有限责任公司红塔烟草（集团）有限责任公司
李　怡　云南中烟工业有限责任公司红云红河烟草（集团）有限责任公司

云南中烟获“云南中烟工业有限责任公司技术能手”荣誉称号的人员名单

红塔集团　袁　林　饶　杰　邹世瑶　李晓楠　刘　阳
红云红河集团　李　怡　姜佳佚　王晓东　邹　金

云南中烟工业有限责任公司
2013 年高级专业技术资格人员名单

（2014 年 2 月 20 日　滇烟工人〔2014〕57 号）

根据《中国烟草总公司关于确认王刚等 425 人高级专业技术资格的通知》（中烟办〔2014〕29 号）精神，刘志华等 18 人由中国烟草总公司确认具备高级专业技术资格。具体名单如下：

一、研究员（2 人）

刘志华　夭建华（时间从 2013 年 10 月 11 日起算）

二、副研究员（2 人）

黄海涛　朱保昆（时间从 2013 年 10 月 11 日起算）

三、高级工程师（9 人）

董　伟　李智宇　潘　文　戴永生　朱东来　何邦华

蒋举兴　杨　勇　唐　峻（时间从 2013 年 10 月 18 日起算）

四、高级经济师（3 人）

吕永祥　杨津昆　杨雪梅（时间从 2013 年 8 月 29 日起算）

五、高级会计师（1 人）

王　静（时间从 2013 年 9 月 10 日起算）

六、高级政工师（1 人）

王洪碧（时间从 2013 年 9 月 26 日起算）

国家烟草专卖局办公室
关于公布行业 2013 年重点品牌名单的通知

（2014 年 1 月 3 日　国烟办综〔2014〕8 号）

各省级局（公司）、工业公司，中国烟草实业发展中心：

为进一步贯彻落实行业“卷烟上水平”的基本方针和战略任务，引领知名品牌健康发展，现将行业 2013 年“三类以上卷烟销量排名前 15 位品牌、销售收入（含税）排名前 15 位品牌、鼓励培育品牌”（以下简称重点品牌）和低焦油卷烟品牌名单公布如下：

一、三类以上卷烟销量排名前15位品牌名单

单位：万箱

序号	牌号	销量							
		2013年		2012年		同比增加		同比增长	
		三类以上销量	总销量	三类以上销量	总销量	三类以上销量	总销量	三类以上销量	总销量
	合计	2947.19	3230.02	2691.83	2979.18	255.37	250.84	9.49%	8.42%
1	双喜·红双喜	424.38	424.38	416.48	416.48	7.91	7.91	1.90%	1.90%
2	云烟	341.06	341.06	297.09	297.09	43.97	43.97	14.80%	14.80%
3	红塔山	298.34	298.34	305.49	305.49	-7.15	-7.15	-2.34%	-2.34%
4	利群	204.10	204.10	174.76	174.76	29.34	29.34	16.79%	16.79%
5	黄金叶	193.25	193.25	148.26	148.26	45.00	45.00	30.35%	30.35%
6	白沙	178.21	294.81	172.59	304.48	5.62	-9.67	3.25%	-3.18%
7	泰山	167.37	167.37	152.45	152.45	14.92	14.92	9.79%	9.79%
8	芙蓉王	157.71	157.71	135.66	135.66	22.06	22.06	16.26%	16.26%
9	黄鹤楼	156.94	156.94	137.14	137.14	19.80	19.80	14.44%	14.44%
10	娇子	148.31	148.31	134.91	134.91	13.40	13.40	9.93%	9.93%
11	七匹狼	145.41	202.40	137.94	186.80	7.47	15.60	5.41%	8.35%
12	玉溪	145.39	145.39	123.79	123.79	21.60	21.60	17.45%	17.45%
13	南京	136.91	150.18	125.15	139.06	11.76	11.12	9.40%	8.00%
14	黄山	126.52	222.48	119.40	212.09	7.12	10.39	5.96%	4.90%
15	中华	123.28	123.28	110.73	110.73	12.56	12.56	11.34%	11.34%

2013年三类以上卷烟销量排名前15位品牌共销售卷烟14735.95亿支（2947.19万箱），同比增加1276.85亿支（255.37万箱），增长9.49%。

二、销售收入（含税）排名前15位品牌名单

单位：亿元

序号	牌号	销售额			
		2013年	2012年	同比增加	同比增长
	合计	9831.27	8795.01	1036.26	11.78%
1	中华	1322.61	1186.28	136.33	11.49%
2	云烟	964.69	830.00	134.69	16.23%
3	双喜·红双喜	892.17	850.15	42.02	4.94%
4	芙蓉王	874.12	761.68	112.44	14.76%
5	利群	810.91	687.29	123.62	17.99%
6	黄鹤楼	732.42	639.96	92.46	14.45%
7	玉溪	726.57	614.02	112.55	18.33%

续表

序号	牌号	销售额			
		2013 年	2012 年	同比增加	同比增长
	合计	9831.27	8795.01	1036.26	11.78%
8	白沙	538.58	525.45	13.13	2.50%
9	红塔山	519.42	536.76	-17.34	-3.23%
10	黄金叶	464.81	358.28	106.53	29.73%
11	黄山	433.48	390.88	42.60	10.90%
12	南京	409.44	367.45	41.99	11.43%
13	七匹狼	407.20	376.28	30.92	8.22%
14	苏烟	370.96	345.02	25.95	7.52%
15	娇子	363.88	325.50	38.38	11.79%

2013 年销售收入（含税）排名前 15 位品牌共实现销售收入 9831.27 亿元，同比增加 1036.26 亿元，增长 11.78%。

三、鼓励培育品牌名单

单位：万箱

序号	牌号	销量			
		2013 年	2012 年	同比增加	同比增长
	合计	827.66	852.82	-25.16	-2.95%
1	红金龙	198.36	222.93	-24.58	-11.02%
2	红河	151.42	172.86	-21.44	-12.40%
3	钻石	91.77	91.48	0.28	0.31%
4	兰州	78.95	76.35	2.60	3.41%
5	长白山	75.84	78.45	-2.61	-3.33%
6	贵烟	59.33	54.03	5.31	9.82%
7	真龙	52.67	43.20	9.47	21.93%
8	金圣	39.56	36.86	2.70	7.32%
9	中南海	36.37	37.18	-0.80	-2.15%
10	好猫	31.34	23.94	7.40	30.91%
11	都宝	8.02	9.53	-1.51	-15.88%
12	金桥	4.03	6.01	-1.98	-32.92%

2013 年 12 个鼓励培育品牌共销售卷烟 4138.3 亿支（827.66 万箱），同比减少 125.8 亿支（25.16 万箱），下降 2.95%。

重点品牌（共 28 个）合计销量 20578.45 亿支（4115.69 万箱），同比增加 1159.3 亿支（231.86 万箱），增长 5.97%，占全国总销量比重 82.32%，同比提高 3.73 个百分点。

四、低焦油卷烟品牌名单（销量前10名）

8毫克以下卷烟销量排名

单位：万箱

序号	牌号	销量			
		2013年	2012年	同比增加	同比增长
	全国总计	693.74	646.84	46.89	7.25%
	前十名小计	519.12	483.26	35.85	7.42%
1	黄鹤楼	88.89	78.58	10.32	13.13%
2	兰州	78.95	71.17	7.78	10.93%
3	长白山	70.98	78.45	-7.47	-9.52%
4	雄狮	66.43	50.40	16.03	31.81%
5	红金龙	45.49	49.35	-3.86	-7.82%
6	双喜·红双喜	41.85	47.00	-5.15	-10.95%
7	云烟	37.36	24.98	12.38	49.56%
8	泰山	30.69	22.30	8.39	37.63%
9	七匹狼	29.70	30.59	-0.88	-2.89%
10	中南海	28.76	30.44	-1.68	-5.53%

6毫克以下卷烟销量排名

单位：万箱

序号	牌号	销量			
		2013年	2012年	同比增加	同比增长
	全国总计	75.60	28.72	46.89	163.28%
	前十名小计	70.13	23.72	46.41	195.69%
1	兰州	18.50		18.50	
2	黄鹤楼	12.01	6.67	5.34	80.16%
3	娇子	8.45		8.45	
4	中南海	7.30	6.51	0.79	12.07%
5	长白山	4.89	3.40	1.49	43.89%
6	白沙	4.82	0.90	3.92	433.25%
7	七匹狼	4.44	3.65	0.79	21.57%
8	泰山	3.75	0.38	3.37	877.75%
9	南京	3.42	1.51	1.91	127.06%
10	利群	2.54	0.70	1.85	265.74%

注：此处低焦油卷烟销量采取分段计算方式，即以卷烟焦油含量变更后的实际销量为准。

2013年8mg以下低焦油卷烟品牌共销售卷烟3468.7亿支（693.74万箱），比同期增加234.45亿支（46.89万箱），增长7.25%，其中6mg以下低焦油卷烟品牌共销售卷烟378亿支（75.6万箱），比同期增加234.45亿支（46.89万箱），增长163.28%。

云南中烟2013年卷烟主要指标完成情况表

指标名称	计量单位	2013年	2012年	2013年比2012年±%
一、工业总产值（现价）	万元	13893969	13182986	5.39
卷烟产值	万元	13419317	12762642	5.15
二、工业增加值（现价）	万元	11817463	11313603	4.45
三、复烤烟叶产量	吨	222981	228295	-2.33
打叶复烤	吨	222981	228295	-2.33
四、卷烟产量	万箱	819.55	826.23	-0.81
软盒嘴烟	万箱	433.47	406.21	6.71
硬盒嘴烟	万箱	386.03	419.95	-8.08
一类	万箱	219.93	204.05	7.78
二类	万箱	9.60	9.29	3.34
三类	万箱	428.07	451.20	-5.13
四类	万箱	105.61	104.43	1.13
五类	万箱	56.34	57.27	-1.62
9（含）mg/支以上	万箱	767.56	770.71	-0.41
6mg/支-8（含）mg/支	万箱	51.41	55.36	-7.14
6（含）mg/支以下	万箱	0.58	0.17	241.18
烤烟型	万箱	816.60	822.28	-0.69
混合型	万箱	2.95	3.95	-25.32
出口和供应出口	万箱	10.05	10.73	-6.34
五、云南品牌与省外合作产量	万箱	254.79	268.45	-5.09
六、技术经济指标				
卷烟质量抽检合格率	%	99.98	99.97	0.01
卷烟成品合格率	%	100.00	100.00	0.00
单箱卷烟耗用烟叶	千克	35.10	35.50	-1.13
单箱卷烟耗用盘纸	米	2985	3026	-1.35
单箱滤嘴烟耗用嘴棒	支	12552	12764	-1.66
万元产值耗能源（按现价计算）	千克	11.14	11.47	-2.88
万元产值生产耗能源（按现价计算）	千克	10.29	10.57	-2.65
七、卷烟销售量	万箱	990.76	962.09	2.98
出口	万箱	10.09	10.85	-7.00
八、卷烟期末库存量	万箱	37.55	48.52	-22.61
出口	万箱	0.00	0.03	-100.00
期末烟叶库存	吨	1068441	685575	55.85
丝束期末库存	吨	5412	6059	-10.68

2013 年全国卷烟单规格商业销售量、三类以上销量、三类以上销售额排序表

2013 年 1—12 月

规格总销量（万箱）					
排序	规格	本期	同期	增量	增幅
1	云烟（紫）	189.25	166.34	22.91	13.78
2	芙蓉王（硬）	137.87	116.64	21.23	18.20
3	红塔山（软经典）	124.15	123.40	0.74	0.60
4	玉溪（软）	112.53	97.59	14.94	15.30
5	利群（新版）	97.42	80.42	17.00	21.14
6	黄山（硬一品）	95.97	92.69	3.28	3.53
7	白沙（硬）	82.11	91.20	-9.09	-9.97
8	白沙（精品）	79.60	74.00	5.60	7.57
9	中华（硬）	78.33	70.30	8.03	11.42
10	红塔山（硬经典）	73.13	77.60	-4.48	-5.77
11	南京（红）	71.65	67.50	4.15	6.14
12	白沙（精品二代）	67.89	65.43	2.46	3.76
13	黄金叶（硬红旗渠）	66.54	46.06	20.48	44.45
14	泰山（红将军）	65.58	70.77	-5.19	-7.34
15	红塔山（硬经典 100）	62.13	54.31	7.82	14.40

三类以上规格销量（万箱）					
排序	规格	本期	同期	增量	增幅
1	云烟（紫）	189.25	166.34	22.91	13.78
2	芙蓉王（硬）	137.87	116.64	21.23	18.20
3	红塔山（软经典）	124.15	123.40	0.74	0.60
4	玉溪（软）	112.53	97.59	14.94	15.30
5	利群（新版）	97.42	80.42	17.00	21.14
6	白沙（精品）	79.60	74.00	5.60	7.57
7	中华（硬）	78.33	70.30	8.03	11.42
8	红塔山（硬经典）	73.13	77.60	-4.48	-5.77
9	南京（红）	71.65	67.50	4.15	6.14
10	白沙（精品二代）	67.89	65.43	2.46	3.76
11	黄金叶（硬红旗渠）	66.54	46.06	20.48	44.45
12	泰山（红将军）	65.58	70.77	-5.19	-7.34
13	红塔山（硬经典 100）	62.13	54.31	7.82	14.40
14	云烟（软珍品）	61.12	53.40	7.73	14.47
15	黄金叶（硬帝豪）	57.69	44.86	12.83	28.61

三类以上规格销售收入（亿元）					
排序	规格	本期	同期	增量	增幅
1	芙蓉王（硬）	709.83	600.47	109.36	18.21
2	中华（硬）	704.73	632.35	72.38	11.45
3	中华（软）	602.67	542.79	59.88	11.03
4	玉溪（软）	534.36	462.83	71.53	15.45
5	云烟（紫）	392.66	345.03	47.64	13.81
6	云烟（软珍品）	297.52	259.81	37.72	14.52
7	利群（新版）	282.39	233.09	49.30	21.15
8	黄鹤楼（软蓝）	205.83	181.91	23.92	13.15
9	红塔山（软经典）	195.48	194.20	1.28	0.66
10	南京（红）	173.70	163.70	10.00	6.11
11	苏烟（软金砂）	173.36	173.95	-0.59	-0.34
12	苏烟（五星红杉树）	163.15	136.20	26.94	19.78
13	白沙（精品二代）	149.32	143.87	5.46	3.79
14	黄金叶（硬红旗渠）	146.39	101.34	45.05	44.45
15	白沙（精品）	143.27	133.26	10.01	7.51

2013年全国19家工业企业集团销售量及单箱结构

工业企业	销量（万箱）				单箱商业批发价（元/箱）			
	本期	同期	增减量	增减率	本期	同期	增减量	增减率
合　计	4993.97	4935.34	58.63	1.19	24976.69	23284.93	1691.76	7.27
云南中烟	1081.75	1049.21	32.55	3.10	23890.60	22867.53	1023.06	4.47
红塔集团	556.09	547.14	8.95	1.64	24014.28	22753.62	1260.66	5.54
红云红河	525.66	502.06	23.60	4.70	23759.76	22991.68	768.08	3.34
河北中烟	101.92	108.44	-6.51	-6.01	13748.09	13413.81	334.28	2.49
上海烟草	278.36	277.14	1.22	0.44	56829.39	52524.12	4305.27	8.20
江苏中烟	223.05	214.13	8.92	4.16	35444.92	34071.74	1373.17	4.03
浙江中烟	278.69	254.09	24.60	9.68	31504.56	29870.20	1634.36	5.47
安徽中烟	246.14	245.16	0.97	0.40	18187.13	16738.10	1449.03	8.66
福建中烟	212.89	204.43	8.46	4.14	19841.75	19367.05	474.70	2.45
江西中烟	87.39	90.49	-3.10	-3.42	15818.70	15206.10	612.60	4.03
山东中烟	230.09	235.07	-4.98	-2.12	15585.79	14637.54	948.25	6.48
河南中烟	284.86	281.73	3.13	1.11	19394.68	17237.73	2156.96	12.51
湖北中烟	357.16	362.49	-5.33	-1.47	27007.59	24789.16	2218.43	8.95
湖南中烟	471.49	472.38	-0.89	-0.19	30241.01	27632.28	2608.73	9.44
广东中烟	352.99	346.79	6.19	1.79	20851.00	19966.08	884.92	4.43
广西中烟	69.78	73.45	-3.67	-5.00	16265.91	13533.80	2732.11	20.19
川渝中烟	217.10	222.11	-5.01	-2.25	19703.20	18050.35	1652.86	9.16
贵州中烟	194.15	189.15	5.00	2.64	19528.46	17951.30	1577.15	8.79
陕西中烟	99.10	96.91	2.19	2.26	14043.32	12634.94	1408.38	11.15
中烟实业	199.13	204.57	-5.43	-2.66	18573.47	17062.25	1511.22	8.86
进口烟	7.86	7.55	0.31	4.07	29097.16	28676.05	421.11	1.47
查扣罚没烟	0.06	0.05	0.01	21.90	22456.00	17154.90	5301.10	30.90

2013 年全国 19 家工业企业集团各类别卷烟销量

工业企业	一类烟（万箱）		二类烟（万箱）		三类烟（万箱）		四类烟（万箱）		五类烟（万箱）	
	销量	同比%	销量	同比%	销量	同比%	销量	同比%	销量	同比%
合 计	877.59	14.73	444.32	16.27	2330.88	3.29	973.91	-7.82	367.27	-23.77
云南中烟	220.52	15.66	16.63	14.11	658.61	-0.71	125.42	4.73	60.57	-2.09
红塔集团	145.21	17.27	1.28	-39.37	297.68	-2.52	71.62	-1.97	40.30	-6.81
红云红河	75.31	12.68	15.35	23.21	360.93	0.84	53.80	15.22	20.27	8.86
湖南中烟	162.01	16.80	4.01	-8.27	171.52	2.76	116.61	-11.58	17.34	-43.71
湖北中烟	110.60	13.79	48.80	9.82	63.40	-8.06	94.75	-12.47	39.61	-10.55
广东中烟	13.12	7.33	41.83	33.30	274.70	-0.29	7.15	-21.27	16.20	-14.32
河南中烟	6.68	-6.83	12.40	0.38	189.46	23.73	47.10	-25.45	29.23	-37.38
浙江中烟	74.47	15.85	129.23	16.81	8.54	-6.67	46.86	-10.02	19.58	6.31
上海烟草	127.04	10.68	5.59	42.02	114.34	-4.32	14.32	-8.63	17.06	-26.72
安徽中烟	16.71	41.05	33.79	17.44	75.89	-3.72	98.96	1.19	20.78	-26.15
山东中烟	8.47	0.77	4.91	86.78	154.51	7.32	36.16	-25.60	26.04	-17.72
江苏中烟	74.54	16.35	25.62	5.28	94.81	6.89	22.91	-23.98	5.17	-25.35
川渝中烟	13.49	23.32	30.37	5.46	105.70	9.02	58.46	-12.60	9.07	-51.86
福建中烟	14.21	4.09	38.55	11.83	98.43	4.20	57.11	8.58	4.59	-51.68
中烟实业	7.70	-5.78	30.88	27.99	91.35	1.19	38.58	1.86	30.62	-32.89
贵州中烟	14.69	33.50	8.30	50.61	94.01	13.88	61.17	-13.73	15.99	-18.35
河北中烟	0.97	-15.54	1.49	-25.15	48.74	-5.11	40.51	9.51	10.21	-39.97
陕西中烟	2.21	13.15	2.73	12.51	26.24	33.84	51.53	2.14	16.39	-27.48
江西中烟	6.06	7.61	0.92	-28.43	32.47	8.47	31.24	-6.00	16.69	-18.41
广西中烟	3.27	42.94	4.53	83.14	24.79	21.70	25.04	-19.63	12.15	-29.57
进口烟	0.85	8.26	3.72	2.30	3.29	5.11	0.00	0.00	0.00	0.00
查扣罚没烟	0.00	-100.00	0.00	0.00	0.06	51.62	0.00	-100.00	0.00	-100.00

2013 年云产卷烟分省销量及单箱结构

名　称	销量（万箱）				单箱商业批发价（元/箱）			
	本期	同期	增减量	增减率	本期	同期	增减量	增减率
合　计	1081.75	1050.16	31.59	3.01	23891	22850	1041	4.56
北京市	29.74	30.34	-0.60	-1.99	19553	18120	1432	7.90
天津市	22.44	22.42	0.02	0.07	24297	23636	661	2.79
河北省	66.22	63.88	2.35	3.67	20854	19944	911	4.57
山西省	57.23	58.39	-1.16	-1.99	21054	20346	708	3.48
内蒙区	48.66	43.69	4.98	11.39	21331	21292	39	0.18
辽宁省	47.37	49.08	-1.71	-3.49	21408	20161	1247	6.18
大连市	12.82	13.09	-0.27	-2.10	22151	21450	701	3.27
吉林省	28.55	23.86	4.69	19.68	18091	18363	-272	-1.48
黑龙江	36.39	36.22	0.17	0.46	23997	23274	722	3.10
上海市	5.85	5.30	0.54	10.27	27368	25496	1872	7.34
江苏省	36.53	35.36	1.17	3.30	26956	25838	1119	4.33
浙江省	31.92	32.01	-0.10	-0.30	25442	24972	470	1.88
安徽省	22.62	22.44	0.17	0.77	26036	24822	1214	4.89
福建省	15.10	15.20	-0.10	-0.66	21183	20787	395	1.90
江西省	7.60	8.23	-0.62	-7.56	22001	20150	1852	9.19
山东省	53.51	54.55	-1.04	-1.90	24629	23800	829	3.48
河南省	24.77	23.11	1.66	7.19	28002	26767	1235	4.61
湖北省	15.86	15.21	0.65	4.29	17264	17108	156	0.91
湖南省	21.76	21.28	0.48	2.26	22407	21253	1154	5.43
广东省	33.96	32.56	1.40	4.31	22870	21961	909	4.14
深圳市	6.13	6.06	0.07	1.11	21101	19642	1460	7.43
广西区	44.06	44.24	-0.18	-0.41	22653	21601	1052	4.87
海南省	19.71	18.55	1.16	6.24	20019	18366	1653	9.00
重庆市	25.13	22.56	2.57	11.38	32767	30809	1957	6.35
四川省	91.22	89.46	1.75	1.96	30899	29228	1671	5.72
贵州省	16.73	14.42	2.30	15.97	26174	23838	2335	9.80
云南省	161.06	154.63	6.43	4.16	25955	24624	1331	5.41
西藏区	4.33	3.69	0.64	17.23	30311	28940	1371	4.74
陕西省	17.71	17.51	0.21	1.18	21179	20238	941	4.65
甘肃省	15.42	15.10	0.32	2.09	19794	19325	469	2.42
青海省	4.38	3.94	0.43	11.04	23919	23952	-33	-0.14
宁夏区	5.21	4.66	0.56	11.92	22078	22069	9	0.04
新疆区	51.78	49.11	2.68	5.45	19500	18614	886	4.76

2013 年云产卷烟四大品牌分省销量及单箱结构

省份	品牌	销量（万箱）				单箱结构（元/箱）			
		本期销量	同期销量	增减量	增减幅（%）	本期单箱	同期单箱	单箱增减量	单箱增减幅（%）
全国	小计	935.63	899.22	36.41	4.05	26202	25093	1109	4.42
	红河	151.41	172.86	-21.45	-12.41	15905	15946	-41	-0.26
	云烟	340.76	297.09	43.67	14.70	28307	27938	369	1.32
	红塔山	298.29	305.49	-7.20	-2.36	17415	17571	-156	-0.89
	玉溪	145.17	123.79	21.38	17.27	50054	49602	452	0.91
北京市	小计	25.50	24.26	1.24	5.09	21556	20763	792	3.82
	红河	4.66	4.42	0.24	5.48	18156	18092	63	0.35
	云烟	4.31	4.28	0.02	0.55	22373	21691	682	3.14
	红塔山	13.41	13.19	0.22	1.70	16307	16557	-251	-1.51
	玉溪	3.11	2.37	0.74	31.44	48123	47479	644	1.36
天津市	小计	19.63	19.90	-0.27	-1.38	26535	25528	1007	3.94
	红河	5.30	6.20	-0.91	-14.61	19128	18369	759	4.13
	云烟	5.68	4.98	0.69	13.93	27940	30169	-2229	-7.39
	红塔山	4.88	5.58	-0.70	-12.56	16428	16708	-280	-1.68
	玉溪	3.77	3.14	0.64	20.35	47876	48003	-127	-0.26
河北省	小计	52.27	49.76	2.51	5.04	24724	23887	837	3.50
	红河	2.58	4.76	-2.18	-45.80	12343	12951	-608	-4.69
	云烟	23.77	21.01	2.76	13.13	23842	22976	866	3.77
	红塔山	17.47	16.43	1.04	6.36	16553	17317	-764	-4.41
	玉溪	8.44	7.56	0.88	11.71	47903	47588	314	0.66
山西省	小计	53.21	53.72	-0.51	-0.96	21912	20830	1082	5.20
	红河	13.01	16.02	-3.01	-18.76	14924	14488	437	3.02
	云烟	26.52	24.42	2.10	8.59	25848	25077	772	3.08
	红塔山	12.23	12.03	0.19	1.60	17219	17574	-355	-2.02
	玉溪	1.45	1.25	0.20	16.07	52215	50503	1712	3.39
内蒙区	小计	45.15	38.80	6.35	16.36	22537	21965	572	2.60
	红河	7.54	7.39	0.15	2.01	13828	13298	530	3.99
	云烟	25.65	19.61	6.05	30.84	24660	24254	406	1.68
	红塔山	9.40	9.33	0.06	0.67	16777	17145	-368	-2.14
	玉溪	2.56	2.47	0.09	3.60	48099	47981	118	0.25

续表

省份	品牌	销量（万箱）				单箱结构（元/箱）			
		本期销量	同期销量	增减量	增减幅（%）	本期单箱	同期单箱	单箱增减量	单箱增减幅（%）
辽宁省	小计	36.96	37.68	-0.72	-1.92	25303	23751	1553	6.54
	红河	7.48	8.78	-1.30	-14.84	14477	14304	174	1.22
	云烟	6.93	5.97	0.96	16.05	26229	26026	203	0.78
	红塔山	14.60	15.94	-1.35	-8.46	16446	16466	-21	-0.13
	玉溪	7.96	6.99	0.97	13.89	50915	50301	614	1.22
大连市	小计	11.27	11.02	0.26	2.31	24337	24316	21	0.09
	红河	1.70	2.06	-0.35	-17.20	13554	14813	-1258	-8.50
	云烟	2.10	2.11	-0.01	-0.48	25309	24386	924	3.79
	红塔山	5.17	4.71	0.46	9.67	16842	17556	-714	-4.07
	玉溪	2.31	2.14	0.16	7.61	48221	48241	-20	-0.04
吉林省	小计	21.63	18.76	2.87	15.29	21858	21815	43	0.20
	红河	2.55	3.14	-0.58	-18.64	15075	14955	121	0.81
	云烟	8.22	6.34	1.88	29.72	20558	21392	-834	-3.90
	红塔山	8.06	6.98	1.08	15.45	16242	16770	-528	-3.15
	玉溪	2.80	2.31	0.49	21.38	48035	47586	449	0.94
黑龙江	小计	35.96	35.98	-0.02	-0.05	24170	23206	964	4.15
	红河	2.87	3.71	-0.85	-22.84	15001	15786	-785	-4.97
	云烟	14.27	12.65	1.63	12.88	26976	26750	226	0.85
	红塔山	14.83	16.16	-1.34	-8.27	16852	16912	-61	-0.36
	玉溪	3.99	3.45	0.54	15.57	47890	47656	234	0.49
上海市	小计	5.09	4.55	0.54	11.91	30104	28174	1930	6.85
	红河	0.57	0.79	-0.22	-28.39	12404	12803	-399	-3.11
	云烟	2.15	1.49	0.65	43.76	29311	30418	-1107	-3.64
	红塔山	1.07	1.23	-0.17	-13.56	16437	16883	-446	-2.64
	玉溪	1.31	1.03	0.28	27.14	50166	50213	-48	-0.09
江苏省	小计	32.97	31.91	1.06	3.32	29044	27786	1258	4.53
	红河	3.96	5.30	-1.34	-25.29	12067	12523	-457	-3.65
	云烟	10.86	9.21	1.64	17.84	30192	30666	-474	-1.55
	红塔山	9.57	9.99	-0.42	-4.25	17541	17950	-408	-2.27
	玉溪	8.59	7.40	1.18	15.97	48244	48410	-166	-0.34

续表

省份	品牌	销量（万箱）				单箱结构（元/箱）			
		本期销量	同期销量	增减量	增减幅（%）	本期单箱	同期单箱	单箱增减量	单箱增减幅（%）
浙江省	小计	28.94	29.42	-0.49	-1.66	27222	26509	714	2.69
	红河	1.46	2.12	-0.66	-31.18	13084	13610	-526	-3.86
	云烟	12.91	12.35	0.56	4.50	30346	29898	448	1.50
	红塔山	10.81	11.41	-0.60	-5.22	17985	18367	-382	-2.08
	玉溪	3.76	3.55	0.21	5.93	48537	48567	-30	-0.06
安徽省	小计	17.24	16.44	0.80	4.85	31668	31007	662	2.13
	红河	0.66	0.74	-0.08	-10.66	12418	12531	-113	-0.90
	云烟	4.14	3.73	0.41	10.94	30718	30716	2	0.01
	红塔山	5.91	6.01	-0.10	-1.70	16425	16677	-251	-1.51
	玉溪	6.53	5.96	0.57	9.58	48010	47937	73	0.15
福建省	小计	10.85	11.18	-0.33	-2.98	25952	25018	934	3.73
	红河	0.78	1.12	-0.34	-30.15	12856	13097	-241	-1.84
	云烟	4.77	4.33	0.43	10.04	25533	25167	366	1.45
	红塔山	3.53	4.00	-0.47	-11.78	17589	17833	-244	-1.37
	玉溪	1.77	1.73	0.04	2.37	49552	49003	549	1.12
江西省	小计	5.24	5.40	-0.15	-2.85	27723	25719	2004	7.79
	红河	0.16	0.23	-0.07	-30.41	19303	19031	272	1.43
	云烟	1.86	1.56	0.30	19.17	25557	24666	891	3.61
	红塔山	2.27	2.78	-0.51	-18.17	16826	16877	-51	-0.30
	玉溪	0.95	0.82	0.12	14.92	59566	59400	166	0.28
山东省	小计	53.51	54.37	-0.86	-1.58	24630	23813	817	3.43
	红河	6.70	6.15	0.55	8.98	13156	13315	-159	-1.19
	云烟	9.54	9.62	-0.07	-0.78	25837	25086	751	3.00
	红塔山	25.11	27.55	-2.44	-8.86	16021	16168	-147	-0.91
	玉溪	12.16	11.06	1.10	9.96	47771	47576	196	0.41
河南省	小计	22.91	21.93	0.98	4.47	29649	27851	1799	6.46
	红河	4.08	3.13	0.96	30.62	13263	14708	-1445	-9.83
	云烟	4.29	4.03	0.26	6.55	34474	31906	2569	8.05
	红塔山	6.89	8.51	-1.62	-19.07	16122	16142	-20	-0.13
	玉溪	7.66	6.27	1.38	22.05	47851	47678	173	0.36

续表

省份	品牌	销量（万箱）				单箱结构（元/箱）			
		本期销量	同期销量	增减量	增减幅（%）	本期单箱	同期单箱	单箱增减量	单箱增减幅（%）
湖北省	小计	12. 14	11. 83	0. 30	2. 56	19800	19419	381	1. 96
	红河	4. 26	4. 74	-0. 49	-10. 25	14647	14836	-189	-1. 27
	云烟	3. 28	2. 77	0. 52	18. 72	22816	23189	-374	-1. 61
	红塔山	3. 95	3. 81	0. 14	3. 55	17543	18071	-528	-2. 92
	玉溪	0. 65	0. 51	0. 14	26. 64	52072	51521	550	1. 07
湖南省	小计	18. 57	18. 94	-0. 37	-1. 97	24853	22868	1985	8. 68
	红河	4. 79	5. 79	-1. 01	-17. 40	13983	14328	-346	-2. 41
	云烟	6. 44	5. 63	0. 80	14. 23	28596	27617	979	3. 55
	红塔山	4. 62	5. 43	-0. 81	-14. 91	17026	17414	-387	-2. 22
	玉溪	2. 73	2. 09	0. 64	30. 77	48307	47912	395	0. 82
广东省	小计	27. 24	26. 58	0. 66	2. 47	26534	24927	1606	6. 44
	红河	4. 96	5. 81	-0. 84	-14. 49	14332	14602	-271	-1. 85
	云烟	6. 73	5. 24	1. 49	28. 38	25151	25999	-848	-3. 26
	红塔山	8. 81	10. 07	-1. 26	-12. 53	17335	17355	-20	-0. 12
	玉溪	6. 73	5. 46	1. 27	23. 27	48942	48828	115	0. 24
深圳市	小计	4. 42	4. 17	0. 26	6. 14	25888	24364	1524	6. 26
	红河	0. 25	0. 30	-0. 05	-17. 63	13302	14363	-1062	-7. 39
	云烟	0. 85	0. 70	0. 15	21. 93	25040	25174	-134	-0. 53
	红塔山	2. 36	2. 44	-0. 08	-3. 28	17273	17299	-27	-0. 15
	玉溪	0. 97	0. 73	0. 24	32. 38	50928	51353	-425	-0. 83
广西区	小计	35. 42	35. 67	-0. 24	-0. 68	26150	24813	1337	5. 39
	红河	5. 27	5. 31	-0. 04	-0. 74	16073	16098	-25	-0. 16
	云烟	5. 73	4. 83	0. 90	18. 53	23096	22610	486	2. 15
	红塔山	16. 74	19. 08	-2. 34	-12. 24	20226	19914	311	1. 56
	玉溪	7. 68	6. 45	1. 23	19. 14	48242	48125	116	0. 24
海南省	小计	15. 23	12. 57	2. 66	21. 13	23478	23240	238	1. 03
	红河	0. 24	0. 35	-0. 11	-31. 78	15402	15127	275	1. 82
	云烟	4. 56	3. 91	0. 66	16. 79	22965	22843	122	0. 53
	红塔山	8. 62	6. 96	1. 66	23. 79	18427	18705	-278	-1. 49
	玉溪	1. 82	1. 36	0. 46	33. 48	49765	49631	134	0. 27

续表

省份	品牌	销量（万箱）				单箱结构（元/箱）			
		本期销量	同期销量	增减量	增减幅（%）	本期单箱	同期单箱	单箱增减量	单箱增减幅（%）
重庆市	小计	22.69	19.81	2.88	14.56	35377	33939	1438	4.24
	红河	0.41	0.51	-0.10	-19.52	25689	17641	8048	45.62
	云烟	9.60	8.48	1.12	13.22	34618	32804	1813	5.53
	红塔山	5.14	4.53	0.61	13.48	18058	18058	0	0.00
	玉溪	7.55	6.30	1.25	19.86	48664	48202	463	0.96
四川省	小计	80.44	77.67	2.78	3.57	34016	32453	1563	4.82
	红河	3.62	5.91	-2.29	-38.68	36895	32735	4160	12.71
	云烟	38.26	33.66	4.60	13.67	31284	31493	-209	-0.66
	红塔山	16.88	20.29	-3.41	-16.82	19340	18759	581	3.10
	玉溪	21.68	17.81	3.88	21.76	49781	49779	2	0.00
贵州省	小计	15.22	12.48	2.74	21.95	27890	26191	1699	6.49
	红河	3.13	2.87	0.26	9.07	12091	12786	-695	-5.44
	云烟	7.86	6.18	1.68	27.12	31778	30608	1171	3.82
	红塔山	2.79	2.49	0.30	12.19	17897	17850	47	0.27
	玉溪	1.44	0.94	0.50	53.03	60357	60084	273	0.45
云南省	小计	142.88	135.22	7.66	5.66	28247	26974	1273	4.72
	红河	34.84	40.81	-5.97	-14.64	19650	18953	696	3.67
	云烟	61.10	53.55	7.54	14.09	34038	33367	671	2.01
	红塔山	38.62	33.54	5.08	15.13	18535	18570	-35	-0.19
	玉溪	8.33	7.32	1.01	13.83	66737	63420	3316	5.23
西藏区	小计	4.09	3.40	0.69	20.37	31238	30087	1151	3.82
	红河	0.40	0.47	-0.07	-15.04	20230	20286	-56	-0.28
	云烟	3.04	2.34	0.70	29.84	31327	31129	199	0.64
	红塔山	0.32	0.29	0.02	6.95	17948	18200	-252	-1.38
	玉溪	0.33	0.29	0.04	15.05	56576	50000	6576	13.15
陕西省	小计	17.71	17.51	0.21	1.19	21179	20239	940	4.64
	红河	2.20	2.44	-0.24	-9.87	14526	14432	94	0.65
	云烟	7.19	6.75	0.44	6.49	23716	23010	706	3.07
	红塔山	7.45	7.61	-0.16	-2.11	16559	16838	-279	-1.66
	玉溪	0.87	0.70	0.17	24.25	56399	50554	5845	11.56

续表

省份	品牌	销量（万箱）				单箱结构（元/箱）			
		本期销量	同期销量	增减量	增减幅（%）	本期单箱	同期单箱	单箱增减量	单箱增减幅（%）
甘肃省	小计	15.33	14.91	0.42	2.82	19843	19428	416	2.14
	红河	1.46	1.83	-0.37	-20.16	13490	13599	-109	-0.80
	云烟	3.98	3.25	0.73	22.47	25517	25523	-6	-0.02
	红塔山	9.53	9.55	-0.02	-0.21	17186	17538	-352	-2.00
	玉溪	0.35	0.28	0.08	28.46	53659	51588	2071	4.01
青海省	小计	4.38	3.91	0.47	11.94	23919	24056	-137	-0.57
	红河	0.17	0.21	-0.04	-18.35	13500	13500	0	0.00
	云烟	2.38	2.10	0.28	13.32	26459	26337	122	0.46
	红塔山	1.65	1.45	0.20	14.07	18178	19487	-1309	-6.72
	玉溪	0.18	0.16	0.02	13.86	53308	49863	3446	6.91
宁夏区	小计	5.21	4.66	0.56	11.92	22078	22069	9	0.04
	红河	0.02	0.13	-0.11	-83.60	13500	13545	-44	-0.33
	云烟	2.36	1.87	0.49	26.25	24756	25128	-372	-1.48
	红塔山	2.53	2.38	0.15	6.49	16372	17147	-775	-4.52
	玉溪	0.30	0.27	0.02	8.24	50158	48122	2036	4.23
新疆区	小计	36.32	34.79	1.52	4.38	19262	18455	808	4.38
	红河	19.33	19.32	0.01	0.05	11412	11768	-356	-3.03
	云烟	9.46	8.14	1.32	16.18	22255	21723	532	2.45
	红塔山	3.10	3.72	-0.62	-16.70	16817	16968	-151	-0.89
	玉溪	4.44	3.62	0.82	22.61	48795	48333	462	0.96

2013 年云产卷烟四大品牌高端低焦卷烟商业销量统计表

品　牌		商业销量（万箱）	同比 ± 量	增长率（%）
玉溪		145.39	21.60	17.45
其中：高端烟		7.45	1.53	25.80
其中：高价位		0.95	0.19	25.85
低焦油烟		1.23	0.67	120.16
其中：6mg 以下				
云　烟		341.06	43.97	14.80
其中：一类烟		73.67	9.11	14.10
高端烟		5.68	1.40	32.83
其中：高价位		2.36	1.27	116.40
低焦油烟		37.36	12.38	49.56
其中：6mg 以下		0.48	0.35	270.29
红塔山		298.34	-7.15	-2.34
低焦油烟		22.16	-13.94	-38.62
其中：6mg 以下		0.01		
红　河		151.42	-21.44	-12.40
其中：高端烟		1.16	-0.27	-18.97
其中：高价位		0.37	-0.04	-10.52
云南中烟合计	高端烟	14.67	2.52	20.78
	其中：高价位	3.75	1.25	50.00
	低焦油烟	67.49	3.95	6.21
	其中：6mg 以下	0.52	0.35	213.68
全国合计	高端烟	250.48	28.82	13.00
	其中：高价位	18.33	5.15	39.07
	低焦油烟	693.74	46.90	7.25
	其中：6mg 以下	75.60	46.89	163.28

注：高价位卷烟指批发价 600 元/条以上产品。

2013 年云南中烟境外销售各品牌销量统计表

序　号	品牌	销量（件）	序　号	品牌	销量（件）	序　号	品牌	销量（件）
1	红河	352158	7	阿诗玛	101430	13	钓鱼台	10700
2	云烟	296180	8	MARBLE	76974	14	STRAND	970
3	红塔山	290170	9	新兴	60000	15	ESTON	855
4	红梅	244926	10	BRASS	42971	16	人参烟	754
5	玉溪	215880	11	小熊猫	33100	17	PLAZA	200
6	GEM	149796	12	昔娥	25772		总　计	1902836

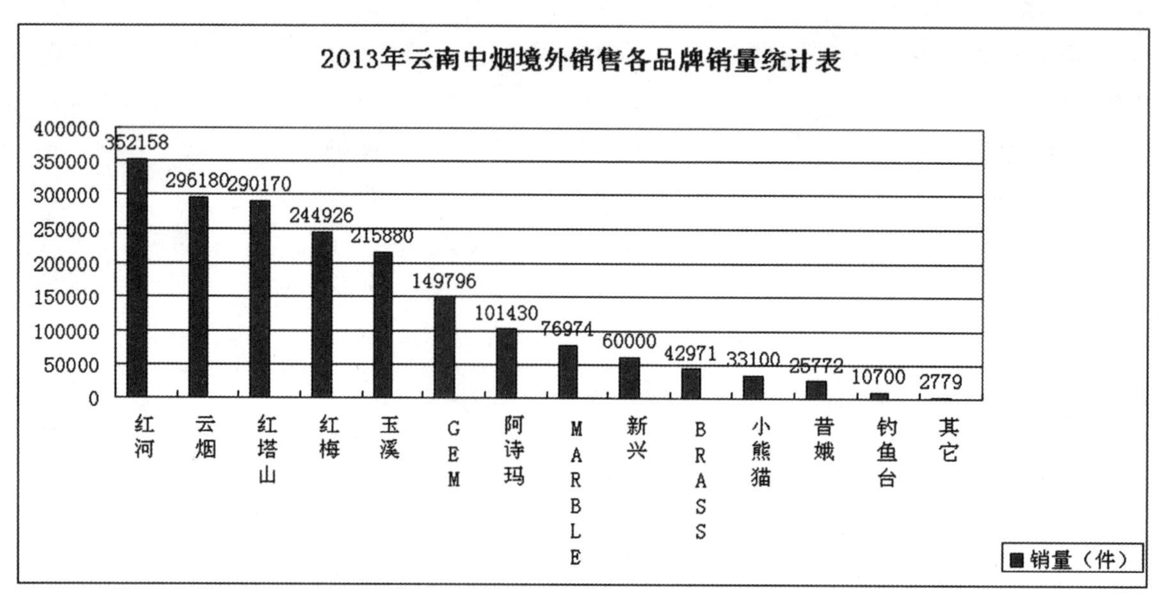

2013 年云南中烟境外销售国家（地区）分布情况表

地区	国家和地区	销量（件）	地区	国家和地区	销量（件）	地区	国家和地区	销量（件）
东南亚	澳门	9600		摩尔多瓦	13692		哥伦比亚	5800
	巴基斯坦	2160		塞尔维亚	400		秘鲁	4750
	朝鲜	11530		乌兹别克斯坦	40		尼加拉瓜	5000
	东帝汶	1600		总计	46441		乌拉圭	6740
	菲律宾	83390	非洲	埃及	700		智利	4850
	韩国	6060		埃塞俄比亚	420		小计	147495
	柬埔寨	22260		安哥拉	10430	北美洲	加拿大	11800
	老挝	143479		刚果（布）	942		美国	7210
	马尔代夫	1139		加纳	420		小计	19010
	马来西亚	48161		肯尼亚	7320	大洋洲	澳大利亚	9750
	缅甸	249830		毛里求斯	22220		斐济	1170
	日本	2903		纳米比亚	51800		瓦努阿图	800
	斯里兰卡	2090		南非	2680		新西兰	2440
	台湾	1780	非洲	尼日尔	1000		密克罗尼西亚	855
	泰国	19150		尼日利亚	2700		小计	15015
	文莱	6600		坦桑尼亚	4900	外交海外供应站		200
	香港	128881		小计	105532		小计	200
	新加坡	95744	中东	阿富汗	2590	西欧	比利时	1000
	印度	18505		阿联酋	66631		荷兰	800
	印度尼西亚	48638		阿曼	6365		瑞士	400
	越南	344847		巴林	10235		小计	2200
	新市场及增补	1310		卡塔尔	1600	中国免税市场		71735
	小计	1249657		伊拉克	158000		小计	71735
东欧	波黑	1000		其他	130		合计	1902836
	哈沙克斯坦	40		小计	245551			
	黑山	300	中南美洲	阿根廷	25505			
	克罗地亚	200		巴拿马	74850			
	罗马尼亚	30769		伯利兹	20000			

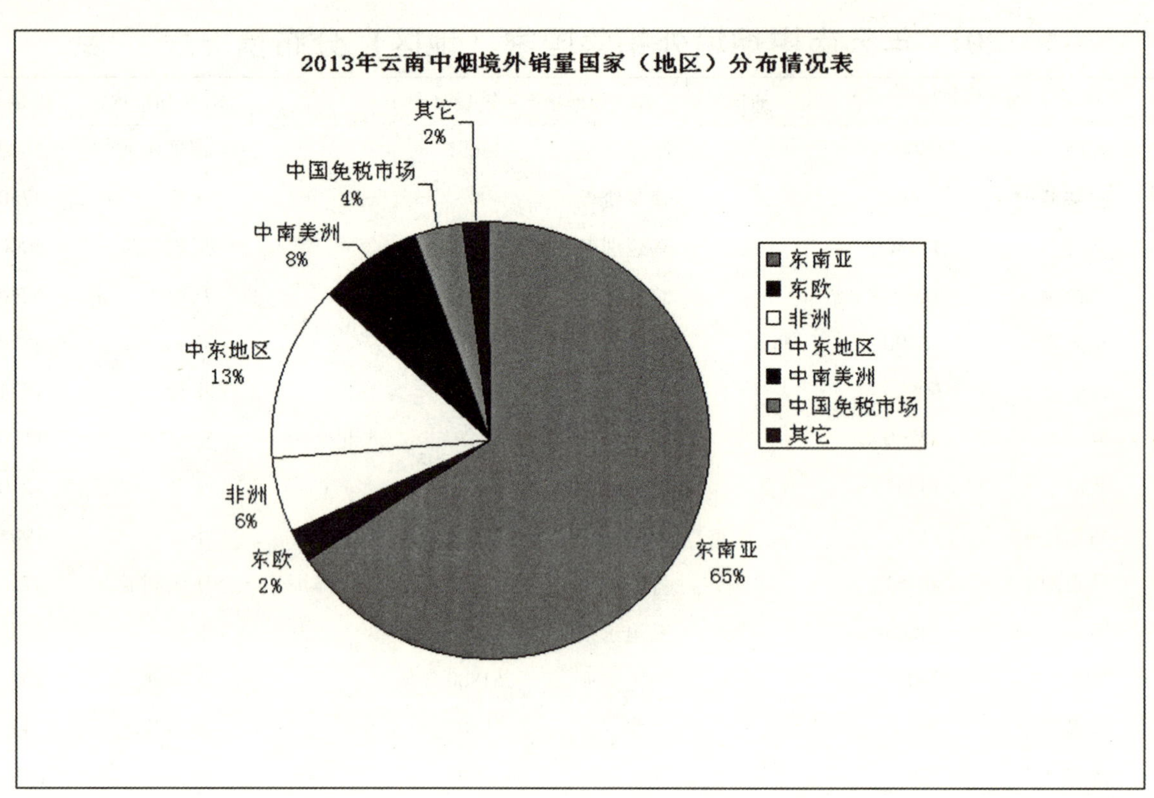
2013年云南中烟境外销量国家（地区）分布情况表
其它
2%
中国免税市场
4%
中南美洲
8%
中东地区
13%
非洲
6%
东欧
2%
东南亚
65%
东南亚
东欧
非洲
中东地区
中南美洲
中国免税市场
其它

2013年红塔集团在产卷烟品牌名录

规 格	焦油量	产品风格、自有特色	备 注
玉溪（硬庄园16支）	8毫克/支	①突出典型的纯净成熟的“庄园清香”风格特点，香气丰富自然，飘逸纯净，柔绵细腻，圆润醇和，口感愉悦清新，回味悠长。②应用红塔集团云南小产区优质有机烟叶，在玉溪品牌传统“清香型”风格的基础上，进一步彰显个性鲜明、特点突出的“有机、低害、高香”“庄园清香”产品风格。	一类，烤烟型2011年研发
玉溪（软小庄园）	8毫克/支	①重点突出烟香的自然优雅感，丰富细腻的香气质感和强调烟气醇和湿润感和口感舒适性。②进一步丰富有机烟叶特征香韵，形成个性鲜明的风格特征，体现“庄园清香，清新自然”的产品风格理念。	一类，烤烟型2013年研发
玉溪（软境界）	10毫克/支	①突出“清香之宗清雅飘逸”的产品风格，体现清新雅致、飘逸细腻的天然高雅香韵和圆润醇和、愉悦舒适的品质特征。②应用现代中医天然配方植物提取物、独特的减害降焦CV－Ⅱ功能嘴棒、国际先进国内领先的“中式卷烟特色加工工艺技术”等系列专项技术综合集成而制。	一类，烤烟型2008年研发
玉溪（软弘毅力）	8毫克/支	①突出“清香至醇、丰润飘逸、自然舒畅”的产品风格，体现清新雅致、飘逸细腻的天然高雅香韵和圆润醇和、愉悦舒适的品质特征。②应用独特的调香技术，实现低焦油卷烟“低焦、低害、高香”的产品风格。	一类，烤烟型2012年研发
玉溪（硬大成）	8毫克/支	①突出“清香之宗清雅悠扬”的产品风格，体现清新自然、成熟飘逸的丰富烟草香韵和圆润醇和、愉悦舒适的品质特征。②应用现代中医天然配方植物提取物、选择性吸附有害成分功效的深海藻类“DNA”复合嘴棒、国际先进国内领先的“中式卷烟特色加工工艺技术”等系列专项技术综合集成而制。	一类，烤烟型2008年研发
玉溪（硬和谐）	10毫克/支	①突出“飘逸和谐”的产品风格，体现清新飘逸、丰满成熟的自然烟草香韵和圆润醇和、生津回甜的品质特征。②应用具有提质减害功效的全无氯漂白配方木浆彩色卷烟纸、减害降焦功效的二元复合嘴棒、国际先进国内领先的“中式卷烟特色加工工艺技术”等系列专项技术综合集成而制。	一类，烤烟型2006年研发
玉溪（软和谐）	8毫克/支	①突出“自然和谐”的产品风格，体现清新自然、丰满成熟的自然烟草香韵和圆润醇和、生津回甜的品质特征。②应用具有提质减害功效的特殊专用卷烟纸、减害降焦功效的二元复合嘴棒、国际先进国内领先的“中式卷烟特色加工工艺技术”等系列专项技术综合集成而制。	一类，烤烟型2009年研发
玉溪（软尚善）	12毫克/支	①突出“清新淡雅”的产品风格，体现清新自然、淡雅细腻的烟草香韵和圆润醇和、生津回甜的品质特征。②应用软包硬化包装技术、现代中医天然配方植物提取物、国际先进国内领先的“中式卷烟特色加工工艺技术”等系列专项技术综合集成而制。	一类，烤烟型2006年研发

续表

规 格	焦油量	产品风格、自有特色	备 注
玉溪（软）	11 毫克/支	①突出“清甜飘逸”的产品风格，体现清甜自然、飘逸细腻的烟草香韵，充分体现“优雅感、舒适感、满足感”。②应用特殊天然功能提取物、生物提质减害技术、抑菌水松纸、国际先进国内领先的“中式卷烟特色加工工艺技术”等系列专项技术综合集成而制。	一类，烤烟型 2002 年研发
玉溪（硬）	10 毫克/支	①突出“清甜雅致”的产品风格，体现清甜自然、飘逸细腻的烟草香韵和圆润醇和、生津回甜的品质特征。②应用特殊天然功能提取物、生物提质减害技术、抑菌水松纸、国际先进国内领先的“中式卷烟特色加工工艺技术”等系列专项技术综合集成而制。	一类，烤烟型
玉溪（8090）	8 毫克/支	①产品有别于传统清香型中式卷烟，为最新研究开发的创新型风格卷烟新产品。产品主要体现多类型自然烟草香复合香韵的风格特点。产品风格独特，烟香透发飘逸、丰富优雅，醇和细腻、圆润绵长，余味干净舒适。留香持久、回味悠长。②应用特殊天然功能提取物、生物提质减害技术、抑菌水松纸、国际先进国内领先的“中式卷烟特色加工工艺技术”等系列专项技术综合集成而制。	一类，烤烟型 2010 年研发
玉溪（硬金出口）	11 毫克/支	突出“飘逸醇和”的产品风格，体现清新自然、丰满成熟的自然烟草香韵和圆润醇和、生津回甜的品质特征。	一类，烤烟型 1999 年研发
玉溪（硬出口）	10 毫克/支	①突出“清甜雅致”的产品风格，体现清甜自然、飘逸细腻的烟草香韵和圆润醇和、生津回甜的品质特征。②应用特殊天然功能提取物、生物提质减害技术、抑菌水松纸、国际先进国内领先的“中式卷烟特色加工工艺技术”等系列专项技术综合集成而制。	一类，烤烟型
红塔山（硬大经典）	10 毫克/支	①突出“清新典雅”的产品风格，体现清雅自然、丰满细腻的烟草香韵和圆润醇和、生津回甜、干净舒适的品质特征。②唯一的粗支烟创新设计，应用特殊天然功能提取物、生物烟草技术、独创的 HT－2 特殊过滤嘴棒、提质减害全无氯漂白配方木浆纸、抑菌水松纸、国际先进国内领先的“中式卷烟特色加工工艺技术”等系列专项技术综合集成而制。	一类，烤烟型 2008 年研发
红塔山（大师）	8 毫克/支	①围绕突出“天然纯正本香”产品理念，深入开展区域烟叶风格质量特性互补配方研究，通过烟叶调香特色配方和配方降焦综合技术。②采用空心过滤嘴棒、提质减害全无氯漂白配方木浆纸、抑菌水松纸、分模块柔性加工工艺技术，充分发挥烟叶配方的特色、品质优势，诠释天然纯正本香的产品理念，彰显“自然纯美、品味高雅”的产品特色。	一类，烤烟型 2013 年研发

续表

规 格	焦油量	产品风格、自有特色	备 注
红塔山（硬经典150）	8毫克/支	①突出自然清新、丰富优雅的“复合清香型”香气风格，体现柔绵细腻的香气质感和干净舒适的口感品质。②应用特殊天然功能提取物、新型生物保润技术、独创的HT-2特殊过滤嘴棒、提质减害全无氯漂白配方木浆纸、抑菌水松纸、国际先进国内领先的“中式卷烟特色加工工艺技术”等系列专项技术综合集成而制。	二类，烤烟型 2009年研发
红塔山（硬欣经典）	10毫克/支	①突出自然清新、丰富优雅的“清香甜润、丰满舒适”香气风格，体现柔绵细腻的香气质感和干净舒适的口感品质。②应用特殊天然功能提取物、新型生物保润技术、提质减害全无氯漂白配方木浆纸、抑菌水松纸、国际先进国内领先的“中式卷烟特色加工工艺技术”等系列专项技术综合集成而制。	三类，烤烟型 2012年研发
红塔山（软经典100）	8毫克/支	①突出“清甜润泽”的产品风格，烟香清甜自然、丰满细腻，品质特征圆润醇和、生津回甜。②应用特殊天然功能提取物、生物烟草技术、HT-2特殊过滤滤棒、抑菌水松纸、中式卷烟特色加工工艺技术等。	三类烟，烤烟型 2008 年研发
红塔山（硬经典100）	11毫克/支	①突出“清甜润泽”的产品风格，烟香清甜自然、丰满细腻，品质特征圆润醇和、生津回甜。②应用特殊天然功能提取物、生物烟草技术、HT-2特殊过滤滤棒、抑菌水松纸、中式卷烟特色加工工艺技术等。	三类烟，烤烟型 2008 年研发
红塔山（恭贺新禧）	10毫克/支	①充分体现丰富流畅的天然烟草原香，具有清香优雅、醇和润泽的口感特点，带来清爽舒适的品吸感受，是清香型卷烟的经典代表。②应用特殊天然功能提取物、生物烟草技术、HT-2特殊过滤滤棒、抑菌水松纸、中式卷烟特色加工工艺技术等。	二类，烤烟型 2010年研发
红塔山（硬新势力）	11毫克/支	①突出“丰满醇和”的产品风格，体现自然流畅和丰满细腻的烟草香韵，柔和圆润的烟气特性，舒适干净的口感特性。②应用特殊天然功能提取物、生物烟草术、独创的HT-2特殊过滤嘴棒、抑菌水松纸、国际先进国内领先的“中式卷烟特色加工工艺技术”等系列专项技术综合集成而制。	三类，烤烟型 2003年研发
红塔山（硬新）	8毫克/支	①突出“清新醇和”的产品风格，体现自然流畅和清新细腻的烟草香韵，柔和圆润的烟气特性，舒适干净的口感特性。②应用特殊天然功能提取物、生物烟草术、独创的HT-2特殊过滤嘴棒、抑菌水松纸、国际先进国内领先的“中式卷烟特色加工工艺技术”等系列专项技术综合集成而制。	三类，烤烟型 2004年研发
红塔山（软新）	8毫克/支	①突出“清新醇和”的产品风格，体现自然流畅和清新细腻的烟草香韵，柔和圆润的烟气特性，舒适干净的口感特性。②应用特殊天然功能提取物、生物烟草术、独创的HT-2特殊过滤嘴棒、抑菌水松纸、国际先进国内领先的“中式卷烟特色加工工艺技术”等系列专项技术综合集成而制。	三类，烤烟型 2004年研发

续表

规格	焦油量	产品风格、自有特色	备注
红塔山（硬经典1956）	11毫克/支	①突出“清新醇和”的产品风格，体现清新优雅、自然醇和、丰富细腻的烟草香韵，柔绵圆润的烟气特性，清甜舒适的口感特性。②应用特殊天然功能提取物、生物烟草术、独创的HT－2特殊过滤嘴棒、抑菌水松纸、国际先进国内领先的“中式卷烟特色加工工艺技术”等系列专项技术综合集成而制。	三类，烤烟型2005年研发
红塔山（软经典1956）	11毫克/支	①突出“清新醇和”的产品风格，体现清新优雅、自然醇和、丰富细腻的烟草香韵，柔绵圆润的烟气特性，清甜舒适的口感特性。②应用特殊天然功能提取物、生物烟草术、独创的HT－2特殊过滤嘴棒、抑菌水松纸、国际先进国内领先的“中式卷烟特色加工工艺技术”等系列专项技术综合集成而制。	三类，烤烟型2005年研发
红塔山（硬世纪）	8毫克/支	①突出“清雅细腻”的产品风格，体现自然清新、细腻雅致的烟草香韵，柔绵圆润的烟气特性，醇和舒适的口感特性。②应用特殊天然功能提取物、生物烟草术、独创的HT－2特殊过滤嘴棒、抑菌水松纸、国际先进国内领先的“中式卷烟特色加工工艺技术”等系列专项技术综合集成而制。	三类，烤烟型2001年研发
红塔山（软世纪）	8毫克/支	①突出“清雅细腻”的产品风格，体现自然清新、细腻雅致的烟草香韵，柔绵圆润的烟气特性，醇和舒适的口感特性。②应用特殊天然功能提取物、生物烟草术、独创的HT－2特殊过滤嘴棒、抑菌水松纸、国际先进国内领先的“中式卷烟特色加工工艺技术”等系列专项技术综合集成而制。	三类，烤烟型2001年研发
红塔山（硬国际100）	7毫克/支	①运用专用膨胀烟丝和特殊烟草提取物。②应用生物降焦新技术材料、活性炭涂层成型纸、专用二元复合滤棒、新型生物保润技术、提质减害全无氯漂白配方木浆纸、抑菌水松纸、中式卷烟特色加工工艺技术等。③基于清香型风格融入国际流行口味，形成新型卷烟风格，香气丰富细腻，烟气醇和湿润，口感愉悦舒适，品质为“低焦高香”。	三类烟，烤烟型2009年新产品
红塔山（硬金出口）	10毫克/支	①突出“清雅细腻”的风格，烟香自然清新、细腻雅致，烟气柔绵圆润，口感醇和舒适。②应用特殊天然功能提取物、生物烟草术、HT－2特殊过滤滤棒、抑菌水松纸、中式卷烟特色加工工艺技术等。	烤烟型出口烟
红塔山（软出口）	11毫克/支	①突出“清雅细腻”的风格，烟香自然清新、细腻雅致，烟气柔绵圆润，口感醇和舒适。②应用特殊天然功能提取物、生物烟草术、HT－2特殊过滤滤棒、抑菌水松纸、中式卷烟特色加工工艺技术等。	烤烟型出口烟
红塔山（硬出口）	11毫克/支	①突出“清雅细腻”的风格，烟香自然清新、细腻雅致，烟气柔绵圆润，口感醇和舒适。②应用特殊天然功能提取物、生物烟草术、HT－2特殊过滤滤棒、抑菌水松纸、中式卷烟特色加工工艺技术等。	烤烟型出口烟

续表

规 格	焦油量	产品风格、自有特色	备 注
红塔山（台湾版）	7毫克/支	①美式混合型卷烟风格特征，香味浓郁，吃味醇和，口感较舒适。②采用活性炭技术、通风稀释技术、膨胀烟丝和烟草薄片应用技术、白肋烟加工工艺技术。	出口卷烟混合型
红塔山（台湾版）	10毫克/支	①美式混合型卷烟风格特征，香味浓郁，吃味醇和，口感较舒适。②采用活性炭技术、通风稀释技术、膨胀烟丝和烟草薄片应用技术、白肋烟加工工艺技术。	出口卷烟混合型
红塔山（硬国际100台湾版）	7毫克/支	①美式混合型卷烟风格特征，香味浓郁，吃味醇和，口感较舒适。②采用活性炭技术、通风稀释技术、膨胀烟丝和烟草薄片应用技术、白肋烟加工工艺技术。	出口卷烟混合型
恭贺新禧（硬）	11毫克/支	①突出“丰满细腻”的风格，烟香自然流畅、较丰富细腻，烟气较柔绵圆润，口感干净舒适。②应用特殊天然功能提取物、中式卷烟特色加工工艺技术等。③主要由海南红塔、辽宁红塔生产。	三类烟烤烟型
恭贺新禧（软）	11毫克/支	①突出“丰满细腻”的风格，烟香自然流畅、较丰富细腻，烟气较柔绵圆润，口感干净舒适。②应用特殊天然功能提取物、中式卷烟特色加工工艺技术等。③主要由海南红塔、辽宁红塔生产。	三类烟烤烟型
阿诗玛（84毫米）	13毫克/支	①香味浓郁、幽雅，劲头适中，吃味醇和，口感舒适。②应用通风稀释、膨胀烟丝和烟草薄片应用、白肋烟加工工艺等技术。	出口烟混合型
阿诗玛（94毫米）	8毫克/支	①香味浓郁、幽雅，劲头适中，吃味醇和，口感舒适。②应用通风稀释、膨胀烟丝和烟草薄片应用、白肋烟加工工艺等技术。	出口烟混合型
阿诗玛（硬金）	10毫克/支	①突出“清雅细腻”的风格，烟香自然清新、细腻雅致，烟气柔绵圆润，口感醇和舒适。②应用自主调香应用技术、膨胀烟丝技术、抑菌水松纸、中式卷烟特色加工工艺技术等。	出口烤烟型
红梅（硬春）	11毫克/支	①突出“丰浓醇和”的产品风格，体现自然流畅、饱满厚实的烟草香韵，较柔绵圆润的烟气特性，较醇和干净的口感特性。②应用特殊天然功能提取物、抑菌水松纸、“三丝配套”技术等系列专项技术综合集成而制。	四类，烤烟型
红梅（硬蓝春）	11毫克/支	①突出“丰浓醇和”的产品风格，体现自然流畅、饱满厚实的烟草香韵，较柔绵圆润的烟气特性，较醇和干净的口感特性。②应用特殊天然功能提取物、抑菌水松纸、“三丝配套”技术等系列专项技术综合集成而制。	四类，烤烟型
红梅（硬虹）	11毫克/支	①突出“丰浓醇和”的产品风格，体现自然流畅、饱满厚实的烟草香韵，较柔绵圆润的烟气特性，较醇和干净的口感特性。②应用特殊天然功能提取物、抑菌水松纸、“三丝配套”技术等系列专项技术综合集成而制。	四类，烤烟型

续表

规　格	焦油量	产品风格、自有特色	备　注
红梅（硬黄）	11毫克/支	①突出“丰浓自然”的产品风格，体现自然流畅、饱满厚实的烟草香韵，较柔绵圆润的烟气特性，较醇和干净的口感特性。②应用特殊天然功能提取物、抑菌水松纸、“三丝配套”技术等系列专项技术综合集成而制。	四类，烤烟型
红梅（软黄）	11毫克/支	①突出“丰浓自然”的产品风格，体现自然流畅、饱满厚实的烟草香韵，较柔绵圆润的烟气特性，较醇和干净的口感特性。②应用特殊天然功能提取物、抑菌水松纸、“三丝配套”技术等系列专项技术综合集成而制。	四类，烤烟型
红梅（软白）	10毫克/支	①突出“淳朴自然”的产品风格，体现自然流畅、饱满厚实的烟草香韵，较柔绵圆润的烟气特性，较醇和尚干净的口感特性。②应用特殊天然功能提取物、抑菌水松纸、“三丝配套”技术等系列专项技术综合集成而制。	五类，烤烟型
红梅（软顺）	10毫克/支	①突出“淳朴自然”的产品风格，体现自然流畅、饱满厚实的烟草香韵，较柔绵圆润的烟气特性，较醇和尚干净的口感特性。②应用特殊抑菌水松纸、“三丝配套”技术等系列专项技术综合集成而制。	五类，烤烟型
MARBLRE-GOLD	10毫克/支	①香味较浓郁，劲头适中，吃味醇和，口感较舒适，国际流行混合型卷烟口味。②采用通风稀释技术、膨胀烟丝和烟草薄片应用技术、白肋烟加工工艺技术。	出口卷烟混合型
MARBLREFULL FLAVOR	12毫克/支	①香味浓郁，劲头适中，吃味醇和，口感较舒适，国际流行混合型卷烟口味。②采用膨胀烟丝和烟草薄片应用技术、白肋烟加工工艺技术。	出口卷烟混合型
PLAZA	13毫克/支	①美式混合型卷烟风格特征，香味浓郁，吃味醇和，口感较舒适。②采用膨胀烟丝和烟草薄片应用技术、白肋烟加工工艺技术。	出口卷烟混合型
XINXING（新兴）(84毫米)	12毫克/支	①应用膨胀烟丝和烟草薄片应用、白肋烟加工工艺等技术。②美式混合型卷烟风格特征，香味浓郁，吃味醇和，口感较舒适。	出口卷烟混合型
XINXING（新兴）(94毫米)	12毫克/支	①应用膨胀烟丝和烟草薄片应用、白肋烟加工工艺等技术。②美式混合型卷烟风格特征，香味浓郁，吃味醇和，口感较舒适。	出口卷烟混合型
威斯（硬经典）	11毫克/支	①中式烤烟型风格特征，香气浓郁，香味清新自然，吃味醇和，口感舒适。②采用通风稀释技术、膨胀烟丝应用技术、中式卷烟特色加工工艺技术，自主调香应用技术。	合作生产品牌
威斯（软珍享）	8毫克/支	①中式烤烟型卷烟风格特征，香味淡雅自然，吃味醇和，口感细腻舒适。②采用通风稀释技术、膨胀烟丝应用技术、中式卷烟特色加工工艺技术，自主调香技术。	合作生产品牌

2013 年红云红河集团在产卷烟品牌名录

规 格	焦油量	产品风格、自有特色	备 注
云烟（9+1大重九）	8mg/支	构建田间、烘烤、陈化、赋韵等多级调香体系，辅以内源性微生物产香与香味物质缓释技术，将自然环境的芬芳、天然香味植物的清甜、生物发酵的醇美与香精香料的香润有机融合，形成独具特色的云烟（9+1大重九）津甜香韵。挖掘云南特色珍稀药用真菌资源及特色优质烟叶生物资源，获取典型药用真菌及内源菌，结合现代发酵工程技术及一体化分级提取技术，获取生物保润剂及特色香料，并将其应用于卷烟增香保润中，使制备的烟丝润湿性更好、香气量增加、烟气细腻度提高、回甜感增强。根据大重九的独特品质风格，在醋纤丝束中精确定位一个含有烟草内源维生素提取物及烟草精油的胶囊，通过“触，听，闻，尝”引导消费者新奇独特的味觉体验。云烟（大重九）采用“9+1”独特的烟支盒装方式，突破了传统的单一模式。9支“大重九”彰显尚品之风，同时传承了历史的味道，寄托了一个世纪以来爱国、复兴的情感。小盒采用10支装抽拉式扁盒包装，其中1支在外观上与其他9支具有差别，取“九九归一”之意，1支“镂空五星大重九”设计新颖，极具视觉冲击力，增强品牌识别性；五星富含仁人志士的爱国之情，唤醒对历史的追溯，也是中华儿女永远的情感归宿，使现代人在情感和心理上无隔膜地融入历史文化氛围，将历史与现实完美共融于这一包用生命凝结成的情义烟中。	一类烟、烤烟型
云烟（软大重九）	8mg/支	采用橡木箱储丝专有技术，让加料后的烟丝保存于一个相对稳定的环境，促进香精香料的充分吸收。由于橡木含有大量的毛孔，使微量空气透过橡木毛孔进入箱内，适当促进烟丝的醇化进程。橡木含有香兰素、丁香酚和内酯类化合物等香味成分，在存放过程中通过分子的运动赋予烟丝特殊的香味，有效提升大重九的吸味品质，为高端消费者提供了感官上的极致享受。在对烟用材料的安全性指标进行系统研究分析的基础上，重点针对与消费者吸食卷烟时直接接触的水松纸、滤棒等卷烟材料的安全性进行了攻关，并以食品安全卫生指标为依据，对卷烟用水松纸、滤棒、卷烟纸、胶粘剂、商标等卷烟材料进行了严格的安全性筛选，充分体现了云烟（软大重九）尊贵高雅、绿色环保的设计理念。大重九专用三醋酸甘油酯的酯含量大于99.70%，水分含量小于0.005%，酸度（以乙酸计）小于0.002%。它是由向日葵油制成的甘油与非转基因植物提取的醋酸通过一次成品的工艺制成。100%天然植物原料以及一次成品的工艺，既保证了产品的品质安全可靠，同时也保证了成品的高度稳定性。包装彰显时光镌刻的风格，采用别具一格细腻雅致的波纹网线，渲染出尊贵的帝王黄，四角的金色纹饰更突显了其尊贵霸气的帝王气质。运用环保转移镭射纸，正中以蓝色为底烫印“大重九”字样，在方寸间，打造重九经典，在咫尺间，时间被浓缩，造就方寸间精雕细刻的时光镌刻。小盒采用软包硬化包装方式，配以双层抽屉式条盒设计，在外条盒内设置有两层内条盒，每层内盒均可为独立包装十包卷烟，针对云烟（大重九）系列卷烟限量发行、品牌独有的稀缺性特点，展现了其独特的包装风格。	一类烟、烤烟型

续表

规　格	焦油量	产品风格、自有特色	备　注
云烟（软礼印象）	10mg/支	多级手工精挑细选优质烟叶特定部分作为原料，集箱式储叶、二级醇化、生物活性剂滤棒、专用天然香精香料等15项专利工艺技术为一身，恒温、恒湿的印象工坊以及专属印象小工艺线带来全方位的精细化加工，以严苛的态度和庄重实现印象独具高压飘逸、细腻醇正的烟草本香，带来高端卷烟产品的清香型全新体验。包装装潢：秉承云烟传统尊贵典雅和印象系列简洁、醒目的风格，以金色和印象棕为主色调，表达出古典式的尊贵，突显百年云烟经典风范。独具魅力的浅棕色烟支一体化设计以及压痕卷烟纸的使用，更具尊贵不凡的气质。防伪技术：采用手工雕刻凹版印钞工艺防伪、干法压痕棕色卷烟纸防伪、水印纸防伪、变色油墨防伪、微缩文字防伪、三维全息膜防伪技术等防伪技术。	一类烟、烤烟型
云烟（5mg印象）	5mg/支	精选印象庄园优质烟叶，采用严格的手工选叶标准，汲取世界优质烟叶产区的原料精华，采用太阳能烘烤专有技术，突出印象香气醇和、口感舒适、自然甜润的特点，凸显其作为高端卷烟的尊贵品质。构建田间、烘烤、陈化、赋韵等多级调香体系，辅以内源性微生物产香与香味物质缓释技术，将自然环境的芬芳、天然香味植物的清甜、生物发酵的醇美与香精香料的香润有机融合，形成独具特色的云烟（5mg印象）津甜香韵。合理利用“低焦油、低CO产品开发”课题研究成果，从原料筛选、加香加料、特色工艺、辅料选择全方位的控制产品的焦油及CO含量。在对烟用材料的安全性指标进行系统研究分析的基础上，重点针对与消费者吸食卷烟时直接接触的水松纸、滤棒等卷烟材料的安全性进行了攻关，并以食品安全卫生指标为依据，对卷烟用水松纸、滤棒、卷烟纸、胶粘剂、商标等卷烟材料进行了严格的安全性筛选，充分体现了云烟（5mg印象）尊贵高雅、绿色环保的设计理念。建立了一套烟用印刷油墨中挥发性和半挥发性物质、重金属、醛类物质、酯类物质的限量和测定方法，严格控制烟用印刷材料中油墨的产品质量，保障烟用材料产品质量安全。	一类烟、烤烟型
云烟（金呼伦贝尔）	10mg/支	香气纯正、清雅、饱满，飘逸优雅而不失浓郁，吸味醇和柔顺，余味绵延、干净。	一类烟、烤烟型2013年新品
云烟（软印象）	8mg/支	运用“国产造纸法烟草薄片在降焦减害及产品设计中的应用研究”课题研究成果使用造纸法薄片，有效利用烟叶资源，改善卷烟吸味。应用了新型梗丝处理技术，梗丝的物理性状与化学性状都有了较明显的提高。新型梗丝在产品中的使用，既起到了降焦减害，降低成本的效果又无损卷烟香气与吸食口味。模块化的配方加工技术在产品中的应用，提高了烟叶原料的使用价值，使烟叶原料的加工更有针对性，更加有效地利用了烟叶资源。采用中草药复合滤棒技术，在改善卷烟抽吸品质的同时，能有效降低烟气中的苯并〔a〕芘、烟草特有亚硝胺等有害物质，并能增加烟气湿润度及减少烟气干燥感，与烟香有较好的协调性。	一类烟、烤烟型

续表

规　格	焦油量	产品风格、自有特色	备　注
云烟（印象）	10mg/支	手工精选国内外优质烟叶，添加拥有自主知识产权的特定生物添加剂、天然果汁类香精，运用多项现代化工艺处理技术，使烟香更加细腻醇和，余味更加纯净舒适，在降低焦油的同时，依然保持了丰富的香气量和高雅的香气质，达到了烟草自然纯美的香味与人工精雕细刻修饰的和谐统一，全方位体现出高端卷烟产品的高雅享受。包装装潢：首创雪茄外形的烟支设计，商标以简练、尊贵、古朴的设计风格，采用了雪茄棕为底色，运用了光柱镭射膜黑卡纸，彰显“云烟印象”尊贵的不凡气质。防伪技术：采用变频油墨防伪，三维全息膜防伪技术，微缩文字防伪技术，随着视角的变换，可以看见三支仿真烟、Yunyan 及灿烂云霞。	一类烟、烤烟型
云烟（94 mm 印象）	10mg/支	手工精选国内外优质烟叶，添加拥有自主知识产权的特定生物添加剂、天然果汁类香精，运用多项现代工艺处理技术，使烟香更加细腻醇和，余味更加纯净舒适，在降低焦油的同时，依然保持了丰富的香气和高雅的香气质，达到了烟草自然纯美的香味与人工精雕细刻修饰的和谐统一，全方位体现出高端卷烟产品的高雅享受。包装装潢：长支雪茄外形的烟支设计，商标以简练、尊贵、古朴的设计风格，采用了雪茄棕为底色，运用了光柱镭射膜黑卡纸，彰显“云烟印象”尊贵的不凡气质。防伪技术：用先进的荧光油墨超线防伪，变频和变色油墨防伪，三维全息膜防伪技术，随着视角的变换，可以看见三支仿真烟支、“云烟 o 中国名牌” 和 “YunYan” 的微缩文字及灿烂云霞。	一类烟、烤烟型
云烟（软金雪莲）	10mg/支	应用了新型梗丝处理技术，梗丝的物理性状与化学性状都有了较明显的提高。新型梗丝在产品中的使用，既起到了降焦减害，降低成本的效果又无损卷烟香气与吸食口味。模块化的配方加工技术在产品中的应用，提高了烟叶原料的使用价值，使烟叶原料的加工更有针对性，更加有效地利用了烟叶资源。卷烟盘纸采用了全麻斜纹高透气度功能性卷烟纸，使烟支燃烧更加充分，稀释卷烟烟气，在保证良好烟支燃烧性及新颖外观的同时，提高卷烟吸食安全性。	一类烟、烤烟型
云烟（红印象）	8mg/支	应用分子胶囊技术，在保证烟气水分的同时，可促进烟叶醇化以及促进料液发挥其独特的作用。采用中草药复合滤棒技术，在改善卷烟抽吸品质的同时，能有效降低烟气中的苯并［a］芘、烟草特有亚硝胺等有害物质，并能增加烟气湿润度及减少烟气干燥感，与烟香有较好的协调性。包装装潢：细节之处古汉语印象字体压凸，让云烟之灵韵发挥得淋漓尽致，象征着中国悠久而辉煌的文化。现代红黑方块创新设计造就强烈的视觉冲击。防伪技术：三维真彩祥云背景全息激光防伪技术、团花超线防伪技术。白色干法压“YunYan”水印图文卷烟纸，高科技防伪，有效鉴别印象真伪。人民币光变油墨的使用，在光照射时，从不同的角度反射，会得到不同颜色的效果。	一类烟、烤烟型

续表

规 格	焦油量	产品风格、自有特色	备 注
云烟（清甜香）	8mg/支	采用严苛的手工选叶标准，精选云南优质烟叶，并汲取世界优质烟叶产区的原料精华，经自然天成的仓式发酵技术，突出“云烟（清甜香）”香气清新自然、甜润优雅、韵味悠远的特点，凸显其作为高端卷烟的尊贵品质。云烟（清甜香）专属的再造烟叶的开发，充分利用云南烟叶资源并辅以适当的进口烟叶资源，使云烟（清甜香）焦油降低的同时较好地保持了产品清甜津润的风格特征，也确保焦油量8mg的设计要求。以个性化、精细化的独特工艺加工方式，融合烟草原料本香和香料天然香味气息，最大限度地发挥每片优质烟叶的天赋，保持了烟丝的圆润色泽，彰显云烟（清甜香）香气自然、津甜、雅致，烟气细腻、柔顺、优雅，味余味干净、舒适，韵味悠远的特点。选用玫瑰作为“清甜香”的具象素材，喻示云烟清纯、芳香、高贵，“玫瑰”与“云烟·清甜香”风格相得益彰。用国画立轴开卷的手法，表现玫瑰亭亭玉立，仿佛玫瑰香韵之清甜从纸面画卷中袅袅飘出，给人逸眉净心之感。同时，辅用“青花瓷”工艺表现玫瑰，是为表达清甜香“云烟”乃烟之奇葩、国之瑰宝。整个版面色调以兰、白为主，素洁雅致，令人心净、神静，于鉴赏品吸之中，恬然兮清香神怡。	一类烟、烤烟型
云烟（红清甜香）	8mg/支	云烟（红清甜香）在采用特色品种优质烟叶原料的基础上，进一步通过专属特色叶组配方，将印象烟庄红大等传统品种与进口烟叶科学组合，整体叶组配方以清香、甜香、花香突显，烟香细腻绵长。采用了片烟小单元箱储醇化技术，独创了箱装贮叶，在密闭箱体的微环境中，片烟水分得以充分平衡，料液浸润性能提升，烟叶醇化更为充分。橡木材质具有与烟香协调的橡木内酯、糠醛等挥发性成分，使云烟（红清甜香）风格特征更加突显，香气量、香气质和甜润感得到质的提升。复合滤棒添加天然植物提取物颗粒，根据云烟（红清甜香）香韵以及香味植物的留香特点进行调配，实现香味物质长期保持的同时赋予新品怡人的清甜香韵。利用烟气温度以及负压实现香味物质的有效释放，丰富烟香；同时利用植物材料疏松多孔性以及较大的比表面积，对极性有害成分具有较强的吸附能力，更好的保障了消费者的利益。以“烟、香合一，香、味并重”的为调香思路，按照“轻松感、舒适感、满足感”为要求，以打造“低危害、低焦油、高香气、高品质”中式卷烟产品为目标，以香原料为独立单元调香，开发提升感官品质和彰显“清甜香”风格特征的模块化、特征化、功能化香基应用于云烟（红清甜香）。深厚、浓郁的红色如红宝石般给人富贵、高雅的印象，云烟（红清甜香）来自于传统的瓷器用色：宝石红釉，红色的热烈中又潜藏着内在的柔和，配合传统的卷云图案设计，将品牌的富贵、高雅体现的恰如其分。	一类烟、烤烟型 2013年新品

续表

规 格	焦油量	产品风格、自有特色	备 注
云烟（黄清甜香）	6mg/支	依托“云烟印象烟庄”专属原料基地，从烟叶类型、产地、品种、部位、成熟度等角度分析配方原料有害成分释放量的相关性规律，遴选有害成分释放量低的优质生态烟叶进入配方，突出云烟（黄清甜香）原料“天然、无公害、低害化”的特点。充分发挥集田间、烘烤、陈化、赋韵为一体的四级调香体系的技术优势，从云南特色天然香料植物中提取凸显清甜香特征的香精香料，形成自主掌控的数百种天然单体香精和生物保润剂，辅以烟叶内源性微生物产香与香味物质缓释技术，将自然环境的芬芳、天然香味植物的清甜、生物发酵的醇美与香精香料的香润有机融合，在保持云烟（黄清甜香）清新飘逸、甜润优雅的口感的同时，进一步凸显轻松感、舒适感和满足感。将鎏金的颜色与瓷器结合是云烟（黄清甜香）商标设计的一大创新，鎏金的颜色艳丽、明亮如金，明亮的金色如黄金般给人以高贵的印象。名花、青枝贯穿于整个画面，采用传统“景泰蓝”铜胎掐丝描花艺术形式，表达出清甜香高贵典雅的悠然意境！背景辅以祥云纹样衬底！在与云烟品牌文化对接的同时进一步丰富画面的层次感。	一类烟、烤烟型2013年新品
云烟（呼伦贝尔6mg）	6mg/支	香气细腻、柔和、清雅、飘逸，吸味醇和柔顺，余味绵延、干净，低焦低害高品质的有机结合。	一类烟、烤烟型2013年新品
云烟（软珍品）	11mg/支	精选国内外优质烟叶及天然香料，利用现代卷烟工艺技术精制而成。烟草自然芳香突出，香气自然、细腻、雅致，口味醇和，口感舒适。包装装潢：商标采用了象征皇家的朱砂红色，辅以放大的“云烟”书法字体作为底纹，富贵、典雅，独具中国特色。防伪技术：采用三维全息激光防伪技术，随着视角的变换，可以看见六支仿真烟、如意图案及动感的“YY”标志。	一类烟、烤烟型
云烟（软珍品 zj）	11mg/支	精选国内外优质烟叶及天然香料，利用现代卷烟工艺技术精制而成。烟草自然芳香突出，香气自然、细腻、雅致，口味醇和，口感舒适。包装装潢：商标采用了象征皇家的朱砂红色，辅以放大的“云烟”书法字体作为底纹，富贵、典雅，独具中国特色。防伪技术：采用三维全息激光防伪技术，随着视角的变换，可以看见六支仿真烟、如意图案及动感的“YY”标志。	一类烟、烤烟型
云烟（软小熊猫）	10mg/支	继续保持传统主体风格，并运用优选特色原料、特色工艺设计、生物酶处理技术、功能水技术、烟叶结合水平衡技术、环保加香加料设计六项新技术精制而成，重点提高吸食舒适性，突出体现“绵、细、净、润、甜”的吃味特点，入口自然，底蕴厚实。香气上体现自然纯正的烟草本香，质地细腻、绵柔、飘逸。	一类烟、烤烟型
云烟（小熊猫）	10mg/支	继续保持传统主体风格，并运用优选特色原料、特色工艺设计、生物酶处理技术、功能水技术、烟叶结合水平衡技术、环保加香加料设计六项新技术精制而成，香气高雅，吃味细腻生津，口感舒适悠长，体现了当今高档卷烟“柔、细、净”的潮流。	一类烟、烤烟型

续表

规　格	焦油量	产品风格、自有特色	备　注
云烟（WIN）	6mg/支	采用功能中线滤棒技术，在普通滤嘴的轴心位置沿轴向置入特殊的滤芯，强化芯材的化学活性，提高滤嘴对有害成分及吸味不利成分的吸附效率，达到提质降害的作用。应用了新型梗丝处理技术，梗丝的物理性状与化学性状都有了较明显的提高。新型梗丝在产品中的使用，既起到了降焦减害，降低成本的效果又无损卷烟香气与吸食口味。包装装潢：国内首创接装纸设计，两色烟支一盒内随机搭配，耳目一新的视觉风格，彰显双色个性，动静有致，满版银色竖线，典雅的英文花体 Win 设计，释放自信、自由的动感活力。防伪技术：商标采用微缩文字防伪技术，凸显高科技现代色彩。	一类烟、烤烟型
云烟（大云）	8mg/支	选取醇化时间合适的烟叶，应用目标轮廓法，以 K326、NC 系列等云南烤烟为主要品种，辅以进口和省外模块；合理搭配下、中、上部位烟叶比例，保证了 8mg 焦油含量实现同时风格特征的凸显。用卷烟烟叶外观质量、化学成分、内在品质和感官评价的工业可用性数据库配方成组技术特色工艺，运用前高后低的温区分段控制，水分控制更加精准，叶丝填充值和叶丝结构控制更加精准，降低刺激性，改善余味，有效提升云烟（大云）的香气质。采用功能性香料片断的分离和安全型发酵香料技术、深层液体发酵技术、酿造技术及固体发酵技术，通过对微生物代谢程度的控制，集成溶媒萃取、分段分离的方法，开发出专属云烟（大云）的生物产香系列产品。云烟（大云）商标延续云烟（软珍品）香烟包装的设计风格，应用路易十三的酒红色作为主色调，包装透出红酒般的光泽，奢华、亮丽；包装表面通过丝印增加点状突起，富有手感，犹如点点冰晶，晶莹剔透；整个包装设计简洁，富有诗意和情调，在彰显高贵的同时透着雅致。	一类烟、烤烟型 2013 年新品
云烟（绿呼伦贝尔）	11mg/支	叶组配方模块化技术在产品中应用，提高了烟叶原料使用价值，使烟叶原料的加工更有针对性，有效地利用了烟叶资源；制丝分组进行回潮加工等工艺，改善卷烟吸味，使卷烟烟气更加柔和、细腻。综合应用调香技术对品牌卷烟进行加香加料，使烟叶内在化学成分更加协调，能更好地衬托、增补卷烟香味，增加烟气浓度、改善吃味，去除和掩盖不愉快气息，减少刺激性，消除因烟叶质量波动对卷烟香气风格产生的影响，以保持卷烟内在质量相对稳定。“呼伦贝尔”具有丰富的草原文化内涵、是内蒙古的名片，“呼伦贝尔”作为卷烟商标，具有深远民族团结意义。“呼伦贝尔”商标的主图案以呼伦贝尔市花“杜鹃花”及大草原实景作为载体，意在调动消费者对产品人文背景的向往和认同感。商标色彩采用草原绿与金色为主调，显示着环保与富贵气息，代表高端消费者的气派和身份，商标纸采用了冰花印刷工艺，包装更亮丽，尽显品牌高档。	一类烟、烤烟型
云烟（大紫）	8mg/支	结合云烟（大紫）的品牌定位，设计而成的天然果类提取物、烟草提取物等特色香精香料的加入，能最大限度地去除烟叶原料的不良气息，提高烟叶原料的内在品质及配方可用性，使天然香原料的清甜、香润与烟草本香自然融合，使制备的烟丝润湿性更好、香气量增加、烟气细腻度提高、回甜感增强。滤棒成型所用的三醋酸甘油酯是由向日葵油制成的甘油与非转基因植物提取的醋酸通过一次成品的工艺制成，达到食品安全标准要求，并具有降低烟气中苯酚的能力，有效控制云烟（大紫）的危害系数。传承云烟（紫）的经典图案，进行创新性的设计，融入尊贵经典元素，将“大紫”二字镶嵌其中，蕴含了大紫云烟“大红大紫、吉祥如意”的美好寓意，同时运用祥云和龙头巧妙组合成吉祥如意的飘带，并在细节上辅以精致的图纹装饰，彰显出大紫云烟的尊贵气质、经典品位，成功实现了云烟（紫）的升级跨越。	二类烟、烤烟型

续表

规　格	焦油量	产品风格、自有特色	备　注
云烟（12 mg 苁蓉）	11mg/支	先进的生物处理技术的应用，改善了卷烟吸味，使卷烟烟气更加柔和、细腻。模块化的配方加工技术在产品中的应用，提高了烟叶原料的使用价值，使烟叶原料的加工更有针对性，更加有效地利用了烟叶资源。	二类烟、烤烟型
云烟（软苁蓉）	8mg/支	先进的生物处理技术的应用，改善了卷烟吸味，使卷烟烟气更加柔和、细腻。模块化的配方加工技术在产品中的应用，提高了烟叶原料的使用价值，使烟叶原料的加工更有针对性，更加有效地利用了烟叶资源。	二类烟、烤烟型
云烟（紫）	11mg/支	选用优质烟叶和纯天然香精香料，利用当今最先进的降焦减害技术，香气飘逸优雅而不失浓郁，吸味醇和柔顺，余味绵延、干净。包装装潢：采用紫红色为底色，传承了“云烟”经典图案的构图，典雅华贵。防伪技术：采用变频油墨防伪技术，全幅镭射卡纸印刷，“云烟”底纹在不同的视角下呈现奇妙的色彩。	三类烟、烤烟型
云烟（软紫）	8mg/支	运用课题研究成果使用造纸法薄片，有效利用烟叶资源，改善卷烟吸味。应用功能水课题研究成果，在保证烟气水分的同时，可增加烟气湿润感及促进料液发挥其独特的作用。包装装潢：采用紫红色为底色，传承了“云烟”经典图案的构图，典雅华贵。防伪技术：采用变频油墨防伪技术，全幅镭射卡纸印刷，“云烟”底纹在不同的视角下呈现奇妙的色彩。	三类烟、烤烟型
云烟（软如意）	8mg/支	传承了“云烟”的精华和一贯特征，采用现代化的加工工艺，精选国内外优质上等烟叶为主要原料，烟草自然本香突出，香气飘逸优雅而不失浓郁，烟气细腻，余味津甜，回味悠长。包装装潢：商标整体设计散发出浓郁的古文化氛围，它以象征古朴，庄重，内敛的红铜色为底，采用先进的高科技印刷方式工艺处理以及环保转移镭射纸张的使用，使红铜色透现出高贵典雅的色泽，从深到浅的色彩过度，寓意云烟文化源远流长。整款商标以“云”字的多种书法字体为主体图案，七种字体均出自毛泽东、王羲之等大家之手笔。字体以特殊印刷工艺处理，使“云”字透现出别致特有的光泽，犹如一幅幅云烟历史的画卷呈现在世人眼前，不禁让人追忆云烟的辉煌，回味云烟的经典。防伪技术：商标右侧“云烟”二字底纹采用超细纹防伪技术，该技术不易被扫描，制假者难以仿制，能在较长时间内增加制假难度。条码区采用无色荧光防伪印刷技术，采用特殊防伪油墨，该油墨印制后呈无色透明状，但在紫外光灯照射下则出现浅绿色图案，若用特殊激光笔照射时，该区域出现绿色小亮点。商标底部“如意”采用特殊油墨以及印刷工艺处理，若用专用开锁片覆盖观测，图中呈现“红云”字样。烟包侧面“云烟”内有微缩文字防伪技术，封签有微缩文字和长短波荧光变频油墨防伪技术。	三类烟、烤烟型
云烟（双龙）	10mg/支	香气细腻、清新、明快，口感纯正、舒适，入口和顺，余味干净、津甜。	三类烟、烤烟型

续表

规　格	焦油量	产品风格、自有特色	备　注
云烟（红）	10mg/支	口味醇和，香气清雅、飘逸，烟气饱满，余味舒适。包装装潢：包装简洁、精美，以“中国红”为主调，图案构成动静和谐，是传统文化和现代文明的有机结合。防伪技术：运用全息二维防伪技术，在不同的视角下，如意图案中的“YUNYAN”和“云烟”在交替呈现，金色星星折射出七彩光芒，富丽辉煌。	三类烟、烤烟型
云烟（福）	10mg/支	香气细腻，较丰富，吸味醇和，刺激性较小，余味干净、舒适。包装装潢：中国红底色中浮现“福”字底纹，烫金压凸的“福”字突显福牌主题，整个商标上的传统中国元素和谐巧妙地融合在一起，显得温馨而喜庆。	三类烟、烤烟型
云烟（印象出口）	10mg/支	手工精选国内外优质烟叶，添加拥有自主知识产权的特定生物添加剂、天然果汁类香精，运用多项现代化工艺处理技术，使烟香更加细腻醇和，余味更加纯净舒适，在降低焦油的同时，依然保持了丰富的香气量和高雅的香气质，达到了烟草自然纯美的香味与人工精雕细刻修饰的和谐统一，全方位体现出高端卷烟产品的高雅享受。包装装潢：首创雪茄外形的烟支设计，商标以简练、尊贵、古朴的设计风格，采用了雪茄棕为底色，运用了光柱镭射膜黑卡纸，彰显“云烟印象”尊贵的不凡气质。防伪技术：采用变频油墨防伪，三维全息膜防伪技术，微缩文字防伪技术，随着视角的变换，可以看见三支仿真烟、Yunyan 及灿烂云霞。	烤烟型、出口烟
云烟（印象出口MAC）	10mg/支	手工精选国内外优质烟叶，添加拥有自主知识产权的特定生物添加剂、天然果汁类香精，运用多项现代化工艺处理技术，使烟香更加细腻醇和，余味更加纯净舒适，在降低焦油的同时，依然保持了丰富的香气量和高雅的香气质，达到了烟草自然纯美的香味与人工精雕细刻修饰的和谐统一，全方位体现出高端卷烟产品的高雅享受。包装装潢：首创雪茄外形的烟支设计，商标以简练、尊贵、古朴的设计风格，采用了雪茄棕为底色，运用了光柱镭射膜黑卡纸，彰显“云烟印象”尊贵的不凡气质。防伪技术：采用变频油墨防伪，三维全息膜防伪技术，微缩文字防伪技术，随着视角的变换，可以看见三支仿真烟、Yunyan 及灿烂云霞，并满足目标市场的需要。	烤烟型、出口烟
云烟（印象出口HK）	10mg/支	手工精选国内外优质烟叶，添加拥有自主知识产权的特定生物添加剂、天然果汁类香精，运用多项现代化工艺处理技术，使烟香更加细腻醇和，余味更加纯净舒适，在降低焦油的同时，依然保持了丰富的香气量和高雅的香气质，达到了烟草自然纯美的香味与人工精雕细刻修饰的和谐统一，全方位体现出高端卷烟产品的高雅享受。包装装潢：首创雪茄外形的烟支设计，商标以简练、尊贵、古朴的设计风格，采用了雪茄棕为底色，运用了光柱镭射膜黑卡纸，彰显“云烟印象”尊贵的不凡气质。防伪技术：采用变频油墨防伪，三维全息膜防伪技术，微缩文字防伪技术，随着视角的变换，可以看见三支仿真烟、Yunyan 及灿烂云霞，并满足目标市场的需要。	烤烟型、出口烟 2013 年新品

续表

规 格	焦油量	产品风格、自有特色	备 注
云烟（印象出口TW）	10mg/支	手工精选国内外优质烟叶，添加拥有自主知识产权的特定生物添加剂、天然果汁类香精，运用多项现代化工艺处理技术，使烟香更加细腻醇和，余味更加纯净舒适，在降低焦油的同时，依然保持了丰富的香气量和高雅的香气质，达到了烟草自然纯美的香味与人工精雕细刻修饰的和谐统一，全方位体现出高端卷烟产品的高雅享受。包装装潢：首创雪茄外形的烟支设计，商标以简练、尊贵、古朴的设计风格，采用了雪茄棕为底色，运用了光柱镭射膜黑卡纸，彰显“云烟印象”尊贵的不凡气质。防伪技术：采用变频油墨防伪，三维全息膜防伪技术，微缩文字防伪技术，随着视角的变换，可以看见三支仿真烟、Yunyan 及灿烂云霞，并满足目标市场的需要。	烤烟型、出口烟 2013 年新品
云烟（印象出口HK免税版）	10mg/支	手工精选国内外优质烟叶，添加拥有自主知识产权的特定生物添加剂、天然果汁类香精，运用多项现代化工艺处理技术，使烟香更加细腻醇和，余味更加纯净舒适，在降低焦油的同时，依然保持了丰富的香气量和高雅的香气质，达到了烟草自然纯美的香味与人工精雕细刻修饰的和谐统一，全方位体现出高端卷烟产品的高雅享受。包装装潢：首创雪茄外形的烟支设计，商标以简练、尊贵、古朴的设计风格，采用了雪茄棕为底色，运用了光柱镭射膜黑卡纸，彰显“云烟印象”尊贵的不凡气质。防伪技术：采用变频油墨防伪，三维全息膜防伪技术，微缩文字防伪技术，随着视角的变换，可以看见三支仿真烟、Yunyan 及灿烂云霞，并满足目标市场的需要。	烤烟型、出口烟 2013 年新品
云烟（朱砂红出口）	11mg/支	精选国内外优质烟叶及天然香料，利用现代卷烟工艺技术精制而成。烟草自然芳香突出，香气自然、细腻、雅致，口味醇和，口感舒适。包装装潢：商标采用了象征皇家的朱砂红色，辅以放大的“云烟”书法字体作为底纹，富贵、典雅，独具中国特色。防伪技术：采用三维全息激光防伪技术，随着视角的变换，可以看见六支仿真烟、如意图案及动感的“YY”标志。	烤烟型、出口烟
云烟（朱砂红出口HK）	12mg/支	精选国内外优质烟叶及天然香料，利用现代卷烟工艺技术精制而成。烟草自然芳香突出，香气自然、细腻、雅致，口味醇和，口感舒适。包装装潢：商标采用了象征皇家的朱砂红色，辅以放大的“云烟”书法字体作为底纹，富贵、典雅，独具中国特色。防伪技术：采用三维全息激光防伪技术，随着视角的变换，可以看见六支仿真烟、如意图案及动感的“YY”标志，并满足目标市场的需要。	烤烟型、出口烟
云烟（软珍品出口）	11mg/支	精选国内外优质烟叶及天然香料，利用现代卷烟工艺技术精制而成。烟草自然芳香突出，香气自然、细腻、雅致，口味醇和，口感舒适。包装装潢：商标采用了象征皇家的朱砂红色，辅以放大的“云烟”书法字体作为底纹，富贵、典雅，独具中国特色。防伪技术：采用三维全息激光防伪技术，随着视角的变换，可以看见六支仿真烟、如意图案及动感的“YY”标志。	烤烟型、出口烟

续表

规 格	焦油量	产品风格、自有特色	备 注
云烟（软珍品出口MAC）	12mg/支	精选国内外优质烟叶及天然香料，利用现代卷烟工艺技术精制而成。烟草自然芳香突出，香气自然、细腻、雅致，口味醇和，口感舒适。包装装潢：商标采用了象征皇家的朱砂红色，辅以放大的“云烟”书法字体作为底纹，富贵、典雅，独具中国特色。防伪技术：采用三维全息激光防伪技术，随着视角的变换，可以看见六支仿真烟、如意图案及动感的“YY”标志，并满足目标市场的需要。	烤烟型、出口烟
云烟（8mg软如意出口）	8mg/支	传承了“云烟”的精华和一贯特征，采用现代化的加工工艺，精选国内外优质上等烟叶为主要原料，烟草自然本香突出，香气飘逸优雅而不失浓郁，烟气细腻，余味津甜，回味悠长。包装装潢：商标整体设计散发出浓郁的古文化氛围，它以象征古朴，庄重，内敛的红铜色为底，采用先进的高科技印刷方式工艺处理以及环保转移镭射纸张的使用，使红铜色透现出高贵典雅的色泽，从深到浅的色彩过度，寓意云烟文化源远流长。整款商标以“云”字的多种书法字体为主体图案，七种字体均出自毛泽东、王羲之等大家之手笔。字体以特殊印刷工艺处理，使“云”字透现出别致特有的光泽，犹如一幅幅云烟历史的画卷呈现在世人眼前，不禁让人追忆云烟的辉煌，回味云烟的经典。防伪技术：商标右侧“云烟”二字底纹采用超细纹防伪技术，该技术不易被扫描，制假者难以仿制，能在较长时间内增加制假难度。条码区采用无色荧光防伪印刷技术，采用特殊防伪油墨，该油墨印制后呈无色透明状，但在紫外光灯照射下则出现浅绿色图案，若用特殊激光笔照射时，该区域出现绿色小亮点。商标底部“如意”采用特殊油墨以及印刷工艺处理，若用专用开锁片覆盖观测，图中呈现“红云”字样。烟包侧面“云烟”内有微缩文字防伪技术，封签有微缩文字和长短波荧光变频油墨防伪技术。	烤烟型、出口烟
云烟（紫出口）	11mg/支	选用优质烟叶和纯天然香精香料，利用当今最先进的降焦减害技术，香气飘逸优雅而不失浓郁，吸味醇和柔顺，余味绵延、干净。包装装潢：采用紫红色为底色，传承了“云烟”经典图案的构图，典雅华贵。防伪技术：采用变频油墨防伪技术，全幅镭射转移卡纸印刷，“云烟”底纹在不同的视角下呈现奇妙的色彩，条码一侧烫印如意形状“双龙抱珠”三维防伪全息膜。	烤烟型、出口烟
云烟（紫出口AO）	11mg/支	选用优质烟叶和纯天然香精香料，利用当今最先进的降焦减害技术，香气飘逸优雅而不失浓郁，吸味醇和柔顺，余味绵延、干净。包装装潢：采用紫红色为底色，传承了“云烟”经典图案的构图，典雅华贵。防伪技术：采用变频油墨防伪技术，全幅镭射转移卡纸印刷，“云烟”底纹在不同的视角下呈现奇妙的色彩，条码一侧烫印如意形状“双龙抱珠”三维防伪全息膜，并满足目标市场的需要。	烤烟型、出口烟
云烟（紫出口AU）	11mg/支	选用优质烟叶和纯天然香精香料，利用当今最先进的降焦减害技术，香气飘逸优雅而不失浓郁，吸味醇和柔顺，余味绵延、干净。包装装潢：采用紫红色为底色，传承了“云烟”经典图案的构图，典雅华贵。防伪技术：采用变频油墨防伪技术，全幅镭射转移卡纸印刷，“云烟”底纹在不同的视角下呈现奇妙的色彩，条码一侧烫印如意形状“双龙抱珠”三维防伪全息膜，并满足目标市场的需要。	烤烟型、出口烟2013年新品

续表

规　格	焦油量	产品风格、自有特色	备　注
云烟（紫出口 PA）	11mg/支	选用优质烟叶和纯天然香精香料，利用当今最先进的降焦减害技术，香气飘逸优雅而不失浓郁，吸味醇和柔顺，余味绵延、干净。包装装潢：采用紫红色为底色，传承了“云烟”经典图案的构图，典雅华贵。防伪技术：采用变频油墨防伪技术，全幅镭射转移卡纸印刷，“云烟”底纹在不同的视角下呈现奇妙的色彩，条码一侧烫印如意形状“双龙抱珠”三维防伪全息膜，并满足目标市场的需要。	烤烟型、出口烟 2013 年新品
云烟（紫出口 PE）	11mg/支	选用优质烟叶和纯天然香精香料，利用当今最先进的降焦减害技术，香气飘逸优雅而不失浓郁，吸味醇和柔顺，余味绵延、干净。包装装潢：采用紫红色为底色，传承了“云烟”经典图案的构图，典雅华贵。防伪技术：采用变频油墨防伪技术，全幅镭射转移卡纸印刷，“云烟”底纹在不同的视角下呈现奇妙的色彩，条码一侧烫印如意形状“双龙抱珠”三维防伪全息膜，并满足目标市场的需要。	烤烟型、出口烟 2013 年新品
云烟（红出口）	10mg/支	口味醇和，香气清雅、飘逸，烟气饱满，余味舒适。包装简洁、精美，以“中国红”为主调，图案构成动静和谐，是传统文化和现代文明的有机结合。运用全息二维防伪技术，在不同的视角下，如意图案中的“YUNYAN”和“云烟”交替呈现，金色星星折射出七彩光芒，富丽辉煌。	烤烟型、出口烟
红河（道）	10mg/支	包装特征：采用全球独享专利的侧开式卫生香烟盒，全新的卫生取烟方式，尽显对消费者的尊重、关爱；口味特征：采用自主研发的“烟叶资源优选系统”精选烟叶原料，自然天成的仓式发酵；应用自主知识产权的“三级配方”独特工艺科学设计，多项现代工艺及多重减害降焦技术精制而成；最大限度地发挥每片优质烟叶的天赋，突出纯正、优雅的清甜特征，烟气柔顺、余味舒适津甜，高贵、典雅的极致享受。	一类烟、烤烟型
红河（硬 V8）	10mg/支	包装特征：开创性使用 16:9 人性化横式设计，颠覆传统，彰显尊荣；口味特征：精选云南优质生态烟叶，自然天成的仓式发酵；应用自主知识产权的“三级配方”独特工艺科学设计，多项现代工艺处理技术精制而成；最大限度地发挥每片优质烟叶的天赋，体现纯正清雅香气，烟气柔和，余味舒适、津甜。	一类烟、烤烟型
红河（硬 99）	8mg/支	包装特征：转移镭射纸印刷工艺处理，其包装外观呈现晶莹剔透、细腻颗粒的独特质感；口味特征：精选国内外优质上等烟叶；应用自主知识产权的“三级配方”独特工艺及多项减害降焦技术精心制作；香气清雅、飘逸，烟气细腻、柔顺，余味干净舒适，回味悠长。	二类烟、烤烟型
红河（软 99）	8mg/支	包装特征：转移镭射纸印刷工艺处理，其包装外观呈现晶莹剔透、细腻颗粒的独特质感；口味特征：精选国内外优质上等烟叶；应用自主知识产权的“三级配方”独特工艺及多项减害降焦技术精心制作；香气清雅、飘逸，烟气细腻、柔顺，余味干净舒适，回味悠长。	二类烟、烤烟型

续表

规格	焦油量	产品风格、自有特色	备注
红河（硬88）	11mg/支	包装特征：转移镭射纸印刷工艺处理，其包装外观呈现晶莹剔透、细腻颗粒的独特质感；口味特征：精选云南优质上等烟叶，自然天成的仓式发酵；应用自主知识产权的“三级配方”工艺及多项减害降焦技术精心制作；纯正的清香风格，香气自然、清雅、烟气厚实、柔顺、余味舒适、甘甜。	三类烟、烤烟型
红河（软88）	11mg/支	包装特征：转移镭射纸印刷工艺处理，其包装外观呈现晶莹剔透、细腻颗粒的独特质感；口味特征：精选云南优质上等烟叶，自然天成的仓式发酵；应用自主知识产权的“三级配方”工艺及多项减害降焦技术精心制作；纯正的清香风格，香气自然、清雅、烟气厚实、柔顺、余味舒适、甘甜。	三类烟、烤烟型
红河（硬66）	10mg/支	包装特征：遮幅式宽屏设计，金沙印底，搭配威严庄重的深棕色，和谐中透出高贵气质；扩边凹凸结合电雕版工艺，用心细节，无处不在；口味特征：精选云南优质烟叶，应用自主知识产权的“三级配方”工艺及多项减害降焦技术精制而成；烟气浓郁、醇和、香气自然、细腻、丰富，余味干净、舒适。	三类烟、烤烟型
红河（小熊猫清和风）	10mg/支	延续小熊猫系列产品的传统风格，保证较高的香气丰满度和丰富性，突出烟草自然本香，适当配以辛香、蜜甜香和药草香点缀烟气，以绵柔细腻的烟气为特征，体现优雅、自然的香气风格。	三类烟、烤烟型
红河（小熊猫世纪风）	10mg/支	用云南、津巴布韦等地自然醇化的优质烤烟，辅以微量天然香精香料科学配方而成。产品显露优美的烟草本香，体现柔细净的高雅品质，劲头适中，烟气质感细腻柔和，香气清甜丰满，余味干净舒适，回味绵长。	三类烟、烤烟型
红河（硬）	11mg/支	包装特征：承红河（硬甲）简洁明快的经典外观风格，引入先进的凹印涂字油工艺和击凸烫金技术，提升产品外包的触摸质感和视觉享受。黑色“红河”字体凸印及大面积白色背景“凹印”效果增加了触摸质感，同时，增强视觉的多重变化，蕴涵强烈力量。红色“奔牛”标志的“激光凸印”技术，体现了科技含量，同时，给人与深刻印象，寓意拼搏、进取之意。整体设计经典而不失时尚，稳重而不失潮流。口味特征：以国内顶级优质烟叶基地具有较好“清、甜、润”品质的云南红河州特色优质烤烟品种为主要原料，采用香味补偿与保润技术，精选酶工程、发酵工程、热反应等技术加工的天然植物提取香原料，以“大调香”理念为引导，实现配方的最优组合。采用红云红河集团先进的卷烟工艺技术，实现精准控制、精心制作。产品感官品质特点：以自然的烟草香为主体，辅以舒适的果香、辛香、干草香及微弱的烘烤香；入喉顺畅，整体刺激较低；口感醇和、津甜，余味干净、舒适、清爽；有较好的生理满足感。	三类烟、烤烟型
红河（硬甲）	11mg/支	包装特征：印刷工艺采用珍珠墨印制超细线纹，呈现晶莹和细腻雕刻质感，尽显包装档次。口味特征：以云南优质上等烟叶为配方主料，经自然天成的仓式发酵；应用自主知识产权的“三级配方”工艺及多项减害降焦技术精制而成；烟香纯正自然，烟气丰满、厚实；余味干净、回味津甜。	三类烟、烤烟型

续表

规 格	焦油量	产品风格、自有特色	备 注
红河（软甲）	11mg/支	包装特征：印刷工艺采用珍珠墨印制超细线纹，呈现晶莹和细腻雕刻质感，尽显包装档次。口味特征：以云南优质上等烟叶为配方主料，经自然天成的仓式发酵；应用自主知识产权的“三级配方”工艺及多项减害降焦技术精制而成；烟香纯正自然，烟气丰满、厚实；余味干净、回味津甜。	四类烟、烤烟型
红河（硬乙）	11mg/支	包装特征：采用珍珠墨印制超细线纹，呈现晶莹和细腻雕刻质感，尽显包装档次。口味特征：应用自主知识产权的“三级配方”工艺及多项减害降焦技术精制而成；烟气透发、饱满，香气自然，口感干净舒适。	四类烟、烤烟型
红河（软乙）	11mg/支	包装特征：以红、棕、黄色块构成太阳、河流造型，与品牌字形组成包装主体图案，设计流畅、简洁，独具个性，蕴涵浓郁的红河人文地理情怀。在“清新、朴实、隽永”意境中感悟“红河”深刻印迹。口味特征：应用自主知识产权的“三级配方”工艺及多项减害降焦技术精制而成；烟气透发、饱满，香气自然，口感干净舒适。	四类烟、烤烟型
红河（硬88出口）	11mg/支	精选云南优质上等烟叶，自然天成的仓式发酵；应用自主知识产权的“三级配方”工艺及多项减害降焦技术精心制作；纯正的清香风格，香气自然、清雅、烟气厚实、柔顺、余味舒适、甘甜。转移镭射纸印刷工艺处理，其包装外观呈现晶莹剔透、细腻颗粒的独特质感。	烤烟型、出口烟
小熊猫（精品出口）	10mg/支	精选云南、津巴布韦等地自然醇化2—3年后的高档烤烟原料，辅以优质天然香精香料科学合理配方，采用特定的人工选叶配叶程序以确保原料品质。香气高雅，吃味细腻生津，口感舒适悠长，体现了当今高档卷烟“柔、细、净”的潮流。	烤烟型、出口烟
小熊猫（精品出口HK）	10mg/支	精选云南、津巴布韦等地自然醇化2—3年后的高档烤烟原料，辅以优质天然香精香料科学合理配方，采用特定的人工选叶配叶程序以确保原料品质。香气高雅，吃味细腻生津，口感舒适悠长，体现了当今高档卷烟“柔、细、净”的潮流，并满足目标市场的需要。	烤烟型、出口烟
小熊猫（精品出口MAC）	10mg/支	精选云南、津巴布韦等地自然醇化2—3年后的高档烤烟原料，辅以优质天然香精香料科学合理配方，采用特定的人工选叶配叶程序以确保原料品质。香气高雅，吃味细腻生津，口感舒适悠长，体现了当今高档卷烟“柔、细、净”的潮流，并满足目标市场的需要。	烤烟型、出口烟
小熊猫（精品出口HK免税版）	10mg/支	精选云南、津巴布韦等地自然醇化2—3年后的高档烤烟原料，辅以优质天然香精香料科学合理配方，采用特定的人工选叶配叶程序以确保原料品质。香气高雅，吃味细腻生津，口感舒适悠长，体现了当今高档卷烟“柔、细、净”的潮流，并满足目标市场的需要。	烤烟型、出口烟
小熊猫（新精品出口AU）	10mg/支	精选云南、津巴布韦等地自然醇化2—3年后的高档烤烟原料，辅以优质天然香精香料，科学、合理的配方搭配，采用特定的人工选叶配叶程序，保证了原料的品质。香气高雅，吸味细腻、生津，口感舒适悠长，体现了高档卷烟的“柔、细、净”潮流，并满足目标市场的需要。	烤烟型、出口烟2013年新品

续表

规　格	焦油量	产品风格、自有特色	备　注
小熊猫（软珍品出口）	10mg/支	选用云南、津巴布韦等地自然醇化2－3年的优质烤烟科学配方，采取特定的人工选叶配叶程序以保证烟叶原料的质量和配方均匀性，辅以科学合理配方的天然香精香料优化卷烟香气特征。该产品显露浓馥优美的烟草本香，香气高雅和谐，吃味细腻生津，口感悠长舒适，体现“柔、细、净”的高雅风格。	烤烟型、出口烟
红山茶（软）	11mg/支	烟气醇和丰满，收敛性好，满足感强。	五类烟、烤烟型
福（软精品）	10mg/支	香气充足、细腻、柔和、丰满，吸味醇和，谐调，劲头适中，刺激性较小，口感舒适，余味干净。	一类烟、烤烟型
茶花（94mm）	8mg/支	嗅香浓馥，烟气纯正、细腻、丰满、清香久远，吸味醇和，余味干净津甜。	三类烟、烤烟型
雪莲（岁月）	8mg/支	烟草自然本香醇正醇和，细腻柔顺，余味干净舒适，甜润感充盈。	一类烟、烤烟型2013年新品
雪莲（红精品）	11mg/支	包装特征：采用镭射转移技术进行标志的整体处理；口味特征：精选国内外优质烟叶，应用高分子合成技术等多项现代工艺技术精制而成；香气清雅、丰满，吸味醇厚、舒适，回味悠长。	一类烟、烤烟型
雪莲（软蓝）	10mg/支	包装特征：采用镭射转移技术进行标志的整体处理；口味特征：精选国内外优质烟叶，应用高分子合成技术等多项现代工艺技术精制而成；香气清雅、丰满，吸味醇厚、舒适，回味悠长。	一类烟、烤烟型
雪莲（蓝精品）	11mg/支	包装特征：采用了镭射转移技术和高科技三层全息镭射定位烫防伪图标；口味特征：优选国内外优质烟叶，应用高分子合成技术等多项现代工艺技术精制而成；香气自然、高雅，余味醇厚、干净舒适。	三类烟、烤烟型
雪莲（红新品）	10mg/支	香气充实丰满，突出云南烟草特有的清香特征，自然协调，微有刺激，余味舒适。	五类烟、烤烟型
钓鱼台（硬景泰蓝94mm）	6mg/支	由中国钓鱼台国宾馆监制，红云红河集团特制的钓鱼台（94mm景泰蓝）香烟，从内到外都皆具中国特色。吸味上更加突出典型中国烤烟型卷烟的自然烟草本香，香气自然、细腻、雅致，口味醇和，口感舒适。外观包装的设计元素更是来源于中国景泰蓝瓷器，鲜明色彩以及五彩花图的运用，大胆、时尚、又不失典雅的韵味。	一类烟、烤烟型

续表

规 格	焦油量	产品风格、自有特色	备 注
钓鱼台（黄景泰蓝出口）	8mg/支	由中国钓鱼台国宾馆监制，红云红河集团特制的钓鱼台（黄景泰蓝出口）香烟，从内到外皆具中国特色。吸味上更加突出典型中国烤烟型卷烟的自然烟草本香，香气自然、细腻、雅致，口味醇和，口感舒适。外观包装的设计元素更是来源于中国景泰蓝瓷器，鲜明色彩以及五彩花图的运用，大胆、时尚、又不失典雅的韵味。	烤烟型、出口烟
钓鱼台（黄景泰蓝出口 HK）	8mg/支	由中国钓鱼台国宾馆监制，红云红河集团特制的钓鱼台（黄景泰蓝出口）香烟，从内到外皆具中国特色。吸味上更加突出典型中国烤烟型卷烟的自然烟草本香，香气自然、细腻、雅致，口味醇和，口感舒适。外观包装的设计元素更是来源于中国景泰蓝瓷器，鲜明色彩以及五彩花图的运用，大胆、时尚、又不失典雅的韵味，并满足目标市场的需要。	烤烟型、出口烟
钓鱼台（黄景泰蓝出口 MAC）	8mg/支	由中国钓鱼台国宾馆监制，红云红河集团特制的钓鱼台（黄景泰蓝出口）香烟，从内到外皆具中国特色。吸味上更加突出典型中国烤烟型卷烟的自然烟草本香，香气自然、细腻、雅致，口味醇和，口感舒适。外观包装的设计元素更是来源于中国景泰蓝瓷器，鲜明色彩以及五彩花图的运用，大胆、时尚、又不失典雅的韵味，并满足目标市场的需要。	烤烟型、出口烟
钓鱼台（黄景泰蓝出口 TW）	8mg/支	由中国钓鱼台国宾馆监制，红云红河集团特制的钓鱼台（黄景泰蓝出口）香烟，从内到外皆具中国特色。吸味上更加突出典型中国烤烟型卷烟的自然烟草本香，香气自然、细腻、雅致，口味醇和，口感舒适。外观包装的设计元素更是来源于中国景泰蓝瓷器，鲜明色彩以及五彩花图的运用，大胆、时尚、又不失典雅的韵味，并满足目标市场的需要。	烤烟型、出口烟 2013 年新品

2013 年度云南中烟科技成果获奖情况

成果名称	评价日期	获奖日期	奖励来源	奖励级别
面向分组加工及订单生产的柔性制造系统	2012. 11. 21	2013. 12	中国烟草总公司	三等奖
云烟品牌导向的打叶复烤技术体系研究	2012. 11. 21	2013. 12	中国烟草总公司	三等奖
清香型中式卷烟风格品类特征的研究	2012. 03. 12	2013. 10	省政府	三等奖
红塔山品牌减害降焦技术体系研究及应用	2013. 03. 26	2013. 10	省政府	三等奖
红塔集团烟叶核心原料模块加工技术的研究和应用	2013. 03. 25	2013. 10	省政府	三等奖
生化技术在构建中式卷烟中的应用——烟叶醇化提质和废弃烟叶再利用	2010. 8. 31	2013. 3	省政府	三等奖
红云红河集团绿色烟叶生产技术研究及示范	2012. 04. 13	2013. 3	省政府	二等奖
箱式储叶工艺技术应用研究	2012. 03. 23	2013. 3	省政府	三等奖
卷烟抽吸感官生理效应研究及在卷烟中的应用	2012. 03. 22	2013. 3	省政府	三等奖
“云烟” 等品牌低焦低害产品研究开发	2012. 03. 23	2013. 3	省政府	三等奖
红塔集团烟叶核心原料模块加工技术的研究和应用	2013. 03. 25	2013. 5	云南中烟工业有限责任公司	一等奖
云烟、红河品牌导向型核心原料基地建设	2013. 03. 22	2013. 5	云南中烟工业有限责任公司	一等奖
云南省烟草化学重点实验室能力认可	2013. 03. 22	2013. 5	云南中烟工业有限责任公司	一等奖
烟用添加剂安全性评价新技术研究 I 期	2013. 03. 22	2013. 5	云南中烟工业有限责任公司	一等奖
红云红河集团烟叶原料区域特色剖析与应用研究	2013. 03. 15	2013. 5	云南中烟工业有限责任公司	一等奖
红云红河集团重点骨干品牌技术支撑体系研究	2013. 03. 20	2013. 5	云南中烟工业有限责任公司	一等奖
红云红河品牌导向型烤烟新品种筛选及其工业验证研究	2013. 03. 22	2013. 5	云南中烟工业有限责任公司	二等奖
红云集团高端品牌卷烟特色原料配套技术体系的构建	2013. 03. 15	2013. 5	云南中烟工业有限责任公司	二等奖
突出‘云烟’清甜香特征香味物质的缓释技术应用研究	2013. 03. 19	2013. 5	云南中烟工业有限责任公司	二等奖
出口卷烟品牌为导向的造纸法再造烟叶研究与应用	2013. 03. 20	2013. 5	云南中烟工业有限责任公司	二等奖
烟梗微波处理及丝状成型工艺、设备研究及应用	2013. 03. 22	2013. 5	云南中烟工业有限责任公司	二等奖
红塔品牌导向型烤烟品种筛选及其工业验证研究	2013. 03. 22	2013. 5	云南中烟工业有限责任公司	二等奖
红塔集团大理原料基地特色优质烟叶质量保障体系研究	2013. 03. 22	2013. 5	云南中烟工业有限责任公司	二等奖
红塔集团产品质量安全管理体系构建	2013. 03. 26	2013. 5	云南中烟工业有限责任公司	二等奖
云南中烟卷烟材料质量安全评价体系的构建	2013. 04. 02	2013. 5	云南中烟工业有限责任公司	二等奖
红塔品牌导向型原料保障体系研究	2013. 03. 22	2013. 5	云南中烟工业有限责任公司	三等奖
优质红大品种烟叶的品质特性研究	2013. 03. 26	2013. 5	云南中烟工业有限责任公司	三等奖
提高使用价值、拓展原料使用范围技术研究	2013. 03. 25	2013. 5	云南中烟工业有限责任公司	三等奖

续表

成果名称	评价日期	获奖日期	奖励来源	奖励级别
楚雄卷烟厂原料加工过程质量控制技术研究及应用	2013. 03. 25	2013. 5	云南中烟工业有限责任公司	三等奖
两条 5000kg/h 离线式气流干燥膨胀线的改造	2013. 04. 02	2013. 5	云南中烟工业有限责任公司	三等奖
超高速卷接包装设备零配件国产化及制造系统适应性开发研究	2013. 04. 02	2013. 5	云南中烟工业有限责任公司	三等奖
《卷烟生产过程产品安全卫生保障通则》（YC/T357－2010）	2013. 03. 26	2013. 5	云南中烟工业有限责任公司	三等奖
YC/T323－2009《卷烟企业安全标识使用规范》	2013. 03. 26	2013. 5	云南中烟工业有限责任公司	三等奖
系列个性化烟用材料开发应用研究	2013. 03. 19	2013. 5	云南中烟工业有限责任公司	三等奖
昆明卷烟厂梗丝特色工艺技术研究及其应用	2013. 03. 14	2013. 5	云南中烟工业有限责任公司	三等奖
烟用特种滤棒研发制造	2013. 03. 14	2013. 5	云南中烟工业有限责任公司	三等奖
集团主数据管理平台与体系建设	2013. 03. 27	2013. 5	云南中烟工业有限责任公司	三等奖
烟草植物香料功能特性的 HRMS 表征研究	2013. 03. 27	2013. 5	云南中烟工业有限责任公司	三等奖
再造烟叶生产原料保障措施研究	2013. 03. 27	2013. 5	云南中烟工业有限责任公司	三等奖

2013 年度云南中烟发布实施行业标准目录

标准名称	标准等级	标准编号	发布日期	实施日期
烟草及烟草制品霉变控制指南	行业标准	YC/T475－2013	2013－8－24	2013－9－1
烟支烟丝密度测定微波法	行业标准	YC/T476－2013	2013－8－24	2013－9－1
烟用添加剂禁用成分二甲苯麝香、咪唑、芝麻酚的测定气相色谱－质谱联用法	行业标准	YQ/T26－2013	2013－2－5	2013－3－1
烟用添加剂禁用成分甲醇、仲丁醇的测定顶空－气相色谱－质谱联用法行业标准	YQ/T38－2013	2013－9－4	2013－9－20	
烟用农药重金属限量	企业标准	YQ/T24－2013	2013－2－5	2013－3－1
卷烟滤嘴中主要酚类化合物截留量的测定高效液相色谱法	企业标准	YQ/T28－2013	2013－9－4	2013－9－20
烟草及烟草制品烟草特有 N－亚硝胺的测定高效液相色谱－串联质谱联用法	企业标准	YQ/T29－2013	2013－9－4	2013－9－20
卷烟条与盒包装纸中光引发剂的测定气相色谱－质谱联用法	企业标准	YQ/T31－2013	2013－9－4	2013－9－20
烟用纸张中 7 种多氯联苯的测定气相色谱－质谱联用法	企业标准	YQ/T32－2013	2013－9－4	2013－9－20
烟用纸张中五氯苯酚的测定液相色谱－串联质谱联用法	企业标准	YQ/T33－2013	2013－9－4	2013－9－20
烟用纸张中二异丙基萘的测定气相色谱－质谱联用法	企业标准	YQ/T34－2013	2013－9－4	2013－9－20
烟用纸张中甲醛和乙醛的测定高效液相色谱法	企业标准	YQ/T35－2013	2013－9－4	2013－9－20
烟用水基胶硼酸的测定第 2 部分：电感耦合等离子体质谱法	企业标准	YQ/T36. 2－2013	2013－9－4	2013－9－20
烟用香精和料液中邻苯二甲酸酯类的测定气相色谱－质谱联用法	企业标准	YQ/T39－2013	2013－9－4	2013－9－20
烟用纸张中邻苯二甲酸酯类的测定气相色谱－质谱联用法	企业标准	YQ/T40－2013	2013－9－4	2013－9－20
卷烟滤棒添加剂安全卫生通用要求	企业标准	YQ41－2013	2013－11－18	2013－12－1
烟草及烟草制品烟气安全性生物学评价 MTT 细胞毒性法	行业标准	YQ/T42－2013	2013. 12. 20	2013. 12. 20
烟草及烟草制品烟气安全性生物学评价 BEAS－2B 细胞体外微核试验	行业标准	YQ/T43－2013	2013. 12. 20	2013. 12. 20

2013 年度云南中烟科技论文发表情况

论文题目	第一作者（通讯作者）	刊物（会议）类型	刊物（会议）名称
应用近红外光谱分析云南主要烟叶生产基地之间的烟叶特性	王 毅	国内核心期刊	光谱学与光谱分析
茶树花精油的抗氧化性能及在卷烟中的应用研究	白晓莉	国内核心期刊	食品工业
亚临界萃取茶树花精油微胶囊在烟草中的释放动力学研究	白晓莉	国内核心期刊	食品工业
茶树花精油微胶囊的制备工艺及其在卷烟中的应用研究	白晓莉	国内核心期刊	食品工业
茶树花精油的亚临界水提工艺及在卷烟中的应用研究	白晓莉	国内核心期刊	食品工业
烟丝及烟气中游离氨基酸在微波烘丝过程中的变化研究	董 伟	国内核心期刊	食品工业
微波烘丝过程中烟丝水溶性糖及有机酸的变化研究	王 磊	国内核心期刊	食品工业
中心组合设计响应面法优化烟叶碎片萃取工艺	刘 丽	国内非核心期刊	应用化工
离子色谱法测定烟草中果胶方法改进	柏 婷	国内全国性会议宣读	2013 年度烟草行业共同实验暨检测技术国际研讨会会议论文
不同抽吸模式对卷烟主流烟气中苯并芘〔a〕的影响研究	张凤梅	国内非核心期刊	广东化工
离子色谱法同时测定再造烟叶中五种阳离子	汤建国	国内核心期刊	中国造纸
超高效液相色谱测定食醋中的六种防腐剂	马雪英	国内核心期刊	中国调味品
气相色谱－飞行时间质谱分析杭白菊浸剂挥发性化学成分	陈 玉	国内非核心期刊	天然产物研究与开发
超高效液相色谱法测定香精中的可可碱	王雪莹	国内核心期刊	食品研究与开发
GC－NCI－TOFMS 测定烟草中 10 种有机氯农药	司晓喜	国内全国性会议宣读	2013 年度烟草行业共同实验暨检测技术国际研讨会会议论文
基于近红外光谱的烟叶纵向分切方法研究	杨晨龙	国内核心期刊	光谱实验室
基于近红外光谱分析技术结合化学计量学对品牌卷烟烟丝快速判别	袁大林	国内核心期刊	光谱实验室
中心组合设计响应面法优化烟梗提取工艺	刘 丽	国内非核心期刊	应用化工
再造烟叶中 5 种有机酸的离子色谱法分析及聚类分析	柏 婷	国内非核心期刊	应用化工
An new approach to modeling the deliveries of tar and carbon monoxide in mainstream smoke affected by atmospheric pressure: Based on cigarette ventilation.	赵 辉	国外发表或国际会议宣读	20th ASIA COLLABORATIVE STUDY 2013
A prediction model for effects of atmospheric pressure on deliveries of tar and carbon monoxide in mainstream smoke based on ventilation rate of cigarette	赵 辉	国外发表或国际会议宣读	2013CORESTA JOINT STUDY GROUPS MEETING
初烤烟叶不同区位细胞结构与物理耐加工性的比较研究	武 凯	国内核心期刊	烟草科技

续表

论文题目	第一作者（通讯作者）	刊物（会议）类型	刊物（会议）名称
GC/TOF－MS 法分析不同蜂蜡净油的挥发性成分	杨　眉	国内核心期刊	香料香精化妆品
气相色谱/飞行时间质谱法分析格蓬油中的挥发性成分	杨　眉	国内核心期刊	食品工业科技
GC－TOF/MS 及主成分投影法用于安息香膏的成分分析	杨　眉	国内核心期刊	化学计量学
气相色谱/飞行时间质谱法结合保留指数分析秘鲁香膏油中的挥发性成分	徐杨斌	国内核心期刊	分析试验室
动态水分吸附法研究烟草薄片与烟叶的吸食和解吸湿特性	高晓华	国内非核心期刊	烟草工业科技
电气石处理水增强烟丝对料液吸收性能的研究	赵英良	国内核心期刊	西南农业学报
制丝线主要热处理工序前后原料致香成分差异性解析	朱　勇	国内核心期刊	烟草科技
云南典型生态产区烟叶有机酸含量分析	冯洪涛	国内核心期刊	安徽农业科学
产香真菌分离代谢及其在烟叶醇化中的应用	朱东来	国内核心期刊	食品工业
电感耦合等离子体质谱仪法测定三乙酸甘油酯中 5 种重金属元素的含量	王文元	国内核心期刊	贵州农业科学
现代光度分析法测定痕量镉的研究与应用	王文元	国内核心期刊	云南化工
近红外光谱相似度匹配分析法控制卷烟表香质量	陈　兴	国内核心期刊	激光与红外
近红外光谱法在卷烟制丝质量稳定性控制中的应用	陶　鹰	国内核心期刊	光谱实验室
利用微生物制剂提高梗丝品质的研究	陈　兴	国内核心期刊	中国烟草学报
提升梗丝品质技术研究进展	陈　兴	国内核心期刊	安徽农业科学
清甜香型特征烟用微胶囊的制备工艺及优化	张　伟	国内核心期刊	食品工业
动态反应池－电感耦合等离子体质谱法测定甘草中微量重金属元素	王文元	国内核心期刊	理化检验－化学分册
电感耦合等离子体质谱法测定烟用水基胶中硼酸	王文元	国内核心期刊	理化检验－化学分册
电子烟的发展现状及其危害性	蒋举兴	国内核心期刊	安徽农业科学
醇化技术在改善烟叶品质中的研究进展	唐　丽	国内核心期刊	江西农业科学
利用果胶酶改善烟梗内在品质的研究	巩效伟	国内核心期刊	安徽农业科学
四种烟草特征香味物质微胶囊的稳定性和释放条件研究	者　为	国内核心期刊	食品工业
两种活性炭对 2，3，5－三甲基吡嗪吸附性能研究	何　靓	国内核心期刊	食品工业
大豆蛋白颗粒在卷烟滤嘴中的应用	蒋举兴	国内核心期刊	湖北农业科学
纳米微乳化薄荷香精的制备及应用研究	何　靓	国内核心期刊	香精香料化妆品
云南主产烟区不同品种烟叶多酚研究	陈剑明	国内核心期刊	安徽农业科学
迷迭香精油的分子蒸馏精制及其在卷烟中的应用	杨　莹	国内核心期刊	精细化工
箱式贮叶过程中烟叶品质变化的近红外表征	朱　勇	国内核心期刊	烟草科技
VAS 流化床对叶丝质量的影响	何邦华	国内核心期刊	烟草科技

续表

论文题目	第一作者（通讯作者）	刊物（会议）类型	刊物（会议）名称
基于主成分分析法的烟丝加香均匀性评价	汪显国	国内核心期刊	中国烟草学报
卷烟香精香料中23种加香物质的气相色谱质谱法检测	蒋举兴	国内核心期刊	食品工业
双层卷烟包装盒的创新与设计	吴　俊	国内核心期刊	中国包装工业
双菌种复合发酵梗膏的开发及其在卷烟中的应用	段焰青	国内核心期刊	食品工业
Syntheses and Characterzations of Cobalt doped Mesoporous Alumina Templated by Rubber Latex and its Adsorption of Acetaldehyde	者　为	国际会议	Advanced Materials Research,
Enhanced Adsorption of Toxic Compound from Cigarette Mainsteam Smoke by the Al – Ca – SiO2 Composite Material	何　靓	国际会议	Advanced Materials Research,
Mesoporous TiO2 Prepared by using Lac Red as Template: Synthesis, Characterization, and Adsorption of Gaseous Acetaldehyde	王明锋	国际会议	Advanced Materials Research,
Research on dynamic changes of cut tobacco physical and chemical properties during the over – drying process	刘　泽	国际会议	2013 CORESTA JOINT STUDY GROUPS MEETING SMOKE SCIENCE AND PRODUCT TECHNOLOGY
Screening of a high yield polysaccharide strain from ten edible and medicinal fungi and optimization of its culture conditions.	段焰青	SCI	Research Journal of Biotechnology.
Phylognetic analysis within Tephritidae of Diptera based on the concatenated 13 mitochondrial protein coding gnens of mt genomues.	段焰青	SCI	Asian Journal of Animal and Veterinary Advances
Lysinibacillus tabacifolii sp. nov. , a Novel Endophytic Bacterium Isolated from Nicotiana tabacum Leaves	段焰青	SCI	Journal of Microbiology.
Saccharopolyspora cavernae sp. nov. , a novel actinomycete isolated from theSwallow Cave in Yunnan, south – westChina	段焰青	SCI	Antonie van Leeuwenhoek
烟碱降解菌的筛选、鉴定及其降解性能的初步研究	段焰青	国内核心期刊	云南大学学报
近红外光谱法的应用及相关标准综述	王家俊	国内核心期刊	中国农学通报
烟叶内含糖类和多酚类组分对其主流烟气水分的影响	徐安传	国内核心期刊	食品工业
烟叶不同区位叶黄素和β – 胡萝卜素分布特征的研究	徐安传	国内核心期刊	中国烟草科学
多水平模型在区域环境对某卷烟品牌感官质量评价中的应用	杨建云	国内核心期刊	西南农业学报
HILIC – MS/MS法对卷烟烟丝中4种烟草特有亚硝胺的快速测定	党立志		2013年度烟草行业共同实验暨检测技术国际研讨会优秀论文二等奖

续表

论文题目	第一作者（通讯作者）	刊物（会议）类型	刊物（会议）名称
土壤重金属处理对烤烟烟叶中 Pb，Cr，Cu，As，Cd 和 Hg 的分布与累积的影响	王绍坤	国内核心期刊	烟草科技
机器人自动上箱系统在卷烟装封箱机组的应用	杨剑锋	国内核心期刊	烟草科技
打叶复烤过程烟叶内在品质的变化研究	袁逢春	国内核心期刊	湖北农业科学
看清大数据应用的门道	徐跃明	国内核心期刊	企业管理
云南烟区烟叶致香物质与土壤养分的关系分析	王　超	国内核心期刊	郑州轻工业学报
Optimization Extraction Process of Aroma Components in Tobacco	罗华元	SCI	SCIJournalof Chromatographic Science 2013；51：250－257 2013. 5
红云红河集团原料基地烟叶致香物质与化学成分的关系	程昌新	国内核心期刊	江西农业大学学报
烤烟石油醚提取物含量与若干物理指标的关系	程昌新	国内核心期刊	云南师范大学学报
烤烟专用生物有机复合肥对烟叶化学成分及香吃味的影响	杜进波	国内核心期刊	湖南农业科学
美国货币政策对中国股市的影响研究	毛家昌		商业经济
基于工业无线局域网络和 IPT 技术的烟丝箱输送系统	吴永茂		江西科学
欧盟会计政策与国际会计准则的协调对中国会计国际化的启示	张　洁		新财经
我国上市公司盈余管理存在的问题及对策	张　洁		管理学家
云烟品牌卷烟主体烟叶原料挥发性物质含量的因子分析与比较	胡永斌		科学之友
探析我国上市公司股利分配现状及政策建议	王　韵		新财经
Determination of Volatile Organic Compounds in Macadamia flower by Simultaneous Distillation Extraction and Static Head-space	刘志华	SCI、EI 源刊	Asian Journal of Chemistry
Flavonoids from the bark and stems of Cassia ? stula and their anti－tobacco mosaicvirus activities	赵　伟	SCI、EI 源刊	Phytochemistry Letters
In vitro micronucleus assay of cigarette smoke total particulate matter：comparative flow cytometry and laser scanning cytometry with microscopy	夭建华	SCI、EI 源刊	Mutation Research－genetic toxicology and environmental mutagenesis
A New Flavonoid from the Roots of Cassia fistula and Its Anti-tobacco Mosaic Virus Activity	缪明明	SCI、EI 源刊	Asian Journal of Chemistry
Morphological Weighted Penalized Least Squares for Back-ground	李　忠	SCI、EI 源刊	Analyst

续表

论文题目	第一作者（通讯作者）	刊物（会议）类型	刊物（会议）名称
A New Phenyl Propanoid from the Roots of Nicotiana tabacum and Its Biological Activities	缪明明	SCI、EI 源刊	Asian Journal of Chemistry
Investigating River Pollution Flowing into Dianchi Lake Using a Combination of GC – MS Analysis and Toxicological Tests	夭建华	SCI、EI 源刊	bull environ contam toxicol
Nonlinear Alignment of Chromatograms by Means of Moving Windows Fast Fourier Transfrom Cross Correlation	李　忠	SCI、EI 源刊	Journal of Separation Science
Phenolic Compounds from Arundina graminifolia and Their Anti – Tobacco Mosaic Virus Activities	李　忠	SCI、EI 源刊	Asian Journal of Chemistry
Phenolic Compounds from Clinopodium urticifolium and Their Anti – virus Activities	李　忠	SCI、EI 源刊	Asian Journal of Chemistry
Quantitative determination of free phytosterols in tobacco leaves by UPLC – MS/MS	谭建林	SCI、EI 源刊	Journal of Liquid Chromatography & Related Technologies
Sesquiterpene Glucosides from Nicotiana tabacum and Their Biological Activity	杨光宇	SCI、EI 源刊	Asian Journal of Chemistry
Three new Favonoids from the leaves of oriental tobacco and their cytotoxicity	陈进雄	SCI、EI 源刊	phytochemistry Letters
A New Phenylpropanoid from the Leaves of Flue – Cured Tobacco and Its Anti – tobacco Mosaic Virus Activity	秦云华	SCI、EI 源刊	Asian Journal of Chemistry
A New Coumarin from the Roots and stems of Flue – Cured Tobacco and Its Anti – tobacco Mosaic Virus Activity	刘　巍	SCI、EI 源刊	Journal of Asian Natural Products
A New 4 – Hydroxyisoflavanone from the Root of Oriental Tobacco and Their Antivirus Activities	缪明明	SCI、EI 源刊	Asian Journal of Chemistry
Evaluation of Aroma Components in Chinese Southwest Tobacco by Headspace Gas Chromatography – Mass Spectrometry	王保兴	SCI、EI 源刊	Asian Journal of Chemistry
卷烟主流烟气中拟除虫菊酯类农药含量的检测方法	黄海涛	SCI、EI 源刊	中国烟草学报
5 种甾醇热裂解产生多环芳烃及其与主流烟气 B〔a〕P 释放量的关系	赵　伟	SCI、EI 源刊	烟草科技
UPLC – UV 法快速测定烟草中游离茄尼醇的含量	韩敬美	SCI、EI 源刊	烟草科技
卷烟全烟气直接暴露方法的研究进展	夭建华	SCI、EI 源刊	中国烟草学报
卷烟烟气 GC/oa – TOF – MS 分析方法的萃取溶剂选择与程序升温时间优化	李　忠	SCI、EI 源刊	烟草科技
配方模块制丝关键工艺参数的优化设计	张　强	SCI、EI 源刊	中国烟草学报

续表

论文题目	第一作者（通讯作者）	刊物（会议）类型	刊物（会议）名称
阳离子交换毛细管整体柱的制备及其在毛细管离子色谱中的应用	李　晶	SCI、EI 源刊	分析化学
云南烤烟品种加工性能评价	和智君	中文核心期刊	中国烟草科学
GC－MS 测定仲丁醇、富马酸二甲酯、咪唑和芝麻酚	徐济仓	中文核心期刊	光谱实验室
GC－MS 法测定诃子中挥发性成分	黄　静	中文核心期刊	理化检验
GC－MS 法测定纸杯口触材料中 18 种酞酸酯迁移量	魏玉玲	中文核心期刊	云南大学学报（自然科学版）
GC－MS 法分析姜花属四种植物的挥发性成分	施红林	中文核心期刊	化学研究与应用
场电离技术在果香菊 GC－TOF－MS 联用分析中的应用	李　忠	中文核心期刊	质谱学报
超高效液相色谱（UPLC）同时测定水性胶黏剂中甲醛、乙醛、丙烯	李响丽	中文核心期刊	西南农业学报
超高效液相色谱法测定植物提取物中 6 种防腐剂含量	李　晶	中文核心期刊	理化检验－化学分册
超高效液相色谱法快速分离测定糖精钠、芝麻酚、酸性橙 II 和碱性嫩黄 O	李　晶	中文核心期刊	光谱实验室
超高效液相色谱－紫外法同时快速测定烟草中的 5 种酚类	韩敬美	中文核心期刊	现代化工
超临界 CO2 萃取与同时蒸馏萃取法提取澳洲坚果花挥发性成分研究	刘劲芸	中文核心期刊	云南大学学报（自然科学版）
超临界 CO2 萃取澳洲坚果花挥发油的工艺研究	刘劲芸	中文核心期刊	食品研究与开发
超临界 CO2 萃取柚子叶挥发油的研究及 GC－MS 分析	刘劲芸	中文核心期刊	化学研究与应用
打孔法测定造纸法再造烟叶定量的研究	刘　晶	中文核心期刊	昆明理工大学学报（自然科学版）
电喷雾质谱法与大气压化学电离质谱法分析烟叶中植物甾醇的比较	段沅杏	中文核心期刊	应用化工
毒理学关注阈值（TTC）方法的历史演化与发展	朱洲海	中文核心期刊	食品科学
固相萃取－超高效液相色谱/串联质谱同时检测饮料中 13 种禁限用食品添加剂	李雪梅	中文核心期刊	分析科学学报
湖南晒黄烟在卷烟配方中的应用研究	欧阳文	中文核心期刊	西南农学报
基于多元质量控制限的卷烟均质化评价方法研究	石凤学	中文核心期刊	陕西科技大学学报
基于非参数密度估计对烤烟烟叶颜色 CIE1976（L＊ a＊ b＊）色空间的三维空间图的研究	王浩雅	中文核心期刊	江西农业学报
吉龙草挥发性成分的 GC－MS 分析	李　忠	中文核心期刊	中国药房
国内外造纸法再造烟叶纤维形态分析	刘　晶	核心期刊	中华纸业

续表

论文题目	第一作者（通讯作者）	刊物（会议）类型	刊物（会议）名称
造纸法再造烟叶耐破度的测定方法研究	向海英	核心期刊	中国农学通报
打孔法测定造纸法再造烟叶定量的研究	刘 晶	核心期刊	昆明理工大学学报（自然科学版）
造纸法再造烟叶生产废弃物的处理与利用	马 迅	核心期刊	环境科学与技术
一种具有晒红烟风格特征的造纸法再造烟叶的产品开发	马 迅	核心期刊	. 农产品加工（学刊）
Study on Physical and Chemical Properties and Imported Paper – process Reconstituted Tobacco	Jian Wang	核心期刊	Advanced Materials Research
超声波协同 Fenton 氧化法去除造纸法再造烟叶废水 COD 的研究	马 迅	核心期刊	环境工程学报
造纸法再造烟叶废水处理研究进展	陈正春		云南化工

2013年发明专利统计表

名称	类型	授权日期	专利权人（单位名称）	专利号
一种膨胀梗条的处理工艺	发明专利	2013.06.19	红塔烟草（集团）有限责任公司	ZL201210018730.5
一种烟草特有亚硝胺检测方法	发明专利	2013.03.27	红塔烟草（集团）有限责任公司	ZL201010501810.7
一种烟叶分切打叶复烤方法	发明专利	2013.09.04	红塔烟草（集团）有限责任公司	ZL201010516753.X
一株淀粉酶高产菌株及其改善低次等烟品质的方法	发明专利	2013.06.05	红塔烟草（集团）有限责任公司	ZL201110435707.1
一种玫瑰型烟用香精、制备方法的应用	发明专利	2013.11.20	红塔烟草（集团）有限责任公司	ZL201210475391.3
一种通过环境湿度来缩短烟叶自然陈化时间的方法（红塔集团与烟草科学研究院共同申请）	发明专利	2013.09.04	红塔烟草（集团）有限责任公司	ZL201010202896.3
通过提高复烤片烟水分来缩短烟叶自然陈化时间的方法（红塔集团与烟草科学研究院共同申请）	发明专利	2013.04.17	红塔烟草（集团）有限责任公司	ZL201010202929.4
适用于图像分析测定烟梗长梗率的设备（红塔集团与烟草科学研究院共同申请）	发明专利	2013.11.20	红塔烟草（集团）有限责任公司	ZL201110196543.1
热重分析仪与剑桥滤片-吸收瓶联用装置及捕集逸出气体的方法	发明专利	2013.10.16	红塔烟草（集团）有限责任公司	ZL201110344613.3
物质热解行为的热分析仪和流动载气-单液滴微萃取联用装置及其使用方法	发明专利	2013.06.05	红塔烟草（集团）有限责任公司	ZL201010503697.6
一种鱼藤酮、拟除虫菊酯与辛硫磷混配的农药制剂	发明专利	2013.03.27	红塔烟草（集团）有限责任公司	ZL200710130539.9
一种卷烟包装机上的折叠压板装置	发明专利	2013.11.27	红塔烟草（集团）有限责任公司	ZL201210045209.0
利用图像分析法测定烟梗长梗率的方法	发明专利	2013.05.08	红塔烟草（集团）有限责任公司	ZL201110196819.6
一种微胶囊保润剂的制备及其在卷烟中的应用	发明专利	2013.06.06	红塔烟草（集团）有限责任公司	ZL201010155422.8
一种反应型烟用香料的制备方法	发明专利	2013.08.21	红塔烟草（集团）有限责任公司	ZL2011110371446.1
一种用于低引燃倾向卷烟纸的阻燃涂料	发明专利	2013.07.10.	红塔烟草（集团）有限责任公司	ZL201110279680.1
滤棒成型机导丝喇叭嘴	发明专利	2013.11.13	红塔烟草（集团）有限责任公司	ZL201210225185.7

续表

名称	类型	授权日期	专利权人（单位名称）	专利号
一种具有断线压纹结构的纸质香烟滤棒及其制备工艺	发明专利	2014.01.01	红塔烟草（集团）有限责任公司	ZL201210207150.0
一种用废烟叶制备的香料浸膏及其制备方法和应用	发明专利	2013.05.01	红云红河烟草（集团）有限责任公司	ZL201110043362.5
一种提升烟用香料使用效果的烟草加料方法	发明专利	2013.04.03	红云红河烟草（集团）有限责任公司	ZL201110207713.1
一种提升低等级烟叶原料品质的方法	发明专利	2013.05.01	红云红河烟草（集团）有限责任公司	ZL201110164210.0
一种应用甘草提升烟梗品质的方法	发明专利	2013.05.01	红云红河烟草（集团）有限责任公司	ZL201110208736.4
一种利用葡萄酒提升烟梗品质的方法	发明专利	2013.05.01	红云红河烟草（集团）有限责任公司	ZL201110208260.4
一种玛卡保健普洱茶膏的制备方法	发明专利	2013.05.01	红云红河烟草（集团）有限责任公司	ZL201210041227.1
一种测定烟用水基胶中氨含量的方法	发明专利	2013.06.19	红云红河烟草（集团）有限责任公司	ZL201110168337.X
一种具有密封效果的香烟包装盒	发明专利	2013.08.14	红云红河烟草（集团）有限责任公司	ZL201110348383.8
一种掺配迷迭香的烟草烘烤调香方法	发明专利	2013.08.14	红云红河烟草（集团）有限责任公司	ZL201110370553.2
一种能提高卷烟抽吸品质的滤棒成形纸及其制备方法	发明专利	2013.08.21	红云红河烟草（集团）有限责任公司	ZL201110182609.1
改善梗丝品质的加工方法	发明专利	2013.10.23	红云红河烟草（集团）有限责任公司	ZL201210065439.3
一种环保型电子束固化直接真空镀铝纸用涂料及其制备方法	发明专利	2013.11.06	红云红河烟草（集团）有限责任公司	ZL201110263140.4
一种测定三乙酸甘油酯中水分含量的方法	发明专利	2013.11.11	红云红河烟草（集团）有限责任公司	ZL201210080832.X
一种改善梗丝吸味品质的两级酶处理方法	发明专利	2013.09.05	红云红河烟草（集团）有限责任公司	ZL201210099495.9
一种提升短烟梗可用性的方法	发明专利	2013.09.05	红云红河烟草（集团）有限责任公司	ZL201210099606.6
一种二元复合滤棒及其加工方法和设备	发明专利	2013.12.04	红云红河烟草（集团）有限责任公司	ZL201210403084.4
烟草真空回潮加料装置	发明专利	2013.05.08	云南烟草科学研究院	ZL201010101657.9
一种快速筛选和制备香料的方法	发明专利	2013.1016	云南烟草科学研究院	ZL201210239109.1
筛选外源添加剂对卷烟特殊烟气成分含量影响因子的方法	发明专利	2013.04.17	云南烟草科学研究院	ZL201110046341.9

续表

名称	类型	授权日期	专利权人（单位名称）	专利号
烟草原料真空加料机的料液雾化装置	发明专利	2013.01.02	云南烟草科学研究院	ZL201010102386.9
一种用于低引燃倾向卷烟纸的阻燃涂料	发明专利	2013.07.10	云南烟草科学研究院	ZL201110279680.1
沙棘在卷烟制备中的应用及应用方法	发明专利	2013.05.22	云南烟草科学研究院	ZL201010170959.1
一种烟草中的酚类化合物及其制备方法和应用	发明专利	2013.05.29	云南烟草科学研究院	ZL201010291823.6
一种联苯环辛烯木脂素及其制备方法和应用	发明专利	2013.05.29	云南烟草科学研究院	ZL201010604811.4
一种五味子所含木脂素类化合物及其制备方法和应用	发明专利	2013.05.29	云南烟草科学研究院	ZL201010291754.9
烟草根茎所含苯并呋喃丙素类化合物及其制备方法和应用	发明专利	2013.05.29	云南烟草科学研究院	ZL201110232131.9
一种实验室用打叶装置	发明专利	2013.04.03	云南烟草科学研究院	ZL201110021686.9
一种烟草自动控温加料装置	发明专利	2013.09.04	云南烟草科学研究院	ZL201110249075.X
一种烟梗丝状成型加工工艺	发明专利	2013.09.04	云南烟草科学研究院	ZL201210091671.4
一种香料烟型造纸法再造烟叶的生产方法	发明专利	2013.01.02	云南烟草科学研究院	ZL201010615984.6
一种能自动升降烟支的装置	发明专利	2013.09.04	云南烟草科学研究院	ZL201210006056.9
一种微胶囊玫瑰精油及其在烟草中的应用	发明专利	2013.09.04	云南烟草科学研究院	ZL201210363601.X
一种红花大金元品种烟叶的烘烤工艺	发明专利	2013.05.08	云南烟草科学研究院	ZL201110006577.X
一种防治烟草花叶病毒的精油制剂及其应用	发明专利	2013.07.17	云南烟草科学研究院	ZL201110429845.9
一种实验室动态抄片生产造纸法再造烟叶的方法	发明专利	2013.10.30	云南烟草科学研究院	ZL201210060444.5
造纸法再造烟叶实验室自动喷涂装置	发明专利	2013.09.04	云南烟草科学研究院	ZL201320186645X

2013 年实用新型授权专利统计表

名称	类型	授权日期	专利权人（单位名称）	专利号
疏槽滤棒	实用新型	2013. DWG01. DWG02	红塔烟草（集团）有限责任公司	ZL201220316116. DWG2
滤棒成型机导丝喇叭嘴	实用新型	2013. DWG01. DWG02	红塔烟草（集团）有限责任公司	ZL201220316117. DWG7
一种在卷烟物流中烟箱缺条的自动分拣装置	实用新型	2013. DWG08. DWG07	红塔烟草（集团）有限责任公司	ZL201320103757. DWG4
一种风压式双仓风分器	实用新型	2013. DWG08. DWG07	红塔烟草（集团）有限责任公司	ZL201320103866. DWG6
改进的网纹搓板	实用新型	2013. DWG06. DWG19	红塔烟草（集团）有限责任公司	ZL201320008257. DWG2
定量添加碎烟片的装置	实用新型	2013. DWG01. DWG07	红塔烟草（集团）有限责任公司	ZL201320006179. DWG2
一种 MARKEM 打码机自动敷贴器敷贴板	实用新型	2013. DWG06. DWG19	红塔烟草（集团）有限责任公司	ZL201220720753. DWG6
FOCKE408 包装机转轮排烟推杆装置	实用新型	2013. DWG08. DWG07	红塔烟草（集团）有限责任公司	ZL201220720776. DWG7
切丝机刀鼓主轴轴承拉拔器	实用新型	2013. DWG06. DWG19	红塔烟草（集团）有限责任公司	ZL201220720778. DWG6
一种二元复合滤棒	实用新型	2013. DWG05. DWG22	红塔烟草（集团）有限责任公司	ZL201220639214X
大型引送风机的观察装置	实用新型	2013. DWG03. DWG27	红塔烟草（集团）有限责任公司	ZL201220491702. DWG0
阀门窨井盖起吊工具	实用新型	2013. DWG03. DWG27	红塔烟草（集团）有限责任公司	ZL201220491959. DWG6
一种分段式卷烟	实用新型	2013. DWG02. DWG13	红塔烟草（集团）有限责任公司	ZL201220283564. DWG7
一种梯级旋流式水洗梗机	实用新型	2013. DWG12. DWG12	红塔烟草（集团）有限责任公司	ZL2012202667478
一种卷烟包装机上的十二角轮等分度装置	实用新型	2013. DWG05. DWG01	红塔烟草（集团）有限责任公司	ZL201220079308. DWG6
薄板式烘丝机筒壁蒸汽系统泄漏检测装置及检测方法	实用新型	2013. DWG07. DWG03	红塔烟草（集团）有限责任公司	ZL201320023830. DWG7

续表

名称	类型	授权日期	专利权人（单位名称）	专利号
一种手工包装烟支用模具	实用新型	2013. DWG05. DWG08	红塔烟草（集团）有限责任公司	ZL201220572630. DWG2
一种切丝机垂直喂料系统用螺旋匀料装置	实用新型	2013. DWG09. DWG04	红塔烟草（集团）有限责任公司	ZL201320164473. DWG6
一种烟标数标装置	实用新型	2013. DWG07. DWG03	红塔烟草（集团）有限责任公司	ZL201220738882. DWG8
一种用于烤片机的提质除杂装置	实用新型	2013. DWG02. DWG27	红塔烟草（集团）有限责任公司	ZL201220057977. DWG3
切丝机垂直喂料系统用反向提升带匀料装置	实用新型	2013. DWG11. DWG20	红塔烟草（集团）有限责任公司	ZL201320164474. DWG0
一种气固分离装置	实用新型	2013. DWG11. DWG20	红塔烟草（集团）有限责任公司	ZL201320341293. DWG0
一种微波膨胀烟梗切梗机的刀门改进系统	实用新型	2013. DWG12. DWG11	红塔烟草（集团）有限责任公司	ZL201320354762. DWG2
一种再造烟叶热水可溶物测定装置	实用新型	2013. DWG12. DWG11	红塔烟草（集团）有限责任公司	ZL201320415186. DWG8
一种多级分离烟梗和烟片的风分器	实用新型	2013. DWG12. DWG11	红塔烟草（集团）有限责任公司	ZL201320341297. DWG9
具有凸形侧壁底部的翻盖的翻盖卷烟盒	实用新型（国际专利）	2013. DWG11	红塔烟草（集团）有限责任公司	2010
一种管线自动夹紧精确对接装置及移动对接装置	实用新型	2013. DWG04. DWG03	红云红河烟草（集团）有限责任公司	ZL201220350471. DWG1
一种重型设备移动工作台精确定位装置	实用新型	2013. DWG02. DWG04	红云红河烟草（集团）有限责任公司	ZL201220284782. DWG2
热敏打印机转接线	实用新型	2013. DWG01. DWG23	红云红河烟草（集团）有限责任公司	ZL201220426103. DWG0
一种多级组合式烟丝振动筛分装置	实用新型	2013. DWG01. DWG31	红云红河烟草（集团）有限责任公司	ZL201220489892. DWG2
一种并联式烟丝分流筛分装置	实用新型	2013. DWG01. DWG31	红云红河烟草（集团）有限责任公司	ZL201220489836. DWG9
一种烟用三元复合滤棒	实用新型	2013. DWG02. DWG16	红云红河烟草（集团）有限责任公司	ZL201220523356. DWGX
一种烟用二元复合滤棒	实用新型	2013. DWG02. DWG05	红云红河烟草（集团）有限责任公司	ZL201220543245. DWG5

续表

名称	类型	授权日期	专利权人（单位名称）	专利号
一种卷烟用胶囊滤棒	实用新型	2013. DWG02. DWG07	红云红河烟草（集团）有限责任公司	ZL201220540436. DWG6
一种穿梭车用精确定位装置	实用新型	2013. DWG04. DWG03	红云红河烟草（集团）有限责任公司	ZL201220347833. DWG1
一种可更换凸耳推进器的齿形带	实用新型	2013. DWG04. DWG03	红云红河烟草（集团）有限责任公司	ZL201220466329. DWG3
一种手提式烟箱	实用新型	2013. DWG08. DWG21	红云红河烟草（集团）有限责任公司	ZL201320063986. DWG8
一种手提式烟箱	实用新型	2013. DWG08. DWG21	红云红河烟草（集团）有限责任公司	ZL201320064230. DWG5
一种抽拉式包装盒	实用新型	2013. DWG08. DWG21	红云红河烟草（集团）有限责任公司	ZL201320063631. DWG9
具有防伪功能的包装盒	实用新型	2013. DWG10. DWG23	红云红河烟草（集团）有限责任公司	ZL201320165335. DWGX
用于诱杀斜纹夜蛾的简易装置	实用新型	2013. DWG10. DWG23	红云红河烟草（集团）有限责任公司	ZL201320161266. DWG5
一种适合长滤嘴卷烟的卷烟机结合鼓	实用新型	2013. DWG10. DWG23	红云红河烟草（集团）有限责任公司	ZL201320181919. DWG6
一种烟用二元复合滤棒	实用新型	2013. DWG10. DWG23	红云红河烟草（集团）有限责任公司	ZL201320174967. DWG2
一种可视可高定卷烟包装强制自检装置	实用新型	2013. DWG03. DWG25	红云红河烟草（集团）有限责任公司	ZL201320138090. DWG1
一种自动调整烟箱姿态的输送装置	实用新型	2013. DWG10. DWG23	红云红河烟草（集团）有限责任公司	ZL201320180970. DWG5
一种流化床式烟丝掺配加香装置及参配加香方法方法	实用新型	2013. DWG09. DWG05	红云红河烟草（集团）有限责任公司	ZL201320224217. DWG1
一种赤眼蜂释放装置	实用新型	2013. DWG09. DWG05	红云红河烟草（集团）有限责任公司	ZL201320248784. DWG0
一种烟草高均匀度添加液态的装置	实用新型	2013. DWG09. DWG05	红云红河烟草（集团）有限责任公司	ZL201320223232. DWG4
一种适合长滤嘴粘接水松纸的卷烟机针鼓	实用新型	2013. DWG09. DWG05	红云红河烟草（集团）有限责任公司	ZL201320180875. DWG5
一种流化床式烟梗颗粒喂料装置	实用新型	2013. DWG09. DWG05	红云红河烟草（集团）有限责任公司	ZL201320223881. DWG4

续表

名称	类型	授权日期	专利权人（单位名称）	专利号
一种多控式无燃烧卷烟	实用新型	2013. DWG09. DWG05	红云红河烟草（集团）有限责任公司	ZL201320284531. DWG9
一种烟梗多级细化筛分装置	实用新型	2013. DWG09. DWG05	红云红河烟草（集团）有限责任公司	ZL201320352545. DWGX
一种可视加热雾化型卷烟	实用新型	2013. DWG10. DWG24	红云红河烟草（集团）有限责任公司	ZL201320287208. DWG7
一种卷烟包装防伪内衬纸	实用新型	2013. DWG10. DWG31	红云红河烟草（集团）有限责任公司	ZL201320334684. DWGX
烘叶丝干头干尾流动回潮装置	实用新型	2013. DWG10. DWG31	红云红河烟草（集团）有限责任公司	ZL201320373980. DWG0
回收烟支剖切装置	实用新型	2013. DWG10. DWG31	红云红河烟草（集团）有限责任公司	ZL201320396141. DWG0
一种新型碳加热电子烟	实用新型	2013. DWG10. DWG30	红云红河烟草（集团）有限责任公司	ZL201320285346. DWG1
一种能提高烟梗均匀度的打叶装置	实用新型	2013. DWG11. DWG01	红云红河烟草（集团）有限责任公司	ZL201320401036. DWG1
烟箱姿态检测装置	实用新型	2013. DWG11. DWG01	红云红河烟草（集团）有限责任公司	ZL201320404118. 1

2013 年外观设计授权专利统计表

名称	类型	授权日期	专利权人（单位名称）	专利号
滤嘴（六角星）	外观设计	2013.06.19	红塔烟草（集团）有限责任公司	ZL201330044716.8
滤嘴（15）	外观设计	2013.05.22	红塔烟草（集团）有限责任公司	ZL201230536310.7
滤嘴（2）	外观设计	2013.03.27	红塔烟草（集团）有限责任公司	ZL201230536311.1
滤嘴（18）	外观设计	2013.03.27	红塔烟草（集团）有限责任公司	ZL201230536312.6
滤嘴（10）	外观设计	2013.03.27	红塔烟草（集团）有限责任公司	ZL201230536313.0
滤嘴（20）	外观设计	2013.03.27	红塔烟草（集团）有限责任公司	ZL201230536314.5
滤嘴（17）	外观设计	2013.03.27	红塔烟草（集团）有限责任公司	ZL201230536315.X
滤嘴（16）	外观设计	2013.03.27	红塔烟草（集团）有限责任公司	ZL201230536316.4
滤嘴（14）	外观设计	2013.03.27	红塔烟草（集团）有限责任公司	ZL201230536317.9
滤嘴（19）	外观设计	2013.03.27	红塔烟草（集团）有限责任公司	ZL201230536318.3
滤嘴（11）	外观设计	2013.05.22	红塔烟草（集团）有限责任公司	ZL201230536319.8
滤嘴（8）	外观设计	2013.03.27	红塔烟草（集团）有限责任公司	ZL201230536320.0
滤嘴（12）	外观设计	2013.03.27	红塔烟草（集团）有限责任公司	ZL201230536321.5
滤嘴（5）	外观设计	2013.03.27	红塔烟草（集团）有限责任公司	ZL201230536322.X
滤嘴（13）	外观设计	2013.03.27	红塔烟草（集团）有限责任公司	ZL201230536323.4
滤嘴（6）	外观设计	2013.03.27	红塔烟草（集团）有限责任公司	ZL201230536324.9

续表

名称	类型	授权日期	专利权人（单位名称）	专利号
滤嘴（7）	外观设计	2013.05.22	红塔烟草（集团）有限责任公司	ZL201230536325.3
滤嘴（4）	外观设计	2013.03.27	红塔烟草（集团）有限责任公司	ZL201230536326.8
滤嘴（3）	外观设计	2013.03.27	红塔烟草（集团）有限责任公司	ZL201230536327.2
滤嘴（1）	外观设计	2013.03.27	红塔烟草（集团）有限责任公司	ZL201230536328.7
滤嘴（9）	外观设计	2013.05.22	红塔烟草（集团）有限责任公司	ZL201230536329.1
卷烟包装盒（玉溪弘毅）	外观设计	2013.07.31	红塔烟草（集团）有限责任公司	ZL201330099709.8
卷烟包装盒（玉溪境界1913）	外观设计	2013.07.31	红塔烟草（集团）有限责任公司	ZL201330099708.3
卷烟包装盒（红塔山硬欣经典）	外观设计	2013.07.31	红塔烟草（集团）有限责任公司	ZL201330099707.9
卷烟包装盒（HTS都市）	外观设计	2013.07.31	红塔烟草（集团）有限责任公司	ZL201330099710.0
烟支（1）	外观设计	2013.04.03	红云红河烟草（集团）有限责任公司	ZL201230515238.X
烟支（3）	外观设计	2013.04.03	红云红河烟草（集团）有限责任公司	ZL201230515056.2
卷烟纸（华表3）	外观设计	2013.04.03	红云红河烟草（集团）有限责任公司	ZL201230515436.6
卷烟纸（华表1）	外观设计	2013.05.01	红云红河烟草（集团）有限责任公司	ZL201230515596.0
烟包（雪域软包1）	外观设计	2013.05.01	红云红河烟草（集团）有限责任公司	ZL201230515386.1
烟包（雪域软包2）	外观设计	2013.05.01	红云红河烟草（集团）有限责任公司	ZL201230515243.0
卷烟（双月中空）	外观设计	2013.04.03	红云红河烟草（集团）有限责任公司	ZL201230515636.1
卷烟（H中空1）	外观设计	2013.05.01	红云红河烟草（集团）有限责任公司	ZL201230514886.3

续表

名称	类型	授权日期	专利权人（单位名称）	专利号
卷烟（红旗中空）	外观设计	2013. 05. 01	红云红河烟草（集团）有限责任公司	ZL201230515094. 8
卷烟（回形格中空）	外观设计	2013. 06. 19	红云红河烟草（集团）有限责任公司	ZL201230514921. 1
卷烟（H中空2）	外观设计	2013. 06. 19	红云红河烟草（集团）有限责任公司	ZL201230515435. 1
卷烟包装盒（大重九）	外观设计	2013. 06. 19	红云红河烟草（集团）有限责任公司	ZL201330036159. 5
卷烟包装盒（清甜香1）	外观设计	2013. 06. 19	红云红河烟草（集团）有限责任公司	ZL201330036414. 6
卷烟包装盒（太平景象）	外观设计	2013. 06. 19	红云红河烟草（集团）有限责任公司	ZL201330036021. 5
卷烟包装盒（黑白点）	外观设计	2013. 06. 19	红云红河烟草（集团）有限责任公司	ZL201330036355. 2
卷烟包装盒（清甜香3）	外观设计	2013. 06. 19	红云红河烟草（集团）有限责任公司	ZL201330036428. 8
包装盒（大重九5）	外观设计	2013. 06. 19	红云红河烟草（集团）有限责任公司	ZL201330036683. 2
包装盒（大重九8）	外观设计	2013. 06. 19	红云红河烟草（集团）有限责任公司	ZL201330036653. 1
包装盒（大重九3）	外观设计	2013. 06. 19	红云红河烟草（集团）有限责任公司	ZL201330036699. 3
卷烟（烟支外观5）	外观设计	2013. 06. 19	红云红河烟草（集团）有限责任公司	ZL201330046321. 1
卷烟包装盒（蓝纹）	外观设计	2012. 08. 14	红云红河烟草（集团）有限责任公司	ZL201330036486. 0
卷烟包装盒（钓鱼台1）	外观设计	2013. 08. 14	红云红河烟草（集团）有限责任公司	ZL201330036079. X
卷烟包装盒（钓鱼台2）	外观设计	2013. 08. 14	红云红河烟草（集团）有限责任公司	ZL201330036077. 0
卷烟包装盒（清甜香2）	外观设计	2013. 10. 23	红云红河烟草（集团）有限责任公司	ZL201330036022. X
卷烟包装盒（大紫）	外观设计	2013. 08. 14	红云红河烟草（集团）有限责任公司	ZL201330036075. 1

续表

名称	类型	授权日期	专利权人（单位名称）	专利号
卷烟包装盒（蓝花）	外观设计	2013.08.14	红云红河烟草（集团）有限责任公司	ZL201330036388.7
卷烟包装盒（黑白块）	外观设计	2013.08.14	红云红河烟草（集团）有限责任公司	ZL201330036572.1
包装盒（大重九1）	外观设计	2013.10.23	红云红河烟草（集团）有限责任公司	ZL201330036370.7
手提包装盒	外观设计	2013.08.14	红云红河烟草（集团）有限责任公司	ZL201330036209.X
包装盒（清甜香1）	外观设计	2013.08.14	红云红河烟草（集团）有限责任公司	ZL201330036635.3
包装盒（大重九2）	外观设计	2013.08.14	红云红河烟草（集团）有限责任公司	ZL201330036381.5
木制包装盒（大重九）	外观设计	2013.08.14	红云红河烟草（集团）有限责任公司	ZL201330036378.3
包装盒（云烟）	外观设计	2013.08.14	红云红河烟草（集团）有限责任公司	ZL201330036377.9
包装盒（大重九4）	外观设计	2013.08.14	红云红河烟草（集团）有限责任公司	ZL201330036673.9
瓷瓶（红）	外观设计	2013.08.14	红云红河烟草（集团）有限责任公司	ZL201330036682.8
瓷瓶（黄）	外观设计	2013.08.14	红云红河烟草（集团）有限责任公司	ZL201330036666.9
包装盒（大重九7）	外观设计	2013.08.14	红云红河烟草（集团）有限责任公司	ZL201330036698.9
卷烟（H中空3）	外观设计	2013.08.14	红云红河烟草（集团）有限责任公司	ZL201330046167.8
卷烟（奔马中空）	外观设计	2013.08.14	红云红河烟草（集团）有限责任公司	ZL201330046312.2
卷烟（奔牛中空）	外观设计	2013.08.14	红云红河烟草（集团）有限责任公司	ZL201330046156.X
卷烟（枫叶中空）	外观设计	2013.08.14	红云红河烟草（集团）有限责任公司	ZL201330046161.0
卷烟（女士烟中空1）	外观设计	2013.08.14	红云红河烟草（集团）有限责任公司	ZL201330046158.9

续表

名称	类型	授权日期	专利权人（单位名称）	专利号
卷烟（烟支外观6）	外观设计	2013.08.14	红云红河烟草（集团）有限责任公司	ZL201330046320.7
卷烟包装盒（云烟亲甜香湖蓝）	外观设计	2013.08.14	红云红河烟草（集团）有限责任公司	ZL201330056307.X
卷烟包装盒（云烟亲甜香黄）	外观设计	2013.08.14	红云红河烟草（集团）有限责任公司	ZL201330056306.5
卷烟包装盒（云烟亲甜香古蓝）	外观设计	2013.03.07	红云红河烟草（集团）有限责任公司	ZL201330056327.7
卷烟包装盒（云烟亲甜香白）	外观设计	2013.08.14	红云红河烟草（集团）有限责任公司	ZL201330056491.8
卷烟包装盒（云烟亲甜香红）	外观设计	2013.08.14	红云红河烟草（集团）有限责任公司	ZL201330056434.X
卷烟包装盒（云烟84win）	外观设计	2013.08.14	红云红河烟草（集团）有限责任公司	ZL201330056326.2
双面透明包装盒	外观设计	2013.08.21	红云红河烟草（集团）有限责任公司	ZL201330036379.8
卷烟（福蝠中空）	外观设计	2013.08.21	红云红河烟草（集团）有限责任公司	ZL201330046160.6
包装盒（大重九6）	外观设计	2013.08.21	红云红河烟草（集团）有限责任公司	ZL201330036665.4
卷烟包装盒（清甜香2）	外观设计	2013.07.08	红云红河烟草（集团）有限责任公司	ZL201330036022.X
卷烟（繁细欧）	外观设计	2013.12.25	红云红河烟草（集团）有限责任公司	ZL201330144381.7
瓷瓶（蓝）	外观设计	2013.08.21	红云红河烟草（集团）有限责任公司	ZL201330036672.4
手提袋（清甜香）	外观设计	2013.08.21	红云红河烟草（集团）有限责任公司	ZL201330036691.7

索　引

索 引

说 明

一、本索引采用主题词索引法编制。索引范围包括全书各部类条目、表格。“大事记”部类的具体内容未做索引，仅以其部类名称标引。

二、本索引按主题词首字汉语拼音音序（同音字按音调）排列，若首字拼音相同则按第二字音序排列，以此类推；首字为阿拉伯数字或英文字母，作“非音序”集中排列在本索引末。

三、索引款目后的阿拉伯数字表示该主题内容所在页码，a、b 字母表示在该页码的栏别（从左至右）。同一主题词的不同内容采取“参见”或“附见”形式，索引款目后两个以上页码的为该主题的“参见”，在主题词下各占一行分别排列的款目为“附见”。

四、部类、栏目名称直接用作索引款目时用黑体字标引。

A

B

C

D

H

J

M

N

P

Q

R

S

Y

Z

非音序

图书在版编目（CIP）数据

云南中烟年鉴. 2014 / 云南中烟工业有限责任公司编. —昆明：云南民族出版社，2014. 12
ISBN 978－7－5367－6319－7

Ⅰ. ①云… Ⅱ. ①云… Ⅲ. ①烟草工业－工业企业－云南省－2014－年鉴 Ⅳ. ①F426. 89－54

中国版本图书馆 CIP 数据核字（2014）第 264197 号

云南中烟年鉴（2014）

云南中烟工业有限责任公司　编

责任编辑	董　艾
装帧设计	左寿文
出版发行	云南民族出版社
地　　址	昆明市环城西路 170 号云南民族大厦 5 楼
邮政编码	650032
邮　　箱	ynbook@ vip. 163. com
制　　版	云南佳信达印务有限公司
印　　刷	深圳佳信达印务有限公司
地　　址	深圳市宝安区观澜镇观光路 128 号库坑路口广澜工业园
邮政编码	518110
开　　本	889mm×1194mm 1/16
印　　张	27. 75
字　　数	832 千
版　　次	2014 年 12 月第 1 版
印　　次	2014 年 12 月第 1 次
印　　数	1～1000
定　　价	280. 00 元

ISBN 978－7－5367－6319－7/F·198